HEYNE BIOGRAPHIEN

In der Reihe »Heyne Biographien« sind bereits erschienen:

D.P. O'Connell

RICHELIEU

Kardinal–Staatsmann–Revolutionär

Deutsche Erstveröffentlichung

Wilhelm Heyne Verlag
München

Titel der englischen Originalausgabe
RICHELIEU
Deutsche Übersetzung
von Dr. Holger Fließbach

Inhaltsverzeichnis

1
Der Enkel des Advokaten La Porte
1585–1608

Im Süden von Tours dämpft die Luft des Atlantik die Konturen der
Pappeln, die sich im Wasser der Vienne spiegeln, eines Flüßchens,
das sich bei Chinon mit der Loire vereinigt. Dieses mattengrüne
Land ist das Poitou. Zwei Hauptstraßen führen hindurch, die eine
von Tours kommend, die andere von Saumur; sie treffen sich in der
Provinzmetropole Poitiers. Zwischen ihnen, an einem Seitenarm
der Vienne mit Namen Mable, liegt das kleine Städtchen Richelieu.
Als regelmäßiges Viereck angelegt, mit Häusern und zwei kleinen
Plätzen von einheitlichem Stil und Zuschnitt, ist der Ort das stein-
gewordene Sinnbild des Poitou, jener Provinz, die fast gleichzeitig
den Erzrationalisten der Philosophie, Descartes, und den Erzrationalisten der Politik, Armand-Jean du Plessis de Richelieu, hervorgebracht hat. Es ist eine Stadt, die ihre Existenz dem Zeitalter
der Vernunft verdankt, von dessen Sinn für Ordnung und Autorität
sie kündet. Diese Studie in Stadtplanung ist das Werk des Kardinals, von ihm erdacht als stilgerechter Appendix des großen Château Richelieu, das der Architekt des Kardinals, Jacques Le Mer-
cier, in der Nähe aufführte. Von diesem Château ist heute nichts
mehr erhalten. Es wurde zur Zeit der Revolution konfisziert und
im 19. Jahrhundert unter der Bedingung, daß man es zu gegebener
Zeit abriß, verkauft. Die einzigen Überreste des alten Schlosses
sind ein Seitentrakt und der Burggraben der mittelalterlichen Anlage inmitten eines großen Parks. Der Kardinal, in dieser Zeit des
Krieges und der inneren Wirren schon krank und überarbeitet, hat
das Gedeihen seiner Schöpfung kaum zur Hälfte erlebt, aber er hat
hierüber kein Bedauern gezeigt: denn Château und Stadt waren ja
nicht zu seiner persönlichen Befriedigung da, vielmehr sollten sie
ein Symbol des Eintritts seiner Familie in die Reihen der großen
Häuser Frankreichs darstellen. Sie waren ein Wahrzeichen, Ausdruck des Erfolgs und der Genugtuung darüber, arriviert zu
sein.

Um das Château errichten zu können, mußte man das Gutshaus

aus Richelieus Jugendzeit abtragen, doch gingen die gotische Kapelle und der Salon, wo Richelieu von seiner Mutter in die Geheimnisse der Aristokratie eingeweiht worden war, in der neuen Anlage auf: ein Akt, ganz vom Gefühl her bestimmt. Er verriet, wie sehr der Kardinal an seiner beengten, eigentlich glanzlosen Kindheit hing. Es ist gar nicht sicher, ob Armand-Jean in Richelieu auch zur Welt kam. Zu seinen Lebzeiten stattete das Fräulein von Montpensier dem neuen Château einen Besuch ab und schrieb, nachdem die Nichte Richelieus sie im Schloß herumgeführt hatte, man habe doch erwartet, das Geburtszimmer des Kardinals erhalten zu finden. Zeitgenossen Richelieus jedoch vermerken, daß er am 9. September 1585 in Paris zur Welt kam, und es gibt Andeutungen in seinen Schriften, die diese Behauptung stützen. Jedenfalls wurde er am 1. Mai 1586 in der Kirche St. Eustache zu Paris getauft. Die Bücher der Gemeinde weisen die Eltern als Anwohner der Rue de Bouloy aus. Wie immer es sich mit dem Geburtsort verhalten mag, der kleine Armand-Jean, ein stets kränkelndes Kind von lebhafter, ungeduldiger, nichts vergebender und nichts vergessender Sinnesart, wuchs neben einer verwitweten Mutter und einer dominierenden, betagten Großmutter in Richelieu auf, bevor er das Collège de Navarre in Paris bezog. Es wäre übertrieben, zu sagen, daß die Plessis de Richelieu in Not und Elend lebten. Sie waren immerhin in der Lage, ihren Kindern eine gute Ausbildung angedeihen zu lassen und ihnen Berufschancen zu eröffnen; aber daß es ständig Geldsorgen gab und daß dies auf Armand-Jeans Charakter abfärbte, ist unbestreitbar.

Zur Größe wird ein Mensch nicht geboren, und sie fällt ihm auch nicht von außen zu; er erlangt sie. Größe ist überhaupt selten, und es ist schwer, zu analysieren, worin sie besteht. Aber zumindest zwei Dinge scheinen zur Größe erforderlich zu sein: eine beträchtliche Intelligenz, ohne die wir niemals über das Mittelmaß hinausgelangen; und vor allem eine zähe, unbeugsame Zielstrebigkeit, die über jedes Hindernis siegt und endlich den Widerstand jener erlahmen läßt, die weder Lust noch Energie genug haben, um auf unabsehbare Zeit zu opponieren.

Der junge Armand-Jean war sich klar darüber, daß es mit dem Familienvermögen bergab ging und daß sich der gesamte mittlere und niedere Adel an der Schwelle des wirtschaftlichen und sozialen Ruins befand, der sie zu unzufriedenen, mittellosen Parteigängern irgendwelcher herzoglichen Magnaten machen mußte. Diese zunächst unbewußt bleibende, später völlig deutliche Erkenntnis nährte in ihm die Entschlossenheit, die Ehre seines Hauses nicht nur wiederherzustellen, sondern zu erhöhen. Aus dieser Reaktion auf eine eminent persönliche Herausforderung erwuchs dann jener Sinn für Größe, den der Kardinal später stellvertretend auf ganz Frankreich übertrug. Gegen Ende seines Lebens schrieb er in seinem *Testament politique*, der niedere Adel habe – wie sein Vater – die Ämter und Ehren, mit denen man ihn überhäufte, mit der Zerrüttung seiner ökonomischen Situation erkauft; wolle man sich die Ergebenheit dieser Menschen auch in Zukunft sichern, so sei es notwendig, Bedingungen zu schaffen, durch die der Adel und seine Gläubiger von finanzieller Beengtheit, und damit von der Notwendigkeit zum Intrigieren und zur Parteienbildung, befreit würden.

Das Haus Plessis de Richelieu war typisch für das ganze Elend des französischen Kleinadels, gegen das der Kardinal später mit begrenztem Erfolg ankämpfte. Der Name Plessis geht auf ein altes französisches Wort für eine palisadenbewehrte Verteidigungsanlage – eine Vorform der Burg – zurück. Zahllose Orte dieses Namens gab es im mittelalterlichen Frankreich, auch ebensoviele Familien, deren Namen sich davon ableitete. Die Genealogen Richelieus haben für ihn später einen grandiosen Stammbaum erstellt, in dem sie so gut wie jeden Plessis unterbrachten, der sich irgendwie einmal hervorgetan hatte, obwohl die meisten von ihnen zu Familien gehörten, die mit den Ahnen Richelieus überhaupt nichts zu tun hatten. Mag auch die Genealogie nichts als ein schöner Schein sein – wie es die damaligen Genealogien durchweg waren, mit Ausnahme besonders vornehmer und historischer Häuser –, unbestreitbar ist der Adel der Familie, der zurückgeht auf ein *plessis* in der Pfarrei Néon bei Blanc, an der Grenze von Brenne und Poitou. Es waren kleine Vasallen des Bischofs von Poitiers, der den Königen von Frankreich oder denen von England diente, je nachdem, wer die Provinz gerade in seiner Gewalt hatte. Der früheste aktenkundige Ahne ist 1201 ein Guillaume du Plessis, dessen Bezeichnung als »Knappe« seinen recht untergeordneten Rang in der Feudalhierarchie erkennen läßt. Er besaß, außer Plessis, noch die Domänen Breux und Vervolière. Letztere fiel durch Erbschaft an eine jüngere Linie der Familie, die im 14. Jahrhundert entstand und schließlich den Namen Plessis de Richelieu annahm.

Die ältere Linie der Plessis führt in den Kreis des kleinen Adels, den die Familie vielleicht nie verlassen hatte und dem der Umgang mit Sichel und Dreschflegel vertrauter war als jener mit Armbrust und Schwert. Der jüngere Zweig indes begann seinen Aufstieg. Sie machten gute Partien. Während der Regierungszeit von Karl VII. heiratet Geoffroy du Plessis eine gewisse Perrine Clérembault. Sein Bruder Louis, seines Zeichens *maître d'hôtel* der Königin, hatte die Domäne Richelieu geerbt, die durch Heirat mit den Maussons in Familienbesitz gelangt war. 1429 hatte ein Clérembault die Erlaubnis erhalten, in Richelieu ein *manoir* zu errichten und es zu befestigen. Es war die Zeit der Jungfrau von Orléans, und das ungefüge Bauwerk, das der Kardinal später abreißen ließ, trug deren Gepräge. Das Haus entstand auf einer hundert Meter im Geviert messenden Insel in der Mable, deren Wasser den Burggraben füllte. In meilenweitem Umkreis umgaben Wälder die Festung, und das einzige Gebilde von Menschenhand, das man von den Türmchen des Châteaus erspähen konnte, war der Turm der Pfarrkirche zu Braye, der noch heute Wache hält über die Gräber der Clérembaults und der Richelieus.

Louis de Clérembault verstarb 1490 ohne Nachkommen und hinterließ seine Güter, zu denen auch die Domäne Richelieu zählte, seinem Neffen François du Plessis. Eine Folge vorzüglicher Heiraten brachte die Plessis de Richelieu ganz in die Nähe des höheren Adels, ja sogar des Hofes. Mehrere Söhne der Familie schlugen die geistliche Laufbahn ein und wurden Prälaten und Äbte. Als nach 1560 die Hugenottenkriege ausbrachen, war die Familie bereits wohlhabend und besaß treffliche Beziehungen; doch verrohte sie rasch durch Kriegsdienste für die örtlichen Magnaten des Poitou und der Touraine, namentlich für die Trémouilles, die Montpensiers und die Rochechouarts. Der Großonkel des Kardinals, Antoine der Mönch, war selbst unter seinesgleichen als blutiger Mordbrenner berüchtigt. Im Alter von zehn Jahren zum Abt von St. Florent de Saumur bestimmt, weigerte sich Antoine eigensinnig, seinen Studien zu obliegen. Er entledigte sich nach furchtbaren Kämpfen mit seinen Eltern, in deren Verlauf er von ihnen sogar eingekerkert wurde, des geistlichen Gewandes und floh nach Italien, wo er sich durch Kardinal Caraffa von seinen Gelübden entbinden ließ. Als Hauptmann in der katholischen Armee des Herzogs von Guise war er dann der Urheber übler Hugenottenmassaker, und sein Name wurde von beiden Parteien des Bürgerkriegs nur mit Schrecken genannt. 1576 fand dieser gotteslästerliche

Bluthund das ihm gemäße Ende bei einer Straßenschlacht in Paris. Sein Bruder François, kein geringerer Bandit, fiel bei der Belagerung der Engländer in Le Havre durch einen Arkebusenschuß.

Der ältere Bruder dieser beiden Abenteurer war Louis, dem die Güter zufielen und der sich darauf verlegte, fünf Kinder in die Welt zu setzen. Er machte eine glänzende Partie, indem er Françoise de Rochechouart zur Frau nahm, deren Familie zu den ganz großen des Reiches gehörte. Sie war eine vulgäre, ungestüme Person, die sich im Alter zum Zankteufel entwickelte und der Mutter des Kardinals das Leben zur Hölle machte. Louis verstarb jung und überließ es ihr, mit den fünf unmündigen Kindern zurechtzukommen. Der folgende Vorfall beleuchtet die maßlosen Leidenschaften, die den französischen Adel damals aushöhlten, und er zeigt zugleich das Gesetz der Gewalt, unter dem sein Leben stand. Nur wenige Meilen von Richelieu entfernt und ebenfalls zur Dorfpfarre von Braye gehörend, lag das Gut der Familie Mausson, aus deren Hand einst die Herrschaft Richelieu an die Clérembaults gelangt war. Das Haus Mausson und die Maussons selbst waren womöglich noch primitiver als die Plessis; und wie alle Menschen mit primitiven, urtümlich-dumpfen Regungen hegten sie Groll gegen jeden, der sie an Glück und Gut überflügelt hatte. Das brutale Oberhaupt des Clan ergriff die Gelegenheit von Louis' Ableben, um in der Kirche zu Braye den Vorrang seiner Familie vor den Plessis zu beanspruchen. Der älteste von Louis' Söhnen, an Jahren noch ein Knabe, besaß bereits die Unerschrockenheit seines Hauses. Er leistete Widerstand, und als die Fehde der beiden Familien chronisch wurde, lauerte man ihm auf und ermordete ihn aus dem Hinterhalt.

Madame de Richelieu war nicht die Frau, die an der Leiche ihres Sohnes wehklagte und dann ihren Feinden vergab. Mit dumpfer Wut brütete sie über Racheplänen. Der zweitälteste Sohn, François, der Vater des Kardinals, wurde vom Hofe, wo er Page war, nach Hause geholt und von der Mutter dazu angestiftet, Mausson zu ermorden. Er ersann einen Plan, die Tat heimlich des Nachts zu vollbringen; den verblutenden Mausson überließ er dem hohen Wasser der Mable. Für die Moral der Plessis war das kein glückliches Ereignis; für die Zukunft der Familie sehr wohl. François war gezwungen, aus Frankreich zu fliehen. Er scheint sich dem Bruder des Königs, dem Herzog von Anjou, angeschlossen zu haben, als dieser gerade erfolglos um Elisabeth von England warb. Später, als der Herzog zum König von Polen gewählt wurde, finden wir François in dessen Gefolge in Warschau wieder. Offensichtlich brachte er es zum bevorzugten Höfling. Beim Tode Karls IX. wurde Anjou als Heinrich III. König von Frankreich, und mit ihm kehrte, damals dreißigjährig, François du Plessis de Richelieu nach Frankreich zurück und wurde Grand-Prévôt des Reiches und Ritter des Ordens vom Heiligen Geist. Ein düsterer, blasser Mann, im Scherz »Tristan der Einsiedler« geheißen, verbarg er hinter seinem verschlossenen Wesen die nervöse Energie und den rastlosen Ehrgeiz, den auch sein Sohn erbte. Am Tage, da der Vorkämpfer der Katholiken, der Herzog von Guise, in den königlichen Gemächern zu Blois ermordet wurde, marschierte der Grand-Prévôt an der Spitze einer Schar Bewaffneter mit blankem Schwert in die Generalstände und rief unter allen Anzeichen jenes Wahnsinns, der in den vielfältigsten Formen seine Familie heimsuchte: »Mord, Mord, Feuer, Feuer!« Einige Deputierte flohen vor dem wilden Überfall; andere, die nicht bis zur Tür kamen, verbargen sich unter den Bänken, wieder andere standen, schockiert und wie vom Donner gerührt, stumm da. So konnte man *auch* beseitigen, was an Volksvertretung die französische Verfassung vorsehen mochte!

François befand sich an der Seite Heinrichs III., als der Mönch Jacques Clémont, der im Bürgerkrieg zu viele katholische Pamphlete über Tyrannenmord gelesen hatte, das Leben des Königs und des Hauses Valois mit einem Messerstich endigte. Und es war François, der den Attentäter eigenhändig gefangennahm. Der Vorfall brachte der katholischen Sache keinen Nutzen, denn Thronerbe war nun der Vorkämpfer der Hugenotten: Heinrich, der König von Navarra, dessen weiße Feder ebenso ein Symbol aufrechten Protestantentums geblieben ist wie der Schimmel Wilhelms III. für die Oranier. Eine Zeitlang fanden die Katholiken ihren Kandidaten im Kardinal von Bourbon, doch als dieser starb, war es notwendig, an entlegenerer Stelle nach Ersatz zu suchen. Der Herzog von Mayenne und das Parlament der Katholischen Liga beriefen zu diesem Zweck die Generalstände nach Paris. Doch vom zweiten Stand, dem Adel, erschien fast niemand, und vom dritten, den Bürgerlichen, nicht mehr als die Hälfte. Nur der erste Stand, der Klerus, war vollzählig versammelt. Die Botschafter Philipps II. von Spanien, die mit Koffern voller Geld angereist kamen, befürworteten die Kandidatur des spanischen Infanten, doch angesichts der Konversion Heinrichs von Navarra zum Katholizismus – seinem vierten Religionswechsel – brach die tumultuöse Versammlung auseinander und löste sich auf. Die Liga ging allmählich an fehlender Finanzierung und Unterstützung ein. Der Grand-Prévôt hatte gleich gewittert, woher der Wind wehte, und sich der wachsenden Schar jener zugesellt, die sich, bald nach dem Tode Heinrichs III., um Heinrich von Navarra sammelten. So erhielt er sich Amt und Würden. Neben dem einstigen Vorkämpfer der Protestanten erlebte er die letzten Schlachten der Hugenottenkriege, doch nicht mehr dessen Krönung als Heinrich IV. Bei der Belagerung von Paris 1590 starb er, zweiundvierzig Jahre alt, an Typhus.

Eine zweite Generation der Plessis de Richelieu hatte eine verwitwete Frau mit fünf Kindern hinterlassen. François hatte zwischen seinen Irrfahrten Zeit gefunden, zu heiraten – wahrscheinlich 1566, als er achtzehn und seine Braut, Suzanne de La Porte, fünfzehn war. Für den Sohn einer Rochechouart war das entschieden eine Heirat unterm Niveau. Suzanne war nicht adlig; ihr Großvater ist Apotheker in einer kleinen Stadt des Poitou gewesen; sein Sohn – ihr Vater – hatte es zum erfolgreichen Advokaten in Paris und zum Mitglied des Pariser Parlaments, also zum Bürger der Robe, gebracht, zum Patrizier, freilich mit gewissen aristokratischen Beziehungen und beträchtlichen Prätentionen. Man hat vermutet, daß François sie in der Erwartung geheiratet habe, daß ihr das väterliche Vermögen einmal zufallen werde und er so den finanziellen Ruin aufhalten könne, der die Herrschaft Richelieu bedrohte. In dieser Erwartung wurde er bitter enttäuscht. Aber was Kultur und Geistesgaben betraf, so war diese Heirat ein Segen für die Familie, denn Suzanne war ein gebildetes, kluges Mädchen und ihrer ungehobelten, hochwohlgeborenen Schwiegermutter so unähnlich wie nur etwas. Der künftige Beherrscher Frankreichs schuldete diesen Ahnen aus der Mittelschicht bei weitem mehr als seinen aristokratischen Vorfahren, und das schon in seiner Jugend aufkeimende Wissen um diesen Tatbestand wurde alsbald zu einer Triebkraft seines Selbstwertgefühls.

Der landbesitzende Feudaladel und das städtische Patriziat, das sich jenem in gewisser Hinsicht unterlegen wußte: beide legten unverhohlene Verachtung für einander an den Tag. Die Adligen, meistenteils ungebildet und in ewiger Geldverlegenheit, erklärten das einzige, was sie glänzend beherrschten, nämlich den Kampf, zur höchsten Tugend und machten aus dem, was im Hochmittelalter Pflicht und Notwendigkeit gewesen war, einen Kult, der immer irrationaler wurde. Das Patriziat, im Bewußtsein, von bestimmten

13

Rollen ausgeschlossen zu sein, die der unergründliche Ratschluß der Monarchie mit den Weihen hoher Bedeutung versah, wurde unsicher und kompensierte die Einsicht in seine grundsätzlich unterlegene gesellschaftliche Stellung mit der Überbewertung der eigenen guten Manieren und seiner großen Reichtümer, nicht zuletzt durch die Kultivierung eines eigenen Verhaltenskodex. Die Bürger wurden gespreizt und pedantisch in Schrift und Rede. Sie bewegten sich gemessenen Schrittes in ihren knisternden Samtgewändern, während die Adligen ihren Unmut zeigten, Türen zuknallten und mit ihrem langen Rapier herausfordernd auf das Parkett pochten. Die aristokratischen Tugenden der Selbstkontrolle und des stummen Sichfügens in das Geschick sind in Wirklichkeit eine Schöpfung des Bürgertums.

Es gibt eine Geschichte über den Onkel des Kardinals Richelieu, Amador de La Porte, in der sich die typisch bürgerliche Reaktion auf die Riten der Nobilität verrät. Diesem würdigen Manne gelang es, in die Reihen der Malteserritter einzudringen. Geraume Zeit verbrachte er in ihrer Garnison auf Malta. Sein Vater hatte einen wichtigen Rechtsstreit für den Orden gewonnen, und so wurde Amador ohne die sonst üblichen genealogischen Nachweise aufgenommen. Er erwarb einen nicht definierbaren, unechten Adel und streifte seinen patrizischen Hintergrund ab. In innerster Seele freilich bewahrte er sich das blankäugige Staunen des Bürgers über Prunk und Pracht der Aristokratie. Bei diplomatischen Verhandlungen mit Savoyen bemerkte er einmal, wie sein Neffe, als Kirchenfürst, den Vorrang vor dem Herzog von Savoyen beanspruchte, einem keineswegs unbeachtlichen Souverän. Die Hände zusammenschlagend, soll de La Porte ausgerufen haben: »Seht doch! Wer hätte gedacht, daß einmal der Enkel des Advokaten La Porte vor dem Enkel Karls V. durch die Tür geht!«

Die fünf Kinder, die der Grand-Prévôt hinterließ, waren die zwölfjährige Françoise, Henri, Alphonse, Armand-Jean und Nicole. Die Witwe mit ihren vierzig Jahren, der die unselige Schwiegermutter das Leben vergällte, setzte es sich zum Ziel, die Ausbildung ihrer Kinder und die wirtschaftliche Basis ihrer Familie zu sichern. Auf dem Papier klang die Erbschaft grandios. Es gab die angestammten Besitzungen Vervolière und Richelieu, mehrere andere Herrschaften, drei Gutshäuser unterschiedlicher Größe und verschiedene weitere Häuser. Aber die Herrschaften bestanden praktisch nur noch nominell. Sie brachten Privilegien ein, war-

14

fen aber kaum Gewinn ab. Die Ländereien waren vom Grand-Prévôt zur Finanzierung seines Hoflebens schwer geplündert worden. Spekulationen und die Verwüstungen des Krieges hatten den Niedergang beschleunigt. Die Situation der Familie Richelieu war kaum anders als die der meisten französischen Adelsfamilien. Die Einkünfte waren bis zu einem gewissen Punkt gleichbleibend, und die schwere Inflation, die sich, mit dem Einströmen des amerikanischen Goldes nach Spanien, in Europa einstellte und gegen Ausgang des 16. Jahrhunderts noch verschlimmerte, hatte zur Folge, daß weniger Güter und Dienstleistungen zu kaufen waren. Das Gold-Silber-Verhältnis variierte je nach der Menge der in Umlauf befindlichen Edelmetalle. Münzen mit niedrigem Nennwert verloren gegenüber solchen mit hohem Nennwert beständig an Wert, so daß ums Jahr 1550 drei *livres* auf eine französische Krone gingen, 1600 schon acht; und da Pachtzinsen und Dienstleistungen üblicherweise in *livres* ausgedrückt wurden, kann man sich vorstellen, welchen realen Wertverlust die Einkommen erlitten hatten. Ferner bedeutete die Abwesenheit des Eigentümers von seinen Gütern – er befand sich entweder im Krieg oder bei Hofe – nicht nur ein Verkümmern der Kapitalressourcen, sondern auch unerhört gesteigerte Ausgaben. Ein Höfling konnte sehr wohl in einer Woche den gesamten Jahresertrag seines Gutes durchbringen. Geld wurde zu Wucherzinsen aufgenommen, wobei künftige Einnahmen als Sicherheit dienten. Ein Sprichwort des sechzehnten Jahrhunderts faßte die Lage folgendermaßen zusammen: »Zu viele Schlösser und zu viele Arme.«

Die finanziellen Probleme, vor denen die meisten französischen Adelsfamilien standen, ließen sich nur meistern, wenn man danach trachtete, sein Glück bei Hofe zu machen, oder indem man sich einer der von den großen Herzogshäusern angeführten Parteiungen anschloß. Der König erkaufte sich die Loyalität seiner Gefolgsleute (und ermöglichte beiläufig das Überleben der Kaste), indem er eine Vielzahl von Renten und Sporteln vergab und die Zahl kleiner Ämter vervielfachte, mit denen eine Pension verbunden war. Freilich befand sich der Hof so ziemlich in derselben wirtschaftlichen Zwickmühle wie die Adligen und hatte seine liebe Not, die unersättlichen Ansprüche der letzteren zu befriedigen. Es stellte sich heraus, daß der bequemste Weg der Mittelbeschaffung für den Hof die Vergabe von Kirchenpfründen war. Das Konkordat, das 1516 zwischen Franz I. und dem Papst abgeschlossen worden war, hatte der französischen Krone das Recht zur Besetzung der Bistümer im Reich gegeben, und dieses sich allmählich ausweitende Recht erfaßte schließlich auch die Abteien, so daß zur Zeit Heinrichs IV. alle wichtigen Pfründen in der Hand des Königs waren. Die bedürftigen Adligen erhielten sie als Teil eines Gunstbeweises, der den Monarchen nichts kostete; und gegen Ende des 16. Jahrhunderts befanden sich die Kircheneinkommen im allgemeinen in der Hand des örtlichen Kleinadels, der seine jüngeren Söhne zu Bischöfen und Äbten bestimmte. Diese traten nicht notwendig einem Orden bei und ernannten schlecht ausgebildete und kläglich bezahlte Kleriker zu ihren Amtswaltern. Gelegentlich waren die Inhaber von Kirchenpfründen sogar Häretiker. Es war selbst für das damalige Frankreich ein Skandal.

Ein anderer billiger Weg der Krone, sich für Dienste erkenntlich zu zeigen, war die Verleihung von Privilegien, zum Beispiel Steuerfreiheit, Jagdrechte, das Recht zum Halten von Tauben. Aber selbst dies reichte nicht aus, und der Anteil der Renten- und Pensionszahlungen am Staatshaushalt kletterte ständig in die Höhe, namentlich unter Heinrich IV., der die Ansicht vertrat, die Ruhe im Reich sei durch nichts zu teuer erkauft. Bei seinem Tode belief sich der Jahresetat, zumindest nach Maßgabe der geprüften Bücher, auf etwa über fünfzehn Millionen *livres*; hiervon verschlangen Renten und Geschenke dreieinhalb Millionen *livres*, der Hof und der *comptant du Roi* vier Millionen, der Verteidigungshaushalt weitere vier Millionen. Damit blieb für öffentliche Ausgaben nur etwa ein Viertel der Staatseinnahmen.

Die Familiengüter wurden an die ältesten Söhne vererbt, doch waren die mit einer Herrschaft verbundenen Verpflichtungen häufig ebenso groß wie die Vorteile. Der Herr besaß auf seinem Lehensgut die Gerichtsbarkeit, die jedoch in absurder Weise eingeschränkt war; zudem besaßen die königlichen Magistratsbeamten eine parallele, aber umfassendere Jurisdiktion, und so war dieses Recht lästig und beschwerlich geworden. Die Hugenottenkriege hatten die Vergeudung von Einkommen und Kapital für das Aufstellen bewaffneter Scharen und für den Kauf von Waffen und Rüstungen erlebt, die nicht weniger aus Sicherheitsgründen als zu Angriffszwecken benötigt wurden. Zur Zeit von Richelieus Geburt gab es in Frankreich siebzigtausend Lehen, alle mehr oder weniger im Verteidigungszustand, befestigt und von einer Handvoll Bewaffneter bewacht. Wenn nun dies die ältesten Söhne erwartete, so waren für ihre jüngeren Brüder die Aussichten schlimmer. Ihrem Ehrgeiz konnten sie ein Ventil nur in Intrigen und Parteiungen eröffnen. Es nimmt nicht wunder, daß die Hugenottenkriege ein Geschlecht von Unruhestiftern und Störenfrieden hervorgebracht haben, die nicht vor der Ermordung älterer Brüder, vor Banditentum und Betrug zurückschreckten. Sie waren unverschämt, aufsässig und rachsüchtig. Richelieu selbst schreibt dazu: »Die Adligen erblickten in ihrer Freiheit den Freibrief, schamlos alle Arten verruchter Taten zu verüben, denn sie meinten, unzulässig in ihren Rechten beschnitten zu werden, wenn man versuchte, sie in den gerechten Grenzen von Recht und Billigkeit zu halten.« Und später äußert er sich in einer seiner typisch lakonischen Sentenzen über die Adelskaste folgendermaßen: »Jeder bemißt seinen Wert an seiner Dreistigkeit.«

Als François du Plessis de Richelieu starb, befand sich die Familie in so beengten Verhältnissen, daß sie seine Ordenskette verkaufen mußte, um das Begräbnis bezahlen zu können. Armand-Jean war damals fünf Jahre alt. In den nächsten Jahren wurde ihm bewußt, daß er als dritter Sohn über keinerlei Kapital verfügte außer einer überlegenen Intelligenz, in deren Einsatz er den einzigen Weg zum Erfolg sah. Eitelkeit und Ehrgeiz des schmächtigen Knaben am Collège de Navarre wurden von seiner Entschlossenheit angestachelt, stets besser als seine Kameraden zu sein, und so verließ er das Kollegium nicht bloß mit einer guten Ausbildung im formellen Sinn, sondern mit der Überzeugung, zu Höherem bestimmt zu sein. Es folgte ein Familienrat, der über seine Zukunft entschied. Es war unvermeidlich, daß man ihn zum Soldaten bestimmte – freilich nicht zu einem jener vazierenden Rohlinge, die sich jedem marodierenden Haufen anschlossen, sondern zu einem Soldaten-Höfling, der das Zeug zu einem Marschall von Frankreich hatte. Es gab eine Art Kadettenanstalt in Paris, die Akademie, die von Antoine de Pluvinel geleitet wurde, einem distinguierten Aristokraten aus der Gascogne, mit dem einst Richelieus Vater nach Polen gereist war. Hier erlernte Armand-Jean militärische und höfische Fertigkeiten: wie man lächelt, wie man sich verstellt, wie man scherzt und wie man schmeichelt, wie man sich verbeugt, wie lang die Feder am Hut zu sein hat und wie man das Gewand über der Schwertscheide rafft. Die Akademie tat alles, um aus Richelieu jenen *poseur* zu machen, als den ihn Philippe de Champagne porträtiert – ein Gemälde, das eher die Abstraktion eines Aristokraten gibt als das Lebensbildnis des Menschen Richelieu.

Richelieu sollte noch oft in seinem Leben mit Soldaten spielen, aber er selbst wurde keiner. Statt dessen trat er in den Dienst der Kirche, ohne irgend etwas von dem zu verraten, was man heutzutage Berufung nennen würde. Heinrich III. hatte dem Vater Richelieus das Recht gewährt, den Bischof von Luçon zu ernennen, einer kleinen Stadt in jenen flachen Marschen, wo die Bretagne aufhört und das Poitou beginnt, und deren Kathedrale meilenweit im Umkreis zu sehen ist. Nach dem Tode ihres Gatten bezog Madame de Richelieu das Konsistorialeinkommen weiter, indem sie Bischöfe ernannte, die als Einnahmenempfänger fungierten und ihre eigenen kirchlichen Verpflichtungen an Kleriker niedrigeren Ranges weitergaben. Der zweite dieser bischöflichen Strohmänner war Jacques du Plessis de Richelieu, der sich immerhin bequemte, in den geistlichen Stand zu treten; mehr tat er allerdings nicht. Er residierte nie in seinem Bischofssitz, aber er erwies der Geschichte einen Dienst, indem er sich für den jungen Armand-Jean interessierte und für ihn fast so etwas wie ein Vater wurde. Die Bezüge aus Luçon waren die Haupteinnahmequelle der Madame de Richelieu. Nach dem Tode des Bichofs Jacques geriet diese Geldquelle durch eine Revolte der dortigen Chorherren in Gefahr. Die Kanoniker hatten genug von abwesenden Bischöfen und waren es leid, bei Beförderungen ewig übergangen zu werden. Es war wichtig, die Situation durch die Weihe eines Richelieu zum Bischof zu retten, bevor es den Unzufriedenen gelang, den König zur Rücknahme des Richelieu'schen Verfügungsrechtes zu bewegen. So wurde denn der zweite Sohn, Alphonse, mit königlicher Billigung als Bischof nominiert; er war zwölf Jahre alt. An dem Tage jedoch, da Alphonse sieben Jahre später die ersten kirchlichen Würden empfangen sollte, ertrug er die Last der Verantwortung nicht und entfloh, um Kartäusermönch in der Grande Chartreuse zu werden. Später riß ihn sein jüngerer Bruder aus der Abgeschiedenheit der Zelle und überantwortete ihn der friedlosen Existenz eines Kardinal-Erzbischofs von Lyon und Primas von Gallien.

Alphonses Rückzug löste bei Madame de Richelieu Panik aus. Es gab nur eine Lösung des Problems: Armand-Jean mußte den Bischofssitz übernehmen. Der Vorschlag kam dem blassen jungen Marquis de Chillou, wie er sich nunmehr nannte, nicht ungelegen. Armand-Jean hegte Befürchtungen hinsichtlich seiner Gesundheit, die einer militärischen Laufbahn möglicherweise entgegengestanden hätte; und er besaß eine große Vorliebe für das Bücherstudium, für Dispute und Kontroversen, die eine Militärkarriere kaum hätte befriedigen können. Er entdeckte in sich auch eine maßvolle Religiosität und war der Aussicht nicht abgeneigt, in jungen Jahren über das Leben anderer zu herrschen. So verließ Armand-Jean 1602 die Akademie des Herrn von Pluvinel, gab den Marquis auf und warf sich am Collège de Calvi auf das Studium der Theologie. Er packte seine neue Aufgabe mit dem gewohnten Elan an und bewies ein höchst seltenes Selbstvertrauen, indem er der Sorbonne mit der Bitte aufwartete, in einer öffentlichen Vorlesung seine philosophischen Ansichten darlegen zu dürfen. Rektor und Professoren hielten diesen Ehrgeiz für verfrüht und gedachten, den unbescheidenen jungen Seminaristen in seine Schranken zu verweisen. Aber seine Zähigkeit siegte doch insoweit, als er am Collège de Navarre das ihm gemäße Forum fand und einer widerstrebenden Gelehrtenwelt die Anerkennung, wo nicht seiner philosophischen Einsichten, so doch seiner analytischen Begabung abnötigte.

Schwierigkeiten in der Diözese Luçon führten dazu, daß er schon früh zum Bischof geweiht wurde. Das Provinzparlament hatte angeordnet, daß ein Drittel der Einnahmen des Bischofssitzes für die längst überfällige Renovierung des Domes verwendet würde. Der Administrator der Diözese erwies sich in den anschließenden finanziellen und juristischen Krisen als völlig unfähig, und Madame de Richelieu suchte beim König um die Amtseinsetzung Armand-Jeans nach. Da ihm noch fünf Jahre zum kanonischen Alter fehlten, mußte aus Rom der Dispens begehrt werden. Heinrich IV. unternahm die nötigen Schritte, doch die vatikanische Kanzlei verfuhr bei dieser Sache in dem ihr eigenen gemächlichen Tempo. Armand-Jean jedoch war nicht der Mann, der sein Geschick in die Hände anderer Menschen außerhalb seiner Reichweite legte. Seine gewöhnliche Reaktion in einer entscheidenden Situation bestand darin, die Initiative zu ergreifen, seine Forderungen vorzubringen und ohne Umschweife zu verhandeln. Er war ruhelos und ungeduldig, von Angst zerfressen, wenn seine Interessen auf dem Spiel standen. Es war nicht üblich, daß ein Dispens begehrender Applikant persönlich in Rom erschien und den Papst zwang, von ihm Notiz zu nehmen. Doch eben dies war es, wozu Richelieu sich nun entschloß.

Es war sein erster und einziger Besuch in Rom. Das Erlebnis war kurz, aber folgenreich. Er entwickelte eine Abneigung gegen die römische Kurie, die von so manchem französischen Prälaten geteilt worden ist, und hielt sich zeit seines Lebens von den römischen Vorgängen fern. Der schwabbelige Borghese-Papst Paul V. empfing den jungen Mann, der sich ihm aufdrängte, zunächst kühl, wurde aber, trotz seiner Schläue und Erfahrenheit, das Opfer – das erste Opfer eines Richelieu, der die hohe Kunst des professionellen Charmeurs beherrschte. Der Seminarist wußte, daß sein Begehr vom Werben um den Pontifex abhing; und er warb so erfolgreich, daß Paul schon bald die Indiskretion beging, seine Zweifel an der religiösen Aufrichtigkeit Heinrichs IV. zu äußern. Richelieu verteidigte seinen König so beredt, daß der Papst, der sich einiges auf sein elegantes Latein zugute tat, ausrief: »*Henricus Magnus armandus Armando.*« (Heinrich der Große, der sich durch Armand wappnet.) Richelieu, wie es seine Art war, wenn er gefordert wurde, verausgabte sich völlig, um ganz Rom mit seiner Gelehrsamkeit und Verstandesschärfe zu beeindrucken. Der notwendige Dispens wurde erteilt, und Richelieu wurde an ein und demselben Tag am 17. April 1607, im Alter von zweiundzwanzig Jahren, zum Priester geweiht und zum Bischof ernannt. Er kehrte nach Paris zurück und warf sich mit neuer Energie auf seine theologischen Studien; die abschließenden Prüfungen bestand er unter allgemeinem Beifall. Dann, nachdem die Anspannung vorüber war, machte sein Nervensystem sich bemerkbar. Monatlang war er krank, und erst Weihnachten 1608 traf er in seiner Diözese ein.

2
Sein Reich ist von dieser Welt
1608–1614

Den jugendlichen Bischof, der das Gepränge der Welt und die
Würde seiner eigenen Person liebte, muß der klägliche Einzug in
seine Diözese entsetzt haben. Von einem Bekannten mußte er sich
eine alte Kutsche ausleihen und das Geld zum Kauf seiner Purpur-
roben vorschießen lassen. Er hatte zum Geleit keine Kavalkade
gewaffneter Adliger mit Federn am Hut, sondern nur eine jämmerliche Prozession schlechtgekleideter und ihm feindlich geson-
nener Kleriker und einige Honoratioren dieser sehr unbedeuten-
den Kleinstadt. Er mußte feststellen, daß seit den Hugenottenkriegen nichts getan worden war, um den moralischen und physischen
Schaden dieser schlimmen Zeit zu beheben. Der untergeordnete
Klerus befand sich in beklagenswertem Zustand, seine Einkünfte
reichten zu seinem Unterhalt nicht aus, und seine Disziplin war lax.
Der Bischofspalast, von dem die an den Dom grenzenden Teile
noch erhalten sind, war ein Relikt des Mittelalters. Die Kamine
rauchten, ein Garten fehlte, und es gab weder brauchbares Mobi-
liar noch Tafelgeschirr. Die Gewänder seiner Vorgänger wurden
für Richelieus schmale Gestalt enger gemacht, da die Diözese nicht
genug Geld hatte, um neue zu kaufen. Dank einer sorgfältigen und
umsichtigen Sparpolitik konnte Richelieu schließlich durch eine
Madame de Bourges in Paris vierundzwanzig Silbergedecke zum
Preis von fünfhundert Kronen sowie einige Gobelins bestellen.

Mit gewohnter Energie machte sich Richelieu nun an die Aufgabe, nicht nur den ihm gebührenden würdigen Rahmen zu schaffen und dem Klerus bei der Verbesserung seiner Lage zu helfen,
sondern zugleich die Diözese zu reformieren. Zum ersten Mal seit
Generationen ergriff ein Bischof von Luçon energisch die Zügel.
Klerus und Gläubige brauchten nicht lange zu warten, bis ihre
Neugier in bezug auf den Charakter ihres neuen Oberhirten be-
friedigt war. Sie sahen einen dünnen jungen Mann, der größer
wirkte als er tatsächlich war, und dessen schmale Gesichtszüge mit
den vorspringenden Backenknochen, der starken Nase und dem

Spitzbart ein Dreieck bildeten, das von glattem schwarzen Haar eingerahmt wurde. Seine Hände waren knochig, die Finger feingliedrig und lang. Wer konnte erkennen, daß hinter diesem hochfahrenden Äußeren und dem kalten Feuer des Auges eine von ewiger Unrast gepeinigte Seele wohnte? Wie viele hochintelligente Menschen verbarg Richelieu seine Nervosität und Menschenscheu hinter einer ungeheuren Selbstkontrolle, die ihn allmählich seelisch erschöpfte. Die Folge waren stets wiederkehrende Zeiten des Zusammenbruchs und der Schwermut, unablässige schwere Kopfschmerzen und diverse Magenbeschwerden. In seinem späteren Leben litt er akut an Hämorrhoiden. Aber wenn er auf die Bevölkerung von Luçon abweisend und unergründlich wirkte, so lernten sie doch rasch, ihn zu respektieren; denn eine ungewohnte Autorität strahlte vom bischöflichen Palast aus, die den säkularen Bereich der Diözese nicht minder durchdrang wie den geistlichen, und Luçon in kürzester Zeit zu einer Theokratie en miniature machte, die bereits an das Frankreich zu Richelieus Blütezeit gemahnte.

Zunächst stieß der neue Bischof bei den örtlichen Machthabern auf Widerstand gegen die finanzielle Kontrolle der Richelieus über die Diözese, aber auch auf den Widerstand des demoralisierten Klerus und des zuchtlosen Kleinadels. Diesmal aber war er auf niemand anderes angewiesen, um zu erreichen, was er wollte, und er mußte sich auch nicht die Mühe machen, zu gefallen und zu überreden. Jedermann in Luçon war ihm untertan, und er ließ von Anfang an keinen Zweifel daran, daß er keine Flausen des Domkapitels dulden werde. Nachdem er die Kanoniker auf diese Weise lahmgelegt hatte, begann er, die Beendigung des langwierigen Rechtsstreits um die Einkünfte der Diözese auszuhandeln. Es kam zu einem Kompromiß, der die Restauration des baufälligen Doms Notre Dame, mit seinen drei Kirchenschiffen aus dem 13. Jahrhundert und dem gotischen Chor, vorsah. Darüber hinaus aber sollte es keine weiteren Eingriffe in die den Richelieus zuströmenden Bezüge geben.

Luçon liegt bei La Rochelle, das damals die Hochburg des Protestantismus in Frankreich war. Da La Rochelle keinen eigenen katholischen Bischof hatte, war Richelieu die nächste bischöfliche Autorität des Ortes. In seiner eigenen Diözese gab es eine mächtige protestantische Minderheit, und so war er in den ersten Jahren seiner Verwaltungstätigkeit gezwungen, sich vorbehaltlos dem Problem der Versöhnung von Katholizismus und Protestantismus in den Jahren nach den Hugenottenkriegen zu stellen. Mit den Hugenotten-Pastoren lag er in ständiger intellektueller Fehde, doch zeigte er niemals Intoleranz in Dingen, die sie betrafen – mit Ausnahme ihrer Ansichten. Als Rationalist war er davon durchdrungen, daß es möglich sei, durch Überzeugen zu bekehren. Dreißig Jahre später sollte er eine Abhandlung über die Methoden der Bekehrung verfassen, worin er feststellte, daß er in Luçon

».. .oft, in dem tiefen Frieden dort, an die verschiedenen Möglichkeiten gedacht habe, La Rochelle zum Gehorsam gegen den König zu bringen. Diese Gedanken pflegten wie Träume oder eitle Phantasiebilder mir durch den Geist zu ziehen; doch da es Gott seitdem so gewollt hat, daß, was mir einst als bloßes Truggebilde erschien, unternommen würde, so daß die Stadt durch Angriff zum Gehorsam gebracht werden soll, so dachte ich während der Belagerung, jene durch Vernunftgründe von der Häresie abzubringen, die der König durch Gewalt der Rebellion entriß.«

Skeptiker haben gemeint, es sei Richelieu, in der einzigen Situation, die ihm mit vierundzwanzig Jahren offenstand, daran gelegen gewesen, vor der Welt seine überlegenen administrativen Fähigkeiten zu bekunden, und einzig sein Ehrgeiz habe ihn getrieben, bis zum gesundheitlichen Zusammenbruch am Wiederaufbau seiner Diözese zu wirken. Eine solche Erklärung verrät wenig Verständnis für den Charakter dieses Mannes. Er hatte ein unstillbares Verlangen, Ordnung aus der Unordnung zu schaffen, ein Verlangen, das ihn später dazu bewegte, unter Einsatz seiner Freiheit, ja seines Lebens, die Verwaltungsreform in Frankreich durchzuführen. Ihn verzehrte in der Tat die Leidenschaft für Gründlichkeit, Symmetrie und Kreativität. Er war ein Büchermensch, gewiß; aber er war auch ein Mann der Tat, der es nicht ertragen konnte, ohne unmittelbares Ziel vor Augen, ohne schöpferische Arbeit zu leben. Falls er nicht die Geschicke einer Diözese oder des Reiches lenkte, verlegte er sich aufs Bücherschreiben – einfach deshalb, weil Untätigkeit, selbst eine gedankenvolle Untätigkeit, für ihn peinigend war. Er war, anders als sein Bruder Alphonse, nicht kontemplativ veranlagt. Der Bischofssitz von Luçon bot ihm die Gelegenheit zu fachkundiger Administration, so wie die Theologie seinen Sinn für Ordnung und Autorität befriedigte und seine Geistesschärfe auf die Probe stellte. Die örtlichen Aristokraten fanden in ihm einen unversöhnlichen Gegner des Duells, der die bürgerlichen Gewalten zu bestimmen suchte, dieses Laster mit der ganzen Härte des Gesetzes auszurotten. Unfähige oder ungeeignete Priester wurden entfernt. Er mochte Luçon als Sprungbrett betrachtet haben, aber er war viel zu sehr ein Kind der Gegenreformation, als daß er nicht die Reform ebensosehr um der Religion wie um der Reform willen angestrebt hätte. Er war Moralist; er glaubte inbrünstig an Gott; er war einer der ersten Bischöfe in Frankreich, die die Reformbeschlüsse des Tridentinums in die Tat umsetzten, und einer der ersten, die ein auf diesen Beschlüssen fußendes Seminar gründeten.

Richelieus Überzeugungen bezüglich der Richtung, die der französische Katholizismus einzuschlagen habe, waren in der Zeit seiner Macht so ausgeprägt, daß man leicht Gefahr läuft, ihren Entstehungsprozeß zu übersehen. Im Jahre 1608 war die religiöse Situation stark in Fluß geraten. Ideen und Strategien gärten in den Köpfen, während sich Parteien und Schulen noch nicht gebildet hatten. Die Religionskriege, mit ihrer teils außerordentlich starren Frontstellung zwischen Katholiken und Hugenotten, hatten den tiefen Graben verdeckt zwischen jenen, die an eine erneuerte päpstliche Autorität in der Kirche glaubten: den Ultramontanen (die »über die Alpen« nach Rom blickten), und jenen, die an einen französischen Katholizismus mit nur minimalen Verbindungen zum Papst glaubten: den Gallikanern. Es war dies die Kluft zwischen jenen, die einen mystischen, und jenen, die einen rationalen Zugang zur Religion suchten, eine Kluft endlich zwischen einer Gebetshaltung, die aus der Phantasie lebte, und einer fromm-verinnerlichten Hingabe.

Mit der Beendigung der Hugenottenkriege brachen diese Fragen explosionsartig auf, und Richelieu, der nur zehn Jahre nach diesem Ereignis seinen Bischofssitz bezog, sah sich in einem von religiösem Enthusiasmus geradezu überschäumenden Frankreich. Aus den ersten fünfzig Jahren des Jahrhunderts sind mehr Heilige in den Kalender gelangt als aus jeder anderen Epoche der französischen Geschichte. Überhaupt darf man nicht vergessen, daß Frankreich seinem Anspruch, die älteste Tochter der katholischen Kirche zu sein, dadurch gerecht geworden ist, daß es zu allen Zeiten unverhältnismäßig viele Heilige hervorgebracht hat. Der hl. Franz von Sales entriß Obersavoyen und das Dauphiné dem Calvinismus; der hl. Vincenz von Paula organisierte seine Missionen bei den Armen; die hl. Luise von Marillac führte ihm die Ordensschwestern zur Pflege der Kranken zu; die hl. Johanna Franziska von Chantal gründete einen neuen Nonnenorden; die hl. Johanna Lestonnac richtete Schulen für Mädchen ein; und der Freund Richelieus, der hl. Jean Eudes, tat Werke der Nächstenliebe. Auf der Höhe der Macht angelangt, sollte Richelieu sie alle durch sein persönliches Interesse und durch finanzielle Unterstützung fördern. Doch waren dies nur die herausragenden Gestalten. Zu Hunderten drängten die Menschen in die Orden, zumal in die neugegründeten, wie die Oratorianer, oder die jüngst reformierten Kapuziner. Letztere, in ihrem geflickten aschgrauen Habit, zogen von Stadt zu Stadt und waren unablässig tätig. Sie fasteten, sie beteten, sie predigten vor Hoch und Niedrig, und sie bekehrten Hugenotten in großer Zahl. Sie waren zu finden, wo immer es menschliches Leiden gab, trugen Tragbahren, schaufelten Gräber und brachten den angefochtenen Seelen allezeit Führung und Trost. Die von den Orden ausgehende moralische Macht bewirkte einen nicht abzuschätzenden gesellschaftlichen Wandel. Töchter aus den großen Adelshäusern traten in einen Konvent ein, führten ein Leben strengster Disziplin und wurden ihren Schwestern in Christo zum Vorbild. Ihre Brüder zogen fort, um sich dem ewigen Schweigen bei den Kartäusern zu weihen, wie es Alphonse de Richelieu getan hatte, oder sie wurden Missionare in der Heimat und in der Fremde. Ihr Glaubenseifer wurde zur Anklage für jene, die einzig der Welt lebten, und eine Aufforderung zu heroischer Tugendhaftigkeit für alle, deren geistliche Entwicklung noch zu wünschen übrig ließ. Der hl. Franz von Sales, als er das erste Mal nach den Hugenottenkriegen wieder Paris besuchte, war schlichtweg frappiert. Was er fand, waren »Heilige. Wahrhaftige Heilige, in großer Zahl und allenthalben!«

Auf seine Weise war auch der Bischof von Luçon ein frommer Mann, jedoch in dem Sinne, wie der Abbé Bremond später von ihm sagte: »Er fürchtet die Hölle; er liebt die Theologie; er ermangelt nicht völlig des Interesses an den Dingen Gottes; aber im Grunde ist sein Reich von dieser Welt.« Das kritische Problem im Leben Richelieus war das schwierige Zusammenspiel von öffentlicher Tätigkeit und religiösen, wenn nicht moralischen Maßstäben. Politik und Administration beeinflussen, wie alle anderen menschlichen Tätigkeitsgebiete auch, das moralische Umfeld des Menschen und sein Verhältnis zu Gott. Aus diesem Grunde ist die Kirche nicht gleichgültig gegen das Handeln menschlicher Machthaber.

Aber das Urteil ist fehlbar, und das Urteil des einen Menschen über ein kompliziertes Raster politischen Verhaltens kann sich von dem eines anderen radikal unterscheiden. Beide mögen von derselben moralischen Prämisse ausgehen und trotzdem zu ganz verschiedenen Schlüssen gelangen, und jeder mag die Handlungen des anderen für verdammenswert halten. Der politisch Handelnde ist aber nicht nur mit diesem Problem der moralischen Beurteilung konfrontiert, er läuft auch Gefahr, etwas von seiner Spiritualität einzubüßen. Denn er geht fast völlig in praktischen Dingen auf, und gerade die Kompliziertheit des moralischen Urteils, die zu bequemer Selbstrechtfertigung und leichten Lösungen verführt, hat eine tödliche Wirkung auf die Seele.

In den letzten fünf Jahren seines Lebens machte Richelieu eine geistliche Konversion durch, die ihn zu einer verinnerlichten, geradezu mystischen Religiosität führen sollte. In Luçon jedoch war seine Gottesliebe eine solche des Geistes, nicht des Herzens, eine Sache nicht des Erlebens, sondern der Überzeugung. Wenn er über Religion schrieb, waren es nicht erbauliche, sondern apologetische Schriften. Er unterwies nicht, sondern führte ein Streitgespräch, und er trachtete weniger danach, den Blick des Gläubigen in barocker Liebesverzückung hinauf zu Gott zu richten, als gegen das Falsche zu kämpfen.

Das Intellektuelle und das Emotionale haben beide einen Platz in der Kultur des Katholizismus. Im Wandel der Zeiten und der Traditionen hat je nachdem das eine, dann wieder das andere dominiert. Im Frankreich des 16. Jahrhunderts hatten sich intellektuelle, mystische, pietistische und erbauliche Strömungen entwickeln können, ohne daß eine Assimilation versucht wurde, und sobald die Hugenottenkriege einmal vorbei waren, hoben sie sich, deutlich kontrastierend, voneinander ab. Die Gegenreformation in Frankreich gewann somit eine ganz andere Gestalt als in Italien oder gar in Deutschland. Dort wurde die Bewegung von den Jesuiten kontrolliert, deren ungewöhnliche Beziehung zum Papsttum jenes kritische Element von Hierarchie und Autorität beibrachte, das in Frankreich fehlte. Die Jesuiten waren Intellektuelle, aber sie waren keine Gegner der Mystik. Im Gegenteil, sie suchten den visionären Ansatz der hl. Teresa von Ávila in die Methode der Unterweisung einzubringen, um eine erbauliche, aber streng dogmatische Religion zu erzielen. Das Ergebnis war ein Amalgam aus Metaphysik und Imagination, für das die Barockkirche der Jesuiten typisch ist. Alle die Phantasie ansprechenden Kunstmittel zur Demonstration der theologischen Wahrheit – seien es perspektivische Deckengemälde oder die dramatisch bewegten Gruppen der Kirchenväter auf sonnendurchglänzten Altären, Wolken mit Engeln, welche die Bedeutungslosigkeit der Grenzen zwischen dieser Welt und dem Jenseits symbolisieren, oder Margareta Maria Alacoques Herz-Jesu-Kult – kurzum, die gesamte Kunst wurde zu einer prunkvollen Synthese des Katholizismus aufgeboten. Geist und Sinne wurden gefangengenommen und in Bann geschlagen. Das Ergebnis war die geistliche Kultur des Barock, eine in sich geschlossene Einheit.

Frankreich entbehrte dieser integrierenden Erfahrung. Kommt noch hinzu, daß der französische Katholizismus während des ganzen 17. Jahrhunderts uneinheitlich blieb und die Kultur Frankreichs einen Kompromiß zwischen dem Pietistischen und dem Imaginativen verkörperte. Daß dies weithin Richelieu zu danken ist, unterliegt keinem Zweifel, war es doch seine erklärte Politik, zwischen den konkurrierenden Tendenzen der französischen Religion ein Gleichgewicht zu halten. Seine natürliche Neigung, Überspitzungen abzuwehren, wurde noch verstärkt durch seine gegen Habsburg gerichtete Politik, die so weit ging, den Barock, als die Religions-Kultur der Prätendenten europäischer Vorherrschaft, zu bekämpfen. Da die Franzosen akut an ihrer Disziplinlosigkeit litten, an dem, was er immer wieder ihren »Leichtsinn« genannt hat, suchte er ihnen Fesseln anzulegen, die bewirkten, daß die barocke Imagination gehemmt wurde; und da er selbst ein Rationalist war, der Prototyp des Intellektuellen, bevorzugte er in seinen Schriften, bei der Förderung der Künste sowie als Herrscher im Reich der Literatur und des Theaters den klaren Geist der Renaissance und trug so dazu bei, einen manieristischen Klassizismus bis weit ins Barockzeitalter hineinzutragen.

Dieser Manierismus tritt am deutlichsten zutage in seinen Predigten, die rhetorisch, eklektisch und pedantisch waren und sich zur Veranschaulichung des Gesagten auf die Einführung geschichtlicher und mythologischer Exempel verließen. In einer Weihnachtspredigt treten, wie beiläufig auch immer, Jupiter und der Koloß von Rhodos in einem Streitgespräch über die Fleischwerdung Gottes auf. Aber seine systematisierten, autoritativen Schriften, auch wenn sie sich diesen literarischen Apparat versagten, waren mit ihrem verwickelten Aufbau und dem Hang zum

Epigrammatischen nicht minder manieristisch. Sein erster literarischer Versuch waren die *Ordonnances Synodales*. die er 1613 verfaßte. Es waren dies Unterweisungen für Klerus und Volk über christliches Betragen, öffentliche Disziplin und private Sittlichkeit. In ihrem Charakter sind sie negativ, voller Vorschriften und Verbote. Das Volk soll mindestens viermal im Jahr zur Kommunion gehen; die Priester sollen ihr göttliches Amt und ihre Keuschheitsgelübde nicht vernachlässigen und nicht im Übermaß trinken.

Freilich wäre es falsch, aus den theologischen und katechetischen Arbeiten Richelieus zu schließen, daß sein Zugang zur Religion ein ausschließlich intellektueller gewesen sei. Es gibt eine Fülle von Belegen dafür, daß er die Bedeutung der Mystik als eine Methode der religiösen Entwicklung erkannt hat. Eine seiner ersten Amtshandlungen nach seiner Ankunft in Luçon war die Gründung eines Seminars und die Einladung an den Führer der mystischen Bewegung in Frankreich, Pierre de Bérulle, die offenen Stellen aus seinem neugegründeten Orden, den Oratorianern, zu besetzen. Diese Entscheidung bedeutete ein Abgehen von der Politik des Königs, den Jesuiten die Kontrolle über die Seminare einzuräumen. Sie darf aber nicht im Sinne einer Unterstützung binnenfranzösischer Spiritualität auf Kosten des jesuitischen Kosmopolitanismus gedeutet werden. Niemals ließ Richelieu irgendeine Animosität gegenüber den Jesuiten erkennen, die in seinen späteren Jahren zu seinen zuverlässigsten Verbündeten gehörten; aber ihr geistliches Geleit suchte er für sich selber nicht und empfahl es auch anderen nicht. Seine Seele, wie auch seine Karriere, legte er in die Hände des führenden Mystikers bei den Kapuzinern, des Paters Joseph. Dieser sollte sein engster Freund werden, sein Mitarbeiter und Weggefährte, dessen überlegene religiöse Einsicht ihm die Gewißheit gab, daß seine politischen Entscheidungen moralisch gerechtfertigt waren; und in dem Maße, in dem deren moralische Qualitäten immer umstrittener wurden, sein eigenes Gewissen aber immer geplagter, neigte er mehr und mehr dazu, sich auf seine »Graue Eminenz« zu verlassen. Ihr verdankte er geistliche Stärkung, aber auch die Anwendung politischer List.

Pater Joseph, ein wettergegerbter Mönch, der seine Gebete hersagte, während er die Straßen Frankreichs entlangzog, war damals ein Mann von zweiunddreißig Jahren. Als François Le Clerc du Tremblay geboren, war auch er ein Produkt der Militärakademie Pluvinels und besaß, wie sein Herr, ein Gespür für das Militärische wie für das Geistliche. Beides sublimierte er zu leidenschaftlichen Predigten, worin er zum Kreuzzug gegen die türkischen Heiden aufrief, welche die heiligen Stätten in ihrer Gewalt hatten. Wann immer er eine Seele fand, die mit seinem Traum sympathisierte, wurde Pater Joseph augenblicklich von seiner gewohnten Besonnenheit im Stich gelassen. Lange Jahre seines Lebens hindurch, wenn auch mit immer schwächer werdender Stimme und bedenklich sinkender Hoffnung, drängte er seine Kreuzzugspläne Königen und Fürsten, dem Papst und jedem Großen auf, der Waffen und Geld besaß. Leute, die ihn vor ihren Karren spannen wollten, bestärkten ihn in dieser Marotte, so daß er, der als der listigste aller Diplomaten gelten sollte, selber recht häufig zum Opfer fremder List wurde. Er hatte soeben einen Ersatz-Kreuzzug gegen die Protestanten des Poitou gepredigt, als sich Richelieu an ihn wandte und um einige Kapuziner bat, die in Luçon die Vierzig-Stunden-Andacht halten sollten. Zu dieser Zeit war Pater Joseph mit der geistlichen Beratung des nahegelegenen, äußerst fortschrittlichen Konvents Fontevrault befaßt, wo ein fanatisches Mädchen aus höchsten Adelskreisen, Antoinette von Orléans, die aristokratischen Nonnen mit ihren Reformideen zur Verzweiflung brachte. Mit achtundzwanzig Jahren Witwe geworden, tat sie, was etwa zur selben Zeit auch die hl. Johanna Franziska von Chantal tat: Sie verließ ihre unmündigen Kinder und wandte sich einem Leben des Gebetes zu. Schließlich erwies sich Fontevrault, so wie sie es reformiert hatte, als noch nicht hinreichend streng, und sie ging ihre eigenen Wege, um mit Unterstützung des Paters Joseph den Orden der Kalvarier zu gründen. Diesem Orden schenkte Pater Joseph zeitlebens sein besonderes Interesse, und zwischen seinen diplomatischen Wanderungen und dem Entwerfen zahlloser Staatsakten sollte er immer Zeit finden, um seinen Nonnen den mystischen Pfad zur Vollendung nahezubringen.

In Bérulle und Pater Joseph entdeckte Richelieu jene beiden Männer, die für ihn die wichtigsten Instrumente zur Befriedigung seiner Ambitionen werden sollten. Da er aber vorderhand in ihnen nicht mehr zu sehen vermochte als priesterliche Ratgeber, unterhielt er zu ihnen nur geistliche und intellektuelle Beziehungen. Für sein Weiterkommen verließ er sich auf seinen Bruder Henri, den Marquis von Richelieu, damals am Rande des Hoflebens stehend, und auf kirchliche und weltliche Beamte in seinem Bistum, die sich aber meist als schwach und unzuverlässig erwiesen. Er selbst war noch zu jung und unerfahren, um zu wissen, daß der Wille zur Macht durch Diskretion gezügelt und in unsichtbare Bahnen gelenkt werden muß. Wenn er darüber nachdachte, wie es Männer von mittelmäßiger Begabung geschafft hatten, in die hohen Ämter von Kirche und Staat aufzusteigen, und dabei reich geworden waren, dann mußte es diesem gescheiten und tüchtigen Prälaten unvermeidlich erscheinen, daß er es einmal weiterbringen werde als nur bis zum Bischof einer kleinen und jämmerlichen Diözese im Westen Frankreichs. Aber wie so viele junge Männer, die ihren Anspruch auf Beförderung zu früh anmelden, war er zu einer Serie von Enttäuschungen und Frustrationen verurteilt, die ihn in Schwermut und Verzweiflung stürzten. Die erste kam, als er sich dazu drängte, für eine 1610 in Paris stattfindende Konferenz des Klerus zum Vertreter der Kirchenprovinz Bordeaux gewählt zu werden. Die anderen Bischöfe waren entrüstet über diese Ungehörigkeit und wählten den Erzbischof von Bordeaux und den Bischof von Aure. Die nächste Enttäuschung kam, als er sich im gleichen Jahr, im Anschluß an die Ermordung Heinrichs IV., der Königin Maria von Medici aufzudrängen suchte. Richelieu erhielt die Nachricht vom Tode des Königs von seinem Dechanten, der sich zu dieser Zeit zufällig in Paris aufhielt. Er wußte, daß sich der Hof in einem Zustand der Sorge über die Pläne der Protestanten befinden würde, und rechnete damit, daß man es mit Erleichterung aufnahm, wenn der Bischof einer weitgehend protestantischen Stadt seine Loyalität bekundete – und daß man sich seinen Namen und seine guten Dienste merken werde. So schrieb er direkt an die Königin einen sorgfältig ausgetüftelter Brief, in dem auch eine Anspielung auf den Willen Gottes nicht fehlte, der es so gefügt habe, daß Frankreich eine Regentin von so hoher Weisheit und Tugend bekäme.

Das Problem war nun, sicherzustellen, daß die Königin den Brief auch selbst zu lesen bekam. Richelieu beschloß, das Schreiben an seinen Bruder zu senden, der es von einem Adligen zum nächsten leiten sollte, bis es an seinem Bestimmungsort angelangt war. Henri freilich durchschaute den Brief als das, was er war: ein Versuch, voranzukommen, und er besaß Welterfahrenheit genug, den Brief zurückzuhalten, um bei Hofe nicht den Eindruck zu erwekken, dieser Herr von Luçon habe sich doch ein wenig übernommen. Als der Bischof davon erfuhr, packte ihn einer seiner urplötzlichen Anfälle von Tatendrang. Er wollte nach Paris kommen und der

Königin seine Erklärung persönlich übergeben. Zufällig befand sich sein Erzbischof nach der Kirchenkonferenz noch in Paris, und an ihn schrieb er nun, daß er komme und daß in diesem Augenblick der Gefahr für das Reich die Königin jedes Rates bedürfe, der ihr zugänglich sei. Der Erzbischof verstand zweifelsohne den Wink, doch wie die meisten erfahrenen Administratoren wußte er zu reagieren, ohne offen beleidigend zu wirken. Er schrieb einen Antwortbrief in überaus freundlichem Tone, sagte jedoch mit keinem Wort, daß er den Bischof gegenüber der Königin erwähnen wolle. Damit war die Sache abgetan. Nichtsdestoweniger reiste Richelieu nach Paris, wobei er noch seine jüngst erworbenen Gobelins verkaufen mußte, um seine Unterkunft bezahlen zu können.

Mag es die Folge von Überarbeitung, mag es eine Reaktion auf diesen Hieb gewesen sein, der seinen Ambitionen galt – gleichviel, Richelieu wurde krank. Er schob es auf das feuchte Meeresklima von Luçon und beschloß, seiner Diözese eine Zeitlang fernzubleiben. Sein Domkapitel war in letzter Zeit widerspenstig geworden, und höchstwahrscheinlich konnte er sich nicht den Nervenstrapazen eines persönlichen Eingreifens aussetzen. Wiewohl kalt und ironisch, verhielt er sich doch selten unhöflich zu seinen Untergebenen, und der Brief, den er aus Paris an seine beiden *grands vicaires* schrieb, deutet darauf hin, daß er sich nicht mehr in der Gewalt hatte. Er verrät nicht nur Ungeduld, sondern eine Überheblichkeit, wie er sie sich normalerweise unter großen Willensanstrengungen verbot. »Gottlob weiß ich mich selber zu beherrschen, aber ich weiß auch, wie jene unter mir beherrscht werden müssen«, schreibt er. Nachdem er ihnen auseinandergesetzt hatte, wie sie mit den Kanonikern verfahren mußten, fügte er hinzu: »Hitze wird nur andere mit warmem Blut, so wie mich, provozieren.« Nachdem er diese Mahnworte gesprochen hatte, verließ er Paris und verbrachte einige Zeit in der Priorei Coussay bei Poitiers, wo er ein einfaches Landleben führte, über die Dinge Gottes, vor allem aber über sich selbst meditierte und unablässig Briefe an alle und jeden schrieb, in denen er sich über seine Armut und seine schlechte Gesundheit beklagte. Es war eine Zeit, die vielleicht nützlicher verbracht war, als er glaubte, denn durch seinen Freund La Rochepousay, den Bischof von Poitiers, den er häufig sah, erweiterte sich der Kreis seiner Kontakte.

So vergingen drei Jahre. Richelieu war oft in Coussay, doch selbst aus der Ferne leitete er seine Diözese mit fester Hand. Es war eine Übung in der Administration durch Geschriebenes – eine Erfahrung, die sich in späteren Jahren als unschätzbar erweisen sollte, als er zum vollendeten Bürokraten wurde. Als Mensch von nervöser Disposition zog er es vor, schriftlich zu verhandeln, wobei eine Sache rational und überzeugend diskutiert werden konnte, ohne daß es zu Ablenkungen durch die persönliche Konfrontation kam. Nur wenn persönliche Verhandlungen absolut notwendig waren, ließ er sich auf sie ein. Dann aber legte er seine ganze emotionale Energie in die Waagschale, um zu überzeugen. Je älter er wurde, desto mehr verabscheute er die Anstrengungen von Kontroverse und Auseinandersetzung. Er zog sich, Krankheit vorschützend, in sein Kabinett zurück. Es nimmt nicht wunder, daß seine Anonymität nicht als das verstanden wurde, was sie war. Die Menschen im Lande begannen, ihn als finstere Gestalt zu betrachten, alles sehend und alles wissend – eine Spinne im Mittelpunkt eines Netzes, das jedermann in Frankreich umgarnt hielt. Und sie begannen zu hassen, was sie nicht begreifen konnten.

Dies freilich war noch zwanzig Jahre entfernt. In den Jahren zwischen 1610 und 1614 zeigte das Reich alle Anzeichen eines Absinkens in jenen Zustand der Schwäche, der zur Zeit der Hugenottenkriege geherrscht hatte. Ludwig XIII. war acht Jahre alt, als Ravaillac seinen Vater erdolchte und die Königin, Maria von Medici, als Regentin nominelle Herrscherin des Landes wurde. Die wahren Herrscher indes waren ihre Gefährtin aus Kindertagen, Leonora Galigai, die entstellte Tochter von Marias alter italienischer Amme, endlich Leonoras Gatte, der florentinische Abenteurer Concini. Aus der Stadt Machiavellis stammend, in der das politische Vorwärtskommen eine alterprobte Kunst war, konnten die Concinis in diesem Punkt von den Franzosen nichts mehr lernen. Verglichen mit ihnen, waren die französischen Adligen und Staatsmänner, die Veruntreuungen begingen, Bestechungsgelder nahmen und öffentliche Ämter verkauften, die reinsten Amateure.

Es verwundert nicht, daß die großen Territorialfürsten unruhig wurden. Hätten die Concini zur Korruption auch Effizienz besessen, so hätten sie die Unzufriedenen in Schach halten können. So aber erwiesen sie sich als unfähig, die königliche Machtstellung zu erhalten, und verschleuderten das Geld aus den königlichen Truhen, um die Mitglieder der königlichen Familie zu bestechen – in der irrigen Erwartung, deren Unterstützung für die Regentin erkaufen zu können. Sully, der einzige fähige Minister, wurde binnen acht Monaten nach Heinrichs Tod ausgebootet, und innerhalb von drei Jahren war der von ihm angehäufte Staatsschatz, der sich auf fast zwanzig Millionen *livres* belief, restlos erschöpft. Im gleichen Zeitraum stiegen die Ausgaben um vier, während die Einnahmen um fünf Millionen sanken. Das Land war bankrott.

Den Zusammenbruch verschleierten Darbietungen von Pomp und Aufwand, und die Zeitgenossen waren entzückt. Ein solches Schauspiel wurde 1612 veranstaltet, um die Verlobung Ludwigs XIII. mit der Infantin Anna und diejenige von Ludwigs Schwester Elisabeth mit dem Infanten Philipp zu feiern. Die Place Royale (heute Place des Vosges) war eben fertig geworden, und die adligen Anwohner konnten während dreier Tage an Ostern am Fenster sitzen und die Feierlichkeiten zu Ehren der spanischen Botschafter verfolgen, die die notwendigen Vorbereitungen zum Abschluß brachten. Der Herzog von Nevers, der sich in Rom durch die Pracht seiner Feste einen Namen gemacht hatte, wurde beauftragt, gemeinsam mit dem Herzog von Guise und dem elegantesten und attraktivsten Kavalier seiner Zeit, François de Bassompierre, Marquis von Harouel, ein großes Reiterspiel aufzuziehen. Der Hof, der Adel und fünftausend Zuschauer aus dem Volk saßen auf den im Rechteck angeordneten Tribünen und verfolgten den donnernden Zug der prächtig aufgezäumten Pferde, die von Rentieren und Löwen gezogenen, phantastischen Festwagen, die Illuminationen, Feuerwerke und Musketensalven, und ihre Ohren dröhnten von den über ihren Köpfen abgefeuerten Kanonenschüssen aus der Bastille. Die hohen Adeligen suchten sich gegenseitig mit dem Pomp ihrer Equipagen und der Höhe ihrer Ausgaben zu übertrumpfen. Die Reiterquadrille des Prinzen von Condé kostete ihn zwanzigtausend Kronen.

Hatten sich die Prinzen und Herzöge an der grandiosen gegenseitigen Prachtentfaltung beim Reiterspiel sattgesehen, wandten sie die glühenden Augen zum liliengeschmückten Gebäude des Hofes. Maria von Medici konnte als Italienerin niemals populär gewesen sein, doch da sich diese hoffnungslos törichte Frau in den Augen eines neidischen und erbitterten Hochadels nun auf ein neuartiges politisches Gangstertum eingelassen hatte, waren ihre Herrschaftsansprüche ernstlich gefährdet. Üppig und von blühendem Aussehen, groß aufgeputzt in ihrem Äußeren, hatte sie keine eigene Politik. Sie ließ sich willig von jedem Schmeichler einfangen und blieb in ihren Ansichten das Opfer des jeweils letzten Gesprächs. Es war nur eine Frage der Zeit, bis die Regentin in Bedrängnis kommen mußte; und die alten Minister Heinrichs IV., in der Meinung des Volkes mit den ungeliebten Finanzmaßnahmen Sullys identifiziert und als »Wackelköpfe« verspottet, waren – ob einzeln, ob gemeinsam – zu schwach, um die Krise abzuwehren.

Im Februar 1614 war es soweit. Der junge Erste Prinz von Geblüt, Condé, habgierig, ohne Grundsätze, talent- und würdelos, aber ein glühender Katholik und voller Abscheu gegen die parvenühafte Medici, die Frankreich über die Köpfe der Königssöhne hinweg zu regieren suchte –, Condé verließ abrupt den Hof und zog sich nach Mézières zurück, wo sich ihm die vier mächtigsten Herzöge – Nevers, Bouillon, Mayenne und Longueville – anschlossen. Man brachte ein Manifest heraus, in dem man die Regentin der Verschleuderung des Staatseinkommens bezichtigte und die Einberufung der Generalstände verlangte. Die Regierung war machtlos, in dieser Sache etwas zu tun, und nach drei Monaten des Verhandelns erzielte man eine Übereinkunft. Richelieu sollte sich später zynisch über sie auslassen – mit Recht, denn diese Herren, die aus Protest gegen die Verschwendungssucht der Regentin mit Aufstand drohten, gaben klein bei, nachdem sie selber enorme Bestechungsgelder empfangen hatten, die das Jahresdefizit von neun Millionen um fast eine weitere Million vergrößerten. Sie zwangen Maria von Medici auch, die Wahlen zu den Generalständen auszuschreiben und diese selbst für das Jahresende einzuberufen. Man erhoffte sich hiervon die Möglichkeit, einen universellen Protest gegen die mangelhafte Amtsführung der Regentin zu organisieren.

Die Generalstände waren kein Parlament in unserem Sinne, sondern eine Konsultation des ganzen Reiches. Die drei Stände – der Klerus als erster, der Adel als zweiter und das Bürgertum als dritter – berieten getrennt und trafen sich nur zur Eröffnungs- und zur Schlußsitzung. Die Generalstände waren sechsundsechzig Jahre lang nicht zusammengetreten, bevor man sie 1560 nach Orléans berief, nachdem Heinrich II. bei einem Turnier den Tod gefunden hatte. Bei jenem Treffen kam es zu einem erbitterten Streit der drei Stände. Der zweite und dritte Stand taten sich zusammen und verlangten, daß das Eigentum des ersten Standes unter ihnen aufgeteilt werde, während sich der zweite Stand dem sozialen Aufstieg des dritten widersetzte. Während der Hugenottenkriege vertraten sowohl katholische wie hugenottische Theoretiker den

Standpunkt, die Generalstände seien der Hort der nationalen Souveränität und die Funktionen der Souveränität seien von hier an den König lediglich delegiert. Beide religiöse Parteien fanden daher in der Existenz der Generalstände eine verfassungsmäßige Rechtfertigung ihrer Bestrebungen, die Krone zu vereinnahmen und zum Artikulationsorgan ihrer Politik zu machen. Während der Regentschaft Heinrichs III. waren die Generalstände glühend katholisch gesonnen, und selbst Bodin, der berühmteste Theoretiker der königlichen Souveränität, wurde zum Führer des dritten Standes in dessen Opposition gegen den König, der gemäß der sich herausbildenden katholischen Theorie seine Macht nicht direkt von Gott, sondern vermittelt durch das Volk empfing. Richelieus Vater schließlich hatte diesem ganzen Unsinn ein schnelles Ende gesetzt, und abgesehen von der rührenden Zusammenkunft in Paris, wo es um die Ermittlung eines katholischen Nachfolgers für Heinrich III. ging, waren die Generalstände nicht mehr zusammengekommen.

Jetzt, im Jahre 1614, sollten sie wieder zusammentreten. Das Volk erwartete sich mehr von ihnen, als ihre Geschichte rechtfertigte. Schon der Name, mit der Implikation einer allgemeinen Konsultation aller Klassen, gab Anlaß zu hochgespannten Ideen. Man war überzeugt, daß das Land nun sogleich ein neues Aussehen gewinnen werde, was in Wirklichkeit hieß, daß alte Privilegien bekräftigt und die Kastenunterschiede bestätigt würden. Es trug nun Früchte, daß Richelieu die Kontakte zu seinen kirchlichen Freunden kultiviert hatte. Vor allem dank der Bemühungen La Rochepousays, des Bischofs von Poitiers, wurde er zu einem Vertreter des Klerus im Poitou gewählt – an sich keine erstaunliche Leistung, da einer der Delegierten ein Bischof sein mußte und es in dieser Kirchenprovinz nur eine Handvoll von Bischofssitzen gab. Es war das entscheidendste Ereignis in seiner Karriere. Kaum vorstellbar, daß er einen dominierenden Einfluß auf die Königin hätte gewinnen können, wenn sich ihm nicht diese Möglichkeit geboten hätte, seine Talente unter Beweis zu stellen. Schon damals hegte er die Vermutung, und nach den Generalständen war er überzeugt, daß außer ihm niemand fähig sei, Frankreich wirksam zu regieren; und die Wahrheit ist, daß er recht hatte. Zum Wesen der Größe gehört eine gesunde Einschätzung der eigenen Fähigkeiten und Grenzen.

3
Unablässig verhandeln
1614–1617

Die feierliche Eröffnung der Generalstände fand am 26. Oktober 1614 statt. Um acht Uhr in der Frühe nahm Ludwig XIII. Platz auf dem Thron, den man auf einem Podest unter einem der Portale des gotischen Augustinerklosters nahe dem Pont Neuf errichtet hatte. Neben ihm saß die massige Gestalt seiner Mutter. Die Koterie der Prinzen von Geblüt umgab ihn und blickte mit deutlicher Animosität zur Königinmutter und zu den Concinis hinüber. Der König war ganz in Weiß gekleidet. Er hatte von Maria von Medici den gelben Teint und die weichen, fast schwammigen Gesichtszüge geerbt. Sein Mund war immer leicht geöffnet, so, als bereite ihm der eng anliegende Spitzenkragen Atemnot, und seine Hängebacken verdeckten fast den Kiefer. Sein Haar war lang, dunkel und nach der neuen Kavaliersart gelockt. Später sollte er einen schmalen Schnurrbart, noch später einen van-Dyck-Bart tragen. Er hatte eine jämmerliche Kindheit gehabt, war von seiner selbstischen, übellaunigen Mutter abwechselnd vernachlässigt und verprügelt worden und hatte mit zwölf Jahren schon ein mürrisches Wesen.

Nach den üblichen Streitigkeiten über den Vorrang setzte sich die Prozession der Deputierten in Bewegung und defilierte am Königsthron vorbei, vor dem sich jeder verbeugte: die Kleriker gemessen, die Adligen mit einem übertriebenen Schwenken ihrer Federhüte, der dritte Stand mit Bücklingen bis zum Boden. Die Spitze der Prozession verließ den Konvent. Am Quai des Augustins entlang ging es über die Seinebrücke Notre Dame und dann in die Kathedrale. Der Weg war von königlichen Wachen gesäumt. Die Männer trugen den Bart geteilt, in der schneidigen Art Heinrichs IV. Ihre Tracht war halb violett, halb orange; sie trugen bauschige Beinkleider, einen grün-schwarzen Schlapphut und über der Schulter die Muskete.

Der Prozession voran zog eine Schar von Bettlern und sammelte die Almosen ein, die verteilt wurden. Nach ihnen kamen die Orden in ihren verschiedenen Habiten und die Gilden der Stadt mit ihren

Bannern. Zu ihren Seiten marschierten die Bogenschützen des Grand-Prévôt, eine Kerze in der einen und die Hellebarde in der anderen Hand, und ganz außen die Hundert Schweizer in Samt, Satin und Taft, weiß, rot und blau gekleidet und mit einem Federbusch auf der samtenen Mütze. Auch hundert Herren der Maison du Roi mit Fackeln und Halbhellebarden liefen im Zug mit. Dann folgten die Domkapitel von Notre Dame und Sainte Chapelle mit Käppchen und Stab, die Rektoren, Professoren und Bakkalaurei der Universität in ihren Gewändern und endlich jene, deren Geschäft das ganze Spektakel veranlaßt hatte: die drei Stände. An der Spitze gingen die zweihundert Deputierten des dritten Standes; die Richter erschienen in langen Roben und eckigen Hüten, die Finanzbeamten in kurzen Roben mit einem Umhang, durch dessen Seitenschlitze man die Arme stecken konnte. Robert Miron, ihr Präsident, hatte erst in seiner roten Robe als Oberhaupt der Pariser Zünfte erscheinen wollen, doch war dies als unerträgliche Anmaßung betrachtet worden, und so trug er Schwarz wie seine Kollegen, von denen ja viele Adlige waren, die man aus den Provinzadministrationen hierher gewählt hatte. Sie bewegten sich in Viererreihe, und jeder trug die Kerze, die ihm der Zeremonienmeister überreicht hatte. Dann kamen die Adligen in spanischen Hüten und prunkvoller Hofkleidung, das Schwert an der Seite. Zuletzt die Kirche: vorneweg die Vertreter des einfachen Klerus, ebenfalls in Viererreihe, angetan mit der Soutane und das Birett in der Hand, so daß die Tonsur der kühlen Herbstluft ausgesetzt war; dann die Bischöfe und Erzbischöfe, in Zweierreihe und mit Rochet und Birett bekleidet. Als letzte kamen, in scharlachroten Umhängen und römischen Hüten, die Kardinäle Sourdis, La Rochefoucauld und Bonzy.

Direkt vor dem Hof ging der Erzbischof von Paris und trug das Allerheiligste unter einem Baldachin von Goldstoff, den der Herzog von Guise, der Prinz von Joinville, der Prinz von Condé und des Königs achtjähriger Bruder Gaston, Herzog von Anjou, trugen. Unter einem zweiten Baldachin schritt der König, in seiner Nähe, schwarz verschleiert und in auffallender Witwenkleidung, Maria Medici mit den Hofdamen. In einigem Abstand folgten Parlament und Beamtenschaft von Paris, der Gouverneur von Paris und verschiedene Hofbeamte in farbigen Roben. In den Straßen hingen Gobelins, und die Fenster barsten schier vor Schaulustigen. Als die Prozession in Notre Dame einzog, nahm jeder den ihm zugewiesenen Platz ein, während der König und seine Mutter an Betschemeln vor dem Hochaltar verweilten. Es folgte eine langweilige Predigt des Kardinals von Sourdis. Dann zelebrierte der Erzbischof von Paris das Hochamt. Der Heilige Geist wurde angerufen, in der frommen Hoffnung, daß die Generalstände diesmal nicht zu jenem Tohuwabohu entarten würden, als welches die Älteren unter den Anwesenden sie zweifellos noch in Erinnerung hatten.

Am nächsten Tag hielt man die eröffnende Plenarsitzung im Hôtel Bourbon, direkt gegenüber dem Louvre, ab, in einem Saal, an dessen Wänden und Decke das Lilienwappen Frankreichs prangte. Als ungebetener Gast erschien der Hof, und als die Deputierten einziehen wollten, fanden sie fast alle Plätze von Höflingen mit ihren Damen besetzt. Nach einem großen Hin und Her hatte jeder einen Platz gefunden, und die Reden begannen. Sie währten den ganzen Tag. Der Anführer der »Wackelköpfe«, der langbärtige Kanzler Sillery, machte den Anfang. Der gelehrte Erzbischof von Lyon hielt eine Rede, die allgemein als die beste galt. Der Baron von Pont St. Pierre lieferte für den Adel eine schwache Ansprache, und Miron, der Präsident des dritten Standes, war zu weitschweifig. Jeder wußte, daß sich hinter der gemessenen Rhetorik eine explosive Situation verbarg. Würde Condé die Versammlung als Instrument zu nutzen suchen, um eine Attacke gegen den Hof zu lancieren? Der Gang der Ereignisse sollte zeigen, daß Condé zu schwach dazu war. Er hoffte, seine Partei könne genügend Stoßkraft entfalten, um die Concinis zu Fall zu bringen, aber er selbst war nicht der Mann, um den ersten Schuß abzugeben. In der Tat nahm ihm der Kardinal Duperron das Heft aus der Hand – ein Mann, der in Frankreich und in Rom als so etwas wie ein Orakel galt. Seinem Wesen nach Charmeur und Polemiker, war seine Kirchenpolitik ultramontan, und man hielt ihn für einen Förderer der Jesuiten. Als die Stände auseinandergingen, um ihre Beratungen aufzunehmen, wurde dieser Mann mit dem mächtigen Bart und dem keck über einem Ohr sitzenden Birett zum Kraftzentrum des ersten Standes. Eine Gruppe jüngerer Bischöfe gravitierte um ihn, und Duperron behandelte sie wie die Mitglieder eines Orchesters, indem er stets den rechten Moment für ein Dolce oder ein donnerndes Dreinfahren fand. Richelieu gehörte dieser Gruppe an.

Die Versammlung der Generalstände war eine ungeheure Herausforderung für Richelieu. Wenn es ihm jetzt nicht gelang, seine

Kollegen und den Hof zu beeindrucken, blieb seinem Ehrgeiz die Bahn verschlossen. Darum mußte jedes Quentchen Energie darauf verwendet werden, sich darzustellen, zu überzeugen, zu dominieren. Ein falscher Zug, und er war verloren. Das Ergebnis war ein Triumph. Als einer von Duperrons Orchester griff er schon früh in einer Verfahrensfrage ein und wurde zum Leiter einer Delegation an den dritten Stand gewählt, die diesen überreden sollte, sich der Methode des Ersten anzuschließen. Auch die Abnahme eines Geheimhaltungseides gehörte zu seinem Auftrag. Diese Mission beinhaltete ferner eine Ansprache an den gesamten dritten Stand, die Richelieu gut bewältigte. Als der Klerus später sowohl den Hof wie den dritten Stand provozierte, hielt sich Richelieu wohlweislich zurück. Er hatte gelernt, klug und auf der Hut zu sein. Er sah keinen Sinn darin, sich in einem Zank über zu hohe Pensionen Feinde zu schaffen.

Er spielte auch eine vorsichtige und versöhnliche Rolle in dem scharfen Streit, der sich über die Frage »Ultramontanismus oder Gallikanismus« entspann. Das französische Bürgertum war fanatisch romfeindlich. Es hatte erlebt, wie zwei Könige durch »Tyrannenmord« umkamen – wie man annahm, eine Folge der propagierten These, daß der Papst direkte oder sogar indirekte Gewalt über den König habe. Die Klasse, die vierzig Jahre früher genau das Gegenteil mit Eifer verfochten hatte, ging nun im Eintreten für das Gottesgnadentum noch viel weiter als der Hof. Schon zu Beginn der Beratungen lag dem dritten Stand ein Antrag der Stadt Paris vor, folgenden Satz zur Grundverfassung des Staates zu machen:

. . .der König ist Souverän in Frankreich; er besitzt seinen Thron allein von Gott, und es gibt keine Gewalt auf Erden, sie sei, was sie wolle, geistlich oder zeitlich, die in bezug auf sein Reich irgendein Recht hätte, die die geheiligte Person des Königs vom Reich trennen oder seine Untertanen von der Treue und dem Gehorsam, die sie ihm schulden, entbinden oder lossprechen könnte, aus welchem Grunde und unter welchem Vorwand auch immer.

Dieser Antrag wurde vom dritten Stand durchgebracht, ohne daß es Konsultationen mit den anderen beiden Ständen gegeben hätte. Der Adel, beeindruckt von der Leidenschaftlichkeit, die die Bürger an den Tag legten, und hin- und hergerissen zwischen Patriotismus und jenen ultramontanen Ideen, die er als Klasse von der Katholischen Liga ererbt hatte, war perplex. Der Klerus, größtenteils ultramontan gesonnen, war schockiert.

Duperron war genötigt, sich mit dieser Bedrohung der kirchlichen Autonomie auseinanderzusetzen. Zunächst war es notwendig, die Unterstützung des Adels zu gewinnen. Er erschien sogleich vor dem zweiten Stand und erklärte, daß die von den Bürgern aufgeworfene Frage als theologische einzig und allein in die Domäne des ersten Standes falle. Der Adel akzeptierte dies und entsandte am nächsten Tag sechzig Mitglieder, die Duperron unterstützen sollten, als er dem dritten Stand in dieser Frage drei Stunden lang ins Gewissen redete. Seine Bemühungen waren fruchtlos. Duperron faßte daraufhin den Entschluß, sich beim König zu beschweren, benötigte aber zuvor die Unterstützung des zweiten Standes. Richelieu wurde beauftragt, sie einzuholen. Er entledigte sich dieser Aufgabe mit großem Geschick. Der König ordnete an, daß die Resolution des dritten Standes zurückgezogen wurde, beschwichtigte aber die Bürger mit dem Versprechen, nichtsdestoweniger Stellung zu beziehen. Obwohl die Resolution niemals zum Verfassungsgrundsatz wurde, blieb sie doch im Herzen aller eingeprägt, und wenn es in Frankreich zum absoluten Königtum kam, dann trugen die Bürger zum großen Teil die Verantwortung dafür. Richelieu wußte, daß es einer Kampagne zugunsten einer zentralisierten Autorität und der nationalen Einheit nicht an Unterstützung fehlen würde.

Bis jetzt hatte sich Richelieu gut gehalten, doch hatte er sich nicht in der Lage gesehen, die Aufmerksamkeit des Hofes auf sich zu lenken. Die Gelegenheit kam, als eine Gruppe von Bischöfen, ermutigt durch die kraftvolle Energie, die der erste Stand an den Tag gelegt hatte, zu der Ansicht kam, daß ein entschlossener Vorstoß die skandalöse Herrschaft der Concinis und der alten Minister beenden werde, und einen Ausfall gegen Maria von Medici unternahm. Die Bischöfe verfuhren jedoch so unbedacht, daß sie den Widerstand anderer Prälaten hervorriefen, die beschlossen, nachdrücklich zu protestieren und der Königin einzuschärfen, daß es von Übel sei, die Autorität des Königs von der ihren zu trennen – mit anderen Worten, sie sollte weiterhin Frankreich beherrschen und von den Concinis beherrscht werden. Richelieu übertrug man die Aufgabe, diese Ansicht vor dem zweiten Stand zu entwickeln, und bei dieser Gelegenheit wurde er zum Vorkämpfer für die Königin. Seine Schmeicheleien für die blühende Frau sind höchstens nach Maßstäben anderer Zeitalter empörend. Niemand war angewidert. Richelieu erwarb sich die Gunst Maria Medicis in solchem Maße, daß sie im Hintergrund intervenierte und dafür sorgte, daß Richelieu für die gemeinsame Schlußsitzung der Stände am 23. Februar 1615 gewählt wurde, um die Denkschriften des ersten Standes vorzutragen.

Wieder waren alle Sitze von den Höflingen mit Beschlag belegt, als die Deputierten eintrafen, und wieder gab es ein unglaubliches Durcheinander, bevor die Sitzung beginnen konnte. In dem Tumult wurden selbst Kardinäle herumgestoßen. Richelieu hatte versucht, sich von der ihm anvertrauten Aufgabe entbinden zu lassen. Vielleicht erschrak er ein wenig vor der Aussicht, als einziger Sprecher seines Ordens vor ganz Frankreich zu brillieren; vielleicht meinte er auch, eine gewisse schöne Bescheidenheit sei nicht unangebracht. Sein Stand beharrte darauf, daß er den Auftrag ausführe, und er bekundete seine Bereitschaft, zu gehorchen. Nachdem er vor dem König niedergekniet war, stand er auf und sprach, barhäuptig, eine volle Stunde. Es war eine wohlgesetzte Rede, die einen guten Eindruck hinterließ. Nach allgemeinen Klagen über die Situation des Reiches ging Richelieu, in der unterwürfigen Sprache, die von Bittstellern erwartet wurde, dazu über, die Politik der Regentin zu loben, namentlich ihre Absicht, durch die Verheiratung Ludwigs mit der Infantin Anna von Österreich, der Tochter Philipps III., und Elisabeths, der Schwester Ludwigs, mit dem Infanten Philipp, dem Bruder Annas, ein Bündnis mit Spanien einzugehen. Richelieu verfocht auch die Entschließung des Klerus, daß Frankreich die Beschlüsse des Konzils von Trient promulgieren solle, die in anderen katholischen Ländern schon längst eingeführt waren und ohne die eine Reform der Kirche nicht vollendet werden konnte. Er pochte darauf, daß die Priester den ersten Platz in den königlichen Ratsversammlungen einnehmen müßten. Indem er seiner Zuversicht Ausdruck gab, daß der König, geleitet vom weisen Rat seiner erlauchten Mutter, seine Untertanen glücklich und sorgenfrei erhalten werde, legte er zuletzt die Denkschriften des Klerus vor dem Throne nieder.

Hof und Kirche waren erfreut, und als Richelieu wieder Platz nahm, gab es anhaltende Beifallsbekundungen. Auf Richelieu folgte als Sprecher für den Adel der Baron von Senecey, dem, als er sich anschickte, niederzuknien, der König durch eine entschiedene Geste befahl, stehenzubleiben. Seine Ansprache war kurz.

Dann trat Miron von der Zunft der Kaufleute vor, um die Denkschriften des dritten Standes zu überreichen. Ihn entband keine königliche Geste vom Niederknien, als er sich drei Stunden lang an den Thron wandte. Vielleicht verstärkte seine unbequeme Stellung noch den Schmerz seiner Worte:

Die armen Leute arbeiten unablässig, sie schonen weder ihres Körpers noch ihrer Seele, das heißt, sie schonen nicht ihres eigenen Lebens, um das ganze Reich zu ernähren; sie pflügen den Boden, verbessern ihn, legen ihn frei; sie schaffen Nützliches aus dem, was er hervorbringt; es gibt keine Jahreszeit, keinen Monat, keine Woche, weder Tag noch Stunde, die nicht unablässige Mühe verlangt. Und von dieser Mühe bleibt ihnen nichts als Schweiß und Elend. Der Erhalt Eurer Majestät, der Erhalt des Klerus, des Adels, des dritten Standes hat ihre Gliedmaßen zum Unterpfand.

Dies war ein Kommentar zur sozialen Lage, den die schiere Wucht des nationalen Problems dem reichen Fürsprech abpreßte.

Der Herr von Luçon durfte zufrieden mit sich sein und im Vertrauen darauf, für eine Beförderung ausersehen zu werden, in seine Gemächer an der Nordwestecke der neuen Place Royale zurückkehren. Er war jetzt ein hervorragender und wohlangesehener Bischof, und er hatte die Gunst der Regentin gewonnen. Aber nichts geschah. Die Deputierten kehrten in ihre Heimatorte zurück, die Denkschriften wurden zu den Akten gelegt, die Concinis und die alten Minister besaßen weiterhin die Macht, und Richelieu hatte man anscheinend vergessen. Die Spannung in ihm löste sich plötzlich, gleichsam mit der Präzision eines Uhrwerkes, und wieder einmal wurde er krank. Er kehrte in das Priorat Coussay zurück und versuchte sechs Monate lang, seine rastlose Energie mit theologischen Studien zu beschäftigen. Unter anderem las er Widerlegungen jener These seines jesuitischen Zeitgenossen St. Robert Bellarmine, der den Begriff des Gottesgnadentums mit dem Argument angegriffen hatte, die letztendliche Souveränität unter Gott ruhe im Volke.

Die Vorbereitungen der Heirat zwischen Ludwig und Anna von Österreich (zugleich zwischen Philipp von Spanien und Ludwigs Schwester Elisabeth) waren zwischen der französischen und der spanischen Regierung zu einem befriedigenden Abschluß gekommen, und so begab sich der Hof im September 1615 nach Bordeaux, wo die Bräute ausgetauscht werden sollten. Als der Hof in Poitiers eintraf, stellte Richelieu sich vor und hatte eine Audienz bei der Regentin. Die neue Königin würde einen Kaplan brauchen. Es war vorgeschlagen worden, den Bischof von Orléans mit diesem Amt zu betrauen, doch hatte Henri de Richelieu eine kleine Hofkabale zugunsten seines Bruders inszeniert. Es mag sein, daß Maria von Medici schon in Poitiers gegenüber Richelieu seine Ernennung erwähnte, doch mußte er noch weitere zwei Monate warten, bevor er Nachricht aus Bordeaux bekam, die dies bestätigte. Mit der Aussicht, höheren Ortes tätig werden zu können, besserte sich auch Richelieus Gesundheit.

Bevor Richelieu an den Hof ziehen konnte, stürzte Condé das Land mit einer zweiten Rebellion in Aufruhr, an der sich diesmal auch der Führer der Hugenotten im Süden, der Herzog Henri von Rohan, sowie Mayenne, Longueville und Bouillon beteiligten. Richelieu sollte nun zum ersten Mal am eigenen Leibe erleben, was seine Eltern in den Hugenottenkriegen erduldet hatten, und er sollte diese Lektion niemals vergessen. Condés Truppen tobten durch das Poitou, plünderten das Château der Richelieus, verbrannten seine Papiere in Luçon und schleppten seine Besitztümer fort. Seine Mutter schrieb ihm, in den ganzen vierzig Jahren, die sie in Richelieu verbracht habe, seien ihr eine solche Meute und solche Zerstörungen nicht begegnet. Es war, wie Richelieu klar erkannte, eine ziellose Rebellion von geringer politischer Tragweite, ohne Zusammenhang mit irgendeinem nationalen Protest, und es erstaunte ihn nicht, als ein grimmiger Winter, dem ein Pestausbruch folgte, dem überheblichen, aber nicht sehr mutigen Condé den Enthusiasmus raubte.

In Loudun, unweit von Coussay, wo Richelieu sich in Untätigkeit verzehrte und darauf wartete, zum Hof beordert zu werden, machte Condé halt. Richelieu sollte es nicht erfahren, aber der entscheidende Moment seines Lebens war gekommen – Pater Joseph bereitete sein politisches Debüt vor. Der Kapuziner predigte zur Zeit in Loudun, und sein Bruder Charles de Tremblay war Ritter im Gefolge Condés. Frieden zu stiften ist Priesterpflicht, und Pater Joseph nahm seine Pflichten ernst. Er beschwor Condé, zum Gehorsam zurückzukehren und den Bürgerkrieg zu beenden, und als Condé seine Bereitschaft erkennen ließ, mit Concini zu verhandeln, sah sich der Pater rasch in der Rolle des Mittelsmannes zur Königinmutter. Die Aufgabe des Friedensstiftens wurde erleichtert, als Condé an Grippe erkrankte und für des Paters feierliche Mahnungen an das Höllenfeuer empfänglich wurde. Ein Friedensvertrag wurde aufgesetzt, der nichts regelte, aber vorderhand die über Maria von Medici und den Concinis schwebende Gefahr beseitigte. Die anderen großen Adligen erklärten ihre Unterwerfung, und es war, als wäre nie etwas geschehen. Während dieser Verhandlungen traf Pater Joseph häufig mit Richelieu zusammen, der zum Hof kam, um beim König Schutz gegen die Plünderung seines Eigentums zu suchen, aber wohl auch in der Hoffnung, durch seine Gegenwart bei dem komplizierten Kommen und Gehen, das zur Regelung der Streitigkeiten führte, selbst konsultiert zu werden. Die beiden hatten Gelegenheit, lange und ernsthaft über den Zustand des Reiches, über die Unmoral jeglicher Rebellion und über die Notwendigkeit der nationalen Einheit als eines moralischen Gutes zu sprechen, und sie stellten fest, daß sie in ihren Ideen harmonierten und sich im Ehrgeiz wie im Talent messen konnten.

Richelieu hatte, ohne es zu wissen, den besten aller möglichen Kontakte geknüpft. Anstatt jedoch zu warten, bis Pater Joseph in einer Position war, in der er ihn zur Macht hieven konnte, pflegte er angelegentlich den Umgang mit dem neuen Finanzminister Claude Barbin, der einer von Concinis Männern und ein Günstling Marias von Medici war. Richelieu war schon mit Barbin zusammengetroffen, als dieser noch *procurateur* in Melun war, und die beiden hatten sich angefreundet. Jetzt war es Barbin möglich, Richelieu bei der Hand zu nehmen und ihn Leonora Concini vorzustellen. Später gibt Richelieu in seinen *Mémoires* offen zu, daß er das Herz ihres Gatten gewann, und es ist ganz sicher, daß auch Leonora, wie Maria von Medici, seinen durchdringenden, verhangenen und melancholischen Augen erlag und ein Opfer seiner Schmeichelei wurde. Der Weg zur Macht ist notwendig mit Unredlichkeit und Intrigen gepflastert, und der Makel des Gemeinen bleibt ein Stachel im Gewissen aller Politiker, die diesen Weg gegangen sind. Es ist ein Maßstab für die Größe Richelieus, daß er, als das Ziel einmal erreicht war, sich durch diese Hypothek nicht von seinen Zielen abbringen ließ und daß er ganz bewußt den schlimmen Vorwurf der Undankbarkeit und Unwürdigkeit auf sich nahm.

Aber wie es so ging: daß sich Richelieu mit dem Regime der Concinis einließ, das mit jedem Tag in größeren Mißkredit geriet, erwies sich als verhängnisvoller Zug, der den Tag, da er endlich an die Macht gelangte, bis in sein vierzigstes Jahr verschieben sollte. Die Ambitionen der Concinis kannten offenbar keine Grenzen, die Geduld Marias von Medici ihnen gegenüber ebenfalls nicht. Nachdem er schon eine Kette von Herrschaften erhalten hatte, forderte dieser italienische Emporkömmling die Prinzen heraus, indem er Marschall von Frankreich wurde. Noch empörender war, daß er das Gouvernement der Picardie verlangte, womit er sich nicht nur in den erlesenen Kreis der großen Herzogshäuser zu drängen versuchte, deren Vorrecht solche Statthalterschaften waren, sondern sich damit auch eine politische Machtstellung in einem Territorium geschaffen hätte, das an die Spanischen Niederlande angrenzte und in bedrohlicher Nähe von Paris lag. Plante er, sich mit spanischer Hilfe ein eigenes, unabhängiges Fürstentum zu schmieden, das auf immer Frankreich in seiner Gewalt hätte? Solange der Marschall von Ancre, wie sich Concini nunmehr nannte, die Regentschaft beherrschte, weigerte sich Condé, nach Paris zurückzukehren und wieder seinen Sitz im Rat des Königs einzunehmen. Solange aber Condé sich abseits hielt, bestand die Gefahr, daß er sich an die Spitze einer dritten Rebellion setzen werde.

Auf Anregung Pater Josephs bat man Richelieu, sich nach Bourges zu begeben und mit Condé zu reden. Es war seine erste politische Mission. Den Weg für eine günstige Aufnahme hatte er sich durch einen kriecherischen Brief geebnet, den er zur Zeit der Verhandlungen in Loudun an Condé geschrieben hatte, als Rückversicherung für den Fall, daß Condé aus den Vorgängen als Sieger hervorgehen sollte. Die Plünderung seines Eigentums durch die Meute Condés war für Richelieu kein Grund zur Empörung mehr. Condé hatte den Brief erwidert, und ein Briefwechsel hatte sich entsponnen, den Richelieu freilich nicht geheimhielt, sondern an die Regentin weiterleitete. So hatte er einen Fuß in beiden Lagern, als er nach Bourges fuhr. Die Erörterungen mit Condé waren fruchtbar. Man versprach dem Prinzen, wenn er seinen Sitz im Rat des Königs wieder einnähme, würde er Einblick in alle Staatsangelegenheiten erhalten. Dafür versprach Condé, sie geheimzuhalten. Man versicherte ihm auch, daß weder die Regentin noch der Marschall von Ancre irgendwelche Pläne gegen ihn schmiedeten. Im Juli 1616 erschien Condé wieder bei Hofe, doch wurde bald deutlich, daß so entschlußlose Leute wie Ancre oder Maria Medici mit ihm nicht fertig werden konnten. Er sah sich bald im Mittelpunkt der Zuneigung und im Brennpunkt des Meinungsstreits. Sein Haus war überlaufen von Lobbyisten, und eine ungestüme Menge, die offen von der Ermordung Ancres sprach, stachelte Leidenschaften und Ambitionen in ihm auf. In einem Anfall von Entschlossenheit entschied sich Ancre dafür, alles auf eine Karte zu setzen. Condé wurde verhaftet, als er den Ratssaal betrat, und in die Bastille verbracht. Als seine Mutter davon hörte, stürmte sie zum Hof und machte allen die Hölle heiß. Mit dem Ruf »Zu den Waffen!« stürzte sie von ihrem *hôtel* zum Pont Notre Dame, doch das einzige, was sie erreichte, war, daß sich ein Haufe zusammenrottete, Ancres Haus nahe dem Luxembourg plünderte und die Beute zur Versteigerung schleppte. Die Prinzen, Bouillon, Guise und Vendôme, verließen Paris in der Absicht, einen Aufstand in den Provinzen anzuzetteln. Sie fanden eine Galeonsfigur in Charles, Herzog von Nevers, einem französischen Zweig des großen Hauses Mantua.

Dieser Mann war Kosmopolit und beinahe Mitglied der Königsfamilie. Sein Vater war ein Gonzaga, seine Mutter eine Prinzessin von Cleve, seine Frau eine Prinzessin von Lothringen, und seine Großmutter väterlicherseits war Paläologin, eine Angehörige der Kaiserfamilie des untergegangenen Byzanz. In seiner Eigenschaft als Repräsentant des byzantinischen Reiches hatte sich ihm erst kürzlich eine griechische Delegation von der Insel Morea genähert, angeführt von einem gewissen Giovanni Fantin Minotto, der ihm vorschlug, er solle sich an die Spitze einer politischen Freiheitsbewegung gegen die Türken stellen. Es war ein Appell, dem sich dieser romantische Mann nicht versagen konnte, aber es war klar, daß eine Erhebung griechischer Bergbauern nicht viel ausrichten konnte, sofern sie nicht von den christlichen Fürsten in erheblichem Umfang moralisch und militärisch unterstützt würden. Nevers dachte gerade über diese Frage nach, als ihm, der als Rebellenführer in Condés Lager zu Loudun weilte, der Pater Joseph begegnete, in dem er eine verwandte Seele erkannte – einen Mann, der mit ihm die Illusion hegte, eine gewaltige Bewegung der ganzen Christenheit werde nicht nur Jerusalem zurückgewinnen, sondern auch die Türken vom Bosporus vertreiben und durch den Herzog von Nevers höchstpersönlich die byzantinische Dynastie wiederherstellen. Die beiden Träumer berauschten sich an der Vision des neu über den Zitadellen des Ostens aufgepflanzten Kreuzes. Sie beschworen den Geist Gottfrieds und Richards und wiegten sich in der Täuschung, der Hilferuf der Griechen sei ein Fingerzeig des

Schicksals. Pater Joseph wollte nach Rom reisen und Paul V. die Billigung eines Kreuzzuges abringen, während Nevers in Deutschland Landsknechte rekrutieren wollte, die den harten Kern des neuen frommen Heeres bilden sollten.

Nevers befand sich auf dem Wege nach Deutschland, als er von Condés Verhaftung erfuhr. Er schrieb einen anmaßenden Brief an den König, scharte seine neuen Kreuzzugsrekruten um sich, zettelte einen Aufstand in der Champagne an, deren Gouverneur er war, und trat in Beziehungen zu Bouillon, der sich in seiner Festung zu Sedan verschanzt hielt. Maria von Medici und Ancre wandten sich in ihrer Not an Richelieu, der mit Nevers durch Pater Joseph bekannt war. Ob er sich wohl in die Champagne begeben und Nevers dahin beeinflussen könne, in die Botmäßigkeit zurückzukehren? Hatte Nevers auf einen Mönch gehört, so mußte er – als Mann, der im Rufe großer Frömmigkeit stand – auch auf einen Bischof hören. Richelieu sollte ihm ausrichten, falls er sich unterwerfe, werde der König den Gedanken eines Kreuzzuges mit dem Papst und dem König von Spanien erörtern. Richelieu kehrte von seiner Mission in der Überzeugung zurück, erfolgreich gewesen zu sein; doch Nevers zeigte sich weit gerissener, als man sich vorgestellt hatte. Er verharrte in seiner Haltung des bewaffneten Widerstandes.

Diesmal war die Revolte der Prinzen gefährlicher, weil sie von gesamteuropäischen Ereignissen überlagert war. In Deutschland war Bouillon dabei, Truppen auszuheben, die er durch den Verkauf von Holz aus seinen Wäldereien rund um Sedan finanzierte. In Venedig waren seine Agenten am Werk und malten das Schreckgespenst einer zweiseitigen Verständigung zwischen den Bourbonen und den spanischen und österreichischen Habsburgern an die Wand, deren Ziel die Strangulierung der unabhängigen Fürstentümer Italiens im Namen der Gegenreformation wäre. Den Engländern erklärte er, diese Verständigung bilde die Grundlage für das Ausgreifen der päpstlichen Oberherrschaft über den Kanal. Wenn es Bouillon gelang, der Abtrünnigenbewegung einen antispanischen und daher antikatholischen Akzent zu verleihen, dann konnten sich die Hugenotten erheben, und die ganze jammervolle Tragödie der Religionskriege konnte sich wiederholen. Richelieus Rat nach seiner Rückkehr von der fruchtlosen Unterredung mit Nevers ging dahin, die Rebellion sogleich und mit Entschlossenheit zu zerschlagen. Der päpstliche Nuntius berichtete über ihn, er verzehre sich nach einem Krieg gegen die Rebellen; dieser Krieg dünke ihn notwendig, wenn der König König zu sein wünsche. Wenigstens diesmal handelte die Regierung ohne Zaudern, und die drei Städte des Nevers, Soissons, Nevers und Rethel, wurden belagert. Nevers selbst eröffnete die Verhandlungen durch seine Schwester, die Herzogin von Longueville, und es ist bezeichnend für die Position, die Richelieu mittlerweile einnahm, daß er es war, an den sie sich als ersten wandte.

Eine Palastrevolution hatte zu einer Vakanz im Rat des Königs geführt, und es stand für den Posten des Außenministers kein gegebenerer Kandidat zur Verfügung als der Bischof von Luçon, der in diesen Verhandlungen ein ungewöhnliches Maß an Geschick und Festigkeit verraten hatte. Ende 1616, wenige Tage nach dem Tode seiner Mutter, bezog Richelieu das Ministerium und wurde nun zum ersten Mal mit den Problemen der Außenpolitik konfrontiert. Die Botschafter, die ihn aufsuchten, um mit ihm Kontakt aufzunehmen, fanden ihn nervös, beunruhigt und verwirrt angesichts der Größe der diplomatischen Probleme, die ihn erwarteten. Seit dem Tode Heinrichs IV. war in Frankreich keine Außenpolitik mehr getrieben worden, allenfalls die des Bündnisses mit Spanien. Für jeden, der sich die Mühe machte, darüber nachzudenken, war klar, daß die Zeit nicht mehr fern war, wo die äußere Krise den Zwist im Inneren entfachen mußte, falls es Frankreich nicht gelang, eine unabhängige Position in den europäischen Angelegenheiten zu beziehen. 1621 sollte der Waffenstillstand zwischen Spanien und den Niederlanden auslaufen, und jedermann rechnete damit, daß die Spanier versuchen würden, die holländischen Provinzen zurückzuerobern. Außerdem ging es mit Kaiser Matthias zu Ende, und der streng katholische Erzherzog Ferdinand von Tirol würde wohl nach seinem Tode versuchen, nach der Kaiserkrone zu greifen. Es war klar, daß man bei den deutschen Protestanten bestrebt sein würde, das zu verhindern. Ein gegenseitiges Frontmachen von Katholiken und Protestanten mußte zu einem Bündnis der spanischen und der österreichischen Habsburger gegen die protestantischen Fürsten Deutschlands und Hollands führen.

Während der Hugenottenkriege hatte Spanien mehrfach in den innerfranzösischen Streit eingegriffen. Spanische Armeen hatten Paris bedroht. Philipp II. hatte die Kandidatur seines eigenen Sohnes für den französischen Thron unterstützt, ja, noch im Jahre 1590 hatte eine spanische Truppe von 2500 Mann die Bretagne besetzt und sich dort einen Stützpunkt geschaffen. Wohin sich der Blick der Franzosen auch wandte, spanische Truppen standen an den Grenzen ihres Landes: droben in Belgien, in Arras und St. Quentin und in der ganzen Provinz Artois, wo sie kein ernsthaftes geographisches Hindernis von Paris trennte. Im Osten standen sie in der Franche-Comté (Freigrafschaft Burgund) und blickten von den Höhen des Jura auf das Saône-Tal hinab. Im Süden standen sie, die Pyrenäen im Rücken, im Tiefland der Grafschaft Roussillon und hatten in der starken Festung Perpignan einen bequemen Ausgangspunkt für ein Vordringen gegen Marseille oder Toulouse. Das Mittelmeer war ein spanisches Meer. Auch im Atlantik waren die Spanier trotz ständiger Belästigung durch die Engländer die beherrschende Macht. Frankreich war umzingelt von ihnen, durch keine natürlichen Hindernisse geschützt, und seine Anfälligkeit flößte vielen Menschen ein böses Gefühl der Unsicherheit ein. Dies war besonders beim Bürgertum der Fall. Seine Handelswege, entlang der großen französischen Flüsse vom Mittelmeer nach Belgien und ins Rheinland führend, waren auf Gnade und Ungnade der spanischen Politik ausgeliefert. Sollte der Güterstrom aus dem Osten, der von Alexandretta oder dem Isthmus von Suez durch das Mittelmeer zum Hafen von Marseille und von dort nach ganz Europa floß, entweder zur See oder durch das Schließen der belgischen Grenze unterbrochen werden, konnten die ökonomischen Auswirkungen verheerend sein. Die Kaufleute spürten, daß *sie* durch Spanien mehr zu verlieren hatten als die Territorialmagnaten, als deren Schutz- und Garantiemacht Spanien fungierte.

Aber der anti-spanische Affekt des französischen Volkes hatte noch eine weitere Dimension. In Sachen der Religion war Spanien auf eine ganz altmodische und kompromißlose Weise orthodox. Es verstand sich selbst als den Retter des Katholizismus und sah im Protestantismus in all seinen Spielarten nichts als Teufelswerk. Das französische Bürgertum war in weiten Teilen hugenottisch, und nachdem sie durch das Edikt von Nantes eine freilich prekäre Gleichstellung mit den Katholiken erreicht hatten, konnten die Hugenotten kein Interesse daran haben, daß Spanien seine Version der Gegenreformation nach Frankreich hineintrug – sei es mit Feuer und Schwert, sei es durch subtilere Einflüsse bei Hof. Die Furcht wurde genährt durch die augenscheinliche Größe Spaniens. Den Zeitgenossen muß das Land als politischer Koloß erschienen sein. Seit einem Jahrhundert war keine spanische Armee auf dem

Felde besiegt worden. Jahr um Jahr brachte die gepanzerte Flotte neuen Zuwachs an Reichtum, der Spanien scheinbar instand setzen mußte, immer mehr Kanonen und Schiffe zu bauen, immer mehr Rüstungsgüter zu kaufen und immer mehr Leute in der französischen Regierung zu bestechen. Spanien war ganz offenbar auf seinem Höhepunkt angelangt, und seine kulturelle Vormachtstellung, in diesem Zeitalter eines Cervantes, Lope de Vega und Calderón, ließ ein Frankreich in Ehrfurcht erschauern, das seinen Descartes, Pascal oder Corneille noch nicht hervorgebracht hatte. Daß die spanische Wirtschaft bereits durch die Erschöpfung der peruanischen Goldquellen angeschlagen war, blieb unerkannt und wurde erst eine Generation später deutlich, als der kulturelle und militärische Niedergang Spaniens bereits weit vorgeschritten war.

Als Richelieu Außenminister wurde, hatte er keine diplomatischen Erfahrungen und hatte auch für internationale Angelegenheiten weder ungewöhnliches Interesse noch Verständnis verraten. Seine fünfmonatige Amtszeit war hier in gewisser Weise lehrreich und ließ ihn zu Schlüssen gelangen, die für den Rest seiner Laufbahn sein Denken bestimmen sollten. Es wurde ihm klar, daß sich die Rebellion in Frankreich, die chronisch zu werden versprach, nicht auf den französischen Raum begrenzen ließ, da die großen französischen Magnaten Beziehungen zu benachbarten Ländern unterhielten, was zur Folge hatte, daß Zwistigkeiten innerhalb Frankreichs auf ganz Europa ausstrahlten. Umgekehrt mußten Störungen des Machtgleichgewichts in jenen Ländern unweigerlich Auswirkungen für Frankreich haben, aufgrund eben dieser Beziehungen. Die Stabilität Frankreichs hing also nicht nur von der Befriedung der Rebellion im Innern des Reiches ab, sondern gleichermaßen von der Stabilität der anderen Länder. Die schiere Existenz Spaniens als europäischer Großmacht bewirkte die Deklassierung und damit die Instabilität dieser anderen Länder. Deshalb konnten Vorgänge in Norditalien, am Rhein oder an der Mosel Frankreich nicht gleichgültig lassen, da die Gewalttätigkeiten zweifellos auf französischen Boden übergreifen mußten; und da Spanien für die Nachbarn Frankreichs als Provokation erscheinen mußte (sei es auch nur in dem negativen Sinn, daß es seinen Besitzstand in Europa zu wahren suchte) und damit eine Bedrohung für den inneren Zusammenhalt Frankreichs darstellte, lag es in der Natur der Sache, daß die französische Diplomatie einen tendenziell antispanischen Charakter bekam.

Es wird gemeinhin angenommen, daß Richelieu die Welt in bezug auf seine Einstellung gegenüber Habsburg bewußt getäuscht habe und daß er erst die Karten auf den Tisch legte, als er 1624 fest im Sattel saß. Auf der Basis dieser herkömmlichen Einschätzung wird ferner behauptet, daß Richelieu jede Sache, die er einmal vertrat, verraten habe. Diese Einschätzung verkennt das pragmatische Element in seinem Denken. Es gibt keinen Grund zu der Annahme, daß er vor 1617 nicht ein ehrlicher Verfechter der Verständigung zwischen den Häusern Bourbon und Habsburg war, einer Verständigung, zu der er ja schon bei den Generalständen seinen Segen gegeben hatte. 1616 schrieb der venezianische Botschafter, als er der Signoria die Ernennung Richelieus zum Außenminister meldete, daß dieser kein Freund Venedigs sei, da er zur spanischen Partei gehöre, und daß er sogar, wie Gerüchte wissen wollten, vom spanischen Botschafter bezahlt werde. Sollte sich der Botschafter hierin getäuscht haben, so erging es jedenfalls anderen ebenso, denn der päpstliche Nuntius schrieb, daß Richelieu dank seines Glaubenseifers, seines Wissens, seiner Beredsamkeit und seines Lebenswandels zu den fähigsten Männern Frankreichs gehöre und daß sich die Kirche niemanden wünschen könne, der geeigneter sei, die Sache des Katholizismus zu fördern, deren anerkannter Vertreter Spanien sei. Der spanische Botschafter verhehlte nicht seine Genugtuung über die Ernennung Richelieus und meinte, es gebe niemanden in Frankreich, der Gott, der Krone Spaniens und dem Allgemeinwohl besser diene als Richelieu. Es stimmt zu Richelieus Geist und Charakter, wenn man annimmt, daß seine habsburgfeindlichen Grundsätze sowohl durch die Einsichten provoziert wurden, die er während der Monate seiner Amtstätigkeit 1617 in die spanische Politik gewann, wie auch durch seine Erwägungen über die sich zuspitzende europäische Krise. Sein Sinneswandel folgte der sich festigenden Überzeugung, daß Frankreich eine unabhängige Rolle in Europa spielen müsse, und man darf füglich behaupten, daß diese Überzeugung erst in dem Augenblick unerschütterlich wurde, als zehn Jahre später gewisse spanische Pläne aufgedeckt wurden, während Frankreich mit der Belagerung La Rochelles zu tun hatte.

Die Intrigen, die Bouillon in Venedig zugunsten von Nevers' Aufstand spann, zeigen die innige Verknüpfung zwischen europäischer und französischer Politik. Venedig hatte, wie alle übrigen italienischen Fürstentümer auch, Angst vor Spanien, das die Halbinsel über seine beiden Machtzentren Mailand und Neapel beherrschte. Das Herzogtum Mailand bildete einen Brückenkopf zwischen Spanien und Österreich, und da es tendenziell die spanischen und die österreichischen Habsburger zusammenführte, stellte es das politische Gravitationszentrum Europas dar. Während nun Nevers seine Rebellion in Frankreich betrieb, wurde Venedig, fast durch Zufall, in einen Krieg gegen die Habsburger gezogen. Die venezianische Flotte hatte nämlich ein Seeräubernest in den Lagunen von Segna ausgehoben. Segna aber war Territorium des Erzherzogs Ferdinand, der mit Vergeltung drohte und die spanischen Vizekönige von Mailand und Neapel dazu bestimmte, sich auf Feindseligkeiten gegen Venedig einzulassen. Von der Übermacht Spaniens bedroht, wandte sich Venedig an den obersten Störenfried Europas, den kleinwüchsigen, dunkelhäutigen, ehrgeizigen und rastlosen Herzog von Savoyen, Karl Emanuel I., und außerdem an Holland. Die Holländer scheuten sich nicht, der Serenissima mit viertausend Bewaffneten zu Hilfe zu eilen. Die Italiener indes waren schockiert von den protestantischen Praktiken dieser schlimmen Calvinisten.

Nun bestand aber zwischen Frankreich und Venedig ein gegenseitiger Beistandspakt. Wenn sich Frankreich an ihn hielt, trieb es die pro-spanische Partei in die Arme Spaniens; wenn es sich nicht an ihn hielt, trieb es die antispanische Partei ins Lager der Aufständischen. In jedem Fall würden Bürgerkrieg und internationale Auseinandersetzungen Frankreich einmal mehr in den Ruin stürzen und sehr wahrscheinlich unter spanische Herrschaft bringen. Für Richelieu war es ein böses Dilemma. Er suchte ihm zu entgehen, indem er mittels diplomatischer Offensive an allen Höfen Europas auf eine rasche Einigung zwischen Venedig und den Habsburgern hinwirkte. Er machte freilich seine Rechnung ohne Karl Emanuel, der den Gouverneur des Dauphiné, Lesdiguières, mit Eifer in sein feingesponnenes Verschwörernetz einspann. Lesdiguières war einer der großen protestantischen Herzöge, ein Mann, der ein eigenes Heer unterhielt und das Dauphiné als sein eigenes Fürstentum behandelte. Als man ihn daran erinnerte, daß Gouverneure nur für bestimmte Fristen im Amt blieben, da lachte er. In Vizille, einem großen Château bei Grenoble – heute ein Wohnsitz des Präsidenten –, hielt er fast wie ein König hof, und Heinrich IV. nannte ihn im Scherz *le roi dauphin*. Daß des Königs Wort im Dauphiné überhaupt etwas galt, lag an des Herzogs Duldung, nicht an der Stärke der Regierung. Die spanische Ausrichtung der Regentin war Lesdiguières, wie allen übrigen Hugenottenfürsten, verhaßt, und der alte Haudegen hatte ein offenes Ohr für jeden Vorschlag, wie man die Politik des Hofes unterminieren könne. Er hörte sich die Pläne Karl Emanuels zu einer militärischen Demonstration an, die die Spanier im Herzogtum Mailand beeindrucken sollte. Dann hob er, ohne Paris zu verständigen, siebentausend Mann aus und marschierte mit ihnen im tiefen Winter über die Alpen, um zur Weihnacht 1616 spektakulär in Piemont zu erscheinen, also einen Monat nach Richelieus Amtsantritt und, wie er behauptete, gerade rechtzeitig, um Savoyen vor einer spanischen Invasion zu bewahren. Selbst Ludwig XIII. zollte diesem Coup seinen Beifall, weil er seine Regierung bloßstellte. Dazu äußerte er sich in seinem unübersetzbaren Idiom: *»Tant mieux, cela fera baisser le nez aux Espagnols!«*

Richelieu beschloß, aus dem *fait accompli* Kapital zu schlagen. Den Venezianern und Holländern gegenüber konnte man das französische Eingreifen als Geste der Hilfsbereitschaft auslegen. Den Spaniern konnte man es als Lehrstück dahingehend präsentieren, daß es sich nicht auszahle, die unbotmäßigen protestantischen Magnaten Frankreichs durch politische Abenteuer in Italien zu provozieren. Der Vorfall versetzte Frankreich in die Lage, aus einer unerwarteten Position der Stärke heraus zu verhandeln, und erlaubte ihm, in dem italienischen Zwist die Rolle des Schiedsrichters zu beanspruchen. Frankreich würde sich seine Handlungsfreiheit erhalten. Die Spanier und die Kaiserlichen würden Frankreich in der Erwartung umwerben, von dort Unterstützung bei der bevorstehenden Wahl des Kaisers zu erhalten. Spanien, Venedig, der Papst, Savoyen, das Reich: sie alle würden nach Paris kommen und Ludwig als ihrem Schiedsrichter ihre Sache vorlegen. So würde Frankreich ruhmreich dastehen, und der Friede wäre gerettet. Es war beabsichtigt, Lesdiguières eine scharfe Rüge zu erteilen, doch Richelieu, begeistert von seiner neuen Idee, milderte den Tadel dergestalt, daß er sich wie eine versteckte Billigung las. Tatsächlich aber bestand nicht die leiseste Chance, daß irgendeine der beteiligten Parteien die Rolle akzeptieren würde, die Richelieu für Frankreich konzipiert hatte, oder daß irgendeiner der Kontrahenten bereit sein würde, die strittigen Fragen über den für ihn wünschenswerten Punkt hinaus geklärt zu sehen. Es war ein Machtkampf aller gegen alle, in dem Streitfragen nur als Ausrede dienten. Es gelang Richelieu nicht, die Beteiligten dazu zu bringen, einer generellen Regelung zuzustimmen, aber er zog doch eine Lehre aus dieser Erfahrung, nämlich Krisen dadurch zu unterdrük-ken, daß man Verhandlungen unentwegt weiterführt: »Verhan-deln ohne Unterlaß, offen oder geheim und an allen Orten.«

Und wirklich gingen die Verhandlungen so lange weiter, bis sie schließlich von einer Reihe neuer Zwistigkeiten in Norditalien überlagert wurden, die zehn Jahre später Richelieu veranlassen sollten, selber an der Spitze eines Heeres in Savoyen einzu-marschieren.

4
Pompe Quasi-Funèbre
1617–1620

Auf Fensterbänken und in den dunklen Ecken des Louvre sah man
sie tuscheln und wispern. Ein neuer königlicher Favorit war im
Kommen, und die Position des Marschalls von Ancre bröckelte ab,
da sich die Kräfte der Opposition im Lager der Aufständischen und
am Hofe zusammenschlossen. Der Favorit war Charles d'Albert de
Luynes, des Königs Falkenier. Aus der Provence gebürtig, wo sein
Vater ein winziges Lehen nahe Marseille besaß, gehörte Luynes
dem niedersten Adel an, und so blieb sein geräuschloses Sichein-
schmeicheln in die Gunst des sich nach außen verstellenden Monarchen eine Zeitlang unbemerkt. In den Augen der Welt war Ludwig völlig seiner Mutter und ihrem Regime unterworfen. Einzig an
der Jagd und der Marzipanherstellung soll er interessiert gewesen
sein. Der venezianische Botschafter schrieb:

Seine ganze Umgebung hängt völlig von der Königinmutter ab, die
sie soweit als möglich nach ihrem Mangel an Fähigkeiten und Intelligenz auswählt, auf daß niemand irgendeinen männlichen Gedanken dem König eingebe. So verharrt er in einem Zustand des
Gehorsams und des Respekts; die Autorität der Königin ist vollkommen und noch im Steigen begriffen. Ihr Sohn spricht, handelt
oder gebietet einzig durch sie. In anderer Hinsicht wieder ist der
König nicht ohne Verdienste; er faßt rasch auf und ist lebhaft und
aufgeweckt. Er wäre recht vielversprechend, wenn er eine bessere
Erziehung genossen hätte und wenn sein Sinn mehr auf ernsthafte
Dinge gerichtet wäre.

Erst nach und nach wurde der Hof gewahr, daß der finstere, brü-
tende Ludwig diesen kraftvollen und männlichen Luynes vergöt-
terte, und erst als Luynes überraschend Festung und Stadt Amboise erhielt, erkannte man in Luynes einen Rivalen des verhaßten
Ancre, der fortfuhr, in rascher Folge Arroganz und Schwäche zu
zeigen.

Richelieus Sorgen mit den diplomatischen Geschäften hinderten ihn nicht daran, in Luynes' wachsendem Einfluß auf den König eine wachsende Gefährdung der Position Ancres, und damit die Gefährdung seiner eigenen, zu erkennen. Als Minister konnte er schwerlich erwarten, im Amt zu bleiben, wenn er sich nicht das Wohlwollen Ancres erhielt. Zugleich aber konnte er nicht riskieren, zu stark mit der Partei Ancres identifiziert zu werden, wenn er auch im Falle von Ancres Sturz im Amt zu bleiben hoffte. Während er herzliche Briefe an Ancre schrieb, bot er der Königin-mutter seinen Rücktritt an, und als sie dies ablehnte, wandte er sich an den päpstlichen Nuntius und zog ihn ins Vertrauen. Ein hohes Kirchenamt, vielleicht das Erzbistum Reims, wohl gar ein Kardinalshut, so ließ er wissen, würden ihm zusagen, falls er gezwungen sein sollte, sich aus den Regierungsgeschäften zurückzuziehen.

Auf Gewalt sinnende Männer drangen nun in den König, er solle die Ermordung Ancres befehlen, und Montpouillan, der sechste Sohn des protestantischen Herzogs von La Force, ward ausersehen, die Tat zu vollbringen. Der fromme Ludwig indes schrak vor einem Mord zurück. Er wollte Ancre lediglich verhaftet wissen. Nicolas de l'Hôpital, Marquis von Vitry, der Kommandeur der königlichen Leibgarde, erhielt entsprechende Instruktionen, doch flochten die Verschwörer die Ermahnung ein, daß der Marschall zu erschießen sei, falls er Widerstand leiste. Am Montag, den 24. April 1617, um zehn Uhr morgens erschien Ancre mit einem großen Schwarm von Gefolgsleuten an der Zugbrücke des Louvre, gegenüber der Kirche St. Germain l'Auxerrois. Zahlreiche Bittsteller umringten ihn und versuchten, ihm Papiere in die Hand zu drücken. Vitry bahnte sich einen Weg durch das Gewühl, und gerade als der Marschall einen Blick auf eine Bittschrift warf, spürte er die Hand Vitrys auf der Schulter. »Ich habe Befehl vom König, Sie zu verhaften!« rief Vitry. Ancre trat einen Schritt zurück und griff nach dem Schwert. Bevor er noch die Klinge aus der Scheide brachte, zogen mehrere Leute Vitrys geladene Pistolen hervor, die sie unter dem Umhang verborgen hielten, und feuerten, während die Menge zu beiden Seiten zurückwich, drei Kugeln auf den Marschall ab. Ancre sank in die Knie, taumelte einen Augenblick und stürzte dann vornüber zu Boden. Vitry versetzte dem Körper einen Fußtritt und brach in den Ruf »*Vive le roi!*« aus.

Eine Kammerfrau der Königinmutter, die die Schüsse gehört

hatte, öffnete ein auf die Zugbrücke hinausgehendes Fenster des Palastes und fragte, was geschehen sei. Vitry, im Vollgefühl seines Triumphs, rief zurück, er habe den Marschall getötet. Die Hofdame schlug das Fenster zu und stürzte zur Mediceerin, die in Wehklagen ausbrach. »Sie hätten fliehen sollen. Ich habe es ihnen gesagt. Sieben Jahre habe ich regiert; nun erwarte ich nichts mehr als eine Krone im Himmel!« Die Marschallin von Ancre wurde benachrichtigt und bewies ein Gutteil mehr Selbstbeherrschung als die Königinmutter. Die arme Frau legte sich zu Bett und weinte still vor sich hin. Fast im gleichen Augenblick brachen Vitrys Wachen in ihre Gemächer, kehrten das Unterste zuoberst, nahmen ihr Juwelen, Ringe und Geld weg, zwangen sie aufzustehen und schleppten sie in die Bastille.

Richelieu befand sich in der Sorbonne und besprach sich mit dem Rektor, als einer der Professoren, der zufällig in der Nähe des Louvre gewesen war, die Neuigkeit überbrachte. Hastig fuhr Richelieu über den Pont Neuf zum Louvre, und als seine Kutsche den Hof der Stallungen passierte, entdeckte er eine Gruppe von Ministern, darunter Barbin, die sich hier verborgen hielten. Man überredete Richelieu, da er sich am wenigsten mit Ancre kompromittiert habe und seine geistliche Würde ihm eine gewisse Immunität verlieh, solle er sich zum König verfügen und dessen Einstellung gegenüber den Ministern erkunden. In die Galerie des Louvre eintretend, entdeckte Richelieu den König, der heftig erregt auf einem Billardtisch stand. Aus allen Türen drangen die Höflinge in hellen Scharen herbei und versammelten sich um den Tisch, um ihre Treue zu geloben. Die meisten Historiker dieser Zeit beschreiben, wie der sechzehnjährige Ludwig von seinem erhöhten Standort über die Köpfe der wogenden Menge hinweg den eintretenden Richelieu bemerkt. »Aha, Luçon!« soll er gerufen haben, »jetzt bin ich Ihre Tyrannei los! Machen Sie, daß Sie wegkommen!« Wahrscheinlich ist dies nichts weiter als das nicht ernstzunehmende Gerücht jener Partei, die auch die Legende erfand, Ludwig sei die verängstigte Kreatur Richelieus gewesen. Aber man kann glauben, daß sich der neben dem König stehende Luynes ins Mittel legte und erklärte, der Herr von Luçon habe der Regentin stets gut geraten, und daß der König daraufhin Richelieu befahl, sich in den Ministerrat zu verfügen, der sogleich einberufen wurde. Als sich Richelieu indes an der Tür zeigte, trat Villeroy, einer der »Wackelköpfe«, die gegen Ancre opponiert hatten und von Maria Medici entlassen worden waren, auf ihn zu und fragte ihn, in welcher Eigenschaft er hier sei. Als er merkte, daß niemand mit ihm sprechen wollte, verließ Richelieu den Raum. Er wußte, daß Ancres Fall auch ihn mitgerissen hatte.

Des Marschalls Leichnam wurde heimlich in St. Germain l'Auxerrois beigesetzt, doch der Pariser Pöbel entdeckte ihn am nächsten Tag und grub ihn wieder aus. Die Meute hängte ihn am Pont Neuf auf und ging daran, ihn in Stücke zu schneiden. Richelieu hatte sich gerade aufgemacht, um den päpstlichen Nuntius aufzusuchen, und wurde, als seine Kutsche die Brücke passieren wollte, durch das Gemetzel aufgehalten. Beim Anblick des ausgeweideten, kastrierten Leichnams und der johlenden Menge erkannte Richelieu sofort die tödliche Gefahr, in der er schwebte. Es brauchte ihn nur irgendwer als einen Mann Ancres zu erkennen, und schon hing er als blutige Leiche an der Brücke und seine Eingeweide trieben die Seine hinab. Richelieu beugte sich aus dem Fenster der Kutsche und rief: »Ihr seid Leute, die für ihren König sterben würden! Es lebe der König!« Und damit, so berichtet er, ließen sie ihn ziehen. Es war eine Szene, die ihn zeit seines Lebens im Wachen und im Schlafen verfolgen sollte und die ihm in den Sinn kam, sooft er über das Übel des öffentlichen Ungehorsams nachdachte. Mehrmals im Lauf seiner Karriere hatte er guten Grund, ein ähnliches Schicksal wie Ancre zu gewärtigen.

Die Stellung Marias von Medici war unhaltbar. Der gelungene Coup hatte ihre Regentschaft hinweggefegt, und von nun an würde der König selber herrschen. Es galt, sie aus allen Machtpositionen zu verdrängen, ohne daß ihrer königlichen Würde Abbruch geschah. Von allen bisherigen Ministern war einzig Richelieu nicht hinter Gittern. Maria wandte sich nun an ihn als den Bischof und den Mann, der sie so oft mit der Bekundung seiner Ergebenheit belästigt hatte, um sich jetzt von ihm bei den Verhandlungen über ihre Zukunft vertreten zu lassen. Später machte sich Richelieu selbst ein Kompliment für das Opfer, das er mit seiner ritterlichen Reaktion auf ihr Ersuchen gebracht habe; er sagt, wenn er bereit gewesen wäre, sie fallenzulassen, hätte er seinen Sitz im Ministerrat behalten können, und Luynes habe ihm dies auch angeboten. Das Ergebnis der Verhandlungen war, daß sich die Königinmutter an die Loire zurückziehen sollte. Es gelang Richelieu, im Rahmen dieser Abmachungen auch das Leben Barbins zu retten. Am 3. Mai 1617 kam Ludwig, um von seiner Mutter Abschied zu nehmen. Es war eine peinliche Begegnung, bei der sich beide Teile sehr kalt verhielten. In der letzten Kutsche ihres Gefolges, das nun Paris verließ, saßen Richelieu und der Bischof von Chartres. Es war ein Gefolge, das man nicht ohne Bitterkeit als »*pompe quasi-funèbre*« bezeichnete.

Maria von Medici blieb in Blois. Sie umgab sich mit einem Schwarm von Schmeichlern und Intriganten, bejammerte unablässig ihr Geschick und bezichtigte die Welt der Undankbarkeit. Der König, von ihrer Gegenwart befreit, war wie ausgewechselt. Der venezianische Botschafter berichtet, daß Ludwig bei einer Audienz in sich hineingekichert habe. Der neue Herrscher über Frankreich aber war Luynes, und mit ihm stand Richelieu, als der persönliche Berater der Mediceerin, auch künftig in Verhandlungskontakt. Luynes, der damals vierzig war, gab sich als wohlerzogener, angenehmer und ruhiger Mensch, doch weder er noch Richelieu trauten einander im geringsten über den Weg, sondern jeder spielte ein doppeltes Spiel mit dem andern. Luynes, von Briefen Richelieus überschüttet, in denen dieser die wärmste Ergebenheit für den König bekundete, ließ sich nicht täuschen und bedeutete dem Herrn von Luçon, er wäre gut beraten, wenn er die Königinmutter verlasse und in seine Diözese zurückginge. Zu Marias Bestürzung folgte Richelieu diesem Wink.

Aber nicht nur an Luynes richtete Richelieu seine Briefe, sondern an jeden, der sich beim König für ihn einsetzen konnte. Selbst an Pater Joseph schrieb er, der gerade in Rom war und seine phantastische Kreuzzugsidee vortrug. Der Brief war unverblümt. Er schilderte Richelieus Unglück, erinnerte an den gemeinsamen Kampf gegen die Häresie und bat offen um die Hilfe des Paters bei der Förderung von Richelieus Interessen. Aber der Bischof von Luçon hatte den Eindruck, er hätte seine Briefe ebensogut an den blauen Himmel richten können, nach allem, was dabei herauskam. Der päpstliche Nuntius, der Richelieus mißliche Lage nach Rom berichtete, schrieb dazu: »Der arme Mann hat, als Folge dieser Ereignisse, vollständig seine Reputation und seine Autorität verloren.« Paul V., der sich der fesselnden Gespräche mit Richelieu erinnerte, war gerührt, konnte es aber nicht für eine Katastrophe halten, daß ein Bischof den Pflichten in seiner Diözese obliegen sollte.

Große Ereignisse zu gestalten ist eine Möglichkeit für jeden, der seinen schöpferischen Drang befriedigen möchte. Dies erklärt auch das Zwanghafte, womit manche Menschen sich in öffentlichen Ämtern aufzureiben streben. Können aber Ereignisse nicht gestaltet werden, so bildet die Gestaltung von Ideen einen Ersatz. Richelieu verlegte sich aufs Bücherschreiben. Zwei Abhandlungen datieren aus dieser Periode des politischen Exils, in der sich Richelieu in eine fieberhafte schriftstellerische Tätigkeit stürzte. Die erste waren die *Hauptsächlichen Glaubenspunkte der Katholischen Kirche*, 1618 erschienen, die andere die *Unterweisung eines Christen*, die im Jahr darauf herauskam. Das erste Buch ist auf seine Weise ein brillantes Werk – einer der eindringlichsten Beiträge zur Analyse des Protestantismus, die der französische Katholizismus in der Zeit der Gegenreformation hervorgebracht hat. Besonders bemerkenswert ist, daß es einzig der Kardinal Duperron war, der schon vor Richelieu über religiöse Themen in der Muttersprache geschrieben hatte, so daß sich der Bischof von Luçon selbst die Regeln seines polemischen Stils geben mußte. Es war die Zeit, da die Religionskriege zu einem Waffengang mit Worten geworden und theologische Kontroversen ein öffentliches Spektakel waren. Nun war gerade der jesuitische Beichtvater des Königs entlassen worden, weil er, wie man munkelte, dem König in der Beichte unbequeme Fragen nach dem Tode Ancres gestellt hatte. Seinen Platz hatte ein anderer Jesuitenpater, Arnoux, eingenommen, der, kaum daß er sein neues Amt angetreten hatte, dadurch von sich reden machte, daß er den Protestanten Mißbrauch der Bibel nachzuweisen suchte. Die Unterstellung, daß die Verfechter einer buchstabengetreuen Bibelauslegung die Lehren der Schrift entweder nicht kannten oder sie verfälschten, wurde als unfairer Schlag empfunden, und vier hugenottische Pfarrer aus Charenton verfaßten eine schriftliche Entgegnung, *Verteidigung des Bekenntnisses der Reformierten Kirchen*. Eine große literarische Fehde begann, die das ganze gebildete Frankreich erschütterte. In diesen Streit beschloß Richelieu einzugreifen.

Die *Glaubenspunkte der Katholischen Kirche* sind eine taktvolle, unvoreingenommene, tolerante und versöhnliche Arbeit. In einer einleitenden Adresse an den König, der sich zweifellos an die Existenz Richelieus und an seine Talente erinnern würde, schreibt der Bischof: »Ich werde ihm dartun, daß die Mittel der Sanftmut nach meiner Meinung am besten geeignet sind, die Seelen vom Irrtum zu befreien.« Daran knüpft er eine Erörterung über die Grenzen religiöser Duldsamkeit. Er verwirft den Gedanken, die Häresie müsse durch Gewalt völlig ausgerottet werden, aber er verwirft genauso die deutsche Lösung, wonach die Religion des Landesfürsten auch die seiner Untertanen sein müsse. Es muß eine Grenze der Duldsamkeit geben, und sie verläuft dort, wo religiöse Freiheit zum politischen Handeln führt. Was das Gedankengut des Protestantismus betrifft, so ist die Freiheit der Bibelauslegung unstatthaft. Da die meisten Menschen nicht lesen können, müssen sie angeleitet werden. Die Auslegung der Bibel durch einen Pfarrer ersetzt also die Auslegung durch die Kirche. Aber wie kann die Auslegung eines einzelnen ein besserer Führer sein als die reiche Tradition der Kirche? Es heißt einfach, die Menschen in die Irre führen, wenn die Priester behaupten, daß ihre ganze Lehre deutlich in der Bibel verzeichnet stehe. Wo steht in der Heiligen Schrift etwas von Prädestination, klar und deutlich formuliert? Wo wird gesagt, daß jeder Mensch seiner Erlösung gewiß sein kann? Und wenn es nicht dasteht: wie kann es, bloß dem Wort einzelner folgend, die die Bibel auslegen, ein Glaubensartikel sein?

Aber hier hört die Täuschung nicht auf. Auf der Grundlage der freien Bibelauslegung beanspruchen die Protestanten eine Macht, die größer ist als jene, die sie dem Papst streitig machen. In einer scharfen, vernichtenden Passage kommt Richelieu zum springenden Punkt:

Weder der Papst noch ein Bischof noch sonst ein Mensch, so lehrt Luther, hat Gewalt, einen Christen ohne dessen Einwilligung auch nur durch eine Silbe zu binden. So scheint ihr untergründig zu lehren, daß menschliche Gesetze in keiner Weise das Gewissen binden – ein Lehrsatz, den die Katholische Kirche verabscheut.

Dies empfanden nun die Protestanten als einen Hieb, der noch weniger fair als der des Paters Arnoux war, und er provozierte eine Sturzflut wütender Repliken. Schließlich hatte Luther immer wieder den Gehorsam gegen die Obrigkeit gefordert, und wer die Protestanten beschuldigte, das Gesetz zu mißachten, der beschuldigte sie der politischen Unzuverlässigkeit. Der Einwand war geschickt, brach aber der Bemerkung Richelieus, die bedeutend tiefer ging als ein beleidigender Vorwurf der Unzuverlässigkeit, nicht die Spitze ab. Richelieu bezog Stellung in der eben erst aufbrechenden Diskussion über das eigentliche Wesen des Rechts. Ist das Recht ein Produkt des Willens oder ein Produkt des Verstandes? Ist es ein Produkt des Willens, dann hat es zu seiner Stütze einzig die Macht des Fürsten, der seinen Willen durchsetzt. Ist es andererseits ein Produkt des Verstandes, so bindet es das Gewissen des einzelnen, weil es zugleich den Rückhalt eines moralischen Kriteriums besitzt. Die Existenz dieses Kriteriums wiederum hängt ab vom Vorhandensein einer Metaphysik der menschlichen Gesellschaft. Der Protestantismus, mit seiner Verwurzelung im spätmittelalterlichen Nominalismus, hatte keine Philosophie zur Stütze einer solchen Metaphysik, und Luthers Gebot, den Willen der Fürsten zu respektieren, entbehrte jeglichen Maßstabs zur Beurteilung der Moralität der fürstlichen Willensbekundung. Logischerweise betrachtete der Protestantismus das Recht als etwas, das den einzelnen äußerlich bindet, ohne innerlich sein Gewissen zu belasten. Gepaart mit der These, daß die Souveränität des Volkes jener des Fürsten vorangeht, birgt die protestantische Argumentation den Keim der politischen Anarchie in sich. Klarer als die meisten seiner Zeitgenossen erkannte Richelieu, wohin eine voluntaristische Rechtstheorie führen mußte. Nicht umsonst hatte er seinen Bellarmine studiert.

Das Werk hatte bei den Katholiken einen enormen Erfolg. Man begrüßte in Richelieu den Helden des Waffengangs, und das Buch zeitigte eine entschiedene Wirkung bei den Hugenotten. Noch fünfzig Jahre später hat der bekannte protestantische Pastor von Tonneins, Jacques de Coras, nach der Lektüre der Schrift konvertiert.

Während Richelieu emsig mit der Feder war, intrigierte Maria von Medici emsig gegen Luynes. Der Favorit mußte glauben, daß Richelieu, der viel zu viele Besucher empfing, die treibende Kraft hinter ihrer Aufsässigkeit war. Er kam zu dem Schluß, daß für seine Pläne Luçon viel zu nahe bei Blois lag. Am 7. April 1618 erhielten Richelieu, sein Bruder Henri und sein Schwager Pontcourlay, der Gatte von Françoise, die königliche Ordre, sich unverzüglich ins Exil in die Papststadt Avignon zu begeben. Luçon sah am Karfreitag seinen Bischof davonziehen, der nicht einmal wartete, bis er am Ostersonntag in seinem Dom die Messe zelebrieren konnte. Die Straßen zwischen Luçon und Avignon führten über das Nordende des Zentralmassivs, über das Hochland der Auvergne und den Limousin – Gegenden, an die der zivilisierte Franzose nur mit Schrecken dachte. Hatte man Montluçon hinter sich gelassen, hörten die *grandes routes* mit dem *pavé*-Belag auf, bis man zur Rhône kam, und auch dann war der *pavé*, durch mangelnde Instandhaltung nach den Hugenottenkriegen, häufig zerstört. Wo es Gasthäuser am Wege gab, waren sie extrem primitiv und hatten Holzbohlen statt Glasscheiben in den Fenstern. Möglichkeiten zum Wechseln der Pferde gab es nicht, was bedeutete, daß der Wagen nur langsam vorankam und man dauernd pausieren mußte. So dauerte es denn einen Monat, bis die kleine Gesellschaft Avignon erreichte. Was sie dort vorfanden, ähnelte weitgehend dem, was man heutzutage in Meknes oder Fès zu Gesicht bekommt. In den schmalen Straßen wimmelte es von umherziehenden Straßenhändlern und Führern, die meisten von ihnen Juden in fremdartigen orientalischen Gewändern. Die Handwerker hatten ihre Werkstatt im Freien oder im Basar, und jedermann kochte offenbar am liebsten auf der Straße. Die Verkehrssprache war Italienisch, die höheren Beamten, die beim Vizelegaten beschäftigt waren, waren Italiener, und es gab auch eine Art Gesellschaft des kleinen französischen Adels, der sich in der Stadt niedergelassen hatte und eine Mischung aus Italienisch und Französisch sprach.

Das Ganze war ein kolonialer Vorposten des Papstes, und wie an allen derartigen Orten gärte es von persönlichen Reibereien, Intrigen und absurden Eifersüchteleien. Alles, was Richelieu tat oder sagte, wurde von Wichtigmachern und professionellen Spionen, die ihn umschwärmten, an den Vizelegaten und schließlich nach Paris weiterberichtet. Die Verbannten mieteten sich ein Haus in einem abgelegenen Viertel, nahe dem Minoritenkloster. Richelieu speiste gelegentlich mit den päpstlichen Beamten und mit dem Vizelegaten Bagno, der zehn Jahre später päpstlicher Nuntius zu Paris werden sollte. Ansonsten sah man ihn nur, wie er des Abends an der Rhône entlangpromenierte und zusah, wie sich der Nebeldunst über Châteauneuf-du-Pape vom Zinnoberrot in ein Türkis verwandelte. Verdrießlich war er und nervös. Wieder und wieder rekapitulierte er die Ereignisse, die zu seinem Sturz geführt hatten, rechtfertigte zum tausendsten Mal seine Handlungsweise. Unter dem Zwang, seine Energie auf dem Papier zu entladen, verfertigte er Apologien für seine Beziehungen zu Ancre. Wenn es ein Verbrechen gewesen war, dem Favoriten zu schreiben: wer war dann frei von Schuld? Warum mußte man ihn kritisieren, wenn tausend andere ungeschoren davonkamen? Es war ein trübseliges Leben, und seine geistlichen Exerzitien, die er sehr ernst nahm, waren sein einziger, wenn auch unzureichender Trost. Als Paul V. von seiner

Situation erfuhr, bemerkte er: »Was wird aus der Wohnung werden, die er in seinem Bistum innehaben sollte? Und was wird die Welt dazu sagen, daß man ihn hindert, dort zu sein, wo die Pflicht es ihm gebietet?«

Wenn er etwas gefaßter war, griff Richelieu zur Feder und brachte Ernsteres zu Papier als Klagen und Vorwürfe. Die Frucht seiner Arbeit war die *Unterweisung eines Christen.* Hier kehrt er zu seiner ersten Liebe zurück, zur Pastoraltheologie mit ihrem ihm zusagenden autoritativen Gefüge. Das Buch, das den Einfluß Bellarmines auf Richelieus Theologie, wenn auch nicht auf seine politische Philosophie verrät, war ein schlichter Katechismus unter besonderer Berücksichtigung der Zehn Gebote. Aber die politische Philosophie scheint dort durch, wo Richelieu einen Vergleich zwischen der Macht Gottes und der Macht des Königs zieht:

Ein souveräner König in Frankreich bezeugt, daß er nicht seinesgleichen hat und daß alle anderen ihm untertänig sind; und so bezeugt Gott, als der souveräne König der Welt, daß Er nicht seinesgleichen hat und daß Er einzig in seiner Art ist.

Das war die Konzeption des Gottesgnadentums, gewonnen aus der Bodin'schen Abstraktion von Souveränität und den Gläubigen von Luçon als theologischer Lehrsatz präsentiert. Es war jedoch nicht die Konzeption eines Jakob I. von England, denn dessen Theorie des Gottesgnadentums wurzelte im Nominalismus und lief darauf hinaus, daß der Untertan dem Fürsten zu gehorchen hat, gleichgültig, was der Füst befiehlt: Er mag dafür in die Hölle kommen, aber das ist dann seine Sache. Richelieus Theorie besagte, daß der Untertan dem König so lange zu gehorchen hat, wie der Wille des Königs mit dem göttlichen Willen übereinstimmt, daß aber Ungehorsam in dem Augenblick erlaubt ist, wo der König das Böse will. Von der jesuitischen Theorie, wie sie Bellarmine vertrat, weicht Richelieu hauptsächlich darin ab, daß er den Satz leugnet, ein König, der Böses wolle, könne abgesetzt werden. – Der Autor errang auch mit dieser Schrift einen großen Erfolg. Die *Unterweisung* wurde in mehrere Sprachen übersetzt und über ein volles Jahrhundert bei jeder Sonntagsmesse auszugsweise von allen französischen Kanzeln verlesen. Der Einfluß dieser Schrift auf die Propagierung des Monarchiebegriffs im Zeitalter Ludwigs XIV. ist gar nicht abzuschätzen.

Zu Richelieus Trübsal kamen noch Familiensorgen. Seinen Bruder, den Marquis, erreichten traurigen Nachrichten. Man hatte Henris Frau, die er erst kürzlich geheiratet hatte, in Richelieu zurücklassen müssen, da sie schwanger war, und nun war sie im Kindbett gestorben, ohne ihren Mann noch einmal gesehen zu haben. Sie hatte ihm einen Sohn hinterlassen. Der Marquis ersuchte beim Hof um die Erlaubnis, aus familiären Gründen nach Richelieu zurückkehren zu dürfen, damit er sich um das Kind kümmern konnte, doch sieben Monate verstrichen, bevor der Hof antwortete, und als Henri nach Richelieu kam, war das Kind tot. Der Bischof von Luçon blieb mit Pontcourlay in Avignon zurück, gramerfüllt bei dem Gedanken, daß der Erbe tot war, der eines Tages seinen Namen, den Ruhm und den Reichtum hätte erben sollen, den er zu gewinnen gehofft hatte und nun fürchtete, ihn nie mehr zu erlangen. Krank und vielleicht sein Ende herannahen fühlend, machte Richelieu sein Testament; das Silber vermachte er dem Dom zu Luçon, seine Bibliothek und 1000 *livres* dem Seminar.

Von all den Briefen, die Richelieu aufs Geratewohl geschrieben, hatte einer das Ziel getroffen und war dem Pater Joseph in Rom zu Herzen gegangen. Der Kapuziner befand sich wieder in Paris, wo er sich höheren Orts zu schaffen machte, und er hatte Richelieus Bitte, sich für ihn zu verwenden, nicht vergessen. Monatelang bot sich dem Pater nicht die Gelegenheit, seinem Kollegen zu helfen, doch dann zeichnete sich durch die Ereignisse eine Konstellation ab, die seinen Zwecken günstig war. Maria von Medici war aus Blois geflohen. Der Vorgang war an sich schon dramatisch genug, aber er zeitigte noch dramatischere Folgen, da die Königinmutter nun an der Spitze einer neuen Fürstenrevolte stand. Diesmal war es der Herzog von Épernon, der sich erhob. Er war Gouverneur von Angoumois und Metz. Einer der Italiener der Königinmutter, Ruccellai, war der Antreiber einer Verschwörung, die sie an die Spitze einer Oppositionspartei bringen und Luynes stürzen sollte, und natürlich wandte sich Ruccellai an den fünfundsechzigjährigen Günstling Heinrichs III., der Groll gegen den neuen Favoriten hegte. D'Épernon verließ Metz im Februar 1619 und zog in seine Hauptstadt Angoulême, wo er eine Schar von Rittern aushob und mit ihnen gegen das Château Loches, unweit Blois, vorrückte. Einer seiner Kammerdiener schlich sich bei Nacht nach Blois hinein, stieg zum Château empor, lehnte eine Leiter an die zur Straße zeigende Mauer und erkletterte den Burgwall. Hier stellte er eine zweite Leiter auf, die zu Marias Zimmer führte, dessen Fenster hundertundzwanzig Fuß über dem Boden lag.

Für eine Dame ihres Alters und ihrer Schwere war es ein gewagtes Unterfangen, sich aus dem Fenster zu schieben und die Leiter bis zum Burgwall hinunterzuklettern. Aber dann verlor sie die Nerven und weigerte sich, die zweite Leiter zu betreten. So verfertigte man eine Art Schlitten, indem man sie auf einen von Stricken gehaltenen Mantel setzte und den Abhang hinunterbugsierte. Von zwei Verschwörern begleitet, ging Maria durch die kleine Stadt zur Loirebrücke. Unterwegs kam sie an Soldaten vorbei, die sie für eine Frau von lockeren Sitten hielten. Zu ihrer Eskorte gewandt, meinte Maria ironisch: »Sie halten mich für eine Lebedame.« Und unter allgemeinem Gelächter ging sie weiter, dem Rendezvous mit Ruccellai entgegen. In der Nähe von Loches traf sie Épernon, der einhundertfünfzig Ritter und seinen Sohn La Valette, den Erzbischof von Toulouse, bei sich hatte.

Die Neuigkeit von der Flucht Marias erreichte Ludwig XIII. in St. Germain und versetzte den Hof in Panik. Jetzt konnte es anscheinend zu einer gewaltigen Koalition von Bouillon, Condé, Guise, Lesdiguières und Épernon kommen. Der Rat des Königs rechnete damit, daß sich die Hugenotten erheben und die Spanier der Königinmutter zu Hilfe eilen würden (ohne den Widerspruch in diesen beiden Erwartungen zu bemerken). Ludwigs erster Impuls war, seine Rüstung anzulegen und sich in den Kampf zu stürzen, doch konnte eine so ungezügelte Reaktion dazu führen, daß sich die Fürsten aus Gründen des gegenseitigen Schutzes nur noch enger zusammenschlossen. Besser sei es, meinte Luynes, man versuchte, durch subtilere Methoden die Mediceerin zu isolieren, die jetzt Zuflucht bei Épernon in Angoulême gefunden hatte. Und wer, so warf Pater Joseph am Rande der Debatte gegenüber Pater Bérulle ein, wer werde eher zu Klugheit und Mäßigung raten als der Bischof von Luçon? Sich seiner zu entledigen war der schlimmste aller denkbaren Fehler gewesen. Pater Bérulle saß in den beratenden Gremien des Königs, aber er erwähnte Richelieus Namen nicht direkt. Vielmehr ließ er durchblicken, der Dechant des Domkapitels zu Luçon, Sebastian Bouthillier, sei doch ein vernünftiger und versöhnlicher Mann, den man der Mediceerin beigeben konnte, und als der Dechant herbeigerufen und gebeten wurde, die Aufgabe zu übernehmen, ersuchte er ebenfalls darum, daß ihm der Bischof zugeteilt würde. Luynes schwankte. Bérulle und Pater Joseph warfen jedoch ihr ganzes Gewicht in die Waagschale, um ihn zu überzeugen, daß die Andeutungen, die er aus der Umgebung Marias und insbesondere von seiten Ruccellais erhalten hatte und die darauf hinausliefen, daß Richelieu den Ungehorsam geschürt habe, in Wirklichkeit Hetzreden waren, die darauf abzielten, den mäßigenden Einfluß des Bischofs auf die Königinmutter zu beseitigen und dieses wankelmütige Geschöpf zwielichtigen Ränkeschmieden auszuliefern.

Während sich Richelieu in einem Zustand seelischer Erschöpfung befand, kam ein Ritter über die Brücke von Avignon gesprengt. Es war des Paters Joseph Bruder Charles du Tremblay. Er brachte Richelieu den königlichen Befehl, unverzüglich seinen Dienst bei der Königin-Mutter zu Angoulême aufzunehmen. Es war der März 1619. Die Auvergne lag noch unter einer dichten Schneedecke, und die Reise war fürchterlich. Ein Jahr nachdem Richelieu aus Luçon ins Exil gezogen war, am Mittwoch vor Ostern, traf er in Angoulême ein. Zunächst wandte er sich an Épernon, der ihn freundlich empfing und zu Maria von Medici führte. Er erklärte ihr, daß er nicht die Absicht habe, in schwebende Dinge einzugreifen, und diese Haltung, die völlig im Gegensatz zu dem stand, was man erwartet hatte, verblüffte Épernons Clique. Es war ziemlich gefährlich, fanden sie, nicht zu wissen, was er vorhatte. Ob er sich nicht den Beratern der Königinmutter anschließen und seine Meinung abgeben wolle? Als man ihn fragte, erwiderte er lediglich, er habe den Rat nicht gegeben, den andere gegeben hatten, weil es an Mitteln fehle, dem König entgegenzutreten. Daraufhin verließ Ruccellai das Versammlungszimmer, und Épernon, der des überschlauen Italieners ohnehin überdrüssig war, half noch mit einem kräftigen Stoß nach.

Es wurde Richelieu klar, daß er es mit Amateurverschwörern zu tun hatte, und als er seine Argumente denjenigen Bérulles hinzufügte, der im Auftrag des Königs in Angoulême mit der Königinmutter verhandelte, war es nicht mehr schwer, die königliche Frau zu einer Einigung zu bewegen. Am 4. Mai 1619 akzeptierte sie die Bedingungen des Königs, verkündete den Frieden und ließ von allen Kirchtürmen Angoulêmes das Te Deum läuten. Die Bedingungen des Kompromisses waren für sie günstig. Man verdankte sie großenteils dem Verhandlungsgeschick Richelieus, der Maria vorsichtig aus dem Intrigennetz löste und doch für sie den Anschein erweckte, als habe sie dem König eine wesentliches Zugeständnis abgerungen. Richelieu hatte darauf bestanden, daß die Königin ihren geschützten Wohnsitz und ihre Zuflucht erhielt, so daß sie nicht mehr die leichte Beute jener werden konnte, die sich ihre Rastlosigkeit zunutze machten. Sie erhielt das Gouvernement Anjou und die Stadt Angers zugesprochen. Richelieu hätte Nantes vorgezogen, da es sicherer war und Zugang zum Meer hatte, und er dehnte zu diesem Zweck die Verhandlungen endlos aus. Er setzte sich nicht durch, hatte aber trotzdem Grund, mit dem Erreichten zufrieden zu sein. Er hatte sich unentbehrlich gemacht, und für viele war sein Stern nun wieder im Aufsteigen begriffen. Selbst der vergrämte alte Erste Minister Heinrichs IV., der Herzog von Sully, der sich stets eifersüchtig im Hintergrund der öffentlichen Vorgänge gehalten hatte, hielt es für vorteilhaft, wenn eine Heirat zwischen seiner Familie und den Plessis de Richelieu arrangiert werden konnte.

Richelieu war jetzt in der Lage, durch die Königinmutter das Gouvernement Anjou zu kontrollieren. Onkel Amador de La Porte wurde zum Statthalter von Angers gemacht, Richelieus anderer Schwager, Marquis von Brézé und Gatte Nicoles, zum Hauptmann der Garde ernannt – eine Stellung, aus der er später zum Kommandanten der königlichen Leibwache und schließlich zum Marschall von Frankreich aufstieg. Unglücklicherweise stand Henri de Richelieu als Adressat von Marias Gunst nicht mehr zur Verfügung. Nach dem Tode seiner Frau und seines Kindes streitsüchtig gestimmt, geriet er in den Straßen von Angers mit dem früheren Statthalter, dem Marquis von Thémines, in Streit. Klingen blitzten. Richelieu verwundete den Gegner, doch dieser unterlief mit seinem Kurzschwert die Abwehr Richelieus und durchbohrte ihm die Brust. Richelieu konnte nur noch seufzen: »Gott vergebe mir!«, bevor er tot zu Boden sank. Pater Bérulle, der zufällig dazukam, erteilte ihm die Absolution. Die Hoffnung des Hauses Richelieu war nun dahin, und der Bischof versank in Verzweiflung. Seine leidenschaftlichen Anstrengungen, das Duellwesen künftig zu unterdrücken, gingen nicht nur auf seine Entschlossenheit zurück, dem Gesetz Geltung zu verschaffen, sondern auch auf sein Wissen um den Schmerz, den das Duell über unschuldige Herzen bringen konnte. Sein Kummer aber war längst nicht zu Ende, auch nicht, als er sich mit dem Tod seines Bruders abgefunden hatte; denn nun mußte er den Besitz in Richelieu übernehmen und etwas gegen dessen Verschuldung tun.

Nachdem man Maria von Medici mit einer Provinz bedacht hatte, die hinreichend weit vom Hof entfernt war, um ihre Unabhängigkeit sicherzustellen, sie aber auch von der Einmischung in die Regierungsgeschäfte abzuhalten, erschien nun eine öffentliche Aussöhnung mit ihrem Sohn als wünschenswert. Die Begegnung fand im Château Couzières bei Tours statt. Beide vergossen Tränen, keiner wußte, was er sagen sollte, und sie schieden voneinander mit kalten Gefühlen wie eh und je. Als Luynes Condé aus der Bastille entließ und eine Erklärung zu seiner Einkerkerung abgab, die stark nach einer Verurteilung der gesamten Regentschaftszeit klang, stellte sich die Königin-Mutter mit ihrer Autorität hinter eine neue Rebellion. Richelieu möchte uns glauben machen, daß er alles getan habe, um zur Besonnenheit zu raten, und sich dem ausbrechenden Sturm schließlich nur beugte, um seinen guten Einfluß auf die Königinmutter zu behalten, doch mag er sich viel bereitwilliger gebeugt haben, als er zugibt, da ihn Luynes' Doppelzüngigkeit in der Frage des Kardinalshutes erbitterte. Er fand, daß ihm dieser in Anbetracht seiner jüngsten guten Dienste und seiner verantwortlichen Stellung bei der Königinmutter zustehe. Luynes pflichtete ihm immerzu bei, daß der Kardinalshut ihm in der Tat zustehe, und versprach, etwas in dieser Sache zu unternehmen. Er konnte die Ernsthaftigkeit seiner Absicht auch belegen, indem er nachwies, daß der König beim Papst um den Hut ersucht hatte. Was er nicht verriet, war, daß der Brief nach Rom von dem deutlichen Wink begleitet war, daß Luçon nicht der rechte Mann für diese Würde war – ein Wink, der noch verstärkt wurde durch einen Brief des päpstlichen Nuntius Corsini, der gründlich gegen Richelieu aufgehetzt worden war. Der Kardinalshut ging denn auch an La Valette, den Erzbischof von Toulouse und Sohn des Herzogs von Épernon, einen der Teilnehmer der jüngsten Rebellion.

Der Hof der Königinmutter zu Angers wurde täglich größer und prächtiger. Die blühende Frau war in bester Laune und genoß die Schmeicheleien und das Amüsement trotz der schwarzen Gedanken über den bösen Luynes. Dieser wiederum, der nicht mehr von einem Politiker an sich hatte als Ancre, bedachte nicht, daß er durch die Freilassung Condés zugleich auch die anderen Fürsten, die auf Condés höheren Rang eifersüchtig und ohnehin gewohnt waren, Zweifel an seiner Herkunft zu hegen, auf die Seite Marias trieb. Der Herzog von Maine verließ plötzlich Paris und begab sich in seine Provinz Guyenne, was man als ein Zeichen des Bruches deutete. Eine gefährliche Situation braute sich in Angers zusammen. Luynes machte sich Sorgen. Indem er Richelieu weiterhin mit dem Kardinalshut köderte, versuchte er ihn zu überzeugen, daß die Königinmutter nach Paris kommen solle, wo sie natürlich unter strengerer Überwachung stehen würde. Es war ein schwieriges Problem für Richelieu. Von seinem Interesse am Kardinalshut einmal abgesehen, mußte er den Anschein vermeiden, Ungehorsam und Verrat zu provozieren. Gleichzeitig konnte er der Mediceerin nicht dazu raten, ihre Unabhängigkeit aufzugeben. Die Verhandlungen zogen sich hin, und gleichzeitig ließen kleinliche, schmutzige Intrigen in Paris und Anjou die Spannung ins schier Unerträgliche steigen. Schließlich verlor Luynes die Selbstbeherrschung und entschloß sich zu einem direkten Vorstoß. Brieflich beschuldigte er Richelieu, die Königinmutter bewußt vom König fernzuhalten, wobei er hinzufügte, der König sei von den guten Absichten seiner Mutter überzeugt, und mit der ominösen Bemerkung schloß: »Wir haben bis jetzt von Ihnen geglaubt, was man von einem Ehrenmann glauben soll.« Jeder betrachtete zuletzt den andern als den schlimmsten Betrüger der Welt.

Alle Magnaten verfügten über Scharen bewaffneter Leute, die bereitstanden, um das politische Manövrieren mit ein wenig Druck hier und da zu unterstützen, und es war schwer zu sagen, wo die bewaffnete Aktion aufhörte, legitime Politik zu sein, und in eine Kriegshandlung überging. Sowohl Maria von Medici wie auch Ludwig konnten sich entschließen, diesen nebulösen Rubikon zu überschreiten. Allmählich hatte das Anwachsen der militärischen Kräfte den Westteil Frankreichs in ein Mobilmachungsgebiet von der Form eines großen Halbmondes verwandelt, dessen eine Spitze bei Rouen, die andere bei Poitiers lag, während die Kette befestigter Städte und Schlösser dazwischen in der Hand von Marias Anhängern war. Dieser Halbmond besaß im östlichen Frankreich sein Pendant. Er reichte von Metz, wo Épernons Sohn auf seiten der Königinmutter war, bis Lüttich, wo Barbin bereits Söldner rekrutierte. Die protestantischen Fürsten Deutschlands wurden in die Intrige hineingezogen, und was noch bedeutsamer war: auch die Emissäre des Königs von Spanien waren aktiv. Richelieu als ihr Vertrauter erhielt einen Einblick in spanische Politik, der seine Ansichten über die Pläne dieses Landes bestätigte.

Luynes, unentschlossen wie immer, wußte nicht, was tun. Als eine weitere Gruppe königsnaher Verwandter plötzlich aus Paris verschwand und zur Königinmutter reiste, wagte er nicht, sie aufzuhalten. Die Seuche breitete sich aus, aber Luynes hatte kein Konzept. Bei einer Ratssitzung am 4. Juli 1620 trat Condé entschieden für Krieg ein. Luynes zauderte noch immer. Die Ratsmitglieder sahen einander unschlüssig an. Plötzlich elektrisierte der König, der noch nie zuvor öffentlich seine Meinung gesagt hatte, die Versammlung mit den Worten: »Im Angesicht so vieler Gefahren müssen wir uns gegen die größte und nächste wenden; das ist die Normandie. Auf, marschieren wir!« Kein Widerspruch wurde laut; Ludwig begann jene Härte seines Wesens zu zeigen, die bisher unter Jagdlust und Schwermut verborgen lag.

Das Ergebnis war lachhaft. Als die Verschwörer in Rouen entdeckten, daß ihnen der König persönlich entgegentrat, so daß sie sich entweder ergeben oder offen Verrat üben mußten, verließ sie der Mut, und sie flohen. Rouen fiel an Ludwig und seine hundert Ritter. In Caen geschah ziemlich das gleiche. Nachdem er den Aufruhr in der Normandie niedergeworfen hatte, wandte sich der König unverzüglich nach Anjou. Einen Monat später stand er mit 12 000 Mann Infanterie und 1200 Mann Kavallerie in La Flèche. Im nahegelegenen Angers befand sich der versammelte Adel in großer Aufregung. Jeder gab der Königinmutter einen anderen Rat, jeder erteilte Befehle, die von niemandem befolgt wurden. Ein Pamphlet, das bald nach diesem Vorfall erschien, berichtet, wie sich Richelieu, nachdem er die Wogen etwas geglättet hatte, an die Menge wandte. Er bat Maria um Vergebung für das, was er sagen werde, und meinte dann, daß Waffen niemals über einen König triumphieren würden, der von den Engeln Gottes bewacht werde. »Es wird keinen einzigen unter Ihren treuen Untertanen geben, der Ihnen dazu rät, gegen Ihren Sohn zu revoltieren, oder die Auffassung der Unzufriedenen teilt. Die Klagen, die diese vorbringen können, wiegen nicht schwer.«

Diese Rede, gehalten oder nicht, war von geringem Nutzen. Das Durcheinander nahm zu, bis es unbeschreiblich wurde, und Richelieu zog sich in sein kaltes und abwesendes Schweigen zurück, während wenige Meilen entfernt bei glühender Hitze der König die absurde kleine Schlacht von Ponts-de-Cé gegen die Streitkräfte der Königinmutter gewann. Als der Kanonendonner durch das verhangene Loire-Tal hallte, rang Maria von Medici verzweifelt die Hände, wimmerte und lehnte es sogar ab, dem Rat Richelieus zu folgen und nach Angoulême zu fliehen, um bei den in wenigen

Stunden beginnenden Friedensverhandlungen nicht der Gnade eines Luynes ausgeliefert zu sein. Als die Verhandlungen begannen, bei denen die Königinmutter von Richelieu und dem Kardinal von Sourdis vertreten wurde, zeigte Luynes ganz unerwartet seine Bereitschaft zu einer gütlichen Einigung. Der *status quo* wurde wiederhergestellt, allen wurde verziehen, und Maria von Medici mußte lediglich versprechen, hinfort in guten Beziehungen zum Hof und zu Luynes zu leben. Der König, zufrieden, seine Eignung zum Kriegsgeschäft entdeckt zu haben, war zu einer neuerlichen Aussöhnung mit seiner Mutter bereit, und wieder flossen die Tränen. Bei der Begegnung des königlichen Paares konnte Richelieu den Anflug eines Lächelns kaum verbergen. Luynes hatte seine eigne Regelung mit dem Bischof vorgeschlagen. Sein Neffe, Sieur von Combalet, würde Richelieus Nichte Marie-Madeleine, die Tochter Pontcourlays, heiraten, und der König würde seine Eingabe um den Kardinalshut für Richelieu erneuern.

5
Den Göttern gebieten
1619–1624

Im Trubel der beiden Rebellionen der Königinmutter hatten die großen Territorialfürsten die Gespaltenheit Frankreichs und die Wirkungslosigkeit der Königsmacht demonstriert. Nicht nur als Besitzer von Ländereien und Schlössern waren die Fürsten und Herzöge mächtig. Als Provinzgouverneure waren sie beinahe kleine Könige, die, wann immer sie es wollten, die Grenzen ihres Landes gegen die Zentralgewalt abschließen und die staatlichen Mittel im Namen des Königs für ihre eigensüchtigen Zwecke einsetzen konnten. Aber es gab noch eine tiefere Kluft in Frankreich: die der Religion. Die Hugenotten vertraten nicht nur einen abweichenden Glauben, sie waren, wie Richelieu es einmal ausgedrückt hat, ein Staat im Staate. Das war kein bloßes Epigramm. In Enklaven in der gesamten Südhälfte Frankreichs genossen sie eine Autorität und Unabhängigkeit, die kein anderer Staat in Europa tolerierte, und die entzweienden Konsequenzen hieraus waren eine beständige Bedrohung für das Überleben der Nation. 1573 hatten sie in Milhaud ihre eigene politische Organisation aufgebaut, mit Generalständen, die alle drei Monate zusammenkamen, einem Kommandanten, der den Titel Protektor der Kirchen führte und im Namen des Königs die Abgaben einzog, und einem Verwaltungsapparat, der neben dem der Krone herlief und ein Duplikat der Funktionen der Krone darstellte. Jeder Beamte leistete einen feierlichen Eid, ein Bruder seiner Kollegen und ein Diener im Hause des Herrn zu bleiben. Es war die reine Freimaurerei, die hier in die Politik getragen wurde.

Das Edikt von Nantes, das 1598 die Hugenottenkriege beendete, war ein Vertrag, der weniger darauf abzielte, Zwietracht zu beseitigen, als vielmehr dieser Gruppe eine privilegierte Stellung einzuräumen. Es hatte fünfundneunzig öffentliche Artikel, sechsundfünfzig Geheimartikel und dreiundzwanzig geheime Zusatzartikel. Die öffentlichen Artikel garantierten die Freiheit des Gewissens und der Religionsausübung unter genau festgelegten

Bedingungen und regelten Begräbnisordnung, Testamente, die Verfassung der protestantischen Kirchen sowie die Bezahlung ihres Klerus. Die Geheimartikel, die Heinrich IV. abgezwungen wurden, garantierten den Protestanten das Recht, acht Jahre lang alle befestigten Städte und Schlösser zu behalten, die sie zu diesem Zeitpunkt innehatten; außerdem verpflichtete sich der König, 180 000 Kronen für die hugenottischen Garnisonen zu zahlen. Damit verblieben die Hugenotten im Besitz von einhundertfünfzig befestigten Plätzen, die über halb Frankreich verstreut waren und von denen jeder einzelne imstande war, der Autorität des Königs zu trotzen. 1608 berechnete der venezianische Botschafter, daß es 3500 protestantische Adlige gab, die theoretisch 25 000 Mann ausheben konnten, wovon freilich keine zweihundert für ihren Glauben das Martyrium auf sich genommen hätten. Im ganzen gab es etwa eine Million Hugenotten im Reich – einer von fünfzehn Franzosen –, denen für ihren Gottesdienst siebenhundert Kirchen zur Verfügung standen.

Die Erblande Heinrichs von Navarra, die Pyrenäenprovinz Béarn, waren dazu bestimmt, Unruhe zu stiften, da die örtlichen Machthaber sich weigerten, ihrerseits den Katholiken die Zusagen aus dem Edikt von Nantes einzuräumen. Die jüngere Geschichte des Landes verlief unklar. 1512 riß Ferdinand, der katholische König von Aragón, jene vier Fünftel Navarras an sich, die südlich der Pyrenäen liegen. Er hinterließ ein Rumpfgebilde an der Nordseite des Gebirges, das fanatisch anti-spanisch und infolgedessen fanatisch französisch war. Der Herrscher über dieses brodelnde Rest-Navarra war Heinrich von Albret, der Marguerite von Angoulême, die Schwester Franz' I., heiratete. Ihre Tochter, Johanna von Albret, eine glühende Neophytin Calvins, heiratete einen entfernten Verwandten des französischen Königshauses, Antoine von Bourbon, und wurde die Mutter Heinrichs von Navarra. Da Navarra ein unabhängiger Staat war, gab es keine Möglichkeit, den nunmehr stattfindenden Vorstoß gegen die katholische Kirche abzuwehren. Der Katholizismus verfiel dem Bann, die Kirchengüter wurden eingezogen und wie in England unter den Kleinadel verteilt.

Als die Kronen Frankreichs und Navarras in der Person Heinrichs IV. zusammenfielen, behielten die antikatholischen Gesetze in der nunmehr als Béarn bekannten Provinz ihre Geltung. Heinrich ermöglichte sich durch seinen Übertritt zum Katholizismus einen relativ leichten Zugang zum Thron Frankreichs, doch der

Preis, den er für die päpstliche Absolution zu zahlen hatte, war das feierliche und zur Bedingung gemachte Versprechen gewesen, die Kirchengüter in seiner Heimat zurückzuerstatten oder die Kirche aus dem Eigentum der Krone zu entschädigen. Es war ein Versprechen, das leicht gegeben, aber schwer zu halten war, und Heinrich verschob es bis an sein Lebensende, in diesen sauren Apfel zu beißen. Das einzige, was er zur Erleichterung seines Gewissens unternahm, war die Ernennung zweier Bischöfe für Béarn, die jedoch den Hof gar nicht verließen und sich unbeliebt machten, indem sie beim König auf die volle Erfüllung seiner Versprechen drangen. Der Fall löste eine lebhafte und endlose juristische Diskussion aus. War Béarn nunmehr ein Teil Frankreichs und damit der französischen Gesetzgebung einschließlich des Edikts von Nantes unterworfen; oder war es noch immer ein unabhängiger Staat, der nur deshalb mit Frankreich assoziiert war, weil zufällig ein und derselbe Mann beide Kronen ererbt hatte? Mit anderen Worten: war eine Staatensukzession eingetreten, oder bestand lediglich eine Personalunion der beiden Kronen? Zugunsten dieser letzteren Interpretation sprach die Überlegung, daß das salische Gesetz in Navarra nicht galt und daß daher eine Tochter zwar auf den Thron Navarras, nicht aber auf den Thron Frankreichs gelangen konnte. Es war daher möglich, daß die beiden Kronen in der Zukunft wieder auf zwei verschiedene Häupter übergingen.

Die juristische Diskussion entbrannte, als die Generalstände 1614 Béarn für Frankreich reklamierten. Katholizismus und französischer Patriotismus wirkten zusammen, um die geheiligte Autonomie des Gebietes zu untergraben, und als sich im Februar 1617 das Gerücht verbreitete, die Entschließung der Generalstände solle durch königliche Proklamation vollzogen werden, versammelten sich die Béarneser Stände und erklärten, daß die Verfassung ihres Königreiches ein Grundsatz sei, den kein König von Navarra ohne ihre Zustimmung antasten könne. Das war keine leere Geste; hatte doch Navarra von den Spaniern sehr entschiedene Vorstellungen von der Subordination des Königs unter die Grundverfassung ererbt. Ein Solidaritätsappell der Béarneser führte dazu, daß die Hugenottenversammlung in La Rochelle im folgenden Monat eine Deklaration verabschiedete, wonach die Sache Béarns die Sache des ganzen protestantischen Frankreich sei. Statt der beabsichtigten Einschüchterung des Kronrates erreichte man mit diesem Auftrumpfen nur, daß die katholische Partei den

Druck auf den König verstärkte. Im Juni 1617 wurde dekretiert, daß alle Kirchengüter in Béarn der Kirche zurückzugeben seien und daß die Krone die Kompensationszahlungen an die enteigneten Eigentümer übernehme.

Die Reaktion hierauf war heftig. Ein Sprecher der Protestanten rief aus: »Wenn ich nicht die Götter herabzwingen kann, hetze ich die höllischen Dämonen auf!« Und genau das versuchten die Béarneser nun. Eine königliche Kommission, die nach Pau gereist kam, um das Restitutionsdekret durchzuführen, wurde davongejagt. Die Béarneser Stände bliesen zum Widerstand und zeigten sich gewillt, gegen Spanien, die französischen Katholiken, Österreich und jeden anderen Feind ihres Glaubens anzutreten. Im Jahr 1619 gelang es ihnen, die gesamte hugenottische Kirche zur Verkündung eines Ultimatums zu bewegen, das die Annullierung des Restitutionsdekretes verlangte.

Pater Joseph war unterdessen am Königshof zu Touraine nicht müßig gewesen. Béarn, wo Christus in der Gefangenschaft der Häresie schmachtete, war ihm ein Ersatz für Jersualem, und so sah er im Friedensschluß mit den Rebellen der Königinmutter und in der Konzentrierung militärischer Kräfte im Westen Frankreichs Umstände, die einem Einfall des Königs in diese Provinz und der Zurückweisung der hugenottischen Herausforderung günstig waren. Pater Bérulle und Pater Arnoux taten das Ihre, um Ludwig unter Druck zu setzen, der, im Hochgefühl seines Sieges bei Ponts-de-Cé, leicht zu bewegen war, nach Süden zu ziehen und in seinem anderen Königreich die Flagge des Königtums zu hissen. In Pau wurde er von einer mürrischen Menge begafft, die über die Schnelligkeit seines Vorrückens und den Nachdruck seiner Aktionen so verblüfft war, daß sie nur ohnmächtig ihren Groll bekunden konnte. Der katholische Klerus nahm die Kirche St. Martin in Besitz, ein Jesuitenkolleg wurde gegründet und das Restitutionsdekret vollzogen. Der König, der alles bewirkt hatte, was er durch seine Anwesenheit bewirken konnte, begab sich am 7. November 1619 wieder nach Paris und ließ die Hugenotten in beträchtlicher Erregung zurück. Im Dezember beschloß La Rochelle, die Béarneser zu unterstützen, und ein Hugenottentrupp besetzte die Stadt Privas im Hügelland westlich der Rhône, halbwegs zwischen Lyon und Avignon, während es dem Gouverneur des Languedoc nicht gelang, die Stadt zurückzuerobern. Allenthalben traten die Hugenotten dafür ein, die Verhandlungen mit dem Hof abzubrechen und sich gegen ihn zu behaupten. Man begann, Truppen auszuheben, Instruktionen zu erlassen und für Nachschub zu sorgen. Es war der Bürgerkrieg – genau das Schicksal, das sich Habsburg für Frankreich wünschen mußte, um in den Niederlanden und in Deutschland freie Hand zu haben.

Richelieu folgte den Ereignissen im Süden mit leidenschaftlichem, aber kritischem Interesse. Es gab, so erklärte er, einen deutlichen Unterschied zwischen dem Ungehorsam der Herzöge und der Unruhe unter den Hugenotten. Die Tage waren vorbei, da jene sich zu Königsmachern aufspielen konnten, denn die Gewalt, die sie ausübten, war nicht ihre eigene, sondern die des Königs, und die meisten von ihnen hatten es nicht gewagt, sie gegen den König direkt und unmittelbar anzuwenden. Rebellion und Verschwörung waren ein politisches Spiel. Man durfte es nicht in Ernst ausarten lassen, um keinen der Akteure zu verletzen, aber man konnte es kaum verlieren, weil es gewöhnlich damit endete, daß die Aufrührer mit Ämtern und Würden abgefunden wurden. Die Hugenotten hielt er für königstreu. Was sie zum Aufstand trieb, war die Angst, nicht das Spiel um die Macht. Der Bürgerkrieg in Frankreich und jener, der seit 1618 zwischen Katholiken und Protestanten in Deutschland tobte, waren zu Zangen ein und desselben Krebses geworden, was nur das eine Resultat haben konnte, Frankreich zur Beute des »ungezügelten Ehrgeizes des Spaniers zu machen, eines Ehrgeizes, der ihn antreibt, nach der Krone Europas zu greifen, und ihn veranlaßt, in die Staaten unserer Nachbarn einzugreifen. Die Eroberungen des Hauses Österreich, die es auf Kosten aller Nachbarn Frankreichs bewerkstelligt hat, werden ihm schließlich die Wege zur Vorherrschaft ebnen.« Friede mit den Hugenotten, nicht ihre Vernichtung, war geboten, wenn nicht wieder habsburgische Truppen durch Frankreich ziehen sollten. »Der mächtigste Staat der Welt kann sich nicht rühmen, einen gesicherten Frieden zu genießen, wenn er nicht in der Lage ist, sich jederzeit gegen einen Überraschungsangriff zu schützen.«

Der Königsrat und der wankelmütige Luynes jedoch wurden von Condé dominiert, dessen Eifer für den Katholizismus nicht mit politischer Voraussicht gepaart war, und sie optierten für den Krieg gegen die Hugenotten. Die Armee des Königs rückte gegen Saumur vor, das sich ergab, und anschließend gegen St. Jean d'Angély, das von Rohans Bruder Soubise gehalten wurde. Als auch dieser Platz durch Belagerung fiel, erhob sich die Frage, ob man La Rochelle angreifen solle, die Keimzelle des Aufruhrs. Man beschloß, die Stadt zu umgehen und zunächst wieder nach Süden zu marschieren. Dort war der hugenottische Adel, dem während der Religionskriege zahlreiche Kirchengüter zugefallen waren, in den offenen Widerstand getrieben worden. Kampferprobte alte Rekken hatten sich Rohans zugkräftiger und mächtiger Armee angeschlossen, darunter der langbärtige, zweiundsechzigjährige Herzog von La Force mit seinen sechs kämpfenden Söhnen. Die Heißsporne des Languedoc ließen sich mitreißen von den hitzigen Schmähreden gegen den von Jesuiten gegängelten König. Ihm widerfuhr Schimpf von den hugenottischen Kanzeln herab. La Force verschanzte sich mit dreien seiner Kinder, einer erklecklichen Schar kleiner protestantischer Adliger und einem Schwarm von Pastoren in der befestigten Stadt Montauban und bot dem König eine »eherne Front«, wie die Zeitgenossen sich ausdrückten.

Zuversichtlich legte Luynes die Belagerung um den Platz, doch sollte sich rasch zeigen, daß der große Titel eines Konnetabel von Frankreich keine Garantie für militärisches Genie war. Die Attakken wurden mit viel Enthusiasmus und Tapferkeit vorgetragen, und mancher gute Ritter fand ein ruhmreiches Ende, darunter einer der Kommandeure, der Herzog von Mayenne. Aber ein Krieg war es nicht, und diese Amateure waren keine geeigneten Gegner für die Kämpen hinter den Mauern. Der König, an dessen Seite ein Lakai fiel, verlor das Interesse an der Sache und jagte lieber Hasen statt Hugenotten. Im Lager des Königs gärten die Intrigen gegen Luynes, der mit der raschen Anhäufung großer Staatsämter in seiner Hand keineswegs seine Popularität bei einem eifersüchtigen Adel erhöht hatte. Selbst der jesuitische Beichtvater des Königs, Arnoux, war in die Intrigen verstrickt, woraufhin er prompt entlassen wurde. Die Tage schleppten sich hin, und im Heer brach Typhus aus. Sechzehntausend Kanonenkugeln hatte man ohne erkennbare Wirkung auf die Mauern Montaubans abgefeuert, und nun ging den Geschützen allmählich die Munition aus. Als schließlich der Winter einbrach und endlose Regenfälle mit sich brachte, die jedermann verdrießlich stimmten, gelang es Rohan, den Belagerten Verstärkung zuzuführen, und so blieb nichts weiter übrig, als das Unternehmen abzubrechen. Luynes war außer sich und machte Gott und die Welt für sein eigenes Versagen verantwortlich. Dann erkrankte auch er plötzlich an Typhus. Am 15. Dezember 1621 ereilte ihn der Tod.

Die Nachricht erreichte Richelieu mit einem Brief vom selben Tag. Es stand nun einer echten Aussöhnung zwischen Maria von Medici und Ludwig nichts mehr im Wege, und wenn man der Königinmutter gestattete, wieder Einfluß auf die Regierungsgeschäfte zu nehmen, so würde dies heißen, daß auch Richelieu dem Zentrum der Ereignisse wieder nahe sein würde. Maria schrieb einen trostreichen Brief an den König und beauftragte einen ihrer vertrautesten Berater, Michel von Marillac, mit Ludwig zu reden. Marillac konnte ihr berichten, daß Ludwig entschlossen sei, die Staatsgeschäfte nunmehr selbst zu führen, und daß er volles Vertrauen in die Zuneigung seiner Mutter setze. Richelieu war bestrebt, Maria wieder einen Sitz im Rat zu verschaffen. Obwohl die Minister davon nichts wissen wollten und Condé veranlaßten, dieser Idee heftigst zu opponieren, gab der König schließlich nach, und die Königin-Mutter nahm wieder ihren Sitz ein.

Ihre Interessen und diejenigen Richelieus liefen konform, so daß Maria in den folgenden drei Jahren gleichsam mit seiner Stimme sprach, während er einen immer größeren Einfluß auf die Geschehnisse gewann. Gesundheitlich bot er zu dieser Zeit ein klägliches Bild. »Meine Kopfschmerzen«, schrieb er, »bringen mich um«; und oft, wenn er feststellen mußte, daß der menschlichen Gebrechlichkeit nicht mit zeitlichen Mitteln beizukommen war, wandte er sich an Gott. Er machte sich eine Notiz, die dreihundert Jahre lang unberührt liegenblieb:

Wenn es der göttlichen Gnade gefällt, mir durch Fürbitte des heiligen und innigstgeliebten Apostels Johannes die Gesundheit wiederzuschenken und mich binnen acht Tagen von den grausamen Kopfschmerzen zu befreien, die mich martern, will ich eine Messe stiften, die an jedem Sonntag des Jahres gelesen werden soll; und zu diesem Zweck will ich dem Kaplan jährlich sechsunddreißig *livres* für die zu zelebrierenden Dankesmessen zukommen lassen.

Dies ist nur eines der erhaltengebliebenen Beweisstücke, die bezeugen, daß Richelieu persönlich an Gebet und Fürbitte geglaubt und sich von ihnen abhängig gewußt hat.

Der Frühling kam näher, und in der Hugenottenfrage mußte eine Entscheidung gefunden werden. Richelieu war entschieden gegen eine Erneuerung des Angriffs, und daraufhin sprach sich Maria im Ministerrat ebenfalls dagegen aus. Condé indessen war kampfeslustig und fanatisch religiös wie immer, und so wurde entschieden, noch einmal in den Languedoc einzumarschieren. Während ein anderer königlicher Prinz, der Graf von Soissons, La Rochelle blockierte, zog der König gegen La Force. Bei Bergerac wurde er gezwungen, mit Ludwig Frieden zu schließen. Dann fiel dieser mit Feuer und Schwert in den Domänen des alten Herzogs von Sully ein, der seit Jahren über den Verlust seines Amtes grollte, und nahm nach heftigem Ringen St. Antonin. Montauban widersetzte sich noch immer. Es war in einem besseren Verteidigungszustand denn je, und man beschloß, es zu umgehen und die Garonne entlang zum Mittelmeer zu ziehen. Carcassonne, Narbonne und Béziers fielen in rascher Folge. Es begann die Belagerung Montpelliers, der Hugenottenzitadelle am Mittelmeer.

Nun war aber der neue Konnetabel von Frankreich der große Territorialfürst des Dauphiné, der Herzog von Lesdiguières. Dieser achtzigjährige Veteran der hugenottischen Sache war kurz zuvor zum Katholizismus übergetreten, hatte aber den Einfluß auf seine früheren Glaubensbrüder nicht verloren. Er begann, eine generelle Regelung auszuhandeln, was durch den Weggang Condés erleichtert wurde. Angewidert von dem Gedanken an eine Verständigung mit den Aufrührern, zog der Erste Prinz von Geblüt davon und tröstete sich mit einer Pilgerfahrt nach Loretto. Der Friede von Montpellier, der im Oktober 1622 unterzeichnet wurde, sollte die Situation, so wie sie bestand, stabilisieren. Die Hugenotten hatten achtzig, das heißt etwa die Hälfte ihrer befestigten Anlagen verloren. Es wurde ihnen nun versprochen, daß ihre politische und kommunale Unabhängigkeit, soweit sie noch existierte, von der Krone respektiert würde, und auf dieser Basis gaben die Hugenotten der Provence nach. In Montauban und einer Reihe von Städten im südlichen Massiv jedoch erhielten sie den Widerstand aufrecht, und wo sie trotzdem nachgaben, taten sie es widerwillig und nicht im Geist der Versöhnung. Der Friede von Montpellier war nichts weiter als ein Waffenstillstand.

Auf dem Rückweg von Montpellier traf der König mit Richelieu zusammen. Der Bischof war persönlich herbeigeeilt, um ihm für seine Bemühungen um den Kardinalshut zu danken. Nach dem Herkommen gab es vier Kardinäle in Frankreich, und der zu diesem Zeitpunkt erfolgte Tod des Kardinals von Retz hatte zu einer Vakanz geführt. Nachdem Luynes nicht mehr da war, um Einwände zu erheben, hielt es schwer, Richelieus Ansprüche länger zu

Chafteau de RICHELIEU en *Poictou*

Schloß Richelieu im Poitou (Kupferstich aus dem 17. Jahrhundert).

Maria dei Medici, 1573–1642 (Gemälde von Peter Paul Rubens).

übergehen, und im September 1622 erhielt er die Mitteilung, daß er Kardinal war. Zu gegebener Zeit erhielt er den Hut, wie es Brauch war, in der Kapelle des Erzbischofs von Paris aus der Hand des Königs persönlich. Richelieu legte ihn, mit der Grandezza des Pluvinel-Eleven, der Mediceerin zu Füßen und sagte: »Madame, der Purpur, den ich der Güte Eurer Majestät verdanke, wird mich stets an das feierliche Versprechen erinnern, in Ihrem Dienste mein Blut zu vergießen.« Am Abend gab der Kardinal einen glänzenden Empfang für die Königin-Mutter und die Fürsten. Mit seinen siebenunddreißig Jahren noch jung, lange politische Lehrjahre hinter sich, glaubte er sich nun im Besitz der Macht, um den Gang der Ereignisse entscheidend zu beeinflussen. Er konnte trotz gelegentlicher Erkrankung damit rechnen, sie viele Jahre zu behalten. Sein erster Schritt war, den Bischofssitz in Luçon aufzugeben, den er nun nicht mehr würde betreuen können, doch konnte er auf die Einkünfte aus ihm nicht verzichten. So floß ihm aus dem Besitz der Pfründe eine jährliche Pension von 5000 *livres* zu. Dann kaufte er sich das hübsche Château Rueil bei Paris. Seine letzte Amtshandlung in Luçon war die Billigung der Vorlagen seines Domkapitels über die Geltung des »heiligen Konzils von Trient«.

Wenn Richelieu geglaubt hatte, die Kardinalswürde werde ihn seinem Wunschziel, der Rückgewinnung seines Sitzes im Königsrat, näherbringen, so täuschte er sich. Obwohl der Siegelbewahrer Sillery aufgrund einer Intrige stürzte, in der Maria von Medici eine bedeutende Rolle spielte, wollte doch der König nichts von Richelieu wissen, der, wie er sagte, ein Lump sei. Aber durch Maria, die nichts weiter als das Sprachrohr des Kardinals war, standen seine Ansichten dem Rat stets zur Verfügung und fanden in zunehmendem Maß Gehör. Der Oberste des Ministerrats, der reiche, aber mediokre Marquis von La Vieuville, der die administrativen Fähigkeiten Richelieus erkannte und diesen gefährlichen Konkurrenten vom königlichen Rat fernhalten wollte, bot ihm verschiedene Posten an – zunächst in der französischen Administration, dann bei den französischen Botschaften in Madrid und Rom –, doch Richelieu lehnte alles dankend ab und behauptete, ein Privatleben führen zu wollen. Er hatte nicht die Absicht, sich wegloben zu lassen, sondern war entschlossen, an der Seite Marias zu verharren, über die sein Einfluß jetzt so groß war wie nie zuvor. Immer wieder drang sie auf Richelieus Aufnahme in den Ministerrat, und Vieuville, der durch ihre Beharrlichkeit bis zur Indiskretion gereizt wurde, soll gesagt haben: »Madame, Sie wollen etwas, was unfehlbar meinen Ruin bewirken wird. Und ich bin mir nicht sicher, ob Eure Majestät es nicht eines Tages bedauern werden, einen Mann protegiert zu haben, den Sie noch nicht wirklich kennen.« Falls er das gesagt hat, so hatte sie allen Grund, die Warnung zu beherzigen. Tatsächlich gab Vieuville nach, ja er war es sogar, der den König ersuchte, Richelieu in eine »beratende Funktion« zu berufen. Aber das war immer noch nicht gut genug, und Richelieu wahrte seine Würde. Er fragte den König unverblümt, wie lange er ihn noch im Schatten stehen lassen wolle. Ludwig lenkte ein, und am 29. April 1624 bezog Richelieu seinen Sitz im Rat.

Jeder Zusammenschluß von Menschen erlebt Machtkämpfe; doch am schlimmsten ist dieser Kampf dort, wo Autorität auf der Kunst des Überzeugens und diese auf dem Einsatz der Persönlichkeit beruht. Der clevere Manipulator wird sich bei Versammlungen eine Zeitlang durchsetzen, bis man ihn als unredlich und unzuverlässig durchschaut hat. Insoweit tendiert Machtausübung dazu, sich selbst zu unterminieren, und Macht, die einzig und allein auf der Kraft der Persönlichkeit beruht, trägt den Keim des eigenen Unterganges in sich. Richelieu wußte das. Er war mittlerweile in den Pfaden der Welt wohlbewandert und kam ohne naive Vorstellungen über Integrität und guten Willen in den Rat. Er konnte sich mit seinem Verstand und seiner Entschlossenheit eine Zeitlang durchsetzen, aber auch nur eine Zeitlang. Die Dauerhaftigkeit seiner Machtstellung würde allein vom König abhängen. In dieser Hinsicht unterschied sich der Königsrat von unserem modernen Kabinett oder von Ressortleiter-Konferenzen. Der Rat war damals keine Oligarchie gleichberechtigter Konkurrenten, sondern eine autoritäre Einrichtung. Ein starker König konnte jeden Dissens durch reine Willensbekundung zu Fall bringen. Ein königlicher Minister, der sich der vollen Unterstützung des Königs erfreute, konnte sich immer durchsetzen. Auf diesem Wege konnte der Königsrat zum Instrument der Diktatur werden. Richelieu, der die üblen Grabenkämpfe verabscheute, bei denen so viel intellektuelle und emotionale Energie vergeudet wurde, die man wesentlicheren politischen Aufgaben hätte zuwenden sollen, und der den üblichen Kompromißlösungen solcher Gremien mißtraute: dieser Richelieu schickte sich an, den Rat in ein derartiges Führungsinstrument zu verwandeln.

Den ersten Schachzug in seinem Schlachtplan machte er am

Tage, nachdem er seinen Sitz im Rat bezogen hatte. Es war der Zug eines exzellenten Manipulators, überraschend, wohlberechnet und in seiner Wirkung sorgfältig kalkuliert. Er legte ein langes, minuziös begründetes Schriftstück auf den Tisch des Hauses, in dem er, gestützt auf eingehend zitierte Präzedenzfälle, die einem Kardinal im Ministerrat zukommenden Privilegien forderte. Die Wirkung war wie erwartet. Vieuville, der den wachsenden Druck Richelieus bemerkte, begann zu intrigieren, verfuhr jedoch ungeschickt und verärgerte letztlich nur den König, der all dieser Personalkonflikte in seinem Rat überdrüssig war.

Ludwig XIII. war jetzt zweiundzwanzig – ein gequälter junger Mann, der sich bereits die Tuberkulose zugezogen hatte, an der er sterben sollte, und der sich mit seiner neurasthenischen Veranlagung selbst das Leben vergiftete. Den Zeitgenossen ein Rätsel, hat er das Kopfschütteln der Historiker erregt. Großer Freundlichkeit fähig, war er dennoch von einem abgrundtiefen Mißtrauen gegen jedermann besessen. Ein leidenschaftlicher Moralist, zerfraß seine ätzende Seele alle, die ihm im Leben nahestanden; ein sportlicher Mann, der die Jagd liebte und nirgends so glücklich war als dort, wo er den einfachen Soldaten spielen durfte, wer er doch der geborene Hypochonder, der einmal in einem Jahr siebenundvierzigmal zur Ader gelassen wurde, zweihundertundzwölf Arzneien schluckte und zweihundertfünfzehn Klistiere verabreicht bekam. Als Mann von einfachem Geschmack, der die Marzipanherstellung und das Schmieden liebte, war er wie ein rachsüchtiger Nomade, der auf Zerstreuung sinnt. In seinen Beziehungen zu anderen Menschen brutal, war er ein feinfühliger Musiker, der sachkundig komponierte und als Tänzer in Balletten auftrat, die er selbst choreographierte. Starrsinnig, schweigsam, voller Ressentiments gegen den Charme, die Schönheit und die Verdienste anderer, war es ihm beschieden, jene zu zerstören, denen er in plumper und drangvoller Weise die Liebe schenkte, die aus seinem verstörten Herzen hervorbrach. Er spielte die abweisende, polternde Majestät, um dahinter das Ungelenke seines Geistes zu verbergen. Eine unversöhnliche Durchsetzung des Rechts trat bei ihm an die Stelle des Gerechtigkeitssinnes; Stolz, Selbstverneinung, Menschenscheu, Seelenpein, Aberglaube, Geheimniskrämerei, eine entsetzliche Gottesfurcht, ein mystischer Begriff vom Königstum und das schneidende Bewußtsein seiner eigenen menschlichen Inferiorität machten diesen Rigoristen und Despoten zu einem unentwirrbaren

Widerspruch. Zwei Qualitäten aber besaß er, die er seinem Sohn vermachte und die die Rettung für Frankreich bringen sollten – einen ausgeprägten Sinn für die Bestimmung des Königs und die Fähigkeit, Menschen mit dem Talent zum Regieren instinktiv zu erkennen. Selber unfähig, die zum Lenken der Staatsangelegenheiten notwendige Hingabe aufzubringen, hielt er nach Personen Ausschau, die in seinem Namen handeln konnten, ohne ihm das Gefühl zu geben, sein königlicher Wille werde angezweifelt oder seine königlichen Funktionen würden ihm abspenstig gemacht.

Es ist das vorzügliche Verdienst Ludwigs, daß er sich durch seine persönliche, starke Abneigung gegen den Kardinal, der ihn mit seiner Ironie und einer unerträglich hochmütigen Attitüde ebenso zur Wut brachte wie viele andere, nicht den Blick für die Tatsache verstellen ließ, daß er, und nur er, der Mann war, den er brauchte. Achtzehn Jahre lang arbeiteten die beiden eng zusammen, in einer Beziehung, die beide zu Zeiten äußerst beschwerlich fanden und die nur durch einen einzigen Umstand ermöglicht wurde, nämlich durch Richelieus außergewöhnlichen Takt, durch seine Feinheit, Geistesgegenwart und Schlagfertigkeit. Immer wieder kam es vor, daß Ludwig an Richelieu, wie an allen anderen auch, seine schlechte Laune ausließ. Und immer wieder war es Richelieu, der durch eine brillante und geistreiche Improvisation die Situation rettete. Bei einer Gelegenheit schimpfte Ludwig: »Gehen Sie nur voran, Sie sind ja doch der wahre König.« – »Dann nur, um Ihnen zu leuchten, Sire!« entgegnete Richelieu galant, ergriff eine Fackel und schlüpfte in die Rolle des Kammerdieners. Die königliche Würde war gerettet, die Regierungsgeschäfte konnten weitergehen.

Zehn Jahre waren vergangen, seit die Generalstände zusammengetreten waren. Die Memoranden der drei Stände waren zu den Akten gelegt worden, und niemand verschwendete mehr einen Gedanken an sie; die Finanzlage war so schlecht wie eh und je; Pensionen, Bestechungen und Privilegien nahmen überhand. 1623 gab es aus Protest gegen das Steuersystem Unruhen unter der Bevölkerung, und zwar in Rouen, Marseille und Poitiers; 1624 folgten weitere Revolten in Niort, Lyon, Figeac und Cahors. Die Regierung war 1624 so ohnmächtig wie in den schlimmsten Tagen der Regentschaft. Wesentlich war aber, daß der König dies erkannte. Er ließ Richelieu zu sich kommen und fragte ihn, was man mit dem Ministerrat tun solle. Richelieu ließ keine unbescheidene Hast erkennen, seine Widersacher entlassen zu sehen. Er verstellte sich. Es sei nicht klug, meinte er, in diesem Augenblick einen neuerlichen Wechsel unter den Ministern vorzunehmen. Der König drang in ihn, und unter allen Anzeichen der Widerwilligkeit gab Richelieu nach und benannte vier Männer aus dem Gefolge Marias von Medici, Schomberg, Marillac, Champigny und Molé, die als fähig und respektabel bekannt waren. Der König war einverstanden. Richelieu faßte Mut und trug in einer ruhig abwägenden Analyse vor, was mit Frankreich nicht in Ordnung sei und welche Maßnahmen der Abhilfe erforderlich seien. Von diesem Augenblick an war er der Mann des Königs.

Der arme Vieuville wußte, daß er ausgespielt hatte, und gestand dem König, er habe es wohl bemerkt, daß die Krone seine Dienste nicht mehr wünsche. Ludwig gab keine Antwort. Darauf bat Vieuville um die Erlaubnis, am nächsten Morgen in St. Germain vor dem König erscheinen zu dürfen. Als er eintrat, teilte ihm der König mit, er sei entlassen; eine Eskorte werde ihm nach Amboise geleiten. Der Rat wurde einberufen, und der König erteilte Richelieu das Wort. Der Kardinal trug ein sorgfältig vorbereitetes und gediegenes Regierungsprogramm vor: Es untersuchte die Situation innerhalb Frankreichs und die französische Außenpolitik, deckte die Irrtümer, Schwächen und Unzulänglichkeiten der bisher verfolgten politischen Theorien und Strategien auf. Und es enthielt den Satz: »Der König sollte so handeln, daß jeder erkennt, daß der König selbst seine Angelegenheit führt.« Ludwig war beeindruckt. Er antwortete kurz, wobei er freimütig die Fehler der Regierung Luynes eingestand. Hinfort wünschte er eine effiziente Erledigung der Staatsgeschäfte. Er bat den Kardinal von Richelieu, diese Aufgabe zu übernehmen. Man schrieb den 13. August 1624, und Richelieu sollte die Angelegenheiten Frankreichs in den nächsten achtzehn Jahren mit einer Effizienz führen, die beispiellos dastand. Vorderhand hatte er lediglich den Titel eines Staatssekretärs für Handel und Marine und die Position des Spitzenmannes im Königsrat. Im Rahmen des erstgenannten Geschäftsbereiches begann er seine Reform des Reiches. Vier Jahre später überzeugte er den König, daß ein neuer Posten notwendig sei, nämlich der eines Ersten Ministers, und dieser Titel wurde ihm zugesprochen, während er seinen bisherigen Aufgabenbereich behielt.

Es warteten im Rat drei Fragen, die ein sofortiges und energisches Eingreifen erforderten: die erste war das Veltlin-Problem, die zweite die englische Heirat, die dritte die Durchführung der Vorschläge zu einer Verwaltungsreform, die 1614 von den Generalständen vorgelegt worden waren. Richelieu hatte bereits ein Konzept, welcher Kurs in jeder dieser drei Fragen einzuschlagen sei.

6
Er bedient sich geistlicher
Persönlichkeiten
1625–1626

Das Veltlin ist jenes schmale Gebirgstal, in dem der Fluß Adda von seiner Quelle unweit des Stilfser Jochs dem östlichen Comer See entgegenfließt. Eingeschlossen zwischen Zwei- und Dreieinhalbtausendern, an keiner Stelle mehr als fünf Kilometer breit, verläuft das Tal über hundert Kilometer stracks nach Osten zum Tonale, einem der reizvollsten und unbekanntesten Pässe der Alpen. Im letzten Drittel des Weges zweigt eine Seitenstraße zum Berninapaß ab, die steil hinauf in eine lärchenbestandene Gebirgslandschaft führt und zuletzt das Oberengadin bei St. Moritz erreicht. Eine andere Straße läuft über Bormio und das 2700 Meter hohe Stilfser Joch zum niedrigeren Reschenpaß und nach Tirol. Vom Tonale aus gelangen wir in eine prächtige Gegend. Auf einmal fällt die Straße steil abwärts auf Bozen zu. Hier mündet sie in die Straße zum Brenner. Der geschäftige, dicht bevölkerte Westteil des Veltlins ist völlig italienisch. Sonnenverwöhnte Weinberge bis hinauf zu steiler Höhe, wo sie an die verblaßten, gelben Campanili der Bergkirchen stoßen. Auf der andern Seite des Tonale liegt deutschsprachiges Gebiet. Jenseits des Bernina aber, wo die Ortsnamen noch von den Etruskern, ja von den sarazenischen Söldnern Friedrichs II. künden, ist der eigentümliche Menschenschlag der Graubündner zu Hause, die Rätoromanisch sprechen. So ist das Veltlin durch seine geographische Lage dazu bestimmt gewesen, zugleich Durchgangsstraße und sprachlich-kulturelle Wasserscheide zu sein.

Im frühen 17. Jahrhundert umfaßte das Veltlin politisch die Ostseite des Comer Sees mit Chiavenna im Norden und der kurzen Ebene zu Füßen von Splügen- und Maloja-Paß. Seine Machthaber kontrollierten damit den Verkehr über die fünf Alpenpässe, die die direkteste und eigentlich auch die einzige strategisch annehmbare Verbindung zwischen den spanischen und den österreichischen Habsburgern darstellten. Von Genua, einem Verbündeten Spaniens, konnten Truppen, Nachschub und Geld von Spanien nach Österreich nur über das Herzogtum Mailand gelangen, das damit zur Drehscheibe Europas, zum politischen Gravitationszentrum wurde. Von Mailand, einem spanischen Vizekönigtum, war der Zugang nach Österreich geographisch auch über den Gardasee möglich; doch da man hierbei die Territorien der Republik Venedig durchqueren mußte, die Spanien gegenüber stets eine feindliche Haltung einnahm, war es ein Grundsatz spanischer Politik, das Veltlin um jeden Preis als Verbindung zwischen Mailand und Tirol offenzuhalten. Ein weiterer Grundsatz war, den Weg von Chiavenna zum Splügenpaß und durch die malerische Schlucht an dessen Nordseite freizuhalten, da dies der bequemste Landweg zu den Spanischen Niederlanden war. Für den Fall, daß die Holländer oder die Engländer den Ärmelkanal für spanische Schiffe sperrten, die Antwerpen, Gravelingen oder Dünkirchen ansteuerten, konnten Nachrichten, Gold und Verstärkungstruppen nur über den Rhein nach Belgien gelangen; der direkteste Zugang zum Rhein aber führte über den Splügenpaß nach Chur, den Rhein hinab zum Bodensee und an dessen Nordseite entlang nach Schaffhausen und Basel, oder durch den südlichen Schwarzwald nach Breisach. Sollten die Graubündner die Straße über Chur schließen, konnte man ausweichen über den Tonalepaß oder das Stilfser Joch und den Reschenpaß in die habsburgischen Erblande und von dort über den Arlbergpaß zum Rhein.

Wenn eine Nation zu dem Schluß kommt, daß ein bestimmtes Interesse für sie vital ist, so hört dieses Interesse auf, ein Gegenstand möglicher Verhandlungen zu sein: das Veltlin war für die Spanier nicht mehr negotiabel. Es war aber ebensowenig negotiabel für das schweizerische Gebirgsvolk in Graubünden, dessen gesamte Wirtschaft vom freien Zugang zu den Reichtümern Italiens über das Bernina- und Malojatal abhing. Das Veltlin hatte schon zu Mailand gehört, bevor das Herzogtum an Spanien fiel. 1513 hatte Maximilian Sforza die Suzeränität über das Gebiet an die Grauen Bünde abgegeben, und damit war das Veltlin, just in dem historischen Augenblick, da seine strategische Bedeutung ihren Höhepunkt erreichte, in eine zweideutige juristische Lage geraten. Es gehörte noch zu Mailand, zugleich aber war es Vasallengebiet der Schweizer Kantone. Sowohl die spanischen Souveräne wie die schweizerischen Suzeräne beanspruchten Rechte, die miteinander konkurrierten und unverträglich waren. Das allein warf schon genug Probleme auf; doch die Schwierigkeiten wurden noch durch den Umstand vermehrt, daß das Veltlin katholisch blieb, während die Graubündner Protestanten wurden. Es war ein Protestantismus von der expansionswilligen und proselytenmachenden Art – nur allzu geeignet, bittere Ressentiments bei den italienischen Talbewohnern auszulösen, die auf ihre gebirglerisch-ungeschliffenen Schirmherren mit Verachtung herabsahen.

Doch damit nicht genug der Komplikationen. Venedig – stets geängstigt vom Gespenst der spanischen Hegemonie in Italien und stets in Sorge, das spanische Vorgehen am Mittelmeer könne die Wirtschaftsbeziehungen der Lagunenstadt zum Mittleren Osten unterbrechen –, dieses Venedig hatte ein halbes Jahrhundert lang dagegen angekämpft, das Veltlin in die Hände der Spanier fallen zu lassen, und stets ein Auge zugedrückt, wenn die Graubündner ihre Suprematstellung geltend machten. Sollte Venedig in Auseinandersetzungen mit Spanien verwickelt werden, konnte höchstens durch das Veltlin Hilfe kommen, vielleicht auch aus Frankreich, aus Holland oder von den protestantischen Fürsten Deutschlands. Was Frankreich betraf, so rekrutierte es seit jeher seine Söldnertruppen im Veltlin, und als Gegenleistung für eine Schutzgarantie hatten die Grauen Bünde Heinrich IV. ein diesbezügliches Monopol eingeräumt. Auch Frankreich also hatte Interesse an diesem abgelegenen Alpenwinkel, und die wahre Natur dieser Interessen war nur durch das Aufkommen des Begriffs der Schweizerischen Neutralität verschleiert und ins Moralische gewendet worden.

1602 hatte der spanische Statthalter des Herzogtums Mailand, Don Pedro Henriquez d'Azevedo, Herzog von Fuentes, am Comer See eine nach ihm benannte Festung errichtet, die den Zugang zu allen Alpenpässen nach Graubünden sperrte oder sperren konnte. Es war der Ungeschicklichkeit Venedigs zuzuschreiben, daß sich die Spanier veranlaßt sahen, dieses Hemmnis offensiv gegen die Schweizer einzusetzen. Über fünfundvierzig Kilometer verlief nämlich die venezianische Grenze auf den Bergkämmen im Süden des Veltlins. Es war nur eine Sache weniger Kilometer, um zur Nordseite des Tals zu gelangen, und als sich die Venezianer 1616, im Anschluß an Lesdiguières' Einfall in Italien, von Frankreich im Stich gelassen glaubten, beschlossen sie, diese wenigen Kilometer unter ihre Kontrolle zu bringen und sich von den Launen Frankreichs unabhängig zu machen. Zu diesem Zweck gingen sie ein Bündnis mit ihren Nachbarn aus den Grauen Bünden ein, das darauf hinauslief, ihnen dieselben Durchgangsrechte durch das Veltlin zuzugestehen wie den Spaniern oder den Franzosen.

Wenn das angebliche französische Monopol in dieser Gegend, hervorgegangen aus dem Vertrag zwischen Heinrich IV. und den Graubündnern, so leichthin vom Tisch gewischt werden konnte, gab es keinen Grund, warum sich die Spanier noch daran gebunden fühlen sollten. Die Festung Fuentes wurde benutzt, um alle Verbindungswege zwischen Graubünden und Italien zu unterbrechen, und als die graubündnerische Bevölkerung 1617 nicht nur vor der Drohung einer wirtschaftlichen Abschnürung, sondern regelrecht vor einer Hungersnot stand, wurde sie zur Unterzeichnung eines Vertrages gezwungen, der den Spaniern das Durchgangsrecht für die Pässe nach Tirol und zum Oberrhein garantierte, aber auch das Rekrutierungsrecht im Veltlin – ein Recht, das sich bereits Frankreich gesichert hatte. Die Gebirgler mußten den Vertrag in demokratischer Abstimmung ratifizieren, aber sie weigerten sich und beschlossen statt dessen in ihrem unbesonnenen Fanatismus, den Kampf ins Lager des Gegners zu tragen und im Veltlin einen Missionierungsfeldzug zu beginnen. In Sondrio drangen sie in eine protestantische Kirche ein, und es kam zur Explosion. Vorzüglich bewaffnet vom neuen spanischen Gouverneur von Mailand, Don Gómez de Figueroa y Córdova, Herzog von Figueroa – bei den Franzosen und gemeinhin als Feria bekannt –, durchkämmte am 19. Juli 1620 eine Schar italienischer Flüchtlinge aus dem Veltlin das Tal von einem Ende zum anderen und ermordete die Protestanten. Die Zahl der Opfer belief sich auf vierhundert. Über den steilen, sonnenlosen Felseinschnitt des Bernina kamen die Schweizer hereingedrängt, die noch aus Bern und Zürich verstärkt wurden. Als sie die Talsohle bei Tirano erreichten, kamen die Spanier vom Comer Ende des Tals und eilten ihren katholischen Glaubensbrüdern zu Hilfe. Die wilden Männer aus Graubünden und ihre Verbündeten wurden vernichtend geschlagen und flüchteten ins Gebirge. Im Oktober hatte Spanien das ganze Tal in seiner Gewalt und ließ in Morbegnio, Sondrio, Nova und Riva Festungen errichten.

Der Streit um das Veltlin war mittlerweile zu einem Nebenaspekt jenes großen Aufruhrs nördlich der Alpen herabgesunken, der sich erwartungsgemäß mit dem Tode des Kaisers Matthias eingestellt hatte. Vor seinem Dahinscheiden hatte Matthias noch versucht, für Ferdinand von Habsburg, den Herzog der Steiermark, die Würde des römischen Königs zu erwirken, was ihm automatisch den Thron des Heiligen Römischen Reiches gesichert hätte. Dieser hochgewachsene, ernste Mann war ein echtes Kind der Gegenreformation und Angehöriger der ersten von den Jesuiten erzogenen Fürstengeneration. Niemand rechnete damit, daß er in religiösen Dingen zu Kompromissen bereit sein werde, namentlich nicht in der Frage der kirchlichen Gebiete in Deutschland, die der Augsburger Religionsfriede von 1555 ungeklärt gelassen hatte. Von den sieben Kurfürsten waren drei katholisch – die Erzbischöfe von Köln, Mainz und Trier, während drei protestantisch waren: der Pfalzgraf bei Rhein Friedrich V., Herzog Johann Georg von Sachsen und der Markgraf Georg Wilhelm von Brandenburg. Das Zünglein an der Waage war der siebente Kurfürst, der König von Böhmen – niemand anderer als der Kandidat Ferdinand in seiner Eigenschaft als Erbe des Kaisers Matthias. Die böhmischen Protestanten erkannten Ferdinands Nachfolge nicht an, warfen seine Abgesandten am 23. Mai 1618 im Hradschin aus dem Fenster und boten den böhmischen Thron dem Pfalzgrafen bei Rhein an.

Damit gewann das Problem eine europäische Dimension, denn Friedrichs Schwiegervater war Jakob I. von England, sein Onkel und Vormund war Henri de la Tour d'Auvergne, Graf von Tourenne und Herzog von Bouillon – eben jener Bouillon, welcher der anerkannte Führer der französischen Hugenotten war. Bouillon hatte sich zum Protestantismus bekehrt. Seine erste Frau, die Erbin des Hauses Bouillon, hatte ihm das unabhängige Fürstentum Sedan vermacht, worauf er Elisabeth von Nassau, die Tochter Wilhelms von Oranien, heiratete. Er war damit ein geographisch überaus günstig placierter Angelpunkt, um den sich die gesamte protestantische Bewegung in Europa drehte, zugleich ein Verbindungsglied, durch welches beispielsweise Ereignisse in Prag ihre Auswirkungen bis nach Amsterdam und La Rochelle haben konnten. Sein Einfluß auf Friedrich war beträchtlich, und durch diesen suchte er ihn auf die Angelegenheiten des Reiches auszudehnen. Unterstützt von Friedrichs ehrgeiziger Frau, Elisabeth von England, und seinem Verwandten Moritz von Nassau, drängte Bouillon den Pfalzgrafen dazu, die böhmische Krone anzunehmen. Die Böhmen unter dem großen Heerführer Mansfeld machten gemeinsame Sache mit Bethlen Gábor, dem Fürsten von Transsylvanien, und protestantische Truppen standen bereits vor Wien, als im August 1619 in Frankfurt die Kaiserwahl stattfand. Der Kandidat der drei protestantischen Kurfürsten war Maximilian, der Herzog von Bayern, der, wie sie hofften, als glühender Katholik eine der kirchlichen Stimmen gewinnen würde. Maximilian war das Haupt der katholischen Liga, ein Mann der Tat, aufrecht und fromm. Er war der Schwager Ferdinands und ebenfalls einer der ersten Zöglinge der Jesuiten. Von ihrer Zentrale, der Michaelskirche in der Münchner Neuhauser Straße, hatten die Jesuiten den Herzog in seiner nahegelegenen Residenz unter scharfer Kontrolle. Maximilian verzichtete jedoch zugunsten Ferdinands, der, als König von Böhmen, selbst für sich stimmte und die Kaiserkrone erlangte. Der Dreißigjährige Krieg hatte begonnen.

Ferdinands eigene Territorien waren vom Feind überrannt worden, und so wandte er sich um Hilfe an Maximilian. Dieser hervorragende Kriegsmann begann nun, als Gegenleistung für das mündliche Versprechen, daß Bayern das Kurrecht der Pfalz erhalten werde, die Truppen der Liga nach Böhmen zu werfen. Gleichzeitig setzten große diplomatische Aktivitäten mit dem Ziel ein, auch die Spanier, die Dänen, die Polen und die Franzosen in den Kampf hineinzuziehen. Ende 1619, als die Veltlin-Frage in ihr akutes Stadium trat, traf Graf Wratislaw Fürstenberg in Paris ein, um bei Ludwig XIII. Unterstützung für den Kaiser zu erbitten. Er stützte sich dabei auf den Grundsatz der Legitimität und die Notwendigkeit der Solidarität aller Katholiken. Wer Aufrührer in Schutz nimmt oder Fremden sein Ohr leiht, die den Fürsten verleumden, so sagte er, der öffnet dem inneren Unfrieden Tür und Tor. Die Wirkung dieses Arguments auf Ludwig war genau berechnet; steckte der König doch augenblicklich selbst inmitten innerer Kämpfe.

Bouillon seinerseits beschwor das Schreckgespenst Habsburg. In einem Brief an Ludwig führte er aus, das Haus Habsburg wolle lediglich als Glaubensstreit hinstellen, was in Wahrheit ein fundamentaler politischer Interessengegensatz sei. Schon Ludwigs Vorfahren bis zurück auf Franz I. hätten erkannt, daß die Interessen der Bourbonen mit denen der Habsburger unvereinbar seien; Österreich werfe Grundsatzfragen nur auf, wenn es der Macht ermangele; sobald es einmal mächtig sei, bedeuteten Prinzipien gar nichts. Und schließlich, welch eine Unverfrorenheit, die Sache des Katholizismus gleichzusetzen mit den Bestrebungen des Hauses Österreich! Österreich ist der Todfeind. Indessen war Bouillon doch zu schlau, um Ludwig geradewegs die Ablehnung der Fürstenbergschen Anträge nahezulegen. Wenn man den König in eine solche Zwickmühle brachte, trieb man ihn am Ende nur um so nachhaltiger der katholischen Seite in die Arme. Ludwig sollte vielmehr versuchen, im deutschen Zwist als Vermittler aufzutreten und damit zugleich Ehre für Frankreich einlegen. Das war die Politik Richelieus in bezug auf die norditalienische Frage. Obwohl keine Aussicht bestand, daß sie sich durchsetzte, hatte sie wenigstens das Verdienst für sich, eine Stellungnahme pro oder contra hinauszuzögern.

Luynes war zu diesem Zeitpunkt ein geplagter Mann. Die Angoulême-Regelung mit Maria von Medici hielt voraussichtlich nicht mehr lange, allenthalben arbeiteten seine Feinde an seinem Sturz, und das wachsende Ausmaß seiner Verantwortlichkeiten erschreckte ihn. Zwei Jahre zuvor hatte ihm der päpstliche Nuntius vom Kurfürsten von Köln Beweise dafür vorgelegt, daß Bouillon in Deutschland intrigiere und den Plan verfolge, Frankreich in den Kampf gegen die Habsburger hineinzuziehen. Bouillons Motive bei der Abfassung des Schreibens an Ludwig waren Luynes daher nicht unbekannt. Sich auf die Seite Habsburgs schlagen bedeutete freilich, Frankreichs traditionelle Verbündete in den Grauen Bünden und in Venedig verraten. Luynes schwankte, was zu tun sei, und suchte einen Kompromiß zwischen der Sache des Katholizismus und dem Interesse der französischen Unabhängigkeit – und so förderte er keins von beidem. Der Herzog von Angoulême, ein natürlicher Sohn Karls IX., wurde auf eine Ambassade zu Ferdinand entsandt. Er sollte ihm versichern, Ludwig werde Friedrich nicht als böhmischen König anerkennen, er werde jedoch zu vermitteln suchen. Zufällig kamen zu dem Zeitpunkt gerade die Fürsten der protestantischen Union in Ulm zusammen, und dorthin verfügte sich Angoulême im Juni 1620. Er überredete die katholischen und die protestantischen Führer dazu, einem Waffenstillstand zuzustimmen: Ferdinand und Friedrich sollten ihren Streit unter sich ausmachen; der Rest des Reiches sollte neutral bleiben. Hastig wurde die Abmachung zu Papier gebracht.

Anscheinend hatte Frankreich einen großen diplomatischen Erfolg errungen: Ferdinand, der nun freie Hand hatte, würde Friedrich zweifellos vernichten, und Frankreich konnte für sich in Anspruch nehmen, ihn und die katholische Sache gerettet zu haben. Gleichzeitig aber konnte sich Frankreich vor den anderen protestantischen Staaten Deutschlands als Garant ihrer Unversehrtheit und Wahrer des Friedens rühmen. Leider enthielt diese Überlegung, die dem Vertragstext zugrunde lag, einen fatalen Fehler: In Ulm hatten sich die Vertragsunterzeichner nur darauf geeinigt, nicht gegeneinander das Schwert zu erheben. Sie hatten sich nicht verpflichtet, Ferdinand oder Friedrich ihren Beistand zu versagen.

So verfolgten die Franzosen mit Ärger und Entsetzen, wie Maximilian, nachdem er den Hauptzugang zur Donau gesichert hatte, durch die Hintertür in den Böhmerwald entwich, um Friedrich aufs Haupt zu schlagen. Gleichzeitig besetzte Spínola, der spanische General in Belgien, mit 25 000 Mann die Erblande Friedrichs in der Pfalz. Der Erfolg des französischen Vorstoßes in Ulm war gewesen, daß die Protestanten genau in dem Augenblick entwaffnet wurden, als ihre Gegner zum Schlag ausholten. Man konnte nur noch versuchen, auch die Kaiserlichen zur Niederlegung der Waffen zu bewegen. Aber darauf wollte niemand hören. Lediglich Madrid, so hatten die französischen Gesandten berichtet, finde in Wien ein offenes Ohr, und nicht ein einziges Mal sei es ihnen gelungen, in Privataudienz bis zum Kaiser vorzudringen. Die Franzosen waren überlistet worden. Vier Monate später, im November 1620, unterlag Friedrichs Armee in der Schlacht am Weißen Berge unweit von Prag. Nun fehlte nicht mehr viel, und das Reich Karls V. war wieder hergestellt. Die Spanier standen am Rhein und warfen ihre Schatten ins Elsaß; die Österreicher waren die Herren Deutschlands; und Frankreich, aufs neue in das Chaos der Religionskriege hineingezogen, war ihnen auf Gedeih und Verderb ausgeliefert.

In dieser Situation nun beriefen sich die Graubündner auf das Abkommen mit Frankreich. Der zu ihren Gunsten wirkende Druck der öffentlichen Meinung in Frankreich erfuhr eine Steigerung. Es war die Reaktion auf das Schauspiel der zum wiederholten Male in die französischen Nachbarlande einmarschierenden Spanier. Luynes jedoch, der vor der Wahl stand, die Hugenotten zu zerschlagen oder durch eine Entsatzexpedition ins Veltlin den Krieg mit Spanien zu riskieren – der französischen Krone stand nur die eine oder die andere dieser Möglichkeiten offen –, Luynes verharrte in seinem Zaudern, just in dem Augenblick, da der Gang der Ereignisse entschlossenes Handeln forderte. Bevor er sich entschied, sandte er Marschall Bassompierre nach Spanien, um eine Wiedergutmachung für die Verletzung französischer Rechte zu fordern. Zur allgemeinen Überraschung zeigte Madrid sich versöhnlich, und am 25. April 1621 ward ein Vertrag unterzeichnet, der die französischen Rechte wiederherstellte, zugleich jedoch die Lage der Katholiken im Veltlin garantierte. Die Graubündner, für ihre Freunde nicht minder beschwerlich wie für ihre Gegner, verweigerten auch jetzt die Ratifizierung der Urkunde, während sich das Volk des Veltlin gemeinsam mit dem Papst darüber empörte, daß wieder einmal Katholiken unter protestantische Rechtsprechung gestellt wurden. Die Graubündner griffen zu den Waffen, erlagen aber eine Zangenbewegung von Feria, der von Chiavenna kommend im Oberengadin einmarschierte, und dem Erzherzog Leopold, der über das tirolerische Landeck im Unterengadin einfiel. Hoffnungslos geschlagen, mußten die Grauen Bünde die Suzeränität über das Veltlin aufgeben, den Spaniern die Alpenpässe öffnen, freie Ausübung des Katholizismus in den Tälern garantieren und das untere Engadin an Österreich abtreten. Ausgerechnet jetzt, da Luynes die Veltlinfrage für gelöst hielt und sich gegen die Hugenotten wandte, war das ganze Problem wieder völlig offen. Doch erst nach dem Frieden von Montpellier, im Oktober 1622, konnte Frankreich seine Aufmerksamkeit wieder den Alpenübergängen widmen. Dann kam im Zeitraum von vier Monaten ein Vertrag zwischen Frankreich, Venedig und Savoyen zustande, der die gewaltsame Vertreibung der Spanier aus dem Veltlin zum Gegenstand hatte.

Die Spanier versuchten verzweifelt, eine Konfrontation mit Frankreich gerade in dem Augenblick, da sich die katholische Sache in Deutschland so erfreulich anließ, zu vermeiden und den Franzosen den Wind aus den Segeln zu nehmen, indem sie anregten, das Veltlin neutralen Händen zu überlassen. Als für diese neutrale Rolle der Papst vorgeschlagen wurde, wußte die unfähige Regierung, die nach Luynes ans Ruder gekommen war, keinen klügeren Gegenzug als die Forderung, der Papst solle die Veltliner Festungen nur drei Monate lang halten und im übrigen eine Regelung vermitteln, deren Basis der Madrider Vertrag sein sollte. Die päpstlichen Truppen entsprachen im 17. Jahrhundert noch am ehesten den Friedenstruppen der UN, aber die Aussichten auf eine erfolgreiche Vermittlungsaktion, die zum baldigen Abzug der Truppen führen würde, waren im Veltlin nicht günstiger als im 20. Jahrhundert in Kaschmir oder Zypern. Im Mai 1623 wurden die Festungen von den Spaniern den Papsttruppen übergeben, doch dauerte es noch bis zum November, ehe der Papst seine Vorschläge unterbreitete. Da sie auf das spanische Durchgangsrecht im

Veltlin keinen Bezug nahmen, wurden sie von Madrid abgelehnt. Als der Papst dieses Recht in seinen Vorschlag aufnahm, war es nun Vieuville, der von dem Projekt nichts wissen wollte. Zu der Zeit, da Richelieu sein Amt antrat, hatte man einen toten Punkt erreicht, und bereits einen Monat zuvor hatte Vieuville den Marquis du Coeuvres angewiesen, sein am Alpenrand stehendes Heer zu mobilisieren.

Es gehört zu den poetischen Zügen der Geschichte, daß die großen Akteure in dem dramatischen Ringen zwischen Bourbonen und Habsburgern ziemlich gleichzeitig die Bühne betraten und wieder verließen, so daß die Spanne der Geschehnisse in den zwanzig Jahren nach dem päpstlichen Vorstoß im Veltlin wie ein dichtes Geflecht persönlicher Konflikte wirkt. Kaiser Ferdinand II., Maximilian von Bayern und Philipp IV. von Spanien regierten mehr oder weniger gleichzeitig mit Ludwig XIII.; Richelieu und sein spanischer Gegenspieler Olivares gelangten fast gleichzeitig zur Macht und verschwanden fast zu gleicher Zeit wieder; und in Rom herrschte der neue Papst, der sie beide überleben und die diplomatische Situation fast während des ganzen Dreißigjährigen Krieges dominieren sollte. Maffeo Barberini bestieg 1623 als Urban VIII. den Stuhl Petri. Er war damals sechsundfünfzig, und der venezianische Botschafter, der über die Papstwahl berichtete, beschrieb ihn als Mann von »verehrungswürdigem Äußeren, hochgewachsen, von dunkler Gesichtsfarbe und edler Erscheinung, mit schwarzem, schon ergrauendem Haar, mit geschmeidigen Bewegungen und von herrschaftlichem Wesen. Er spricht mit Gesten und gefälligem körperlichem Ausdruck.« Er interessierte sich, wie die meisten seiner unmittelbaren Vorgänger, für die Dichtkunst und verband »mit der Freimütigkeit des Geistes eine tiefe Gläubigkeit. In dem Veltliner Handel, der ihm von Papst Gregor überkommen ist«, so sagte der Botschafter voraus, »wird er mit vollkommenem Gleichmut die Interessen Frankreichs und jene Spaniens abwägen.« Venezianische Botschafter waren für gewöhnlich bemerkenswert scharfsichtig in ihren Charakterisierungen, doch eine zutreffendere als die zitierte wird nicht leicht zu finden sein.

Mit wachsendem Unmut hatte Richelieu die Unentschlossenheit Vieuvilles verfolgt, der sich nicht schlüssig zu werden vermochte, ob er es mit dem Papst halten und vielleicht die Seite der Engel beziehen wollte, oder ob er den französischen Schutzbefohlenen in der Schweiz die Treue bewahren und die Kirchen verraten sollte. Er hatte den päpstlichen Garnisonen die Festungen geöffnet, aber er hatte auch Coeuvres als außerordentlichen Botschafter zu den Graubündnern geschickt, wo er eine Armee auszuheben beauftragt war, die die Päpstlichen davonjagen sollte. Coeuvres hatte denn auch, mit Unterstützung Zürichs, neuntausend Schweizer rekrutiert, und Frankreich würde, setzte es diese nicht ein, bei seinen schweizerischen und italienischen Verbündeten erheblich an Kredit verlieren. Richelieu, kaum daß er Vieuvilles Stelle eingenommen hatte, sandte Pater Joseph zu Spada, dem päpstlichen Nuntius, und ließ den französischen Vorschlag diskutieren, daß man den Spaniern den Durchzug durch das Veltlin nur verweigern werde, wenn »schwerwiegende Gründe« dagegen sprächen. Selbstverständlich würden die Spanier mit einer so vagen Zusicherung nicht einverstanden sein, und es scheint, als sei dieser Vorstoß nur ein Schachzug gewesen, um die Aufmerksamkeit von den militärischen Vorbereitungen einer Rückeroberung der Veltliner Festungen abzulenken. Der verwirrte Nuntius schrieb nach Rom:

. . . dieser Kapuziner ist gewiß ein kluger Unterhändler, doch die Art seines Verhandelns ist sehr hinhaltend und ausweichend. Er unternimmt nichts ohne Richelieu, und selbst wenn ihre Freundschaft auf beiden Seiten gleich groß ist, so ist es der Einfluß aufeinander mitnichten, sondern der Mönch hört mehr auf den Kardinal als dieser auf jenen.

Als Pater Joseph berichtete, daß das Nachgeben des Papstes zugunsten Graubündens ein Ding der Unmöglichkeit sei, erkannte Richelieu, daß es jetzt nur noch die Alternative gab, Papst Urban und Spanien vor vollendete Tatsachen zu stellen. Im November erhielt Coeuvres Ordre, ins Veltlin einzufallen. Binnen drei Monaten und mit Hilfe der venezianischen Belagerungsartillerie hatte er sämtliche Festungen mit Ausnahme Rivas und Chiavennas in der Hand. Zur selben Zeit überschritt der betagte Lesdiguières die Alpen und stellte sich Karl Emanuel von Savoyen zur Verfügung, der in einem Diversionsmanöver an die Belagerung Genuas schritt. Ungeheuer war der Eindruck, den die kühne und entschlossene Tat in Europa machte. Offenbar war in Richelieu ein Staatsmann ans Licht getreten, der sich von spanischer Macht und spanischem Verdienst nicht hypnotisieren ließ, ja nicht einmal vor der moralischen Autorität Roms zurückschrak, wenn es die französischen Interessen galt.

Der Heilige Stuhl reagierte auf die Einnahme seiner Garnisonen mit ungewöhnlicher Promptheit und verlangte die sofortige Herausgabe der unter päpstlicher Gewalt befindlichen Festungen sowie die Bestrafung Coeuvres'. Spada warf Richelieu vor, er handle unmoralisch. Er setzte auch Pater Joseph unter Druck, der eine einstündige Unterredung mit ihm hatte. Der Pater beklagte das Geschehene, fand aber, daß die Bedingungen des Nuntius für eine Beilegung der Angelegenheit den Verrat an Venedig bedeuteten und daher für Frankreich unannehmbar waren. Mitten in die Verhandlungen platzte die Nachricht, daß sich die Hugenotten neuerlich erhoben hatten. Im Süden stand Rohan unter Waffen, während sein Bruder Soubise die französische Flotte unter seine Gewalt gebracht hatte. Nichts hätte weniger gelegen kommen können, da Richelieu die Verhandlungen mit Urban und den Spaniern nun nicht mehr aus einer Position der Stärke heraus führen konnte. Er mußte sich auf die Niederwerfung Soubises konzentrieren und zu diesem Zweck die Hilfe Hollands und Englands erbitten. Es war das Gebot der Stunde, die Verhandlungen mit dem Papst so lange hinauszuzögern, bis Richelieu seine volle Handlungsfreiheit zurückerlangt hatte. So wurde der französische Botschafter in Rom, Baron von Béthune, angewiesen, als Basis für weitere Gespräche den Vorschlag zu machen, der Papst solle den Spaniern mit französischer Billigung das Recht des Durchgangs durch das Veltlin zugestehen, vorausgesetzt, die Veltliner Festungen würden geschleift. Alsdann suchte man aus dem Besuch des Paters Joseph in Rom Vorteil zu ziehen, der dort dem Generalkapitel der Kapuziner beiwohnte. Der Pater sollte durch die Mitteilung gut Wetter machen, daß Frankreich für zwei Monate von militärischen Operationen gegen die verbliebenen Festungen absehe, und dem Papst versichern, daß in dem globalen Kampf gegen den Protestantismus in Europa Frankreich an der Seite der Kirche stehe. Als freilich Pater Joseph in Bologna eintraf, mußte er feststellen, daß er die Dinge gar nicht mehr in der Hand hatte. Der Heilige Stuhl hatte sich zu einem extremen Schritt entschlossen und einen päpstlichen Legaten nach Paris entsandt – offiziell, um den Dispens für die Heirat zwischen Henriette Marie und dem Prinzen von Wales zu überbringen, in Wirklichkeit aber, um die französische Regierung in der Veltlin-Frage einzuschüchtern. Der Legat war der Neffe Urbans VIII., Kardinal Francesco Barberini. Richelieu nahm die Nachricht vom Kommen Barberinis mit Unbehagen zur Kenntnis. Die Anwesenheit eines päpstlichen Legaten in Frankreich konnte nur Wasser auf die Mühlen der politischen Opposition sein. Urban VIII. konnte von dem Schauspiel, daß ein Kardinal der Kirche Krieg gegen den Papst führte, nicht stärker schockiert sein als die frommen Katholiken in Frankreich, die die Kompliziertheit des Problems nicht erkannten und sich nun indigniert von Richelieu abzuwenden begannen. Nicht einmal die prompte Freilassung aller päpstlichen Kriegsgefangenen und die Rückgabe ihrer Fahnen vermochten den Skandal einzudämmen. Nachdem es ihm nicht gelungen war, die Ernennung Barberinis zum päpstlichen Legaten zu verhindern, verlegte sich Richelieu nun darauf, sich scheinbar dem moralischen Urteil zu beugen und gleichzeitig die Verhandlungen in die Länge zu ziehen.

Francesco Barberini zog am 21. Mai 1625 in Paris ein. Er war siebenundzwanzig Jahre alt. Ludwigs Bruder Gaston, zehn Jahre jünger, wurde zu seinem Empfang abkommandiert. Gestiefelt und gespornt, in ein goldbesticktes Gewand aus meergrünem Tuch gekleidet, ritt er auf einem mit goldenen Decken geschmückten Pferd zur Kirche St. Jacques du Haut Pas am linken Seine-Ufer. Hier überbrachte er dem Legaten die königlichen Willkommensgrüße, worauf sich die beiden zur Kirche Notre Dame begaben, wo der liturgische Empfang stattfinden sollte. Wie es die Tradition gebot, sollte Barberini auf einem weißen Maultier in Paris einreiten und so die Gläubigen an den Einzug Christi in Jerusalem erinnern. Er trug seine scharlachroten Gewänder, den betreßten Kardinalshut und wurde begleitet von den Fürsten und Herzögen, den Ritterorden und den Hundert Schweizern sowie von achtunddreißig Prälaten. Zu seiner Linken ritt Gaston, während Pagen einen Baldachin über ihn hielten. In der Rue St. Jacques drängten sich zahlreiche Frauen herbei, um die scharlachroten Schuhe Barberinis zu küssen, und beim Einzug in Notre Dame durchbrachen übermütige Studenten von der Universität die Absperrung der Wachen und umringten den Legaten. Die sprachlosen Ritter mußten mit ansehen, wie der Baldachin über der Menschenmenge schwankte, herabfiel und in Stücke gerissen wurde. Dann öffnete sich eine Gasse, und ein paar Studenten machten sich mit dem weißen Maultier davon, während der Legat, ein jämmerliches rotes Bündel, auf dem Pflaster liegenblieb. Gastons Pferd scheute und hätte seinen königlichen Reiter beinahe abgeworfen, wenn diesen nicht ein beherzter Diener um die Hüften gepackt und aus dem Sattel gehoben hätte. Wieder zu sich gekommen, sah Gaston einen entsetzten Barberini in den Dom flüchten.

Beim Empfang Barberinis durch den König in Fontainebleau ging es würdevoller zu. Der Legat wurde in Gemächern untergebracht, die den Prinzen von Geblüt vorbehalten waren und zwischen dem Treppenhaus und einem Seitenflügel in nächster Nähe der Königsgemächer lagen. Hier, in angemessener Umgebung, überreichte der Legat den Dispens für Henriette Maries Heirat, und der offizielle Teil des Besuches war erledigt. Hinter der Szene begannen nun die Gespräche über die Situation im Veltlin. Richelieu zeigte keine Eile, an ihnen beteiligt zu werden, bevor er nicht wußte, wie es Pater Joseph beim Papst ergangen war. Der Kapuziner mit der Knollennase und dem wuchernden Bart war zu dieser Zeit eine europäische Berühmtheit, und Urban VIII. war begierig, ihn kennenzulernen. Auf dem Wege nach Rom hatte Pater Joseph einen dichterischen Versuch beendet, der den Kreuzzug zum Gegenstand hatte. Dieses Poem überreichte er, gleichsam von Dichter zu Dichter, dem Heiligen Vater. Urban war vom Werk und dessen Schöpfer angetan, und die beiden geistlichen Herren kamen prächtig miteinander aus. Zu gegebener Zeit sollte Richelieu erfahren, daß die Position des Papstes längst nicht so unnachgiebig war, wie Barberini sie hinstellte, und Barberinis unmögliche Forderungen wurden abgewiesen, ohne daß dem Legaten deren Unterminierung durch Pater Joseph bewußt wurde.

Als der Kapuziner im August 1625 nach Frankreich zurückkehrte, waren die Gespräche mit Barberini an einem toten Punkt angelangt. Gleichzeitig war Pater Joseph, berührt von der heiteren Herzlichkeit Urbans, in einer kompromißbereiten Stimmung und versuchte, Richelieu eine neue Verhandlungsbasis nahezulegen: Frankreich sollte das Monopol auf die Pässe bekommen, doch sollte das Veltlin autonom sein, wobei den Graubündnern nur die nominelle Suzeränität erhalten blieb. Außerdem sollte Frankreich zusätzliche Klauseln akzeptieren, auf denen die Kurie bestand. Richelieu wußte, daß die Grauen Bünde sich hiermit niemals einverstanden erklären würden. Er blieb unbeugsam, während sich Barberini bitter beklagte über die »Aale, die um so rascher aus der Hand schlüpften, je fester man sie packte«, die Verhandlungen abbrach und Paris verließ. Seine Vorwürfe galten dem Pater Joseph, den er nicht ohne Grund im Verdacht hatte, ihn diplomatisch ausmanövriert zu haben, und ein Kapuziner aus der Umgebung des Legaten schrieb an den Kaiser: »Wenn Richelieu eine List im Schilde führt, bedient er sich immer geistlicher Personen.«

Barberinis Entschluß, die Gespräche zu beenden, rief bei Richelieu schwere Angstzustände hervor. Der Kardinal schrieb später: »Niemals habe ich mich im Verlauf der großen Unternehmungen, die im Interesse des Staates notwendig geworden sind, dem Tod so nahe gefühlt als zu der Zeit, da der Legat in Paris war.« Die Hugenotten befanden sich noch im Aufstand, und die Holländer lieferten immer noch – sehr gegen ihr Gewissen und als Gegenleistung für französische Subsidien – die Schiffe, die Frankreich brauchte, um mit Soubise fertig zu werden. Sie taten es nur in der Überzeugung, daß Frankreich ein Glied in der antispanischen Kette war. Auch die Engländer mußten davon überzeugt werden, daß das Vorgehen gegen ihre französischen Glaubensbrüder nicht Bestandteil eines generellen Kreuzzuges gegen den Protestantismus war. Dieses unberechenbare Volk war durchaus imstande, aus einer anti-papistischen Laune heraus mit seiner Flotte den französischen Rebellen beizuspringen. Die Graubündner im Stich zu lassen, wie es Barberini praktisch forderte, und den Spaniern das Recht einzuräumen, durch das Veltlin zu ziehen und ihre Streitkräfte in den Niederlanden zu verstärken – eine solche Handlungsweise hätte Frankreich seiner Freunde in Europa ebenso beraubt wie seiner diplomatischen Ziele. Andererseits mußte ein Bruch mit Rom eine Provokation für jene glühenden Katholiken sein, die sich, wie Pater Bérulle, auf die Seite Barberinis gestellt hatten. Von Angst und Sorgen gelähmt, gab Richelieu dennoch seine Position nicht auf. Zum König sagte er: »Einen schlechten Frieden schließen heißt, einen neuen Krieg anbahnen«. Immerhin war seine Stellung so bedenklich, daß er auf ihre Verstärkung sann. Zu diesem Zweck überredete er den König dazu, eine Versammlung der Notabeln einzuberufen – jener führenden Männer aus Politik und Verwaltung, auf deren Rat man hören würde und deren Unterstützung eine Absicherung gegen das Lärmen der päpstlichen Partei war. Die Notabeln wurden wahrscheinlich sorgfältig ausgewählt. Schließlich bekundeten sie eine heftige anti-römische und antispanische Stimmung und verlangten den Krieg gegen Spanien.

Viel zuwenig Aufmerksamkeit hatte man bisher jener tiefsitzenden Unruhe in den Köpfen der Franzosen gezollt, die aus ge wissen Ereignissen in Spanien entsprang, welche sich gleichzeitig mit der Veltliner Affäre abspielten und zunächst mit ihr nichts zu tun hatten. Im Anschluß an seine Ernennung zum Minister Philipps IV. hatte Olivares am 25. Dezember 1624 ein Memorandum vorgelegt, in dem er sich über die erfolgversprechendste Methode äußerte, für Kastilien die Vormachtstellung über die anderen spanischen Königreiche zu sichern. Er erblickte sie in der »Anstiftung eines großen Volksaufruhrs dort«, der den Anlaß zum Eingreifen der Truppen, zur Reorganisation des Rechtswesens und zur Einigung des spanischen Reiches werden konnte. Der Inhalt dieses Memorandums muß irgendwie durchgesickert sein, denn es gibt zeitgenössische Anspielungen auf Olivares' Politik, die Katalanen zur Revolte zu reizen, um sie dann ihrer Privilegien entkleiden zu können. Die Skrupellosigkeit dieses Konzepts erfüllte die Franzosen, und wohl auch Richelieu, mit Besorgnis. Ein Engländer war es, der dieser Besorgnis epigrammatischen Ausdruck verlieh. Die Franzosen, so sagte er, verglichen die spanische Monarchie gern mit »einem aus lauter Flicken bestehenden Bettlergewand«. Wären diese Flicken ein einziges Stück Stoff, was sollte dann aus dem »mit Lilien bestickten Umhang« des französischen Königs werden?

Die Politik einer gewaltsamen Einigung Spaniens beinhaltete offenbar auch die Tendenz zu einer gewaltsamen Einigung Europas. Ein Aspekt dieser Politik war Olivares' Plan, ein Waffenbündnis zu bilden, das sämtlichen Königreichen und Provinzen Spaniens, Flandern, Neapel und das Herzogtum Mailand inbegriffen, zu einer gemeinsamen Truppenreserve verhelfen sollte, auf die alle Beteiligten im Verteidigungsfall zurückgreifen konnten. Katalanische Truppen konnten danach ins Veltlin verlegt werden, um dem Herzogtum Mailand beizustehen – oder um womöglich aus Gründen des »Beistandes« in Frankreich einzumarschieren. Bisher waren gewisse spanische Fürstentümer, namentlich Katalonien, vom Waffendienst im Ausland freigestellt. Wenn diese Freistellung aufgehoben werden konnte, mußte sich die militärische Position Spaniens ungemein verbessern. Die Tragweite dieses Planes von Olivares wurde noch durch eine Krise unterstrichen, die der Herzog von Guise provoziert hatte und bei der es zufällig um Katalonien ging. Während Lesdiguières Genua belagerte und französische Truppen im Veltlin eindrangen, fing Guise, in seiner Eigenschaft als Gouverneur der Provence, einen großen Silberkonvoi ab, der gerade von Barcelona nach Genua verschifft wurde und zur Finanzierung der spanischen Truppen in Mailand gedacht war. Im Anschluß an diesen Coup kaperte er vor Marseille drei genuesische Schiffe mit 160 000 Dukaten an Bord. Die Bankiers in Genua boten den Spaniern die Hälfte dieser Summe, wenn das Geld wieder in ihren Besitz kam. Olivares ordnete am 2. April 1625 die Einziehung französischen Eigentums in spanischen Häfen bis zur Höhe des verlorengegangenen Betrages an, worauf Richelieu vier Wochen später mit der Schließung der französisch-spanischen Grenze für den gesamten Handel antwortete. Daraufhin verfügte Olivares die Beschlagnahmung allen französischen Eigentums in Spanien, Flandern und in anderen spanischen Territorien. Bei der französischen Regierung hagelte es Proteste aufgebrachter französischer Kaufleute, die sich vor dem Ruin sahen. Die Wirtschaft Kataloniens wurde ernsthaft in Mitleidenschaft gezogen, und das Fürstentum war in einem gefährlich gespannten Zustand, in dem es sich sowohl auf eine französische Invasion wie auf den Widerstand gegen die Pläne Olivares' vorbereitete. Das gespannte Verhältnis zwischen Frankreich und Spanien verschärfte sich noch, nachdem Barberinis Friedensmission gescheitert war.

Richelieus Handlungsweise ist in allen Phasen der Veltlinkrise zu rechtfertigen, und der Mut, den er zu einem Zeitpunkt bewies, da er einsam und selbst von Pater Joseph mißverstanden, krank und von schlimmsten Befürchtungen gepeinigt war, dieser Mut ist beeindruckend. Hätte er die Graubündner fallenlassen, hätte keiner der traditionellen Verbündeten Frankreichs mehr die französische Ehre geachtet oder die französische Sache unterstützt. Es hätte keine andere Alternative gegeben als Frankreich zum Kostgänger Spaniens zu machen – eines Spanien, das eindeutig danach trachtete, seine Vormachtstellung in den französischen Grenzlanden auszubauen und auf weitere Sicht Frankreich zum Werkzeug kastilischer Politik zu machen. Der Preis, den Richelieu für die Unabhängigkeit Frankreichs zu zahlen hatte, war die Konfrontation mit dem Papst, der sich nolens volens in derselben Zwickmühle wie Richelieu sah und ebenso energisch wie dieser nach einem Ausweg suchte. Beide waren sie das Opfer von Umständen, die sich ihrer Kontrolle entzogen, die Gefangenen einer Politik, die ihre Vorgänger formuliert hatten, und da beide die Gabe besaßen, beide Seiten eines Problems zu sehen, erkannte jeder das Dilemma, in dem sich der andere befand. Der einzig erfreuliche Aspekt an der Affäre ist vielleicht der, daß beide Politiker Respekt für die Integrität des anderen entwickelten. Dieser gegenseitige Respekt war es, der es dem Papsttum möglich machte, noch für ein weiteres Jahrzehnt die Balance zwischen Frankreich und Spanien zu halten.

Obgleich Richelieu während der ganzen Veltlinkrise von den Aggressionsgelüsten Spaniens überzeugt blieb, scheint er nicht die allgemein verbreitete Überzeugung geteilt zu haben, daß Frankreich auf militärischem Gebiet Madrid nichts entgegenzusetzen hatte. Im Mai 1625, auf dem Höhepunkt der Kontroverse um das gekaperte Silber, arbeitete er ein Memorandum für den König aus, in welchem er darlegte, daß Spanien – für ihn der erklärte »Feind« – so knapp bei Kasse und die spanische Bevölkerung so unruhig sei, daß das Land einem Krieg nicht lange standhalten könne, sofern es gleichzeitig an mehreren Fronten mit »gallischem Furor« angegriffen werde. Er bezweifelte, daß es ohne einen solchen Konflikt einen dauerhaften und ehrlichen Frieden mit Spanien geben könne, der auch die Position der französischen Verbündeten verbürgte. Ein Hindernis auf dem Weg zu einem derartigen Frieden erblickte er, wie er Pater Joseph anvertraute, in dem »Appetit« Karl Emanuels von Savoyen.

Es kam zu einer wahren Sturzflut von Pamphleten, in denen die von Frankreich bezogene Position leidenschaftlich diskutiert wurde, und Richelieu hielt es für angezeigt, die Moral unabhängigen politischen Handelns einem breiteren Publikum nahezubringen. Er betrieb daher die Publikation einer Schrift mit dem Titel *Der Katholik im Staate*, die in der Geschichte des politischen Denkens des Katholizismus eine nicht unwichtige Rolle einnimmt. Möglicherweise stammt sie von Richelieu selbst, obgleich man sie heute allgemein einem der von ihm bezahlten Pamphletäre zuschreibt. Das Werk macht klar, daß Kasuistik in der Theologie angebracht sein mag, nicht aber in der Politik. Gesetze sind ihrem Wesen nach nicht kasuistisch, sondern müssen wörtlich interpretiert werden. Könige führen Krieg, um für ihre Untertanen und im Interesse der Sicherheit des Staates den Frieden zu erkämpfen, und die Entscheidung, daß ein Krieg zu diesem Zweck notwendig und daher gerecht ist, unterliegt nicht einer Bewertung nach den Maßstäben privater Sittlichkeit. Ein Staat, der nicht bereit ist, für seine Sicherheit zu kämpfen, ist notwendig schwach. Er erntet den Spott seiner Nachbarn und fordert zu Angriffshandlungen heraus. Hieraus wurde der Schluß gezogen, daß jene, die gegen den Krieg Stimmung machen, in Wirklichkeit gegen den Frieden sind – ein echt Richelieu'sches Epigramm.

Es wurde nunmehr der Vorschlag gemacht, die zwischen Frankreich und Rom einerseits, Frankreich und Spanien andererseits anhängigen Streitigkeiten voneinander zu trennen und gesondert zu verhandeln. Zwischen dem Heiligen Stuhl und Frankreich ging es nur um die Frage, welcher Grad an politischer Autonomie dem Katholizismus im Veltlin zuzugestehen sei, zwischen Frankreich und Spanien nur um die Frage des Durchgangsrechts. Richelieu suchte die Hugenotten mit dem Wink zur Besinnung zu bringen, daß eine Einigung mit Spanien bevorstehe und somit Kräfte zur Unterdrückung des Aufstandes frei würden, während er gegenüber den Spaniern eine sich abzeichnende Verständigung mit den Hugenotten andeutete, so daß Kräfte zur Unterstützung der Graubündner auf den Plan rücken konnten. Hier wurde nun Richelieu ein Opfer seiner eigenen Diplomatie. Der französische Botschafter in Madrid, Charles d'Angennes de Rochepot, Graf von Fargis, erhielt nämlich von seiner Frau Madeleine von Silly, einer der Hofdamen in Paris, einen Brief, in welchem es hieß, daß Pater Bérulle, hinter dem die Mediceerin stand, ihr auf Ehre und Gewissen eingeschärft habe, ihr Gatte solle um jeden Preis Frieden machen. Fargis unterzeichnete also am 1. Januar 1626 einen Vertrag mit Olivares, ohne den Text zuvor mit Paris abgesprochen zu haben und ohne hierzu völlig ermächtigt zu sein. Das Vertragswerk enthielt die unmögliche Klausel, daß die Graubündner ihren Anspruch auf das Veltlin verwirkt hätten, falls sie die anderen Vertragsbestimmungen nicht einhalten sollten. Die Verhandlungen waren durch gegenseitige Verdächtigungen der Unehrlichkeit schon verfahren genug, so daß es untunlich erschien, Fargis rundheraus zu desavouieren. Richelieu beschloß daher, mit Spanien ein Abkommen auf der Basis dieses Vertrags, aber mit geeigneten Modifikationen zu schließen. Fargis erhielt neue Instruktionen, die ihn erreichten, während er den Hof auf dessen erstem offiziellen Besuch der Regentschaft in Aragón und Kastilien begleitete. Er erhielt die Aufforderung, die Verhandlungen abzubrechen und heimzukehren, falls Olivares sich weigern sollte, den Vertrag zu modifizieren. Philipp IV., der sich gerade in langwierigen Verhandlungen über Geldangelegenheiten mit den Cortes von Valencia befand, billigte am 5. März 1626 zu Monzón einen neuen Text des französischen Vertrages. Man vermutete, daß der um eine Einigung ängstlich bemühte Fargis angeboten hatte, mit französischen Truppen zur Niederwerfung der aufsässigen Katalanen beizutragen, vor deren Zorn man ihn schützen mußte. Wie dem auch gewesen sein mag, er und Olivares zeigten eine bis an den Rand des Selbstbetruges gehende Kompromißbereitschaft. Urban VIII. und Barberini ignorierte man gänzlich, und zumindest letzterer war von der Nachricht der glücklich erreichten Regelung überrascht. Für Richelieu war der Vertrag entschieden unbefriedigend, aber in einem unbedachten Augenblick und unter dem Druck, als moralischer und katholischer Staatsmann dastehen zu müssen, gab er seine Zustimmung zur Ratifizierung.

Da der flüchtig abgefaßte Text jede beliebige Deutung erlaubte, regelte der Vertrag praktisch gar nichts; im Gegenteil, da in den diplomatischen Verwicklungen der folgenden zehn Jahre jede Partei der anderen Nichteinhaltung der Abmachungen vorwarf, erwies sich der Vertrag als einer gegenseitigen vertrauensvollen Verständigung abträglich. Nur allzu viele Verträge Richelieus waren zweideutig abgefaßt und bargen die naive Hoffnung in sich, daß sich die französische Auslegung durchsetzen werde. Das schlimmste Beispiel hierfür war der Vertrag von Monzón. Er enthielt keine spezifische Aussage darüber, daß die Spanier die Alpenpässe nicht benutzen durften – andernfalls hätten die Spanier gar nicht unterschrieben; demgemäß unterband er nicht offen den Verkehr Spaniens mit dem Rhein und Tirol, was natürlich die Crux der ganzen Sache war. Richelieu hoffte, der Vertrag werde indirekt dieses Resultat dank der Bestimmung haben, daß das Veltlin in seinem Rechtsstatus von 1617 wiederhergestellt werden sollte, also bevor der Konflikt ausbrach. Dies implizierte die Anerkennung der graubündnerischen Oberhoheit über die Pässe und des Rechtes der Bünde, die Pässe für spanische Heere zu schließen. Aber genau dieselbe Bestimmung forderte, daß im Veltlin allein die katholische Religion ausgeübt werden dürfe und daß sich die Veltliner Bevölkerung ihre eigenen Verwaltungsbeamten wählen solle, wobei den Graubündnern nur ein nominelles Suzeränitäts- und Vetorecht verblieb. Nach Auffassung Madrids bedeutete diese Klausel, daß es den Katholiken des Veltlins freistand, den Spaniern den Durchzug durch ihr Gebiet zu gestatten, und daß die Graubündner keine Oberhoheit besaßen, um dies zu verhindern. Sollte Frankreich die Grauen Bünde zum Schließen der Alpenpässe ermutigen, so war dies als ein Verstoß gegen den Vertrag anzusehen.

Aber das war nicht die einzige Unklarheit. Der Vertrag erwähnte weder französische Durchgangs- und Rekrutierungsrechte in Graubünden noch den französischen Schutz der schweizerischen Neutralität. Daher schloß der Vertrag nach spanischer Auslegung Frankreich von allen Rechten im Veltlin aus. Frankreich konnte ja nur Rechte in Anspruch nehmen, die von der Regierung Graubündens bewilligt wurden und die sich daher auf den Kanton selbst beschränkten. Daß sich Frankreich verpflichtete, dem Papst die Festungen zurückzugeben, wurde auf den ersten Blick durch die Bestimmung kompensiert, daß diese Festungen innerhalb einer bestimmten Zeit niedergelegt werden mußten. Damit wirkte der Vertrag zunächst wie ein diplomatischer Coup Frankreichs, da er gerade jene spanische Aktion rückgängig machte, die die Krise ausgelöst hatte. Da jedoch nach dem Rückzug der Franzosen die Veltliner Behörden den Spaniern unweigerlich die Durchzugserlaubnis gewähren mußten, war in Wirklichkeit genau das Gegenteil der Fall. Mehr noch: sollte sich Spanien künftig einmal den Übergang über den Splügenpaß erzwingen, um sich den kürzesten Weg zum Rhein zu öffnen, so hatte Frankreich nach dem Vertrag keine Handhabe zum Eingreifen. Genau dies taten denn die Spanier auch und lachten nur höhnisch, wenn Richelieu sie des Vertragsbruches zieh. Wunschdenken, so sollte Richelieu erkennen, ist kein Ersatz für schwarz auf weiß eingegangene Verpflichtungen. Als er vier Jahre später neuerlich vor einem Vertrag stand, der, ohne vorherige Einigung über den Wortlaut, zu Regensburg unterzeichnet worden war, erinnerte er sich des Fiaskos mit dem Vertrag von Monzón und war entschlossen, den alten Fehler nicht noch einmal zu begehen. Die zweideutige Beilegung der Veltlinkrise erwies sich denn auch nicht als Beilegung, sondern als Beginn diplomatischer Hochseilakrobatik, die Frankreich immer tiefer in die Verstrikkung führen sollte.

7
Hemmungslos in seinen Leidenschaften
1625–1627

Die englische Außenpolitik zu dem Zeitpunkt, da Richelieu an die
Macht kam, war das Werk eines der unberechenbarsten und ver-
blendetsten Geister Europas. Gemeint ist der königliche Favorit
George Villiers, Herzog von Buckingham. Richelieu, der Intellektuelle und Theoretiker, ging davon aus, daß fremde Nationen nach
logischen Gesichtspunkten agierten und reagierten. Er begriff in
keiner Weise den Pragmatismus der englischen Politik oder den
Umstand, daß Politik in England ein im Gegensatz zu seinem eigenen Professionalismus ganz amateurhaft betriebenes Geschäft war.
Ihm schien, daß Jakob I. ebenso entschieden anti-habsburgisch
gesonnen sein müsse wie seine aufbegehrenden Untertanen; hatten doch die Habsburger seinen Schwiegersohn Friedrich und seine
Tochter Elisabeth aus der Pfalz verjagt. Tatsächlich war Jakobs
Antwort auf diesen Vorgang die unwahrscheinlichste, die sich denken ließ. Er suchte das Bündnis mit Spanien gegen Österreich, in
der Hoffnung, Friedrich so wieder in seine Rechte einsetzen zu
können. Wenn Karl, der Prinz von Wales, die Infantin Maria heiraten würde, die Schwester des Königs von Spanien und der französischen Königin Anna von Österreich, dann würde sich Spanien gewiß nicht weigern, Karls eigener Schwester Elisabeth zu Hilfe zu
eilen. Die Tatsache, daß Spanien für die meisten Engländer das
personifizierte Böse war, hielt Jakob nicht davon ab, Verhandlungen in diesem Sinne einzuleiten. Die Spanier nahmen den Heiratsvorschlag mit Entzücken auf – freilich aus Gründen, die Jakob ganz
falsch verstand. Sie hofften, daß, im günstigsten Falle, der Erbe des
englischen Thrones Katholik werden und, im ungünstigsten Falle,
eine katholische Königin aus Spanien den auf den englischen Katholiken lastenden Druck mildern und die kriegerische Haltung des
englischen Volkes gegenüber Spanien etwas zügeln würde. Ihre
wahren Gefühle gegenüber Friedrich offenbarten sie, indem sie mit
einer aus den Spanischen Niederlanden abgezogenen Armee die
Hauptstadt Friedrichs, Heidelberg, besetzten. Jakob war durch

diesen Vorfall beinahe geneigt, mit Spanien zu brechen, doch zäh festhaltend an seinen Illusionen, beschloß er, einen Sonderbeauftragten nach Madrid zu entsenden, einen gewissen Endymion Porter, der ein neues Angebot zum Abschluß des Heiratskontraktes unterbreiten sollte. Als Porter im Oktober 1622 London verließ, begleitete die Nation seine Abfahrt mit dem einmütigen Ruf: »Bringen Sie Krieg!«

In Madrid angelangt, fand Porter einen Hof, einen Monarchen und einen Günstling vor, die sich von St. James, von Jakob I. und von Buckingham so stark unterschieden, wie man es sich nur denken konnte. Philipp III. war am 31. März 1621 im Alter von dreiundvierzig Jahren verstorben. Im jüngeren seiner beiden Söhne, dem Kardinal-Infanten Ferdinand, hatte sich die ganze den spanischen Habsburgern noch verbliebene Energie versammelt, und in seinem Charakter war er der wahre Erbe Karls V. Sein Bruder Philipp IV. war ein hohles Gehäuse, der Fähigkeit zu herrschen ermangelnd, aber die Verkörperung der nationalen und persönlichen Sehnsucht, das Spanien Philipps II. wieder auferstehen zu lassen. Die Porträts von ihm aus der Hand des Velázquez zeigen den sehnsüchtigen Kronprätendenten, den Unechten, den Blender, dessen Leben eine einzige, ziellose Pavane war. Das Paradoxe ist, daß es dieser leidenschaftslose, hypnotische Blick unter Philipps schweren Lidern war, der jene kulturelle Größe Spaniens heraufbeschwor, wie sie an die Stelle seiner politischen treten sollte. Er war intelligent, feinfühlig, abhold jeder Grausamkeit, Unehrlichkeit und Betrügerei, ein Liebhaber der Künste, in denen er die kristallisierte Wahrheit sah, ein Mann, bei dem, wie bei seinem Volk, eine übersteigerte Frömmigkeit an die Stelle weltlichen Handelns und weltlicher Klugheit trat, ein Mann, bei dem der primitive Glaube an die schicksalhafte Bestimmung Spaniens jede klare Erkenntnis vom raschen Abgleiten des Landes in Bankrott und Zusammenbruch verhinderte. Daß dieser kraftlose Don Juan die Ambitionen des Hauses Österreich verkörpern sollte, vor denen ein Richelieu zitterte, ist ein Punkt, der zu delikaten Erwägungen verleitet.

Zum Ausgleich für die Schwunglosigkeit des Monarchen, bei dem der Wille zum Handeln wie gelähmt war, besaß Spanien einen Favoriten, für den die Macht eine Leidenschaft war. Das war Don Gaspar de Guzmán, Graf von Olivares. Zwei Jahre später sollte er zum Herzog von San Lucar gemacht werden, und da er den Namen Olivares beibehielt, wurde er unter dem ungereimten Titel eines

»Grafen-Herzogs« bekannt. Er neigte bereits zur Fülle, und in seinen ballonartigen schwarzen Kleidern und dem Umhang machte er eine enorme Figur, obwohl er gar nicht so groß war, wie es den Anschein hatte. Mit dem glatten schwarzen Haar, den aufgedunsenen Wangen, der starken, vorspringenden Nase, dem angriffslustigen Kinnbart und mächtigem Schnurrbart und mit seinen eigentümlichen, unangenehmen Augen geisterte er durch die spanische Geschichte und Malerei. Für Spanien war er ein Unglück, ein Diktator, der überall Feindschaft säte, der aber durch seine persönliche Unausgeglichenheit und Unbesonnenheit viele seiner autoritären Machenschaften selbst zum Scheitern verurteilte.

Er war zwei Jahre jünger als Richelieu, und ihre Karriere weist Ähnlichkeiten auf. Olivares war zwar ein Intellektueller, ein gieriger Bücherleser und Besitzer einer großen Bibliothek, doch es fehlten ihm Richelieus Zähigkeit, Konzentrationsfähigkeit und die bewußte, unbeirrbare Zielstrebigkeit. Er schwankte fortwährend zwischen hysterischer Übertreibung und lustloser Depression. Gute Nachrichten feuerten ihn zu leidenschaftlichem Enthusiasmus, zu ungestümem Handeln an, und ausgreifende Pläne wurden entworfen; bei schlechten Nachrichten versank er in Melancholie. Die Pläne blieben unausgeführt, die großen Entwürfe wurden gestoppt. Zu Zeiten war er extravagant in seinem Denken, in Gebärde und Ausdruck, was ihn aus der Ferne gefährlicher wirken ließ, als er tatsächlich war. Wenn er dazu aufgelegt war, konnte er ununterbrochen reden; wenn er seine rhetorische Stimmung hatte, vermochte er bedeutende Überredungskünste aufzubieten. In vieler Hinsicht war er ein Asket, doch die Größe Spaniens erfüllte leidenschaftlich seine Seele, und sein unüberwindlicher Hang zum Kommandieren entsprang seinem nicht befriedigten Ehrgeiz, das Kriegshandwerk zu betreiben. Er war scharfsinnig, durchschaute die Pläne anderer, und er liebte es, bei Verhandlungen nicht zur Sache zu kommen. Mitunter konnte er eine sinnlose Wut an den Tag legen, die jeglichem Anstand spottete. Während der Name Olivares in Richelieus distanzierten Schriften kaum einmal vorkommt, war umgekehrt Richelieu für Olivares geradezu eine Zwangsvorstellung. Für den Spanier war die französisch-spanische Auseinandersetzung ein persönliches Duell. Olivares' spanischer Biograph, ein namhafter Mediziner, hat den Zerfall seiner Persönlichkeit verfolgt und nicht gezögert, den Minister in den späteren Stadien seiner Laufbahn als verrückt zu bezeichnen. Seine Wankelmütigkeit führte, im Verein mit dem Desinteresse des Königs, zu einer fatalen Ziellosigkeit der spanischen Politik.

Der Vorschlag mit der englischen Heirat war eine Tragödie für die englisch-spanischen Beziehungen, denn Olivares schwankte zwischen großsprecherischen Freundschaftsbeteuerungen und einer explosiven Feindseligkeit, die die Engländer verwirrte und beleidigte. Als Endymion Porter den abwegigen Plan Königs Jakobs enthüllte, sich der spanischen Hilfe für Friedrich zu versichern, verlor Olivares die Fassung. Es sei absurd, so rief er aus, den König von Spanien um Waffenhilfe gegen seinen Onkel, den Kaiser, und gegen die katholische Liga zu bitten. Und er fügte hinzu, wenn dies der Hintergedanke des Eheplanes gewesen sei, so wolle er damit nichts zu tun haben. Damit wäre die Angelegenheit erledigt gewesen, Jakob I. hätte die spanische Unverschämtheit als eine zum Kriege herausfordernde Provokation empfunden, wenn nicht der englische Botschafter, der Earl of Bristol, in dem verzweifelten Versuch, die Lage zu retten, die Sache dem König vorgetragen hätte. Philipp IV., den kaum jemals etwas erschütterte, bezeugte huldvoll eine gewisse Sympathie für die Sache der Pfalz, was man in England als Beistandsversprechen auffaßte und was den Fortgang der Verhandlungen, aber auch die englische Neutralität sicherte. Zu Beginn des Jahres 1623 empfing Jakob I. die spanischen Heiratsbedingungen, zu denen die Forderung nach privater Religionsfreiheit für die Katholiken in England, die völlige Religionsfreiheit für den Haushalt der Infantin sowie die Garantie gehörte, daß die Kinder aus der Ehe bis zu ihrem neunten Lebensjahr im katholischen Glauben erzogen würden. Was die Pfalz betraf, so sei es unmöglich, dem Kaiser ein Ultimatum zu stellen.

Es kam nun zu einem der lächerlichsten Vorfälle in der Geschichte der Diplomatie. Der prätentiöse und unverantwortliche Buckingham verfiel auf den Gedanken, sich gemeinsam mit Karl inkognito nach Madrid zu begeben und nach Art der Kavaliere mit Kühnheit, Charme und Poesie die Infantin zu gewinnen. Karl, zu dieser Zeit noch weit entfernt von dem finsteren Aussehen, das er zur Zeit des Bürgerkrieges gewinnen sollte, war von Buckinghams Romantik begeistert. Die beiden überrumpelten den unvorbereiteten Jakob und entlockten ihm, der in allem, was Buckingham betraf, eine unverständliche Nachgiebigkeit an den Tag legte, seine Zustimmung zu dem fantastischen Plan. Jakob sollte seine Schwachheit bitter bereuen, sobald die Kunde vom Verschwinden des Prinzen von Wales und des Favoriten das ganze Land in Aufruhr versetzte. Unterdessen befanden sich Buckingham und Karl, mit falschen Bärten und unter sonstigen theatralischen Vorkehrungen, in Paris, von wo aus sie nach Spanien reisten. Hier warfen sie einen verstohlenen Blick in den Garten des königlichen Hofes und auf Ludwigs XIII. jüngste Schwester Henriette Marie, die einmal als Ehegefährtin Karls im Gespräch gewesen war. Zu gegebener Zeit und entzückt über den gelungenen Streich, gaben sich die beiden in Madrid dem Earl of Bristol zu erkennen.

Als man Olivares die Ankunft des Prinzen von Wales meldete, verfiel er in eine seiner optimistischen Stimmungen, und Buckingham stand ihm darin nicht nach. Eine Zeitlang herrschte eine geradezu traumhafte Harmonie, und die Spanier taten ihr Äußerstes, um entgegenkommend und freundlich zu scheinen. Das Ergebnis freilich war, wie leicht vorauszusehen, eine Katastrophe. Niemand mochte glauben, daß die beiden lediglich um eines Liebesabenteuers willen gekommen waren. Es mußte mehr dahinterstecken. Zweifellos hatte Karl die Absicht, Katholik zu werden. Plötzlich bemerkten die beiden Besucher, daß sie in ein Trommelfeuer religiöser Unterweisung gerieten, das auf ihre Konversion abzielte. Karl zeigte sich beleidigt und zog sich hinter die Maske einer abweisenden Würde zurück, die er sich bereits damals zurechtgemacht hatte. Buckingham verärgerte den spanischen Klerus durch seine nonchalante Einstellung gegenüber der Religion und seine mangelnde Aufmerksamkeit gegenüber ernsthaften theologischen Erwägungen. Sein englischer Humor war für Olivares ein Rätsel. Als Buckingham zum ersten Mal den eleganten jungen König der Spanier erblickte, bemerkte er zu Olivares: »Nanu, Sie haben ja einen König, der gehen kann!« Olivares konnte nicht wissen, daß Buckingham an den gichtgekrümmten Jakob dachte, der wie ein spatiges Pferd daherhumpelte. Der gesetzte spanische Hof war indigniert über das burschikose Verhalten der beiden fahrenden Ritter und zutiefst schockiert, als Karl eine Gartenummauerung erkletterte und die aufschreiende Infantin beobachtete, die gerade Maientau sammelte.

Die Verhandlungen wurden erschwert durch die Bedingungen, die der Papst an den Dispens für die Vermählung der Infantin mit einem Protestanten knüpfte, und die Geduld auf beiden Seiten erschöpfte sich alsbald. Karl beschloß, nach England zurückzukehren. Der Abschied auf dem Escorial ging mit gewohnter spanischer

Höflichkeit vonstatten, doch beging Buckingham die unverzeihliche Taktlosigkeit, dem Zeremoniell fernzubleiben. Ein Gedanke, der einer Laune des Augenblicks entsprungen war und den man in einer Atmosphäre des Mißverständnisses und des Aneinandervorbei-Redens verfolgt hatte, wurde nun als gravierender diplomatischer Fehler erkannt, und etwa vier Monate, nachdem die beiden fahrenden Gesellen im Oktober 1623 nach England zurückgekehrt waren, schliefen die Verhandlungen ein. Jede Seite glaubte sich von der anderen getäuscht, und in Buckingham, dessen Eitelkeit auf das empfindlichste verletzt war, schwelte eine tiefsitzende Wut gegen Spanien. Vor dem englischen Oberhaus bemerkte er in aller Öffentlichkeit, zwei Dinge seien es vor allem gewesen, die ihn in Spanien beeindruckt hätten: die innere Schwäche des Landes und die Doppelzüngigkeit seiner Herrscher. Olivares, so gab er zu verstehen, habe eingeräumt, daß die Eheverhandlungen nichts weiter gewesen seien als eine geistvolle Komödie. Es war eine Rede, die so recht darauf angelegt war, den Haß der Engländer gegen Spanien zu schüren.

In dieser Stimmung nun wandte sich Buckingham an Frankreich, ebenfalls ein katholisches Land, um sich nach einer Ersatzbraut umzusehen und für den Rachefeldzug gegen Spanien einen Verbündeten zu suchen. Zu Beginn des Jahres 1624, noch vor dem förmlichen Abbruch der Eheverhandlungen mit Spanien, wurden zwischen ihm und Maria von Medici geheime Botschaften ausgetauscht, in denen noch einmal der Gedanke einer Ehe zwischen Karl und Henriette Marie ausgesprochen wurde. Richelieu, als Vertrauter der Königinmutter, muß an den einschlägigen Diskussionen teilgenommen haben, und es ist durchaus denkbar, daß die ermutigende Antwort, die Buckingham empfing, von ihm entworfen worden war. Als Buckingham mit diesem neuen Plan vor seinen König trat, war Jakob I. entsetzt. Schon wieder würde man in schwierigen Verhandlungen dem Papst einen Ehedispens abringen müssen. Es würden Forderungen nach einer Tolerierung des Katholizismus in England erhoben werden, und es war kaum wahrscheinlich, daß das Parlament in seiner derzeitigen antipäpstlichen Stimmung diese Verbindung begrüßen würde. König Jakob hatte sich nicht getäuscht. Aber der ungestüme Buckingham brachte im März das Thema vor dem Parlament zur Sprache und ließ sich auch durch die Einwände der Peers von seinem Vorschlag nicht abbringen.

Die Verhandlungen zwischen England und Frankreich mußten sich notwendigerweise schwierig und heikel gestalten. Buckingham scheint nicht bedacht zu haben, daß eine Unterstützung durch Frankreich bei der Rückgewinnung der Pfalz für Kurfürst Friedrich nur zu erzielen war, wenn er selbst Konzessionen machte, namentlich solche in Fragen der Religion und im Zusammenhang mit der französischen Politik im Veltlin. Vieuville wiederum war so begierig, sich der Unterstützung Englands gegen Spanien in der Veltlin-Frage zu versichern, daß er die Schwierigkeiten, welche die Erlangung des päpstlichen Dispenses mit sich bringen mußte, beschönigte und Buckingham in der irrigen Meinung ließ, für diesen Dispens bedürfe es lediglich einer vagen Versprechung in bezug auf Religionsfreiheit und nicht einer strikten Vereinbarung. Wie schon die Verhandlungen mit Spanien, so gründeten auch die Verhandlungen mit Frankreich auf einem grundsätzlichen Mißverstehen der gegenseitigen Positionen, was unweigerlich zum Scheitern des Unternehmens und zu gegenseitigen Vorwürfen führen mußte.

Richelieu erkannte bald, daß Vieuville die Angelegenheit nicht in der richtigen Weise behandelte. Er scheint sich jedoch in keiner Phase der Verhandlungen darüber klar gewesen zu sein, daß es Frankreich in der Person Buckinghams mit einem Mann von beschränktem politischen Verstand zu tun hatte, der darüber hinaus in seiner Heimat keinen wirklichen politischen Rückhalt hatte. Man kann zwar nicht sagen, daß Richelieu zu der englischen Heirat drängte, denn er hatte seine Bedenken dagegen. Aber man kann dennoch der Ansicht sein, daß er nicht so skeptisch war, wie er es angesichts der Geschichten, die man ihm über die erstaunlichen Abenteuer Karls und Buckinghams in Spanien vortrug, hätte sein sollen. Frankreich und England, so argumentierte er, brauchten einander. Frankreich, weil es seinen Anspruch, eine zweite Kontinentalmacht zu sein, nur im Zusammengehen mit England in einer antispanischen, antihabsburgischen Front einlösen konnte; England, weil nur Frankreich in der Lage war, durch Verhandlungen mit den katholischen Fürsten Deutschlands die Wiedereinsetzung des Kurfürsten Friedrich in seine pfälzischen Rechte zu sichern. Dabei verkannte Richelieu, daß der antispanische Aufruhr in England im Grunde Ausdruck einer papstfeindlichen Gesinnung war.

Er täuschte sich über die Zuverlässigkeit Buckinghams und

hegte infolgedessen einen ungerechtfertigten Optimismus in bezug auf die Früchte einer englisch-französischen Allianz.

Lord Kensington, der nachmalige Earl of Holland, verfügte sich nach Paris, um die Verhandlungen zu eröffnen, und war auch zugegen, als Richelieu zum ersten Mal dem Ministerrat beiwohnte. Maria von Medici bereitete dem Lord einen überschwenglichen Empfang, und dieser Enthusiasmus, der das politische Element der Angelegenheit übersah, trug dazu bei, daß Kensington ganz falsche Erwartungen hegte und nach England in einer Weise berichtete, die weniger einem Heiratsvermittler als einem romantischen Ehestifter anstanden hätte. Buckingham mag erwartet haben, daß Frankreich die Ansprüche Friedrichs auf die Pfalz unterstützte oder sich an einem Kreuzzug gegen Spanien beteiligte. Doch derartige Versprechungen wurden nicht abgegeben, geschweige denn ernsthaft diskutiert. Vieuville mag gehofft haben, daß englische Truppen einen Ablenkungsangriff im Veltlin vortragen würden, um das französische Vorgehen zu unterstützen. Doch nichts lag Jakob I. ferner als dies. Im Mai 1624 – Richelieu war seit einem Monat Mitglied des Ministerrates – traf der Earl of Carlisle in Paris ein, um die Verhandlungen zum Abschluß zu bringen. Jetzt wurde zum ersten Mal die religiöse Problematik angesprochen. Carlisles Instruktionen gingen dahin, daß es unmöglich sei, die Strafgesetze gegen die Katholiken in England zu lockern. Das einzige, was man versprechen könne, sei religiöse Duldung für die Königin und ihren Haushalt. Ludwig XIII. zeigte sich mit diesem Punkt absolut unzufrieden, und es wurde deutlich, daß man weitere Zugeständnisse würde machen müssen, wenn die Diskussionen irgendeinen Fortschritt erzielen sollten. Hätten Vieuville oder Richelieu die Stimmung in England auch nur annähernd realistisch eingeschätzt, so hätten sie erkennen müssen, daß das Insistieren auf religiöser Duldung nutzlos war. Aber beiden Männern lag dringend an dem englischen Bündnis, und so unterstützte Richelieu den Vorschlag Vieuvilles, an den englischen Hof einen Diplomaten zu entsenden, dessen Überzeugungskünste bereits Legende waren: Antoine Coiffier-Ruzé, den Marquis von Effiat. Nach seiner Ankunft in London fand Effiat einen eifrigen Helfer in Buckingham, und gemeinsam bearbeiteten sie König Jakob, während die Engländer mit wachsender Mißbilligung und Feindseligkeit dem Schauspiel zusahen. Es war nicht zuletzt Richelieus Vorwurf der falschen Verhandlungsführung, der zur Entlassung Vieuvilles führte. Aber man darf bezweifeln, daß Richelieu, als er die Angelegenheit unter seine eigene Kontrolle brachte, größeren Durchblick oder mehr Gewandtheit bewies. Er war sich zwar im klaren darüber, daß der Papst darauf dringen werde, die religiösen Versprechungen Englands in vertraglich besiegelter Form vor sich zu sehen, bevor er den Dispens erteilte, und daß Vieuville zuviel voraussetzte, wenn er allein auf der Basis von Versprechungen verhandeln ließ. Aber er verkannte doch ebenso wie Vieuville, daß es nur die Alternative gab, entweder den Papst hinters Licht zu führen oder das englische Parlament. Ein getäuschtes Parlament aber würde kaum zulassen, daß England zum Instrument der französischen Politik wurde. Kaum hatte also Richelieu den Sitz Vieuvilles bezogen, als er Effiat anwies, einzig und allein einen Vertrag zu akzeptieren, der Konzessionen an die Katholiken enthielt. Als Effiat diese Forderung auf den Tisch legte, brach König Jakob in Abwesenheit Buckinghams die Verhandlungen ab. Bestürzt eilte Effiat zu Buckingham. Der Herzog fing die Depesche ab, mit der König Jakob Carlisle und Kensington in Paris davon informiert hatte, daß die Angelegenheit beendet sei. Er suchte sodann den König auf, um ihn unter Aufbietung seines ganzen Einflusses umzustimmen. Man verfiel schließlich auf den Ausweg, den Privy Council seine Zustimmung zur Lockerung der Katholikengesetze geben zu lassen. Die Konfrontation mit dem Parlament, das in derartigen Rechtsfragen die alleinige Zuständigkeit beanspruchte, war eingeplant. Doch hoffte man, es mit einem fait accompli überfahren zu können. Das Parlament sollte erst nach der Ratifizierung des Ehevertrages, die am 10. November 1624 vor sich ging, einberufen werden.

Sollte nun Richelieu mit sich selbst zufrieden gewesen sein, so hatte er wenig Anlaß hierzu. Er hatte Jakob in eine verfassungsrechtlich unmögliche Lage manövriert, durch die er sich den guten Willen und die weitere finanzielle Unterstützung durch das Parlament verscherzte. Als Gegenleistung für ein beachtliches religiöses Zugeständnis auf seiten Englands hatte er sich weder in der Frage der Pfalz festgelegt noch irgendeinen Beitrag zu den antispanischen Absichten Buckinghams geleistet. Vielmehr machte er deutlich, daß Frankreich in seiner Neutralität zu verharren wünsche – freilich erst, nachdem die Ehe beschlossene Sache war und nachdem Henriette Marie mit dem Herzog von Chevreuse als dem Stellvertreter Karls vor dem Westportal von Notre Dame verheiratet worden war. Im März 1625 starb Jakob I., und das junge

Mädchen, das »bezauberndste Geschöpf seines Landes«, wie der Earl of Holland sagte, dieses »liebliche, süße, junge Geschöpf« mit der »vollkommenen Gestalt« war nun Königin von England, obgleich sie ihr Reich noch nicht in Besitz genommen hatte.

Ursprünglich hatte Buckingham beabsichtigt, als Stellvertreter Karls I. bei der Hochzeit zugegen zu sein. Doch der Tod Jakobs hatte ihn daran gehindert. Einer plötzlichen Eingebung folgend begab er sich nun nach Paris, um die Braut zu empfangen und nach England zu begleiten. In Paris, so meinte er, würde er mit seinem Charme die französische Regierung für seine Pläne gegen Spanien gewinnen. Er traf am 24. Mai 1625 ein und blieb eine Woche. Was Richelieu, der stets ein guter Menschenkenner war, an ihm beobachtete, war beunruhigend. Der führende Mann Englands war eine Blendernatur von zweiunddreißig Jahren, eine Mannsperson wie von Rubens geschaffen. Er besaß geschliffene Manieren, ein vornehmes Betragen und eine überwältigende Persönlichkeit, aber auch einen törichten Enthusiasmus und zudem die Unbeständigkeit des Windes. Seine außerordentliche Stellung als einer der beiden Herzöge Englands und tonangebender Kopf des Königlichen Rates sowie die höchsten Ämter, die er auf sich vereinigte, verdankte er nicht seinem Verstand, sondern den Zufällen eines angenehmen Äußeren und eines gutgebauten Körpers, und der unansehnliche Jakob hatte obendrein eine Schwäche für diese Eigenschaften. Jetzt trat er am französischen Hof in einem mit Diamanten besetzten weißen Satinkleid auf. Die Damen waren sprachlos, die Herren bestürzt. Er verblüffte die Welt damit, daß er in drei Tagen siebenundzwanzig Gala-Anzüge trug, von denen einer kostbarer als der andere war. Die junge Königin Anna von Österreich fand ihn ernsthaft beunruhigend. Ludwig XIII. hatte ihr gegenüber seiner Pflicht genügt – das erste eheliche Beilager war ein Ereignis, über das in allen diplomatischen Depeschen vom französischen Hofe berichtet wurde –, und war durch kaum mehr als durch Fehlgeburten belohnt worden. Vernachlässigt, nach Zuneigung und Bewunderung dürstend, flatterhaft und zerstreuungssüchtig, schwelgte diese nicht unattraktive junge Frau mit dem Habsburgerkiefer und den auffallenden braunen Augen im Glanz des englischen Apoll, der äußerst brillant mit ihr konversierte und sie mit Komplimenten überschüttete. Alle Frauen waren hingerissen von seiner schönen Nase, dem vornehm geschnittenen Mund, den durchdringenden Augen, der edlen Stirn, dem gewellten

Schnurrbart und dem spitz zulaufenden Kinnbart. Anna bildete keine Ausnahme; auch sie bewunderte diesen Mann.

Das Luxembourg-Palais war eben fertig geworden, und hier gab die Mediceerin den Empfang für Buckingham. Der König schützte Krankheit vor, um sich absentieren zu können, was nicht hinderte, daß das Ereignis das glänzendste wurde, das Paris seit den Tagen Heinrichs II. erlebt hatte. Zu bewundern gab es – abgesehen von Buckingham – die einundzwanzig Riesengemälde von Peter Paul Rubens mit Darstellungen aus der Regentschaft der Mediceerin, die damals zum erstenmal gezeigt wurden und heute im Louvre hängen. Was sich die Zyniker und Spötter unter den Höflingen über diese Apotheose der matronenhaften Frau zu sagen hatten, wissen wir nicht. Doch waren sich alle darin einig, daß sich der große Rubens, der übrigens immer noch auf seine Bezahlung wartete, diesmal mit dieser überwältigenden Serie von Meisterwerken selbst übertroffen hatte. Man kann sich vorstellen, wie die rote Gestalt des Kardinals mit undurchdringlicher Miene die Bilder musterte, die die Flucht Marias aus Blois und ihre Versöhnung mit Ludwig darstellten, und man kann vermuten, wie er darüber nachsann, daß die Herzöge, deren Heldentaten hier verherrlicht wurden, sich kaum davon würden abhalten lassen, ein zweites Mal genauso zu handeln, wenn ihrem Ungehorsam ein unsterbliches Denkmal in der Kunst winkte.

Hinter der glänzenden Fassade war Buckingham bemüht, Richelieu für sich einzunehmen. Er mußte feststellen, daß der umgängliche, aber unerforschbare Kardinal eine ernste Enttäuschung war. Großspurig schlug er ein englisch-französisches Vorgehen gegen die Spanischen Niederlande vor, das den Franzosen die Provinz Artois eintragen sollte. Richelieu begegnete dem Vorschlag mit Skepsis und sagte, es sei an den Engländern, zu entscheiden, ob ihre Interessen ein solches Vorgehen rechtfertigten. Achselzuckend überging er die Avancen Buckinghams und sagte dem Herzog, England könne sich zwar die Pfalz holen, wenn es dies wünsche, aber eine Regelung in Deutschland ohne Mitwirkung der Franzosen sei undenkbar. Während er Rubens Modell für das Porträt saß, das heute in den Uffizien hängt, machte Buckingham seinem Unmut Luft und äußerte seine tiefe Enttäuschung über die Früchte des Bündnisses mit Frankreich. Der gewitzte Rubens gab ihm zu verstehen, daß es noch andere Verbündete gäbe, an die England sich ketten könne, und Buckingham nahm sich diese Bemerkung zu Herzen. Die fantastische Woche näherte sich nun ihrem Ende, und Henriette Marie sollte nach England geleitet werden. Maria von Medici und Anna von Österreich sollten sie bis nach Amiens begleiten. Mittlerweile war das Werben Buckinghams um Anna und deren Eingehen auf seine Huldigungen zum Tagesgespräch geworden. Aus dem Haushalt Annas verlautete, daß es »vom ersten Tage an zwischen den beiden eine Freiheit des Tones gegeben habe, als ob sie sich schon lange gekannt hätten«. Das Abschiedszeremoniell sollte in Amiens stattfinden, und die kleine Stadt übertraf sich selbst in dem Empfang für die königlichen Herrschaften. In fünf Nischen des Domes hatte man fünf allegorische Ehrenjungfrauen postiert; Sie sollten jene fünf Töchter Frankreichs verkörpern, die englische Königinnen geworden waren, und stellten die Abstammung des englischen Königshauses von den 22 steinernen Monarchen dar, die an der Außenwand des Domes aufgereiht standen. Es gab Theateraufführungen und ein Tedeum, Festdekorationen und eine Ansprache des Gouverneurs von Amiens. Bei alldem hatte Buckingham wenig Gelegenheit, Anna nahe zu sein. Doch war er ein entschlossener und bedenkenloser Mann.

Wie Madame de Motteville, eine Hofdame Annas, berichtet, gelang es ihm, sich in den Garten zu schleichen, in dem Anna sich in der Abendkühle erging und der auf Anordnung des Königs für jedermann geschlossen war. Der Garten lag an den Ufern der Somme und gehörte zu dem Haus, in dem sich die Königin aufhielt. In ihrer Begleitung war die Herzogin von Chevreuse, die ein Verhältnis mit dem Begleiter Buckinghams, einem gewissen Lord Holland, unterhielt und die möglicherweise mithalf, den Herzog und die Königin zusammenzubringen. Als Buckingham erschien, zog sich der Kammerherr der Königin diskret zurück. Sei es Zufall oder Absicht, Buckingham und Anna verloren sich jedenfalls in einem Laubengang, wo sie den Blicken jeglicher Beobachter entzogen waren. Dann durchbrach ein Aufschrei Annas die Stille der Dämmerstunde. Der Kammerherr ward vor die Königin zitiert und gerügt, weil er sie allein gelassen habe.

Was in dem Laubengang geschehen war, blieb unbekannt. Doch damit war die Angelegenheit nicht abgetan. Als Buckingham seinen öffentlichen Abschied von der Königin nahm, um mit Henriette Marie nach Calais aufzubrechen, sah man ihn weinen. Mehr noch: Übermannt von seinem Ungestüm, verließ er unterwegs die

Königin von England. Unter dem Vorwand, Nachrichten von Karl I. empfangen zu haben, die es erforderlich machten, noch einmal mit Maria von Medici zu verhandeln, ritt er nach Amiens zurück, und nachdem er sich der angeblichen Pflicht gegenüber der Königinmutter entledigt hatte, suchte er Anna von Österreich auf. Man geleitete ihn in ihr Schlafgemach, wo sie zu Bette lag, und dort, vor den versammelten Hofdamen, erklärte er sich der Königin. Er sank in die Knie und küßte die Bettdecke, wobei er sich mit einer Ekstase gebärdete, welche die Heftigkeit seiner Leidenschaft verriet. Die alte Gräfin von Lanoi, die ein solches Verhalten skandalös fand, ermahnte ihn mit großer Strenge, daß dies nicht Sitte in Frankreich sei und daß er sich erheben solle. Er entgegnete, daß er kein Franzose sei und sich nicht an die Regeln Frankreichs zu halten brauche. Dann wandte er sich an die Königin und äußerte die zärtlichsten Dinge der Welt. Anna, betroffen und verärgert, wies ihn aus dem Zimmer. Er zog sich zurück, entschlossen, so bald als möglich nach Frankreich zurückzukehren.

Als Richelieu von dem Vorfall erfuhr, handelte er sofort. Ludwig, völlig außer sich über die Dreistigkeit Buckinghams, ergriff strenge Maßnahmen und entließ den Kammerherrn der Königin und sonstige Mitglieder ihres Stabes. Es war wie eine Neuauflage der spanischen Werbung. Buckingham hatte sich durch sein Verhalten den guten Willen der Franzosen wie schon jenen der Spanier verscherzt, während die Franzosen, die nichts von den verrückten Ideen des Herzogs wissen wollten, seine Eitelkeit kaum weniger verletzt hatten als die Spanier. Das englisch-französische Bündnis hatte schlimm begonnen, und in Kürze sollte es beklagenswert enden. Kaum zwei Monate nach Henriette Maries Ankunft in England hatte Karl I. dem Parlament Rede und Antwort zu stehen und die Vereinbarung über die Lockerung der Katholikengesetze zu erläutern. Buckingham bedeckte sich nicht mit Ruhm – weder in den Augen der Franzosen noch in den Augen seiner eigenen Landsleute –, als er die Zusage mit der Behauptung zu entkräften versuchte, sie sei in Wirklichkeit nichts weiter als eine ausgeklügelte Vorkehrung, um das Gewissen des Papstes in der Angelegenheit des Ehedispenses zu beruhigen, und es sei nicht daran gedacht, sie ernst zu nehmen. Dies war beunruhigend genug für die französische Regierung, doch es sollte noch schlimmer kommen. Es gab ernste Unstimmigkeiten zwischen Karl und Henriette Marie, die beide ihre Ehe als eine Enttäuschung empfanden und dies auf äußere Umstände zurückführten: Karl suchte die Schuld beim Haushalt der Königin und war bestrebt, dessen Umfang und Einfluß einzuschränken. Henriette Marie suchte die Schuld bei Buckingham, der sich wie ein Diktator gebärde und sich in alles einmische. Binnen kurzem gab es Grund zu der Klage, daß die Vertragsklauseln bezüglich des Hofstaats der Königin verletzt wurden, während die Klauseln, die sich auf die Katholiken bezogen, vollkommen unverwirklicht blieben. Zum offenen Bruch zwischen dem König und der Königin kam es, als Henriette Marie sich weigerte, an dem anglikanischen Krönungsgottesdienst teilzunehmen.

Dies war enttäuschend genug für Richelieu. Doch fast ebenso enttäuschend war das jämmerliche Versagen Englands als eines militärischen Verbündeten. Im Oktober 1625 zog Buckingham gegen Cádiz. Achtzig Schiffe – darunter manche Veteranen der Armada – und viele Kauffahrteischiffe trugen eine bunt zusammengewürfelte, unausgebildete und schlecht ausgerüstete Mannschaft in den Hafen von Cádiz. Damit war die Initiative erschöpft. Nach einem kläglich scheiternden Versuch, zu landen, beschloß man, den Angriff auf den Hafen aufzugeben und lieber dem erwarteten Gold- und Silbertransport aus Amerika aufzulauern. Dieser entging jedoch dem Hinterhalt, und Ende November zogen sich die Engländer kleinlaut in die Heimat zurück und hatten nicht das geringste ausgerichtet. Kurz vor der Ankunft erreichte Buckinghams Taktlosigkeit ihren Gipfel, als er öffentlich in Den Haag äußerte: »Ich erkenne die Macht des Königs von Frankreich an. Aber ich bezweifle seinen guten Willen.«

Für Richelieu indessen war das Bündnis mit England eine Notwendigkeit, denn in Frankreich waren wieder die Bürgerkriege ausgebrochen. Der Friede von Montpellier vom Oktober 1622 hatte weder dem Fanatismus der Hugenotten noch dem der Katholiken ein Ende gesetzt, ein Fanatismus, der durch die Ereignisse in Béarn ausgelöst worden war. Kaum hatten sich die königlichen Truppen aus der Stadt zurückgezogen, als der Mob durch Montpellier tobte, die eben geweihten Kirchen wieder entweihte, den jüngst errichteten Kapuzinerkonvent zerstörte und den Klerus aus der Stadt verjagte. Um die aufsässigen Schwärmer zur Raison zu bringen, wurde eine Garnison in die Stadt gelegt und eine königliche Zitadelle gebaut – Maßnahmen, die notwendig waren, aber gegen den Buchstaben des Vertrages verstießen. In Nîmes brandschatzte man Privatwohnungen und sämtliche Kirchen, und die gesamte katholische Bevölkerung mußte Zuflucht in Beaucaire suchen. Das gleiche ereignete sich in Alès, und in Uzès blieb nicht eine einzige katholische Kirche unbeschädigt. In einigen katholischen Städten grub man die Leichen von Hugenotten aus, die in geweihter Erde beigesetzt worden waren. Doch im großen und ganzen gab es in den katholischen Gegenden, wo des Königs Wort galt, weniger Gelegenheit zu Gewalttätigkeiten, wenn auch vielleicht nicht weniger Neigung dazu. Die Situation, in der Richelieu an die Macht kam, zeichnete sich also durch wachsende Spannungen aus, und man ging davon aus, daß sein Auftreten hieran nichts ändern werde. Obwohl er im königlichen Rat eine versöhnliche Politik gegen die Hugenotten befürwortet hatte, um das Reich gegen den anwachsenden Druck von außen zu schützen, sahen die Hugenotten in ihm lediglich den rührigen Apologeten der katholischen Lehre und deshalb ihren Feind. Ebensowenig war damit zu rechnen, daß es ihm gelang, die katholischen Zeloten zu mäßigen: die weniger gut informierten erwarteten von einem Kardinal einen Kreuzzug, während die besser informierten ihn in einen solchen zu drängen suchten, um zu verhindern, daß er sich mit den Protestanten des Auslands einließ.

Es bedurfte nur eines Anstoßes, damit der Hugenottenaufstand von neuem losbrach. Und diesen Anstoß bot die spanische Belagerung Bredas. Benjamin von Rohan-Soubise, der Bruder Rohans und der Mann, der im Jahre 1621 St. Jean d'Angély gegen den König gehalten hatte – der »schändliche Soubise«, wie Richelieu ihn nannte –, entschloß sich zu einem Entlastungsangriff und nahm Blaret und Sables d'Oleron ein. Im Hafen von Blaret lagen sechs prächtige Galeonen, darunter die mit achtzig Kanonen bestückte *Vierge*, die dem Herzog von Nevers gehörte. Sie war in Holland gebaut worden und sollte die Kreuzzugsarmee des Herzogs gegen die Türken führen. Am 18. Januar 1625 ging das aus zehn Schiffen bestehende Geschwader von Soubise friedlich neben den Galeonen vor Anker, um sie in der darauffolgenden Nacht heimlich zu kapern. Zugleich erhob sich Rohan im Languedoc, und die Bürger von La Rochelle, die Soubise mit einer Flotte von 74 Segeln vor der Ile de Ré liegen sahen, schlossen sich ihm an.

Der Handstreich von Soubise war es, der Richelieu davon überzeugte, daß seine Politik der Versöhnlichkeit den Hugenotten gegenüber fruchtlos sei, und ihn zu der Entscheidung brachte, die Hugenotten als politischen Faktor auszuschalten. Die Angelegenheit engte freilich seine Bewegungsfreiheit in der Veltlin-Frage ein, da sie ihn nötigte, sich mit Holland ins Benehmen zu setzen und es um Hilfe bei der Bestrafung der Rebellen zu bitten. Die Holländer vermochten sich keinen Reim darauf zu machen, daß sie just in dem Augenblick, da Breda an die Spanier verlorenzugehen drohte, ihre Flotte gegen die calvinistischen Brüder einsetzen sollten. Doch der Eigennutz überzeugte sie, daß sie keine andere Wahl hatten. Sie entsandten 22 Schiffe unter dem Befehl des Admirals Haultain de Zoete, die sich einem Geschwader französischer Schiffe anschlossen, das unter dem Herzog von Montmorency in der Bretagne zusammengestellt worden war, und zu gegebener Zeit kreuzte die Flotte vor La Rochelle auf. Als die holländischen Seeleute des Schiffs von Soubise ansichtig wurden, weigerten sie sich, auf ihre Glaubensgenossen zu schießen. Friedensangebote wurden unterbreitet. Im Schutze der Verhandlungen indessen besaß Soubise die Unvernunft, sich am 16. Juli 1625 mit 32 Fahrzeugen aus dem Hafen von La Rochelle zu stehlen und mit zwei Brandern das Flaggschiff des Vizeadmirals Dorp in Brand zu schießen. Von diesem Augenblick an sannen die Holländer nur noch auf Rache.

Zu den Schiffen unter Montmorencys Kommando gehörten acht englische Fahrzeuge, die nun Anlaß zu Streitigkeiten boten. Im Ehevertrag hatte Jakob I. versprochen, den Franzosen zwanzig Schiffe zu leihen, die Lesdiguières bei der Belagerung von Genua unterstützen sollten. Acht dieser Schiffe waren in französischen Gewässern eingetroffen, während Buckingham sich in Paris aufhielt. Ihre Instruktionen untersagten ihnen jedoch, in die »Bürgerkriege der Franzosen« einzugreifen. Als Montmorency dem englischen Kommandeur Pennington den Befehl erteilte, dreihundert Soldaten an Bord zu nehmen, die in den Golf von Biskaya verschifft werden sollten, weigerte sich Pennington, den Befehl auszuführen, und brachte seine Schiffe nach England zurück. Richelieu übte Druck auf Buckingham aus, der nach seinem Besuch in Frankreich soeben wieder in London eingetroffen war und sich noch im Glanz seiner Erfolge am französischen Hofe sonnte. Der Herzog gab nach und befahl Pennington, nach Dieppe zurückzukehren und die Franzosen an Bord zu nehmen. Bei den meisten Schiffen handelte es sich um requirierte Kauffahrer, und deren Kapitäne weigerten sich auszufahren, um »Protestantenblut zu vergießen«. Mit vielen guten Worten hatte man die Mannschaften bewogen, nach Dieppe mitzukommen. Aber es dauerte bis zum August, ehe man die Schiffe den Franzosen zur Verfügung stellen konnte, und auch dann willigte nur ein einziger englischer Seemann ein, in ihre Dienste zu treten. Es war zu spät, um die Holländer zu retten, aber nicht zu spät, um die Vernichtung Soubises in Angriff zu nehmen. Montmorency hatte 76 Schiffe aller Größen, französische, englische und holländische, um sich geschart, er stellte Soubise hinter einer Sandbank vor der Ile de Ré und schlug ihn vernichtend. Soubise floh, wobei er seinen Hut und sein Schwert zurückließ, und es gelang ihm in Oleron, ein Dutzend Schiffe aufzutreiben und mit ihnen nach Falmouth zu segeln, wo er sich zu einem protestantischen Volkshelden der Bevölkerung von Cornwall und zu einer Provokation für Buckingham entwickelte. Die Franzosen jagten ihm nach und blockierten den Hafen von Falmouth.

Von nun an verschlechterten sich die englisch-französischen Beziehungen rapide. Gegen Ende des Jahres kaperten englische Freibeuter französische Schiffe mit der Begründung, sie führten Schmuggelware für die Spanischen Niederlande mit sich. Die Franzosen verlangten die Rückgabe der Schiffe, und die englische Regierung erwiderte, sie müsse die Schiffe einbehalten, bis die acht Schiffe Penningtons zurückgegeben waren. Karl I. blieb hartnäckig. Er erklärte Ludwig XIII., er solle die Friedensbedingungen von Montpellier einhalten. Wenn er dies nicht tat und die Schiffe nicht zurückgab, sollten die diplomatischen Beziehungen abgebrochen werden. Tatsächlich wurde unter dem Vorwand des englischen Widerstandes gegen die geplante Niederwerfung von La Rochelle, das nun nicht länger von Soubises Schiffen geschützt war, der englische Botschafter in Paris, der Earl of Holland, zurückgerufen. Karl ging noch weiter und befahl im Juli Henriette Marie, einige ihrer französischen Hofleute durch Kreaturen Buckinghams zu ersetzen, und als sie sich weigerte, entfernte er die Königin gewaltsam aus ihren Gemächern und sperrte den französischen Stab aus, dem man außerdem eröffnete, daß er das Land verlassen müsse. Die Königin war dermaßen aufgebracht, daß sie die Fenster mit bloßer Faust zertrümmerte.

Es war eine ernste Situation, die dazu angetan war, den offenen Bruch mit Frankreich zu provozieren. Doch Richelieu, dessen Tugend die Geduld war, konnte es sich nicht leisten, die Zahl der Feinde Frankreichs um England zu vermehren. Er riet zur Mäßigung. Im September entsandte er den gewandtesten Kavalier

Frankreichs, den Marschall von Bassompierre, nach England, und man tat alles, um die Ursachen für die Reibereien zu beseitigen. Henriette Marie legte man nahe, sich in der Frage ihres Haushaltes kompromißbereit zu zeigen, und man versicherte England, die Schiffe würden zurückgegeben, die Forderungen der Hugenotten erfüllt, und die Franzosen wollten auch fernerhin die Anstrengungen Englands um Rückgewinnung der Pfalz unterstützen. Für einen Augenblick schien es, als herrsche eitel Sonnenschein. Henriette Marie durfte sich wieder einen hinreichend großen französischen Haushalt zulegen, und Bassompierre bewirkte sogar die Freilassung von siebzig Priestern, die in englischen Gefängnissen gefangengehalten wurden. Am 15. November fand in York House, der Residenz Buckinghams, eine große Redoute statt. Bassompierre kam mit dem König in dessen Barke von Whitehall angefahren und speiste mit ihm an Buckinghams Tafel. Dann wurde in einem benachbarten Raum ein lebendes Bild gezeigt, das sich den einundzwanzig Rubens-Gemälden zum Ruhme Marias von Medici beigesellen sollte. Die Königinmutter wurde als eine über dem Wasser des Ärmelkanals thronende Göttin dargestellt, die ihre angeheirateten Verwandten begrüßte, eine bunte Gesellschaft mit Friedrich und Elisabeth von der Pfalz, Philipp IV. von Spanien, Victor Amadeus, dem Sohn Karl Emanuels von Savoyen, und Karl I. Unter dem Eindruck dieser Darbietung verkündete Buckingham plötzlich, er habe sich entschlossen, selbst nach Frankreich zu reisen und den Bruch zu kitten.

Bassompierre war bestürzt; wußte er doch, daß der Herzog im Augenblick der letzte war, der auf ein herzliches Willkommen durch Ludwig XIII. zählen konnte. Nicht nur hatte er den König von Frankreich dadurch erzürnt, daß er der Königin den Hof machte, man gab ihm auch die Schuld an der Entfremdung zwischen Karl und Henriette Marie und an der Verschlechterung der englisch-französischen Beziehungen. Richelieu, der unterdessen zu der Ansicht gelangt war, daß Buckingham ein ausgemachter Plagegeist sei, »extravagant, ungestüm und zügellos in seinen Leidenschaften«, war nicht in der Stimmung, Ludwig von der Äußerung seines Mißvergnügens abzuhalten. Vorderhand konnte Bassompierre freilich nicht mehr tun als den Enthusiasmus Buckinghams dämpfen, bis er selbst nach Paris reisen und Instruktionen vom Kardinal einholen konnte. Seine Rückreise nach Frankreich verzögerte sich durch furchtbare Dezemberstürme, die das Schiff fünf Tage lang auf dem Ärmelkanal hin und her warfen und zwei auf dem Deck stehende Kutschen über Bord gehen ließen, in deren einer sich zahllose kostbare Kleider befanden, die Bassompierre für die mit ihm befreundeten Damen von Paris gekauft hatte. Als er schließlich in Paris eintraf und von Buckinghams Absicht berichtete, befahl ihm Ludwig, dem Herzog auf der Stelle schriftlich mitzuteilen, daß er nicht willkommen sei. Richelieu billigte dieses Vorgehen und sagte, die Gegenwart Buckinghams sei »nachteilig für die Ruhe im Staate und kaum geeignet, die beiden Kronen einander anzunähern«. Buckingham, so fügte er hinzu, sei der geborene Verschwörer und von dieser Sorte gebe es am französischen Hofe übergenug. Der Brief, der an Buckingham abging, war fein gedrechselt, aber eindeutig.

Buckinghams gekränkter Stolz war indessen nicht der einzige oder auch nur der wesentliche Grund für die plötzliche Krise, die nun zwischen den beiden Höfen ausbrach. Richelieu hatte schon seit einigen Monaten als Vergeltungsmaßnahme für das Kapern französischer Schiffe durch die Engländer englische Schiffe aufbringen lassen. Angeblich in der Absicht, die englisch-französischen Beziehungen noch zu verschlechtern und damit zum Sturz Richelieus beizutragen, brachte nun der Herzog von Épernon eine im Hafen von Bordeaux liegende Flotte von zweihundert englischen Schiffen auf, die den Jahresbedarf des Landes an Claret an Bord hatte. In England kam es augenblicklich zu einer Weinknappheit, die Preise stiegen, und am 3. Dezember schlug England zurück, indem der Privy Council im Namen des Königs die Konfiszierung sämtlicher französischer Schiffe und Waren in englischen Gewässern anordnete, die sich damals mehrere Seemeilen ins Meer hinaus erstreckten.

Drei Monate später, im März 1627, verschärfte sich die Krise, als Pennington an der gesamten Atlantikküste französische Schiffe in seine Gewalt brachte und mit einer ansehnlichen Kette französischer Prisen nach England zurückkam. Noch immer war Richelieu für Versöhnung. Aber diesmal erwies sich Ludwig XIII. als ungewöhnlich hartnäckig. Der König verlangte die Restitution des französischen Haushalts und die Freilassung der französischen Schiffe. Buckingham ließ Richelieu wissen, daß Karl I. sich in bezug auf den französischen Haushalt nicht länger an die Heiratsabmachungen gebunden fühle und nicht die Absicht habe, die französischen Schiffe freizugeben, bevor nicht Frankreich erste

Schritte zu einem Frieden unternommen habe. Finanziell gestärkt durch den Erlös aus dem Verkauf von Penningtons Prisen und der in englischen Häfen aufgebrachten Schiffe, war Karl I. zum Krieg mit Frankreich gerüstet, und Buckingham unterstützte ihn eifrig, zutiefst gekränkt durch die persönliche Abfuhr, die ihm Ludwig erteilt hatte.

8
Der König soll absolut sein
1626–1627

Richelieu befand sich nun auf dem Gipfel der Macht. Aber unter seinen Füßen war Sand. Noch nie in der jüngeren französischen Geschichte hatte sich ein Erster Minister gegen die Ressentiments, Intrigen und Eifersüchteleien zu behaupten gewußt, die unablässig am Staatswesen nagten, und es war nicht überraschend, daß Richelieu schon wenige Monate nach seinem Amtsantritt den wachsenden Widerstand zu spüren bekam, der an seiner Vernichtung arbeitete. Man konnte beobachten, wie sich die Kräfte gegen ihn zu diesem Zweck formierten. Er wußte, daß sein Überleben und der Aufbau einer wirksamen Administration des Reiches von seiner steten Wachsamkeit und von rücksichtslosen Gegenmaßnahmen abhingen. Er hatte die mangelnde Staatstreue der großen Magnaten mit angesehen und hatte erleben müssen, daß dieses Verhalten in der Regel nicht nur nicht bestraft, sondern sogar belohnt wurde. Diese Aushöhlung von Ordnung und Autorität konnte nicht länger geduldet werden, denn sie schwächte Frankreich und lieferte es auf Gedeih und Verderb seinen Nachbarn aus. Ein für alle Mal mußte klargestellt werden, daß die Risiken einer Rebellion in keinem Verhältnis standen zu dem erwarteten Nutzen. Für eine gewisse Zeit mußte die Macht des Königs rücksichtslos ausgeübt und in ihrer Wirksamkeit demonstriert werden. Im Verlauf dieses Prozesses würde die Freiheit leiden und die christliche Nächstenliebe hintangesetzt werden. Aber der moralische Zweck einer bürgerlichen Gesellschaft erheischte dies.

Seine Absichten faßte Richelieu in Worten zusammen, die darauf angelegt waren, sich für immer dem Gedächtnis des Königs einzubrennen:

Die Könige sind die wahren Abbilder Gottes. Sie können nicht sorgfältig genug bestrebt sein, sich durch gute Taten den Ruf zu erwerben, liberal zu sein. Denn hierdurch gewinnen sie sich die Herzen. Der König mag einem Menschen die flüchtige Absicht vergeben, im Staate Unruhe zu stiften, vorausgesetzt, daß er sich als wahrhaft reuig erweist und daß Grund zu der Annahme besteht, daß er nicht erneut fehlen wird. Wo aber bekannt ist, daß dieser Mensch an seinen bösen Anschlägen festhält, ist der König vor seinem Gewissen verpflichtet, ihn zu züchtigen, und er kann dies nicht unterlassen, ohne sich einer Sünde schuldig zu machen. Wo aber Grund zu der Befürchtung besteht, daß das Übersehen dieses Fehltrittes andere verleiten wird, nach diesem Beispiel und zum Schaden des nationalen Friedens ebenfalls Ungehorsam zu üben, ist der König verpflichtet, ein solches Verbrechen zu bestrafen, und kann sich dieser Pflicht nicht entledigen, ohne ein noch schwereres Verbrechen zu begehen.

Die Vorgänger des Kardinals waren durch Böswilligkeit, aus eigenem Unvermögen oder auch durch den Machthunger anderer zu Fall gekommen. In seinem Falle kam ein neuer Faktor ins Spiel: die Religion. Alle Feinde Richelieus taten sich unter dem Banner der katholischen Zeloten zusammen und behaupteten, der Kardinal sei nur deshalb so unbeliebt, weil er den Glauben verraten habe. Dies verlieh der subversiven Bewegung eine Solidarität und moralische Potenz, die sie doppelt schlimm und gefährlich machte. Und in dem Maße, in dem Richelieu eine Krise um die andere überstand und seine antihabsburgische Politik im Ausland energisch und entschlossen vorantrieb, wurden seine Feinde immer verzweifelter vor Wut und Enttäuschung. Sie versuchten den Kardinal als den leibhaftigen Teufel hinzustellen, wie er, blaßgesichtig in seine Scharlachgewänder gehüllt, mit den langen Spinnenfingern eines Mandarins seine Katzen streichelte, alles sah, alles wußte und nichts vergab, gleichsam ein Architekt des Bösen, der Dämon des Königs, der Feind Gottes. Es war die wildeste Karikatur. In Wirklichkeit war Richelieu ein nervöser, empfindlicher, von Skrupeln geplagter Mann, ständig überarbeitet, mit äußerster Willenskraft einem schwachen und hinfälligen Körper das Äußerste abzwingend, immer in Sorge, immer in Gefahr. Er war ein Mann von unheimlicher Energie, die ihn dazu trieb, im Angesicht der gewaltigsten Widerstände und unter Aufopferung seiner Gesundheit und seiner Lebensfreude den Staat wieder aufzubauen und Frankreich zu einer Großmacht zu machen. Richelieus eigentliche Größe liegt darin, daß er sich dieser undankbaren und seelisch aufreibenden Aufgabe verschrieb, vor der wohl jeder andere kapituliert hätte.

Der Schock, den der französische Angriff auf die päpstlichen Truppen im Veltlin bei der katholischen Bevölkerung auslöste, führte zu Richelieus erster Krise, die sich noch vertiefte, als er sich hartnäckig weigerte, vor der Lösung dieser politischen Frage Schadenersatz zu leisten. Der übliche Weg zur Ausführung eines Staatsstreiches bestand darin, ein Mitglied der Königsfamilie ausfindig zu machen, das sich an die Spitze einer solchen Bewegung setzte. Und seitdem Maria von Medici als Regentin gestürzt worden war, war sie die leichte Beute jedes Verschwörerzirkels geworden, der sich ihrer zu bedienen suchte. Als Frau von unkritischer Frömmigkeit und als Italienerin, deren politischer Horizont nicht darauf angelegt war, das ganze Europa zu erfassen, glaubte sie schlicht und einfach an den spanischen Anspruch, Vorkämpfer des Katholizismus zu sein.

In den Kreisen der Mediceerin pflegte man Lappalien zu großen Affären aufzubauschen, und eine solche Lappalie war die Mißstimmung unter den Hofdamen der Königinmutter, die sich auf die Nichte Richelieus bezog, Marie-Madeleine de Combalet, die Tochter seiner Schwester Françoise und ihres Gatten Pontcourlay. Im Januar 1625 war dieses Mädchen, das damals 21 Jahre alt und bereits verwitwet war, dem königlichen Schlafgemach zugeordnet worden. Sie brauchte es sich nicht anmerken zu lassen, daß sie die Nichte des Kardinals war, denn die gehässigen Damen bei Hofe erwarteten von vorneherein von ihr, daß sie sich nicht standesgemäß benehmen, sondern den Richelieuschen Dünkel zur Schau tragen werde. Zu denen, die sich das Maul zerrissen, gehörte auch die Prinzessin von Conti, die Tochter des Herzogs Heinrich von Guise, der 1588 von Heinrich III. getötet worden war. Sie hegte einen persönlichen Groll gegen Richelieu, weil er ihren Neffen, den derzeitigen Herzog, von seinem Amt als Admiral im Mittelmeer abgelöst hatte. Die Mitglieder des Hauses Guise waren von alters her Königsmacher und nicht gewillt, die Knie vor einem arrivierten Richelieu zu beugen oder sich die Dreistigkeit einer Pontcourlay aus primitivem Landadel gefallen zu lassen. Empört über Richelieus Auseinandersetzung mit Urban VIII., aufgehetzt von jenen in ihrer Umgebung, die seinen Untergang zu bewirken suchten, wurde Maria von Medici zu einer Feindin des Kardinals. Und wie stets bei dieser von elementaren Gefühlsregungen beherrschten Frau, reduzierte sie die Angelegenheit auf das Persönliche. Der Kardinal war undankbar; jetzt, wo er es zu etwas gebracht hatte – und zwar dank ihrer Hilfe –, ließ er sie fallen. Er verdiente Abscheu, sein Stolz war unerträglich. Noch bevor das Jahr 1625 um war, stand Maria von Medici im Mittelpunkt einer großen Verschwörung, die es sich zum Ziel gesetzt hatte, dieses Ungeheuer zu beseitigen, das den Papst mit Krieg überzog.

Gleichzeitig erstand nun Ludwig XIII. ein noch gefährlicherer und tückischerer Feind in der Person seines eigenen siebzehnjährigen Bruders Gaston, des Herzogs von Anjou, der den Titel »Monsieur« führte. Die Historiker seiner eigenen Zeit und die späterer Generationen haben ihn als eine Kreatur von gemeinem Charakter dargestellt, die die schlimmsten Eigenschaften seiner Mutter und nur wenige Vorzüge seines Vaters ererbt hatte. Gastons Motive und die Rolle, die er in den Ereignissen spielte, sind auch heute noch so unklar, daß er vielleicht nicht ganz so negativ zu sehen ist, wie man es gemeinhin tat. Die Zeitgenossen fanden ihn anregend, charmant und kameradschaftlich. Doch seine hervorquellenden Augen, die herabhängende, dicke Unterlippe, der offene Mund, die aufgedunsenen Wangen verrieten seine beschränkte Intelligenz. Sein beständiges Grimassieren deutete auf ein launisches, nervöses und reizbares Temperament. Obwohl vielen, die sich mit ihm einließen, seine Maßlosigkeit zum Verhängnis wurde, kann man doch nicht eigentlich sagen, daß er sie fallenließ. Ja, sein Verhalten ist weithin aus dem Bemühen zu erklären, seine Freunde zu retten. Und wenn er mit seiner Autorität eine Rebellion nach der anderen unterstützte, so geschah dies nicht zuletzt deshalb, weil ihn die gnadenlose Beseitigung seiner Mitverschwörer bei jeder Gelegenheit immer wieder zu Ungehorsam verführte. Unter anderen Umständen wäre Gaston vielleicht ein Patriot geworden. So war es ihm bestimmt, der ewige Verräter zu werden, denn Ludwig neidete ihm seine Beliebtheit und zeigte immer wieder eifersüchtig auf ihn. Möglicherweise hätte Gaston auch ein ganz ruhiges Leben geführt, wenn ihn nicht die Schlange in Versuchung geführt hätte: die Schlange in Gestalt der blendenden Herzogin Marie von Chevreuse.

Diese Frau, die im Mittelpunkt der meisten Intrigen gegen Richelieu stehen sollte, gehörte dem weitverzweigten Clan der Rohan an und wurde 1600 als Tochter des Herzogs von Montbazon geboren. Sie war kaum zum Mädchen herangereift, als sie mit ihren feinen aristokratischen Gesichtszügen, den tiefroten Lippen, dem blonden, seidigen Haar, dem mysteriösen, durchdringenden Blick und ihrer schlanken, biegsamen Gestalt der gesamten Männerwelt den Kopf verdrehte. Prophetisch rief sie aus: »Ich glaube, es ist mir bestimmt, daß extravagante Männer sich an mir zum Narren machen.« Vom vierzehnten Lebensjahre an widmete sie sich einem Leben der Liebe und der Intrigen, so daß in späteren Jahren Mazarin sagen konnte, in Frankreich würde nur Ruhe geherrscht haben, wenn es sie nicht gegeben hätte. 1617 heiratete sie Luynes. Er war damals 39, sie war 17. Der Herzog von Montbazon, in Geldverlegenheiten befindlich, unterdrückte den Rohanschen Familienstolz über diese Mesalliance mit dem Sohn eines kleinen Landadligen aus der Provence und freute sich darauf, durch den Einfluß des königlichen Favoriten an einträglichere Ämter heranzukommen. Luynes wurde zum Herzog gemacht, und so konnte die neue Madame de Luynes wieder jenen Sitz einnehmen, auf den die Rohans einst Anspruch hatten. Zu Luynes hegte sie keinerlei Zuneigung, und obwohl sie ihm in bemerkenswert rascher Folge einen Sohn und zwei Töchter gebar, ließ sein Tod sie völlig kalt.

Im Alter von achtzehn Jahren wurde dieses skrupellose und raffinierte Mädchen zur Oberaufseherin im Haushalt der Königin. Binnen kurzem gewann sie einen enormen Einfluß auf die gleichaltrige Anna von Österreich, und das träge Blut der Habsburger geriet durch die schlüpfrigen Gedichte in Wallung, die die neue Oberaufseherin ihr zu lesen gab. Der päpstliche Nuntius Corsini sah sich sogar veranlaßt, über den freizügigen Ton am Hofe der Königin nach Rom zu berichten und »unter großer Vorsicht«, wie er sagte, sich mit dem Beichtvater der Königin ins Benehmen zu setzen. Unter den Liebhabern, die Marie schon zu Lebzeiten Luynes' gehabt hatte, befand sich auch der Herzog von Chevreuse, und in einem Augenblick der Verärgerung über Luynes hatte Ludwig XIII. boshafterweise zum Herzog bemerkt, er habe Luynes alles verraten. »Es bereitete mir großes Vergnügen, mich an ihr zu rächen und ihn zu ärgern.« Nun, da Luynes tot war, wurde die Affäre mit Chevreuse in aller Öffentlichkeit fortgesetzt, und der Nuntius, empört über die »freizügigen Reden, die die Grenzen der Schicklichkeit verletzen«, legte sich noch entschiedener ins Mittel, um Marie vom Hof zu entfernen. Eine Verbündete fand er in Maria von Medici, deren Rückkehr nach Paris im Anschluß an die Aussöhnung mit dem König bei Anna von Österreich Eifersuchtsgefühle ausgelöst hatte, die Marie de Luynes geschickt auszunutzen verstand. Im April 1622 gab man Frau von Luynes genau drei

Tage, um vom Hof zu verschwinden. Sie sandte sogleich nach dem Herzog von Chevreuse und bot ihm die Heirat an. Die Aufforderung erreichte Cheuvreuse, als er sich auf dem Weg zu einer Pilgerreise befand, und dies überraschte ihn ganz und gar. Er zögerte, fragte den Boten, was dahinterstecke, und diskutierte das Angebot mit seinen Gefährten, die der Meinung waren, es sei außerordentlich töricht, darauf einzugehen.

Claudius von Lothringen, Herzog von Chevreuse, war ein Sproß der Herzöge von Lothringen. Sein Urgroßvater hatte sich in Frankreich niedergelassen und war von Franz I. zum Herzog von Guise gemacht worden. Seine Großtante war die Mutter der Schottenkönigin Maria, sein Vater der große Herzog von Guise von der Katholischen Liga. Seine Schwester war die Prinzessin von Conti, die mit einem Prinzen von Geblüt verheiratet war; sein Bruder der nicht geweihte Kardinal von Guise und Erzbischof von Reims, ein Mann, dessen Moral nicht minder zweifelhaft war als seine eigene; und er selbst ein Vetter ersten Grades von Jakob I. Mittlerweile 45 Jahre alt, hatte Chevreuse bisher die Ehe gescheut, da er keine standesgemäße Ehegefährtin fand. Er war ein tapferer Soldat und ein gefürchteter Duellant, gut aussehend, sportlich und großzügig. Vor kurzem war er zum Großkämmerer Frankreichs gemacht worden und hatte nicht die Absicht, Ludwig XIII. zu beleidigen, indem er Marie de Rohan in einem Augenblick ehelichte, da sie in Ungnade gefallen war. Voll böser Vorahnungen kehrte er nach Paris zurück, um sie aufzusuchen. Doch er verfiel dem Zauber ihrer Persönlichkeit, und binnen fünf Tagen nach ihrer Relegation vom Hofe und vier Monate nach dem Todes Luynes' war aus Marie de Rohan die Herzogin von Chevreuse geworden. »Ich weiß nicht, was daraus werden wird«, schrieb Marillac an Richelieu. In Ludwig XIII. rief diese Heirat Verärgerung hervor. Doch angesichts des versammelten Adels von Lothringen, der zu Chevreuses Unterstützung herbeigeeilt war, mußte er seine Erbitterung unterdrücken. Der Ehekontrakt wurde unterzeichnet von sämtlichen Guises, Gonzagues, den Prinzessinnen von Condé und Conti sowie den Herzoginnen von Mercoeur, Longueville, Elbeuf und Vendôme. Marie de Rohan war nun eine Prinzessin von Lothringen und die Schloßherrin des Château Dampierre bei Versailles.

Es war Chevreuse, der der Stellvertreter Karls I. bei der Heirat mit Henriette Marie war, und seine Frau, die unter seinen Augen einen Flirt mit dem Earl of Holland begann und geflissentlich das

Werben Buckinghams um die Königin übersah, ja sogar Anna zur Indiskretion bestimmte. Die Chevreuses begaben sich mit dem Train Henriette Maries nach England, wo Marie ihr Liebesabenteuer mit Holland fortsetzte und, wie die Franzosen am Hofe munkelten, ein neues mit Buckingham begann. Indigniert schrieb Henriette Maries Hauskaplan an Richelieu, er sei beschämt »über die Unvorsichtigkeit der Madame de Chevreuse und über die Einfalt ihres Gatten«, der die Vorgänge nicht zu bemerken schien oder sich darum nicht kümmern wollte. »Es ist eine öffentliche Farce.« Die englische Heirat sei geschlossen worden, um den Katholiken in England zu helfen. Aber »diese Frauen scheinen hergekommen zu sein, weil ihnen mehr an Bastarden liegt als an der Religion«, wie der Kaplan unverblümt bemerkte. Zu gegebener Zeit wurde denn auch Marie in Hampton Court von einer Tochter entbunden, die später Äbtissin in Pont-aux-Dames werden sollte. Das Ereignis verzögerte ihre Rückberufung nach Frankreich, die ein aufgebrachter Richelieu verfügte, und erst im Juli 1625 kehrte sie zusammen mit ihrem Gatten und dem Marquis von Effiat nach Paris zurück, wobei sie einen Brief von Karl I. bei sich trug, in dem dieser ihr für ihre Gesellschaft dankte und sie als »unsere liebe Cousine« anredete. Gegenüber einer Freundin der Königin von Frankreich und des Königs von England konnte sich Richelieu notgedrungen nicht anders als liebenswürdig verhalten. Nichtsdestoweniger bestand zwischen ihm und der Herzogin eine wachsende Feindschaft, wenn er sich auch Mühe gab, sich freundlich und huldvoll zu zeigen.

Kaum wieder zurück am französischen Hofe, gesellte sich Madame de Chevreuse jenen frivolen Damen zu, die sich heimlich über den Kardinal lustig machten. Schlimmer noch: Im Ausland verbreitete sie das Gerücht, daß Ludwig XIII., der ewig Kränkelnde, nicht mehr lange zu leben habe, daß Gaston der neue König sein werde und daß Anna von Österreich ihn dann heiraten könne. Die Königin hörte sich den gefährlichen Unsinn an und bestärkte Marie noch im Glauben daran. Plötzlich aber wurde der Hof durch die Ankündigung aufgeschreckt, daß Gaston eine reiche Bourbonin aus dem Zweig der Montpensier heiraten werde. Dieser Entschluß ging auf Maria von Medici zurück, die über Gastons skandalöse Lebensweise aufs tiefste beunruhigt war. Anna von Österreich fiel aus allen Wolken. Falls der König sterben sollte und Gaston verheiratet war, was sollte dann aus ihr werden? In der Tat – was sollte aus ihr werden, rief Madame de Chevreuse und beschloß, alle Hebel in Bewegung zu setzen, um Gaston von der geplanten Verbindung abzubringen. Unter den Personen, mit denen sie Kontakt aufnahm, befand sich auch der Hofmeister Gastons, der Oberst d'Ornano. Dieser Mann war ein Korse, dessen Vater während der Hugenottenkriege eine korsische Truppe im Dienste Heinrichs IV. angeführt hatte. Dank seiner persönlichen Qualitäten und seiner Festigkeit übte d'Ornano auf Gaston einen ungewöhnlichen Einfluß aus. Was Marie ihm zu sagen hatte, ist nicht genau bekannt. Doch wird sie wahrscheinlich klug genug gewesen sein, ihre wahren Motive mit dem Argument zu verschleiern, daß Ludwig XIII., solange er kinderlos war, in seiner Autorität geschwächt würde, wenn Gaston Kinder habe, und daß er daher eine Verschiebung der Heirat gerne sehen werde. D'Ornano würde sich auf diese Weise die Anerkennung sowohl Ludwigs als auch Gastons verdienen, und Madame de Chevreuse versprach ihm die Unterstützung der Königin.

Gaston erklärte auf Anraten d'Ornanos, er werde Marie de Montpensier nicht heiraten, von der ein Zeitgenosse sagte, sie sei »eingebildet wie ein Dragoner«. Daß dahinter die Königin steckte, wußte Richelieu von seinen Spitzeln, und da er die Konsequenzen einer nochmaligen Erhebung in der Königsfamilie fürchtete, die womöglich eine weitere Rebellion der Mediceerin nach sich zog, beriet er sich mit Pater Joseph. Dieser schlug vor, man solle d'Ornano ins eigene Lager ziehen, und so wurde dieser zu Beginn des Jahres 1626 zum Marschall von Frankreich ernannt. Zu Richelieu sagte er, er habe in der Ehefrage in keiner Weise eingegriffen. Laut Bassompierre, der dieser Angelegenheit in seinen Memoiren gedenkt, hatte Ludwig persönlich d'Ornano den Befehl erteilt, die Zusammenkunft zwischen Gaston und Marie zu verhindern, und es ist durchaus denkbar, daß der Korse wirklich der Ansicht war, durch seine Mitwirkung in der Kabale gegen die Heirat Gastons dem König einen Dienst zu erweisen. Im vorangegangenen November hatte Gaston versucht, zum Kommandanten jener Armee ernannt zu werden, die die Strafexpedition gegen La Rochelle durchführen sollte, welches noch immer die maritimen Abenteuer von Soubise unterstützte. Als er keine Antwort erhielt, war Gaston im November in die Ratsversammlung eingebrochen, wo man ihm erklärt hatte, sein eigentliches Betätigungsfeld sei die Jagd. Der Vorfall war allgemein als peinlich empfunden worden, und Gaston war lebhaft verstimmt. D'Ornano hatte man vor den König zitiert und ihm eröffnet, Gaston solle sich die Idee aus dem Kopf schlagen, ein königliches Heer zu führen. Möglicherweise ließ Ludwig bei dieser Gelegenheit auch eine Andeutung über die unerwünschten Ehepläne Gastons fallen, obwohl es unwahrscheinlich ist, daß dieser vorsichtige, verschlossene Monarch sich gegenüber einem Manne, dem er nicht traute, in dieser Weise verraten haben soll.

Der König war freilich nicht der einzige, der ein Interesse daran hatte, daß Gaston unverheiratet blieb. Die Prinzen von Geblüt, Condé, Conti und Soissons, hatten alle ihre Stelle in der Thronfolge. Mit ihnen und mit all den unzufriedenen Magnaten im Reiche stand Madame de Chevreuse in Kontakt, und da sie mit der Stimme der Königin sprach, hörte man ihr geflissentlich zu. Die Herzogin von Rohan versprach die Unterstützung der Hugenotten. Der Herzog von Nevers wollte Truppen in der Champagne ausheben. Soissons wollte vierhunderttausend Kronen zur Verfügung stellen, um Gastons Widerstand gegen die Ehepläne zu finanzieren. Und der Herzog von Savoyen versprach zwölftausend Mann. Als Komplizen schlechthin ideal waren die beiden königlichen Bastarde aus den besten Tagen Heinrichs IV., César, der Herzog von Vendôme, und Alexandre, der Großprior des Malteserordens, beides Söhne von Heinrichs Mätresse Gabrielle d'Estrées. Zwischen diesen beiden und ihrem Halbbruder, dem König, herrschte ein Zustand gegenseitigen Hasses. Vendôme schrieb an d'Ornano, beklagte sich über die zahlreichen Ungerechtigkeiten, die ihm von seiten Marias von Medici und – seit dem Tode seines Vaters – von seiten des Königs widerfahren waren, und erwähnte die Krone, die Gaston in Kürze tragen werde. Sobald sich Gaston vom Hofe zurückzöge, würden ihn die Verschwörer in offener Rebellion unterstützen, so wie sie seine Mutter unterstützt hatten, und der Brief schloß mit der Aufforderung, Gaston solle »mit Drohungen und Gewalt gegen Richelieu vorgehen«. Vendôme hoffte, zu guter Letzt seine Statthalterschaft in der Bretagne in ein unabhängiges Fürstentum verwandeln zu können.

Diese Dinge waren der Regierung zum großen Teil bekannt. Im Königsrat herrschte wachsende Unruhe. Man war der Ansicht, daß die Verschwörer die Ermordung des Königs planten. Soweit uns die Aktivitäten Richelieus in dieser undurchsichtigen und verworrenen Intrige bekannt sind, hat es den Anschein, als habe er versucht, sich aus der Sache herauszuhalten, die zunächst nichts weiter als ein schmutziger Familienstreit war, und daß es Ludwig – nicht er – war, der sich den Plänen Gastons widersetzte. Als Ludwig ihn und Schomberg nach Fontainebleau zitierte, um die Beweise, die für eine Verschwörung sprachen, zu erörtern, sagte Richelieu, falls man *Monsieur* von den Ränkeschmieden isolieren wolle, müsse dies mit Umsicht geschehen, damit man ihn nicht desto sicherer in deren Reihen treibe. Richelieu hielt sich zu dieser Zeit im Château Fleury unweit von Fontainebleau auf, und es ging das Gerücht, daß man ihm im Walde auflauern und ihn ermorden wolle. Der König bestand darauf, ihm künftig eine Eskorte beizugeben, und so wurde ein Garderegiment nach Fontainebleau gelegt, um, wie es hieß, Manöver abzuhalten. Das Regiment traf am 4. Mai 1626 ein. Am selben Abend noch wurde d'Ornano verhaftet und auf das Château Vincennes verbracht. Seine Papiere wurden durchsucht, und man entdeckte den Brief von Vendôme.

Kaum hatte Gaston hiervon erfahren, als er Umhang und Schwert ergriff und ärgerlich den König zu sehen verlangte. Einer Überlieferung zufolge weigerte sich dieser, ihn vorzulassen, nach einer anderen warf der König ihm vor, er versuche, Unfrieden zwischen ihm, Ludwig, und seiner Mutter zu stiften. Daraufhin gab Monsieur giftig zurück: »Ich kenne den Urheber dieser Verleumdungen, und ich werde mich an ihm rächen.« Das Ziel von Gastons Rache war Richelieu. Doch über einen Racheplan war noch nicht entschieden. An diesem kritischen Punkt war es Madame de Chevreuse, die wieder einmal eingriff. Nach d'Ornanos Verhaftung hatte sie sich sechs Tage lang in ihrer Wohnung eingeschlossen und stündlich erwartet, wie die meisten von d'Ornanos Freunden und Bekannten verhaftet zu werden. Als nichts geschah, eilte sie zu Gaston, um mit ihm über die Rettung d'Ornanos zu beraten. Sie brauchte ein Werkzeug, und sie fand es in Henri von Talleyrand, dem Marquis von Chalais.

Dieser Mann von 28 Jahren war ein Charmeur, ein gewandter und angenehmer Ritter, der sich bei Hofe, wo er königlicher Garderobemeister war, großer Beliebtheit erfreute. Aber er war auch eitel, ehr- und gewissenlos. Er hatte erst kürzlich einen Mann im Duell getötet und befand sich im übrigen fest in der Gewalt von Madame de Chevreuse, in die er hoffnungslos vernarrt war. Bis jetzt hatte ihn die Angebetete noch nicht erhört, und unter den gegebenen Umständen war dies ein Vorteil, als sie nun auf Chalais zukam und ihn um seine Hilfe bat. Sie sagte, wenn er bereit sei, alles für sie aufzugeben, würde auch sie der übrigen Welt den Rücken kehren. Dann spielte sie ihre Trumpfkarte aus. Der Kardinal, so sagte sie, sei in sie verliebt und rivalisiere mit ihm. Die kluge Sirene hatte wenig Mühe, den närrischen jungen Mann um den Finger zu wickeln. Doch mußte sie feststellen, daß es ihrem Werkzeug an Stärke mangelte. Er konnte den Mund nicht halten, und einer der Männer, denen er sich anvertraute, war der Malteserritter Achille d'Estampes, der Kommandeur von Valençay. Dieser gab womöglich Richelieu einen Wink, und der Kardinal beschloß, Chalais zu benutzen, um die eigentlichen Übeltäter, die Brüder Vendôme, in die Falle zu locken. Auf jeden Fall überredete Valençay den Marquis, ihn nach Fleury zu begleiten und ein Geständnis abzulegen, was er am 10. Mai auch tat. Was er Richelieu im einzelnen gesagt hat, bleibt unklar, und es gibt mehrere Versionen darüber. Nach der einen sollten die Brüder Vendôme und Gaston Richelieu in Fleury ermorden, wobei unterschiedliche Vorwände im Gespräch waren. Nach einer anderen wollten sie ihm ein Messer an die Kehle setzen und ihn zwingen, d'Ornanos Freilassung anzuordnen. Was immer Chalais gestanden haben mag, Richelieu fühlte sich zu einer warnenden Demonstration bewogen, und als Gaston am folgenden Morgen erwachte, bemerkte er zu seiner grenzenlosen Bestürzung den Kardinal, der neben dem Bett stand und das prinzliche Levée erwartete. Monsieur war von der Gegenwart des Teufels überwältigt, wie Richelieu es vorausgesehen hatte, und brachte kein Wort heraus.

Es folgte nun die erste aus einer langen Reihe von Versöhnungen zwischen Gaston und seinem Bruder. Doch wenn Gaston unaufrichtig war, so wurde diese Unaufrichtigkeit zumindest in seinen eigenen Augen wettgemacht von derjenigen Ludwigs. Denn kaum hatte Gaston seinen Treueid geschworen und gehofft, daß alles vergessen und vergeben sei, als der König zuschlug. Vendôme und der Großprior wurden verhaftet. Jener hatte sich in der Bretagne verschanzt und vor aller Welt erklärt, er wolle Ludwig niemals mehr sehen, es sei denn auf Bildern. Der Großprior hatte zu vermitteln gesucht und, als der König mit dem Einmarsch in der Bretagne gedroht hatte, Vendôme dazu überredet, nach Blois zu kommen und sich mit Ludwig auszusöhnen. Richelieu war von Marillac darüber unterrichtet worden, daß Gaston anscheinend die Nachricht von der Verhaftung mit Gelassenheit aufgenommen hatte. Doch hierin täuschte sich Marillac, denn in Wirklichkeit war Gaston entrüstet darüber, daß ausgerechnet diese Verhaftung der

Auftakt zu der Heirat mit Marie de Montpensier sein sollte, der er im Rahmen der Aussöhnungsverhandlung hatte zustimmen müssen. Madame de Chevreuse nahm Chalais ins Gebet und fand rasch heraus, daß er zu Richelieu übergelaufen war. Sie machte sich daran, ihn zurückzugewinnen. Gaston, so schlug sie vor, solle aus Frankreich fliehen, vielleicht nach La Rochelle, besser noch nach Lothringen, und Chalais solle das Ganze organisieren.

Man beobachtete, wie sich Chalais stundenlang hinter verschlossenen Türen mit Gaston besprach. Die beiden beschlossen folgendes: Sobald sich der Hof in Nantes befand, wo das Verlöbnis Gastons mit Marie de Montpensier stattfand, sollte sich Chalais mit fünf oder sechs Berittenen zu Gaston gesellen und mit ihm fliehen. Ein persönlicher Feind von Chalais, Roger de Gramont, verriet ihn jedoch, und am 9. Juli 1626 wurde Chalais im Château Nantes verhaftet. Eine Kommission, die aus Effiat und Valençay bestand, wurde eingesetzt, um die ganze Angelegenheit zu untersuchen. Zwei Tage später, nach der Sonntagsmesse, war Gaston schon drauf und dran zu fliehen. Er besann sich jedoch anders und trat Richelieu gegenüber, der ebenfalls – zusammen mit dem König – in Nantes eingetroffen war. Nach einem Augenzeugenbericht »vergaß Gaston bei Genueser Pflaumen und Eingemachtem das ganze Projekt, das ihn so lange beschäftigt hatte«. Gaston hoffte, durch eine neuerliche Unterwerfung den Rest seiner Suite vor der Verhaftung zu retten, und sagte zu Ludwig, er sei bereit, dem Wunsch der Mediceerin zu willfahren und Marie de Montpensier zu heiraten. Doch sei es »notwendig, Chalais zu retten«. Bevor der wankelmütige Jüngling es sich wieder anders überlegen konnte, sah er sich in den Banden der Ehe. Die Zeremonie wurde von Richelieu in aller Eile und fast privat im Vorzimmer des Königs im Schlosse zu Nantes vollzogen. Es gab keinerlei Musik, und ein Beobachter fand, daß er noch nie eine so triste Eheschließung miterlebt habe. Gaston erhielt das Herzogtum Orléans, das reicher war als das Herzogtum Anjou, und dann legte man ihn zu dem eingebildeten Dragoner ins Bett. Er wurde allerdings rüde gestört von seiner Schwiegermutter, die in dem ehelichen Schlafgemach nach ihrem Schoßhündchen suchte. Neun Monate später verstarb die junge Braut im Kindbett. Doch ihre Tochter blieb am Leben. Aus ihr wurde in späterer Zeit die gefürchtete Grande Mademoiselle.

Das Opfer, das Gaston gebracht hatte, vermochte Chalais nicht zu retten. Gramont, der mit jedem Tag dreister wurde, brachte neue Anklagen gegen ihn vor, und Chalais selbst schien es geradezu darauf abzusehen, jedermann aller möglichen Verbrechen zu bezichtigen. Inwieweit sein Geständnis glaubwürdig ist, steht dahin, da er in seiner bedauernswerten Situation jede Frage der Kommission positiv beantwortete und lange Briefe an Richelieu schrieb, in denen er um Gnade bat und behauptete, in der Umgebung Gastons habe man dem Kardinal »viele Dolchstiche« zugedacht. Von Madame de Chevreuse sagte er: »Die ganze Konversation dieser Dame besteht nur in Schlüpfrigkeit, Koketterien und Flüchen.« Aber er schrieb auch an sie, beschwor seine Liebe und bat sie um ihre Hilfe. Nach langem Zögern suchte sie Richelieu im Château Beauregard auf und legte ein gutes Wort für Chalais ein. Der Kardinal jedoch zeigte ihr – gewiß nicht ohne Malice – die Aussagen des Marquis und verwies insbesondere auf jene Stellen, worin dieser sich abfällig über sie geäußert hatte. Sie bekam einen Wutanfall und belastete nun ihrerseits den Marquis.

Als die Untersuchung abgeschlossen war, wurde ein Sondergericht mit kommissarisch bestellten Richtern einberufen, deren einer auch François Fouquet war, der Vater von Nicholas Fouquet, dem berühmten Minister Ludwigs XIV. Der Chalais, der am 11. August 1626 vor Gericht erschien, bot ein mitleiderregendes Bild. Bart und Haare waren ungekämmt, sein Blick wirkte gequält. Der Prozeß gegen ihn ist noch nie untersucht worden und weist Eigentümlichkeiten auf, die zu einer Nachprüfung herausfordern. So wurde etwa Gramont für seine Aussagen, die bestenfalls auf Hörensagen beruhen können, mit einer Rente von viertausend Kronen belohnt, während die Einlassungen Gastons in der Handschrift von Maria von Medicis Sekretär Denis Bouthillier vorliegen, dessen Gegenwart beim Verhör nicht überliefert ist. Die Urkunde ist auch nicht von ihm unterzeichnet, wohl aber von Richelieu. Später, in einem Augenblick der Rachsucht, behauptete Gaston öffentlich, daß Richelieu selbst hinter den Fluchtplänen gestanden habe und daß Chalais lediglich der Sündenbock war. Am 18. August wurde Chalais des Hochverrats für schuldig befunden. Das Urteil lautete auf Enthauptung, sein Leib sollte geviertteilt werden, den Nachkommen wurde der Adelsrang aberkannt. Das Urteil mußte auf alle, die mit dem Hochverrat liebäugelten, zutiefst abschreckend wirken, denn seit vielen Jahren hatte man in Frankreich eine Verschwörung nicht mehr auf die englische Art geahndet.

Am Tag der Hinrichtung war der Henker unauffindbar. Es hieß, daß Monsieur ihn bestochen habe, sich zu verstecken. Ein anderer Henker war in Nantes nicht aufzutreiben. Aber die Behörden ließen sich nicht erschüttern. Zwei zum Tode verurteilten Häftlingen des örtlichen Gefängnisses versprach man die Begnadigung, wenn sie das Amt des Henkers übernähmen, und sie willigten ein. Beständig das Kreuz seines Rosenkranzes küssend, legte Chalais das Haupt auf den Richtblock. Die Amateurscharfrichter gaben ein schlimmes Beispiel. Mit dem ersten Schwertstreich verwundeten sie ihr Opfer nur. Mit den drei folgenden zerfetzten sie ihm die Haut. Der Priester, der solchen Hinrichtungen schon früher beigewohnt hatte, mußte eingreifen und den beiden unglücklichen Burschen zeigen, wie man es machte. Chalais' Augen waren noch offen, und der Priester sagte: »Wenn du noch bei Bewußtsein bist, zeige, daß deine Gedanken bei Gott sind.« Der halbbetäubte Chalais sagte: »Jesus Maria!« Zwischen neunundzwanzig und sechsunddreißig Mal, so schätzte man, hieben die beiden Galgenvögel auf den blutigen, murmelnden Kopf ein, bevor er abfiel. Der Vorfall schockierte ein Frankreich, das sich für abgebrüht hielt.

Das letzte Problem war Madame de Chevreuse, und so wurde in Nantes eine Ratsversammlung abgehalten, um diese Frage zu erörtern. Richelieu erblickte in ihr den schlimmsten aller Verschwörer und erinnerte daran, daß sie an dem verbrecherischen Anschlag von Fleury teilgenommen hatte, daß die Erhebung der Hugenotten und der Herzöge auf ihr Konto ging und daß sie Gaston zum Ungehorsam verleitet hatte. Indessen war die Verhaftung einer Herzogin doch etwas noch nie Dagewesenes und hätte auf seiten des gesamten Hochadels Proteststürme entfesselt. Auch war es in diesem Augenblick nicht ratsam, die Häuser der Guise und der Rohan zu provozieren. Man beschloß daher, sie ins Exil zu schicken. Man befahl ihr, sich in ein Château im Poitou zurückzuziehen, das ihrem Schwager, dem Prinzen von Guéméné, gehörte. Frau von Chevreuse jedoch war nicht der Mensch, der eine Verbannung vom Hofe klaglos hinnahm, wo sie nicht länger intrigieren konnte und wo ihr für ihre galanten Abenteuer nur noch die ländlichen Junker zu Gebote standen. So begab sie sich heimlich an den Hof des Herzogs von Lothringen, der ein Vetter ihres Mannes war. Dort gab es Gelegenheiten zu Verschwörung und Sünde ohne Zahl.

In seinen Memoiren betont Richelieu, daß die Hinrichtung Chalais' notwendig war, um das Reich vor neuem Zwist zu bewahren.

Ziel und Zweck seines ganzen Strebens, so erläuterte er Ludwig XIII., sei es, »den König in seinem Königreich absolut zu machen und in diesem Reich seine Ordnung und Herrschaft zu verankern, wie sein Gewissen es ihm gebot«. Zunächst war es notwendig, die großen Adligen zur Loyalität zu bringen und ihre Tatkraft in den Dienst des Staates zu stellen. Kein Staat in Europa konnte sich auf seine Beamtenschaft stützen. Jeder war von der Adelsklasse abhängig. Künftig durfte es nur noch einen Adel geben – den des Königs. Die Aristokratie hatte es nicht fertiggebracht, sich zu einer politischen Oligarchie zu wandeln, die imstande gewesen wäre, den Übergriffen eines absoluten Monarchen entgegenzutreten. Sie zehrte sich und die Ressourcen der Nation auf, indem sie den Truggebilden von Macht und Ehre nachjagte. Sie war ein Hemmnis auf dem Wege zur Zentralisierung des Staates, auf welcher die Größe Frankreichs beruhte. Richelieu schrieb:

Von allen Regierungsformen ist diejenige die beste, in welcher die wesentliche und treibende Kraft dem Herzen des Souveräns entspringt, der zwar imstande wäre, aus eigenem zu handeln, aber Bescheidenheit und Besonnenheit genug besitzt, um nichts ohne Rücksprache mit seinen Beratern zu unternehmen.

Die Berater des Königs mußten von geradem Sinn und festem Urteil sein, verständig und bewandert in Geschichte und Literatur. Sie mußten fähig sein, Unheil vorauszusehen und Pläne für die Zukunft zu machen.

Der Staatsmann muß treu sein gegen Gott, gegen den Staat, gegen die Menschen und gegen sich selbst. Die Redlichkeit eines Staatsdieners setzt aber nicht ein überempfindliches Gewissen voller Skrupel voraus, denn Skrupel können zu vielen Ungerechtigkeiten und Grausamkeiten führen.

Und er fügte hinzu:

Wer mutig sein will, muß frei sein von Schwäche und Furcht. Zum Mut bedarf es eines gewissen inneren Funkens, um große Dinge mit Feuer, aber nicht ohne kluges Urteil zu erstreben und zu verfolgen.

Richelieu wußte, daß er selbst diese Eigenschaften besaß.

Die Ränkeschmiede bei Hof waren keine ernstzunehmenden Gegner für diesen entschlossenen Intellektuellen, für den die Angst keineswegs etwas Unbekanntes war, der aber beherrscht wurde von Mut, Gottvertrauen und Sendungsbewußtsein. Für ihn verlangte die Logik der absoluten Monarchie einen Minister, der der Diener des Königs und der Diktator des Volks wäre – der Kopf eines bürokratischen Systems, dessen Funktionäre anonym, loyal und effizient zu sein hatten. Ein solches System existierte zwar ansatzweise. Doch hatten es die Vorgänger Richelieus nicht verstanden, dieses System angesichts der Trägheit der überlieferten Institutionen funktionstüchtig werden zu lassen. Frankreich war keine geschlossene Einheit, sondern ein Konglomerat antiquierter Verwaltungsschwerpunkte. Von außen durch die Macht der Habsburger und durch die Instabilität benachbarter Länder bedroht, konnte es egoistische und zersplitternde Einflüsse von innen nicht dulden.

Zu den bedeutendsten dieser Einflüsse von innen gehörten die Provinzgouvernements. Die Provinzen wurden durch Statthalter regiert, die zwar nominell für die Krone waren, oft genug jedoch gegen sie standen und sich der königlichen Autorität bedienten, um sich als kleine Souveräne aufzuspielen. Ein Zeitgenosse sprach von »Satrapen«. In gewissen Provinzen gab es auch – analog den Generalständen – die Provinzstände mit den drei Klassen des Klerus, des Adels und der Gemeinen, die getrennt tagten, wenn auch in den meisten Provinzen die Beteiligung des dritten Standes kaum der Rede wert war. Der gesamte französische Midi besaß einen hohen Grad an Autonomie. Auch im Zentrum des Landes und im Westen hatten die Provinzstände ihre Privilegien nicht aufgegeben und lagen mit der Krone um deren Wahrung in ständiger Fehde. Sooft die Krone einen konstruktiven Vorschlag machte, und sei es nur die Verbreiterung von Straßen, standen dem Vorhaben gewisse Provinzfreiheiten im Wege, und man erinnerte sich eines Vorfalls im Jahre 1593, als die Provence sogar die Hilfestellung Heinrichs IV. abgelehnt hatte, der ihr gegen den drohenden Einmarsch aus Savoyen zu Hilfe kommen wollte. Weitere Freiheiten gab es in den Städten, in denen Oligarchien von Männern der Robe und des Handels an der Macht waren.

Seit zwei Jahrhunderten hatten die französischen Könige versucht, in die Verwaltungsstruktur der Provinzen einzubrechen, indem sie Beamte einsetzten, die ihnen persönlich verantwortlich waren und die nach und nach die Funktionen der Besteuerung, der Verteidigung, der Polizei und der Gerichte an sich ziehen sollten. Heinrich IV. machte sich eine schon bestehende Tradition zunutze und schuf die Stelle eines königlichen Leutnants in jeder Provinz, der offiziell dem Statthalter zur Hand gehen, ihn in Wirklichkeit aber überwachen sollte, und die Stelle eines Kommissars, der die Zentralverwaltung repräsentierte und dem verschiedene Beamte untergeordnet wurden. Im 16. Jahrhundert hatte man für Provinzen, in denen Unruhen herrschten, einen Justizkommissar eingesetzt, der die Vollmacht hatte, alle Fragen im Zusammenhang mit der Befriedung eines Gebietes, der Disziplinierung des Heeres und der Sicherstellung von dessen Besoldung zu regeln, und der in sich die Kompetenzen der Polizei und der Justiz sowohl im zivilen wie im militärischen Bereich vereinigte. Diese Kommissare waren, auch wenn die Armeen schon längst ihres Weges gezogen waren, häufig im Amt geblieben – trotz der Proteste der Provinzgouverneure, der Richter und Magistratsbeamten, die sich dagegen verwahrten, daß ihre Funktionen usurpiert würden.

Anfangs wurden die Vollmachten dieser Kommissare ausdrücklich im einzelnen eingeschränkt, und die Einsetzung der Kommission wurde als außergewöhnliche und vorübergehende Maßnahme aufgefaßt. Später wurden in gewissen vorgeschobenen Gegenden ständige Intendanten eingesetzt, wie dies Richelieu etwa im Falle Pinerolos tat. Erst 1635 gelang es ihm, Kommissionen auf einer mehr regulären Basis einzusetzen, und auch dann nur, weil der Krieg einen Vorwand für außergewöhnliche Maßnahmen bot. Die Kommissionen erhielten weitgehende Vollmachten, und der Kommissar, den man nun häufig Intendant nannte, erhielt Amtsbefugnisse über die Richter, Beamten und Untertanen der Krone. Er besaß die Entschließungs- und Entscheidungsgewalt in Angelegenheiten, die den Dienst der Krone und den Frieden und die Sicherheit des Landes betrafen. Er konnte Bittgesuche entgegennehmen, Recht sprechen, den Vorsitz bei Gericht und bei der Polizei einnehmen und den Gouverneuren und Generalleutnants assistieren. In der Regel wurde die Kommission über die Justiz und die Polizei erst nach 1638 einbezogen, und systematisiert wurde der ganze Komplex erst durch ein Edikt des königlichen Rates vom 28. August 1642. Natürlich hing die Stärke der Intendanten von der Stellung des Königsrates ab, denn wenn hier Männer wie

Condé dominierten, die gleichzeitig Provinzgouverneure waren, sahen die Provinzinstitutionen sich in der Lage, den königlichen Funktionären Widerstand zu leisten.

Das Instrument, das den königlichen Entscheidungen Gesetzeskraft verlieh, war das Parlament. Alle Gesetzeswerke mußten vom Parlament registriert werden, und es kontrollierte auch die Gesetzgebungsmaschinerie. Es war konservativ, unabhängig und gegen Pressionen unempfindlich. Es gab zwar verschiedene Möglichkeiten, den Widerstand des Parlaments zu brechen, doch hingen sie von der Willensstärke des Monarchen oder seines Ministers ab. In acht französischen Provinzen gab es auch Entsprechungen zu dieser Körperschaft. Zu der Zeit von Richelieus Amtsantritt nahm das Parlament für sich ein Fundamentalgesetz in Anspruch, wonach alle Erlasse erst dann rechtliche Wirksamkeit erlangten, wenn sie vom Parlament gebilligt waren, selbst wenn sie in Gegenwart des Königs ergangen waren. Über diesen Punkt lag Richelieu mit dem Parlament sein Leben lang in Fehde. Doch gelang es ihm schließlich, das Rechtswesen unter seine Kontrolle zu bringen. Eine Anordnung des Jahres 1641 untersagte es dem Parlament, sich künftig mit politischen Fragen zu befassen, und schränkte seine Rechtsfunktion ein. Noch 1625 hätte dies als verfassungsmäßige Unmöglichkeit gegolten. Zu jener Zeit besaß das Parlament eine enorme Reputation. Es verkörperte den Inbegriff richterlicher Unabhängigkeit, es war patriotisch, antispanisch und in Religionsdingen gallikanisch gesonnen. Bei den Generalständen 1614 hatte es ein Memorandum vorgelegt, in dem es seine Aufgabe folgendermaßen beschrieb: »Gesetze, Anweisungen, die Bildung von Ämtern, Friedensverträge und sonstige wichtige Angelegenheiten des Reiches werden an das Parlament überwiesen, so daß es in völliger Freiheit über sie befinden, ihren Wert ermessen und vernünftige Modifikationen anbringen kann.« Das Standardwerk über das Parlament, 1617 von Bernard de La Roche-Flavin vorgelegt, faßte seine Kompetenzen folgendermaßen zusammen: »Es hat die Funktion, Gesetze zu prüfen, zu ratifizieren, sie abzulehnen, einzuengen oder zu beschränken.« Das Parlament sei der Angelpunkt eines Frankreichs, das aus drei sich überlagernden Arten von Herrschaftsformen bestehe, »nämlich der Monarchie, der Aristokratie und der Republik, so daß die eine immer als Bremse und Gegengewicht der anderen dienen kann«. Diese These war für Richelieu Anathema, der das System der »Checks and Balances« als

Schwächung des Staates betrachtete und die Opposition des Parlaments gegen seine Maßnahmen als »völlig außerhalb der Grenzen jeder Vernunft« verurteilte.

Der Ausdruck »Fundamentalgesetz« war im 16. Jahrhundert aufgekommen. Der Begriff war ein Renaissance-Artefakt und beanspruchte, ein das Leben der Nation beherrschendes ewiges Prinzip zu sein. »Fundamentalgesetz« besagte, daß es hinter den Institutionen des Staates noch etwas gab, das auch durch die etablierten Autoritäten nicht veränderbar war. Überkommene Privilegien und Freiheiten wurden mit den Gesetzen Gottes und der Natur verglichen. Ein führender Kommentator jener Zeit, Charles Loyseau, äußert sich folgendermaßen:

Es gibt drei Arten von Gesetzen, die die Macht des Souveräns begrenzen, ohne seiner Souveränität Abbruch zu tun. Es sind dies erstens die Gesetze Gottes, denn der Fürst ist darum nicht weniger souverän, daß er Gott untertan ist; zweitens die Regeln der natürlichen – nicht der positiven – Gerechtigkeit, weil es das Merkmal der obersten Gewalt im Staate ist, daß sie nicht nach Gutdünken, sondern im Einklang mit der Gerechtigkeit ausgeübt werde; und endlich die fundamentalen Gesetze des Staates, weil der Fürst seine Souveränität im Einklang mit dessen Wesen und den Formen und Bedingungen seiner Einrichtung ausüben muß.

Wenn es den Zwecken der königlichen Autorität dienlich war, sich auf das Fundamentalgesetz zu berufen, war Richelieu der erste, der dies tat. Als Frankreich durch Abtretung ausländisches Gebiet gewann, argumentierte er, mit Rücksicht auf das Fundamentalgesetz sei eine Wiederabtretung unzulässig und die Frage diplomatisch damit erledigt. Im allgemeinen freilich war ihm der Begriff des Fundamentalgesetzes für seine Politik der Stärkung der Königsmacht hinderlich.

Die Juristen, die diesen Begriff erfanden – oder ihn vielleicht von den Spaniern entlehnt hatten, denen er aus den Tagen des Cid überkommen war –, übernahmen während der Herrschaft Franz’ I. auch aus dem Römischen Recht die Maxime »Was der König will, will auch das Recht«. Die beiden Prinzipien waren miteinander unvereinbar und konnten nur so lange zu einem Ausgleich gebracht werden, wie sich der König darauf beschränkte, seine Autorität konservativ auszuüben, und keine Änderung etablierter Einrichtungen anstrebte. Zu Richelieus Zeit war indes dieses Gleichgewicht zwischen dem Begriff des Fundamentalgesetzes und dem Begriff der königlichen Souveränität schon ernsthaft gestört, wie aus dem 1632 erschienenen Werk von Cardin Le Bret hervorgeht. Souveränität, sagt er, »ist die einem einzelnen verliehene höchste Gewalt, die ihm das Recht gibt, absolut zu schalten und zu walten, und deren Zweck der Friede und Nutzen der Allgemeinheit ist«. Le Bret kritisierte den anarchischen Charakter feudaler Rechte und Privilegien und meinte, alle Einrichtungen und Gebräuche könnten durch die königliche Autorität verändert werden. »Denn alle Menschen, da sie in gleicher Weise demselben König untertan sind, sind auch in gleicher Weise demselben Recht untertan.« Souveränität jedoch wurde noch nicht losgelöst gesehen von dem mittelalterlichen Begriff des allgemeinen Guten und des Naturrechts. Dieser Begriff bezeichnete die Grenze, jenseits welcher die Macht des Königs nicht mehr gerecht war und der Wille des Königs das Gewissen nicht mehr band. Namentlich Richelieu wurzelte noch im Ideengut des heiligen Thomas von Aquin und war der Überzeugung, daß der König nur absolut war, wenn er innerhalb der Grenzen der christlichen Sittenlehre agierte. »Das Interesse des Ganzen«, so sagte er zu Ludwig XIII.,

»muß das einzige Ziel des Fürsten und seines Beraters sein. Man kann sich nicht vorstellen, wieviel Gutes ein Fürst und jene, deren er sich in seinen Angelegenheiten bedient, wirken können, wenn sie diesem Prinzip mit Frömmigkeit folgen, und man kann sich nicht ausmalen, wieviel Böses dem Staat erwächst, wenn sie die Interessen einzelner denen der Allgemeinheit voransetzen.«

Die Idee der Souveränität führte einen Gravitationsfaktor in das politische Denken Frankreichs ein, ohne welchen Richelieu seine Politik der Zentralisierung der Autorität schwerlich hätte realisieren können. Die Idee der Vernunft fügte dem einen weiteren Faktor hinzu. Es war die Zeit, da sich der Mensch für die Mathematik und die physikalischen Wissenschaften zu interessieren begann und man die Struktur des Staates in den symmetrischen Begriffen der Geometrie auffaßte. Le Bret bedient sich denn auch genau dieser Analogie, wenn er sagt, daß »die Souveränität nicht weniger unteilbar ist als der Punkt in der Geometrie« – was heißt, daß es neben der Autorität des Königs kein konkurrierendes Prinzip geben kann und daß dies in der Natur der Dinge liegt. Descartes in der Philosophie, Grotius im Recht, Corneille im Drama, Richelieu in der Politik – sie alle demonstrierten gleichzeitig das Vertrauen ihres Zeitalters in das Vermögen der menschlichen Vernunft, die wahre Struktur der Dinge zu ergründen und sie bis hinab in die feinsten Einzelheiten und irrtumsfrei wiederzugeben. Richelieu schreibt:

Das Licht der natürlichen Vernunft befähigt jedermann zu der Einsicht, daß er, da der Mensch mit Vernunft begabt ist, nur nach Maßgabe der Vernunft handeln darf, denn andernfalls würde er seiner Natur zuwider handeln und folglich im Gegensatz zu jenem stehen, der deren Urheber ist.

Freilich liegt in dieser These ein Paradox. Richelieu ist, wie seine Zeitgenossen, optimistisch hinsichtlich der Fähigkeit des Geistes, die richtige und natürliche Handlungsweise zu erkennen. Aber er ist, wiederum wie seine Zeitgenossen, pessimistisch hinsichtlich des menschlichen Willens, sich nach dieser Erkenntnis zu richten. Ein starkes Abheben auf die Sündigkeit des Menschen führte zu einem größeren Vertrauen in Gott, und der König wurde zu einem Instrument der Vorsehung. Sein Absolutismus entsprang daher einerseits der Überzeugung, daß die Institution der Monarchie ein rationales Herrschaftssystem sei, andererseits aber der Überzeugung, daß sie notwendig die Macht besitze, um die irrationalen Tendenzen im Menschen zu bekämpfen. Beide Überzeugungen zusammen waren in gewissem Ausmaß Antithesen.

In Richelieus Denken bestand ein Spannungsverhältnis zwischen der Macht der natürlichen Vernunft, die absolute Wahrheit zu entdecken, und der Unfähigkeit schlecht informierter Geister, die beste Handlungsweise zu wählen. Diese Vorstellung machte ihn zum Theoretiker par excellence und zugleich zum Opportunisten par excellence. Die Minister des Königs, so sagte er, waren allein im Besitz der relevanten Fakten und hatten daher notwendigerweise ein gesünderes Urteil als jene, die aus ersten Prinzipien argumentierten.

Es gibt gute Gründe, warum diejenigen, denen die Leitung monarchischer Staaten obliegt, behaupten, daß unter gewissen Umständen die Untertanen dem Fürsten blindlings gehorchen müssen.

Denn oft zwingt die Notwendigkeit sie, eine Politik zu verfolgen, die nicht von der abstrakten Vernunft allein gestützt werden kann, sondern die nur durch den Anlaß selbst zu rechtfertigen ist.

Richelieu war ein Empiriker, der seine Politik an wechselnde Umstände anpaßte. Und diese Flexibilität, die den Augenblick und die sich bietende Chance nutzte, befähigte ihn dazu, sein Ziel der Integrität und Größe Frankreichs zu erreichen, war aber auch die Ursache bitterer Enttäuschung auf seiten jener, deren Erwartungen betrogen wurden. Man kann nicht leugnen, daß er sich jede Partei geschickt zunutze zu machen verstand: Maria von Medici, die katholischen Zeloten, die Jesuiten, die Antijesuiten, die Anhänger des Toleranzgedankens aber auch dessen Gegner, die prospanische und die antispanische Partei. Die Ansicht aber, daß seine ganze Karriere ein raffinierter Betrug an der Welt gewesen sei, ist ebenso verfehlt wie die Meinung, daß, bloß weil er sich in theoretischen Begriffen ausdrückte, seine ganze Politik der Ausfluß einer starren Lehre war.

Richelieu ist nur deshalb ein Rätsel, weil er in sich auf ganz einzigartige Weise eine eiserne Entschlossenheit mit der Begabung verband, beide Seiten einer Sache zu sehen. Das eine befähigte ihn dazu, seinen Zielen mit großartiger Unbekümmertheit um den auf ihn ausgeübten Druck nachzugehen, das andere, verstärkt durch seinen Gerechtigkeitssinn, führte ihn instinktiv dazu, Extremen aus dem Weg zu gehen. Ein solcher Mann war unfähig, es jedem recht zu machen. Während ihn die Einsicht in die Komplexität der Probleme zu Gesten der Mäßigung veranlaßte, verführte ihn die leidenschaftliche Hingabe an die Idee der Ordnung, verbunden mit seiner persönlichen Neigung zum Autoritären, nicht weniger häufig dazu, die Sache des Liberalismus zu verraten. Im Endergebnis kam es zwischen seinen Theorien und seiner Praxis häufig zum Widerspruch, gerade so, wie die Auffassungen in den von ihm in Auftrag gegebenen Pamphleten einander widersprachen, weil sich seine Politik geändert hatte. Und diese seine Mehrdeutigkeit trug ihm den Haß der Zeitgenossen und die Verständnislosigkeit der Historiker ein, die in ihm ein Ausbund der Tugend oder den Inbegriff des Lasters gesehen haben, kaum aber den Politiker, der in der Wahl der Ziele und Gelegenheiten nur mäßig erfolgreich war und der sich bei allem Opportunismus das Sensorium für die Probleme der politischen Moral bewahrt hat. Aus innerster Überzeugung sagte er einmal, Staatsmänner seien »wie jene, die man ins Büßerhemd steckt, nur mit dem Unterschied, daß diese für ihre Vergehen büßen, jene für ihre Verdienste«.

9

Die rote Eminenz
1626–1627

Seit zwanzig Jahren hatte sich Alphonse du Plessis de Richelieu in der Grande Chartreuse dem Schweigen ergeben. Dort störte ihn nichts in der Betrachtung des Göttlichen und im Entzücken über die silbrig schimmernden Höhenzüge, die sich wie Feenschlösser aus dem Nebeldunst über Grenoble erhoben. Im Jahre 1625 sandte ihn sein Ordensgeneral zur Kartause nach Paris, die sich in nächster Nähe des Luxembourg befand und wo ihn sein Bruder, der Kardinal, aus der mönchischen Beschaulichkeit herausriß. In seinem politischen Testament schreibt Richelieu, zu einem Prälaten gehöre ein ehrfurchtgebietender Name, vorbildliches Verhalten, respektheischende Frömmigkeit und höchste Kultiviertheit. Er brauchte Alphonse, denn es gab zu wenig Männer in hohen Ämtern des Reiches, auf die er sich verlassen konnte. Sein Bruder aber würde der verläßlichste sein und ihm helfen, die Politik der Kirchenreform in Frankreich durchzusetzen. Alphonse war über dieses Ansinnen bestürzt, das seinen Heilsplan durchkreuzte, und weigerte sich, ihm nachzugeben. Beide Akteure in diesem Drama waren Richelieus, und sie gaben einander an Zähigkeit nichts nach. Aber der eine Richelieu besaß die größeren Machtmittel, und ein Brief vom König an den Ordensgeneral der Kartäuser genügte. Alphonse wurde zum Erzbischof von Aix ernannt und in der Kartause zu Paris geweiht. Der Kardinal inszenierte ein glänzendes Fest, entlieh Tapisserien und sechs große Teppiche aus dem Petit Luxembourg, das er damals auf Gunst und Geheiß des Königs bewohnte. Die Ausrichtung der Feierlichkeiten ließ er sich 600 Livre kosten. Er gab auch Alphonse, der natürlich keinen Sol besaß, 3000 Livre, damit er sich Kleidung und eine Kutsche kaufen konnte. Der arme Alphonse litt Seelenqualen und vergrub sich in der Kartause, bis der Aufbruch nach Aix nicht länger zu verzögern war. Dort bereitete man ihm einen überwältigenden Empfang, den der Kardinal nicht ohne Bitterkeit mit seinem eigenen Einzug in Luçon verglich.

Trotz dieses Willkommens stieß Alphonse in Aix auf eine feindselige Atmosphäre, denn das Provinzparlament war von unabhängiger Gesinnung und machte ihm ständig Schwierigkeiten. So wußte es der Kardinal bald darauf einzurichten, daß seinem Bruder der Bischofssitz von Lyon übertragen wurde, wo er sich als glänzender und populärer Prälat bewährte. Nun war es Brauch, daß der König, sobald ein päpstlicher Nuntius aus Paris abberufen wurde, um einen Kardinalshut für diesen bat. Bagno sollte 1628 nach Rom zurückkehren, und der König erklärte, daß er diesmal zwei Hüte wünsche, den üblichen für den Nuntius und einen weiteren für einen Kandidaten, nämlich Alphonse, und zwar mit Rücksicht auf die Kampagne des Königs gegen die Hugenotten. Urban VIII. berief sich auf eine Bulle von Sixtus V., die es untersagte, daß von zwei Brüdern beide einen Kardinalshut trugen, obgleich Urbans Neffen, die Brüder Francesco und Antonio Barberini, Kardinäle geworden waren. Doch im Dezember gab Urban nach, und am 7. Januar 1629 wurden beide Hüte vom König in der Kapelle des Louvre verliehen. Bagno traf mit einem Gefolge von sechzig Kutschen ein; danach fuhr Alphonse mit einem Gefolge von achtzig Kutschen vor. Die Hüte lagen in einer silbernen Schale. Bagnos Kardinalshut wurde zuerst verliehen. Dann folgte ein Hochamt. Am Abend gab der König ein Essen für Bagno und Richelieu eines für seinen Bruder.

Richelieu, der Priester, war gleichermaßen bestrebt, die Kirche in Frankreich zu reformieren, wie Richelieu, der Politiker, bestrebt war, das Staatswesen wieder aufzubauen. Die Hugenottenkriege waren erst seit einer Generation vorüber. Die Durchsetzung der Beschlüsse des Konzils von Trient ging schleppend voran, und die große religiöse Erneuerung war nicht mit Veränderungen in der archaischen Verwaltungsstruktur der Kirche einhergegangen. Richelieu selbst war in Luçon einer der ersten Bischöfe gewesen, die das Tridentinum in die Praxis umsetzten, und als er seine öffentliche Tätigkeit aufnahm, war es sein Ziel, seine Reformpläne auf alle Diözesen Frankreichs auszudehnen. Das Grundproblem war die Armut und Sittenverderbnis des Pfarrklerus, und so ziemlich das erste, was Richelieu unternahm, war die Konsultation mehrerer Bischöfe seines Vertrauens, mit denen er die notwendigen Maßnahmen besprach. Er schlug vor, alle drei Jahre Provinzialversammlungen des Klerus abzuhalten, bei denen alle Beschwerden gegen die Kleriker vorgebracht werden konnten. Doch war er darauf bedacht, den Heiligen Stuhl zu respektieren und ihm die gravierenderen Angelegenheiten zu überlassen. Er erinnerte an die Pflicht der Bischöfe, in ihrer Diözese zu residieren, allerdings war er in diesem Punkt nicht besonders erfolgreich, denn noch 1638 gab es 120 Bischöfe, die mehr Zeit in Paris verbrachten als an ihrem Amtssitz. Zwar hielt Richelieu aus administrativen Gründen einige Bischöfe von ihrem Amtssitz fern, so zum Beispiel Sourdis, den ausgezeichneten Erzbischof von Bordeaux, der Admiral, und La Valette, der General war. Doch im Prinzip übte er in dieser Frage Druck auf die Bischöfe aus, ja, er schrieb sogar an den Heiligen Stuhl und ersuchte darum, bestimmte Bischöfe an ihre Diözese zurückzubeordern.

Er bestand ferner auf der alle drei Jahre stattfindenden Inspektion der Diözesen, auf angemessener Bezahlung und regulärer Unterweisung des Klerus sowie auf der Überprüfung aller Anwärter auf Kirchenpfründen. Dieser letztere Punkt war der vorsichtige Versuch, ein skandalöses System abzubauen, wonach weltliche Personen Pfründen besitzen konnten – ein System, dessen Produkt Richelieu selbst war. Gegen die Zuschreibung von Pfründen an sich schritt er nicht ein, und es ist unter den Gegebenheiten seiner Zeit auch schwer zu sehen, wie er dies hätte tun sollen. Wer aber die Anwartschaft auf eine Kirchenpfründe erhob, sollte wenigstens dazu qualifiziert sein und der Residenzpflicht genügen. Dies waren Erfordernisse, welche die Aussicht auf eine Pfründe unattraktiv werden ließen für all jene, die für ein geistliches Amt nicht geeignet waren. Das schlimmste Beispiel von Pfründenmißbrauch war der Fall des Kardinals von Guise, dem der König auf Anregung Richelieus befahl, entweder die Weihen zu empfangen oder auf das Erzbistum Reims zu verzichten. Guise zog es vor, zu verzichten und die Prinzessin Marguerite de Gonzague zu heiraten, woraufhin Richelieu mit seinem gefürchteten Spott bemerkte: »Wie, Sie beziehen 400000 Livre an Sporteln und Pfründen, und dieses nette Sümmchen wollen Sie aufgeben für eine Frau? Für das, was Sie wegwerfen, würden andere 400000 Frauen opfern, wenn sie sie hätten!« Womit er sich einen weiteren mächtigen Feind geschaffen hatte.

Günstlinge aus Adelsfamilien, die die Priesterexamina nicht bestanden, sollten aus dem Amt ausscheiden, und in diesem Falle sollten ihre Gönner sogar das Nominierungsrecht verlieren. Schließlich empfahl Richelieu, daß der König überhaupt nur noch geeignete Personen mit Bischofssitzen betraute. Er achtete stets auf Autorität, insbesondere auf die durch Geburt erworbene, und er bevorzugte Prälaten, die imstande waren, diese Autorität in den weltlichen Bereich einzubringen. In dieser Hinsicht teilte Vincenz von Paula vorbehaltlos seine Auffassungen; dem heiligen Mann war es lieber, wenn seine Bischöfe Edelleute waren. Richelieus Politik war es nicht, aus der Kirche ein Ressort des Staates zu machen. Seine Politik war es, Frankreich zur Theokratie zu machen. Die Kirche sollte mit dem Staat verflochten sein und das weltliche Treiben mit ihrer moralischen Autorität durchdringen.

Richelieus größtes Anliegen war die Idee des Diözesanseminars, das allein eine angemessene Ausbildung des Klerus sicherstellen konnte. Im Code Michaud, jenem umfassenden Entwurf für eine Verwaltungsreform, deren Architekt Richelieu war, wurde für jede Diözese Frankreichs ein Seminar vorgesehen, das aus den Erträgen der Pfründe zu finanzieren war. Die Dringlichkeit dieser Pläne geht aus einem Brief Ludwigs XIII. an den Papst hervor, in dem er für die Kapuziner um das Recht bittet, in den Pfarreien die Beichte abnehmen zu dürfen. Dies sei notwendig, so schreibt er, um jene Gläubigen auf dem Lande und in den Kleinstädten in den Beichtstuhl zurückzubringen, die der Kirche aufgrund der Unfähigkeit und Sittenlosigkeit des Pfarrklerus entfremdet worden waren. Das Eindringen der neueren Orden in das Leben der Pfarreien rief einen gewaltsamen Kampf zwischen den Orden und den Bischöfen hervor, die bestrebt waren, sie unter ihre Kontrolle zu bringen. Namentlich die Jesuiten wurden aufgrund ihres extremen Ultramontanismus zur Zielscheibe zahlreicher bischöflicher Angriffe. Der Kampf dauerte während der gesamten Amtszeit Richelieus fort. Der Kardinal versuchte, unterstützt von Pater Joseph, zu vermitteln, ohne aber im geringsten den Einfluß der Orden zu schmälern.

Läge der Nachruhm Richelieus nicht auf dem Gebiet der Politik, so würde er als einer der bedeutenderen Kirchenreformer Frankreichs gelten. Diese Behauptung klingt kühn, ist aber gerechtfertigt. Auf jeden Fall ist die Wiedereinführung der Ordensregeln bei den Benediktinern großenteils ihm zu danken, denn schon zu Beginn seiner politischen Tätigkeit ließ er es sich angelegen sein, nicht nur die neueren Orden zu unterstützen, sondern auch die älteren zu reformieren. Die Art, wie er das Problem anging, war typisch für ihn. Er glaubte an die Reform von oben kraft Autorität, und da die Mönchsorden außerhalb der Autorität der Bischöfe oder des Königs standen, schien es ihm nur natürlich, sich zum Ordensgeneral sämtlicher Orden wählen zu lassen. Es war ein merkwürdiger Gedanke, und der Papst verwarf ihn. Er bestätigte zwar die Wahl Richelieus zum Ordensgeneral der Cluniazenser, lehnte jedoch entsprechende Bullen der Zisterzienser und der Prämonstratenser ab. Als Cluniazenser-General versuchte Richelieu, diesen Orden mit der Kongregation des heiligen Maurus zu vereinigen, den Maurinern, die damals eine Hauptbewegung der benediktinischen Reform bildeten. Aber er scheiterte hiermit, und wenn er auch seine Reformpolitik mit einigem Erfolg durchführte, so geriet er doch von einer Krise in die andere, ein Hindernis folgte dem andern, und er mußte gelegentlich sogar Truppen gegen die widerspenstigen Mönche einsetzen. Der Papst verweigerte vielen Maßnahmen Richelieus seine Unterstützung, gelegentlich sogar zu Lasten einiger französischer Kirchen, die dadurch ohne Klerus blieben. Diese Haltung wird von französischen Historikern mit der Befürchtung des Papstes erklärt, Richelieu könne sich zum Oberhaupt einer gallikanischen Kirche aufwerfen. Es hielt sich hartnäckig das Gerücht, Richelieu wolle sich zum ständigen Legaten in Frankreich oder womöglich zum Patriarchen von Gallien ernennen lassen, und Bagno berichtete in diesem Sinne nach Rom. Nun ist zwar richtig, daß Richelieus Ehrgeiz keine Grenzen kannte, dennoch ist zu bedenken, daß dieser Ehrgeiz nicht so sehr seiner freilich nicht geringen Eitelkeit entsprang, als vielmehr der Überzeugung, daß er allein imstande sei, mit einer Situation fertig zu werden, die er zu Recht für eine Krise von Staat und Kirche hielt. Angesichts der Widerstände der päpstlichen Maschinerie und ihrer Förmlichkeit und Bedächtigkeit – Eigenschaften, die schon so manchen französischen Prälaten zur Verzweiflung gebracht haben – ist es nicht überraschend, daß Richelieu versuchte, für die Kirche in Frankreich so viel verwaltungsmäßige Autonomie zu gewinnen, wie mit dem Prinzip der päpstlichen Unfehlbarkeit vereinbar war.

In seinem politischen Testament beglückwünscht er sich selbst. Er erinnert sich, wie er in seiner Jugend erlebt hat, daß Laien den größeren Teil der französischen Prioreien, Abteien und Bischofssitze besetzt hielten und daß es in den Klöstern und Konventen so manchen Skandal und manch böses Beispiel gab. Aber er versichert: »Diese Übelstände sind restlos beseitigt worden.« Verfehlungen gegen die mönchische Regel seien nun »selten«. Dies, so sagt er, gereiche ihm zum Trost. Er hatte keineswegs mit all seinen Reformplänen Erfolg, selbst nicht in der Frage der Diözesanseminare. Doch besteht kein Zweifel darüber, daß ohne sein autoritäres Durchgreifen die Situation bei seinem Tode noch viel schlimmer gewesen wäre, als sie es ohnehin schon war.

Es gab in Richelieus eigenem Leben eine Reihe von kanonischen Unregelmäßigkeiten. Schon zu Beginn seiner Karriere als verantwortlicher Erster Minister hatte er sich vom Papst Dispens vom täglichen Beten des Breviers geben lassen, mit der Begründung, daß ihm die Zeit hierzu fehle. Er war jedoch sorgfältig darauf bedacht, diesen Dispens bekanntzumachen, um keinen Anstoß bei denjenigen zu erregen, die Gelegenheit hatten zu beobachten, daß er nicht täglich eine halbe Stunde lang der Lektüre des Brieviers oblag. Die Hauptkritik, die man gegen ihn vorgebracht hat, richtet sich gegen seinen Pluralismus, das heißt, man wirft ihm vor, daß er gleichzeitig mehrere Pfründen besaß, um von deren Erträgen zu profitieren. Hierin freilich stand er nicht allein. Sein Bruder Alphonse, an sein Armutsgelübde gebunden, sah im Pluralismus ein notwendiges Mittel zur Aufrechterhaltung der Existenz als Erzbischof. Und ein so heiligmäßiger Prälat wie der Kardinal de La Rochefoucauld war nicht weniger schuldig als Richelieu. Schuld war das System als Ganzes, und niemand wußte eine Alternative. Man nimmt an, daß Richelieu Kirchenbenefizien mit einem jährlichen Ertrag von insgesamt eineinhalb Millionen Livre besaß – jedenfalls waren es 1639 eine halbe Million Kronen. Wir haben sogar eine Liste von siebzehn Abteien, deren Abt Richelieu gewesen ist, darunter die Abteien von Cluny, Cîteaux und Prémontré, deren Gesamteinkünfte sich auf 274653 Livre beliefen.

Dieser Pluralismus trug ihm den Vorwurf der Habsucht ein, und es bedarf einer gründlichen Einsicht in den Geist des 17. Jahrhunderts und dessen Gepflogenheiten, um diesen Vorwurf nicht auch heute zu erheben. Es gab damals noch kein gut funktionierendes Beamtentum, keine Kirchenverwaltung, und die Mittel zum Unterhalt all der Sekretäre, Botschafter und Geheimagenten, der Leibgarde und der Polizei, die Richelieu für die Durchführung seiner politischen und kirchlichen Aufgaben für notwendig hielt, flossen ihm nicht – oder jedenfalls nicht in nennenswertem Umfang – aus öffentlichen Quellen zu. Vielmehr erwartete man von ihm, daß er das verwaltungsmäßige Äquivalent zum Ressort des Premierministers weithin aus eigenen Mitteln bestritt, deren er jedoch 1622 völlig ermangelte. Sollte er größere Skrupel haben als seine Zeitgenossen? Man kann ihm keinen Vorwurf daraus machen, daß er sich über die Maßstäbe seiner eigenen Zeit nicht zu erheben vermochte. Für Pater Joseph war es ein leichtes, sein Armutsgelübde einzuhalten. Ihm wurden seine Auslagen ersetzt, und zwar höchstwahrscheinlich aus Richelieus Tasche. Es war völlig unmöglich für einen Kardinal, einen Kapuziner zu imitieren, und in den Augen des 17. Jahrhunderts war dies auch ganz und gar unerwünscht. Richelieu beruhigte sein Gewissen mit der Überlegung: »Ich möchte meine Benefizien auf die für die Kirche vorteilhafteste Weise mehren, damit jene, die nach mir kommen, Gelegenheit haben, für mich zu beten.«

Richelieus Gesamteinkommen ist niemals errechnet worden, und nur seine Ausgabenkonten vom Ende seines Lebens stehen uns zur Verfügung, um seine Lebenshaltungskosten etwa einzuschätzen. Die Statthalterschaft der Bretagne brachte ihm jährlich 100 000 Kronen ein, sein privater Grundbesitz etwa die Hälfte, und in seiner Eigenschaft als Admiral bezog er Liegegebühren von allen französischen Häfen. Er gab das Geld in großzügigster Weise aus: für die Förderung der Künste, für die Vervollständigung seiner Gemälde-, Skulpturen- und Juwelensammlung, für das Theater und die Sorbonne, aber auch in beachtlichem Umfang für seine Regierungstätigkeit, zum Beispiel für die Ausrüstung ganzer Regimenter, als Frankreich schließlich in den Krieg gegen Spanien zog, und nicht zu vergessen all die religiösen und karitativen Zwecke. 1639 verbrauchte er ungefähr eine halbe Million Livre, und zwar 175 500 für die Haushaltung, 78 000 für seine Stallungen und 103 000 für die Leibgarde. An seiner Tafel wurden insgesamt 177 Personen verköstigt. Bei einer gewöhnlichen Mahlzeit standen zwei Suppen, zwei Karpfen, ein Dorsch, zwei Eierspeisen und zwei Omlettes zur Auswahl. 33 Kutschen und 144 Pferde und Maulesel wurden gehalten. Die Leibgarde legte sich Richelieu nach dem versuchten Mordanschlag bei der Verschwörung des Chalais zu. Sie zählte zunächst nur dreißig Mann. 1639 indessen unterhielt er hundert Pferde und eine Kompanie von Musketieren. Die Anzahl seiner Sekretäre ist unbekannt. Aber sie begleiteten ihn auf Schritt und Tritt und Tag und Nacht. Er hatte die Angewohnheit, sich vor Mitternacht zurückzuziehen, drei oder vier Stunden zu schlafen und dann bis sechs Uhr morgens im Bett sitzend zu schreiben oder seinen Sekretären zu diktieren. Nach zwei weiteren Stunden Schlafs stand er auf und ging wieder an die Arbeit. »Nichts Eindrucksvolleres könnte man sich denken«, sagt ein französischer Historiker, »als das Bild dieses Staatsmannes, der in jedem Augenblick seiner Existenz gegen Schlaf und Tod ankämpft, um sein Leben dem Ruhme Frankreichs zu weihen«.

Im Staat wie in der Kirche konnte Richelieu nicht immer Triumphe verzeichnen. Wo ihm Erfolge gelangen, waren sie seinem außergewöhnlichen Takt und seiner Klugheit zu verdanken. Er mußte stets zum Mittel der Überredung greifen. Selten war er in der Lage, befehlen zu können, und er ließ es sich angelegen sein, die öffentliche Meinung für seine Politik günstig zu stimmen. Mehrmals griff er in die Zeitungsfehden ein. Bald tat er's mit eigener Feder, bald taten es seine Propagandisten. Den Richelieufeindlichen Pamphletären – der übelste von ihnen, Mathieu de Morgues, mußte Frankreich verlassen – war jedes Mittel bei ihren Angriffen auf den Kardinal recht. Zuzeiten machten sie sich über ihn lustig, so zum Beispiel, als sie voller Hohn über den Familienstammbaum herfielen, den Richelieu vorlegte, als er zu Beginn der 1630er Jahre zum Herzog ernannt wurde. Dann wieder veröffentlichten sie in ihrer Bosheit einen fingierten Briefwechsel zwischen ihm und seinem Bruder Alphonse, in dem er diesem in übler Form Dummheit und Tölpelhaftigkeit vorwirft, während Alphonse mit dem Vorwurf der Arroganz und Anmaßung reagiert. Daß sich Richelieu gegen Alphonse diktatorisch benommen hat, unterliegt keinem Zweifel. Einmal rügte er ihn, weil er Schokolade trank, die das heilige Offizium als Teufelszeug verdammt hatte; man nahm an, sie diene den Zauberern als Geheimsubstanz. Doch dieser Despotismus ist keine hinreichende Grundlage für jene Legende, die besagt, die beiden Brüder hätten in einer ewigen Fehde miteinander gelegen.

Schließlich griffen seine Feinde zum Mittel der Verleumdung und warfen ihm ausschweifenden Lebenswandel und Inzest vor. Seine verwitwete Nichte Marie Madeleine lebte eine Zeitlang in seinem Haushalt. Die Pamphletäre behaupteten, sie diene ihm als Mätresse. Die unwahrscheinlichsten Geschichten freilich wurden im Ausland verbreitet. So sollte er Affären mit Maria von Medici und Anna von Österreich gehabt haben. Sechzig Jahre später glaubte ein Skribent beweisen zu können, daß Ludwig XIV. der Sohn Richelieus war. Nun war der Kardinal ununterbrochen von

Sekretären, Leibwächtern, Ärzten und Klerikern umgeben, selbst wenn er zu Bette lag, und es ist schwierig, sich vorzustellen, wie er Gelegenheit zu all den erotischen Abenteuern gehabt haben soll, die man ihm vorwarf, ohne für sie solide Beweise erbringen zu können. Der einzige Urheber solcher Geschichten, der eine Spur von Beachtung verdient, ist Kardinal von Retz, der zwei Frauen als Mätressen Richelieus benennt. Aber Retz war ein unverbesserliches Klatschmaul, dessen Zeugnis nicht sonderlich wiegt.

Immer wieder zeigt sich Richelieu in seinen Schriften und in den Briefen an den König von der Sendung Frankreichs überzeugt. »Die Franzosen«, so sagt er, »können alles erreichen, wenn jene, die zu ihrer Leitung berufen sind, ihnen zu zeigen wissen, was sie tun sollen. Was zu dieser Behauptung berechtigt, ist der Mut, mit dem die Franzosen in allen vier Ecken der Welt den Kampf aufnehmen.« Die Größe Frankreichs ruht nach seiner Meinung in der Seele der Franzosen. Doch muß der eingeborene Genius durch politische Führung geweckt werden. Die Monarchie verkörpert den Geist der Größe und ist der sichtbare Ausdruck der in der Nation schlummernden Tugenden. Es bedarf nur eines Programmes, um die schöpferischen Kräfte Frankreichs freizusetzen zum Gedeihen edler Taten und kühner Pläne. Ein solches Programm wollte Richelieu vorlegen. Als Vorwand diente ihm die Notwendigkeit, in geeigneter Weise die Entschließungen der Generalstände aus dem Jahre 1614 in die Tat umzusetzen. Und so wurde Ende 1626 / Anfang 1627 eine neue Notabelnversammlung einberufen und abgehalten. Der Siegelbewahrer des Reiches, Michel de Marillac, war der zuständige Minister, dem es oblag, der Versammlung Vorschläge zu unterbreiten. Er war auf Anregung Richelieus in dieses Amt gerufen worden, da er ein Berater der Königinmutter war. Doch nun, da sich Maria von Medici gegen den Kardinal gewandt hatte, erschien Marillac in den Augen Richelieus verdächtig. Die Rede, die Marillac vor den Notabeln hielt, strotzte vor Gelehrsamkeit und zählte sowohl die Vorteile her, die Frankreich an seinen Ressourcen besaß, wie auch die Schwierigkeiten, denen die französischen Händler begegneten, ohne daß doch diese Rede die Notabeln zu Stolz oder Entrüstung hinriß. Richelieu scheint daher die Angelegenheit selbst in die Hand genommen zu haben und vertrat in seiner Eigenschaft als Marine- und Handelsminister selbst seine Ideen vor der Versammlung.

Richelieus einleitende Bemerkungen beschworen die Größe

Frankreichs und schlugen damit das Thema der folgenden Rede an. Seine Vorschläge, so sagte er, seien nützlich, notwendig und ruhmvoll. Nicht nur, um der Marine Frankreichs ihre einstige Würde wiederzugeben, sondern auch, um Frankreich mit Hilfe seiner Marine seiner einstigen Größe wieder zuzuführen. Die anschließenden Ausführungen erklärten umständlich, warum sich in Richelieu die Überzeugung gebildet hatte, daß es das Ziel Spaniens war, Frankreich zu strangulieren. Spanien hatte sich in einen verzweifelten Seekrieg gegen die Niederländer eingelassen und hatte eine Seeblockade vor Holland gelegt. In welchem Maße in die Hochseeschiffahrt eingegriffen werden durfte, um den Schmuggel zu kontrollieren, war damals stark umstritten. Die überspanntesten Eingriffsrechte beanspruchten die Spanier sowie die Engländer für sich. Die Spanier hatten angeordnet, daß alle Schiffe, die den Ärmelkanal passierten, in Dünkirchen einer Untersuchung unterzogen wurden. Falls an Bord Ladung gefunden wurde, die für holländische Häfen bestimmt war, wurden Schiff und Ladung beschlagnahmt. Spanische Kriegsschiffe patrouillierten im Kanal und zwangen französische Schiffe, in Dünkirchen vor Anker zu gehen. Dort wurden nach Richelieus Informationen die Mannschaften bestochen, damit sie erklärten, die Fracht sei in der Tat für Holland bestimmt. Die Zahl der Schiffe, die auf diese Weise konfisziert wurden, war ständig im Steigen begriffen. Die französischen Kaufleute baten die Regierung um Hilfe, und der französische Weizenhandel mit den nördlichen Häfen – ein Eckpfeiler der französischen Wirtschaft – war ernsthaft gefährdet.

Dies waren jedoch nicht die einzigen Klagen Frankreichs gegen Spanien. Das französische Eigentum, das zur Zeit der Veltlin-Frage unter Olivares beschlagnahmt worden war, ist nicht innerhalb von zwölf Monaten nach Unterzeichnung des Vertrages von Monzón zurückgegeben worden. Die Inquisitionsgefängnisse quollen über von französischen Seeleuten, die, aus den westlichen Häfen kommend, in der Hauptsache Hugenotten waren und häufig in holländischen Diensten gestanden hatten. Nun hatte die spanische Regierung die Gründung einer mit besonderen Privilegien ausgestatteten Gesellschaft in Sevilla gebilligt, die aus flämischen und hanseatischen Kaufleuten bestand und den holländischen Handel ruinieren sollte. Ihre Schiffe sollten mit Nordeuropa Handel treiben und wurden von einem Konvoi von zwei Dutzend Kriegsschiffen begleitet. Sie erhielt das Recht, die Schiffe anderer

·LVDOVICVS·XIIII·D·G·FRAN·ET·NAVAR·REX·CHRISTIANISSIMVS·

LOVYS
XIIII
ROY
FRANC.

FRIT·HÆC·QVOQ· COGNITA·MONSTRIS·

Anna von Österreich, Gemahlin Ludwigs XIII.

Vorhergehende Seite: Ludwig XIII.

Nationen zu visitieren und zu durchsuchen und ihre Fracht als Kontrabande zu beschlagnahmen. Dies bedeutete praktisch die Errichtung eines Handelsmonopols in der Nordsee, und es kam noch schlimmer. Eine spanische Verfügung vom September 1626 untersagte jeglichen Handelstransport von Spanien nach Flandern in Schiffen, die nicht spanischer Herkunft waren. Drei Jahre zuvor hatte eine andere Verfügung jeglichen Import ausländischer Handelserzeugnisse nach Spanien verboten, und der französische Handel mit Spanien war mit einer Steuer von fünfzig Prozent belegt worden, während die Spanier in Frankreich nur zweieinhalb Prozent bezahlten. Von französischen Kaufleuten, die mit den Spanischen Niederlanden Handel trieben, verlangte man Visa, für die exorbitante Gebühren erhoben wurden. Richelieu begriff nicht, daß dies Maßnahmen eines Landes waren, dessen Finanzsystem dem Zusammenbruch nahe war und das verzweifelt bestrebt war, die Währungsstabilität zu erhalten und den Verfall der heimischen Industrie durch einen extremen Protektionismus aufzuhalten. »Diese Nation«, sagte Richelieu und meinte Spanien, »macht sich anheischig, die Oberhoheit über das Meer zu usurpieren und keine Handelsfreiheit zuzulassen, nicht einmal die anderer Nationen untereinander.«

Die französische Wirtschaft war davon abhängig, Wein, Essig, Weinbrand, Zwetschgen, Nüsse und vor allem Weizen nach Belgien, Holland und zur Ostsee zu exportieren und andererseits Arzneimittel, Gewürze, Seide, Baumwolle und Leinen aus der Levante zu importieren. So war sie von spanischen Eingriffen empfindlich berührt. Die Notabeln einigten sich auf ein Reformprogramm, das drei Hauptaspekte hatte: die Stärkung der französischen Seemacht, den Schutz des französischen Handels und die Abwehr der spanischen Wirtschaftsaggression durch Bildung französischer Handelskompanien, die die Meere befahren und neue Rohstoffquellen und neue Märkte erschließen sollten.

Das erste dieser Projekte entsprach einem Herzenswunsch Richelieus, denn im Geist hatte er sich mit dem Problem der Seemacht befaßt, seitdem er Bischof der am Atlantik gelegenen Stadt Luçon war. Er hatte einen der führenden Seeleute Frankreichs, Isaac de Razilly, kennengelernt und sich dessen Analyse der Seemacht lange und aufmerksam angehört. Razilly war Malteserritter, hatte mit dem Orden im ganzen Mittelmeer gekämpft und war sogar schon am Amazonas gewesen. 1626 verfaßte er für Richelieu eine Denkschrift, worin er folgendes äußerte: »Wer immer das Meer beherrscht, hat auch auf dem Land große Macht. Sehen Sie den König von Spanien: Seitdem er Krieg zur See führt, hat er so viele Reiche erobert, daß die Sonne in seinem Land nicht mehr untergeht.« Richelieu war beeindruckt von dem Gedanken, daß es den Holländern gelungen war, das spanische Joch abzuschütteln, weil sie Schiffe besaßen, die imstande waren, die spanische Großmacht an der Wurzel zu treffen, das heißt gegen ihre Panzerschiffe vorzugehen. Rubens schrieb damals, daß diese Panzerschiffe zwanzig Millionen an Gold heranbrachten. »Die Panzerflotte trägt das Glück Spaniens, denn all unsere Zahlungen sind bis zu ihrer Rückkehr aufgeschoben worden, und wir haben uns bis auf das Hemd verschuldet.«

Razillys Ratschlag befolgend, verfaßte Richelieu ein langes Memorandum, in dem er sich für den Bau von dreißig Kriegsschiffen aussprach, um sicherzustellen, daß die Untertanen des Königs nicht an Freiheit und Eigentum geschädigt wurden. Die Kosten zum Unterhalt dieser Flotte würden sich auf eine Million Livre pro Jahr belaufen. Diese Summe könne teilweise durch Einsparung der Ämter eines Connétables und Admirals aufgebracht werden, die zusammen schon ein Viertel dieser Summe kosteten. Später sollte Richelieu an den König schreiben: »Wenn Eure Majestät stets in Ihren Häfen vierzig wohlbewaffnete und gut ausgerüstete Schiffe liegen haben, die jederzeit bereit sind, auszulaufen, wenn es not tut, so werden Sie genug haben, um sich gegen Unrecht zu schützen und auch zur See jenen Furcht einzuflößen, die bisher für Ihre Streitkräfte nur Verachtung gezeigt haben.« 1624 verfügte Frankreich über kein einziges Fahrzeug, das es mit den englischen oder spanischen Kriegsschiffen hätte aufnehmen können. Und da die französischen Werften nicht die geeigneten Anlagen besaßen, war es notwendig, solche Schiffe in Holland zu bestellen. 1626 wurden von holländischen Werften fünf erstklassige Fahrzeuge geliefert, die gerade noch rechtzeitig für den Kampf gegen Soubise eingesetzt werden konnten. Eines von ihnen, die »St. Louis«, war ein Sechzig-Kanonen-Schiff mit zwei Decks, das dem englischen Kriegsschiff »Prince Royal« entsprach. Um 1640, als Richelieus Neffe Brézé bereits die ersten Seeschlachten gegen Spanien gewann, verfügte Frankreich über 85 Einheiten, nämlich 63 Schiffe und 22 Galeeren. Die Kriegsmarine war eine Domäne der Familie Richelieu. Amador de La Porte hatte den Posten eines Conseil de la Marine inne, und Pontcourlays ältester Sohn, ein extravaganter junger Mann, war Admiral der Galeeren.

In engem Zusammenhang mit der von den Notabeln verfolgten Politik einer Stärkung der Seemacht stand der Schutz des Handels. »Unsere Nachbarn«, sagte Richelieu, »haben geglaubt, sie hätten das Recht, uns ihre Waren zu ihrem eigenen Preis zu verkaufen und für unsere zu geben, was ihnen gut schien.« Während englisches Tuch den französischen Markt überschwemmte, mußten französische Kaufleute für englisches Zinn doppelte Exportsteuer zahlen. Wenn Spanien und England die heimische Industrie und Schiffahrt durch derartige Zollschranken schützten, so wollte Frankreich ein Gleiches tun. Man konnte nicht erwarten, daß Richelieu oder die Notabeln die herrschende Wirtschaftstheorie in Frage stellten, die auf das hinauslief, was man »das magische Viereck« nannte – freie Einfuhr von Rohstoffen und Verbot von deren Ausfuhr, freie Ausfuhr von Manufakturwaren und Verbot von deren Einfuhr. Richelieus ökonomisches Wissen war gering, und seine Pläne für eine Finanzreform waren unklar und widersprüchlich und stützten sich auf zweifelhafte Zahlen. Er war zweifellos – wie seine ganze Generation – von den Anschauungen des französischen Wirtschaftstheoretikers Montchrestien beeinflußt, der die Gold- und Silberreserven als schlüssigen Index des Volksvermögens ansah und forderte, Frankreich solle in seiner Produktion autark werden, um nicht durch den Export von Bargeld den Import von Gütern zahlen zu müssen. Im Anschluß an die Notabelnversammlung wurde eine Anordnung getroffen, die die in Europa herrschende Wirtschaftskrise unvermeidlicherweise noch anheizte: Das Verladen von Frachtgut auf ausländische Schiffe wurde untersagt, wenn französische Schiffe zur Verfügung standen. Eine Ausnahme wurde lediglich beim Salz gemacht, das dafür nur von bestimmten Häfen exportiert werden durfte. So hoffte man, den französischen Schiffsbau anzukurbeln und Arbeitsplätze für jene zweihunderttausend französischen Seeleute zu schaffen, die nach Auskunft Razillys auf ausländischen Schiffen beschäftigt waren und von denen man nun forderte, auf keinen anderen als auf französischen Fahrzeugen zu arbeiten.

Dem jährlichen Export von 7 Millionen Kronen von Marseille in die Levante – ein Export, den Montchrestien beklagte – entsprach das Abfließen des Goldes nach Spanien. Während des 16. Jahrhunderts hatten sich die Goldvorräte in Frankreich angehäuft, während in Spanien das Verhältnis des Silbers zu dem aus Amerika importierten Gold beständig gestiegen war. Das Ergebnis war, daß es, gemessen am Silberwert, in Spanien weniger Gold gab als in Frankreich und daß Goldmünzen in Spanien dem Silberwert nach teurer waren als in Frankreich. Französische Kaufleute aber zahlten natürlich ihre Rechnungen in französischem Gold. Zunächst versuchte Richelieu, die Geldaufwendungen für Luxusgüter zu drosseln, um die Importe zu beschränken und damit den Abfluß von Bargeld zu stoppen. Er ging sogar so weit, allen Franzosen mit Ausnahme des Adels das Tragen von Seidengewändern zu verbieten und den Gebrauch von Kutschen einzuschränken. Es braucht wohl kaum gesagt zu werden, daß dieser Plan rasch am Widerstand der gesamten Bevölkerung scheiterte.

Es spricht für die geistige Regsamkeit des Kardinals, daß er nicht zögerte, im Licht neuer Erfahrungen und anderslautenden Rates das aggressive Prinzip der wirtschaftlichen Autonomie, das er von Montchrestien übernommen hatte, zu modifizieren. Zu den Unterlagen, die ihm in die Hand kamen, gehört eine Analyse des Levantehandels und seiner Auswirkungen auf die Wirtschaft von Marseille, die aus der Feder eines Kaufmanns dieser Stadt stammte. In seinem politischen Testament legte Richelieu zum Nutzen des Königs die Argumente dar, die er in dieser Schrift fand. Auf diese Quelle muß zweifellos ein Gutteil seines ökonomischen Wissens zurückgeführt werden. Richelieu erfuhr, daß nur etwa die Hälfte der nach Marseille gehenden Importe mit Silber bezahlt wurden, während die Zahlung der anderen Hälfte durch den französischen Export erfolgte. Dieses Verhältnis konnte durch den Ausbau des französischen Exporthandels noch weiter ausgeglichen werden, was wiederum die Ankurbelung jener französischen Gewerbezweige erforderte, die für den levantinischen Bedarf produzierten, namentlich Honig, Wein, Papier und Tuchwaren. Selbst diese unausgeglichene Bilanz war aber keine absolute, da viele der nach Marseille gehenden Importe nach Spanien weiterexportiert und dort mit Silber bezahlt wurden. So konnte Richelieu schreiben: »Das Silber, das in den Osten gelangt, stammt nicht aus Frankreich, sondern aus Spanien. Von dort kommt es durch den Handel mit eben jenen Gütern zu uns, die wir aus der Levante hereinbringen.« Es war dies eine ökonomische Entdeckung, die den Merkantilismus als unsinnig entlarvte. Doch der Kampf mit Spanien, der die monetäre Krise verschärfte, hatte zur Folge, daß man zu Lebzeiten Richelieus aus dieser Entdeckung keinen großen Nutzen ziehen konnte.

Die Erkenntnis, daß man ausländische Importe auch durch den verstärkten Export von inländischen Gütern finanzieren konnte, veranlaßte Richelieu, seine Anschauungen über den Luxushandel zu revidieren. Wenn die Bevölkerung den Luxus wünschte, warum sollte man diese Güter nicht in Frankreich produzieren und sie zum Teil exportieren? Auf diese Weise würde man Hartgeld sparen und weiteres Hartgeld ins Land bekommen. Der Herzog von Nevers hatte bereits versucht, die venezianische Glasbläserei in Frankreich heimisch zu machen, und 1626 Privilegien erhalten, die die Grundlage für die französische Glasindustrie bildeten. Die Tapisserie-Manufaktur in La Savonnerie wurde im folgenden Jahr eröffnet und schuf Arbeitsplätze für einhundert arme Kinder, denen man eine sechsjährige Lehre anbot. Es gab eine Seidenwirkerei in Tours, und da diese Stadt in der Nähe der Heimat Richelieus lag, ließ er ihr jegliche Unterstützung angedeihen, damit, wie man sagte, vierzigtausend Menschen von dieser Industrie, die bis nach Lyon reichte, leben konnten. Die Industrien zur Gewinnung von Naturprodukten fanden ebenfalls Richelieus Aufmerksamkeit. Im Norden Frankreichs förderte man die Raffinierung von Zucker, und 1627 erhielt der Baron von Beausoleil, ein Prospektor, den man der schwarzen Magie verdächtigte, weil er mit unedlen Metallen experimentierte, von Richelieu den Auftrag, die französischen Bergwerke zu inspizieren. Das Verkehrswesen wurde nicht vergessen. 1633 verfaßte der Ingenieur Antoine Baudan, der im Languedoc Aufseher der königlichen Bauten war, ein Gutachten über die Möglichkeit, einen Kanal durch den Midi zu bauen, um den Atlantik mit dem Mittelmeer zu verbinden. Richelieu griff die Idee auf, weil sie die Möglichkeit bot, im Falle des Krieges mit Spanien Schiffe von der einen Seite Frankreichs an die andere zu bringen, ohne die Straße von Gibraltar passieren zu müssen.

Mit dieser Politik der inneren Entwicklung untrennbar verbunden war die der kolonialen Expansion mit Hilfe von Handelsgesellschaften. Die erste war die Kompanie der Hundert Teilhaber in Morbihan. Die Satzung dieser Gesellschaft, die Richelieu während der Belagerung von La Rochelle billigte, liest sich streckenweise wie die Einführung in einen modernen französischen Traktat über die überseeische Entwicklung Frankreichs. Eines der Stichworte war die Rassenmischung:

Die Nachkommen jener Franzosen, die besagtes Land kolonisieren, und jener Wilden, die den Glauben, den man ihnen predigen wird, annehmen, sollen künftig als gebürtige Franzosen gelten. Als solche können sie ihren Wohnsitz in Frankreich nehmen, wenn sie dies wünschen. Sie können Besitztümer erwerben, Testamente errichten, Erbrechte geltend machen, Geschenke und Legate empfangen wie Personen von ursprünglich französischer Nationalität auch, ohne daß es hierzu einer besonderen Deklaration oder Einbürgerung bedarf.

Für die damalige Zeit war dies ein Akt von bemerkenswerter Aufgeklärtheit. Er wies der französischen Kolonialpolitik einen Weg, dessen Ziel eine nach allen Seiten gesicherte und gründliche Verbreitung der französischen Kultur war. Wenn Frankreich weithin das Bewußtsein Asiens und Afrikas geprägt hat, so ist dies nicht zuletzt Richelieu zu danken. Für die Pläne Samuel Champlains zu einer Besiedlung Kanadas hatte Sully nichts übrig gehabt, weil er in dem Land kein Gold vermutete. Richelieu dagegen ließ ihm seine volle Unterstützung angedeihen, da ein französisches Überseeimperium ein ruhmreicheres und einflußreicheres Frankreich bedeutete.

Während die Entwicklung Kanadas von der Bretagne ausging, ging die Entwicklung der Karibik von der Normandie aus. Französische Ansätze zur Kolonisierung Westindiens hätte es auch ohne Richelieu gegeben. Doch bedurfte es seiner Zähigkeit und seiner Geldmittel, um sie angesichts der spanischen Monopolansprüche auf das Gebiet und der englisch-holländischen Rivalität zum Erfolg zu führen. 1625 bat ein Abenteurer namens d'Enambuc, der zuvor jahrelang die Karibik durchstreift hatte, bei Richelieu um eine Audienz und legte ihm den Plan vor, auf der Insel St. Kitts Tabak anzubauen. Richelieu war sogleich fasziniert. Er gründete die Französisch-Westindische Handelskompanie und zeichnete 10 000 der 45 000 Livre ihres Grundkapitals. Er verlieh der Kompanie das französische Handelsmonopol in Westindien und machte sie im Hafen Le Havre ansässig, dessen Statthalter er war. Nebenbei erhöhten sich dadurch auch seine eigenen Bezüge. D'Enambuc erhielt den Auftrag, St. Kitts zu kolonisieren, und stach mit drei Schiffen und einigen hundert Siedlern in See.

Das Unternehmen war schlecht organisiert, und die Kolonisatoren – zumeist gedungene Arbeiter – waren zahlenmäßig bedenklich reduziert und in schlimmer Verfassung, als sie schließlich am Strand von St. Kitts anlegten. Dort mußten sie feststellen, daß die Engländer bereits die Insel in Besitz hatten. Sie handelten jedoch mit ihnen ein Kondominium aus. Die erste Tabakernte war kaum eingebracht, als 1629 Don Federico de Toledo, den die Spanier ironischerweise damit beauftragt hatten, Richelieu gegen die Hugenotten zu Hilfe zu kommen, mit fünfunddreißig Galeonen über die Siedlung herfiel. Die Engländer wurden teils in Bergwerke gesteckt, teils nach Hause zurückgeschickt, während sich die Franzosen auf die benachbarten karibischen Inseln flüchteten, wo sie härteste Entbehrungen durchmachten, nachdem ihre Offiziere sie im Stich gelassen hatten und nach Frankreich zurückgesegelt waren. Für diesen Akt der Feigheit wurde ihr Anführer vom erbosten Kardinal in die Bastille geworfen.

Untersucht man die Gründe für Richelieus Mißtrauen gegen die Habsburger, so muß man die Bedeutung dieser Affäre in St. Kitts hervorheben. Denn sie gefährdete nicht nur die Taschen Richelieus, sondern auch den Zugang Frankreichs zu tropischen Produkten. Richelieu brachte die Angelegenheit vor Urban VIII. Er beklagte sich, daß das von Spanien beanspruchte Monopol auf die Neue Welt die Missionstätigkeit der Kirche behindere, und trotzte dem Papst eine Bulle ab, in der dieser die französischen Dominikaner und Kapuziner ermächtigte, auf Guadeloupe, Dominica und Martinique zu wirken. Sowohl die jubelnden Franzosen als auch die empörten Spanier sahen dies als stillschweigende Annullierung der berühmten Bulle Alexanders VI. an, in der dieser den Spaniern 1493 die Neue Welt zugesprochen hatte. Als 1635 Richelieus Handelskompanie auf Guadeloupe Fuß faßte, geschah es unter dem Deckmantel der missionarischen Tätigkeit, und diese Vermischung religiöser und politischer Motive wurde durch das Kreuz versinnbildlicht, das man am Landeplatz aufrichtete und das an seinem Fuß das Wappen Frankreichs mit den königlichen Lilien trug. Obwohl die französischen Siedlungen in beispielloser Weise unter Not und Gewalttat, Verrat und Laster zu leiden hatten, konnten nun die Franzosen nicht weniger als die Spanier auf die Hilfe der Vorsehung bei ihrer Politik der überseeischen Expansion pochen.

Die Handelsgesellschaft von Morbihan dagegen war aufgrund provinzieller Eifersüchteleien ein totgeborenes Kind. Das Parlament von Rennes mußte den Erlaß, welcher der Bildung der Gesellschaft zugrunde lag, registrieren und weigerte sich, dies zu tun, als die bretonischen Häfen eine wirtschaftliche Benachteiligung durch die Konzentration der Aktivitäten in Morbihan geltend machten. Dem ungeachtet fuhren die assoziierten Kaufleute fort, teilweise in Kooperation Handel zu treiben, und Richelieu, keineswegs entmutigt, ging daran, eine neue Gesellschaft zu organisieren. Das Ergebnis war die Handelskompanie von Neu-Frankreich, zu deren Leiter Razilly berufen wurde und die für fünfzehn Jahre das Monopol auf die Ausbeutung Kanadas erhielt, unter der Auflage, jährlich dreihundert Kolonisten dorthin zu bringen. Als zusätzlicher Anreiz dienten zwölf Adelstitel, die die Gesellschaft zu vergeben hatte. Das Unternehmen ließ sich zunächst übel an, als David Kirke, ein in Dieppe residierender Engländer, im Juli 1629 Champlain belagerte und ihn gefangennahm. Trotzdem drang man unbeirrt auf dem St. Lorenz-Strom vorwärts. François Fouquet, ein Richter in der Angelegenheit Chalais, wurde zum staatlichen Berater für überseeische Angelegenheiten und Handelsgesellschaften ernannt und war für so verschiedene Gebiete wie die wirtschaftliche Nutzung in Kanada, Senegal, Kap Verde, Gambia und Spitzbergen zuständig. Richelieu war auch bestrebt, den französischen Handel mit Skandinavien und auf den Wasserstraßen, die ins Innere Rußlands führten, auszuweiten. Zu diesem Zweck ließ er Christian von Dänemark im Dreißigjährigen Krieg finanzielle Unterstützung zukommen, um dafür auf den dänischen Sunden mit französischen Schiffen in die Ostsee fahren zu können. Während 1628 die dänischen Sunde von keinem französischen Schiff passiert wurden, waren es 1630 bereits zwanzig und 1631 zweiundsiebzig. Der französische Kriegseintritt im Jahre 1635 legte den Handel für einige Jahre lahm.

Richelieu verdankte seinen umfassenden Horizont zum großen Teil dem Einfluß des Paters Joseph. Frankreich war in der Mission schon immer führend gewesen, doch zu jener Zeit hatte es dieses Gebiet geradezu gepachtet, und die Kapuziner gehörten zu den tatkräftigsten religiösen Orden überhaupt. Sie waren überall: in Senegal, in Äthiopien, in Syrien, ja sogar in Persien. Dort stellte ihnen Schah Abbas ein Haus in der Nähe seines Palastes in Isfahan zur Verfügung, wo sie engen Kontakt zu den französischen Kaufleuten hatten, die dort ansässig waren und den Teppichexport nach Europa kontrollierten. Aus den verschiedensten Weltgegenden flossen dem Pater Joseph so die Informationen der Kapuziner zu, und in seiner Eigenschaft als Missionssuperior unterhielt er eine kosmopolitische Korrespondenz, die seinerzeit in Europa vielleicht einmalig war. Seine Missionare konnten als inoffizielle Diplomaten auftreten, Handelsabmachungen vereinbaren, französischen Kaufleuten die Wege ebnen und ihnen Privilegien verschaffen.

Seit den Tagen des heiligen Franziskus hatte es in Marokko französische Franziskaner gegeben. Nun waren deren Nachfolger imstande, Frankreich einen politischen und religiösen Halt in diesem Königreich zu sichern, und 1631 unterzeichnete Scherîf Abd-el-Malek einen Vertrag, der den französischen Kaufleuten, unter den Bedingungen der Kapitulationen mit der Türkei, Marokko eröffnete. Als der Ausbruch des Krieges 1635 den Silberexport nach Marokko als Gegenleistung für das von dort exportierte Leder und die Datteln unmöglich machte, war die französische Präsenz in dem Land vorübergehend beendet.

Ohne ein System ausführender Bestimmungen konnten Richelieus Reformpläne kaum der Trägheit eingefahrener Verhaltensweisen entgehen. Die Beschlüsse der Notabelnversammlung sowie eine große Zahl bereits existierender Verfügungen wurden daher im einzelnen kodifiziert, und zwar in einem Dokument, das als Code Michaud bekanntwurde, weil es unter dem Namen des Siegelbewahrers Michel Marillac erschien. Durch die Belagerung von La Rochelle verzögerte sich die Abfassung des Codes, und so erschien er erst 1629. Er trug den Titel einer königlichen Anordnung, die den Beschwerden der Generalstände aus dem Jahre 1614 Rechnung tragen sollte und auf Anraten der Notabeln vorgelegt wurde. Es war ein umfangreiches und umfassendes Gesetzeswerk und befaßte sich mit dem Anbau, dem Schutz und der Auswertung von Getreide und Wein, der Förderung von Handelskompanien, mit öffentlichen Ämtern, der Kirche, dem Heer und der Marine, ja sogar mit Gewichten und Maßen.

Der Code Michaud befaßte sich ferner mit dem Verhältnis des Ministerrats zum Parlament, mit den Gerichten, den Finanzen, der öffentlichen Ordnung und der Zensur der Pamphletäre, die täglich gefährlicher wurden. Die Ausführungsbestimmungen zu einem Erlaß von 1621 sahen die Schleifung aller Befestigungen und die Durchsetzung verschiedener Verfügungen gegen das Duellwesen vor. Es steckte vielleicht ein allzu autoritäres Element in diesem System. Die Industrie wurde scharf kontrolliert, und dies führte gelegentlich dazu, daß man sogar königliche Inspektoren ermordete. Auf der anderen Seite scheint der Code Michaud weithin mehr oder weniger toter Buchstabe geblieben zu sein, was an dem wiederholten Zusammenbrechen des administrativen Systems lag. Der Code wurde erst Gesetz, als er in einem *lit de justice* promulgiert wurde, nachdem sich das Parlament von Paris geweigert hatte, ihn zu registrieren. Die Gründe des Parlaments waren typisch. Richelieu hatte sich jahrelang mit dem Problem herumgeschlagen, eine nützliche Beschäftigung für den renommiersüchtigen Nachwuchs des Kleinadels zu finden, den seine Güter nicht mehr ernährten – für jene Klasse also, der er selbst entstammte. Und er versuchte im Code Michaud, diesen Leuten den Zugang zur Verwaltung zu verschaffen, namentlich zum Kolonialdienst, wo ihre Rauflust von Vorteil sein konnte und ihre Ehre nicht zu sehr durch die Berührung mit Geschäftsdingen befleckt wurde. Da jedoch die Herren von der Robe die Verwaltung als ihre ureigenste Prärogative betrachteten, sahen sie im Code Michaud lediglich einen Angriff auf ihren privilegierten Status und boykottierten daher das ganze Gesetzeswerk.

Was immer Richelieu anpackte, das Institut des Privilegs erwies sich als Hindernis. Ein Mann namens La Paulette hatte Heinrich IV. vorgeschlagen, juristische Ämter unter der Bedingung erblich zu machen, daß hierzu ein jährlicher Zins von einem Sechzigstel des Kapitalwerts gezahlt wurde. Öffentliche Ämter wurden damit in Privatbesitz verwandelt, der – wie jeder andere Besitz – gekauft, verkauft oder verpachtet werden konnte. Der Skandal erbte sich fort bis zur Französischen Revolution. Das System war viel zu tief in seiner Zeit verwurzelt, als daß Richelieu viel daran hätte ändern können. Die Magistratsbeamten waren von der Kopfsteuer befreit, und in manchen Provinzen hatten sie mit anderen Beamten den Rang von Adligen inne und saßen in den Provinzständen. Sie hatten Landbesitz und leiteten Rechtstitel davon her, zudem waren sie vom Militärdienst und von der Truppeneinquartierung befreit. Im ersten Viertel des 17. Jahrhunderts betrug die Kapitalaufstockung im Preis von Beamtenstellen fünfundzwanzig Prozent, und der Stelleninhaber konnte mit einer jährlichen Zuwachsrate von einem Prozent rechnen. Kein Wunder, daß das Parlament, das ohnehin schon voller Mißvergnügen beobachtete, wie die Zöglinge der neuen Jesuitenschulen sich in wachsender Zahl in die Reihen der Herren der Robe drängten, danach strebte, sich bis zum letzten der Öffnung der Beamtenposten für ein Heer von mittellosen Adligen zu widersetzen.

Obwohl er bemüht blieb, ein Betätigungsfeld für die Aristokratie zu finden, war Richelieu von den Führungsqualitäten des Adels nicht überzeugt. Er, der zur Hälfte der Mittelschicht entstammte und zweifellos die Tugenden seiner Mutter mit dem zänkischen Charakter seiner Großmutter verglich, riet davon ab, Adlige in der Finanzverwaltung zu beschäftigen. Sie waren nach seiner Meinung eitel, ehrgeizig und neigten eher zur Bestechlichkeit als die Bürgerlichen, die wahrscheinlich weniger Chancen hatten, unentdeckt davonzukommen. Auf der anderen Seite wurden Privilegien, die die Herren der Robe für sich beanspruchten und die einer genaueren Prüfung nicht standhielten, durchaus angetastet. So wurden 1634 durch einen Erlaß gewisse Privilegien revoziert, die reiche Familien für bestimmte, meist fiktive Ämter erworben zu haben behaupteten. Ferner wurde einem Beamten verboten, nach Ablauf seiner Funktionen noch Gebühren einzutreiben. Dieser Kampf sollte Richelieu für den Rest seines Lebens begleiten.

10
Die Synagoge des Satans
1627–1628

Peter Paul Rubens gefiel sich in der Rolle des Diplomaten, des
Mannes von Welt, der – hinter der Bühne seiner Kunst – mit großen Staatsangelegenheiten befaßt ist. Gutaussehend und extravagant, beteiligte er sich eifrig an Intrigen, und in seinem schönen
Haus zu Antwerpen herrschte ein ständiges Kommen und Gehen
offizieller und inoffizieller Diplomaten und Spione. Auf der Galerie aber, von der aus die Besucher seines Studios zuschauen konnten, wie die Gehilfen in seiner Werkstatt unter der Führung des
Meisters harmonisch zusammenarbeiteten – auf dieser Galerie
wurde manch eine Intrige und so mancher Plan geschmiedet. In
diesem Augenblick fungierte Rubens als Staatssekretär der Spanischen Niederlande und befand sich in Brüssel. Buckingham, der
noch immer vor Zorn gegen Frankreich kochte, erinnerte sich an
Rubens' Andeutungen anläßlich ihres Gesprächs in Paris zwei
Jahre zuvor. Vielleicht konnte Rubens mitwirken, ein Bündnis
zwischen Spanien und England gegen Frankreich zu stiften. Darüber hinaus gab es zahllose Unruhestifter an den Grenzen Frankreichs, die man ebenfalls in Aktion setzen konnte.

Buckingham pflegte bei seinen Kunsttransaktionen den Maler
und Kunstkenner Balthazar Gerbier zu beschäftigen. Gerbier, in
Holland als Kind französischer Eltern geboren und in England ansässig, war der ideale Kosmopolit. Angeblich, um über den Verkauf einer Antiquitätensammlung zu verhandeln, schickte Buk-
kingham Gerbier zu Rubens. Dieser ließ in einer offiziellen
Depesche der Statthalterin der Spanischen Niederlande einen Bericht über den Vorgang an Olivares gelangen und wurde unverzüglich nach Madrid beordert. Seine Anwesenheit dort – während er
mit Olivares verhandelte, nahm er Malaufträge entgegen – alar-
mierte den französischen Botschafter, den Grafen Fargis, und als
dieser davon erfuhr, daß die Regierung der Spanischen Niederlande gerade dabei sei, mit England Frieden zu schließen, und daß
dies Madrid binden würde, ergriff ihn Panik, und er unterzeichnete

am 20. März 1627 einen Bündnisvertrag mit Spanien. Die Motive Madrids für ein Bündnis mit Frankreich waren bezeichnenderweise zugleich religiöser wie politischer Art. Die beiden katholischen Mächte, so hoffte man, würden vereint den Ketzern entgegenstehen, wo immer sie sich befanden: in England, in La Rochelle oder in der Pfalz. Frankreich, das vorläufig noch die Holländer unterstützte, weil diese mit ihrer Flotte gegen die Hugenotten kämpften, würde sich von Den Haag zurückziehen und dafür spanischen Marinebeistand erhalten. Und ein Bruch Frankreichs mit England würde das Ende der französischen Unterstützung für den Kurfürsten von der Pfalz mit sich bringen. Richelieu wünschte den Beistand der Spanier gegen La Rochelle für den Fall, daß die Engländer der Stadt zu Hilfe kamen, und er hoffte, die Spanier würden einen englischen Angriff auf Frankreich wenigstens bis zur Mitte des Jahres 1628 hinauszögern können. Im übrigen war er nicht gesonnen, die Erwartungen Spaniens zu erfüllen. Letztlich erwies sich das Bündnis für beide Teile als nutzlos. Man erging sich in gegenseitigen Vorwürfen, während Buckingham sich von der Aussicht, zwei Großmächte zum Feind zu haben, nicht von einem Bruch mit Frankreich abschrecken ließ. Der Herzog verfolgte aufmerksam den Plan eines protestantischen Kreuzzuges gegen Ludwig XIII., in den er unter Verkennung der wahren Sachlage auch zwei katholische Nachbarn Frankreichs zu verwickeln hoffte: Savoyen und Lothringen.

Während Fargis aus lauter Angst das Bündnis mit Spanien schloß, begab sich einer von Buckinghams Vertrauten, Walter Montagu, der jüngere Sohn des Earl of Manchester, von England nach Turin und Nancy. Offiziell lautete sein Auftrag, diese beiden Höfe dazu zu veranlassen, ihren Einfluß in Madrid geltend zu machen, um den Frieden zwischen England und Spanien herzustellen. Doch der wahre Zweck seiner Reise lag darin, die Zustimmung der beiden Höfe zu dem großen Kriegsplan gegen Frankreich zu gewinnen. Karl Emanuel von Savoyen war damals der gerissenste und skrupelloseste Mann in Europa. Wenn er sich von dem Projekt etwas versprach, konnte man auf seine Unterstützung zählen. Freilich würde er den Vorschlag nicht unbesehen akzeptieren. Karl IV., der Herzog von Lothringen, war ein ganz anderer Charakter: heftig, brutal und bedenkenlos. Sein ewiges sardonisches Grinsen verriet seine Arroganz und seine Unverantwortlichkeit. Später sollte er genüßlich den Ausspruch tun: »Wir Fürsten sind alle Betrüger.« Mehr als jeder andere trug er durch sein maßloses Verhalten dazu bei, Frankreich in tödliche Feindschaft zu Spanien zu bringen. Und Walter Montagu war es, der ihm den ersten Anstoß hierzu gab.

Montagu ist später zum Katholizismus übergetreten. Er wurde Priester, ja sogar französischer Benediktinerabt, und er stand Anna von Österreich auf ihrem Totenbett bei. Vorderhand war er noch ein kalter, hochfahrender, protestantischer englischer Adliger. In London hatte er Madame de Chevreuse kennengelernt, und nun fand er sie in der zweiten Hauptstadt Lothringens, Bar-le-Duc, wieder. Zur Empörung Ludwigs XIII. war es ihr gelungen, in das Herzogtum zu fliehen, wo sie von Karl IV. als Kusine freundlich empfangen wurde. Schon nach wenigen Tagen war Karl ihr verfallen, wörtlich und im übertragenen Sinne, so daß Richelieu seufzte: »Alles beginnt mit Liebe.« Zu Ostern 1627 fand im Herzogspalast von Nancy, wo sie die unbestrittene Herrscherin war, ein großes Fest statt. Karl betrat den Hof in einem prachtvollen Gewand. Hinter ihm folgte eine Reihe prächtig geschmückter, von Trompeten und Fackelträgern begleiteter Kutschen. In den Kutschen saßen die Prinzen und Prinzessinnen des Hauses Lothringen, verkleidet als olympische Götter und Göttinnen, die Damen in scharlachroten Gewändern, die Laute schlagend. Karl, der seine Ritterrüstung angelegt hatte, focht anschließend mit anderen Kämpen um den Preis eines Schwertes, das er gewann, um es der sechsundzwanzigjährigen Madame de Chevreuse zu Füßen zu legen. In diesen Hof nun führte sie Montagu ein, nachdem sie ihn, so wurde gemunkelt, unterwegs verführt hatte. Und, laut Richelieu, hatten die beiden keine Schwierigkeiten, den Herzog »bis an den Rand des Abgrunds« zu treiben. Montagu begegnete in Karl, dem damals Einundzwanzigjährigen, einem hochgewachsenen, knochigen jungen Mann mit blondem Haar, der körperlich in bester Verfassung war, weil er viel Sport trieb und namentlich das Reiten liebte, in dem er Meister war. Seine Erziehung war schlecht gewesen, doch besaß er eine natürliche Intelligenz und Mutterwitz. Er konnte endlos reden und war unbekümmert, eitel und eigensinnig.

Karl von Lothringen lag mit Ludwig XIII. in Fehde. Lothringen bestand genaugenommen aus zwei Herzogtümern: dem eigentlichen Lothringen und Bar. In Lothringen galt das salische Gesetz, was bedeutete, daß ausschließlich männliche Nachkommen erbberechtigt waren. In Bar galt das salische Gesetz nicht, das heißt, daß entferntere männliche Erben zugunsten weniger entfernter weiblicher Erben zurückstehen mußten. Der verstorbene Herzog Heinrich hatte zwei Töchter hinterlassen, Nicole und Claude. Um die Geschlossenheit des Erbes zu wahren, hatte sein Neffe Karl die ältere der beiden geheiratet. Es war bedauerlich, daß er nicht beide heiraten konnte. Denn es war denkbar, daß in Bar das feudale Gesetz der Miterbschaft zum Zuge kam, so daß beide Töchter gemeinsam erben würden. Um die Sache noch zu komplizieren, war Bar ein französisches Lehen, und der Erbe mußte vor der Investitur dem französischen König huldigen. Lothringen war Teil des Heiligen Römischen Reiches, doch blieb strittig, ob es darüber hinaus auch französisches Lehen war. Und Richelieu, der sich auf umfangreiche historische Forschungen und auf juristische Gutachten stützte, war entschlossen, Lothringen als Vasallenstaat zu behandeln. Wie auch immer, Karl als Herrscher von Lothringen und Bar glich einem zweiköpfigen Janus, der gleichzeitig nach Wien und Paris blicken mußte. Als Ludwig XIII. angesichts der umstrittenen Rechtslage 1625 bei der Investitur Karls in Bar Einwände erhob, entschloß sich der neue Herzog, sich nur noch nach Osten zu orientieren.

Die ganze Angelegenheit wurde schließlich kompliziert durch einen langen schwelenden Streit zwischen Frankreich und dem Kaiser über die Rechtssituation der drei Bistümer Toul, Metz und Verdun. Diese Plätze mit ihren bedeutenden Festungen, die die verletzliche Ostgrenze Frankreichs bewachten, waren 1559 im Frieden von Cateau Cambrésis an die französische Krone abgetreten worden. Doch war die Frage offengeblieben, ob Frankreich sie vom Kaiser zu Lehen erhalten hatte und sie daher immer noch Reichsgebiet waren. Umgeben waren sie von den Erblanden Lothringens und Bars, und das Bistum Metz besaß gewisse Exklaven, von denen Vic und Moyenvic mit ihren Festungen die Hauptstraße zwischen Nancy und Straßburg beherrschten. Waren letztere in der Abtretung von Metz an Frankreich inbegriffen? Falls ja, besaß Frankreich tief in Lothringen und im Reichsgebiet mehrere Stützpunkte. Nun hatte Richelieu eine Kommission eingesetzt, um gewisse Gebietsveräußerungen des Bistums Metz zu untersuchen. Und als die Kommission ihren Bericht vorlegte, warf sie auch die Frage nach französischen Rechtsinteressen in Lothringen auf, Fragen, von denen die Regierung in Lothringen geglaubt oder gehofft hatte, sie seien längst erledigt.

Karl, der nach einem Vorwand suchte, um mit Ludwig XIII. zu brechen, befahl nun dem Bischof von Verdun, diejenigen Arbeiter, die am Wiederaufbau der dortigen Festung beteiligt waren, zu exkommunizieren, mit der Begründung, sie hätten kirchliche Bauten zerstört. Welche Rechte Lothringen in den *Exklaven* des Bistums auch immer besitzen mochte, in der Stadt *selbst* hatte es nichts zu sagen, falls man nicht den Frieden von Cateau Cambrésis brechen wollte. Das Vorgehen Karls legte die Vermutung nahe, daß ebendies in seiner Absicht lag. Der verstörte Bischof tat, wie ihm geheißen, und die Arbeiten wurden eingestellt. Prompt entsandte Richelieu einen königlichen Beamten nach Verdun, der die Exkommunikation für null und nichtig erklärte und die Wiederaufnahme der Arbeiten anordnete. Der Bischof mußte eine Buße von 10000 Livre zahlen. Hinter alldem, so vermutete die französische Regierung, steckte Madame de Chevreuse, und was die Situation doppelt gefährlich machte: sie stand mit der Königin in dauernder Verbindung.

In Turin fand Montagu einen weiteren Verbündeten, den Grafen von Soissons, der sich diesen Hof zum Asyl erwählt hatte. Von hier zog Montagu weiter nach Venedig. Er erhielt Beistandszusagen der Venezianer, die über den Vertrag von Monzón und über den offensichtlichen Verrat Richelieus an Venedig empört waren. Unterdessen besaß Buckingham, der die Fracht der beschlagnahmten französischen Kauffahrteischiffe verkauft und einige Kronjuwelen verpfändet hatte, genügend Geld für einen Angriff auf Frankreich. Sein Plan war, sich mit den Hugenotten in La Rochelle zusammenzutun, von denen er vermutete, daß sie die Stadttore vor dem König schlossen, sobald dieser sich zeigte. Die Stadt war das Genf der Meere, die »Synagoge des Satans«, wie Urban VIII. sagte, als er Ludwig zu deren Einnahme gratulierte. Der Puritanismus hatte hier aus dem Handel eine Tugend gemacht, und der Protestantismus war eine viel nüchternere Angelegenheit als in den Tagen Heinrichs von Navarra und seiner federgeschmückten Edelleute aus der Gascogne. Wohlhabend, nach England orientiert und vor Spanien zitternd, erfreute sich die Stadt ihrer traditionellen Unabhängigkeit. 1626 freilich hatte sie sich dem König unterwerfen und einen königlichen Beauftragten akzeptieren müssen. Es wurde ihr verboten, ihre Schiffe zu bewaffnen. Sie mußte Kircheneigentum zurückgeben und den Katholiken die Gewissensfreiheit einräumen. So gab es denn nun in den Mauern der

Stadt eine Menge von Katholiken, die geradezu einen Spionagering für Richelieu bildeten.

La Rochelle liegt am Ende eines Kanals, der bei Ebbe größtenteils verschlammt ist. Dem Beobachter, der auf den Überresten jenes Dammes steht, den Richelieu gegen die Engländer errichten ließ, bietet die Stadt noch heute ein trotziges und wehrhaftes Bild. Der geschützte Hafen, die Kais, die Straßen mit den schönen Bogengängen und das hinter einer mittelalterlichen Kulisse verborgene Renaissance-Rathaus haben sich wenig verändert. Vom Kanalausgang fällt der Blick über die weißen, flachen Gewässer auf zwei Inseln. Die nähergelegene, die Ile de Ré, wird teilweise durch das Festland im Norden verdeckt. Sie ist niedrig, und die Bäume scheinen infolge einer Luftspiegelung oft über der Küste zu schweben. Die andere Insel, die Ile d'Oléron, ist kaum mehr als ein langes Band am südlichen Horizont. Land und Meer scheinen ineinanderzuschwimmen – ein Eindruck, der durch das lange und rasche Anschwellen und Zurückweichen der Biscaya-Gezeiten noch verstärkt wird.

Am 19. Juni 1627 (alter Kalender) erließ Buckingham den Geheimbefehl zur Ausrüstung einer Expedition, die er als Lordadmiral persönlich befehligen wollte. Mehrere Infanterieregimenter sollten nach La Rochelle verlegt werden, und Buckingham wollte die Einwohner der Stadt fragen lassen, ob sie sie brauchen könnten. Bei einem abschlägigen Bescheid sollten die Truppen nach England zurückkehren. Andernfalls müßten sie dem Kommando von Soubise unterstellt werden, der ununterbrochen den Unfrieden zwischen den beiden Ländern geschürt hatte. Sobald die Garnison in La Rochelle lag, sollte die Flotte zur Garonne segeln, um die gekaperten englischen Weinschiffe zu befreien, und sich anschließend auf die Suche nach dem spanischen Gold- und Silbertransport machen.

Wie schon das Unternehmen in Cádiz, versprach auch die Expedition nach La Rochelle eine Katastrophe zu werden. Die Truppen waren gedungene Leute, »ein Haufen von gemeinen Schuften und Bauernlümmeln«, wie eine englische Zeitung damals schrieb. Der Proviant war ungenügend, die Geldknappheit chronisch, die Bestückung und Munition der Schiffe in mangelhaftem Zustand. Am 10. Juli 1627 brach Buckingham auf. Sein Schiff zeigte die Flagge des Lordadmirals und war auf den hoffnungsvollen Namen »Triumph« getauft. Mit einhundertzwanzig Schiffen und sechstausend

Mann an Bord wollte Buckingham gegenüber den Festungen La Prée und St. Martin auf der Ile de Ré landen. Während Soubise sich nach La Rochelle begab, um die Stimmung in der Bevölkerung zu erkunden, steuerte Buckingham mit seinen Truppen die Insel an, in der er eine hervorragende Basis für künftige Operationen erblickte. Die meuternde Mannschaft weigerte sich, an Land zu gehen. Als man sie mit Gewalt ans Ufer trieb, nahmen die Leute Reißaus, sobald sie den Festungskommandanten von St. Martin, Jean de St. Bonnet de Toiras, mit einem Kavallerietrupp vorrücken sahen, der die Errichtung eines Brückenkopfes verhindern sollte. Die Situation wurde einzig und allein durch die große Tatkraft und Kühnheit Buckinghams gerettet. Buckingham bewies in kürzester Zeit, daß er die Fähigkeiten und Talente eines Soldaten, wenn auch nicht die eines Staatsmannes besaß. St. Martin indessen blieb uneinnehmbar. Auf felsigem Grund errichtet, der das Ausheben von Belagerungsgräben unmöglich machte, konnte der Platz lediglich durch Blockade genommen werden. Dies mochte ein langjähriges Geschäft sein, und wenn man verhindern wollte, daß die Franzosen die Belagerung sprengten, mußte man Hilfe und weitere Munition heranschaffen.

An dem nassen und stürmischen Morgen des 22. Juli 1627 traf Soubise zusammen mit Buckinghams Sekretär Sir William Beecher am Stadttor St. Nicholas ein. Doch verwehrte ihm die Stadtwache den Eintritt in die Stadt. Es goß in Strömen, und Soubise bat, sich im Schilderhaus wenigstens so lange unterstellen zu dürfen, bis man den Bürgermeister geholt hatte, für den er wichtige Briefe bei sich trug. Dies wurde ihm zugestanden, und nach einiger Zeit erschien Bürgermeister Godefroy. Im Namen der christlichen Nächstenliebe beschwor er Soubise, in Frieden davonzuziehen. In der Stadt wohnte jedoch die Mutter von Rohan und Soubise, Katharina von Parthenay-Lusignan, die verwitwete Vicomtesse von Rohan, und diese ältliche Judith des Protestantismus eilte herbei und rief: »Komm herein, mein Sohn! Folge mir unbesorgt mit denen, die du bei dir hast. Das Haus Rohan wird stets nur das Wohl von La Rochelle im Sinn haben und alles tun, was in seiner Macht steht, um hierfür zu wirken!« Unterdessen hatte sich eine Menschenmenge gebildet, und, gerührt von dieser Wiedervereinigung von Mutter und Sohn, führte man die Delegation ins Rathaus. Der Bürgermeister begann schwankend zu werden und bat um Bedenkzeit. Törichterweise ließen sich Soubise und Beecher darauf ein, und nachdem ihm seine Kollegen den Rücken gestärkt hatten, verkündete Godefroy am folgenden Morgen, er könne nicht die Verantwortung auf sich laden, die Kirchen in einen neuen Aufstand zu stürzen. Beecher bestieg ein Schiff und fuhr zu Buckingham zurück, während Soubise bei seiner Mutter blieb. Gleichzeitig schickte man einen Bürger der Stadt, Sieur de Laleu, zum französischen König, um ihm zu sagen, die Engländer würden sich aus La Rochelle zurückziehen, falls der König die Zusage gab, die Festung St. Louis zu schleifen, die zur Befreiung der Stadt gebaut worden war.

Es war dieses bedingte Angebot, das Richelieu davon überzeugte, daß den Loyalitätsbekundungen der Stadtväter nicht völlig zu trauen war, und seine Vermutung bekräftigte, daß die Bürger von La Rochelle nur deshalb so spröde gegen die Engländer taten, um in Ruhe deren Stärke taxieren zu können. Richelieu hatte keinerlei Zweifel, daß die Bürger von La Rochelle sich sofort wieder erheben würden, falls Buckingham die Festung St. Martin eroberte. Seine Spitzel hatten ihn längst über Buckinghams Pläne unterrichtet, und noch bevor der Engländer aufkreuzte, waren schon alle Hebel in Bewegung gesetzt, um ihn zu verjagen. Gaston von Orléans erhielt den Oberbefehl über den Abschnitt, wenn auch der eigentliche Kommandant der Herzog von Angoulême war. Auf allen Straßen Frankreichs stapften Männer mit eisernen Helmen und langen Spießen in kleinen Gruppen gen Westen, Pferdetrupps wirbelten den Staub der Straßen auf. Die Feudaltruppen wurden einberufen und wurden in das Lager Angoulêmes gestopft, während die Bewohner von La Rochelle diesen Vorgang mit wachsender Sorge verfolgten. Zu Beginn des Monats August hatte Angoulême ebensoviel Männer und Geschütze nahe der Stadt in Position gebracht, wie Buckingham auf der Ile de Ré ausgeschifft hatte. Ludwig XIII. war krank, und eine Zeitlang sah es sogar aus, als ob er sterben werde. Angesichts der Möglichkeit, daß Gaston in Kürze König werden konnte, war Richelieu besorgt und zögerte, La Rochelle wie einen Feind zu behandeln. Er beschloß, hierüber Pater Joseph zu konsultieren, den er in Kreuzzugsstimmung antraf. Voller Enthusiasmus und Beredsamkeit machte Pater Joseph dem Kardinal klar, daß es seine Pflicht sei, La Rochelle zu nehmen und diesen Herd der Aufwiegelung auszumerzen. Er stand in enger Verbindung mit den Katholiken im Innern der Stadt und hatte von ihnen Informationen über die Verteidigungsressourcen, die Lebensmittelvorräte und die sonstigen Vorkehrungen der Einwohner eingezogen. Ende Juli war Ludwig so weit wiederhergestellt, daß er an einer Sitzung des Ministerrats teilnehmen konnte. Alle Zweifel über den einzuschlagenden Kurs wurden nunmehr ausgeräumt. Der König machte unmißverständlich klar, daß überall im Reich sein Wille den Ausschlag geben werde. Von der Loyalität der Stadt La Rochelle wollte man nicht ausgehen. Die Stadt sollte zur Übergabe aufgefordert und – falls sie ihre Tore dem König nicht öffnete – belagert werden.

Im August unterbrach Angoulême den Nachschub, der La Rochelle bisher ungehindert erreicht hatte, und die Einwohner beschlossen nun, Buckingham um Waffen und um Hilfe zu bitten. Anstatt daß La Rochelle ihm zu Hilfe kam, wie er erwartet hatte, fiel die Stadt nun seinen eigenen Ressourcen zur Last. Zehn Tage nach seiner Ankunft ging das Bier aus, und als gute Engländer weigerten sich die Truppen, im hiesigen Wein einen Ersatz für Bier zu sehen. In England unternahm Karl I. verzweifelte Anstrengungen, um Verstärkung und Nachschub heranzuholen. Doch sein System der Geldbeschaffung durch Zwangsanleihen arbeitete zu langsam, als daß es rechtzeitig zu wirksamen Maßnahmen hätte führen können. Waren Truppen beisammen, so fehlten Schiffe, um sie zu transportieren. Waren die Schiffe aufgetrieben, so waren die Truppen desertiert. In der Festung St. Martin hatten die Leute von Toiras bereits ihre Pferde geschlachtet, und die Rationen waren nahezu erschöpft. Überläufer kletterten des Nachts über die Stadtmauer und liefen zu den Engländern über. Toiras, der fieberkrank war, erhob sich immer wieder vom Krankenbett, um der Garnison Mut zuzusprechen. Buckingham schrieb ihm einen Brief, in dem er ihn in ausgesucht höflichen Worten zur Kapitulation aufforderte. Toiras erwiderte nicht minder höflich, weder die ausbleibende Entsetzung noch die Furcht vor persönlicher Unbill könnten ihn zur Aufgabe bewegen. Er ließ einen englischen Gefangenen frei, der, als er von Buckingham verhört wurde, mitteilte, daß Toiras den Wunsch nach Melonen geäußert habe. Buckingham, stets Kavalier, ließ ein Dutzend Melonen an Toiras abgehen. Dieser revanchierte sich für diese Geste mit Orangenblütenwasser und Puder aus Zypern. Gleichzeitig entsandte Toiras des Nachts einen Schwimmer, der in einer Kugel eine versteckte Nachricht bei sich führte. Sie lautete: »Wenn Sie diesen Platz retten wollen, senden Sie mir bis spätestens 8. Oktober die Pinassen. Denn am Abend des 8. kann ich den Platz nicht mehr halten, wenn ich kein Brot bekomme.«

Buckingham wartete ruhig ab. Der Sturm zerstörte immer wieder seine Belagerungsvorkehrungen, und die Wellen zerbrachen seine Blockadesperren. Es wurde ein Wettlauf gegen die Zeit. Wer würde länger aushalten, der Herzog oder Toiras? Unterdessen hatte Richelieu eine Flotte von Schiffen aus allen Häfen Westfrankreichs zusammengestellt, nachdem er den Widerstand und die Eifersucht der wenig hilfsbereiten Bretonen überwunden und den Bau neuer Fahrzeuge vorangetrieben hatte. Diese versammelten sich nun im Kampfgebiet unter dem Befehl des gefürchteten französischen Haudegens Beaulieu-Persac, dem 1609 ein höchst bemerkenswertes Husarenstück gelungen war. Mit einem einzigen Schiff, unterstützt von einem Dutzend spanischer Fahrzeuge, war er in den Hafen von Tunis eingelaufen und hatte unter den Kanonen der Festung nicht weniger als dreiundzwanzig Korsarenschiffe der Berber mit insgesamt fünfhundertachtunddreißig Geschützen verbrannt. Der Kardinal hatte mit Beaulieu-Persac gesprochen und war von dessen Verständnis für die taktische Situation in La Rochelle beeindruckt gewesen.

In der Nacht des 7. Oktober machte sich Beaulieu-Persac mit sechsundvierzig Fahrzeugen zur Ile de Ré auf. Es war dunkel, doch auf der Festung von St. Martin brannte noch eine Laterne. Als die Engländer merkten, was gespielt wurde, entzündeten sie die Heckbeleuchtung ihrer Schiffe, um die französischen Lotsen irrezuführen. Diese hatten jedoch zuvor den Kurs sorgfältig rekognosziert und navigierten sich an den vor Anker liegenden englischen Schiffen vorbei. Von allen Seiten wurde nun gefeuert, und Beaulieu-Persac, der lediglich ein Ablenkungsmanöver durchführte, zog die englischen Schiffe auf sich. Schließlich mußte er die Segel streichen. Unterdessen waren jedoch die Versorgungsschiffe, neunundzwanzig an der Zahl, am Strand direkt unterhalb von St. Martin gelandet und hatten in aller Eile ihre Fracht ausgeladen. Bei Morgengrauen konnten die verdutzten Engländer sehen, wie die Garnison von St. Martin Schinken und Ochsenzungen auf ihre Spieße steckte und triumphierend hin und her schwenkte. Als Buckingham, der die Nacht in einem offenen Boot verbracht hatte, um Ordnung in seine Flotte zu bringen, wieder die »Nonsuch« bestieg, stieß er an Bord auf Beaulieu-Persac. Er fragte den Franzosen, ob seine Leute zum Tode verurteilte Verbrecher seien, daß sie sich auf ein so tollkühnes Unternehmen eingelassen hätten. Beaulieu-Persac erwiderte, daß es in seiner Nation nicht der Brauch sei, Verurteilte mit einer so wichtigen Aktion zu betrauen. »Nun denn«, sagte der Herzog, »die Schiffe, die Sie geführt haben, haben ihre Fracht noch nicht ausgeladen. Ich werde jetzt daran gehen, sie zu verbrennen.« Beaulieu-Persac konnte schließlich mit Genugtuung verfolgen, wie alle Vorstöße Buckinghams von den Kanonen der Festung abgeschlagen wurden, so daß der Herzog wieder zur Untätigkeit verurteilt war.

Vier Tage später traf Ludwig XIII. unter donnernden Salutschüssen im königlichen Lager ein, um dann in einem fünf Kilometer südöstlich von La Rochelle gelegenen Dorf Quartier zu nehmen. Richelieu richtete sich anderthalb Kilometer weiter in einem Haus in Pont-de-la-Pierre ein, das ganz nahe an der Küste lag und von dem aus er die gegnerischen Flotten und die Ile d'Oléron überblicken konnte. Es war ein ganz abgelegener Platz, und als die Belagerten in der Stadt vom Aufenthaltsort des Kardinals erfuhren, planten sie seine Entführung. Pater Joseph jedoch hatte ausgezeichnete Verbindungen zu den Katholiken in der Stadt, und als er in dem zugigen Pavillon in den Gärten des Kardinalshauses saß, den er zu seiner Wohnung und Kapelle gemacht hatte, erreichte ihn die Nachricht von dem Plan. Als die Entführer aufkreuzten, lagen die königlichen Musketiere schon in den Sanddünen im Hinterhalt, und der König selbst war mit einer angriffsbereiten Kavallerieschwadron zur Stelle.

Der Oktober ging in den November über, ohne daß etwas Nennenswertes vorfiel, und die Vorräte in St. Martin gingen wieder zur Neige. Aber auch Buckinghams Männer waren in einer traurigen Verfassung. Sie nährten sich nur noch von überreifen Weintrauben und warteten vergeblich auf Hilfe aus England, die sich wegen der ungünstigen Witterung und des in den englischen Seehäfen herrschenden Durcheinanders immer wieder verzögerte. In Unkenntnis dieses Umstandes jedoch plädierten einige Mitglieder des französischen Königsrates, namentlich Michel de Marillac, dafür, Buckingham die Ile de Ré zu überlassen und sich auf La Rochelle zu konzentrieren. Richelieu trat diesem Plan energisch entgegen und argumentierte, wenn die Ile de Ré verlorengehe, werde auch die Ile d'Oléron fallen, und dann würde La Rochelle uneinnehmbar werden, da es nun nicht mehr vom Meer aus blockiert werden konnte. Deshalb machte er sich daran, St. Martin zu entsetzen.

Der Kardinal präsentierte sich jetzt in einem kuriosen, halb kirchlichen, halb militärischen Gewand und erregte damit den Spott der kampferprobten Veteranen, deren schmutzige Lederkoller und Schlapphüte von der Salzluft und dem vielen Regen geblichen und ausgewaschen waren. Über schwarzen Kleidern trug er einen Metallküraß von einer Naturstahlfarbe und über diesem einen gestärkten Prälatenkragen. Am Hut steckte eine Feder, und unter dem kardinalsroten Umhang trug er ein Rapier. Mit neuntausend Mann machte er sich bereit, auf der Ile de Ré zu landen. Er setzte bei einem so heftigen Sturm auf die Ile d'Oléron über, daß man – wie er an Schomberg schrieb – jedesmal, wenn man den Mund auftat, um zu atmen, das ganze Meer schluckte. Völlig durchnäßt kam er an. Von der Ile d'Oléron wurden Truppen auf die Ile de Ré verlegt. Zur gleichen Zeit kamen von den kleinen Häfen auf dem Festland nördlich von La Rochelle die übrigen Truppenteile herbei. Jeder Soldat hatte sich vor der Einschiffung zur Beichte und zur Kommunion begeben müssen. Nachdem die Franzosen auf der Ile de Ré nun in der Übermacht waren und Hilfe aus England nirgends zu sehen war, war Buckingham in seiner Verzweiflung gezwungen, einen Ausfall gegen die Festung St. Martin zu unternehmen. Dieses Unternehmen fand am 5. November 1627 statt. Zweitausend Engländer berannten die französischen Vorwerke und nahmen sie ein. Doch unter dem Musketenfeuer der Verteidiger auf den Festungsmauern zogen sie sich wieder zurück. Während die Sturmtruppe zurückwich, wurde sie von Schomberg attackiert, der vom Landekopf seine Kavallerie herangeführt hatte.

In seiner Depesche an den König erklärte Schomberg triumphierend: »An einem einzigen Tag habe ich Fuß auf Ré gefaßt, die Belagerung aufgehoben, das englische Heer vernichtet und davongejagt.« Angeführt von drei Kapuzinermönchen, die mit Kruzifixen in der rechten Hand voranmarschierten – ein Kreuzzugsspektakel, welches das Herz des Paters Joseph hätte höher schlagen lassen, drängte Schomberg zusammen mit den Truppen Louis de Marillacs und der Garnison Toiras' die Engländer in die Salzsümpfe, wo sich ein Weg durch das Gehölz wand und auf einer Brücke zu der kleinen Insel Loix führte. Hier bezogen die englischen Musketiere Stellung, pflanzten ihre gegabelten Halterungen auf und feuerten auf die Franzosen, während ihre Kameraden die Brücke zu gewinnen suchten. Eine Gegensalve der französischen

Musketiere fegte sie hinweg, dann brauste die französische Kavallerie heran. Erst drei englische Regimenter hatten die Brücke überschritten, als auch die englische Kavallerie angeritten kam und der eigenen Infanterie im Weg war. Hunderte von Männern in Halbrüstung stürzten ins Wasser und ertranken. Auf der der Ile de Ré zugewandten Seite der Brücke wurden die restlichen Engländer niedergemacht. Für Buckingham bedeutete es das Ende des Abenteuers, und nachdem er Soubise an Bord genommen und sein Heer, so gut es ging, wieder gesammelt hatte, stach er am 8. November in Richtung England in See. Von den Truppen, die im Juní ausgezogen waren, kehrte nur die Hälfte nach Plymouth zurück. Niedergeschlagen wandte sich Buckingham an seinen Gefangenen Beaulieu-Persac und sagte: »Ihr Kardinal ist der erste Mann in der Welt.«

Während Buckingham nach England segelte, war Walter Montagu auf dem Wege von London nach Nancy. Auf seiner Reise nach Süden einige Monate zuvor hatte er erfahren, daß Richelieu seine Verhaftung angeordnet hatte und daß irrtümlich aufgrund einer Namensähnlichkeit ein gewisser Montegni ergriffen worden war. Er hatte es nicht gewagt, noch einmal Frankreich zu durchqueren, und war über Deutschland und Holland nach England zurückgekehrt. Nachdem er Karl I. einen ziemlich pessimistischen Bericht über die Aussichten einer europäischen Koalition gegen Frankreich vorgetragen hatte, wurde er wieder nach Nancy beordert, wo er mit Karl von Lothringen geeignete Maßnahmen absprechen sollte. Er mied französischen Boden, so gut es ging, und ritt jetzt scharf innerhalb der Landesgrenzen von Bar. Zwei französische Spione folgten ihm unablässig und wußten den französischen Statthalter von Coiffy in der Nähe von Langres zu warnen, der daraufhin mit einem Dutzend Leute hervorbrach und, ohne die nationale Grenze zu respektieren, Montagu überwältigte und nach Frankreich verschleppte. Stunden später erfuhr Karl von Lothringen von dem Vorfall und protestierte energisch gegen die Verletzung seines Territoriums, wobei er seinen Protest mit Drohungen begleitete, die Richelieu ignorierte. Als Anna von Österreich von Montagus Mißgeschick erfuhr, und zwar durch den zufälligen Umstand, daß eine Abordnung ihrer Musketiere nach Coiffy gesandt wurde, um Montagu zur Bastille zu begleiten, war sie entsetzt. Aufs äußerste besorgt, rief sie knapp nach Mitternacht ihren Kammerherrn Pierre de la Porte zu sich und befahl ihm, nach Coiffy zu reiten und herauszufinden, ob sich in den Papieren Montagus irgend etwas befand, das sie belasten könne.

In Coiffy angelangt, stellte la Porte fest, daß man von ihm zu erwarten schien, er solle den vierten Mann beim Kartenspiel mit dem Gefangenen abgeben. Er ergriff die Gelegenheit, Montagu über die Besorgnis der Königin zu unterrichten, und wurde beruhigt. Aber wenn sich in Montagus Papieren auch nichts befand, was die Königin mit Buckinghams Plänen in Zusammenhang brachte, so enthielten sie doch – wie die beiden Finanzbeamten Bullion und Fouquet (der nachmalige berühmte Minister) bei ihrer Untersuchung herausfanden – genug, um andere gekrönte Häupter zu belasten. Karl von Lothringen hatte sich erboten, fünfzehntausend Mann auszuheben. Er hatte den Kaiser gebeten, sie um weitere siebentausend zu ergänzen und eine Garnison nach Vic und Moyenvic, den umstrittenen Exklaven von Metz, zu legen. Der Kaiser hatte seine Bereitschaft angedeutet, dem Bischof von Verdun, der sich über die ungerechte Unterdrückung durch Frankreich beklagte, Waffenhilfe zu leisten. Diese Bedrohung der französischen Sicherheit in einem Augenblick, da Ludwig XIII. auf Ermahnung des Papstes den Protestantismus bekriegte und Richelieu eine Entsatzexpedition für die unterdrückten Katholiken in Irland plante, löste bei Urban VIII. Betroffenheit aus. Er wies seinen Nuntius Bagno an, dem König nicht von der Seite zu weichen, falls dieser auf den Gedanken kommen sollte, die Belagerung von La Rochelle aufzuheben, um der kaiserlichen Bedrohung aus dem Osten entgegenzutreten. Noch andere bedenkliche Informationen gingen aus Montagus Papieren hervor. Venedig wollte die Aushebung von zehntausend Mann Infanterie bezahlen. Soissons und Rohan sollten sie kommandieren.

Daß der Kaiser Lothringen unterstützte, war verständlich. Aber der Kaiser war ein Habsburger, und Philipp IV. von Spanien war es auch. Mußte dies nicht bedeuten, daß auch Spanien mit von der Partie war? Buckinghams Avancen gegenüber Olivares sowie der Umstand, daß Spanien noch nicht die erwartete Hilfe geschickt hatte, auf die Frankreich nach dem Vertrag vom März Anspruch hatte, nötigten Richelieu zu diesem Verdacht. In Tat und Wahrheit standen Madrid und Wien zu dieser Zeit keineswegs in enger Verbindung miteinander, und es gibt keine Anhaltspunkte dafür, daß Madrid über die Mission Montagus informiert war, wenn wir auch Beweise dafür haben, daß Olivares sich mit dem aufrührerischen

Rohan einließ. Bei verschiedenen Sitzungen der spanischen Ständeversammlung wurde vorgebracht, daß den spanischen Interessen am besten gedient sei, wenn man Frankreich sich im Hugenottenkrieg verbluten ließ, und daß es den Interessen des Landes nicht dienlich sei, Ludwig XIII. bei der Niederwerfung seiner Gegner zu helfen und ihm so die Möglichkeit zu geben, sich in die spanischen Angelegenheiten anderswo einzumischen. Als Philipp IV., der seinen Anspruch als katholische Majestät überaus ernst nahm, hiergegen einwandte, daß er es als moralische Verpflichtung auffasse, Ludwig beim Kampf gegen die Protestanten zu helfen, erklärte man ihm, die Staatsräson habe den Vorrang vor ethischen Erwägungen, und es sei günstig für Spanien, wenn Buckingham die Ile de Ré nähme. Philipp war beleidigt. Er werde nicht zulassen, sagte er, daß die Staatsräson den Sieg über die Religion davontrage, und er sei zuversichtlich überzeugt, daß Gott ihnen große Erfolge bescheren würde, wenn sie sich seiner Meinung anschlössen. Schließlich erhielt Don Federico de Toledo den Auftrag, der französischen Flotte in La Rochelle zu Hilfe zu eilen. Zwei Wochen nachdem Buckingham von der Ile de Ré aufgebrochen war, traf er in Morbihan ein. Sein Aufenthalt bot zwar den Vorwand zu kunstreichen Festivitäten, erwies sich im übrigen aber als nutzlos.

Der Winter kam heran, doch La Rochelle blieb hartnäckig. Man rechnete hier immer noch damit, daß im Frühling eine neue englische Armada auf den Plan treten werde. Es war eine Stadt mit eindrucksvollen sternförmigen Verteidigungsbauten, mit Bastionen, Lünetten, verdeckten Wehrgängen, Gräben und Zugbrücken, und den Hafen sicherten zwei Türme von ungleicher Höhe, zwischen denen eine schwere Kette hing. Die Hafenmauern reichten drei Kilometer ins Meer hinaus, und an ihren Enden lagen zwei Landzungen: Chef-de-Baie im Norden und Les Minimes im Süden. Rund um den Komplex führte man nun eine hier und da von Festungen verstärkte Belagerungslinie von enormer Länge auf, die auf beiden Seiten bis auf wenige hundert Meter an das Ende der Hafenmauern heranreichte. Dahinter sahen die Belagerten alle Arten von Gebäuden entstehen, die die Truppen beherbergen und für deren geistiges und körperliches Wohl sorgen sollten: Barakken, Vorratslager, Zelte, Kapellen. Für Richelieu war dies eine angstvolle Zeit. Gaston d'Orléans barst schier vor Wut, als sein Bruder, der König, den Oberbefehl übernahm, und kurz nach Ludwigs Ankunft zog er sich verärgert nach Paris zurück. Der

Marschall Bassompierre überwarf sich mit dem Herzog von Angoulême und weigerte sich eine Zeitlang, mit ihm zusammenzuarbeiten. Dadurch zog er sich das Mißtrauen Richelieus zu und grub sich sozusagen wo nicht sein eigenes Grab, so doch seinen eigenen Kerker. Ludwig aber wurde krank. Er wollte nach Hause.

Im Februar beehrte der gefeiertste Städtebelagerer Europas die Festungsarbeiten mit seinem Besuch. Es war der Überwinder Bredas, Ambrosius Spínola, Marqués de los Balbazes. Dieser große, schmale, gutaussehende Genueser befand sich auf dem Weg von den Niederlanden nach Spanien, wo er zum Mitglied des Staatsrats ernannt worden war. In der Gesellschaft des Marqués de Legañez erschien er in La Rochelle. Ludwig XIII. erhob sich vom Krankenbett, um ihn zu begrüßen, und Spínola begegnete ihm mit jener Artigkeit, die Velásquez in seiner Darstellung der Übergabe von Breda verewigt hat – es ist das einzige Bild von diesem Ereignis, das den Sieger zeigt, wie er dem Besiegten eine tröstende Hand auf die Schulter legt. Spínola erinnerte daran, daß er selber nie die Ehre gehabt habe, seine Taten in Gegenwart seines Königs zu vollbringen, und erklärte, die französischen Adligen darum zu beneiden, daß ihr König als Zeuge ihrer Verdienste anwesend sei. Ferner erinnerte er daran, daß im Jahre 323 vor Christus Antigonos, als er sah, wie sein Gegner Eumenes krank auf einer Bahre über das Schlachtfeld gezogen wurde, ausgerufen hatte: »Nicht die Armee fürchte ich, sondern diese Bahre!« Nachdem er mit fachkundigem Blick die Arbeiten gemustert hatte, setzte Spínola seinen Weg fort, und Richelieu, der ihn auf seinem Rundgang begleitet hatte, schrieb an den Kardinal de La Valette, dies sei einer der besten Männer in der Welt, und »seine Güte ist ebenso groß wie sein Können«. Fast hätte er sich von Spínola überzeugen lassen, daß Spanien keine andere Sorge auf der Welt kenne, als Frankreich diesen Krieg gewinnen zu helfen. Es gehört zur Poesie der Geschichte, daß es kein anderer als Richelieu sein sollte, der zwei Jahre später Spínolas Tod in dessen Heimat Italien herbeiführte.

Voller Stolz führte Richelieu Spínola den mächtigen Damm vor, den er quer vor den Hafen von La Rochelle legen ließ, um die Stadt vom Zugang zum Meer abzuschneiden. Zweihundert abgetakelte Schiffe aus allen Teilen der Küste waren zusammengezogen und in einer Linie quer vor der Hafeneinfahrt versenkt worden. Beiderseits dieser Linie hatte man Gesteinsbrocken aufgeschüttet, über die die See hinwegspülte und so das Ganze mit Sand und Steinen auffüllte. Anfang Januar 1628 brach der Damm, und es wurde notwendig, das Werk in einem größeren Maßstab von vorn zu beginnen. Die salzige Gischt schlug dem Kardinal ins Gesicht, während er, schmal und zerbrechlich, da draußen in den Winterstürmen stand und mit fieberhafter Aufmerksamkeit den Fortgang der Arbeiten verfolgte. Auf der dem Meer zugewandten Seite des Dammes hatte man eine Reihe von Booten vertäut, um die Durchfahrt durch die sich allmählich verschließende Lücke zu verhindern. Und die Soldaten hielten einen Augenblick inne, um das anfeuernde Spektakel zu bejubeln, als der König höchstpersönlich in Wind und Wetter Steine herbeischleppte, um das Bauwerk zu vollenden. Im Februar allerdings beschloß er, nach Paris zurückzukehren. Der Kardinal war ernsthaft beunruhigt, denn in Paris geriet der König wieder unter den Einfluß seiner Mutter, des Kardinals Bérulle und Michel de Marillacs – alles Personen, die der Veltlin-Politik des Kardinals ablehnend gegenübergestanden hatten. Er befürchtete, daß man es ihm anlasten werde, wenn in La Rochelle während der Abwesenheit des Königs irgend etwas fehlschlug. Was sollte er tun: den König begleiten oder die Belagerung fortsetzen? Pater Joseph riet ihm, auszuharren und das Werk Gottes zu tun, und hierzu entschloß sich Richelieu denn auch. Eine verfrühte Frühlingssonne erwärmte ihn, als er den König auf der Straße nach Paris ein Stück Wegs begleitete, und da er es aus Respekt vor Ludwig unterlassen hatte, seinen Sonnenschirm aufzuspannen, erlitt er einen leichten Sonnenbrand. Schon am nächsten Tag lag er zu Bett, hatte Fieber und wurde fünfmal zur Ader gelassen.

Richelieu, nunmehr faktisch Oberbefehlshaber der ganzen Operation, warf sich, sobald er genesen war, mit Feuereifer in das Unternehmen. Er hatte eine Biographie Alexanders des Großen bei sich und studierte darin die Einzelheiten über den Damm, den Alexander vor Tyros bauen ließ. Dies brachte ihn auf neue Ideen. Die Schiffe auf der dem offenen Meer zugewandten Seite der Lücke wurden in Form eines Dreiecks mit der Spitze nach außen angeordnet. Über den versenkten Schiffen stand das Wasser bei der Äquinoktialflut immer noch zwei Meter hoch, und so verankerte man hier aneinandergekettete Holzstämme, um die Durchfahrt zu behindern. Man baute eine Mole mit Blick auf La Rochelle und bestückte sie mit Kanonen, und zwischen der Stadt und dem Damm bildeten fünfundachtzig zusammengekettete und bewaffnete Schiffe eine schwimmende Mauer. Zusätzlich standen sechs-unddreißig Galeeren und Pinassen an der Hafenmauer bereit, um jede gegen den Damm gerichtete Aktion abzuwehren. Unterdessen schmuggelten einige Katholiken in La Rochelle Informationen nach draußen, einige flüchteten sogar. Eines Tages führte der Marquis von Effiat Richelieu den Sieur de Lizon zu, den königlichen Generalleutnant von La Rochelle, der selbst Katholik war. Er hatte soeben heimlich die Stadt verlassen und erwähnte, daß es auf der Ostseite der Stadt einen Kanal für die Boote gab, die zur Salzgewinnung in die Sümpfe fuhren, und daß man auf diesem Kanal durch ein Schleusengitter in die Stadt gelangte. Man befragte Salzarbeiter, die Informationen über Tiefe und Breite des Kanals und über dessen Zusammenfluß mit dem Festungsgraben gaben. Das Kanalgitter, so stellte sich heraus, war aus Holz und konnte daher leicht beseitigt werden. Bei Nacht rekognoszierte man die Lage von der Konterescarpe (Gegenböschung) aus. Man lotete die Tiefe des Grabens und stellte fest, daß sie nicht mehr als einen Meter betrug.

Man beschloß nun, heimlich bei Nacht anzugreifen und das Gitter mit Hilfe eines Sprengmörsers in die Luft zu jagen. Einige Feuerwerker wurden herbeigeholt, und der freiwillige Anführer dieser Truppe war einer von Pater Josephs unzähligen Vettern, der Marquis von Feuquières, der in späteren Jahren einer der fähigsten und geschicktesten Diplomaten Richelieus werden sollte. Feuquières unternahm auf Befehl Louis de Marillacs einen Erkundungsritt und stieß dabei auf einen Arbeitstrupp, der sich etwa einen Kilometer von der Stadtmauer entfernt an einigen Ruinen zu schaffen machte. Man sagte ihm, dies seien Leute des Königs, und so ritt Feuquières weiter, als auf einmal ein dumpfes Dröhnen von Arkebusen die Luft erbeben ließ und die Ruinen unter Blitz und Rauch explodierten. Feuquières' Pferd stürzte unter ihm, und als er sich aufzuraffen suchte, sah er sich zwei Musketen gegenüber. Er trug die Anordnung für die Sprengung der Schleusen bei sich. Doch während sich königliche Kavallerie mit seinen Häschern an der Zugbrücke ein Scharmützel lieferte, gelang es ihm in der allgemeinen Verwirrung, die Papiere heimlich unter seinem Rock in kleine Stücke zu zerreißen und ins Wasser zu werfen. Dann tat er so, als sei er völlig erschöpft, und schleppte sich betont langsam durch die Porte Maubec, musterte die darunterliegenden Schleusen und prägte sich jede Einzelheit über die Anlage des Außenwerkes und die beiden Zugbrücken genauestens ein. Obwohl er sich nun als Gefangener in der Stadt befand, gelang es ihm, all diese Erkundigungen dem Pater Joseph mitteilen zu lassen.

Der Anschlag auf die Schleuse war für den 12. März vorgesehen. Richelieu befehligte die Operation, inspizierte die Sprengmörser und überwachte die Einschiffung von zwei Dutzend Edelleuten, die sich ihm zur Verfügung gestellt hatten, darunter ein künftiger Diplomat: Baron von Charnacé. Um 10 Uhr nachts, bei fahlem Mondschein, glitten die Boote der Edelleute in den Kanal hinab. Hinter der Konterescarpe standen fünfhundert Leute von Marillac und hinter diesen weitere fünfzehnhundert von Schomberg. Geplant war, daß die eine Gruppe die Schleuse sprengen und zu Schiff in die Stadt eindringen sollte, während die andere das Stadttor in die Luft jagen und über das Außenwerk vorstoßen sollte. In der Mitte des Festungsgrabens stand ein Steinpylon, der sowohl mit der Konterescarpe wie mit dem Außenwerk durch je eine Zugbrücke verbunden war. Die Angreifer trugen lange Planken bei sich, um zunächst den ersten Zwischenraum bis zu dem Pylon zu gewinnen und dann mit den restlichen Planken den zweiten Zwischenraum bis zum Außenwerk zu überbrücken. Ein Sprengmörser sollte am Stadttor angebracht werden. Dann wollte man mit Hilfe von Spezialgeräten die beiden Zugbrücken herablassen. Der Sprengkörper sollte explodieren, und die Verteidigungsanlagen konnten erstürmt werden. Dann sorgte man für weitere Verstärkungen, um die Stadt zu besetzen. Es war sehr kalt, und Richelieu, der mit tausend Pferden und viertausend Mann Fußvolk in etwa zweihundert Meter Entfernung wartete, wurde immer ungeduldiger, als die Nacht sich schweigend dahinzog, bis der Morgen heranbrach. Die Männer mit den Sprengmörsern hatten sich verlaufen, und als sie bis fünf Uhr morgens nicht mit den Angreifern zusammentrafen, wurde das Unternehmen ganz aufgegeben. Richelieu war wütend auf Louis de Marillac, und sein Mißtrauen gegen den Mann rührte von dieser unglückseligen Episode her.

Das Schicksal La Rochelles hing nun von den Anstrengungen Rohans und Buckinghams ab. Rohan, ein schöner Mann mit schmuckem Schnurrbart und Kinnbart, war Intellektueller und Soldat in einem, außerdem einer der fähigsten politischen Kommentatoren seiner Zeit. Durch seine Klugheit war er viel gefährlicher für den Staat als andere Rebellen. Im Augenblick durchkämmte er das Gebiet zwischen Nîmes und Albi und warb fanatische protestantische Jugendliche an. Im Augenblick war er weit von La Rochelle entfernt und vollauf damit beschäftigt, sich gegen Condé zu verteidigen, der im Rhônetal operierte.

Drei Abgeordnete der Stadt La Rochelle hatten Buckingham nach England begleitet. Erst nach vier Monaten konnten sie Verbindung mit ihren Glaubensbrüdern aufnehmen. Doch im März gelangte ein Bote in die Stadt und brachte eine Geheimbotschaft mit, die er sich in einen Knopf seines Gewandes genäht hatte. Die Nachrichten, die er brachte, waren nicht gut. Die Abgesandten hatten zwar Nachschub und Schiffe beschafft. Die Engländer sahen sich außerstande, mehr als fünfzehn Kriegsschiffe für einen Konvoi bereitzustellen, und so befanden sie sich noch in Plymouth. Drei Wochen später nutzte ein gewisser Captain David die Flut, um unter spektakulären Umständen die Dammanlagen zu durchbrechen und unter Geschützdonner, aufspritzenden Wasserfontänen und dem Krachen splitternden Holzes den Hafen zu erreichen. Doch da er sich schließlich verloren glaubte, hatte er die Depeschen aus England, die er bei sich trug, über Bord geworfen, und diese waren aus dem Wasser gefischt und Richelieu überbracht worden. Sie enthielten die Nachricht, daß Buckingham seinen Schwager, den Earl of Denbigh, mit sechzig Schiffen aussenden wolle, daß aber Geldknappheit ihn noch aufhielt. Offensichtlich hatten die Franzosen noch genügend Zeit, um die Hafensperre zu vollenden. Und dann konnte Buckingham tun, was ihm beliebte. Buckingham, immer Optimist, war denn auch recht zuversichtlich. »Die Franzosen wünschen sich keinen Frieden«, sagte er. »Sehe sich jeder vor, mit ihnen zu verhandeln, denn sie sind falsch.« Das Geld war indessen nicht seine einzige Schwierigkeit. Die englische Nation konnte im Falle Frankreichs nicht ebenso leicht zu einem Exzeß an Feindschaft verleitet werden wie im Falle Spaniens. Und allenthalben erscholl der Ruf nach Frieden.

Der schwache Godefroy war aus dem Amt des Bürgermeisters von La Rochelle gejagt worden, und der neue Bürgermeister war jetzt ein entschlossener und fanatischer Seemann namens Guiton, der jeden Tag den Turm der Bartholomäuskirche erkletterte, um nach den englischen Schiffen Ausschau zu halten. Am 11. Mai 1628 sah er sie. Bassompierre hatte Sourdis, den Erzbischof von Bordeaux, der die französischen Schiffe befehligte, eingeladen, seine Batterien zu inspizieren und mit ihm zu speisen. Plötzlich erblickte er von der Ile de Ré das Flaggensignal, das die Ankunft der

191

Engländer anzeigte. Ludwig XIII. war am 17. April ins Lager zurückgekehrt und besprach die Lage mit Richelieu in der Nähe des Dammes. Nach einiger Zeit bogen die englischen Schiffe um die Südspitze der Ile de Ré und rückten in drei Kolonnen gegen die Hafenmauer vor. Sobald sie in Reichweite seiner Batterien auf Chef-de-Baie waren, eröffnete Bassompierre das Feuer. Und während Denbigh noch den Damm mit wachsendem Unmut studierte, löste sich der Kanonenschuß und riß die weißen Segel von den Masten. Nach einiger Zeit zog sich Denbigh aus der Reichweite der Geschütze zurück und ging vor Anker. Den Bürgern von La Rochelle gelang es, eine Delegation an Bord seines Flaggschiffes zu bringen. Doch die Antwort, die sie empfingen, war entmutigend. Nichts war auszurichten, solange die Hafensperre nicht beseitigt werden konnte. Voller Verzweiflung ließ Guiton Denbigh eine Botschaft zukommen. »Lassen Sie Ihre Brüder nicht im Stich, denen Sie mit so schönen Worten Versprechungen gemacht haben. Denn ganz Europa heftet seine Blicke auf Sie.«

Denbigh war mit seinem Latein am Ende. Er bestückte ein kleines Boot mit einem Sprengmörser, um die französische Schiffsblockade in die Luft zu sprengen. Doch die Ladung explodierte vorzeitig, und mit ihr flog auch der vielgepriesene Feuerwerker in die Luft. Dann versuchte man es mit einem Feuerregen, der sich spektakulär ausnahm, aber nichts ausrichtete. Am 18. Mai lichtete die gesamte englische Flotte die Anker und näherte sich den Blockadeanlagen. Die Menschen in der Stadt glaubten, daß die Entsetzung bevorstehe. Sie waren fast außer sich vor Freude. Die Glocken läuteten, die Geschütze donnerten, die Fahnen wehten. Die englischen Schiffe feuerten Breitseiten ab, Rauch stieg empor, und der Kanonendonner rollte über die Sanddünen. Dann drehten die Schiffe eines nach dem anderen bei, wendeten und verzogen sich hinter die Ile de Ré. Nach wenigen Stunden waren sie den Blicken völlig entschwunden.

Noch nach Generationen gab dieser mysteriöse Rückzug den Franzosen Rätsel auf, und Voltaire war wie üblich mit einer romantischen Erklärung zur Hand. Richelieu habe sich die Liebe Buckinghams zur Königin zunutze gemacht und letztere überredet, an den Herzog zu schreiben und von ihm den Abbruch des Unternehmens zu fordern. Und er, der immer Galante, habe ihrem Ersuchen nachgegeben. Die wahre Erklärung ist viel prosaischer. Die meisten Schiffe Denbighs waren beschlagnahmte Kauffahrer, und ihre Besitzer weigerten sich, irgendwelche Risiken einzugehen. Als Denbigh sah, daß sie nicht bereit waren, ihre Schiffe ins Kampfgetümmel zu schicken, beschloß er, sich ein wenig zurückzuziehen und die Angelegenheit zu überdenken. Auf einigen Schiffen ist sein Verhalten mißverstanden worden, man hielt es für eine Aufforderung, sich nach England abzusetzen. Kurzum, die ersten Schiffe schwenkten ab, und der größte Teil der englischen Flotte folgte den Schiffen nur allzu gern. In England mußte das Parlament zusammengerufen werden, um für den notwendigen Nachschub und für eine Fortsetzung des Krieges zu stimmen. Man trat in einer Stimmung höchster Gereiztheit zusammen, deren Ergebnis die Petition of Rights war, der eine Beschwerde gegen Buckingham und schließlich die Auflösung des Parlaments folgte. Durch den venezianischen Botschafter ließ Richelieu Friedensangebote unterbreiten. Es gab Probleme in Norditalien, für die er die Hände frei haben wollte. Buckingham reagierte günstig und schlug vor, sich mit Richelieu außerhalb der Mauern von La Rochelle zu treffen, um eine Friedensregelung auszuhandeln. Aus dem Vorschlag wurde jedoch nichts.

Es gab nun für La Rochelle nur noch wenig Hoffnung auf Rettung. Doch die Stadt hielt aus. Am 24. Mai versuchten die Belagerten, sich unnützer Esser zu entledigen, indem sie Frauen und Kinder aus den Toren der Stadt trieben. Die Soldaten des Königs trieben sie wieder zurück. Der Bau des Dammes schritt voran. Die Bürger von La Rochelle nahmen die Arbeiten unter Beschuß und übersäten sie mit den abgetrennten Gliedmaßen der Arbeiter. Richelieu, den die Vorgänge in Italien belasteten, wurde immer ungeduldiger. Bassompierre erhielt von ihm einen sarkastischen Brief, in dem er sich über die Saumseligkeit bei der Beschaffung des Baumaterials beklagt.

Dieser Brief dient dazu, in Erfahrung zu bringen, ob Sie beabsichtigen, dieses Heer zu befehligen oder nicht. Falls Sie dies beabsichtigen, so leisten Sie freundlichst der Anordnung Folge, die ich dem Herrn von Rothelin gegeben habe, der mit den Pferden aus Ihrem Quartier das Pulver aus Saumur holen soll. Falls dies nicht Ihre Absicht ist, werden mich – da die Absicht des Königs von der Ihrigen abweicht – Ihre Überlegungen nicht daran hindern, mir Gehorsam zu verschaffen.

Der verletzte Bassompierre begab sich zu Richelieu und wurde kühl empfangen. Er gab seine Erklärungen ab. Richelieu beruhigte sich und lud ihn und Schomberg an seine Tafel. Der König war viel mit seinen religiösen Verrichtungen beschäftigt, und als ihn am Pfingstfeiertag die Musiker im Stich ließen, studierte er selbst im Feldlager den Chor ein und leitete ihn. Ein Beobachter, der ihn bei der Abendandacht sah, fühlte sich an David erinnert, wie dieser vor der Bundeslade die Harfe schlägt. Auch im Innern der Stadt betete man, und der Glaube an Buckingham war in der Tat nicht geringer als sein Gottesglaube. Als Richelieu am 8. Juli 1628 die Stadt zur Kapitulation aufforderte und die Gnade des Königs versprach, verlas Guiton den Brief vor den Stadtvätern, wobei er hinzufügte, daß er die Engländer jeden Augenblick zurückerwarte. Der Dichter Malherbe deutete auf eine Schildwache an der Stadtmauer und bemerkte: »Sehen Sie diesen Burschen da. Er leidet Hunger und tausend Entbehrungen, er schlägt sein Leben jeden Augenblick neu in die Schanze, weil er das Abendmahl unter beiderlei Gestalt nehmen will, während ihn andere daran hindern wollen. Ist dies nicht ein würdiger Streitpunkt, um ganz Frankreich zu erschüttern?«

Der August kam, und die Lage in der Stadt wurde verzweifelt. Frau von Rohan hatte schon ihre Kutschpferde getötet und verspeist. Sie machte sich nun an die Kutsche. Als ihr Koch den Auftrag bekam, das Zaumzeug und die ledernen Wagenfedern zu kochen, schlüpfte er über die Festungsmauern und ergab sich den königlichen Truppen. Lieber wolle er hängen, sagte er, als seine Kunst dazu zu mißbrauchen, Sülze aus Stiefeln und Pasteten aus alten Schuhen zu machen. Pergamentstücke wurden kleingeschnitten und mit Leder in Kalk und braunem Zucker gekocht, um Brot zu gewinnen. Ein Hundekopf kostete zehn Sol, ein Pfund Hammelsud oder ein Pfund Eselfleisch ein Livre und ein Pfund Pferdefleisch sechs Livre. Die Einwohner zogen auf der Konterescarpe Gemüse und machten sich dabei zur Zielscheibe für die königlichen Schützen. Des Nachts stöberten sie heimlich am Festungsgraben und unter den Steinen der Hafeneinfahrt nach irgend etwas Eßbarem. Ein Bürger der Stadt, der Depeschen an Buckingham bei sich trug, wurde von den Franzosen abgefangen, als er sich nach England davonmachen wollte. Er wurde des Hochverrats angeklagt. Die Bewohner von La Rochelle erfuhren davon und verlangten, daß er »entsprechend dem Völkerrecht« als Kriegsgefangener behandelt werde. Richelieu erwiderte, das Völkerrecht habe mit der Angelegenheit überhaupt nichts zu tun. »Sie sind weder in der Lage noch in der Verfassung, mit Ihrem Herrn und Meister zu verhandeln.« Die Bürger der Stadt erinnerten ihn daran, daß sie noch Feuquières in ihrer Gewalt hatten, und daraufhin setzte Richelieu das Verfahren gegen den Boten aus. Nach der Belagerung wurde es wieder aufgenommen. Der Beschuldigte wurde in Poitiers enthauptet und sein Kopf nach La Rochelle transportiert, wo er an der Tour de La Lanterne zur Schau gestellt wurde.

Völlig unerwartet kam der Tod Buckinghams. Am 2. September (neuer Kalender) traf er sich mit Soubise und den Delegierten aus La Rochelle in Portsmouth, um weitere Maßnahmen zur Rettung der Stadt zu beraten. Als er aus dem Frühstückszimmer, in dem er sich mit den Franzosen unterhalten hatte, herauskam, stach ihm ein religiöser Fanatiker und verkrachter Glücksritter, John Felton, mit dem Dolch ins Herz und tötete ihn. Karl I. war entschlossen, den Krieg fortzusetzen. Doch als Guiton der Bevölkerung bei einem Gottesdienst mitteilte, daß er die Engländer für den 29. September erwarte, rief eine Frau aus, sie habe seit zwei Wochen nichts zu essen gehabt, und ihr Kind und seine Amme seien Hungers gestorben. Die Moral brach zusammen. Doch Guiton blieb ungerührt. Zum Zeichen seiner Entschlossenheit schleuderte er seinen Dolch auf den Tisch, der noch heute im Rathaus von La Rochelle steht. Die Klingenspitze verursachte einen Kratzer auf der marmornen Tischfläche. Schließlich wurde dem Bürgermeister Guiton von seinen Amtskollegen die Zustimmung abgenötigt, daß zwei Abgesandte der Stadt den Kardinal aufsuchen sollten. Sie fanden ihn versöhnlich, weil er dieses verdrießliche Geschäft möglichst rasch beenden wollte. Er sagte ihnen, im Augenblick sei der König noch geneigt, den Bürgern von La Rochelle Leben, Eigentum und religiöse Freiheit zu belassen. Und er fügte hinzu: »Auf mein Wort, mein Wort als Edelmann und Kardinal.« Aber, so warnte er sie, wenn die Engländer kämen, sehe die Sache wieder ganz anders aus. Die Abgesandten kehrten mit dieser Mahnung in die Stadt zurück. Nichts geschah. Dann attackierten die Leute plötzlich die Hafensperre und versuchten, sie zu verbrennen. Der Anschlag mißlang. Doch war klargeworden, daß die Bürger von La Rochelle unbeugsam blieben.

Dieses Mal erwies sich Guiton als Prophet. Denn am 29. September tauchte die englische Flotte, die nun unter dem Befehl des

Earl of Lindsey stand, wieder auf. Richelieu und Bassompierre begaben sich rasch mit der Kutsche zu Bassompierres Hauptquartier in Chef-de-Baie. Sie befanden sich in Reichweite der gegnerischen Kanonen, und diese eröffneten das Feuer und warfen links und rechts von der eilig vorüberfahrenden Kutsche Erdfontänen auf. Ein wenig später gesellte sich auch der König mit einer Truppe von Musketieren zu ihnen. Die Nacht brach herein, und man beschloß, sie in Bassompierres Unterkunft zu schaffen. Am folgenden Morgen musterten die Männer die einunddreißig englischen Schiffe, die vor Anker lagen, und inspizierten die Batterien in Chef-de-Baie. Am frühen Nachmittag lichteten die Engländer die Anker und begannen zu manövrieren, während einhundertzwanzig weitere Schiffe die Ile de Ré umrundeten. Von der Küste dröhnte Geschützfeuer herüber, und der Meereswind zerteilte die Wolken von weißem Pulverdampf. Am Abend ankerte die ganze Flotte in einem großen Halbkreis, der von Chef-de-Baie bis nach Les Minimes reichte. Am folgenden Morgen begannen die Schiffe die Bombardierung der Hafensperre und der Befestigungen. In prächtiger Reihenfolge zog ein Schiff nach dem anderen wie ein Ungeheuer in einem monströsen Ballett vor der Hafenmauer auf und spuckte Feuer und Rauch, während es seine Breitseiten auf das Ziel abfeuerte. Mehr als dreihundert Kanonenschüsse heulten über Ludwig XIII. dahin, der in der Batterie von Chef-de-Baie stand oder selbst einige Stücke löste. Es hieß, der Kardinal habe persönlich das erste Geschütz eingestellt, so daß es auf den Schiffsschnabel eines englischen Zweideckers zeigte, und mit Freude verfolgt, wie das schwere Schiff von dem Kanonenschuß leicht aus dem Kurs geriet.

Hinter Chef-de-Baie versuchten die französischen Galeeren, zwar ohne großen Erfolg, einen Durchbruch, um die englischen Nachzügler abzuschneiden. Die beste Trophäe war eine mit dem Wappen Englands geschmückte Gallionsfigur, die neben vielen anderen Trümmern auf dem Meere trieb. Sobald sich die englische Flotte aus der Schußweite zurückgezogen hatte, nahm Ludwig das Wappen in Augenschein und behauptete, es selbst geschossen zu haben. Am nächsten Tag wiederholte sich das Schauspiel, und die Engländer schickten der französischen Flotte neun Feuerschiffe und ein mit Sprengstoff beladenes Schiff entgegen. Die feindlichen Schiffe wurden jedoch von französischen Segelbooten umkreist und mit Tauen an Land gezogen, wo sie ausbrannten. Es war nun ganz offensichtlich, daß die Hafensperre durch eine Bombardierung nicht beseitigt werden konnte und daß die englischen Schiffe, deren Verluste ständig stiegen, gegen die ortsfesten Küstenbatterien anfällig waren. Dementsprechend entschloß sich Lindsey, die Verhandlungen zu eröffnen. Er hatte auf seinem Schiff Walter Montagu an Bord, der einige Zeit zuvor aus der Bastille freigelassen worden war und nach England zurückkehren durfte. Er und die Delegierten aus La Rochelle, die ebenfalls an Bord waren, begaben sich an die Küste, um die Verhandlungen zu eröffnen. Am 15. Oktober speiste Montagu mit Richelieu und versuchte ihn zu überzeugen, daß die Antwort des Königs auf die Friedensangebote zu hart war. Als er ging, sagte er ominös, bei der ersten sich bietenden Gelegenheit würden die Franzosen merken, wozu die Engländer in der Lage seien. Das Beste freilich, was die Engländer wirklich tun konnten, war, Montagu zwei Tage später zu Richelieu auf eines der französischen Schiffe zu schicken. Richelieu veranstaltete für Montagu einen Rundgang zur Hafensperre und zu den Verteidigungsanlagen und sagte, es müsse ihm eigentlich klar sein, daß England mit einem Täuschungsmanöver rechnen müsse und Kosten auf sich nehme, die es sich nicht leisten könne. Montagu war beeindruckt und mußte zum Entzücken des Kardinals zugestehen, daß es unmöglich sei, die Passage durch die Hafensperre zu erzwingen. Es wurde beschlossen, um Frieden nachzusuchen, und noch in derselben Nacht brach Montagu mit einem Schutzbrief nach St. Malo auf, um von dort nach England zu fahren.

Die englische Flotte verbrachte die Zeit mit gelegentlichen Bombardements, bis am 27. Oktober sechs Abgesandte von La Rochelle sich einem königlichen Fort näherten, um zu verhandeln. Der umgehend verständigte Bassompierre ritt im Galopp herbei und brachte die Männer zu Richelieu, der den Ministerrat zusammenrief. Die Sprecher für die Bürger von La Rochelle waren ein Pastor und ein Bankier. Sie seien, so sagten die Männer, bereit zur Kapitulation. Doch verlangten sie ihre früheren Privilegien, Rechte und Immunitäten. Frau von Rohan und ihre Söhne sollten in alle ihre Rechte und Ehren wieder eingesetzt werden. (Man hatte sie des Hochverrats bezichtigt, ihnen den Adelsrang aberkannt und ihr Eigentum konfisziert.) Darüber hinaus wünschte die Bevölkerung von La Rochelle einen Friedensvertrag, keinen Pardon. Außerdem sollte die Garnison unter militärischen Ehrenbezeugungen abziehen. »Unverschämtheit«, war die Reaktion Richelieus. Es blieb »diesen Schatten von lebenden Menschen« nur soviel Leben übrig, sagte er, als die Gnade des Königs ihnen gewähre. Die Abgesandten verlegten sich nun aufs Bitten und flehten den Kardinal an, beim König zu ihren Gunsten zu intervenieren. Er gab zur Antwort, er wolle dies in acht Tagen tun, wenn der König von einer Exkursion zurück sei. »Was, Monseigneur, in acht Tagen! In La Rochelle reichen die Vorräte keine drei Tage mehr!« Nun, da der Widerstand der Männer abbröckelte und er sie gedemütigt fand, nutzte Richelieu seinen Vorteil. Mit äußerstem Takt, aber mit Festigkeit brachte er die Männer zur Einsicht in die wahre Lösung des Problems. Der Pastor kehrte in die Stadt zurück und rief aus: »Er ist ein großer Mann.«

Am nächsten Tag fand eine Ratssitzung statt. Einige Ratsmitglieder wollten La Rochelle dem Erdboden gleichmachen. Alle waren sich einig, daß es notwendig sei, ein Exempel zu statuieren. Richelieu plädierte mit dem ganzen Gewicht seiner Stimme für Gnade. Sollte La Rochelle ausgelöscht werden, so würde keine der von Rohan in der Provence und im Languedoc behaupteten Städte sich jemals ergeben. Ludwig als großer König konnte bei dieser Gelegenheit jene Milde üben, die dem Monarchen Gottähnlichkeit verleiht. Soubise in London hatte das Gerücht genährt, daß Katholiken einem Häretiker niemals Gnade erweisen würden. Es war wünschenswert, dieses Märchen Lügen zu strafen. Am 28. Oktober kamen die Abgesandten aus La Rochelle wieder und unterzeichneten die Kapitulationsbedingungen. Von der Regierung unterzeichnete niemand, aus Furcht, dies könne später doch als Vertragsabschluß gedeutet werden. Statt dessen unterzeichneten für die Armee Hallier und Marillac, die beiden Maréchaux-de-camp. Der Kardinal lud dann die vor Hunger halbtoten Männer zu einem guten Essen ein und vergaß auch deren Söhne nicht, die sie als ihre Diener mit sich gebracht hatten, damit sie sich endlich einmal satt äßen. Am nächsten Tag öffneten sich die Tore der Stadt, und die Zugbrücke ging herab. Zwölf Stadtväter traten heraus und zogen – schwarze Figuren mit Pluderhosen und weißem Kragen unter dem großen schwarzen Hut – an der Konterescarpe entlang zum Meer. In der Nähe von Fort Louis begegneten sie Bassompierre, der vom Pferd stieg, den Hut schwenkte und wie immer die Ritterlichkeit in Person war. Man beschaffte Pferde, die Abgesandten saßen auf und litten Höllenqualen, während sie der Unterkunft des Königs entgegenritten. Hier wurden sie vom Marquis de

Brézé in seiner Eigenschaft als Hauptmann der Garde empfangen und zu Richelieu gebracht, der sie zusammen mit Michel de Marillac, Bassompierre und d'Effiat höchstpersönlich zum König führte. Auf den Knien erklärten sie ihre Unterwerfung und baten um Pardon. Ludwig bestätigte die Kapitulationsbedingungen und lud sie dann ebenfalls zum Essen ein.

Am 30. Oktober erreichten Wagenladungen mit Nahrung die Stadt, und die Hugenottensoldaten marschierten davon. Es waren nur noch vierundsiebzig Franzosen und zweiundsechzig Engländer unter ihnen. Später am Tag zog Richelieu feierlich in die Stadt ein, begleitet vom päpstlichen Nuntius und einem großen Gefolge. Guiton zog ihm mit sechs Bogenschützen entgegen. Er bekam prompt zu hören, daß er hier nicht länger Bürgermeister sei und sich die Bogenschützen schenken könne. Überall lagen ausgemergelte Leichen, deren Anblick den Kardinal mit Entsetzen erfüllte, und wie Gespenster schlichen die Überlebenden zu den Wagen, um ihre Ration in Empfang zu nehmen. Über einhundert Personen starben in dieser Nacht, weil sie sich übernommen hatten beim Essen. Am nächsten Morgen war das Fest Allerheiligen, und Richelieu zelebrierte in der Stadt das Hochamt, bei dem die führenden Persönlichkeiten des Hofes und der Armee von seiner Hand die Kommunion empfingen. Es war eine Siegesmesse, der später, als Ludwig XIII. in einer liliengeschmückten Rüstung einzog, ein Tedeum folgte. Pater Suffren, der jesuitische Beichtvater des Königs, hielt eine Predigt, und man fand allgemein, daß er den Anteil Ludwigs und Gottes am Zustandekommen des Friedens übertrieb und den ihrer menschlichen Werkzeuge unterschätzte. Es blieb nicht unbemerkt, daß der Kardinal den Kopf hob, als er Suffren ausrufen hörte: »Sire, lassen Sie Ihre Majestät anerkennen, daß Ihr Sieg von Gott kommt, nicht von Ihren Waffen oder Ihrer Entschlossenheit.« Ludwig sah Richelieu an, und dieser sah Ludwig an. Die Zuhörer spürten förmlich das beiderseitige Achselzucken. Sie mögen auch vielsagend gegrinst haben, als ein paar Tage später ein königlicher Erlaß verbreitet wurde, in dem der König »die wirksame Hilfe der göttlichen Gunst« anerkannte, aber auch »die Beratung, die einzigartige Klugheit, die Wachsamkeit und die tätige Dienstfertigkeit unseres sehr lieben und geschätzten Vetters, des Kardinals von Richelieu«. Derselbe Erlaß regelte die Freiheiten des Protestantismus in der Stadt. Der empfindlichste Eingriff in diese war die Umwandlung des 1603 von den Protestanten erbauten hugenottischen

Gotteshauses in den katholischen Dom eines neuen Bistums. Kardinal Bérulle und Michel de Marillac wollten den protestantischen Kult in La Rochelle überhaupt verbieten. Doch Richelieu bestand auf jenem Maximum an *religiöser* Toleranz, das mit der Unterdrückung der *politischen* Hugenottenbewegung zu vereinbaren war. Damit vertiefte sich das Mißtrauen dieser beiden frommen Männer gegen ihn, die in ihm zunehmend den großen Verräter sahen. Richelieu hatte Pater Joseph, der sich all die Monate über in seinem Sommerhaus verkrochen hatte, um vom Morgengrauen an zu beten und des Nachts seine Spione zu empfangen, zum ersten Bischof von La Rochelle machen wollen. Doch Pater Joseph hatte abgelehnt. Der protestantische Klerus wurde in seinen Ämtern und Kirchen bestätigt und ein königlicher Kommissar für das Justiz-, Polizei- und Finanzwesen eingesetzt. Guiton und fünfzehn Stadtväter wurden für sechs Monate verbannt. Guiton trat später als Offizier in die königliche Armee ein, wo er sich treu und ehrenvoll schlug. Frau von Rohan und ihre Tochter setzte man in eine Kutsche und eskortierte sie mit fünfzig Pferden zum Château Niort, wo sie eine Zeitlang interniert wurden. Die englische Flotte blieb während all dieser Vorgänge vor Anker liegen und segelte am 10. November nach England zurück – just in dem Augenblick, da das Meer Richelieus Sperrdamm fortspülte. Es war, als habe sich alles verschworen, um aus den Ereignissen vor La Rochelle eine Farce zu machen. Die Einnahme der Stadt war eine Sensation in ganz Europa. Richelieus zynischer Kommentar dazu lautete: »Jetzt verdammen sie mich in Rom als Häretiker, aber bald werden sie mich als Heiligen kanonisieren.«

11

Die Franzosen blockieren mich
allenthalben
1629

Im ersten Jahrzehnt des Dreißigjährigen Krieges taucht plötzlich ein Mann auf, der den Wirren der Zeit zum Trotz mit nimmermüdem Idealismus seinem kühnen Traum folgt. Gemeint ist Karl von Gonzaga, Herzog von Nevers. Fast zwanzig Jahre lang war er durch ganz Europa gereist und hatte seine Jugend und seine Geldmittel dafür verbraucht, seine Kreuzzugsidee zu propagieren. Angetrieben hatte ihn sein Freund Pater Joseph, der jeglichen Realitätssinn verlor, wenn das Gespräch auf die Heiligen Stätten kam. Fast jeder katholische Fürst in Europa hatte sich irgendwann einmal diesen fehlgeleiteten Enthusiamus zunutze gemacht und nicht nur Nevers, sondern auch Pater Joseph zu der Überzeugung verführt, daß die Feindseligkeiten in Deutschland beendet werden könnten, wenn es nur gelänge, die freiwerdenden Energien in einer gemeinsamen Anstrengung gegen die Türken zu lenken. Ein Gutteil der Diplomatie der Jahre 1620 bis 1625 wurde darauf verwandt, diese unwahrscheinliche Umorientierung ins Werk zu setzen. Während Tilly und Wallenstein, Mansfeld und Spínola Armeen aushoben, rekrutierte Nevers seine Kreuzritter. Auf eigene Kosten ließ er eine Flotte bauen, damit die kombinierte Operation in der Levante vonstatten gehen konnte. Holländischen Werften zahlte er fünfzigtausend Kronen für den Bau der fünf besten Galeonen, die das Meer befuhren – jede zu fünfhundert Tonnen und mit dreißig bis vierzig Geschützen bestückt. Seine eigene Privatarmee belief sich auf dreizehntausend Mann, und er übernahm 1623 die Deserteure aus Mansfelds gescheiterter Armee in Friesland. Die Ressourcen verbrauchten sich im französischen Bürgerkrieg. Die fünf Schiffe gingen elend bei Soubises Attacke zugrunde. Doch der Kreuzzugstraum war damit längst nicht ausgeträumt.

Nevers schien am Ende zu sein, und seine Sache von allen, mit Ausnahme seines Kapuzinerfreundes, verlorengegeben. Er wurde zu einem europäischen Problem. Der Herzog von Mantua, der unwürdige Vincenzo II. Gonzaga, lag im Sterben und hinterließ infolge seines sittenlosen Lebenswandels keine direkten Erben. So erhoben gleich vier Personen ihre Ansprüche: Nevers selbst, ein Vetter des Herzogs; der Herzog von Guastalla, ein anderer, aber entfernterer Vetter; Margareta Gonzaga, die verwitwete Herzogin von Lothringen; und jener ewige Störenfried Karl Emanuel von Savoyen, der behauptete, daß seine Enkelin Marguerite, die Nichte Vincenzos, in der weiblichen Linie das Marquisat Montferrat erben müsse, weil es nur durch einen genealogischen Zufall zu Mantua gehöre. Mantua war ein Reichslehen des Heiligen Römischen Reiches, und von Rechts wegen mußte der Kaiser die Gültigkeit der erhobenen Erbfolgeansprüche prüfen. Doch keine der interessierten Parteien wollte sich damit zufriedengeben, die Angelegenheit den Launen des Gesetzes oder der kaiserlichen Politik zu überlassen. Richelieu erkannte sofort die Vorteile, die es für Frankreich hatte, wenn sich in Norditalien ein französisches Herzogtum etablierte. Noch mehr lag ihm daran zu verhindern, daß das Herzogtum an Guastalla fiel, der nichts weiter als eine spanische Marionette war. Denn damit würde sich ein potentieller Feind an der Flanke Venedigs plazieren, das ohnehin schon besorgt war über die spanische Übermacht in Europa, und die Gefahr bestand, daß der spanische Einfluß in Italien sich bedeutend erweiterte.

Richelieu und Urban VIII. hatten ihre Meinungsverschiedenheiten über das Veltlin vergessen und waren in der mantuanischen Frage sowie bezüglich des Hugenottenproblems in Frankreich einer Meinung. Der Papst, wütend über die jüngsten spanischen Anwürfe, er sei profranzösisch, mißtrauisch gegen den spanischen Cäsaropapismus und bestürzt über die spanische Saumseligkeit beim Beistand für Ludwig XIII. in La Rochelle, schauderte bei dem Gedanken an eine spanische Dominanz in Mantua. Insgeheim planten er und der französische Botschafter in Rom, Baron Philippe von Béthune, einen *fait accompli* zugunsten Nevers'. Der Sohn des letzteren, der Herzog von Rethel, befand sich bereits in Mantua, um italienische Lebensart zu lernen, und der Papst förderte dessen Ehe mit Maria Gonzaga, Vincenzos Nichte, die zugleich die Nichte der Kaiserin Eleonore war, der Schwester Vincenzos. Ein französischer Abgesandter in der Person des Marquis von St. Charmont wurde nach Mantua geschickt, um den sterbenden Herzog dazu zu bringen, ein Testament zugunsten Nevers' aufzusetzen. Mit demselben Ziel sandte der spanische Statthalter des Herzogtums Mailand, Gonzalo de Córdoba, den Grafen Giovanni Serbelloni nach Mantua, wo er sich für Guastalla verwenden sollte, der sich anschickte, die Stadt mit einem Handstreich zu nehmen. Das Tauziehen um den moribunden Herzog gewann St. Charmont, da ihm der erste Minister Mantuas, ein notorischer Feind Spaniens, zu Hilfe kam. Unter größter Geheimhaltung unterzeichnete der Herzog ein Testament, in dem er das Herzogtum an Nevers vermachte. Mit unziemlicher Hast und einem Dispens des Papstes wurde zwischen Rethel und dem Schulmädchen Maria ein Ehevertrag geschlossen, so daß Weihnachten 1627 bereits die Heirat gefeiert werden konnte. Damit waren die Ansprüche Karl Emanuels abgewiesen. Am selben Abend noch starb Vincenzo. Nevers, der sich bislang im Hintergrund gehalten hatte, machte Ansprüche auf sein Herzogtum geltend.

Nevers' mantuanische Erbfolge war ein Nebenproblem, verglichen mit seinem Anspruch auf Montferrat. Das Marquisat Montferrat lag zwischen Savoyen und dem Herzogtum Mailand, und seine Hauptstadt Casale beherrschte nicht nur das obere Po-Gebiet, sondern auch die strategisch wichtige Straße von Genua nach Mailand. Nähert man sich Casale von Turin aus, so reist man durch riesige Reisfelder, an deren Rändern dichte Haine von lombardischen Pappeln stehen, die gelegentlich von bewaldeten Hügeln unterbrochen sind. Am Westrand der alten Stadt, nahe dem Po gelegen, befindet sich die Zitadelle, auf die Gonzalo de Córdoba seine begehrlichen Blicke geworfen hatte. Es war damals die bedeutendste Festung in Norditalien. Ziegelmauern von ungewöhnlicher Dicke bilden ein Viereck, dessen Nord- und Südseite sternförmig erweitert ist. Hier gelangt man auf einer Zugbrücke über den Festungsgraben und durch ein Tor auf die geräumige gepflasterte Piazza, die die Zitadelle von den Gebäuden der eigentlichen Stadt trennt. An allen vier Ecken der Festung steht eine wuchtige, aus Ziegeln gemauerte, kreisförmige Bastion. Aus den Schießscharten hat man bei klarem Wetter einen unvergeßlichen Blick auf die gesamte Alpenkette mit Monte Rosa, Matterhorn, Mont Blanc und Monte Genevra. Wie eine große gezackte Purpursilhouette hebt sich das Gebirge gegen den türkisgrünen Abendhimmel ab. Wer diese Bastion besaß, besaß die ganze Po-Ebene.

Gonzalo de Córdoba hegte schon lange einen persönlichen Groll gegen Nevers. Sechs Jahre zuvor hatte Gonzalo die spanischen Truppen befehligt, die die Pfalz erobert hatten, und Mansfeld gezwungen, nach der Schlacht bei Höchst mit seiner Armee über den Rhein ins Elsaß zurückzuweichen. Nun war damals Nevers Statthalter der Champagne gewesen und hatte Mansfeld gestattet, dort seine Kräfte zu sammeln. Mansfeld hatte diese Chance klug zu nützen gewußt. Aus dem Territorium Nevers' zog er nach Norden und fiel hinter Gonzalos Rücken in Belgien ein, verwickelte ihn in ein vorzeitiges Gefecht und schlug ihn bei Fleurus, woraufhin die Spanier die Belagerung von Bergen-op-Zoom aufheben mußten. Gonzalo hatte gute Gründe, Nevers zu mißtrauen. Er sah in ihm das trojanische Pferd der Franzosen in Norditalien. Monatelang hatte er Madrid vor der drohenden Gefahr gewarnt. Doch Madrid hatte nicht reagiert. Olivares hatte wieder einmal eine seiner depressiven Phasen, und die Regierungsgeschäfte ruhten in unsicheren Händen. Fünf Tage vor Vincenzos Tod schrieb Gonzalo noch einmal und wies darauf hin, daß, falls es Nevers gelänge, sich zu etablieren, der Niedergang der spanischen Machtstellung in Italien vor aller Welt offenbar würde. Er bat dringend um Instruktionen. Am Tage nach Vincenzos Tod schrieb er wieder und berichtete, daß Nevers ohne Rechtstitel sein Erbe angetreten habe, da es allein Sache des Kaisers sei, über die Rechte von Verwandten zu entscheiden. Bis ihn die Antworten aus Madrid erreichten, würde die Situation natürlich außer Kontrolle geraten sein, und so beschloß Gonzalo, die Dinge selbst in die Hand zu nehmen. Er wandte sich an Karl Emanuel.

Karl Emanuel – stets bereit, mit dem Feuer zu spielen, ohne sich die Finger zu verbrennen – zögerte nicht lange. Er hatte bereits Guastalla wissen lassen, daß er ihn unterstützen werde, indem er sagte, er habe keine Lust, die Franzosen zu beiden Seiten seines Territoriums zu wissen – Montferrat lag ja gleich östlich von Turin. Er wies Gonzalo darauf hin, daß Philipp III. von Spanien ein Anrecht auf die Lehen südlich der Alpen habe, nachdem er allen Ansprüchen auf die habsburgischen Lehen nördlich der Alpen entsagt hatte. Gonzalo und Karl Emanuels Agent, der Priester Gaetano Coxa, konnten ihren Vertrag nicht schnell genug unter Dach und Fach bringen. Noch am Weihnachtstag – es war der Todestag Vincenzos – unterzeichneten sie. Montferrat sollte zwischen Savoyen und Mantua geteilt werden, sozusagen als Gegenleistung für ein gegen Nevers gerichtetes Bündnis. Es war ein Akt am Rande der

Legalität, was Karl Emanuel jedoch kaum berührte. Das Haus Savoyen hatte sich in den Piemont eingeschlichen, nicht etwa durch dramatische Eroberungen, sondern durch die allmähliche Einverleibung kleiner Landstriche. Ob nun die Spanier Nevers vertrieben, ob die Franzosen ihn halten konnten, ob Savoyen vom Sieger ein paar Städte mehr oder ein paar zusätzliche Quadratkilometer Boden erhielt – gleichviel, Karl Emanuel rechnete mit allem.

Gonzalo war Soldat und konnte sich keine anderen Methoden der Problemlösung vorstellen als die durch das Schwert. Zwei Tage nach Weihnachten schrieb er an den spanischen Botschafter in Wien. Er wies darauf hin, daß keine Zeit mehr sei, Instruktionen aus Madrid abzuwarten, und er bat ihn, das Einverständnis des Kaisers einzuholen, damit die spanische Armee in dessen Namen in Montferrat einfallen konnte. Was Gonzalo bewußt verschwieg, war, daß er den Augenblick zu einem Akt blanker Aggression für gekommen hielt, nämlich zur Einnahme Casales. Da das Herzogtum Mailand Mantua im Osten von Montferrat im Westen trennte, gab es nach Gonzalos Berechnung nichts, was Nevers zum Schutz seiner zweiten Hauptstadt tun konnte.

Gonzalo, der völlig die politischen und rechtlichen Belange, um die es ging, verkannte, war perplex, als der Kaiser nicht nur seine Zustimmung verweigerte, sondern ihm ausdrücklich befahl, die Waffen ruhen zu lassen. Graf von Khevenhüller, der Mittelsmann des Kaisers, kam nach Mailand und nahm kein Blatt vor den Mund. Casale, so sagte er, stehe von Rechts wegen zur Disposition des Kaisers, und was werde wohl die Welt sagen, wenn der Leutnant des Königs von Spanien durch die Einnahme der Stadt genau das täte, was im Falle Nevers' angeblich ein Akt des Verrats war! Philipp IV. würde bei den deutschen Fürsten jedes Vertrauen verlieren und sie in ihrer Auffassung bestärken, in Spanien stehe die Staatsräson höher als rechtliches Verfahren, und Macht gehe schließlich vor Recht. Zu allem Unglück für Gonzalo traf noch ein Brief des spanischen Botschafters in Wien ein, der mitteilte, daß Ferdinand von der Kaiserin unter Druck gesetzt werde, die Nevers' neue Schwiegertochter, Maria von Rethel, erzogen und ins Herz geschlossen hatte. Vor ihrem Gatten habe sie ganze Sturzbäche von Tränen vergossen.

Gonzalo war um so verwirrter, als Philipp IV. ihm am 16. Januar 1628 einen Brief schrieb, worin er seinen Pakt mit Karl Emanuel billigte und seine Klugheit lobte. Einen Monat lang blieb die Situation unverändert, während Madrid sich zu einem Entschluß durchrang. Richelieu schrieb später, daß Spanien entschlossen gewesen sei, das französische Gebundensein in La Rochelle für seine eigenen Zwecke auszunutzen, während er gewillt war, dies zu vereiteln. Es ist zwar richtig, daß Gonzalo zu Khevenhüller sagte, jetzt, da Frankreich mit den Hugenotten beschäftigt sei, wäre es doch ein leichtes, Casale zu nehmen und damit zu verhindern, daß Nevers zu einem späteren Zeitpunkt die Stadt Ludwig XIII. übergab, aber nirgends in den spanischen Akten noch in der Korrespondenz zwischen Gonzalo de Córdoba und Madrid wird La Rochelle erwähnt, und Frankreich taucht nur ganz selten auf. Der Plan Spaniens war es, Casale zu sichern und Nevers zu verjagen, um das militärische und politische Gleichgewicht in der Lombardei zu wahren. Andere Pläne gab es nicht. Aus diesem Grund konnte Olivares die Haltung des Kaisers nicht verstehen und überredete Philipp IV., am 15. Februar 1628 an Ferdinand zu schreiben und sein Erstaunen zu bekunden. Der spanische Botschafter in Wien wurde angewiesen, nicht um die Erlaubnis des Kaisers zu einem Angriff auf Montferrat zu ersuchen, sondern diesen Angriff lediglich zu rechtfertigen, sobald er vorüber war. Zu gleicher Zeit ergingen Instruktionen an Gonzalo, mit seinen Anstalten fortzufahren, was man mit dem Argument begründete, Karl Emanuel werde nicht imstande sein, alles aus eigener Kraft in seinen Besitz zu bringen, und Spanien müsse ihm helfen, solange die Entscheidung des Kaisers in der Erbfolgefrage noch ausstand.

Noch bevor er diese Instruktionen am 2. März 1628 erhielt, hatte Gonzalo eine Truppenbewegung zur Unterstützung Karl Emanuels begonnen, der in Montferrat einmarschiert war und Alba, Trino und Montcalvo genommen hatte. Gonzalo hatte zwar nur etwa achttausend Mann aufstellen können. Doch da in Casale eine Garnison von nur wenigen hundert Mann von minderer Qualität lag, brüstete er sich, die Stadt ohne einen einzigen Schwertstreich nehmen zu können. Nevers hatte den Bischof von Mantua nach Wien entsandt, damit dieser seine Sache vertrete, und als der Bischof berichtete, Gonzalo habe im Namen des Kaisers vom Gouverneur Casales die Kapitulation der Festung verlangt, war Ferdinand außer sich. Er sagte zum Bischof, Gonzalo habe ohne seinen Befehl und entgegen seinem Willen gehandelt. Der Hofrat wurde einberufen, und obgleich es nicht an Stimmen fehlte, die Spanien unterstützten, war das Ergebnis der Diskussion ein kaiserlicher Erlaß, der die Sequestrierung des Herzogtums Mantua bis zur Regelung der Erbfolgefrage und die Einsetzung Johanns von Nassau zum kaiserlichen Kommissar in dem umstrittenen Territorium anordnete. Der spanische Botschafter berichtete zur Erläuterung dieser Vorgänge, daß die Kaiserin ihre Nichte in jeder erdenklichen Weise favorisiere, und sagte, der Beichtvater des Kaisers, ein luxemburgischer Jesuit namens Lamormaini, sei restlos gegen den Krieg eingestellt und profranzösisch. Richelieu sah dies anders. Die Ansprüche Nevers' waren unbestreitbar und vollauf begründet. Die Sequestration des Herzogtums durch den Hofrat, dessen Mitglieder zum größten Teil, wie man allgemein wußte, in spanischem Sold standen, war im Zusammenhang mit der feindlichen Politik des Kaisers in bezug auf Metz und Verdun zu sehen und überzeugte Richelieu daher, daß Wien und Madrid sich zu einer aggressiven Verschwörung zusammengetan hatten.

Richelieus Vermutung, daß Gonzalo de Córdobas norditalienisches Abenteuer lediglich ein Aspekt der habsburgischen Anschläge gegen Frankreich war, ist im Kontext der Ereignisse verständlich. Drei Monate vor der mantuanischen Krise sah sich Richelieu genötigt, an Olivares zu schreiben und ihm vorzuwerfen, daß Spanien nicht seinen vertragsgemäßen Verpflichtungen nachgekommen sei, Frankreich gegen La Rochelle beizustehen. Später erinnerte er ihn daran, daß dies »eine Gewissensfrage« war. Als Fargis' Sekretär ihm berichtete, daß Spanien über den Fall La Rochelles unglücklich sein werde – und wie wir gesehen haben, war dies in der Tat die Einstellung einiger Mitglieder des spanischen Staatsrates –, kam Richelieu zu dem Schluß, daß diese Verzögerung böswillig herbeigeführt worden sein müsse. Seine Bemühungen, das spanische Vorgehen gegen Casale einzudämmen, blieben wirkungslos. Im April 1628 instruierte er Fargis, Olivares mitzuteilen, daß Spanien durch den Vertrag von Monzón und den französisch-spanischen Beistandspakt verpflichtet sei, die italienische Frage durch Verhandlungen zu lösen und während solcher Verhandlungen militärische Operationen zu stoppen. Fargis hatte Weisung, in dieser Frage »vertraulich« und »geheim« vorzugehen – für Geheimdiplomatie hatte Richelieu eine Vorliebe – und daran zu erinnern, daß Spínola bei seinem Aufenthalt in La Rochelle Richelieu versprochen hatte, Frankreich werde in Italien Satisfaktion erhalten. Madrids Antwort bestand darin, die spanische Truppenstärke in Italien zu erhöhen, und Richelieu kam zu dem Ergebnis, daß Frankreich keine andere Wahl blieb als Nevers zu unterstützen. Solange La Rochelle aushielt, war dies freilich unmöglich.

Vor den mächtigen Ziegelwällen Casales kam für Gonzalo de Córdoba die Stunde der Bewährung. Zitadelle und Stadt verrieten durch nichts, daß sie sich ergeben wollten. Spanien hatte über eine halbe Million Dukaten in das Herzogtum Mailand gepumpt, um die Operation zu unterstützen. Doch das bürokratische System war derart, daß nur ein kleiner Bruchteil der Summe bis zu Gonzalo gelangte, um frische Truppen auszuheben. Seine italienischen Regimenter fand er hoffnungslos. »Die Neapolitaner«, sagte er, »sind die Schlimmsten von allen. Sie desertieren in Rudeln, und obwohl ich sie massenweise aufknüpfen lasse oder auf die Galeeren schicke, nützt es überhaupt nichts.« Während die Zeit dahinschlich, wurde es für ihn immer unmöglicher, nachzugeben und gleichzeitig sein Gesicht zu wahren.

In Wien wuchs die Indignation des Kaisers mit jedem Tag. Der Hofrat wurde zusammengerufen, und Ferdinand verurteilte den Krieg als eine »erklärte Ungerechtigkeit«. Ein kaiserlicher Erlaß forderte Nevers auf, sich der Sequestration zu beugen, und stellte fest, sobald er dies tue, sollten Spanien und Savoyen ihre Eroberungen dem kaiserlichen Kommissar übergeben. Dies war nun keineswegs nach dem Sinne Karl Emanuels, und er begann, bei Richelieu vorzufühlen. Ein savoyardischer Gesandter traf in La Rochelle ein und bedeutete dem Kardinal, man werde Spanien fallenlassen, sofern er einverstanden sei, daß Savoyen einige seiner Eroberungen in Montferrat behielt. Richelieu war einverstanden. Gleichzeitig fragte der savoyardische Botschafter in Madrid Philipp IV., ob Spanien es zum Krieg kommen lassen werde, falls Frankreich die Alpen überschritt, um die Belagerung Casales aufzuheben. Philipps Antwort war negativ. Karl Emanuel wußte, daß er von Spanien wenig zu hoffen hatte, falls er sich dem Kaiser widersetzte, und daß es sich für ihn auszahlen mochte, mit Frankreich zusammenzuarbeiten. Trotzdem blieb er nominell vorläufig noch Spaniens Verbündeter.

Der Papst reagierte auf diese Ereignisse mit Besorgnis. Doch seine Bemühungen, eine Versöhnung der beteiligten Parteien herbeizuführen, trug ihm nur allseitiges Mißtrauen ein. Er lag bereits mit dem Kaiser wegen kirchlicher Angelegenheiten in Deutschland in Streit: Béthune berichtete an Richelieu, daß Urban nur aus Knausrigkeit und Zaghaftigkeit nicht einer aus italienischen Fürsten und Venedig bestehenden Liga gegen Spanien beitrete. Und Richelieu äußerte sich befremdet gegenüber Bagno, dem Nuntius in Paris. In Madrid zeigte man dem Nuntius die kalte Schulter. Olivares wollte einen Waffenstillstand nicht in Betracht ziehen und kam zu der Überzeugung, Urban halte heimlich zu Nevers. Mit gewohnter Übertreibung verkündete er, noch nie habe es einen Papst gegeben, der so feindselig gegen Spanien gesonnen war – eine Einschätzung, die auch den Worten Ferias im Staatsrat zu entnehmen war. Analysiert man den Zusammenbruch der Beziehungen zwischen Frankreich und Spanien, der die beiden Länder sechs Jahre später zum Krieg führte, so ist diese Diskreditierung eines fassungslosen Papstes, der von allen rivalisierenden Parteien für sich in Anspruch genommen wurde, als bedeutsamer Faktor festzuhalten. Denn mit der Nichtanerkennung seiner moralischen Autorität wurden weltliche Ambitionen von ethischen Bedenken gereinigt.

So näherte sich das Jahr 1628 seinem Ende, während Richelieu, verzweifelt über die Länge der Zeit, die die Niederwerfung La Rochelles brauchte, auf Zeitgewinn spielte. Es wurde klar, daß zur Befreiung Casales ein Winterfeldzug erforderlich sein würde, und man sandte Offiziere aus, um die Alpenpässe zu inspizieren. Auch ein Zeitplan wurde aufgestellt, der dann tatsächlich strikt eingehalten wurde. Sobald La Rochelle kapitulierte, sollte das Heer nach Italien marschieren, wobei die Pazifikation des französischen Südens auf einen späteren Zeitpunkt verschoben wurde. Casale würde im März befreit sein. Dann sollte die Armee durch die Provence marschieren und gegen Rohan antreten. Im Frühling des folgenden Jahres sollte sie dann bereit sein, sich den Spaniern zu stellen – entweder an der Grenze zu den Spanischen Niederlanden oder in Italien, falls Spanien die Aufhebung der Belagerung Casales zum Anlaß nehmen würde, den Krieg zu erklären. Zunächst jedoch mußte Richelieu sein eigenes Gewissen und das des Königs beschwichtigen. Denn bei diesem Vorhaben konnte es ja nicht darum gehen, das Recht hochzuhalten oder das Reichsgebiet zu verteidigen. Vielmehr mußte es zu internationalen Verwicklungen kommen. Sein scharfer Geist war imstande, eine befriedigende Versöhnung zwischen politischer Notwendigkeit und moralischer Verpflichtung zu konstruieren. Doch der König war ein frommer, unverbildeter Mann, der dazu neigte, die Dinge einfach und schwarz-weiß zu sehen. Es war daher notwendig, ihm zu beweisen, daß die vorgesehene Handlungsweise nicht nur moralisch im Sinne des »in dubio pro reo« war, sondern daß das geplante Vorgehen sogar moralisch geboten war.

Zu diesem Zweck wurde der Beichtvater Ludwigs ins Vertrauen gezogen, und während dieser das königliche Gewissen bearbeitete, fuhr Richelieu, der sein eigenes längst beruhigt hatte, ein noch schwereres Geschütz gegen den König auf. Am 13. Januar 1629 legte er Ludwig und dem Ministerrat die lange und berühmte Denkschrift vor, in der die Frage der mantuanischen Erbfolge in Zusammenhang gebracht wurde mit der Sicherheit Frankreichs, ja mit der »Französischen Größe«. Dieses Wort nahm allmählich eine herausragende Bedeutung in Richelieus Denken ein und gewann in seiner Argumentation geradezu die Qualitäten eines moralischen Selbstzwecks. Richelieu beleuchtete das ganze Spektrum der Politik. Befestigungen im Inneren des Landes, die nur der Uneinigkeit dienten, müßten zerstört werden. Die Grenzen dagegen seien zu befestigen, um es dem König zu erlauben, »die Staaten seiner Nachbarn zu betreten und ihnen gegen die Unterdrückung durch Spanien Gewähr zu leisten«. Zugleich sollten die Grenzbefestigungen die Länder des Königs gegen entsprechende Übergriffe schützen. Es war ferner wichtig, mächtig zur See zu sein, »denn das Meer bietet den Zutritt zu allen Ländern in der Welt«. Dreißig Galeeren müßten in das Mittelmeer verlegt werden, um die Küste zu verteidigen und gegebenenfalls den spanischen Verkehr mit Genua zu behindern. Die Freigrafschaft (Franche-Comté) müsse umfaßt werden, indem man enge Beziehungen zu Genf hielt und durch Kauf die Souveränität über Neuchâtel erwarb, das an den Herzog von Longueville gehen sollte.

Hinter Richelieus trockener Analyse lagen noch andere Motive, die er dem Papier nicht anvertraute. Es war wichtig, das Reich zu einigen, indem man einen äußeren Anlaß hierzu schuf. Die großen Hugenottenkrieger wie La Force würden, wie Richelieu vermutete, zu den Fahnen eilen, wenn es den Krieg gegen Spanien galt, und dies taten sie später tatsächlich. Mit ihnen aber würde der ganze Haufe untätiger Störenfriede ziehen, deren sie sich bedienten. Es war notwendig, der wachsenden Kritik der katholischen Zeloten entgegenzutreten, und zu diesem Zweck sollte der Beichtvater des Königs die vorgesehene Exkursion gegen Casale öffentlich gutheißen. Richelieu war sich nicht sicher, wie weit er sich auf die Unterstützung Ludwigs wirklich verlassen konnte. Und so war es wünschenswert, den eifersüchtigen jungen Mann den Einflüsterungen von Richelieus Feinden zu entziehen. Zu diesem Zweck mußte man vor ihm Bilder vom Ruhme Frankreichs und von seinem eigenen Ruhme heraufbeschwören – denn eine gewisse Eitelkeit vertrug sich sehr wohl mit Ludwigs Frömmigkeit –, und man mußte ihn in große Pläne hineinziehen, deren Realisierung ihn völlig vom Kardinal abhängig machte. Mit einem Wort: Es steckte in Richelieus Konzept nicht weniger die Sorge um sein eigenes Überleben als die Sorge um das Überleben, der Nation.

Als Richelieu mit dem Verlesen einer Denkschrift vor dem Rat fertig war, erhob keiner das Wort. Aller Augen wandten sich dem König zu. Dieser, schweigsam wie immer, sagte lediglich, er werde aus der Lage Nutzen ziehen. Von einem Rückzug wollte er nichts mehr hören. So wurde der Feldzug denn beschlossen. Bis hierher hatte Richelieu seine Absichten nur in einem kleinen Kreis von Verbündeten geoffenbart. Ganz Europa fragte sich, ob er seinem Triumph in La Rochelle eine Invasion Englands folgen lassen werde. Doch da er wußte, daß Madrid die Hoffnung genährt hatte, er werde sich verzetteln, lächelte er nur vielsagend, wenn Botschafter ihn fragten, was seine Pläne seien. Tatsächlich wandte sich das Heer, sobald La Rochelle sich ergeben hatte, von dort nach Osten, während Richelieu verschmitzt an Olivares schrieb, es werde diesen sicher freuen zu erfahren, daß die Stadt kapituliert habe. Der König verließ Paris am 16. Januar 1629 und begab sich im Triumphzug nach Grenoble. In der Nähe von Dijon erreichten Richelieu böse Neuigkeiten. Der spanische Botschafter in Paris, der Marqués de Mirabel, verbreitete das Gerücht, daß der Graf von Bautru, Richelieus spezieller Gesandter in Madrid, einen Vertrag unterzeichnet habe, in dem Casale Spanien überlassen werde. Richelieu erinnerte sich an Fargis' Neigung zu unautorisierten Vertragsabschlüssen und stöhnte: »Die spanische Luft scheint für Unterhändler Gift zu sein.« Er war derartig aufgebracht, daß er krank wurde und in der Nacht eine Stunde lang zur Ader gelassen werden mußte. Nun stellte sich zwar heraus, daß Mirabels Gerücht falsch war. Doch noch bevor dies bekanntwurde, war Richelieu zu dem Ergebnis gekommen, ein solcher Vertrag sei ohne Vollmachten und ohne Nevers' Zustimmung nichtig. Und so ging der Marsch nach Italien weiter.

Drei Bewegungen waren ins Auge gefaßt. Ein Armeekorps unter Herzog von Guise und Marschall d'Estrées sollte sich an der Rhône-Mündung einschiffen und zur ligurischen Küste fahren, um von dort nordwärts nach Casale zu ziehen. Ein zweites Korps sollte im Piemont einfallen, und die Hauptarmee, die vom König persönlich gemeinsam mit Richelieu kommandiert wurde, sollte vom Dauphiné die Alpen überqueren und direkt gegen Casale marschieren. Gleichzeitig sollten die Truppen Mantuas und Venedigs durch das Herzogtum Mailand nach Casale geführt werden. Im Endergebnis hat nur die Operation des Königs einen greifbaren Erfolg gebracht. Es war ein verzweifeltes Unternehmen. Als die Armee gegen Ende Februar 1629 sich den Hügel zur grauen Festung Briançon hinaufkämpfte, lag tiefer Schnee, und Richelieu schrieb kleinlaut, die Straßen seien nicht »si beaux« (so gut). Der Paß über den Monte Genevra war für den normalen Verkehr gesperrt, und so war es notwendig, alle mitgeführten Gerätschaften einschließlich der zerlegten Artilleriegeschütze und der Kutschen für die Notabeln auf Schlitten zu packen und sie von ortsansässigen Gebirglern über den Paß ziehen zu lassen. In Bourg d'Oulx, einem elenden, aus dem örtlichen Felsgestein erbauten Dorf, schrieb Richelieu an Maria von Medici, vor Kälte zitternd: »Es schneit hier ununterbrochen. Der Ort ist der widerwärtigste, den man sich denken kann.« Von hier liefen die Straßen in das Tal hinab, das links zum Mont Cenis und in savoyardisches Gebiet, rechts nach Turin führt. In Susa blockierten eine Reihe hochgelegener Festungen den Zugang nach beiden Richtungen. Es war das erste Hindernis in den Domänen Karl Emanuels.

Niemand wußte so recht, wo Karl Emanuel stand. Die Spanier taten seine Arbeit. Aber gerade jetzt verhielt er sich anscheinend neutral. Höchstwahrscheinlich würde er sich den Franzosen anschließen, freilich nicht, ohne versucht zu haben, ihnen irgendwelche Zugeständnisse zu entlocken. Er schickte seinen Sohn Victor Amadeus, den Prinzen von Piemont und Schwager Ludwigs XIII., über das Gebirge und ließ den Vorschlag überbringen, daß man den Franzosen Susa übergeben wolle, vorausgesetzt, Savoyen erhielte dafür eine Stadt in Frankreich. Dieser Vorschlag reizte Richelieus Sinn für Ironie. Er ließ zurückfragen, was denn genehm sei: vielleicht Orléans, oder Poitiers? In Embrun, auf dem Weg über die Alpen, wurde dem Königsrat noch einmal ins Gewissen geredet. Richelieu hatte an all die Schwierigkeiten erinnert, die Karl Emanuel den Franzosen bereitet hatte, namentlich an seine Verantwortung für Montagus Vorschläge, und er hatte betont, es sei töricht, ihm fürder zu trauen.

So beschloß man, Susa zu attackieren. Ein Offizier wurde mit einer Parlamentärsfahne zum savoyardischen Kommandanten geschickt, um ihn um Unterkunft für den König als einem Freund des Herzogs von Savoyen zu bitten. Der Savoyarde durchschaute die Sache und sagte: »Es wird Seiner Hoheit eine große Ehre sein, Seine Majestät zu beherbergen. Doch da Seine Majestät mit einem so großen Gefolge erschienen ist, werden Sie so gütig sein, mir zu erlauben, daß ich Seine Hoheit zunächst verständige.« Dann fügte er hinzu, daß die Savoyarden ihre Pässe verteidigen würden, und erinnerte den Franzosen unter Anspielung auf Buckingham daran, daß sie es dieses Mal nicht bloß mit Engländern zu tun hätten. Der Botschafter kehrte zurück, und der Austausch der Galanterien ging weiter. Marschall Bassompierre ritt durch den Schnee, schwenkte seinen Hut vor dem König und sagte: »Die Geigen sind zur Stelle, die Masken stehen vor der Tür, und wenn es Eurer Majestät beliebt, können wir mit dem Ballett beginnen!« Ludwig, der auch in diesem gespannten Augenblick seine würdige Zurückhaltung nicht verloren hatte, erinnerte daran, daß es ihnen nicht gelungen war, sehr viele Kanonenkugeln über den Paß zu befördern. Ob dies bedeuten solle, fragte Bassompierre, daß man mit dem Ballett nicht beginnen könne, bloß weil die Masken nicht vollzählig zur Stelle waren? Nachdem Richelieu vor der ganzen Armee Messe gelesen und dem König und den Generälen die Kommunion gespendet hatte, begann der Tanz. Die französische Infanterie, dicht gefolgt vom König und den Kardinälen, erstieg, von ortskundigen Führern geleitet, die Anhöhen rund um die Forts. Dann zwang man die Savoyarden zum Abzug.

Karl Emanuel wußte nun, was er zu tun hatte. In Susa tauschten er und Richelieu brüderliche Küsse und Komplimente. Der Herzog spielte die Rolle des Gastgebers, Ludwig XIII. die des Gastes. Doch keiner ließ sich dadurch hinters Licht führen. Frankreich hatte Savoyen in seiner Gewalt. Und das Beste, was Karl Emanuel tun konnte, war, zu versuchen, die Situation zu seinem Vorteil zu wenden. So schlug er den Franzosen vor, sie sollten ihm bei der Einnahme Genuas helfen. Als diese Anregung abgelehnt wurde, war er mit einer anderen zur Hand. Man wollte gemeinsam die Spanier im Herzogtum Mailand angreifen. Schließlich wollte er Richelieu sogar dazu überreden, für ihn Genf einzunehmen. Nachdem es ihm mißlungen war, die Franzosen von ihrem Hauptzweck abzubringen, unterschrieb er notgedrungen einen Vertrag, in dem er es dem französischen Heer erlaubte, Savoyen in Richtung Montferrat bei dieser und bei jeder künftigen Gelegenheit zu durchqueren, und der es ihm zur Auflage machte, Casale, sobald die Belagerung beendet war, mit Lebensmitteln zu versorgen. Dafür sollte er Trino behalten dürfen, und Mantua sollte ihm als Gegenleistung für den Verzicht auf alle Ansprüche auf das Marquisat eine Abfindung von fünfzehntausend Kronen zahlen. Unterdessen verpflichtete er sich, Susa als Unterpfand seines guten Willens den Franzosen zu überlassen, denn Richelieu kannte Karl Emanuel zu gut, um ihm auf sein bloßes Wort hin zu trauen.

Für Richelieu bedeutete Krieg nicht das Scheitern der Diplomatie, sondern ein Stück Diplomatie. Gewalt sollte nur dann angewendet werden, wenn es notwendig war, die Verhandlungsposition zu verbessern. Sie sollte niemals ein Ersatz für Verhandlungen sein. War die Gegengewalt aus dem Weg geräumt, waren Schwächen des Gegners taktisch ausgenutzt, dann hatten die Feindseligkeiten ihren Zweck erreicht, und man konnte in gestärkter Position wieder ans Verhandeln gehen. Der totale Krieg, wie er gleichzeitig in Deutschland geführt wurde, war in den Augen Richelieus eine entsetzliche Häresie und Verirrung. Im Lichte dieser Theorie muß man die Expedition gegen Casale würdigen. Die Franzosen hatten das fragliche Gebiet unter schweren Druck gesetzt, und so war es nicht nötig, weiter als bis nach Susa vorzudringen oder sich, über das Scharmützel bei der Einnahme hinaus, auf Feindseligkeiten einzulassen. Gonzalo de Córdoba hatte keine andere Wahl. Er mußte sich dem Gang der Ereignisse beugen, unterzeichnete als Vertreter Spaniens den Vertrag von Susa und zog sich aus Casale ins Herzogtum Mailand zurück. Die Operation war vorüber. Richelieu konnte mit der Armee über die Alpen zurückmarschieren und die Pazifikation der Hugenotten weiter betreiben, die durch die mantuanische Frage verschoben worden war. Diese Frage war zwar keineswegs gelöst. Doch nun, da die militärische Drohung, wie es schien, ausgeschaltet war, konnte sie auf juristischem und diplomatischem Wege beigelegt werden.

Während sich Pater Joseph nach Mantua begab und mit den Verhandlungen begann, indem er sicherstellte, daß auch Nevers den Vertrag von Susa befolgte, kehrten Richelieu und der König unter Zurücklassung einer Garnison in Susa mit der Hauptstreitmacht über den Monte Genevra nach Frankreich zurück. Die Niederwerfung der hugenottischen Rebellion im Languedoc und im

Rhônetal war dringlich geworden, denn Spanien hatte sich – allem frommen Engagement für die Sache des Katholizismus in Frankreich zum Trotz – durch Gonzalos Niederlage im mantuanischen Krieg veranlaßt gesehen, den Avancen Rohans entgegenzukommen, und hatte ihm am 3. Mai 1629 dreihundert Dukaten zur Unterstützung seiner Rebellion angeboten und zugleich Soubise eine Rente von achttausend Dukaten gezahlt. Richelieus erstes Ziel war Privas. Diese kleine Stadt steht auf den Hügeln am Westufer der Rhône, und ihre Einnahme durch die Hugenotten war fünf Jahre zuvor Anlaß für den Hugenottenaufstand gewesen. Seitdem hatte man sie befestigt, und sie war zu einem Nest von Wegelagerern geworden, die regelmäßig den Verkehr auf der Rhône störten. Sie wurde nun von achthundert Mann gehalten, die Rohan zu ihrer Verteidigung hierher verlegt hatte. Es gab einen mörderischen Angriff, dem eine Brandschatzung folgte. Ende Mai hatte man alle starken Plätze der Hugenotten in dieser Gegend ausgeräuchert und ihre Bewohner verjagt. Der Widerstand der Hugenotten begann allenthalben zusammenzubrechen, als aus dem Ausland bekannt wurde, daß England und Frankreich einen Vertrag unterzeichnet hätten. Buckingham war tot, La Rochelle rettungslos verloren, und so hatte sich Karl I. für den Frieden entschieden. Er war bereit, die Hugenotten fallenzulassen, wenn Ludwig nicht länger auf der buchstäblichen Einhaltung des Ehevertrages bestand.

Richelieu war wieder krank geworden, und in Privas hatte er vom Bett aus seinen Einfluß geltend gemacht, um dem Massaker unter der Bevölkerung Einhalt zu gebieten. Seine Entschlossenheit gab ihm Auftrieb, und seine Besorgnis steigerte sich angesichts der Probleme, die die Wiedervereinigung dieses Gebietes, das immerhin ein Sechstel des Reiches einnahm, mit der französischen Krone aufwarf. Allenthalben waren die Kirchen zerstört, die Katholiken vertrieben, und die Autorität des Königs galt für nichts. Vor allem mußte dem Willen des Königs wieder Geltung verschafft werden. Dann war der Prozeß der Bekehrung in Angriff zu nehmen. Das erste Teilziel wurde erreicht, als die Hugenotten am 28. Juni Frieden schlossen und der Abschaffung ihrer befestigten Plätze und der Schleifung der Mauern zustimmten. Rohan zog sich nach Venedig zurück, wo er der letzte Condottiere der Serenissima wurde. Montauban zeigte sich noch stur. Doch während der König sich nach Paris zurückbegab, schritt Richelieu zur Tat. Er hatte mehr Glück als seinerzeit Luynes. Binnen einem Monat ergab sich die Stadt, die seit 1621 ausgehalten hatte. Dem vorrückenden Heer folgte eine Schar von Missionaren unter der Führung des Paters Joseph, der noch vor der Einnahme von Privas zu Richelieu gestoßen war. Der Kardinal bestand allein schon aus religiöser Überzeugung darauf, daß es gewaltsame Konversionen nicht geben dürfe. Freilich war es notwendig, den Mönchen und Jesuiten, die jetzt verbotenes Gebiet betraten, Geleitschutz zu geben, und der Anblick einer Soldatenschar, die mit Piken und Arkebusen hinter einem barfüßigen Missionar des Weges zog, mag wohl einschüchternd gewirkt haben. Obwohl gelegentlich Zwang ausgeübt wurde, geht doch die Mehrheit der Konversionen auf das Konto der Missionare und des nachhaltigen Eindrucks, den sie auf die einfachen Leute machten, bei denen sie einquartiert waren. In Aubenas bekehrten sich innerhalb von drei Wochen zweihundertfünfzig Familien zum Katholizismus. Binnen drei Monaten wurden in manchen kleineren Orten ganze Gemeinden für den Katholizismus gewonnen. Mehrere führende Hugenottenpastoren wurden Kapuziner. Der Adel strömte geradezu in Scharen in die Kirche zurück, freilich selten ohne Gegenleistung. Der Marquis de la Caze, ein Generaloberst bei den Hugenotten, erklärte, er wolle katholisch werden und würde auch den in seiner Gerechtsame befindlichen Kleinadel und die Städte mitbringen, doch verlange er eine Rente von sechstausend Livre. Er bekam sie. Er versprach auch, den ersten Konsul von Montauban mitzubringen, für den er den Orden vom Heiligen Geist forderte.

Der katholische Adel war auch nicht untätig. Er sandte eigene private Missionare aus, unterstützte die Kapuziner des Paters Joseph und legte überhaupt einen ungewöhnlichen Eifer an den Tag. Pater Joseph war überall, weihte Kirchen und gründete Bruderschaften. Innerhalb dreier Monate waren sie bereits in zwanzig verschiedenen Städten tätig: in Nîmes, Uzès, Montauban, Mende und Florac. Politischer Druck wurde ausgeübt, um die Verkümmerung des Protestantismus zu beschleunigen. Alle königlichen Subventionen für Ausbildung und Unterhalt des hugenottischen Klerus wurden eingestellt. Königliche Kommissare wurden eingesetzt, die die Rückgabe von Kircheneigentum und Kirchenerträgen zu überwachen hatten. Ausländischen protestantischen Pastoren wurde der Aufenthalt in Frankreich untersagt, obwohl es einigen Genfer Predigern gelang, im Lande zu bleiben. Der Staat im Staate hatte aufgehört zu existieren.

Ende August 1629 war Richelieu wieder in Paris und bereit, sich mit den diplomatischen Fragen in Zusammenhang mit Mantua zu befassen. Nevers irritierte ihn. Weit davon entfernt, sich dankbar zu erzeigen, machte dieser ihm bittere Vorwürfe, weil er zu jährlichen Zahlungen an Karl Emanuel gezwungen sei, und sträubte sich dagegen, daß seine Einkünfte als Sicherheit hypothekisiert wurden. Beunruhigende Berichte lagen auch aus Madrid und Wien vor. Madrid hatte die Nachricht von der Aufhebung der Belagerung Casales mit Besorgnis aufgenommen. Der spanische Stolz war schwer verletzt; aber noch schlimmer wog der Schlag gegen Spaniens militärische und politische Reputation angesichts der Unzufriedenheit der ganzen italienischen Halbinsel über die spanische Dominanz. Philipp IV. ließ sich zu ungewohnter Emotion und Eloquenz hinreißen. »Der König von Frankreich«, schrieb er an den Rand eines Schriftstückes, »hat seit seiner Thronbesteigung nichts anderes im Sinn gehabt, als meine Kreise zu stören. Allenthalben blockieren mich die Franzosen. Franzosen in Brasilien, Franzosen in Genua, Franzosen im Veltlin, Franzosen in Breda, Franzosen auf dem Meer!« Am 29. April 1629 rief er den Staatsrat zu einer außerordentlichen Sitzung zusammen, um über die Depeschen von Gonzalo de Córdoba zu diskutieren. Alle blickten erwartungsvoll auf das neueste Mitglied des Staatsrates: Spínola. Dieser übte keine Kritik an seinem Generalskollegen Gonzalo, sondern beschränkte sich auf den Hinweis, daß es im Interesse der künftigen Sicherheit Spaniens unmöglich sei, die Situation in Norditalien hinzunehmen. Er riet Philipp IV., eine Erklärung des Inhalts abzugeben, daß er zwar keine Aktion gegen Nevers oder Frankreich plane, daß die Franzosen aber ihre Streitkräfte aus Susa abziehen müßten. Beide Seiten, so glaubte er, könnten durch diese Formel ihr Gesicht wahren und sich auf sie einigen.

Olivares fühlte sich bemüßigt, die gesamte Politik in Montferrat zu rechtfertigen, und ungeachtet des Umstandes, daß Nevers Katholik und Richelieu ein Kardinal war, brachte er es fertig, dies auf der Grundlage einer Verteidigung des Glaubens zu tun. Da die katholische Monarchie der rechte Arm der Kirche war, so führte er aus, sei jede Beeinträchtigung der Monarchie gleichbedeutend mit einer Beeinträchtigung der Kirche. Philipp IV. war von Nevers beleidigt worden, und dafür mußte Nevers bestraft werden. Er ging sogar noch weiter. Der König würde sich einer Sünde schuldig machen, wenn er es zuließ, daß man seine Reputation antastete, denn dies würde die Pflichten gegen Gott verletzen. Es war diese Behendigkeit, mit der die Spanier den Willen Gottes mit der Politik Spaniens vermengten, die das tiefe Mißtrauen Richelieus gegen sie rechtfertigte. Noch tiefer wäre freilich sein Mißtrauen gewesen, wenn er die außergewöhnlichen religiösen Verrenkungen hätte verfolgen können, die nun einsetzten. Der Staatsrat entschied sich dafür, im Herzogtum Mailand eine Probe seiner Macht abzulegen. Hierzu war keine moralische Rechtfertigung nötig. Die Rechtfertigung war selbstverständlich. Aber um das Unternehmen zu finanzieren, beschloß man, private Schiffsladungen an Gold zu beschlagnahmen, die auf privaten Galeonen nach Spanien gebracht worden waren. Dazu freilich bedurfte es einer Rechtfertigung. So machte sich eine Theologenkommission ans Werk, um das Gewissen des Königs zu beruhigen. Die Frage erscheint uns heute unwichtig. Aber damals war sie von erheblicher Bedeutung, denn die geplante Aktion gefährdete ganz ernsthaft die Basis, auf der die gesamte spanische Volkswirtschaft ruhte, nämlich die Ausbeutung Amerikas. Was in Wahrheit eine ökonomische Frage war, wurde durch weitschweifige theologische Debatten in ein religiöses Problem verwandelt.

Zwei Dinge blieben noch zu tun übrig. Das eine war die Ernennung Spínolas zum Befehlshaber in Italien. Das andere war die Aburteilung Gonzalo de Córdobas. Zu diesem Zweck wurde ein fünfköpfiges geheimes Sondergericht gebildet. Dies war ein fast ebenso unerhörter Vorgang wie die Sache mit den Theologen, denn die fünf Mitglieder des Gerichts gehörten gleichzeitig dem Staatsrat an, unter ihnen auch Olivares, den Gonzalo für das ganze Fiasko verantwortlich machte, und nicht zuletzt Padre Confesor. Der arme Gonzalo mußte erleben, daß das Gericht praktisch über sich selbst befand. Aber er verteidigte sich mutig. Er wurde für schuldig befunden, wenn das Gericht auch eine Begnadigung empfahl. Diese wurde erst ausgesprochen, nachdem Spínola das von Gonzalo Versäumte nachgeholt hatte. Dann wurde Gonzalo freigelassen, um in Flandern zu kämpfen.

Auf einmal ergriff der Kaiser die Initiative. Grenzenlos erbost über die Weigerung Nevers', sich dem Spruch des kaiserlichen Kommissars Johann von Nassau zu unterwerfen, beging er den letzten und schwersten seiner Fehler. Er ordnete an, die Sequestration mit Militärgewalt zu erzwingen und in Venedig einzumarschieren. Die Kaiserlichen, zwanzigtausend Mann stark, marschierten von Feldkirch den Rhein hinauf und nach Graubünden, wo sie den französischen Botschafter einschlossen und die Schweizer einschüchterten. Dann zogen sie über den Splügenpaß zum Comer See und jagten Nevers mit seinen Leuten nach Mantua hinein, das sie anschließend belagerten. Richelieus Botschafter in Wien, der gerade verlangt hatte, daß Nevers nunmehr sein Herzogtum in Besitz nehmen solle, konnte nichts weiter tun als protestieren. Man erklärte ihm schroff, es wäre die Pflicht des Herzogs gewesen, das Reichslehen dem Kaiser auszuhändigen, damit dieser über die rivalisierenden Ansprüche entscheide. Er habe dies nicht getan und müsse nun die rechtlichen Folgen tragen. Der Papst war ebenso alarmiert wie alle italienischen Fürsten, vor allem, als ihm der schweizerische Nuntius mitteilte, zur kaiserlichen Soldateska gehörten auch viele Protestanten, die bereits offen davon sprächen, Rom zu plündern. Er entsandte elftausendzweihundert Mann an die mantuanische Grenze und steigerte damit die Indignation der Spanier und der Kaiserlichen über die Politik des Heiligen Stuhls. Frankreich, Spanien und Österreich waren in einen Strudel geraten, der sie schließlich in den totalen Krieg zog.

12
Die graue Eminenz
1630

Spínola begann mit den Vorbereitungen zur Belagerung Casales, während die kaiserlichen Truppen noch vor den Toren Mantuas lagen. Richelieu stand somit vor der Entscheidung, einen weit größer angelegten Feldzug zu unternehmen, um seine überlegene Verhandlungsposition in dem Erbfolgestreit zurückzugewinnen. Zwischen September und Weihnachten 1629 befand er sich in Paris und war damit beschäftigt, seine häusliche Situation zu konsolidieren und einen neuerlichen Marsch vorzubereiten. Er hatte bei seinem Amtsantritt das Hôtel de Rambouillet gekauft, das er nun kurzerhand abreißen ließ, um Platz für seine neue offizielle Residenz, das Kardinalspalais, zu schaffen. Dort gab er Weihnachten ein großes Fest, bei dem auch der König und der Hof zugegen waren und wo die Gäste durch Schauspiel, Ballett und Musik erfreut wurden, für die er leidenschaftlich schwärmte. Das Ganze sollte vor aller Welt demonstrieren, daß seine Position unerschütterlich war, was jedoch keineswegs der Fall war.

Am 29. Dezember 1629 brach er mit dem Herzog von Montmorency nach Italien auf und hörte in Lyon, daß Karl Emanuel bereit sei, den Vertrag von Susa zu respektieren und die französische Armee durch Savoyen passieren zu lassen. Richelieu dachte dabei an die Redensart »In Savoyen verbergen sich die Schlangen hinter Blumen«. Er war entschlossen, auf der Hut zu sein, bevor er in eine Falle tappte. In Susa, wo die Armee sich sammelte, kam die Schlange zum Vorschein. Karl Emanuel wünschte nun eine rechtliche Klärung seiner Ansprüche auf Montferrat, wobei er auf die Unterstützung des Kaisers zählen konnte. Er verlangte von Frankreich die Bezahlung von sechstausend Mann, mit denen er angeblich Genua belagern wollte, die aber – wie Richelieu argwöhnte – gegen ihn selbst eingesetzt werden sollten. Es ging um bestimmte territoriale Zugeständnisse in den Alpen. Die ganze Angelegenheit war eine Unverfrorenheit, doch Richelieu gab sich charmant und versöhnlich wie immer, in der Hoffnung, Karl Emanuel so lange hinzuhalten, bis er die nötige Militärmacht zusammengebracht hatte. Im Februar 1630 marschierte der Marschall von La Force, nunmehr ein ergebener Untertan der Krone, mit seiner Armee über den Mont Cenis. Es war ein ebenso schwieriges Unternehmen wie im Jahr zuvor der Übergang des Königs über den Monte Genevrà. Der älteste Sohn von La Force schrieb nach Hause, er trage eine dreifache Garnitur Wäsche am Leib, darüber einen ungarischen Pelzmantel sowie unter der Mütze eine Kapuze mit doppeltem Gesichtsstück. So war er ziemlich gut geschützt, außer im Gesicht, »denn der Wind«, schrieb er, »wirbelt den Schnee so sehr auf, daß er einen fast blendet, und der Wind ist so beißend scharf, daß er einem ins Gesicht schneidet.« Beim Reiten steckte er seine Hände in einen mit Wolfshaar gefütterten Muff aus Lammfell, und es ist kaum verwunderlich, daß er zweimal vom Pferd in den Schnee fiel.

Im März zog die Armee gegen Turin. Zunächst hatte es den Anschein, als wolle Karl Emanuel ihr den Durchgang streitig machen. Doch dann zogen sich seine Männer hinter die Mauern der Stadt zurück. Richelieu hielt eine Truppenparade ab. An der Stadt vorüberziehend, ritt er mit der Kavallerie, gekleidet in seine unwahrscheinliche Gewandung aus goldbesticktem schwarzen Tuch unter einem wasserfarbenen Küraß, die schwungvolle Feder am Hut, das Schwert an der Seite und die Pistolen am Sattelknauf. Als die Parade vorüber war, begann es zu regnen, und er zog sich in seine Kutsche zurück. Die Soldaten, weniger glücklich, trabten durch den Schlamm, völlig durchnäßt. Sie fluchten nach Soldatenart und wünschten den Kardinal zum Teufel, und der Kardinal in seiner Kutsche bekam diese Verwünschungen natürlich mit. Während er durch die Reihen der Soldaten rollte, hielt er einen Gardemajor an und sagte zu ihm: »Die Wachen sind reichlich unverschämt. Hören Sie nicht, was sie über mich sagen?« Der Offizier erwiderte, er höre es sehr wohl. Aber das sei eben Soldatenart, daß sie, wenn es ihnen schlecht gehe, diejenigen zum Teufel wünschen, die für ihre Unbilden verantwortlich seien. »Nun ja, aber trotzdem«, sagte Richelieu, »Sie müssen ihnen verbieten, solch dummes Zeug zu reden.« Manchen großen Männern – zumindest in Frankreich – ist es nicht gegeben, einen Scherz auf ihre Kosten zu vertragen. Man sagt, daß es nur ein einziges Mal eine Gelegenheit gegeben habe, bei der in Gegenwart Richelieus ein Scherz gewagt wurde. Das war, als sich Pater Joseph über einen bestimmten taktischen Einfall, den er hatte, in Begeisterung redete. Er zeigte mit dem Finger auf eine Landkarte und sagte: »Und hier werden wir übersetzen!« Ein schottischer Offizier namens Hepburn brummte: »Aber Ehrwürdiger Vater, Ihr Finger ist doch keine Brücke!«

Richelieu tat das Unerwartete: Er unternahm einen Ausfall nicht nach Osten, sondern nach Südwesten, und eroberte die Stadt Pinerolo. Diese Stadt war im Mittelalter französisch gewesen. Sie sollte nun als wichtige französische Operationsbasis und vorgeschobenes Arsenal dienen. Gleichzeitig würde sie ein Gradmesser für Karl Emanuels guten Willen sein. Die Franzosen hielten sich mit einer überlegenen Streitmacht in der Po-Ebene, und zunächst brauchte nichts unternommen zu werden, sofern die Verhandlungen nicht zusammenbrachen. Das diplomatische Spiel begann mit der Ankunft des päpstlichen Beauftragten, der die Rückgabe Pinerolos an Savoyen verlangte. Es war ein dunkelhäutiger Italiener, ein Mitglied der Kurie, namens Giulio Mazarin. Und niemand konnte ahnen, daß dies die erste Sprosse auf einer Karriereleiter war, die ihn einst zum Nachfolger Richelieus machen sollte. Die folgenden Verhandlungen waren lang und mühsam und gaben Karl Emanuel die Gelegenheit, die französischen Nachschubwege abzuschneiden. Um diesen Schachzug zu vereiteln, gab Richelieu dem König den Rat, in Savoyen einzumarschieren. Im Mai überschritt Ludwig XIII. die Grenze. Er nahm Annecy und Chambéry ein, die uralte Hauptstadt Savoyens. Hierher verfügten sich Mazarin und Richelieu, um im großen Herzogsschloß von Chambéry die endlosen Verhandlungen fortzusetzen.

Die strategische Situation bot Richelieu keinen Anlaß, die Hände in den Schoß zu legen. Denn während im Frühjahr 1630 die französische Armee die Alpen überschritt, verlagerte sich auf einmal die französische Flanke durch das Eingreifen kaiserlicher Truppen in Lothringen. Die strategische Grenze Frankreichs hatte sich gleichsam um eine Linie zwischen der Rhône und den Alpen gedreht. Frau von Chevreuse und Walter Montagu hatten Karl von Lothringen gedrängt, sich der Hilfe der Kaiserlichen zu versichern, um Frankreich anzugreifen. Es hatte achtzehn Monate gedauert, bis die kaiserlichen Truppen erschienen. Aber plötzlich standen sie in Vic und Moyenvic, jenen Städten in Lothringen, die Frankreich als französisches Territorium reklamierte. Karls Rolle in einem umfassenden habsburgischen Komplott war nun, wie Richelieu meinte, klar zu erkennen. Während das Machtpendel in Italien zu

Frankreichs Gunsten ausschlug, wurden die diplomatischen Erfolge hieraus durch den Gegenangriff der Kaiserlichen in Lothringen zunichte gemacht.

Die Idee des begrenzten Krieges wurde unterdessen durch die Ereignisse in Italien widerlegt. Als Montmorency mit seinem Heer nach Javenne, gut zwanzig Kilometer nordwestlich von Turin, zog, um sich den Kräften La Forces anzuschließen, geriet er in einen Hinterhalt und sah sich auf einmal achtzehntausend Savoyarden gegenüber. Er kämpfte sich frei, machte sechshundert Gefangene, erbeutete siebzehn Fahnen und schlug anschließend die Savoyarden in Avigliana. Der große Wallenstein persönlich, in Deutschland so siegreich, kam Karl Emanuel zu Hilfe, und sein Leutnant Collalto brannte in Italien bereits darauf, dem diplomatischen Spuk ein Ende zu bereiten. Am 18. Juli 1630 wurde Mantua gestürmt. Siebzig Soldaten in Booten brachten durch einen Überraschungsangriff eines der Schleusentore in ihre Gewalt. Die Kaiserlichen brachen in die Stadt ein und plünderten sie siebzig Stunden lang, wobei die lutherischen Soldaten in einer katholischen Armee die Kirchen entweihten und die Kelche von den Altären stahlen. Nevers und Rethel wurden gefangengenommen, der Herzogspalast wurde von den Plünderern ausgeräumt. So weit war es also mit der Polizeiaktion des Kaisers gekommen! Nun stieß der kaiserliche General Piccolomini gemeinsam mit Collalto zu Spínola, der im Mai mit der förmlichen Belagerung Casales begonnen hatte. Obwohl Casale eine der besten Zitadellen in Europa besaß, die schwer von Artillerie verteidigt wurde, hatte sie weder Vorwerke noch Gräben, und Spínola sprach von ihr als einem Körper ohne Gliedmaßen. Während Richelieu noch in Chambéry verhandelte, trieb man systematisch Gräben bis zur Zitadelle vor. Die Belagerten finanzierten sich mit Hilfe von Schecks, die ein Bankhaus in Lyon auf einen Kaufmann in Casale namens Rossi zog. Aber Rossi ging das Bargeld aus, und es wurde nötig, Geschütze einzuschmelzen und aus dem Metall Münzen zu schlagen. Die Bevölkerung wollte aber diese Münzen nicht akzeptieren, und so begann die Wirtschaft der belagerten Zitadelle zusammenzubrechen. Eine Fieberepidemie griff auf die Garnison über, und die Lebensmittelreserven begannen knapp zu werden.

Karl Emanuel verstarb während des Sommers, und der neue Herzog von Savoyen, Victor Amadeus, war mit Christine, einer Schwester Ludwigs XIII., verheiratet. Sie war völlig profranzösisch eingestellt und hatte Richelieu darauf hingewiesen, daß es den Savoyarden durchaus zuzutrauen sei, daß sie Briefe mit seiner Unterschrift fälschten und sie an den Statthalter von Casale schickten, um ihn zu hintergehen. Jetzt überredete sie ihren Gatten, sich den Friedensvermittlern anzuschließen und sie zu unterstützen. In Mailand wütete die Pest und steckte sämtliche Heere an. In der brütenden, feuchten Hitze breiteten sich Trägheit und Mattigkeit über den Piemont aus. Der große Spínola steckte sich unterhalb der Mauern Casales an und verstarb in einem nahegelegenen Schloß. Die französischen Marschälle La Force, Marillac und Schomberg befanden sich zwar an der Brücke von Carignano, sie waren aber zu schwach, um die Belagerung aufzuheben. Richelieu wollte Victor Amadeus dazu überreden, mit seinen Streitkräften den französischen zu Hilfe zu kommen und Casale zu entsetzen. Aber der Herzog lehnte dies ab. Der Kardinal mußte nun gewärtig sein, bestenfalls ein militärisches Patt zu erreichen, schlimmstenfalls seine Verhandlungsposition einzubüßen. Unter diplomatischen Gesichtspunkten wurde ein Erfolg unabweisbar notwendig. Die diplomatische Szene verlagerte sich auf das Schlachtfeld und nach Deutschland. Den diplomatischen Schachzug auf dem Schlachtfeld tat nun Mazarin. Er war zu dieser Zeit Sekretär des päpstlichen Nuntius in Turin, Panciroli, und der einzige Status, den er hatte, war der eines Beauftragten, das heißt, er war ein Bote des Nuntius in der Rolle eines Vermittlers zwischen den katholischen Fürsten. Seine Herkunft hätte nicht obskurer sein können. Es hieß, daß sein Vater, der jüdischer Abstammung gewesen war, in Palermo als Hausierer mit Rosenkränzen gehandelt habe und vor seinen Gläubigern aus Rom geflohen sei. Obgleich dies nur eine der vielen über Mazarins Vorfahren kursierenden Anekdoten ist, stimmen alle Zeugnisse darin überein, daß sein Vater ein Sizilianer war, der in Rom ein Mädchen über seinem Stande heiratete, und daß Mazarin in der Nähe der päpstlichen Stadt im Jahre 1602 geboren wurde. Er war in der Schule und in der Kirche durch seine bemerkenswerten Intellekt vorangekommen, der ihn auch Richelieu empfohlen hatte, als die beiden sich daranmachten, eine Friedensregelung für Italien auszuhandeln. Nun begab sich Mazarin von Lyon, wo Ludwig XIII. an Ruhr darniederlag, nach Casale. Er vermochte mit Charme und Überredungskunst einen Waffenstillstand auszuhandeln, der angeblich Ende Oktober ablief. Die Stadt sollte den Kaiserlichen und den Spaniern übergeben werden, während Toiras, der Held der Ile de Ré und mittlerweile Statthalter Casales, die Zitadelle behalten sollte. Falls diese bei Ablauf des Waffenstillstands nicht entsetzt war, blieb ihr nichts als die Übergabe.

Der Ablauf des Waffenstillstands war damit ein äußerster Termin für die französischen Gesandten, die vom Kaiser die Investitur Nevers' in sein Herzogtum zu erlangen suchten. Nun hatte der Kaiser für den 3. Juni 1630 in Regensburg einen Kurfürstentag einberufen, und zwar vorwiegend in der Absicht, seinen Sohn zum Römischen Kaiser wählen zu lassen und damit die kaiserliche Erbfolge in der habsburgischen Linie sicherzustellen. Es war Richelieus Absicht, diesen Vorschlag zu vereiteln, und er hoffte, diejenigen katholischen und protestantischen Staaten in Deutschland, die auf die habsburgischen Ambitionen eifersüchtig waren, zur Bildung einer dritten Kraft bewegen zu können, die ein Gegengewicht gegen den Streit zwischen dem Kaiser und Friedrich von der Pfalz bilden sollte. Zu diesem Zweck wollte Frankreich einen Bevollmächtigten zu dem Kurfürstentag entsenden, und die Wahl fiel auf Charles Brûlart de Léon, den französischen Botschafter in der Schweiz. Brûlart indessen war nur das Feigenblatt für die Hintertreppenintrigen des Pater Joseph, der ihn begleitete. Man hat bisher allgemein angenommen, daß der Kapuziner lediglich als ein Mitglied im Stabe Brûlarts erscheinen sollte. In Wirklichkeit führte er Beglaubigungsschreiben mit sich, die von Ludwig XIII. am 29. Juni in Grenoble unterzeichnet waren und die sich heute in den Archiven in Wien befinden. Pater Joseph verließ am 2. Juli 1630 Richelieu in Grenoble und stieß eine Woche später in Solothurn zu Brûlart. Die beiden Gesandten fuhren über den Bodensee und begaben sich nach Memmingen, wo Wallenstein sein Lager aufgeschlagen hatte. Pater Joseph erläuterte ihm des langen und breiten seine Kreuzzugspläne und seine Absicht, als Vorbereitung des Friedens eine unabhängige Macht in Deutschland zu schaffen, ohne die ein solcher Kreuzzug nicht möglich sei. Wallenstein zeigte sich interessiert. In Ulm bestiegen die beiden Gesandten ein Schiff und erreichten auf der Donau am 29. Juli 1630 Regensburg.

In Regensburg wimmelte es von prächtig gewandeten Delegationen, und der Kaiser bemühte sich, die Kurfürsten im Rathaus zur Wahl seines Sohnes zu bewegen. Zunächst muß Pater Joseph geglaubt haben, von seinem Kreuzzug zu träumen; denn in den Archiven des französischen Außenministeriums befindet sich eine Beschreibung der Regensburger Szene, die deutlich macht, daß die

Franzosen sich in Trapezunt wähnten. Der Kaiser kam mit zweitausend Berittenen und dreitausend Gefolgsleuten, von denen nur zwölfhundert in der Stadt untergebracht werden konnten. Die meisten von ihnen waren Ungarn, die sich den Hals und die Arme rot bemalten und wie die Türken mit langen roten oder blauen Kaftanen bekleidet waren, die in der Mitte gegürtet waren und vorne geknöpft wurden. Darüber trugen sie eine Soutane aus Damast, Satin oder Velours in verschiedenen Farben. Sie trugen ferner lange Stiefel aus weichem Leder oder rotem Schafsfell, und ihre auffälligen Sporen legten sie auch in Innenräumen nicht ab. Bestaunt wurden ganz allgemein ihre zylindrischen Filzhüte mit dem Federschmuck, ihre kurzen Pelzblusen und die silbern beschlagenen Sättel.

Über die Person des Kaisers hatten die Franzosen kein Wort zu verlieren, um so mehr aber über seine Familie. Der damals zweiundzwanzigjährige König von Ungarn, so stellten sie fest, hatte ein langes schmales Gesicht, ein mächtiges, glattrasiertes Kinn und einen Schnurrbart nach spanischer Art. Sein Umhang war goldfarben und schwarz gesäumt. Kaiserin Eleonora war fünfunddreißig, »frisch und fröhlich, mit schlichten Zügen, schwarzen Augen, blendend weißen Händen und Zähnen und weißer Haut«. Ihre beiden Töchter waren »blaß und blond *à l'allemande*«. In den Straßen von Regensburg hatte man Triumphbögen aufgestellt, und auf einem von ihnen befand sich ein Gemälde, »auf dem eine Reihe von Emblemen um eine Triumphmütze angeordnet waren, auf der ein Arm eine goldene Krone in der Hand hielt, worunter das Motto zu lesen war *legitime certantibus*. Auf der andern Seite standen die Worte *mihi unica erit.*« Während Pater Joseph unter diesem Bild hindurchschritt, betrachtete er das Motto sehr nachdenklich.

Sein Ruf, so stellte er fest, war ihm vorausgeeilt. Der Kaiser befand sich bei der Jagd, als er eintraf. Er wurde nach seiner Rückkehr von seiner Gegenwart informiert. Er schien verwirrt zu sein und saß bis drei Uhr morgens mit seinen Beratern zusammen. Als Pater Joseph dem bayerischen General Tilly einen Höflichkeitsbesuch abstattete, folgte ihm ein Mann namens Perlo de Flemal aus dem Stab Tillys und sagte zu ihm:

Sind Sie Pater Joseph? Dann sind Sie Kapuziner, was bedeutet, daß Sie verpflichtet sind, den Frieden in der Christenheit herstellen zu helfen, und was tun Sie? Sie lösen einen blutigen Krieg aus zwischen katholischen Souveränen, zwischen dem Kaiser, dem König von Spanien, und dem König von Frankreich. Sie sollten vor Scham rot werden!

Tillys Kammerherr warf den lästigen Gesellen das Treppenhaus hinunter, und Tilly selbst kam herbei, um sich zu entschuldigen. Doch Pater Joseph war, wie sich Graf von Khevenhüller erinnerte, überzeugt, daß der Affront geplant war. Er blieb während der gesamten folgenden Verhandlungen grollend und verstimmt. Man rechnete damit, daß er sich schlüpfrig wie ein Aal gebärden werde, und so waren die kaiserlichen Bevollmächtigten, geführt vom Abt von Kremsmünster, entschlossen, ihn festzunageln. Aber, protestierte Pater Joseph, er habe überhaupt keine Verhandlungsvollmacht und keine Instruktionen. Trotzdem, sagte man ihm, sei er die rechte Hand Richelieus, und man erwarte, daß er im Namen Ludwigs XIII. spreche.

Brûlart war versehen mit Verhandlungsvollmachten und allgemeinen Instruktionen, die er jederzeit öffentlich vorzeigen konnte. Er hatte ferner Geheiminstruktionen bei sich, die alle am 28. Juni 1630 in Grenoble gegeben waren und die ihm vorschrieben, wie er sich bei den Verhandlungen mit jedem der Kurfürsten zu verhalten habe. Eine Abschrift dieser Vollmachten in lateinischer Sprache besitzt Wien. Sie gaben Brûlart »die Ermächtigung, einen Gesamt-Frieden in Italien auszuhandeln« und zu diesem Zweck »alle geschriebenen Artikel, Verträge und Vereinbarungen« im Namen des Königs »zu beraten, zu verhandeln, abzuschließen und zu unterzeichnen«, wobei er für alles, was er »tat, verhandelte oder beschloß«, die Ehre und das Wort des Königs verpfändete. Die Geheiminstruktionen übergingen die mantuanische Frage vollständig, und die offiziellen Instruktionen bezogen sie nur in dem Zusammenhang ein, daß sich die Franzosen dem zu erwartenden Bestreben des Kaisers widersetzen sollten, die Kurfürsten für seine mantuanische Politik zu gewinnen.

Es scheint, als ob Richelieu bei Abfassung der Dokumente die mantuanische Frage für sehr nebensächlich gehalten hat, während die Hauptmission Brûlarts darin bestand, die Kurfürsten dazu zu überreden, Ferdinands Sohn nicht zu seinem Erben zu wählen und sich nicht den Forderungen des Kaisers zu beugen, einen Krieg mit all seinen Feinden – namentlich Holland und Schweden – anzufangen, anstatt sich, wie sie selbst es wollten, auf die deutschen Protestanten zu beschränken. Zu der Zeit jedoch, als Brûlart und Pater Joseph ihre Verhandlungen aufnahmen, war Mantua erobert worden, Nevers vertrieben, die mantuanische Situation war kritisch geworden und ihre Regelung von vorrangigem Interesse. Die Instruktionen Brûlarts waren unzureichend, und es war unklar, ob unter »Friede in Italien« nicht auch, als eine Vorbedingung für eine befriedigende Regelung, französische Zugeständnisse an andern Orten Europas zu verstehen seien.

Der Streit drehte sich nun um die Interpretation der Brûlartschen Instruktionen und Vollmachten. Zu Beginn des 17. Jahrhunderts befanden sich die Regeln des Völkerrechts über den Vertragsabschluß noch in ihrer formativen Periode. Doch gab es bereits eine Reihe von hinreichend gut begründeten Konventionen. War ein Diplomat mit Unterzeichnungsvollmachten ausgestattet und unterzeichnete er ein Schriftstück, so stand die Ehre seines Fürsten auf dem Spiel, und dieser konnte sich der Ratifizierung nicht mehr entziehen. Sie war dann nur noch eine bedeutungslose Zeremonie. Wenn die Vollmachten andererseits sich nur auf das Verhandeln erstreckten und ausdrücklich besagten, daß es zu einem Vertragsabschluß der Ratifizierung durch den Fürsten bedurfte, dann war die Unterschrift des Bevollmächtigten die bedeutungslose Zeremonie, und es zählte lediglich die Ratifizierung. Ferner war es möglich, daß ein mit Vollmachten ausgestatteter Gesandter zunächst nur provisorisch unterzeichnete, und zwar kraft einer Klausel im Vertrag, die die Unterschrift von der Ratifizierung abhängig machte. Offensichtlich war der Umfang von Vollmachten von enormer Bedeutung, und niemand ging daran, einen Vertrag abzuschließen, ohne die Papiere vorher sorgfältig zu prüfen. Bei den Friedensverhandlungen in Westfalen bei Beendigung des Dreißigjährigen Krieges dauerte die Überprüfung der Vollmachten der Unterhändler ganze zwei Jahre. Schuld daran waren vor allem die französischen Erfahrungen in Regensburg.

Man bewilligte Pater Joseph für den 3. August eine Audienz beim Kaiser, und da der kaiserliche Beichtvater, Pater Lamormaini, zugegen war, von dem er wußte, daß er aus moralischen Gründen gegen den Krieg in Italien eingestellt war, warf er von sich aus die Frage nach Nevers' Investitur in Mantua auf. Der Kaiser fragte sodann, ob die Gesandten Vollmacht hätten, zu verhandeln. Pater Joseph erwiderte, Brûlart besitze Vollmachten, auf vernünftige Bedingungen einzugehen, daß er aber für jeden Vertrag zuvor die Billigung des Königs einholen müsse. Strenggenommen stimmte dies nicht. Und so war die Antwort ein Täuschungsmanöver, um den Franzosen einen Verhandlungsspielraum zu sichern.

Erst am 11. August saßen Brûlart und Pater Joseph mit den kaiserlichen Bevollmächtigten Kremsmünster, Nostitz und Questenberg beisammen. Bei diesem Treffen wurden die Franzosen lediglich gefragt, was sie vorschlügen, und ihre Ausführungen in bezug auf die mantuanische Situation wurden zur Kenntnis genommen. Am nächsten Tag bat man sie, Brûlarts Vollmachten vorzulegen. Sie taten dies, doch aus der Nachschrift der Sitzung geht nichts hervor, was darauf hindeutet, daß die Kaiserlichen die Vollmachten Brûlarts in irgendeiner Weise als einschränkend oder mangelhaft empfanden. Und doch gab es für Brûlart und Pater Joseph ein böses Erwachen. Sie waren nach Regensburg gekommen, um Zwistigkeiten zu säen, und nun entdeckten sie, daß die Unterhändler des Kaisers selbst nicht abgeneigt waren, für Zwist zu sorgen. Die Kaiserlichen deuteten an, daß eine Regelung in Italien ausgeschlossen sei, solange Frankreich nicht aufhöre, die Feinde des Kaisers in der einen oder anderen Weise zu unterstützen. Jeder Vertrag müsse daher die Verpflichtung enthalten, daß Ludwig XIII. Venedig, die Holländer, Dänemark und Schweden praktisch fallenließ. Hiermit hatte man nicht gerechnet, und Brûlart wies darauf hin, daß seine Vollmachten so weit nicht reichten. Er mußte zunächst nach Paris schreiben und um weitere Vollmachten ersuchen.

Ob dies bedeute, fragten die Kaiserlichen, daß die Verhandlungen bis zum Eintreffen der neuen Vollmachten verschoben werden sollten? Keineswegs, sagte Pater Joseph. Man konnte die Diskussionen fortsetzen und den Umfang der möglichen Verständigung abstecken. Was den Gesamtfrieden in Europa betraf, so sei Frankreich selbstverständlich dafür. Er wies nachdrücklich darauf hin, daß Frankreich sich in keinem Bündnis mit irgendeiner europäischen Macht gegen den Kaiser befand, und leugnete, daß Richelieu gerade zu diesem Zeitpunkt mit dem König von Schweden Verhandlungen führte. Am nächsten Tag, nachdem er über die Angelegenheit nachgedacht hatte, ließ Pater Joseph außerdem wissen, die neuen Vollmachten, die Brûlart angefordert hatte, würden für einen Gesamtfrieden ohnehin nicht ausreichen, und es seien noch weitere Vollmachten notwendig. Während diese angefordert würden, meinte er, könne es nicht schaden, die allgemeinen

Fragen, die anstanden, zu diskutieren, ohne daß sich eine der beiden Seiten zu irgend etwas verpflichtete. Auf diese Weise hoffte er, sich ein Maximum an Bewegungsfreiheit zu sichern.

Brûlart schickte einen Boten zu Richelieu, der die Situation erklären und um weitere Vollmachten bitten sollte. Während man auf diese wartete, verfolgte Pater Joseph seinen Hauptzweck in Regensburg, nämlich das gemeinsame Intrigieren von ihm und den Kurfürsten gegen den Kaiser. Seit seinem Amtsantritt hatte Richelieu eine doppelte Politik verfolgt, um das zu schwächen, was in seinen Augen der habsburgische Würgegriff in Europa war. Einerseits suchte er mit Hilfe von Subsidien die Feinde Habsburgs, namentlich Holland und Dänemark, zum offenen Krieg gegen Habsburg zu ermutigen. Andererseits war er bestrebt, eine neutrale dritte Partei in Deutschland zu schaffen. In einem gewissen Umfang schlossen die beiden Bestrebungen einander aus. Die erste hatte die Tendenz, die Protestanten noch enger gegen den Kaiser zusammenzuschließen, und dies bedeutete, daß das zweite Teilziel in der Hauptsache nur bei den katholischen Staaten Deutschlands verfangen konnte. Im Prinzip waren diese keineswegs unwillig, die ihnen von Richelieu zugedachte Rolle zu spielen. Doch je mehr sich die Sache des Protestantismus konsolidierte, desto mehr wurden auch sie durch die Gewalt der Umstände in die Arme des Kaisers gezwungen. Richelieu und Pater Joseph scheinen die intrikaten Probleme der deutschen Politik nicht begriffen zu haben. Man verwandte viel Mühe darauf, die deutschen Fürsten zu Handlungsweisen zu veranlassen, zu denen sie entweder ohnehin entschlossen waren oder die jeder, der mit der Problematik vertraut war, als jenseits der Grenzen des Möglichen liegend erkennen mußte. Die Rolle, die Pater Joseph bei der Beschneidung der Absichten des Kaisers in Regensburg spielte, wurde von ihm selbst überbewertet, weil er nicht erkannte, wie gering der tatsächliche Einfluß Frankreichs auf die deutschen Geschehnisse war.

Unter den Kurfürsten suchte Pater Joseph zwei aus, die als Kern einer neutralen dritten Macht in Frage kamen. Es waren dies Philipp von Sötern, der Kurfürst und Erzbischof von Trier, und Maximilian von Bayern. Trier lag auf der spanischen Vormarschlinie von Belgien zum Rhein, und die Behandlung, die dem Kurfürsten durch jenes Land zuteil geworden war, das sich selbst als den rechten Arm der Kirche verstand, hatte ihn bereits bewogen, die französische Protektion zu suchen. Für eine Rente von sechsunddreißigtausend Livre erkaufte man seine Unterstützung. Richelieus Hoffnungen ruhten aber in der Hauptsache auf Maximilian. Denn seit der Regentschaft Heinrichs IV. hatte Frankreich in Bayern einen potentiellen Rivalen des Hauses Habsburg gesehen. In jüngster Zeit jedoch gab Frankreich Maximilian Anlaß zur Besorgnis. Die englische Heirat, die Maximilian mit allen Mitteln hatte verhindern wollen, ließ ihn befürchten, daß Frankreich die englischen Forderungen unterstützen werde, die bayerische Kurwürde solle an Friedrich von der Pfalz zurückfallen. Und bei Abschluß des Vertrages von Monzón erfüllte ihn die Vorstellung mit Schrecken, daß die im Veltlin freiwerdenden französischen Truppen mit Gewalt versuchen könnten, diese propfälzische Politik zu realisieren. Durch den Gang der Ereignisse einigermaßen beruhigt, war Maximilian dennoch enttäuscht, als er feststellen mußte, daß dem französischen Bruch mit England nicht die Anerkennung seiner Kurwürde folgte. Denn Richelieu, der verpflichtet war, wenigstens ein Mindestmaß an Treue zu seinen protestantischen Verbündeten zu wahren, die theoretisch für die Sache Friedrichs kämpften, suchte Kompromisse zu schließen. Er schlug vor, das Recht der Kaiserwahl solle zwischen Bayern und der Pfalz abwechseln.

Während Richelieu immer tiefer in die mantuanische Frage verstrickt wurde, begannen er und der Papst in der wachsenden Unabhängigkeit Maximilians vom Kaiser eine Lösung des Problems der Habsburgerhegemonie zu sehen. Die Armeen des Kaisers hatten soeben die Ostsee erreicht, und er hatte das Restitutionsedikt erlassen, wonach alle kirchlichen Gebiete, die seit 1555 säkularisiert worden waren, zurückzugeben seien. Dieser Versuch, fast ein Jahrhundert Geschichte rückgängig zu machen, drohte Grenzen und etablierte wirtschaftliche und politische Interessen in ganz Deutschland anzutasten und die Sicherheit der katholischen nicht minder als der protestantischen Fürsten und Städte zu gefährden. Maximilian, besorgt bei dem Gedanken, daß ein Sieg der Katholiken sich als ein Sieg Habsburgs herausstellen könne, erbittert über die ehrgeizige Rolle, die Wallenstein und sein Apparat der Militärlasten und Kriegskontributionen spielte, und aufgebracht über den Plan des Kaisers, das Heer der katholischen Liga in die kaiserliche Armee zu überführen, um es zum Instrument der Zentralisierung des Reiches in Wien zu machen – dieser Maximilian war in der Tat bereit, sich selbst als Gegengewicht gegen die Habsburger zu verstehen.

Es war Pater Josephs Hauptaufgabe in Regensburg, aus dieser günstigen französisch-bayerischen Interessenharmonie Kapital zu schlagen. Doch als er Maximilian gegenüber die Wahl von Ferdinands Sohn zum Römischen Kaiser diskutierte, erhielt er den beunruhigenden Bescheid, daß die Reichsgesetze irgendeine voreilige Festlegung in der Frage der Kaiserwahl verboten. Tatsächlich erkannte Pater Joseph nicht, daß Bayern und die anderen Kurfürsten sich bereits auf jenem Wege befanden, auf dem Frankreich sie sehen wollte, aber den Eindruck zu vermeiden wünschten, sie seien französische Marionetten. Noch bevor Pater Joseph in Regensburg eintraf, hatte sich Ferdinand bereits entschlossen, den Wünschen der Kurfürsten nachzugeben und Wallenstein abzusetzen, um ihre Unterstützung bei der Wahl seines Sohnes zu gewinnen. Frankreich hatte keinen Einfluß auf den Wahlgang, denn die Kurfürsten hatten sich bereits entschlossen, sich durch diese Konzession des Kaisers nicht beeinflussen zu lassen. Oberflächlich gesehen hatte Pater Joseph mit seiner Mission Erfolg. Doch wäre es besser gewesen, er wäre nicht nach Regensburg gekommen; denn Maximilians Sieg über Ferdinand machte Bayern unabhängiger von Frankreich, aber der französischen Politik gegenüber kritischer. Zu seiner Überraschung sah sich Pater Joseph dem Druck Maximilians ausgesetzt, der von ihm verlangte, er solle mit dem Kaiser einen Gesamtfriedensvertrag unterzeichnen, um Richelieu von der Unterstützung der Protestanten bei der Fortsetzung ihres Krieges abzuhalten. Pater Joseph war nicht mehr derjenige, der seine Verhandlungspartner überredete. Er selbst wurde überredet.

Die Probleme also, die für Richelieu im Juni noch von hervorragender Bedeutung gewesen waren, hatten sich im September als illusorisch erwiesen. Inzwischen war die mantuanische Frage wieder dominierend geworden, zumal der Waffenstillstand in Casale im Oktober auslaufen sollte. Brûlarts neue Vollmachten erreichten ihn am 3. September. Über diesem Dokument liegt etwas Rätselhaftes. In Paris gibt es keine Kopie davon, und es ist nicht überliefert, was es enthielt. Man kann aus einer Reihe von Hinweisen schließen, daß es nichts weiter als eine – diesmal vielleicht auf Französisch verfaßte – Kopie der Vollmachten vom 28. Juni war, und wahrscheinlich trug das Dokument auch dieses Datum. Worin unterschied sich nun dieses Dokument von jenem, das Brûlart für unzureichend hielt? Die Antwort scheint zu sein, daß die neuen Vollmachten die Unterschrift des Königs trugen, während die früheren lediglich von Claude Bouthillier, dem Staatssekretär des Äußeren, unterzeichnet waren. In einem Bericht an die Kurfürsten vom 18. September sagte der Kaiser, daß er an der Unterschrift Anstoß genommen habe und daß ihm Brûlart »einige Tage später« neue Vollmachten überreicht habe, »die in Datum, Inhalt und Form dieselben waren und lediglich die Unterschrift des Königs trugen«. Falls Richelieu lediglich noch einmal den Umfang der Brûlartschen Vollmachten wiederholt hatte, so hatte er ihn eindeutig auf die Unterzeichnung eines Vertrages über einen »Frieden in Italien« beschränkt.

Diese Schlußfolgerung wird erhärtet durch die neuen Instruktionen, die Richelieu am 3. September entwarf und die Brûlart am 19. September erreichten. Sie autorisierten Brûlart nicht dazu, einen »Gesamtfrieden« zu schließen, wenn er auch Verhandlungen zu diesem Zweck unter der stillschweigenden und nicht expliziten Voraussetzung führen konnte, daß er vor Unterzeichnung eines Vertrages über einen »Gesamtfrieden« Rückfrage in Paris hielt. Brûlart sollte »vertraulich« über die Frage der französischen Verpflichtung verhandeln, die Feinde des Kaisers nicht mit Truppen, Munition oder Geld zu versorgen. Und falls es zu einer Gesamtregelung kommen sollte, dann mußte auch die Frage der umstrittenen Rechtsposition der Exklaven der drei Bischofssitze Metz, Toul und Verdun geklärt werden, während der Kaiser sich mit seinen Streitkräften aus Vic und Moyenvic zurückziehen mußte. Falls von Frankreich verlangt würde, diejenigen seiner Verbündeten, die zur Aufrechterhaltung des Machtgleichgewichtes in Europa beitrugen, fallenzulassen und sich aus Italien zurückzuziehen, dann mußte dies abhängig sein von der Ausschaltung derjenigen Faktoren, die dieses Gleichgewicht zu stören drohten. Das Engagement des Kaisers in Lothringen war ein solcher Faktor. Richelieu bestand auf der Einhaltung des Vertrags von Monzón, obwohl der Kaiser deutlich gemacht hatte, daß dies Sache Spaniens und nicht seine Sache sei; und er hatte ferner darauf bestanden, daß Frankreich Pinerolo zurückerhalte, obwohl Pater Joseph in den Verhandlungen sich verpflichtet hatte, die Stadt zu räumen.

Diese Instruktionen waren nun durch den Gang der Ereignisse bereits überholt und stifteten mehr Verwirrung als Nutzen. Dem Kaiser lag nicht weniger als Richelieu daran, die mantuanische Angelegenheit beendet zu sehen, denn die Zusammenziehung kaiserlicher Truppen in Italien hatte den geplanten Angriff Wallensteins auf die Niederlande verzögert und den Verlust von s'Herto-genbosch und Wesel verursacht. Während gegen Ende 1629 neunundzwanzigtausend Kaiserliche in Italien lagen, waren es nun fünfundfünfzigtausend. Die Schweden waren in Pommern einge-fallen, und es war dringend geboten, die südlich der Alpen gebun-denen Kräfte freizubekommen und zugleich die Franzosen daran zu hindern, dem neuen Feind an der Ostsee zu Hilfe zu kommen. Die kaiserlichen Bevollmächtigten verstärkten ihren Druck auf Pater Joseph und Brûlart. Sie forderten die Unterzeichnung eines Vertrages, der diesen beiden Zwecken dienen sollte. Zu ihrer Be-stürzung mußten die französischen Gesandten feststellen, daß auch die Kurfürsten sich den Forderungen des Kaisers anschlossen. Pa-ter Joseph, seiner Überzeugung nach ein frommer Mann, sah sich unter wachsendem moralischen Druck, einen Gesamtfrieden ab-zuschließen und seinen Herrn und Meister davon abzuhalten, sich mit den Protestanten einzulassen, und der ablaufende Waffenstill-stand in Italien verstärkte diesen Druck beträchtlich.

In diesem kritischen Augenblick verlor Richelieu die Kontrolle über die Situation. Ludwig XIII. hatte sich in Grenoble die Ruhr zugezogen, war krank nach Lyon zurückgekehrt und stand nun an der Schwelle des Todes. Der Kardinal, der ebenfalls erkrankt war, sah sich am Rande eines Abgrunds, als Maria von Medici und Ga-ston d'Orléans drauf und dran zu sein schienen, die Macht im Staate an sich zu reißen. Die Ereignisse in Regensburg schienen für ihn auf einmal von minderem Interesse zu sein. Nach dem 19. Sep-tember erhielt Pater Joseph keine Nachricht mehr von Richelieu, und alles, was die beiden Gesandten wußten, war, daß der Verlust Casales unmittelbar bevorstand. Sie erfuhren nicht, daß Marschall Schomberg mit der Armee aus der Champagne soeben die Alpen überschritt, um gemeinsam mit La Force und Louis de Marillac eine Entsetzung der Stadt zu versuchen. Und sie erfuhren auch nicht, daß das Schweigen Richelieus auf die anscheinend tödliche Erkrankung des Königs und seine eigene schlimme Verfassung zu-rückzuführen war.

Im Hauptpunkt der Investitur Nevers' in sein Herzogtum war der Kaiser einverstanden – etwas anderes war in der Tat niemals seine Absicht gewesen –, und es schien, als könne nun ein morali-scher und befriedigender Friede geschlossen werden. Bei allen Verhandlungen besteht die Gefahr, daß die Unterhändler nach wochenlangem und zähem Ringen nicht geneigt sind, ihre Anstrengungen dadurch verpuffen zu lassen, daß sie im letzten Augenblick auf einem Punkt bestehen, über den eine Einigung nicht möglich ist. Um ihre in den Verhandlungen erreichten Vorteile nicht zu gefährden, neigen sie dazu, in diesen Punkten Kompromisse zu schließen, und der Druck zu solchen Kompromissen wird geradezu unwiderstehlich. Brûlart und Pater Joseph beschlossen, sich nicht an den Wortlaut ihrer Instruktionen zu halten und den Vertrag zu unterzeichnen. In ihren Augen war es ein guter Vertrag. In Italien sollten sich die Spanier aus Casale, die Kaiserlichen aus Mantua zurückziehen, während der Kaiser in der Erbfolgefrage Recht sprach. Sobald befriedigende Regelungen im Hinblick auf die Entschädigungen und Verrechnungen der anderen Anspruchsteller gefunden waren, sollte die Investitur Nevers' in sein Herzogtum stattfinden. Die Franzosen sollten sich aus ganz Italien – mit Ausnahme Susas und Pinerolos – zurückziehen. Nevers nahm Casale in Besitz, ohne die Stadt jedoch zu befestigen. Savoyen sollte Trino behalten, während die Erträge aus Montferrat hypothekisiert werden sollten, um dem Herzog von Savoyen eine jährliche Zahlung von achtzehntausend Kronen zu gewährleisten. Auf der anderen Seite sah Artikel 1 des Vertrages vor, daß Frankreich in keiner Weise den Feinden des Kaisers beistehen werde. Es gab keine Regelung in Lothringen – im Gegenteil: Der Herzog von Lothringen wurde in den Vertrag hineingezogen, obwohl er nicht zu den verhandelnden Parteien gehört hatte, und dies implizierte das Recht des Kaisers, die Angelegenheiten im Herzogtum Savoyen zu überwachen.

Allein Brûlart hatte Unterzeichnungsvollmachten, und so weigerte sich Pater Joseph zunächst, seine Unterschrift hinzuzufügen. Die Kurfürsten und die Bevollmächtigten des Kaisers jedoch bestanden darauf, daß auch er als ein Mann, der die Ansichten Richelieus teilte, unterschrieb. Am 13. Oktober 1630 um 9 Uhr morgens drückten Brûlart und Pater Joseph ihr Siegel auf das Schriftstück. Stunden später befand sich bereits ein kaiserlicher Kurier auf dem Wege zu General Collalto. Er hatte eine Kopie des Vertrages bei sich und überbrachte Befehle, die Verstärkung und Verpflegung Casales zu gestatten. Außerdem brachte er Instruktionen, um die Spanier zur Annahme der ausgehandelten Bedingungen zu bewegen. Zur gleichen Zeit brach Pater Josephs Schwager St. Étienne in Regensburg auf und begab sich mit einer Kopie des Vertrages in das französische Lager. Der Vertrag erreichte Schomberg, bevor er irgend etwas von Richelieu gehört hatte. Er warf einen Blick auf das Dokument und äußerte ahnungsvoll, daß Richelieu den Vertrag nicht anerkennen werde. Und selbst wenn der Kardinal ihn anerkannte, so meinte er, würden die Spanier vor Casale es nicht tun. Wenn sich die Franzosen jetzt zurückzögen, könnten die Spanier Casale fast umsonst bekommen. Schomberg beschloß daher, gegen die Proteste Mazarins, weiterzumarschieren.

Der 26. Oktober 1630 war ein strahlender, milder Herbsttag, und die französische Armee bot mit ihren wehenden Fahnen und den in der Sonne glitzernden Rüstungen und Lanzenspitzen einen prächtigen Anblick. Die Armee näherte sich den spanischen Gräben vor Casale. Die Spanier schickten sich an, ihnen entgegenzutreten, und die Garnison der Zitadelle unternahm einen Ausfall. Die französischen Linien hielten an, um zu beten. Tiefe Stille senkte sich über das Schlachtfeld, und sie wurde nicht einmal von den Vögeln gestört. Dann erdröhnte ein einzelner Kanonenschuß, die Franzosen begannen vorzurücken. Plötzlich näherte sich aus den spanischen Reihen ein Kavalier in Schwarz, der durch die sich gegenüberstehenden Armeen ritt, wild gestikulierend ein Stück Papier schwenkte und rief: »*Pace! Pace! Alto! Alto!*« Die Franzosen hielten inne. Der Mann war Mazarin. Er habe Neuigkeiten, sagte er: Die Spanier seien bereit, von vorne an zu verhandeln. Im Angesicht beider Heere wurde eine Konferenz der Generäle abgehalten. Edelleute in vergoldeter Rüstung schwenkten voreinander den Federhut. Artigkeiten und Komplimente wurden ausgetauscht, und schließlich kam es zur Unterzeichnung. Noch bevor Pater Joseph nach Regensburg aufgebrochen war, hatte der Marquis von Effiat Vollmachten bekommen, mit Collalto zu verhandeln, der seinerseits Vollmachten vom Kaiser besaß. Die Kommunikation zwischen Effiat und Brûlart war zu sporadisch gewesen, als daß eine Koordination möglich gewesen wäre, und während die Verhandlungen parallel liefen, wuchs die Wahrscheinlichkeit von Widersprüchen und Unstimmigkeiten. Richelieu hatte bewußt beide Verhandlungen in Gang gehalten, in der Hoffnung, die eine oder die andere werde Erfolge zeitigen. Dies war in beiden Fällen geschehen, und man stand nun vor zwei Verträgen, zwischen denen man wählen konnte. Die neue Vereinbarung sah die Rückgabe Casales an Nevers vor, während die Franzosen Montferrat räumen sollten, sobald die Spanier mit ihrem Artillerietrain sich auf dem Po eingeschifft hatten. Der Kardinal erfuhr vom Regensburger

Vertrag durch ein Resümee Brûlarts am 20. Oktober, als er gerade dabei war, Lyon zu verlassen und nach Paris zu fahren. Er war entzückt über die Lösung und ließ wissen, daß er den Vertrag ratifizieren werde. Die Depeschen mit dem vollen Text erreichten Lyon zwei Stunden nach der Abreise des Hofes und holten ihn erst zwei Tage später in Roanne ein, wo der König und Richelieu gerade ein Boot loireabwärts besteigen wollten. Richelieu war perplex, als er die Urkunde las. Er hob vor Enttäuschung die Hände zum Himmel empor und erklärte, er werde die Ratifizierung verweigern. Dem venezianischen Botschafter sagte er, er wolle von seinem Amt zurücktreten und sich in ein Kloster zurückziehen. Der König unterzeichnete noch am selben Tage einen ätzenden Brief an Brûlart, in dem er sein »äußerstes Mißfallen« über dessen Verletzung der Instruktionen zum Ausdruck brachte und darauf hinwies, daß Artikel 1 des Vertrages von ihm einen Wortbruch verlange, wie er ihn sich bisher noch nicht habe zuschulden kommen lassen, während Artikel 6 den kaiserlichen Ansprüchen in Lothringen zu weit entgegenkomme. Richelieu seinerseits sandte eine Depesche zu den Marschällen in Italien und befahl ihnen, keine Rücksicht auf den Vertrag zu nehmen und in ihren Operationen fortzufahren.

Maria von Medici, die wegen einer Unpäßlichkeit in Lyon zurückgeblieben war, traf am Abend des 26. Oktober in Roanne ein. Sie scheint Richelieus Absicht, den Vertrag nicht anzuerkennen, als den Gipfel der Perfidie betrachtet zu haben. Doch der Kardinal zeigte ihr die kalte Schulter, verfügte sich an sein Schreibpult und arbeitete einen Schriftsatz aus, in dem er alle ihm offenstehenden Wege aufzeichnete. Er konnte entweder unter Vorbehalten ratifizieren, konnte die Anerkennung des Vertrages verweigern und Bedingungen für weitere Verhandlungen stellen, oder aber die Neuigkeiten aus Italien abwarten. Er entschied sich zunächst fürs letztere. Als er schließlich von dem Vertrag von Casale erfuhr, wurde er in seiner Entscheidung bestärkt, die Ratifizierung des Regensburger Vertrages zu verweigern. Michel de Marillac sprach sich für eine Ratifizierung in Verbindung mit einem interpretierenden Zusatzprotokoll aus, und es entstand eine Meinungsverschiedenheit zwischen den beiden Männern, die die gegenseitigen Gefühle weiter verbitterte. Richelieu war außerdem zornig auf Brûlart und Pater Joseph. In seinem *Politischen Testament* hat er sich später über die unbesonnen eingegangenen Verpflichtungen Pater Josephs geärgert.

Der Vertrag von Regensburg, so wie er auf dem Papier stand, war völlig unannehmbar. Er erweckte den Eindruck, als seien Frankreich im Verhältnis zu denjenigen seiner Freunde und Verbündeten, die Gegner des Kaisers waren, die Hände gebunden, und die Holländer und der König von Schweden, mit dem Richelieu in Verhandlungen stand, mußten sich hintergangen fühlen. Zugleich aber bot er Frankreich keine ausreichenden Garantien dafür, daß es dieser Freunde und Verbündeten künftig nicht bedürfen werde; denn die lothringische Frage blieb völlig offen, während die Gründe für die Spannungen in Italien nicht restlos beseitigt waren. Brûlart erhielt die Instruktion, sich nach Wien zu begeben und über die protokollarischen Aspekte einer Verweigerung der Ratifizierung zu verhandeln, wobei man als Begründung den schwammigen und unsicheren Charakter der Klauseln über die Regelung der mantuanischen Frage angab. Diese Klauseln enthielten allzu viele Einschränkungen, aber keine Verpflichtung auf seiten Spaniens und keine Bekräftigung des Vertrags von Monzón, der in Vergessenheit zu geraten drohte.

Die Nachricht, Frankreich und der Kaiser hätten einen Gesamtfriedensvertrag abgeschlossen, konnte sich in Windeseile verbreiten. In Den Haag und im Lager des Königs von Schweden würde man verstimmt sein. In katholischen Ländern würde Befriedigung vorherrschen, und eine Nichtanerkennung des Vertrages konnte als ernsthafter Wortbruch eingestuft werden. Dies war nun das letzte, was Richelieu wollte. Denn die Reputation eines Königs in punkto Ehre war sein wertvollster Aktivposten.

Könige [so Richelieu wörtlich] müssen sorgfältig darauf achten, was für Verträge sie machen. Aber wenn sie sie gemacht haben, müssen sie sie gewissenhaft einhalten. Ich weiß, daß viele politische Autoren das Gegenteil lehren. Aber einmal ungeachtet dessen, was der christliche Glaube gegen derlei Maximen vorbringen kann, möchte ich behaupten, daß, da der Verlust der Ehre schwerer wiegt als der Verlust des Lebens, ein Fürst eher sein Leben wagen muß, als die Interessen seines Staates zu riskieren und ein einmal gegebenes Wort zu brechen, das er nicht verletzen kann, ohne seine Reputation und infolgedessen das wichtigste der Attribute eines Souveräns zu verlieren.

Um nun den Protestanten gegenüber den Vertrag wegzuerklären und gegenüber den Katholiken die Verweigerung der Ratifizierung zu begründen, versorgte der Kardinal ganz Europa mit Depeschen. Die offizielle Begründung für die Nichtanerkennung war, daß die Instruktionen Brûlarts lediglich die Regelung der mantuanischen Frage und nichts anderes betroffen hatten. Hier stand Richelieu auf festem Grunde. Obwohl der Vertrag keine Klausel enthielt, die ihn von der späteren Zustimmung des Königs abhängig machte, mußten die Vollmachten Brûlarts dem Kaiser die begrenzten Befugnisse des letzteren klargemacht haben. Und entsprechend den Konventionen der Zeit konnte der Vertrag aus diesem Grunde als nichtig betrachtet werden. Als Brûlart jedoch nach Wien gelangte und dem Kaiser die Weigerung Richelieus mitteilte, stellte der Kaiser sich auf den Standpunkt, der Vertrag sei sehr wohl bindend, mit der Begründung, die Befugnis zum Abschluß eines »Friedens in Italien« schließe die Befugnis zum Abschluß eines »Gesamtfriedens« in sich. Er äußerte sich verbittert über Pater Joseph, in dem er den Drahtzieher dieses Täuschungsmanövers vermutete, und meinte, der Pater gehöre aus den christlichen Himmelsstrichen verbannt. Er verlangte von Ludwig XIII. eine Erklärung und erwog eine Zeitlang den Bruch mit Frankreich. Immer wieder sollte er Ludwig den Wortbruch vorwerfen und auf jede Weise beträchtlichen diplomatischen Druck auf Frankreich ausüben, um die Einhaltung des Vertrags zu erzwingen. Im März 1631, als Richelieu einen Subsidienvertrag mit Schweden unterzeichnete, sollte er an den Papst schreiben und gegen die französische Verletzung des Artikels 1 des Vertrages protestieren. Und im August des gleichen Jahres, als Gustav Adolf durch Deutschland zog und die kaiserlichen Truppen schlug, hatte er die Kurfürsten vergeblich aufgefordert, in einer gemeinsamen Aktion gegen Frankreich die Ausführung dieses Artikels zu erzwingen. In den nächsten fünf Jahren mußten der Kaiser und Philipp IV. in jeder Verhandlung auf der Einhaltung dieses Vertrages bestehen, der zu einem Angelpunkt jeder Diskussion und zu einem lästigen diplomatischen Hemmschuh wurde. Schon in dieser frühen Periode der Geschichte des Völkerrechts nahmen politische Probleme tendenziell eine juristische Form an. Damit ankerten sie im Grundsätzlichen, in vorgefaßten Meinungen. Sie waren deshalb immer schwerer handzuhaben und immer weniger negotiabel. In der Geschichte des Dreißigjährigen Krieges bildete der Regensburger Vertrag ein Hauptereignis, ja den Wendepunkt in den Beziehungen Frankreichs zum Hause Österreich.

Richelieus Depesche, worin er die Armee in Italien aufforderte, den Vertrag von Regensburg zu ignorieren, traf erst ein, nachdem die Marschälle bereits ihren eigenen Vertrag unter den Auspizien Mazarins ausgehandelt hatten. Es war dies ein höchst unsicheres Arrangement, denn auf dem Schlachtfeld waren die Generäle genausowenig geneigt, die Situation durch ein gschriebenes Dokument beherrschen zu lassen, wie es Richelieu auf dem Gebiet der Diplomatie war. Mazarin, der alles andere als ein neutraler Unterhändler war und immer stärker auf die Seite Frankreichs neigte, sagte Schomberg, daß die Spanier einen Überraschungsangriff auf die Zitadelle von Casale planten, während der Friede die Franzosen zur Untätigkeit verurteilte. Schomberg beschloß, diesem Verrat zuvorzukommen, und legte in klarer Verletzung der eingegangenen Verpflichtungen eine französische Garnison in die Zitadelle. Jetzt konnten die Spanier in alle Welt hinausposaunen, daß die Franzosen zweimal innerhalb eines einzigen Monats ihre feierlich eingegangenen Verpflichtungen gebrochen hatten. Freilich konnten sie über diese Vorwürfe hinaus wenig unternehmen, weil Casale nun ihrer militärischen Macht entzogen war. Dies gab Mazarin die Gelegenheit, auf eine abschließende Lösung der ganzen mantuanischen Frage zu dringen, und er erreichte dies in zwei Urkunden, die im April und im Juni 1631 in Cherasco unterzeichnet wurden und als Vertrag von Cherasco bekannt sind. Nach dieser neuen Vereinbarung sollte Nevers in das Herzogtum eingesetzt werden. Sämtliche Heere mußten sich aus seinen Territorien zurückziehen, ebenso wurde von den Franzosen verlangt, daß sie Susa und Pinerolo verließen. Der Kaiser, dieser ewige Unglücksmann, war gezwungen worden, allem zuzustimmen, bis auf die abstrakte Anerkennung seines Hoheitstitels auf Mantua. Und letztlich trug ihm die törichterweise erzwungene Sequestration den Verlust des Dreißigjährigen Krieges ein.

Man hätte erwarten können, daß Richelieu diese Entwicklung mit einer gewissen Erleichterung aufnahm. Tatsächlich aber weckte sie in ihm nur weitere Befürchtungen. Er hatte den spanischen Versuch abgeblockt, Frankreich von der venezianischen Hilfe oder vom Eingreifen in den spanischen Verkehr im Veltlin abzuschneiden. Doch die Eliminierung Mantuas als eines Faktors im Gleichgewicht der Macht machte diesen Vorteil zunichte. Das Herzogtum befand sich in einem erschreckenden Zustand. Pest und Plünderung hatten die Bevölkerung von hundertsiebzigtausend auf vierzigtausend reduziert. Unter den Opfern befanden sich auch die beiden letzten Söhne des Herzogs, Rethel und Mayenne. Die Währung, früher einmal eine der stärksten Italiens, war zusammengebrochen. Der Herzog fand seinen Palast ausgeraubt vor und mußte sich Möbelstücke von anderen italienischen Fürsten borgen. Er versuchte mit geringem Erfolg, wieder ein kultiviertes höfisches Leben zu schaffen. Guido Reni weigerte sich, für ihn zu malen, weil ihm das in Aussicht gestellte Honorar zu wenig war. Die letzten fünf Jahre seines Lebens weihte der Herzog dem Gebet und der Regel des heiligen Franziskus. Seine Rolle als Verbündeter Frankreichs war ausgespielt.

Die Schrecken des mantuanischen Krieges dürften Richelieu von der Nutzlosigkeit der Machtpolitik überzeugt haben. Doch er und die Habsburger saßen nun in einer Falle, aus der es kein Entrinnen gab. Der Machtumschwung in Italien hatte das labile Gleichgewicht zwischen Frankreich und dem Hause Österreich gestört. Dadurch waren Ferdinand und Philipp zu einer gefährlich engen Beziehung zueinander gezwungen, die vorher hauptsächlich in der Phantasie Richelieus existiert hatte. Die Situation in Italien war innerlich unstabil, und die einzige Chance, die Richelieu hatte, um die Lage zu stabilisieren, bestand darin, Spanien und Österreich anderweitig zu binden. Die Kaiserlichen saßen in Vic und Moyenvic und bedrohten die französischen Rechte an den östlichen Grenzlanden. Das Fiasko von Regensburg hatte die Situation bis zum Punkt der tödlichen Gefahr verschlimmert. So wandte sich Richelieu nun an den König von Schweden. Und dieser opportunistische Schritt sollte das Problem lösen.

13
Menschen unseres Ranges
1629–1632

Die Geschichte, ein Gefüge aus Zufällen, ist vor allem den Zufälligkeiten unterworfen, die der Mensch ins Spiel bringt. Hätte Gaston von Orléans sich ordentlich verhalten, hätte Karl von Lothringen vielleicht keine Krise provoziert. Und in diesem Falle wären die Bemühungen des Papstes um eine Aussöhnung zwischen Frankreich und Habsburg vielleicht von Erfolg gekrönt gewesen. Nach den beklagenswerten Ereignissen im Zusammenhang mit Chalais' Verschwörung hatte Richelieu sich dazu überwunden, sich gegenüber dem Thronerben verbindlich zu verhalten – nicht nur im Interesse der Eintracht bei Hofe und im Staat, sondern auch aus persönlicher Rückversicherung für den Fall, daß Gaston eines Tages König wurde. Gaston reagierte gereizt. Als er Richelieu davon unterrichtete, daß seine Frau ein Kind erwarte, fügte er hinzu, falls es ein Junge würde, sollte er Kardinal werden. »Warum das?« fragte Richelieu; der Humor war nicht seine starke Seite. »Weil«, erwiderte Gaston hintersinnig, »in Frankreich die Kardinäle sämtliche Fäden in der Hand haben.« In La Rochelle schlug er sich achtbar. Daß ihm der Oberbefehl über das Heer zufiel, lag an der plötzlichen schweren Erkrankung des Königs, der bereits mit der Belagerung begonnen hatte, und daran, daß Maria von Medici dem Kardinal immerzu in den Ohren lag. Die Entsetzung der Forts auf der Ile de Ré war weithin der Energie und Tatkraft zu danken, mit der Gaston Schiffe zusammenzog und den Nachschub heranführte. Richelieu schrieb ihm einen anerkennenden Brief. Gastons Zufriedenheit war freilich nur von kurzer Dauer. Seine Mutter schalt ihn, daß er beim Scharmützel an vorderster Front sein Leben aufs Spiel gesetzt habe. Der König warf ihm vor, das Leben seiner Soldaten vergeudet zu haben. Und als Ludwig schließlich vor La Rochelle erschien, um wieder selbst den Oberbefehl zu übernehmen, zog sich Gaston pikiert zu seinen Zechgelagen und Amouren nach Paris zurück. Daß einer seiner Busenfreunde, der Graf von Montmorency-Boutteville, wegen eines Duells hingerichtet wurde, trug viel zu seinem Groll bei.

Maria von Medici hatte sich dafür eingesetzt, daß Gaston den Oberbefehl über das Heer bekam, nachdem er versprochen hatte, sich wieder zu verheiraten. Seine Wahl war auf die Schwester des Großherzogs der Toskana, ihre Nichte, gefallen. Da ihn der König abgelöst hatte, gab Gaston bekannt, daß er sich an diese Verpflichtung nicht länger gebunden fühle. Statt dessen begann er sich für die entzückende achtzehnjährige Marie de Gonzague, die Tochter des Herzogs von Nevers, zu interessieren. Letzterer hatte sich den ewigen Zorn der Königinmutter zugezogen, als er einen für sie ungünstigen Vergleich zwischen dem Alter des Hauses Gonzaga und dem des Hauses Medici zog, und sie widersetzte sich der geplanten Verbindung mit aller Entschiedenheit. Als Richelieu die Entsetzung Casales anregte, war Gaston begeistert über die Aussicht, für die Rechte des Vaters seiner Herzensdame kämpfen zu können, und bat um den Oberbefehl über die Armee. Seine ersten Anfragen wurden vom König schroff abgewiesen. Als Gaston den Marschall Bassompierre fragte, was Ludwig über den Heiratsplan denke, bekam er zu hören, der König habe so viele andere Dinge um die Ohren, daß er daran überhaupt nicht denke. Es war Richelieu zu danken, daß Gaston dann doch den begehrten Befehl bekam, worauf Maria von Medici in ein schweres Fieber verfiel. Der Kardinal unterstützte also anscheinend Gaston bei seiner Werbung, und sie war nun um so weniger bereit, sich über die Demütigung zu freuen, die Richelieu den Spaniern in Italien bereitete. Von nun an verschlechterten sich die Beziehungen zwischen Richelieu und der Königinmutter erheblich.

Selbst den sardonischen Kardinal muß der Gang der Ereignisse überrascht haben, der nun Gaston und seine Mutter in heftiger Feindschaft gegen ihn verband. Nur eine Woche nachdem Gaston zum Kommandanten der Armee in Italien ernannt worden war, verkündete Ludwig, daß er beabsichtige, die Armee selbst zu führen. Richelieu versuchte das Äußerste, um ihn hiervon abzubringen – nicht nur, weil er eine Neuauflage von Gastons Verhalten vor La Rochelle befürchtete, sondern auch, weil er Ludwig in Paris haben wollte, um die dortige politische Atmosphäre unter Kontrolle zu behalten, die der mantuanischen Expedition mit wachsender Feindseligkeit gegenüberstand. Der König aber, getrieben von dem Drang, die Handikaps seiner Persönlichkeit, durch die er sich Gaston unterlegen fühlte, durch militärische Ruhmestaten wettzumachen, blieb eisern. Gaston gebärdete sich vor Wut wie toll. Er schrie, daß man ihn aller Verantwortung entkleide, daß Richelieu alles in der Hand habe und daß der König alle Ehren auf sich selbst häufen wolle. Es war typisch für ihn, daß er zuletzt die Flucht ergriff. Er begab sich zunächst nach Paris, um Marie de Gonzague daran zu hindern, nach Mantua zu reisen. Und als er erfuhr, daß sie auf Anordnung Marias von Medici nach Vincennes in eine Art Gewahrsam gebracht worden war, zog er sich in sein Fürstentum Dombes zurück. Anstatt nun dort seinen Zorn an seiner Mutter auszulassen, begann er gemeinsam mit ihr gegen Richelieu zu intrigieren, und sein Interesse an Marie de Gonzague wich mit der Zeit einem leidenschaftlichen Ressentiment gegen den Kardinal, das ihn vollkommen ausfüllte. Es verwundert nicht, daß Richelieu zu dem Schluß kam, das Eheprojekt sei nichts weiter gewesen als eine Farce von Mutter und Sohn, hinter der sie ihr Bündnis gegen den König und seine Minister verstecken wollten.

Mit im Bunde gegen Richelieu waren drei Vertraute der Königinmutter, der Kardinal Bérulle, Michel de Marillac und Louis de Marillac. Hinzu kam noch Bassompierre, der seine ablehnende Haltung gegen den auf italienischem Boden stattfindenden Konflikt mit Spanien mit der rätselhaften Bemerkung verriet: »Wir wären ja dumm, La Rochelle zu nehmen.« Damit meinte er, man müsse die Belagerung hinauszögern, um die französische Armee am Platze zu binden. Alle vier waren eine Generation älter als Richelieu. Ihre politische Perspektive stammte noch aus den Tagen, da die katholische Liga im Bündnis mit Spanien gestanden hatte, und sie begriffen weder die verhängnisvollen Folgen, die Frankreich aus dieser Verwicklung erwuchsen, noch sahen sie ein, daß die Perspektiven einer neuen Generation anders waren als die ihren. Der venezianische Botschafter berichtete am 6. November 1629: »Bérulle ist schuld an der Abneigung der Königinmutter gegen Richelieu.« Aber Bérulle starb während des mantuanischen Krieges, und seinen Platz als Anführer der Partei Marias nahm Michel de Marillac ein. Er war jetzt siebenundsechzig und ein Vertrauter der Königinmutter seit jenen Tagen, da er der Verwalter ihres Haushalts war. Zutiefst religiös, hatte er Erbauungsbücher geschrieben und war ernst und gesetzt. Sein Halbbruder Louis de Marillac war zehn Jahre jünger, und da er mit Katharina von Medici, einer Kusine der Königinmutter, verheiratet war, schloß er sich deren Sache aufs engste an. Er war Hauptmann ihrer Garde, hatte im engen Zusammenwirken mit Richelieu im Jahre 1620 ihre

Aussöhnung mit Ludwig bewerkstelligt und gemeinsam mit ihr konspiriert, um Richelieu an die Macht zu bringen. Richelieu war es, der ihn nach der Einnahme von Privas zum Marschall machte. Er war weniger intelligent als Michel, aber ritterlicher und umgänglicher. Sein Fehler war eine gewisse Neigung zum Luxus. Er sammelte Kunstgegenstände, schöne Kleidung und vertat seine Zeit mit Nichtigkeiten.

Der Verlust ihrer beherrschenden Stellung im Ministerrat war der eigentliche Grund für Marias Zorn auf Richelieu, und ihr Plan war, den Kardinal durch Michel de Marillac zu ersetzen, der ein gefügiges Werkzeug in ihren Händen sein würde. Zu diesem Zweck wurde Marillac mehr und mehr in Opposition gegen den Ministerrat getrieben. Bei der Sitzung am 26. Dezember 1628, wo es darum ging, ob man Casale entsetzen solle oder nicht, unterstützte er Bérulle und erklärte, man müsse vorrangig die Hugenotten im Languedoc vernichten, die Staatskasse schonen, in der eine beklagenswerte Ebbe herrschte, und etwas tun, um das Los der bejammernswerten Landbevölkerung zu mildern, die von Hafergrütze lebte und immer wieder von den rücksichtslosen Steuereinnehmern zu Gewalttätigkeiten provoziert wurde. Wenn es in Italien Krieg mit Spanien geben sollte, so würde dies ein ewiger Krieg werden, bei dem sich zwei von Marias Schwiegersöhnen als Feinde gegenüberstünden. Als dann im Februar 1629 die Armee doch die Alpen überschritt, schrieb er an Richelieu und äußerte seine Zweifel daran, ob der Segen Gottes auf dem Unternehmen ruhe. Der offenkundig brillante Erfolg Richelieus in Italien und die anschließende Ausschaltung der Hugenottengefahr im Süden steigerten nur die Wut der frustrierten Gegner des Kardinals in Paris. Als er schließlich im September 1629 dorthin zurückkehrte, spürte er, daß man seine Abwesenheit genutzt hatte, um den König gegen ihn aufzuhetzen. Er stellte fest, der ganze Ministerrat sei »aufgeregt, als ob man sich über irgendeinen großen Plan noch nicht einig sei«.

Während der Verschwörung Chalais' war Richelieu ängstlich zum König gegangen und hatte seinen Rücktritt angeboten. Ludwig aber, in einem jener seltenen Augenblicke, da er zugleich deutlich und zartsinnig war, hatte dies abgelehnt und in Worten, die zweifellos auf einer Paraphase beruhen, gesagt:

Ich habe jedes Vertrauen zu Ihnen, und es ist eine Tatsache, daß ich niemals einen Mann gefunden habe, der mir so zu meiner Zufriedenheit dienen könnte wie Sie. Ich bitte Sie inständig, vor Klatsch und Gerüchten keine Furcht zu haben. Seien Sie versichert, daß ich meine Haltung niemals ändern werde und daß ich Sie unterstützen werde, wer immer Sie attackieren mag.

Nun schrieb Richelieu an Maria von Medici und sagte ihr, wenn er sie beleidigt habe, sei er bereit zurückzutreten. Alsbald machte er ihr seine Aufwartung. Sie verhielt sich eisig. »Wie geht es Ihnen?« fragte sie. »Es geht mir besser, als viele hoffen«, erwiderte Richelieu mit vor Wut bebenden Lippen. Zu einem Schlagabtausch entschlossen, warf er daraufhin der Prinzessin Conti und der Herzogin d'Elbeuf ihre Böswilligkeit gegen seine Nichte, Madame de Combalet, vor. Maria erwiderte, er sei unausstehlich. Daraufhin zog sich Richelieu zurück und reichte beim König seinen Rücktritt ein. Ludwig arrangierte eine Versöhnung. Er verlangte, daß Richelieu im Amt bleibe, forderte ihn aber auf, sich schriftlich bei der Königinmutter zu entschuldigen. Indessen war hierdurch nichts geklärt, und ein Auftritt folgte dem anderen. Um der Opposition den Wind aus den Segeln zu nehmen, erfand der König den Titel eines Ersten Ministers für Richelieu.

Doch tatsächlich provozierte er dadurch die Partei seiner Mutter nur noch mehr.

Als Richelieu im Herbst 1629 aus Italien zurückkehrte, um mit dem Feldzug gegen die Hugenotten im Languedoc zu beginnen, bekam es Gaston d'Orléans mit der Angst. Er hatte einen kalten und drohenden Brief von Ludwig erhalten, und nun, da Richelieu, dieser personifizierte Teufel, wieder in Frankreich war, fühlte er sich gefährdet. Er gab bekannt, er wolle in Spa die Kur gebrauchen, überquerte mit einer Gruppe von Vertrauten die Grenze nach Lothringen und warf sich dem Herzog Karl in die Arme. Er wurde freundlich aufgenommen, verfügte aber nur über eine geringe Barschaft und verkaufte seine goldenen Ketten, um leben zu können. Daß der Thronerbe Frankreichs im Exil war, ist als ein verfassungsmäßiges Novum zu betrachten, und Gastons Verhandlungsposition war stark. Binnen zwei Monaten gelang es ihm, mit Ludwig eine Regelung auszuhandeln, die ihm das Gouvernement Orléans und zweihunderttausend Livre einbrachte, mit denen er seine Schulden begleichen konnte. Im Februar 1630 war er wieder in Paris, machte Marie de Gonzague von neuem den Hof und schürte zugleich den Zorn seiner Mutter gegen Richelieu. Im Sommer begab sich Maria von Medici ins Dauphiné, wo Ludwig und der Kardinal die mantuanische Operation überwachten, und so hatte er praktisch Paris unter seiner Kontrolle, bis der Hof gegen Ende des Jahres zurückkehrte.

Richelieus Abwesenheit seit Februar 1630 gab jedermann die Chance, gegen ihn zu konspirieren. Marillac beklagte die »Not und Anfechtung des französischen Volkes, das unter großer und unglaublicher Armut schmachtet«, und weckte überall Erbitterung über den Luxus einer Außenpolitik der »Gloire«. Die Kampagne gegen den Kardinal wurde nach Lyon getragen. Dort ließ sich die Mediceerin nieder und weigerte sich, dem König und Richelieu in Grenoble oder St. Jean-de-Maurienne zu begegnen, wo gerade die endlosen Verhandlungen mit Mazarin stattfanden. Ludwigs Einmarsch in Savoyen, dem Land seiner eigenen Schwester, brachte die Königinmutter noch weiter auf. Als Mantua fiel, als das Patt vor Casale nicht enden zu wollen schien und als die sommerliche Hitze des Rhônetals die allgemeine Gereiztheit steigerte, wurde die Politik des Kardinals immer fragwürdiger. Niemand, nicht einmal Richelieu, wußte, was im Kopf des Königs vorging: Ludwig blieb für ihn wie für jeden anderen ein Rätsel. Er schien Richelieu immer noch nicht leiden zu können, und es ist zweifelhaft, ob er ihn jemals gemocht hat. Aber sein Respekt vor den Fähigkeiten Richelieus hatte das Vertrauen zu ihm und die Abhängigkeit von ihm gesteigert. Richelieus Hauptwaffe gegen Ludwig war die Rücktrittsdrohung, denn der König wußte genau, daß seine eigenen Probleme sich ins Hundertfältige steigern würden, wenn der Kardinal ging. Aber wer konnte sagen, wann dieser unberechenbare Monarch, der sich als unfähig zu dauerhaften zwischenmenschlichen Beziehungen erwiesen hatte, das Vertrauen in seinen Minister verlor, welches das einzige Band zwischen ihnen war? Wenn er Richelieus Argumenten zuhörte und sie abwog, bevor er handelte, warum sollte er nicht auf Argumente *gegen* den Kardinal hören, die er vielleicht ebenso zwingend fand? Und sobald sich der König gegen einen Menschen kehrte, war Vergessenheit noch das gnädigste Geschick, das ihn erwartete.

Im Juli 1630 zog sich Ludwig die Ruhr zu und begab sich nach Lyon, während Richelieu allein im Dauphiné zurückblieb. Der König in seinem geschwächten Zustand vermochte sich kaum der ständigen Vorstöße seiner Mutter und der von der Prinzessin Conti angeführten Richelieu-feindlichen Fraktion zu erwehren. Unablässig ließ man vor seinen fiebernden Augen die Fehler des Kardinals vorüberziehen, und mit wachsender Hysterie verlangte man die Entlassung des Ministers. Im September zweifelte man an der Genesung des Königs. Richelieu erhielt die Nachricht, daß Ludwig seine Höflinge zu sich gebeten und sie unter allgemeiner Rührung um Vergebung für etwaige Beleidigungen gebeten habe. Während Alphonse de Richelieu dem König die Sterbesakramente spendete, trafen sich Guise, Bassompierre und Louis de Marillac, um zu klären, was mit Armand-Jean de Richelieu geschehen solle, sobald Gaston I. zum König ausgerufen war. Guise soll angeblich die Verbannung verlangt haben. Bassompierre sprach sich für lebenslängliche Einkerkerung aus, und Marillac war für die Todesstrafe. Wahrscheinlich hat Richelieu von diesen Dingen gewußt. Aber als er sich von den Mächten der Rachsucht, der Bosheit und des Hasses umstellt sah, verließen ihn die letzten psychischen Reserven. Die Genesung des Königs war eine ungeheure Erleichterung. Aber die Erlebnisse ließen Richelieu verkrampft, mißtrauisch und wachsamer denn je zurück.

Es gibt wohl nichts, was so sehr für Richelieu spricht, wie sein Entschluß, die Ratifizierung des Vertrages von Regensburg zu verweigern. Es wäre angesichts der gefährlichen Lage, in der er sich befand, ein leichtes gewesen, den Weg des geringsten Widerstandes zu gehen. Aber seine Integrität verbot ihm dies. Das Resultat – wie nicht anders zu erwarten – war ein Aufschrei der Mediceerin und ein bedeutungsvolles Kopfschütteln Michel de Marillacs. Die lange Reise von Roanne loireabwärts in der Gesellschaft der Königinmutter muß für Richelieu ein Alptraum gewesen sein. Denn Maria von Medici übernahm die Rolle der Huldvollen, wodurch sie ihn, wie er wußte, über den in ihr nagenden Haß hinwegtäuschen wollte, während er selbst den Ahnungslosen mimte, indem er ihr auf der Gitarre vorspielte. Von der Loire kreuzten die Reisenden zur Yonne über, um die Seine zu gewinnen, und in Auxerre nahm der König Richelieu beiseite und erzählte ihm alles, was die Königinmutter über ihn gesagt hatte. Als der Hof im November Paris erreichte, griff Richelieu zur Feder und verfaßte ein Schreiben an Maria von Medici, das würdevoll, aber ehrerbietig war und in dem er vorsichtig daran erinnerte, daß die Kardinalsrobe ihm eine gewisse Respektabilität und Immunität verlieh. Es war vergeblich. Mit Marillac und Madeleine de Fargis, der Frau des einstigen Botschafters in Madrid, hatte sie geheime Zusammenkünfte in einem

Karmeliterkonvent, um eine Anklage gegen Richelieu abzufassen, deren Hauptpunkt die Verschwendung von Staatsgeldern für das italienische Abenteuer war. Binnen zwei Wochen, so rechnete sie, würde der Erste Minister gestürzt sein.

Da am Louvre Ausbesserungsarbeiten im Gange waren, schlug Ludwig bei seiner Rückkehr nach Paris seine Residenz in Ancres früherem Hause auf, das nun als Hôtel des Ambassadeurs bekannt war. Es lag in der Nähe des Luxembourg, wo Maria von Medici lebte, und der König brauchte nur eine kurze Strecke Weges in ihre Gemächter zurückzulegen. Beunruhigende Nachrichten erreichten Richelieu, daß Mutter und Sohn häufig zusammensteckten. Wir wissen nicht, welchen Druck sie auf den König ausübte, um die Entlassung des Kardinals zu betreiben. Aber es ist klar, daß Richelieu seine Position zusammenbrechen sah. Unter dem Vorwand, eine Arznei einnehmen zu müssen, sagte Maria von Medici am 10. November ihr Levée ab, und durch einen kuriosen Zufall wartete Michel de Marillac mit derselben Entschuldigung auf, als er ein Treffen mit Richelieu am Morgen desselben Tages ablehnte. Anscheinend gemäß vorheriger Verabredung ging der König, begleitet von seinem engen Freund Saint-Simon, dem Vater des berühmten Historikers, durch den Luxembourg und verschwand in den Räumen der Königinmutter.

Wir haben sieben verschiedene Schilderungen über die Ereignisse dieses Tages, und da sie im einzelnen voneinander abweichen, ist schwer zu sagen, was eigentlich vor sich ging. Saint-Simon erzählte seine Version der Geschichte seinem Sohn, der sie aufzeichnete und damit als einziger so etwas wie einen Augenzeugenbericht lieferte. Saint-Simon sagt, daß der König sich zu Maria von Medici begeben habe, weil er erwartete, sie werde den Wunsch nach einer Aussöhnung mit dem Kardinal äußern. Alle anderen Darstellungen, einschließlich derjenigen Gastons d'Orléans, der das aufzeichnet, was seine Mutter ihm nach dem Vorfall berichtete, stimmen jedoch darin überein, daß sie den König zu sich bestellt hatte, um Richelieus Entlassung zu verlangen. Zweifellos stützt das Verhalten aller Beteiligten diese Version, und Bassompierre, der sich im Vorzimmer aufgehalten zu haben scheint, versichert nachdrücklich, daß die Intentionen der Königinmutter negativer Art gewesen seien.

Richelieus Vetter, La Porte de la Meilleraye, der Kapitän der Garde der Königinmutter, wurde aus Marias Zimmer hinauskomplimentiert, als Ludwig und Saint-Simon eintraten. Einen Augenblick später betrat die Nichte des Kardinals, Madame de Combalet, in ihrer Eigenschaft als Hofdame das Zimmer. Es kam zu einer Szene, denn Madame de Combalet, als sie den eisigen Blick der Königinmutter sah, sank in die Knie und begann ihre Ergebenheit zu beteuern. Die Mediceerin reagierte mit Hohn, Ärger und bitteren Vorwürfen. Und während Saint-Simon mit gesenktem Blick dabeisaß, verschanzte sich Ludwig hinter einer Maske von geradezu konfuzianischer Würde. Zuletzt erhob er sich, legte Madame de Combalet die Hand auf die Schulter, sagte zu ihr, er habe genug gehört, und befahl ihr hinauszugehen. Als sie fort war, machte er eine tadelnde Bemerkung zu seiner Mutter, und dann begann man über den Kardinal zu sprechen.

Dieser war unterdessen von seinen Spähern unterrichtet worden, daß der König sich zum Luxembourg begeben habe, und da er spürte, daß sich etwas über ihm zusammenbraute, konnte er nicht der Versuchung widerstehen, herauszufinden, was hinter seinem Rücken vorging. Zweifellos verkrampfte sich ihm vor Angst das Herz, und wie gewöhnlich in Augenblicken der Not, wenn er es notwendig fand, seine Gedanken zu sammeln, setzte er sich nieder, griff zur Feder und machte sich einige Notizen, um sich seine Argumente zurechtzulegen, falls er dem königlichen Paar Aug in Auge gegenüberstehen sollte. Dann verfügte er sich nervös in den Luxembourg, wo er dem graubärtigen Marillac begegnete, der in einer Ecke stand und das Ergebnis der Unterredung in den Gemächern der Königinmutter abwartete. Unfähig, seine scharfe Zunge in Zaum zu halten, rief Richelieu aus: »Sie sind hier, Monsieur! Und Sie sagten, Sie seien krank.« Einen Augenblick später begegnete ihm die in Tränen aufgelöste Madame de Combalet; vielleicht erfuhr er von ihr, was vorgefallen war. Die Türen waren verriegelt, und der *huissier* wies Richelieu zurück. Aber irgendwie – wahrscheinlich über einen rückwärtigen Gang – verschaffte er sich Zutritt zum Zimmer Marias und öffnete die Tür.

In dem Gemach waren Ludwig XIII. und Maria von Medici. Wie man den spärlichen Berichten entnehmen kann, wiederholte sie mit ihrer lauten Stimme die Vorwürfe gegen den Kardinal, während der König stumm dabeisaß. Ludwigs Blick wurde vielleicht durch eine Bewegung des Wandbehangs oder das Aufgehen einer Tür abgelenkt, und als der Teufel, von dem die Königinmutter sprach, sich leibhaftig zeigte, schrie er auf: »Da ist er!« Richelieu versuchte, die Situation in den Griff zu bekommen, trat vor und sagte (laut Bassompierre): »Ich bin sicher, Sie haben von mir gesprochen!« – »Keineswegs«, log Maria von Medici. »Geben Sie es zu, Madame!« Die Königinmutter machte ihm dann mit wogendem Busen und vor Erregung überschnappender Stimme bittere und wütende Vorwürfe. Unter dem Eindruck dieser Attacke brach der sonst so unbewegte Richelieu zusammen. Vermutlich war er mit seinen Nerven am Ende. Die Version, wonach er der Königinmutter mit mißbilligender Überlegenheit entgegentrat, ist jedenfalls weniger wahrscheinlich als die Version, daß er, wie Espenlaub zitternd, auf die Knie fiel. Maria führte sich auf wie eine zänkische Xanthippe. Sie schrie, tobte und beschimpfte ihn, sie zerrte vermeintliche und wirkliche Kränkungen von früher wieder hervor und schockierte Ludwig und Saint-Simon mit ihrer unkontrollierten Vulgarität. Richelieu versuchte einzuwerfen, daß es niemals seine Absicht gewesen sei, ihre Gefühle zu verletzen. Da jedoch dieses arrogante Monstrum in demütiger und gedemütigter Haltung zu ihren Füßen lag, reagierte Maria auf seine ängstlichen Bitten und Entschuldigungen nur mit Verachtung.

Ludwig, für den die Würde der Monarchie sakrosankt war, saß, wie uns eine Darstellung überliefert, in peinlich betroffenem Schweigen da und versuchte, für Richelieu ein gutes Wort einzulegen. Daraufhin stürzte sich Maria von Medici auf ihren Sohn und warf ihm vor, daß er Domestiken besser behandle als seine eigene Mutter. Vielleicht gab der König Richelieu an dieser Stelle ein Zeichen zu gehen, oder vielleicht erlaubte er ihm auch bloß, ohne ein weiteres Wort abzutreten. Der Bedauernswerte stolperte jedenfalls hinaus, und man kann aus den Berichten schließen, daß er es nicht wagte, nach Hause zu gehen, wo er mit seinen Gedanken allein war. So schritt er im Hof des Luxembourg auf und ab und hoffte, dem herauskommenden König an der Miene ablesen zu können, wie es um ihn stand: Zu viele Minister hatte Richelieu in der Bastille oder in irgendeinem Château an der Loire verschwinden gesehen. Nach einiger Zeit kam der König. Aber seine Mienen verrieten nichts, und Richelieu begab sich in der Überzeugung nach Hause, daß seine Karriere, wahrscheinlich seine Freiheit und möglicherweise sogar sein Leben bedroht waren. Maria von Medici triumphierte. Sie rief Marillac herein und verkündete ihm aufgeräumt, er werde in Kürze Richelieus Platz einnehmen. Rasch füllte sich der Luxembourg mit aufgeregten Höflingen, die sich mit

Komplimenten und Schmeicheleien um die Königinmutter und ihr Gefolge scharten, bis das Gedränge so groß wurde, daß sich niemand mehr rühren konnte. Innerhalb weniger Stunden hatte es sich in ganz Paris herumgesprochen, daß der Kardinal gestürzt war.

Der König schäumte vor Wut über das Verhalten seiner Mutter, während er in seine Wohnung zurückging. Schon hatte sich eine Schar von Höflingen versammelt, die gemerkt hatten, daß etwas im Anzug war, und während sie sich verbeugten und vor ihm ihre Hüte schwenkten, war klar, daß sie aus seiner Stimmung Schlüsse zu ziehen suchten. Von Saint-Simon begleitet, der die Geschichte seinem Sohn erzählte, betrat Ludwig sein Kabinett und warf sich auf ein Sofa. Er platzte buchstäblich vor Wut, denn als er Atem holte, sprangen die Knöpfe von seinem Wams ab und fielen zu Boden. Eine Weile herrschte Schweigen. Dann fragte er Saint-Simon, was zu tun sei. Saint-Simon war zwar ein Bruder Leichtfuß, doch es fehlte ihm nicht an Beobachtungsgabe, und so bot er dem König einen klugen Überblick über den Zustand Frankreichs und Europas und gab das Schlimmste für den Fall zu bedenken, daß in diesem kritischen Augenblick die lenkende Hand vom Staate abgezogen würde. Es bedurfte nur weniger Hinweise in dieser Richtung, um Ludwig sein weiteres Verhalten vorzuzeichnen, und er beauftragte Saint-Simon, Richelieu für den Abend nach Versailles zu beordern, wohin der König sich nunmehr begab. Saint-Simon verbeugte sich und verließ den König. Im Vorzimmer fand er eine Gruppe erregter Kavaliere vor. Er erblickte Monsieur de Tourville, der eine von Richelieus Nichten, eine Tochter Brézés, geheiratet hatte. Er zog ihn in eine Fensternische und gab ihm halblaute Instruktionen. Tourville begab sich in das Haus Richelieus und fand den Kardinal im vertraulichen Gespräch mit dem Kardinal de La Valette. Richelieu scheint geplant zu haben, Paris zu verlassen, um sich vielleicht nach Le Havre zu begeben, wo er Statthalter war; er war gerade dabei, seine Kunstschätze einzupacken, um sie vor dem Pöbel zu retten, falls dieser von seinem Sturz erfuhr. La Valette dagegen könnte ihm geraten haben, nichts zu unternehmen, bevor er den König gesprochen und sich über dessen Absichten Gewißheit verschafft hatte. Nun erreichte ihn plötzlich die königliche Ordre, und am späten Nachmittag, von La Valette begleitet, der zu Ruhe und Besonnenheit mahnte, begab er sich auf den Weg in das kleine Jagdschlößchen, das dem König als Zuflucht in Versailles diente.

Es war ein kalter Novemberabend, als Richelieu von Saint-Simon zum König geleitet wurde. Er sank vor Ludwig in die Knie und sagte, der König sei der beste aller Herren. Den sonst so kühlen König hatte die Zerknirschung des Kardinals gerührt. Er bezeichnete ihn als den treuesten und hingebungsvollsten seiner Diener und versicherte ihm, daß seine Position ungefährdet sei. Dann lud er Richelieu ein, über Nacht zu bleiben, und erzählte ihm, daß er Marillacs Verhaftung angeordnet habe und daß der Marquis de Châteauneuf, den Maria von Medici ebensosehr wie Richelieu haßte, neuer Siegelbewahrer werde. Marillac lebte in der Nähe von Versailles, und als er erfuhr, daß Richelieu im Jagdschlößchen des Königs weilte, wurde er mißtrauisch. Es gab jedoch nichts, was er tun konnte, und so ging er zu Bett und wartete die Entwicklung ab. Am folgenden Morgen empfing er die Ordre des Königs, die Siegel auszuhändigen. Eine Weile später wurde er mit einer Eskorte nach Lisieux gebracht, wo er mehrere Wochen in einem Gasthof unter Hausarrest stand und selbst für seine Unterbringung aufkommen mußte. Dann kerkerte man ihn in dem Bergfried von Châteaudun ein, wo er die restlichen Monate seines Lebens dem Gebet widmete.

Als Maria von Medici von dieser Entwicklung erfuhr, war sie erschüttert. Laut Gaston d'Orléans jammerte sie, daß sie Richelieu vernichtet hätte, wenn sie nicht versäumt hätte, die Tür zum hinteren Gang zu verriegeln. Der Graf von Serrant gab der zynischen Freude des Hofes über die Niederlage der Königinmutter und ihres Gefolges Ausdruck und sprach vom »Tag der Geprellten«. Der venezianische Botschafter jedoch war hellsichtiger. Sie und Gaston, so berichtete er, seien beide ein Koloß, der schwer zu stürzen sei. »Ich weiß nicht«, schrieb er nach Venedig, »ob der Kardinal sich behaupten kann.«

Richelieu war zutiefst getroffen. Es dauerte Tage, bis er sich von dem Schock erholt hatte, und man erzählte sich, daß er Tränen vergossen habe, worauf Maria von Medici brutal bemerkte, er könne die Tränen kommen lassen, wann immer es ihm gefalle. In ihrer Wut boykottierte sie die Ratssitzungen und sagte, lieber wolle sie sterben als mit Richelieu an einem Tisch sitzen. »Ich will verdammt sein, wenn ich ihn nicht meine Rache kosten lasse«, geiferte sie. Die Situation wurde noch hysterischer, als Anna von Österreich zu schluchzen begann und behauptete, daß Richelieu sie malträtiere. Sie weigerte sich sogar, ihn beim Namen zu nennen, und redete immer nur von »*on*« (man). Es gab wilde Gerüchte, daß Richelieu die Vergiftung der beiden Königinnen plane, um die Verbindung zu Spanien ein für allemal zu beenden. In Wirklichkeit unternahm Richelieu ernsthafte und verzweifelte Anstrengungen, um Maria von Medici zu besänftigen und einen fatalen Bruch zwischen ihr und ihrem Sohn zu verhüten. Eine ganze Prozession von Abgesandten, darunter auch der Beichtvater des Königs, Pater Suffren, sprach im Luxembourg vor, und schließlich erschien sie am 27. Dezember wieder im Ministerrat – freilich nur, wie sich herausstellte, weil es bei diesen Beratungen um die Entfernung der Spanier von ihrem und dem Hofe Annas von Österreich, um die Beschränkung des freien Zutritts des spanischen Botschafters zur Königinmutter und um die Verwaltung ihrer Angelegenheiten ging.

Wie Richelieu sehr wohl wußte, war es Gaston, der den Schlüssel zur Situation in der Hand hielt. Falls er in die Provinzen oder wieder zu seinen Freunden Karl von Lothringen und Marie von Chevreuse floh, würde es einen neuen Bürgerkrieg geben. Gastons enger Vertrauter, Antoine de Puylaurens, hatte sich während eines Aufenthaltes in Nancy im vergangenen Jahr in die Prinzessin von Pfalzburg verliebt. Sie war eine der jüngeren Schwestern von Karl von Lothringen und wollte nach Nancy zurückkehren. Richelieu beschloß, Puylaurens durch eine große Bestechungssumme dazu zu bringen, Monsieur gut zuzureden. Eine Zeitlang konnte es scheinen, als ob Puylaurens gewonnen worden war. Gaston jedoch lag es nicht, eine passive Rolle zu spielen. Abgesehen von immer neuen Loyalitäts- und Ergebenheitsbekundungen verlegte er sich darauf, Madame de Combalet den Hof zu machen. Dies bewog Richelieu zu einem warnenden Brief, in dem er mitteilte, er könne Monsieur keinen Dank zollen dafür, daß er seine Nichte in die Liste jener Frauen aufgenommen habe, für die er sich interessiere. Es war nur eine Frage der Zeit, wann die scheinbare Harmonie zwischen Gaston und Richelieu fadenscheinig wurde. Am 30. Januar 1631 erschien Gaston mit einem Gefolge von fünfzehn Reitern in Richelieus Wohnsitz im Komplex des Palais Royal, schürzte seine dicke Unterlippe und behandelte Richelieu mit frecher Herablassung. »Wenn Ihre Eigenschaft als Priester mich nicht zurückgehalten hätte«, sagte er, »hätte ich Sie schon längst so behandelt, wie Sie es verdienen. Aber Sie sollen wissen, daß Sie der Priesterrock in Zukunft nicht davor schützen wird, jene Züchtigung zu erhalten, die demjenigen gebührt, der Menschen unseres Ranges beleidigt!«

Dann teilte er mit, daß er sich nach Orléans oder Blois zurückziehen werde, um Richelieu aus dem Wege zu gehen.

Als er fort war, sandte Richelieu einen Boten im Galopp nach Versailles, um den König zu informieren. Dieser, aufgebracht über das Verhalten seines Bruders, kam unverzüglich nach Paris und ließ allgemein wissen, daß er gewillt sei, zu Richelieu zu stehen. Man entdeckte, daß Maria von Medici ihrem Sohn Gaston noch vor dessen Besuch bei Richelieu das Geschmeide geschenkt hatte, das sie von Marie de Montpensier geerbt hatte, und schloß daraus, daß sie und ihr Sohn unter einer Decke steckten. Mit den Edelsteinen konnte Gaston eine beachtliche Armee für seine Rebellion aufstellen. Der König beschloß daher, Maria von Medici aufzusuchen und ihr Vorwürfe zu machen. Aber was er zu hören bekam, waren nur »wilde Vorwürfe gegen den Kardinal« und das wiederholte Verlangen, daß Richelieu entlassen werde.

Es war nunmehr riskant, die Mediceerin in Freiheit zu lassen, wo sie zum Herd eines neuen Aufstandes werden konnte. Und so verfaßte Richelieu, indem er ihre geheimen Beziehungen zum spanischen Botschafter als Vorwand benutzte, eine dreizehnseitige Eingabe an den König, in der er erläuterte, warum es notwendig sei, die Königinmutter von allen Einflußmöglichkeiten fernzuhalten. Es war ein sorgfältig formuliertes Schreiben, in dem der Autor jeden Anschein rachsüchtiger Motive vermied und einzig und allein seine Sorge um die öffentliche Sicherheit bekundete. Der König brauchte kaum überzeugt zu werden. Am 22. Februar 1631 erließ er den Befehl zur Relegation Marias. Sie entschied sich für das Château Compiègne, wo sie vom Marschall d'Estrée bewacht werden sollte, der als Marquis von Cœuvres das Veltlin erobert hatte.

Die Intriganten in der Umgebung der Königinmutter wurden nicht vergessen: Die Prinzessin von Conti und fünf Herzoginnen teilten das Los der Königinmutter. Einige ihrer Hofdamen wurden verhaftet. Marschall Bassompierre verschwand auf zwölf Jahre in der Bastille, ungeachtet seiner großen Verdienste um die Krone in der Angelegenheit der englischen Heirat und beim italienischen Feldzug. Richelieu schickte ihm einen Rosenkranz und einen Brief, in dem er ihn über die Ablässe, die mit dem Rosenkranz zu gewinnen seien, informierte und ihn daran erinnerte, daß der Erlaß der zeitlichen Strafe für eine Sünde erst möglich ist, wenn die Schuld durch Absolution getilgt wurde. Daran schloß sich eine Homilie über den Stand der Gnade und die Aufforderung, jedes zehnte Ave

Maria für den Kardinal zu beten. »Wenn Sie freilich«, fügte Richelieu hinzu, »dies für übertrieben halten, so bin ich auch mit jedem zwanzigsten zufrieden, denn ich stimme mit Ihnen überein, daß das erste Ave Maria, das Sie gewiß mit Hingabe beten werden, mehr wert ist als dreißig andere, die Gefahr laufen, geistesabwesend heruntergeleiert zu werden.« Zweifellos war dies die ehrlich gemeinte Geste eines Freundes und Priesters, aber man kann es Bassompierre nicht verdenken, wenn er den Kardinal für einen scheinheiligen Schwätzer hielt. Die Wahrheit war, daß gegen Bassompierre, abgesehen von Verdächtigungen, nichts vorlag, und selbst diese basierten nur auf dem trivialen Umstand, daß ein Brief, den er vom Marschall de Marillac in Italien empfangen hatte, Richelieu in die Hände gefallen war. Er enthielt nichts weiter als den Ausdruck einer gewissen Zuneigung zwischen beiden Männern, die einst als Feinde bekannt waren, und Richelieu glaubte, daß dies nicht von ungefähr komme.

Von Verrätern umgeben, setzte sich Richelieu mit geradezu paranoider Wut zur Wehr. Jeder Faden, der zwei Menschen miteinander verband, wurde verfolgt und mußte als Grund zur Verhaftung herhalten. Später sollte Richelieu dies mit Worten rechtfertigen, die unser heutiges Bewußtsein schockieren:

Gesetze sind ganz nutzlos, wenn ihnen die gewaltsame Durchsetzung nicht auf dem Fuße folgt, und dies ist so absolut notwendig, daß zwar im gewöhnlichen Gang der Dinge die Gerechtigkeit authentische Beweise erheischt, dies jedoch nicht für Dinge gilt, die den Staat betreffen, weil in solchen Fällen auch überzeugende Schlußfolgerungen gelegentlich als ausreichend gelten müssen, da Parteiungen und Intrigen, die sich gegen die öffentliche Sicherheit bilden, gewöhnlich mit solcher List und Geheimhaltung vorgehen, daß man niemals irgendeinen evidenten Beweis gegen sie in Händen haben wird, mit Ausnahme der Tat selbst, und dann freilich ist nichts mehr zu retten.

Das Augenmerk konzentrierte sich nun auf Louis de Marillac. Er logierte damals mit den Marschällen Schomberg und La Force im Schloß Foglizzo, etwa fünfundzwanzig Kilometer nordöstlich von Turin und damals französisches Hauptquartier in Italien. Am 20. November 1630 erhielt er einen am Tag der Geprellten geschriebenen Brief seines Bruders, in dem dieser ihm den Sturz Richelieus mitteilte. Selbst vor Schomberg, einem loyalen Anhänger des Kardinals, vermochte er seine Freude nicht zu verhehlen. Mit derselben Post erhielt er Ordre des Königs, die ihn zum Oberkommandierenden in Italien machte. Am nächsten Tag trafen weitere Depeschen ein, die man Schomberg in Gegenwart Marillacs und La Forces übergab. Da er erwartete, daß sie seine Entlassung enthielten, ließ Schomberg mit dem Frühstück warten, um sich in eine stille Ecke zurückzuziehen und den Brief zu öffnen. La Force, der mit seinem wuchtigen weißen Bart noch furchteinflößender aussah, als er war, trat zu ihm, blickte ihm über die Schulter und sah in der Handschrift des Königs den Befehl, Marillac zu verhaften. Er riß den Brief an sich, zog Schomberg hinter sich her und verschwand durch einen Korridor in seinem Zimmer. Dort berieten die beiden Marschälle, ohne an das Frühstück zu denken, was zu tun sei. Marillac war nicht nur ihr Dienstvorgesetzter, er war auch Kommandant der Armee der Champagne, deren Offiziere lauter Freunde und Verwandte von ihm waren und die rund um Foglizzo kampierten. Die Wachen wurden gerufen, man zog die Zugbrücke hoch, und die beiden Marschälle warteten vor dem Zimmer Marillacs, bis er seine Mahlzeit beendet hatte. Als er aus der Tür trat, überreichte ihm Schomberg das Schreiben des Königs. Schweigend las Marillac es durch. Dann stieß er eine Kette von Verwünschungen hervor.

Der Vorgang war peinlich für seine Kollegen, namentlich für La Force, und es gibt Grund zu der Vermutung, daß man versuchte, Marillac zur Flucht zu verhelfen. Marillac jedoch zeigte Würde und wollte sich durch eine Flucht nicht selbst erniedrigen. Er wurde unter Bewachung nach Frankreich gebracht und in einem Zimmer in Ste. Ménéhould eingeschlossen, wo die Fenster so fest abgedichtet waren, daß er kaum atmen konnte, während der Kamin dermaßen vergittert war, daß er rauchte. Es gab nichts in Marillacs Papieren oder Handlungen, das eine Anklage hätte begründen können, außer daß sein Leutnant die Tore Verduns gegen die Streitkräfte des Königs geschlossen hatte; erst nach seiner Verhaftung befahl Marillac, die Tore zu öffnen. Warum Richelieu den Marschall trotzdem in einer Weise verfolgte, die man als Rachsucht auslegen mußte, ist unklar. Man hat angenommen, er habe sich ein Todesurteil erhofft, um danach die Kooperation der Mediceerin durch Marillacs Begnadigung erkaufen zu können. Doch Richelieus Tagebuch enthüllt, daß ihm vor allem daran lag, daß die Regierung ihr

Gesicht wahrte. Falls nämlich Marillac freigelassen würde, müßte man seine Verhaftung der persönlichen Bosheit des Kardinals zuschreiben, und die Opposition hätte Oberwasser bekommen. Marillac mußte im öffentlichen Interesse geopfert werden.

Was also führte Gaston im Schilde? Niemand wußte es so recht. Immerhin wurden alle Arten von Vorsichtsmaßregeln getroffen. Toiras, der zweimalige Held, war in Paris und empfing einen Brief von Gaston, den er sogleich an den Kardinal weitergab. Diese loyale Tat sollte dem armen Toiras nicht viel nützen, denn sie lenkte nur die Luchsaugen Richelieus auf ihn. Er fiel bald danach in Ungnade und ging nach Rom, wo er von Almosen lebte. Vendôme war unter der Bedingung aus der Bastille entlassen worden, daß er Frankreich verließ. Außerdem beschloß man, die Herzogin von Chevreuse aus Nancy zu entfernen, da zu vermuten stand, daß sie dort sozusagen die Hefe in einer Situation bildete, die allzu rasch gären konnte. Unter dem Vorwand einer allgemeinen Versöhnung zwischen Richelieu und Anna von Österreich holte man sie an den Hof der Königin zurück. Frau von Chevreuse hielt alsbald einen triumphalen Einzug in Paris, wo sie sogar Richelieu mit ihrem Charme zu bezaubern wußte.

Kardinal de La Valette wurde nach Orléans geschickt, um mit Monsieur zu verhandeln. Doch hatte sich Gaston unwiderruflich auf die Pläne Puylaurens' und seiner Kollegen festgelegt. Gegen Ende März 1631 verließ er auf einmal an der Spitze von vierhundert Kavalieren Orléans und zog gen Besançon, der spanischen Stadt in der Franche-Comté. Im April war er wieder in Nancy. Der König folgte ihm mit seiner Kavallerie, machte aber in Dijon halt, wo er seine Ungeduld zügeln mußte. Er versuchte, diejenigen Mitglieder im Stabe Gastons, die ihm gefolgt waren, zu ächten. Wenngleich das Parlament von Burgund die Ächtungsproklamation registrierte, weigerte sich das Parlament von Paris, ein Gleiches zu tun, da die Anwälte der Meinung waren, es sei kein Verrat, wenn Offiziere ihrem Dienstherrn folgten. Ludwig war entrüstet und befahl das Parlament zu sich in den Louvre, wo er das Aktenstück eigenhändig zerriß. Der Zorn des Königs wuchs, als er hörte, daß Gaston schon wieder auf Freiersfüßen ging; diesmal war die Auserwählte die blasse, schüchterne achtzehnjährige Marguerite de Vaudmont. Es handelte sich immerhin um die zweite Schwester Karls von Lothringen, der die Hoffnung hegte, sie eines Tages als Königin von Frankreich zu sehen. Durch Karl stand Gaston mit der

Infantin Isabella, der Statthalterin der Spanischen Niederlande, in Kontakt, die ihm Geldmittel für die Aushebung einer Armee versprochen hatte, mit der er in Frankreich einfallen sollte. Den Kommandanten von Valençay schickte Gaston zu Rubens, der damals Sekretär im geheimen Staatsrat der Infantin war, und ließ ihm vorschlagen, Spanien solle die Sache des Monsieur und dessen Mutter unterstützen und mit einer spanischen Flotte einen Diversionsangriff gegen die französische Küste unternehmen. Ein Gesandter aus Lothringen bat die Infantin, Maria von Medici aufzunehmen, die man aus Frankreich entfernen wollte.

Die königliche Frau ihrerseits, wütend auf Richelieu über die Schmach, die er ihr angetan hatte, war nicht bereit, Frankreich zu verlassen und ihm damit einen Gefallen zu tun oder sich der französischen öffentlichen Meinung zu entfremden. Statt dessen beschloß sie, eine der französischen Grenzfestungen in ihre Gewalt zu bringen und mit Hilfe von Gastons Freunden eine Rebellion anzuzetteln. Zufällig gehörte der Baron Du Bec, der Sohn des Marquis de Vardes, des Gouverneurs der Festung La Capelle, zu Gastons Vertrauten, und er erklärte sich bereit, sobald sein Vater abwesend sei, der Königinmutter die Tore der Festung zu öffnen. Zum Zwecke dieser Verschwörung jedoch war ein auffälliges Kommen und Gehen erforderlich, und als Richelieu von seinen Spähern erfuhr, daß zwischen La Capelle und dem Bruder des Königs in Nancy eine rege Verbindung bestand, daß Kutschen in abgelegenen Wäldern geparkt wurden und daß der Marquis de Vardes sich in Angelegenheiten des Königs in Paris befand, fern von La Capelle, konnte er sich ausrechnen, was geplant war. Du Bec wurde nach Paris befohlen, um eine Erklärung abzugeben. Er traf auch dort ein. Aber da er wußte, daß die Flucht Marias von Medici unmittelbar bevorstand, verließ er die Stadt heimlich wieder. Dies deutete darauf hin, daß sich die Ereignisse rasch einem Höhepunkt näherten. Der Marquis wurde zurück in seine Festung beordert und erhielt den Auftrag, die Tore zu schließen. Er traf ein, knapp bevor Maria von Medici Compiègne verließ.

Es war wieder einmal eine jener dramatischen Szenen, wie die Königinmutter sie liebte. Am 15. Juli 1631 verließ eine Kutsche das Château, und zwar, wie man dem Concierge sagte, mit dem Gepäck einer Hofdame. Drei Tage später fuhr die leere Kutsche der fraglichen Dame ab, begleitet von einem Kavalier, der sein Gesicht hinter dem Umhang verbarg. Dann schärfte man dem Concierge ein, die Tore des Château bis spät in die Nacht hinein offen-zuhalten, da einige Herren noch mit Jagdbeute kämen. Um Mitternacht wurde der Concierge durch einen Reitertrupp aufge-stört, der mit einer verschleierten Dame durchs Tor davonritt. Ei-nen Mann dieser Gruppe hatte er als den Beichtvater Marias von Medici erkannt. Jemand sagte ihm, daß eine Hofdame mit ihrem Liebhaber durchbrenne; er bekam ein großzügiges Geldgeschenk, damit er nichts verriet. Dann verschwand die Gesellschaft in der Nacht. Nachdem man eine Weile durch den Wald von Compiègne geritten war, erschien der maskierte Kavalier und geleitete Maria von Medici zu der Kutsche, die an einem Seitenweg stand.

Der Pferdewechsel war arrangiert worden, und auf der Straße zwischen St. Quentin und Maubeuge ging alles wie geplant von-statten, bis das Gefolge vor La Capelle erschien und die Tore fest verschlossen fand. Man konnte nichts anderes tun, als in die Spani-schen Niederlande zu reisen. Die Garnison der Festung beob-achtete, wie die Kutsche mit den Insassen in dieser Richtung da-vonfuhr. Man hatte seit vielen Stunden nichts gegessen, und Maria von Medici befand sich in erregter Verfassung, als die erste spani-sche Stadt, Avesnes, in Sicht kam. Zwanzigmal erzählte sie jedem, der es hören wollte, ihr Abenteuer und schimpfte ununterbrochen auf Du Bec, den sie einen Schuft nannte. Die würdevollen Spanier waren entzückt, als sie in Brüssel eintraf, scheinen aber wohl nicht recht gewußt zu haben, was sie mit dieser hysterischen Person an-fangen sollten. Richelieus Reaktionen waren zwiespältig. Da die Königinmutter ebenfalls im Lager des Feindes war, hatten sich die spanischen Möglichkeiten zu Quertreibereien gesteigert. Auf der anderen Seite war man nun die Königinmutter glücklich losgewor-den. Tatsächlich kehrte sie nie mehr nach Frankreich zurück, son-dern zog noch zwölf weitere Jahre von Hof zu Hof, wo sie immer weniger willkommen war, jedermann mit ihren Vorwürfen gegen den Kardinal langweilte und lange, unzusammenhängende Briefe an Ludwig und das Parlament schrieb, die von Beleidigungen und Anklagen strotzten. Auf den ersten dieser Briefe erwiderte Ludwig in kalten Worten, die ihm Richelieu diktiert hatte: »Ich habe jeden Beweis für die Zuneigung und Redlichkeit meines Vetters, des Kardinals de Richelieu. Der unerschütterliche Gehorsam, den er mir zollt, und die treue Sorge, die ihn allenthalben erfüllt, was meine Person und die Wohlfahrt meiner Länder betrifft, bezeugen dies.« Der spanische Botschafter bemerkte sarkastisch, der Kardinal lege deshalb all die Beweise seiner Tugend ab, weil er schon zu Lebzeiten kanonisiert werden wolle.

Die Flucht der Mediceerin besiegelte das Schicksal des Marschalls de Marillac. Ihn in diesem Augenblick freizulassen, wo eine neue Rebellion Frankreich bedrohte, hätte eine Ermutigung für die Unbotmäßigen bedeutet. Es ist jedoch zweifelhaft, ob dieser Prozeß gegen Marillac irgend etwas anderes leistete, als Unruhe in das Reich zu tragen, denn er wurde zum Anlaß bitterer Streitigkeiten zwischen den Advokaten und der Krone. Die Marschälle von Frankreich hatten das Recht auf eine Verhandlung vor der großen Kammer des Parlaments, und im Februar 1631 stellte das Parlament Marillac frei, sich dorthin zu berufen. Eine Verfügung des Königsrats kassierte diesen Bescheid, worauf das Parlament von Paris alle Kammern zu einer Plenarsitzung einberief und eine Beschwerde gegen die Krone herausbrachte, in der man es Richelieus sorgfältig ausgewählten Richtern untersagte, mit der Instruktion fortzufahren oder den Gefangenen und die Zeugen zu verhören, was nach französischem Recht zur Vorbereitung eines Verfahrens gehörte. Der König verbot daraufhin allen Gerichtsbeamten, den Anordnungen des Parlaments Folge zu leisten. Er wandte sich an das Parlament von Burgund, das sich gefügiger zeigte. Dieses übertrug die Rolle der Instruktion einer Kommission von zwei Männern. Einer hieß Laffemas und war ein übler Vertreter der Justiz. Seine rücksichtslose Verhandlungsführung in politischen Prozessen hatte ihm den Spitznamen »Büttel des Kardinals« eingetragen. Der Gedanke an einen Prozeß wegen Verrats wurde stillschweigend fallengelassen, und die Kommission prüfte nun die Verdachtsmomente gegen Marillac in folgenden Punkten: Veruntreuungen während der Befestigung Verduns, mangelnde Führungsqualitäten, unzulässige Bereicherung beim Kauf von Munition, falsche Buchführung und Unterschlagung. Der Marschall erhob Einwände gegen die Kommission und weigerte sich, Fragen zu beantworten, worauf das Parlament von Paris eine neue Verfügung erließ, die es jeder Kommission untersagte, mit der Instruktion fortzufahren. Diese Verfügung wurde jedoch vom Königsrat annulliert. Jetzt intervenierte Gaston d'Orléans, in der Hoffnung, das Parlament auf seine Seite zu ziehen. Er schrieb aus Nancy an die Kommission und sagte: »Der unglaubliche Ehrgeiz und die erschreckende Vermessenheit des Kardinals de Richelieu haben einen neuen Höhepunkt erreicht.« Die Königinmutter zog nach, indem sie öffentlich die Freilassung Marillacs forderte. Im November 1631 gab der Königsrat einen Erlaß heraus, in dem er der Kommission den Befehl gab, nicht wieder zusammenzutreten, und die Anklage gegen Marillac dem König persönlich vorbehielt. Wie in der Angelegenheit Chalais wurde gegen Marillac nun mit irregulären Methoden verhandelt. Die Advokaten waren allgemein entrüstet.

Während dieses klägliche Verfahren seinen Lauf nahm, hatte Gaston eifrig Truppen zusammengesammelt. Der König und Richelieu zogen mit einer Armee in die Champagne, um ihm entgegenzutreten. Im Laufe dieser Operation erreichte der Hof Verdun, wo Marillac gefangengehalten wurde. Der Marschall suchte um eine Audienz bei Richelieu nach. Der Kardinal erwiderte, daß die Interessen des Königs seine einzige Sorge seien; das Verfahren werde in Kürze beendet sein und ginge ihn im übrigen nichts an. Tatsächlich jedoch ging es ihn sehr viel an. Eine Verfügung des Königsrates erklärte alle Rechtsbeschwerden Marillacs für nichtig. Vierundzwanzig Richter wurden ernannt, und das Verfahren fand unter Richelieus Augen in seinem eigenen Château Rueil statt. Der Vorsitzende des Gerichts war der neue Siegelbewahrer Châteauneuf, so daß die Kontrolle der Exekutive über den Prozeß sichergestellt war. Das Belastungsmaterial gegen Marillac in den Anklagepunkten der Veruntreuung reichte zu einer Verurteilung aus. Doch brachte Marillac zu seiner Verteidigung vor, daß er in Wirklichkeit mehr ausgegeben habe, als er in königlichen Diensten an Sold erhalten habe. Auf jeden Fall wußte jedermann, daß seine Vergehen eine läßliche Sünde in diesem Zeitalter der universellen Korruption waren und daß der ganze Prozeß eine Farce war. Am 8. Mai 1631 wurde er zum Tode verurteilt. Er legte mit der rechtlich richtigen Begründung Berufung ein, daß die ihm zur Last gelegten Verbrechen nach dem Gesetz nicht mit der Todesstrafe bedroht waren. Doch wurde seine Berufung mit knapper Mehrheit verworfen. Marillacs Familie versuchte nun bei Richelieu persönlich zu intervenieren. Doch dieser zuckte nur die Achseln. »Herr von Marillac ist in den Händen der Richter. Es wird bald vorüber sein.« Und ohne ein weiteres Wort zu verlieren, setzte er sich in seine Kutsche und fuhr davon. Als man bei ihm vorstellig wurde, lautete sein einziger Kommentar: »Gehen Sie zum König. Er ist gütig.«

In seinen Memoiren versucht Richelieu, die Angelegenheit Marillac zu ignorieren. Er erwähnt nicht das Allgemeinwohl, sondern bezieht sich nur auf die Notwendigkeit, ein Exempel im Hinblick auf jene zu statuieren, die geneigt sein mochten, das Gesetz zu brechen, und zeiht Marillac im übrigen nur der Eitelkeit und Inkorrektheit – Fehler, die er zweifellos besaß, die aber ein Todesurteil nicht rechtfertigten. Man hat angenommen, Marillac sei das Opfer eines Rachekomplotts geworden, wie es die Dramatiker jener Zeit beschäftigte. Damit würde man jedoch Richelieu eine Leidenschaft zuschreiben, die er als Priester von unbestreitbarer Ernsthaftigkeit nicht toleriert und die er als kaltblütiger Rationalist verabscheut hätte. Marillac wurde der Staatsraison geopfert, die in den Augen Richelieus ein höherer moralischer Zweck war als die Freiheit des einzelnen. Und es war das Unglück des Marschalls, daß er in einem Augenblick vor Gericht stand, als die Sicherheit des Staates von innen und von außen aufs schwerste gefährdet war. Richelieu legte dem Rat eine Denkschrift vor, in der es hieß:

Spanien, das Reich und Lothringen stehen im Bunde gegen Frankreich. Der Plan ist geschmiedet und bereit zur Ausführung, falls ihre Anschläge gelingen. Briefe aus Brüssel und Nancy beweisen, daß es viele Sympathisanten in Frankreich gibt, von denen wir nichts wissen. Wir müssen den Fall Marillac beschleunigen.

Gegen Ende 1631 erhielt Marschall de La Force den Befehl, in Lothringen einzufallen und Gastons Truppen auseinanderzujagen. Man setzte diesem bis Luxemburg nach und ergriff die Gelegenheit, Sedan einzunehmen, den Sitz des Herzogs von Bouillon, der sich zu der Zeit in Holland aufhielt. Die verwitwete Herzogin wurde angesichts der ihren Palast bedrohenden französischen Kanonen gezwungen, einen Treueid auf Ludwig XIII. abzulegen. Gaston, aus Lothringen vertrieben, trat verärgert und in gefährlicher Stimmung in Brüssel auf, wo er mit seiner Mutter zusammentraf, die ihren Haß auf den fürchterlichen Kardinal in alle Welt posaunte. Die Statthalterin der Spanischen Niederlande war eine alternde und verständige Frau: Infantin Isabella, eine Tochter Philipps II. Für die kriegerische Haltung Olivares' hatte sie wenig Sympathien, und die Ankunft von Monsieur brachte sie in eine peinliche Lage. Ihr eigener Rat sah hier eine wundervolle Gelegenheit, um in Frankreich Zwist zu säen. Doch sie selbst blieb skeptisch. Monsieur und seine Mutter, berichtete sie nach Madrid, behaupteten zwar, eine riesige Schar von Anhängern zu haben, doch bliebe dies erst noch zu beweisen. Ein wenig später schrieb sie, Gaston habe in Wirklichkeit keine ernstzunehmenden Parteigänger in Frankreich, und das einzige Gefolge, das er in Belgien habe, sei jenes, das von spanischen Geldern lebe. Sie empfahl, alles, was Spanien tat, im Namen der Rebellen zu unternehmen. Sollten zum Beispiel die Franzosen aus Sedan vertrieben werden, so müsse dies im Namen Marias von Medici geschehen.

Trotz ihrer privaten Zurückhaltung fühlte sich die Infantin öffentlich zur Unterstützung Gastons verpflichtet. Am 27. Januar 1632 schrieb sie an Philipp IV. und sagte ihm, daß Monsieur um Asyl gebeten habe. Sie könne ihm dies nicht abschlagen, und obwohl sie kein Geld habe, um ihn zu unterstützen, werde sie ihn mit aller Ehrerbietung behandeln. Gaston wurde denn auch in den Gemächern des verstorbenen Ehemannes der Infantin, des Erzherzogs Albert, untergebracht. Sie kam auch für seine Unterbringung auf, während er sich daran machte, den Aufstand in Frankreich zu organisieren und Truppen auszuheben. Am Hofe in Madrid rief die Nachricht, daß französische Streitkräfte bei der Verfolgung Gastons luxemburgischen Boden betreten hatten, einen Sturm der Entrüstung hervor. Es wurde geplant, Wallenstein zu bemühen, der eine Armee nach Frankreich führen sollte, um Monsieur zu unterstützen, während man diesem zwanzigtausend Kronen im Monat anbot, falls er damit einverstanden wäre, in sein eigenes Land einzufallen. Isabella wurde instruiert, so viele Truppen wie möglich zur Unterstützung Gastons auszuheben. Sie erwiderte kühl, Monsieur habe ihr selbst gesagt, er wisse, daß Spanien die Absicht habe, in Frankreich einzumarschieren, und daß er in diesem Falle auf der Seite seines Landes stehen werde. Dies alles war ziemlich entmutigend. Aber Olivares gab die Pläne zur Unterstützung Gastons nicht auf, und Isabella wurde angewiesen, eine beträchtliche Armee im Elsaß aufzustellen, die einen Diversionsangriff in Frankreich vortragen sollte. Zu diesem Zweck wurden sechshunderttausend Dukaten zur Verfügung gestellt. Ein Bruch mit Frankreich, so wurde ihr aus Madrid mitgeteilt, sei »wahrscheinlich«.

Vieles hiervon war Richelieu bekannt, da ihn regelmäßige Berichte vom französischen Gesandten in Brüssel erreichten. Sie wurden in der Hauptsache aus Informationen zusammengestellt, die ein Informant in Gastons Suite lieferte. Als daher Ludwig vor der Frage stand, das Todesurteil gegen Marillac umzuwandeln, waren weder er noch Richelieu geneigt, Gnade oder Schwäche zu demonstrieren. Eine Delegation von Freunden des Marschalls wurde vom König kühl empfangen, der lediglich sagte: »Ich werde überlegen, was zu tun ist. In der Zwischenzeit wollen Sie sich bitte zurückziehen.« Am 10. Mai 1633 brachte man Marillac, ohne ihn über sein Schicksal zu informieren, um sechs Uhr früh aus Rueil nach Paris. Er glaubte, er solle in die Bastille gebracht werden, und er erkannte den schlimmen Zweck seiner Reise erst, als die Kutsche an der Festung vorbeifuhr und durch die Rue St. Antoine das *Hôtel de Ville* auf der Place de Grève ansteuerte. Dort hatte man bereits ein Schafott errichtet, und der Platz war schwarz von Schaulustigen. Man führte den Marschall in das *Hôtel de Ville* und las ihm das Todesurteil vor, während er vor einem Kruzifix kniete. Der Tag verging mit der Vorbereitung seiner Seele auf den Tod und der Regelung seiner zeitlichen Angelegenheiten. Um drei Uhr nahm er etwas Wein zu sich und brachte auf den Scharfrichter, die Priester und Beamten, die mit ihm waren, einen Toast aus: »Zum letzten Mal – Ihr Wohl, meine Herren!« Dann wurden ihm die Schmachtlocken abgeschnitten. Um vier Uhr bestieg er das Schafott. Ein einziger Schwertstreich trennte das Haupt vom Rumpf eines Mannes, der bis zuletzt ungläubig vor einem Schicksal stand, das ihm sein unversöhnlicher Monarch zugedacht hatte.

Das denkwürdige Exempel, das man an Marillac statuiert hatte, diente nicht dazu, die Opposition zu beschwichtigen, sondern reizte sie nur noch mehr. Aus Furcht vor dem Kardinal, aber auch aus innerer Empörung drängten Personen höheren Rangs als Marillac in die Reihen von Gastons Gefolgschaft, allen voran der Herzog von Montmorency, seines Titels Gouverneur des Languedoc. Dieser glänzende Edelmann war damals fünfunddreißig Jahre alt und einer der mächtigsten Männer Frankreichs. Er war Mitglied einer Familie, die dem Lande fünf Connétables und sieben Marschälle geschenkt hatte, er war zudem der Schwager Condés und mit der Königsfamilie in verschiedener Weise verwandt. In seiner Hauptstadt Toulouse und in seinen Schlössern, die über die ganze Provinz verstreut waren, hielt er fast wie ein König hof. Fünfzig Herren und dreißig Pagen begleiteten ihn auf Schritt und Tritt. Er war ein Förderer von Literatur und Kunst und hielt seine schützende Hand über Dichter und über liberales Denken. Gewandt und charmant, wurde er überall angebetet. Er war auch ein guter Soldat, der 1630 im Piemont in der Schlacht von Avigliana neunzehn feindliche Fahnen erbeutet hatte. Zufällig hegte er einen privaten Groll gegen Richelieu, der ihm das Amt des Admirals von Frankreich aus beachtlichen administrativen Gründen verweigert hatte, es aber unterlassen hatte, ihn mit dem Amt des Maréchal-de-camp-général in Italien zu entschädigen, das er seinem Range für angemessen erachtete.

Montmorency war außerdem Wortführer der richelieufeindlichen Stimmung im Languedoc, der eine der fünf Provinzen mit einem besonderen Besteuerungssystem war. Während im übrigen Frankreich die Taille eine Steuer war, die direkt auf die Einkünfte erhoben wurde und jedes Jahr neu und willkürlich festgelegt werden mußte, war diese Steuer in den fünf Provinzen nur für Landbesitz zu entrichten. Wer keinen Grund und Boden besaß, zahlte nichts. Gutsbesitz blieb steuerfrei, was aber nicht hieß, daß nun notwendig alle Adligen steuerfrei waren. Denn wenn ein Adliger Land kaufte, das nicht zu einem Gut gehörte, unterlag er der Besteuerung. Umgekehrt blieb auch ein Bauer steuerfrei, der Gutsbesitz erwarb. Die Regierung in Paris erhob die Steuern nicht direkt, sondern teilte den Provinzständen den Gesamtbetrag mit, den man als Steuerbeitrag dieser Provinz erwartete, und die Stände konnten sich in völliger Freiheit auf Maßnahmen einigen, wie die geforderte Summe aufzubringen sei. Es wurde viel Mißbrauch mit diesem System getrieben, und die Niederwerfung des Hugenottenaufstandes im Languedoc im Jahre 1629 schien Richelieu die richtige Gelegenheit zu sein, um diese anomalen Zustände zu beseitigen. Es wurde eine Verfügung erlassen, die bestimmte, daß in Zukunft Finanzabgaben nicht mehr von den Ständen mit Billigung der Provinzgouverneure erhoben würden, sondern daß dies königlichen Beamten oblag, die im Languedoc zweiundzwanzig regionale Ämter unterhielten.

Diese königlichen Beamten waren keine Verwaltungsbeamte im strengen Sinne, sondern eher Privatunternehmer, die sich in der Hauptsache aus den Rechtsberufen rekrutierten und überall verhaßt waren. Die Einführung des neuen Systems im Languedoc rief bittere Verstimmung hervor, und die gesamte Beamtenklasse der Provinz suchte Schutz hinter der scheinbar unangreifbaren Fassade von »Provinzprivilegien« und »Fundamentalgesetzen«. Das Parlament von Toulouse kassierte die Verfügung, durch die das Amt des königlichen Steuereinnehmers geschaffen wurde, und Montmorency in seiner Eigenschaft als Gouverneur begab sich zu Verhandlungen nach Paris. Das Ergebnis war weder für Richelieu noch für die Stände des Languedoc befriedigend. Denn der Kompromiß, den man aushandelte, wahrte weder die Provinzfreiheiten in ihrer Gesamtheit, noch assimilierte er die Provinz in der Angelegenheit des Steueraufkommens dem übrigen Rest des Landes. Im Oktober 1631 schlug Richelieu zu, indem er zwei königliche Kommissare ernannte, denen es oblag, die Steuern in der Provinz zu erheben. Die Stände schäumten vor Wut, und als sechs Monate später die Steuer trotzdem erhoben wurde, protestierten die Bischöfe und Barone aufs schärfste. Montmorency versuchte, maßvoll zu agieren. Doch der von allen Seiten auf ihn ausgeübte Druck wurde übermächtig. Ganz allmählich drängte man ihn ins Lager der Aufrührerischen.

Der böse Geist im Gang der Ereignisse war der Bischof von Albi, ein Florentiner namens d'Elbène. Er war eine Kreatur Marias von Medici und hatte zwei Neffen in Gastons Umgebung in Brüssel; der eine war Priester, der andere Hauptmann in Gastons Garde. Letzterer reiste heimlich nach Albi, und nach seinem Besuch ging d'Elbène daran, sich den Tumult im Languedoc zunutze zu machen, um Montmorency und mit ihm die ganze Provinz auf die Seite Gastons und seiner Rebellion zu ziehen. Dem zögernden Herzog malte er in glühenden Farben seine Lage in Frankreich aus, falls es ihm gelänge, den Kardinal zu bezwingen. So, wie d'Epernon sich die Unsterblichkeit gewonnen habe, indem er Maria von Medici aus Blois herausbrachte, werde Montmorency sich selbst die Unsterblichkeit gewinnen, indem er sie aus dem Exil heimführte. Er werde zweifellos seinem Vater im Amte des Connétable nachfolgen, das Richelieu nach dem Tod Lesdiguières abgeschafft hatte. Zwei Tage nach der Hinrichtung Marillacs erhielt Richelieu einen Bericht aus Brüssel, worin ihm mitgeteilt wurde, daß Gaston, Karl von Lothringen und Montmorency im Bunde standen. Montmorency hatte sich verschiedentlich kompromittiert, und ein privates Gespräch zwischen ihm und seiner Frau, in dem sie ihm alle gefährlichen Aktionen auszureden versucht hatte, wurde Richelieu durch eine Kammerzofe der Herzogin hinterbracht, die gelauscht hatte. Der Kardinal beobachtete Montmorency nicht ohne Beunruhigung. Es war etwas im Gange, als der Frühling des Jahres 1632 sich dem Sommer näherte.

Eine Woche nach der Hinrichtung Marillacs macht sich Gaston ans Werk. Von Brüssel begab er sich nach Trier, wo er eine Streitmacht von ungefähr zweitausendfünfhundert Kavalleristen zusammenstellte, und mit diesen rückte er nach Nancy vor, wo Karl trotz seiner jüngst erlittenen Schlappe ihn unterstützte. Das Ergebnis für Lothringen war verheerend. La Force fiel sofort in das Herzogtum ein und erreichte die Umgebung Nancys. Karl, verblüfft über die Schnelligkeit der französischen Aktion, gab am 26. Juni 1632 in Liverdun den ihm gestellten Bedingungen nach und suchte am 8. Juli persönlich Ludwig XIII. auf, um ihn seiner Ehrerbietung zu versichern und um Vergebung zu bitten. Der Preis, den er zu zahlen hatte, war die Abtretung der Grafschaft Clermont an Frankreich. Gaston, seiner lothringischen Basis beraubt, wechselte nach Frankreich über, wo seine kleine Streitmacht durch Desertion rasch auf die Zahl achthundert reduziert wurde. Unterwegs erließ er einen glühenden Aufruf an alle Franzosen und forderte sie auf, sich zu erheben und »Armand-Jean Kardinal de Richelieu, Störer des öffentlichen Friedens, Feind des Königs, Zersetzer des Staates, Usurpator der besten Ämter im Reich, Tyrann und Unterdrücker«, zu stürzen. Die Adressaten waren freilich zu schlau, um dieses Dokument ernst zu nehmen, und allenthalben verschlossen die Städte ihre Pforten vor Monsieur, der, verfolgt von Marschall Schomberg, in der Wildnis der Auvergne verschwand, wo es ihm gelang, dreihundert Mann des Landadels um sich zu sammeln. Am 22. Juli zog er durch die Tarnschlucht in Montmorencys Provinz Languedoc, wo er am 30. Juli in Lunel seine Streitkräfte mit denen des Herzogs vereinigte.

Richelieu hatte bereits Schritte ergriffen, um mit Montmorency fertig zu werden. Doch war sein Plan fehlgeschlagen. Man hatte den Herzog nach Montpellier locken und dort ergreifen wollen. Als jedoch Montmorency dort eintraf, kursierte bereits das Gerücht von seiner bevorstehenden Verhaftung, und die Bevölkerung drängte sich vor seinem Hôtel und ermöglichte ihm so die Flucht. Er befand sich nun im offenen Aufstand. Doch die Geschwindigkeit, mit der Schomberg in den Languedoc zog, und die Rücksichtslosigkeit, die er an den Tag legte, frappierten die Provinz. Aufständische Offiziere schleppte man auf das Schafott, ungeachtet ihrer Erklärung, sie seien Kriegsgefangene und keine Kriminellen. Die guten alten Tage des Bürgerkriegs waren für immer dahin. Montmorency wurde zum Verräter erklärt und sein Herzogtum mit der Krone vereinigt. Das ganze Eigentum des Herzogs wurde sequestriert. Im Parlament von Toulouse wurde das Verfahren gegen ihn eingeleitet, und alle, die mit ihm zu tun hatten, erhielten fünf-zehn Tage Zeit, um sich von ihm loszusagen, andernfalls sollten sie geächtet werden. Es dauerte einen ganzen Monat, bis die Affäre zu Ende war. In Castelnaudary verwickelte Schomberg Montmo-rency in ein halbstündiges Gefecht. Das graue Pferd, auf dem er ritt, erhielt einen Stich in die Flanke und fiel tot um, wodurch Montmorency in voller Rüstung zu Boden stürzte. Aus siebzehn Wunden blutend, die Zähne durch eine Kugel ausgeschlagen, wurde er gefangengenommen.

Gaston war in Béziers blockiert, hoffte aber noch auf spanische Hilfe und versuchte, Zeit zu gewinnen, indem er mit Schomberg verhandelte. Dieser zögerte noch, Gewalt gegen den Bruder des Königs anzuwenden. Indessen blockierte er die Straßen von Rous-sillon, und die Spanier rührten sich nicht. Ludwig XIII. und Riche-lieu begaben sich nach Montpellier und übernahmen die Verhand-lungen. Man verlangte von Gaston lediglich, daß er auf alle Cliquenbildung innerhalb und außerhalb des Reiches verzichtete. Er war noch immer arrogant und verlangte die Freilassung Mont-morencys sowie eine Reihe von Vergünstigungen für sich selbst. Während die Verhandlungen noch im Gange waren, brach er aus Béziers aus und besetzte die Burg Olonzac bei Carcassonne. Dort wurde er zur Aufgabe gezwungen, und wie Richelieu erwartet hatte, ließ er Montmorency fallen und unterzeichnete die notwen-digen Artikel. Im letzten Augenblick verlangte er, daß diese auch die Erlaubnis enthalten müßten, Marguerite, die Schwester Karls von Lothringen, zu heiraten. Der König verbot dies. Gaston, hä-misch grinsend, fragte, was sie tun würden, wenn er ohne Zustim-mung heiratete. Man erklärte ihm, der Papst werde diese Ehe auf-lösen. Montmorency brachte schließlich die sensationelle Enthül-lung: Gaston war am 3. Januar heimlich mit Marguerite de Vaudmont vermählt worden.

Das letzte Problem war der Prozeß gegen Montmorency. Riche-lieu ließ sich Zeit mit der Entscheidung. Die Begnadigung des Herzogs, so überlegte er, brachte Gaston den Vorteil, daß er sein Gesicht wahrte, aber in der Milde lag auch eine große Gefahr. Er beschloß, das Verfahren fortzusetzen. Als die Richter in Toulouse ihr Urteil verkündeten, ruhten die Augen Montmorencys unver-wandt auf dem Kruzifix im Gerichtssaal. Bis zuletzt blieb er char-mant und würdevoll. Als die Menschenmengen in den Straßen seine Begnadigung forderten, entgegnete Ludwig nur: »Ich müßte

nicht König sein, wenn ich die Gefühle eines Privatmanns hätte.«
Und schweigend setzte er seine Schachpartie fort, während das
Volk in höchster Erregung war. Montmorency wurde mit einer primitiven Guillotine auf der Place de Salin in Toulouse enthauptet.
Sein Blut soll das Standbild Heinrichs IV. bespritzt haben. Doch
da dies in Höhe des zweiten Stockwerks steht, dürfte es sich bei der
Anekdote um eine barocke Ausschmückung des Ereignisses handeln. Dutzende weiterer Pesonen folgten ihm auf dem Schafott
oder wurden, wenn sie geflohen waren, in effigie »hingerichtet«.
Die Herzogin von Montmorency wurde in den Konvent Ste. Jeanne de Chantal zu Moulins verbannt, wo sie einige Jahre später
ein pompöses Mausoleum für ihren Gatten errichtete. Es entging
später dem Wüten der Revolution nur deshalb, weil sich irgend jemand daran erinnerte, daß der Verstorbene ein Opfer der Monarchie geworden war.

Der Hof reiste im Triumphzug in den Süden Frankreichs, und
in Bordeaux erwarteten ihn große Neuigkeiten. Gaston hatte wieder Reißaus genommen und befand sich bei seiner Mutter in Brüssel. Kaum hatte er vom Tode Montmorencys gehört, als er den Orden des Heiligen Geistes in die Tasche steckte, den Umhang
anlegte und zu seinen Gefährten sagte: »Ich würde das Königreich
nicht verlassen, wenn ich Sicherheiten für mein Leben hätte.«
Dann schrieb er an Ludwig, er habe sich nur in der Hoffnung ergeben, Montmorency zu retten, er betrachte sich nun als von allen
Treueverpflichtungen entbunden.

14
Der Löwe des Nordens
1631–1632

Unter den zahlreichen Schaulustigen, die sich die Belagerung von La Rochelle ansahen, war ein Mann von militärischen und diplomatischen Neigungen namens Hercule Girard, Baron von Charnacé. Dieser Herr, der reichlich über Geld und Muße verfügte, war nach dem Tode seiner Frau so untröstlich gewesen, daß er eine lange Reise in den Osten antrat. Er bereiste Ägypten, Arabien, die heiligen Länder, die Türkei und Griechenland. Schließlich war er über Polen und Deutschland zurückgekehrt. Da er von den Kreuzzugsplänen Pater Josephs wußte, suchte er ihn im königlichen Lager in La Rochelle auf und diskutierte mit ihm die Situation im Balkan. Als Pater Joseph berichtete, daß Charnacé Sigismund von Polen und König Gustav Adolf von Schweden begegnet sei, ließ Richelieu Charnacé zu sich bitten. Er wollte wissen, welchen Eindruck er von den beiden Monarchen gewonnen hatte, die seit ewigen Zeiten miteinander im Krieg lagen, und ob er es für möglich hielt, die beiden zu versöhnen, so daß die schwedische Armee für nützlichere Aktivitäten freigemacht werden konnte. Charnacés Analyse beeindruckte Richelieu dermaßen, daß er ihm den Posten eines Sondergesandten zu den beiden Königen anbot. Charnacé akzeptierte, und im Januar 1629, als Richelieu gerade dabei war, zum erstenmal nach Italien aufzubrechen, erhielt er seine Instruktionen. Er sollte zunächst zwischen der katholischen Liga und Dänemark vermitteln, dessen König nach einer vernichtenden Niederlage durch Wallenstein in einem Zustand der Lethargie und Verzweiflung war, und dann in ähnlicher Weise als Vermittler zwischen Sigismund und Gustav Adolf fungieren. Charnacé begab sich unverzüglich an die Ostsee. Er sollte der führende Botschafter Frankreichs im folgenden Jahrzehnt werden.

Die erste Mission war zum Scheitern verurteilt, denn der von Richelieu subventionierte König Christian von Dänemark war viel zu ausgepumpt, um weitere Anstrengungen zu unternehmen. Er

akzeptierte einen harten Frieden zu den Bedingungen Wallensteins und zog sich aus dem Krieg zurück. Mit weiteren Instruktionen von Pater Joseph versehen, fuhr Charnacé nach Polen und erreichte am 1. Juni 1629 Marienburg. Er wurde von den Polen nicht
gerade freundlich empfangen, denn sie hatten guten Grund, Richelieus Motiven zu mißtrauen. Erst kürzlich hatten die Franzosen
versucht, eine politische Verbindung zwischen Dänemark und
Rußland anzuknüpfen, um sich selbst das Monopol auf den kaspi-
schen Handel auf der Narwa zu sichern. Hieraus war dann der Vorschlag einer gegen Sigismund gerichteten Allianz zwischen Zar
Michail Romanow und dem Siebenbürger Protestanten Bethlen
Gábor geworden. Aber auch bei den Schweden wurde Charnacés
Vermittlungsvorschlag nicht gerade mit überschwenglicher Begeisterung aufgenommen. Die Abenteuer, die sie in den vergangenen
Jahren rund um die Pripjet-Sümpfe zu bestehen gehabt hatten,
machten sie nicht geneigt, das Schicksal ihrer Glaubensgenossen in
Deutschland mit besonderer Beunruhigung zu verfolgen. Es war
kein kleiner Triumph für Charnacé, als es ihm gelang, einen Waf-
fenstillstandskompromiß zwischen Polen und Schweden auszuhandeln und eine vorübergehende Einstellung der Feindseligkeiten zu bewirken. Vor nicht geringe Schwierigkeiten freilich stellte
ihn die Aufgabe, die Energien Schwedens für Frankreich nutzbar
zu machen. Gustav Adolf war eine große Persönlichkeit, beseelt
von kühnen Ideen und gigantischen Plänen. Er war rauh, aber
herzlich; ein Landjunker durch und durch, blieb er stets überzeugt,
ein Werkzeug Gottes zu sein. Sein Auftreten war polternd, sein
Mangel an Ausgeglichenheit konnte geradezu barbarische Formen
annehmen. Er wollte niemandes Kreatur, keines Menschen Knecht
und Diener sein.

Richelieu hatte sich an Gustav Adolf herangemacht, ohne auch
nur das geringste über den Mann oder seine Motive zu wissen. Das
Auftreten Wallensteins an der Ostsee, die Eroberung Stralsunds
und die Niederwerfung Dänemarks ließen Gustav um die Sicherheit der Ostsee fürchten, die er als schwedisches Privatmeer betrachtete. Und am 3. November 1629, eine Woche bevor
Charnacé in Uppsala eintraf, beschloß der schwedische Königsrat
den Krieg gegen Ferdinand und den Anspruch auf die Erbfolge in
Pommern, dessen alternder Herzog ohne Erben war. Gustav
Adolf, der es liebte, seine Ansprachen mit Küchenlatein und klassischen Bildungszitaten zu würzen, hatte bei der Versammlung be-

tont, bei einem solchen Schritt gehe es ihm einzig und allein um *patriae utilitatem* (den Nutzen des Vaterlandes). Und er hatte unter Anspielung auf den heiligen Augustin mit den Worten geschlossen: »Für mich selbst erkenne ich, daß ich keine Ruhe zu suchen brauche, bis ich sie in der ewigen Ruhe finde.«

Der schwedische König war entschlossen, in den Dreißigjährigen Krieg einzugreifen, ob Frankreich ihn dazu antrieb oder nicht. Er sandte bereits Bündnisangebote nach Sachsen-Weimar, Hessen-Kassel, Hessen-Darmstadt und nach Mecklenburg und plante einen Aufstand der Protestanten in Böhmen, ja sogar in den Schweizer Kantonen. Die meisten Empfänger seiner Avancen verhielten sich zurückhaltend. Doch die tönenden Erklärungen des Königs über religiöse Inbrunst und protestantische Solidarität wirkten auf das gemeine Volk des protestantischen Deutschlands wie die Ankunft des Messias. Charnacé erkannte sogleich, daß dieser leidenschaftliche Mann keiner finanziellen Unterstützung bedurfte, um sich mit Habsburg anzulegen, und daß er nicht leicht zu kontrollieren sein würde. Dementsprechend verließ er Uppsala, ohne über den Waffenstillstand mit Polen hinaus etwas bewirkt zu haben. Im Januar 1630 erreichte ihn in Elsinore eine Depesche Richelieus. Frankreich schickte sich an, zum zweiten Mal in Italien einzumarschieren, und die Intervention Gustav Adolfs in Norddeutschland wurde als Ablenkungsmanöver benötigt, namentlich, um den kaiserlichen Vorstoß nach Lothringen zu kontern. Der Depesche lagen ein Vertragsentwurf und Unterzeichnungsvollmachten für Charnacé bei, für den Fall, daß Gustav Adolf dem Vertrag zustimmte.

Charnacé kehrte daraufhin nach Uppsala zurück, und nun wurden die Widersprüche in der Politik Richelieus deutlich. Gustav Adolf wünschte eine Klausel in dem Vertrag, die Frankreich dazu verpflichtete, die Rückkehr Friedrichs V. in die Pfalz zu unterstützen, während Richelieu eine andere Klausel wünschte, die den Übergang der Kurwürde an Maximilian garantierte, von dem er hoffte, er würde zum Führer einer dritten Macht in Deutschland emporsteigen. Gustav wünschte ein unbefristetes Bündnis, das Frankreich verpflichten würde, alle seine künftigen Projekte zu unterstützen. Richelieu erstrebte ein Bündnis für sechs Jahre, da er zunächst einmal nur an die dringende Notwendigkeit dachte, die Politik des Kaisers zu stören. Gustav wollte in bezug auf Schweden neutral bleiben, weil der schwedische Spanienhandel, namentlich in Bauholz und Mineralien, von Bedeutung war. Richelieu wollte die Spanier aus Deutschland heraus haben und hätte es gern gesehen, wenn Gustav dies übernommen hätte. Über diese Fragen gab es zwischen Charnacé und Gustav stürmische Debatten, und schließlich ging es in den Verhandlungen nur noch um die Frage, welchen Betrag Frankreich an Schweden zahlen sollte, um die im Felde stehenden Armeen zu unterstützen. Gustav schätzte seine Dienste zu hoch ein. Richelieu versuchte, billig wegzukommen, da er nicht wollte, daß Gustav die ökonomischen Mittel erhielt, um sich seiner Kontrolle zu entziehen. Charnacé brach die Verhandlungen ab und zog von dannen.

Gustav versuchte nun eine Zeitlang, mit seinen eigenen Ressourcen auszukommen. Dank heroischer Anstrengungen gelang es ihm, zweiundsiebzigtausendfünfhundert Mann zu rekrutieren, obwohl er nur mit vierzehntausend Mann in Peenemünde landen konnte, da er nicht genug Schiffe hatte. Er war ein unsteter und überarbeiteter Mann, gequält von einem heftigen Temperament, und seine Unfähigkeit, zwischen Religion und Politik zu unterscheiden, verbunden mit seiner Neigung, impulsiv zu handeln, machten ihn für seine Freunde zu einer ebenso großen Gefahr wie für seine Feinde. Nach der Landung in Deutschland hatte er nur ganz vage Vorstellungen von seinen Zielen. Und er war schwer enttäuscht über die schwache Resonanz der protestantischen Fürsten, die ihn persönlich verabscheuten und seine Pläne mit Argwohn verfolgten. Es war ihm klar, daß er Geld brauchte, um diese Zauderer noch einmal in den Kampf zu bekommen. und dieses Geld konnte er nur von Frankreich erhalten. Als sich seine finanzielle Situation verschlechterte und seine Söldner über die rückständigen Zahlungen in Unruhe gerieten, war Gustav gezwungen, zu Kreuze zu kriechen und die Verhandlungen mit Frankreich wieder zu eröffnen. Dabei stellte Charnacé fest, daß Gustav mehr denn je geneigt war, einen absurd hohen Preis für sich und seine Leistungen zu verlangen. So wollte er zum Beispiel nicht dulden, daß sein Name bei der Aufzählung der Parteien eines Vertrages nach demjenigen Ludwigs XIII. genannt würde. Nun konnte man sich leicht über den prätentiösen Goten mokieren, der sich seiner Abstammung von Alarich rühmte und auf dieser Basis beanspruchte, vor dem Nachfahren des Louis Capet genannt zu werden. Aber ein scharfsinniger Beobachter hätte aus dem Vorfall schließen können, daß es nicht leicht war, mit Gustav umzugehen, und daß es unweigerlich zu Schwierigkeiten kommen würde, wenn sich in einem Vertrag mit ihm irgendwelche Schlupflöcher befanden.

Der König und sein Botschafter führten heftige Debatten. So beschloß Gustav, sich direkt an Richelieu zu wenden. Er sandte einen gewissen Lars Nilsson Tungel im Juli 1630 nach St. Jean de Maurienne, wo Richelieu gerade den mantuanischen Krieg überwachte. Der Kardinal hatte soeben eine Abmachung mit Venedig unterzeichnet, derzufolge die Republik bis zu einem Limit von vierhunderttausend Livre ein Drittel zu allen Subsidien beisteuern wollte, die Frankreich Schweden anbot. Charnacé war angewiesen worden, im Falle eines Friedensschlusses in Italien diese Summe zu bieten und, falls kein Friede zustande kam, weniger. Doch mußte Nilsson Tungel feststellen, daß der Kardinal sich zu seiner Mission ganz gleichgültig verhielt und so sehr mit seinen Friedensverhandlungen mit Mazarin beschäftigt war, daß er für den schwedischen Gesandten keine Zeit hatte. Dieser beschwerte sich später, daß er am französischen Hofe dermaßen vernachlässigt worden sei, daß er verhungert wäre, wenn er nicht selbst für sich gesorgt hätte. Nilsson Tungel kam mit einem recht negativen Bericht über die Aussichten eines französischen Bündnisses nach Hause, freilich auch mit der irrigen Vorstellung, daß Charnacé autorisiert gewesen wäre, mehr Geld anzubieten, als er zugegeben hatte. Gustav war so erbost, daß er die Verhandlungen mit Charnacé abbrach und ihm sogar das sichere Geleit versagte.

Das katastrophale Ergebnis der Regensburger Verhandlungen mit all den neuen Risiken, die es für Frankreich mit sich brachte, veranlaßte Richelieu, auf einen schwedischen Diversionsangriff zu dringen. Und so erhielt Charnacé, der sich zu der Zeit in Belgien befand, den Auftrag, erneut das Lager Gustav Adolfs aufzusuchen und die Angelegenheit wieder in Angriff zu nehmen. Mittlerweile waren Gustav und Richelieu ängstlich darauf bedacht, ein Bündnis zustande zu bringen. Trotz der Überheblichkeit des einen und der List des anderen durfte man auf erhebliche Kompromisse hoffen. Es gab einen Punkt in den Verhandlungen, wo beide Parteien, nur um eine Abmachung zustande zu bringen, bereit waren, auch wichtigste Fragen hintanzustellen, beziehungsweise sie bewußt vage zu halten. Es ist dies ein häufig auftretendes Phänomen in der Geschichte der Diplomatie, und aus diesem Grund sind Verträge oft nicht so sehr Kontrakte, in denen die Parteien klar und eindeutig ihre Verpflichtungen festlegen, sondern ein Flickwerk von Randbemerkungen, die über die Hoffnung hinwegtäuschen sollen, gefürchtete Schwierigkeiten würden sich nicht einstellen. Wenn Charnacés Verhandlungen mit Gustav Maximilian und seine Verbündeten alarmiert hatten, so hatte die Gegenwart Pater Josephs in Regensburg Gustav alarmiert. Zu allem Überfluß war Pater Joseph aus Regensburg mit der gräßlichen Aussicht nach Hause gekommen, Gustav Adolf und der Kaiser könnten eine Verständigung suchen. Der Druck auf Gustav und Richelieu, handelseinig zu werden, verstärkte sich daraufhin merklich.

Die letzten Verhandlungen zwischen Charnacé und Gustav wurden ständig unterbrochen, da Gustav immer wieder seine administrative Energie unter Beweis stellen mußte. Das schwedische Heer fiel wie eine Schar von Aasgeiern über Pommern her und plünderte es aus. Und Gustav Adolf hatte alle Hände voll zu tun, es unter Kontrolle zu halten, zu verpflegen und einzuquartieren und zugleich die Kaiserlichen und den unglücklichen Herzog Bogislav von Pommern in Schach zu halten. Erst in Bärwalde, ein wenig oder aufwärts in Richtung Frankfurt, kamen Charnacé und Gustav zu einer Abmachung. Dort wurde am 23. Januar 1631 ein Vertrag unterzeichnet, über den Neuigkeiten allmählich durchsickerten und in Wien, Madrid und Rom Entsetzen auslösten. Die erklärten Ziele des französisch-schwedischen Bündnisses waren die gemeinsame Verteidigung und Sicherheit der Ostsee und die Freiheit des Handels – mit anderen Worten: die Aufrechterhaltung der wichtigen französischen Privilegien in den Sunden. Gustav wollte dreißigtausend Mann zu Fuß und sechstausend Mann Reiterei in Deutschland unterhalten. Er verpflichtete sich, die Religionsgesetze des Reiches zu respektieren und den Katholiken in Deutschland die freie Religionsausübung zu garantieren. Der Preis für dieses religiöse Zugeständnis, durch das Richelieu hoffte, den Schock über Gustavs Eingreifen in den Krieg möglichst gering zu halten, war eiligst hochgetrieben worden. Frankreich verpflichtete sich, Schweden eine jährliche Subsidie in Höhe von vierhunderttausend Reichstalern zu zahlen.

Von nahezu katastrophaler Schwäche waren die Kompromisse, zu denen sich Richelieu bei diesem Vertrag bereitgefunden hatte. Seine Zugeständnisse basierten auf der eitlen Hoffnung, den Löwen des Nordens an kurzer Kette zu halten. Eine Frage blieb zuletzt offen: die Übertragung der Kurwürde von der Pfalz an Bayern. Gustav erklärte sich zur Respektierung der Integrität Bayerns und der Länder der katholischen Liga nur insoweit bereit, »als sie sich streng zur Neutralität verpflichten«. Falls, mit anderen Worten, Maximilian und seine Anhänger nicht tatenlos zusehen wollten, wie Gustav Adolf die Struktur des Reiches demolierte, oder falls sie die Wiederherstellung der Pfalz betrieben, war der schwedische König nach den Bedingungen des Vertrages von jeder Verpflichtung befreit, sie zu respektieren. Und da beide Seiten sich verpflichteten, fünf Jahre lang keinen Separatfrieden zu schließen, fünf Jahre, in denen viel geschehen konnte, hatte Gustav Adolf genügend Zeit, alle Versuche Richelieus zunichte zu machen, Bayern zur Neutralität zu bewegen. In wenigen Monaten war der protestantische Vorkämpfer in den Augen des katholischen Europa zur Verkörperung Alarichs geworden – eines Alarich, dem ein Kardinal der Kirche opferte, damit er die Länder der Gegenreformation in Brand stecke. Richelieu war zu einem zweiten Faust geworden.

Wenn die mantuanische Politik des Kaisers ein Irrtum gewesen sein sollte, so war das schwedische Bündnis, zu dem sie geführt hatte, ein noch größerer Fehler. Französisches Geld gab Gustav Adolf momentane Unabhängigkeit und legte ihn nicht etwa an die Kette, sondern machte ihn im Gegenteil erst frei. Der Vertrag von Bärwalde war ein unzulängliches Dokument, dessen Anwendung von zu vielen Rücksichten abhing und zu viel Interpretationsspielraum offenließ. Richelieu war übertrieben optimistisch in bezug auf die Möglichkeit, Bayern im Kampf zwischen Gustav Adolf und Ferdinand neutral zu halten. Solange er nicht Maximilian auf einen neutralen Kurs verpflichtet hatte, war es töricht, Gustav tun zu lassen, was immer ihm die Laune des Augenblicks eingab. Richelieus Hauptfehler war die bewußte Störung des Gleichgewichts in Deutschland, um das Gleichgewicht an der französischen Grenze wiederzugewinnen. Denn diese beiden Dinge standen in keinem Verhältnis zueinander. Wie die Ereignisse zeigen sollten, erwies sich die gewaltsame Machtverschiebung in Deutschland im Gefolge des schwedischen Angriffes als gefährlich für die Sicherheit Frankreichs und zog das Land sicherer in den Abgrund als der Machtumschwung in Italien.

Während Charnacé den Vertrag von Bärwalde aushandelte, waren andere französische Gesandte dabei, die protestantischen wie die katholischen Fürsten zur Neutralität zu überreden. Daneben suchte man die Unterstützung der Katholiken in der Angelegenheit der umstrittenen Exklaven des Bistums Metz. In Leipzig gab es ein Treffen der Protestanten, in Dinkelsbühl eines der Katholiken. Beide Zusammenkünfte konsolidierten die jeweilige Partei – die eine in ihrer Opposition gegen den Kaiser, die andere in der Unterstützung für ihn. Die Protestanten einigten sich darauf, allgemeinen Widerstand gegen die Durchführung des Restitutionsediktes zu leisten. Die Katholiken fanden sich in der Unterstützung des Kurfürsten von Köln, der zur Unterdrückung seiner aufständischen Untertanen im Bistum Lüttich die Spanier ins Land gerufen hatte, und taten damit den ersten Schritt zur Aufgabe ihrer Neutralität im spanisch-holländischen Konflikt. Ferner verwiesen sie die Frage des Kircheneigentums an den bevorstehenden Reichstag in Frankfurt, »auf der Grundlage des Religionsfriedens und des Restitutionsediktes« – womit ihre Unterstützung fürs letztere impliziert war. Die Mächte des Protestantismus und des Katholizismus traten damit in einen neuen gegenseitigen Antagonismus, und zwar in eben dem Augenblick, da Gustav Adolfs Eingreifen die gesamte Situation in Deutschland wieder verflüssigte.

Die in dieser Situation schlummernden Gefahren wurden durch Maximilians plötzliche Entscheidung verdunkelt, den Schutz Frankreichs zu suchen. Hätte er diese Entscheidung getroffen, als Pater Joseph ihn in Regensburg dazu drängte, so wäre der Vertrag von Bärwalde vermutlich niemals abgeschlossen worden. Nun, da es zu spät war, willigte Maximilian in ein auf acht Jahre befristetes bayerisch-französisches Verteidigungsbündnis ein – und zwar einmal auf Geheiß des Papstes, zum andern aus Furcht vor den Schweden und aus nicht minder großer Furcht vor den spanischen Plänen in Deutschland. Der Vertrag von Fontainebleau, der im Mai 1631 unterzeichnet wurde, sah vor, daß sowohl Frankreich als auch Bayern auf die Neutralität zwischen der katholischen Liga und den Holländern hinarbeiteten und daß keines der beiden Länder Spanien zu Hilfe kam. Vordergründig betrachtet, widersprach dieses Instrument nicht dem Vertrag von Bärwalde; tatsächlich jedoch widersprach es ihm sehr wohl, weil es nicht die Neutralität Bayerns gegen Schweden sicherte; und während es Maximilian dazu ermutigte, darauf zu vertrauen, daß die Franzosen Gustav Adolf Fesseln anlegten, ließ es ihm freie Hand, seine Verpflichtungen gegenüber dem Kaiser zu erfüllen. Da Gustav keine Anstalten gemacht hatte, die Übertragung der Kurwürde von der Pfalz an

Bayern anzuerkennen, hatte Maximilian gewichtigen Grund zu bezweifeln, ob seine Neutralität in der bevorstehenden Auseinandersetzung zwischen Schweden und dem Kaiser in irgendeiner Weise für ihn zum Vorteil gelangte. Wenn Frankreich unfähig war, ihn zu beschützen, so würde er letztlich doch genötigt sein, sich an den Kaiser zu wenden. Nach dem Vertrag von Bärwalde jedoch konnte Frankreich ihn nicht schützen, wenn er nicht neutral blieb. Richelieu war der Gefangene seiner eigenen Zwickmühle, fast könnte man sagen, er habe die Augen vor dem Problem verschlossen und gehofft, die bevorstehende Katastrophe werde schließlich doch noch irgendwie abgewendet.

Das Unwetter zog sich ganz allmählich zusammen. Nur die Stadt Magdeburg erklärte sich für Gustav Adolf. Und als Wallensteins Nachfolger Tilly sie belagerte, kam von den übrigen protestantischen Staaten keinerlei Hilfe. Tilly war kaiserlicher General. Doch war er zugleich auch Oberbefehlshaber des bayerischen Heeres. Und seine Gegenwart in Magdeburg reichte an sich schon hin, Gustav von seiner Verpflichtung zu entbinden, die Integrität Bayerns und der Territorien der katholischen Liga zu respektieren. Tatsächlich warnte denn auch Richelieu den bayerischen Unterhändler des Vertrages von Fontainebleau, Küttner, als dieser sich angesichts der schwedischen Bedrohung auf die gegenseitigen Beistandsklauseln des Vertrages berief. Während Gustav sich durch Drohungen den Durchzug durch Sachsen und Brandenburg verschaffte, um Magdeburg entsetzen zu können, fuhr Tilly mit der Belagerung fort und nahm am 17. Mai 1631 die Stadt durch einen Sturmangriff. Seine Armee, die völlig aus der Kontrolle geriet, verwandelte den Sieg in ein Harmagedon. Die Leichen von zwanzigtausend Einwohnern trieben entweder in der Elbe, oder sie dienten den Hunden und Elstern zum Fraß, die in der Wildnis der Schwefelasche nach Beute stöberten. Das Inferno schockierte ein Europa, das sich mittlerweile an das Entsetzen gewöhnt hatte, und es trieb die Protestanten in die Arme Gustav Adolfs. Binnen zwei Wochen unterzeichnete Holland einen Vertrag, mit dem es die französischen Subsidien für den schwedischen König ergänzte. Und zwei Wochen später wurde Georg Wilhelm von Brandenburg angesichts der auf seinen Palast in Berlin gerichteten schwedischen Kanonen zur Unterzeichnung eines weiteren Vertrages gezwungen, der die Ressourcen des Kurfürstentums für die Dauer des Krieges den Schweden zur Verfügung stellte. Gustav Adolf war nunmehr gerüstet, Mitteldeutschland und das Rheinland anzugreifen.

Strategische Erwägungen während des Dreißigjährigen Krieges mußten immer wieder der Logistik geopfert werden. Die Armeen wurden zu monströsen Organismen, die kein anderes Ziel kannten, als sich auf Kosten ihrer Umwelt am Leben zu erhalten. Im Jahre 1630, nach elf Jahren Krieg, war die Situation schon schlimm genug. Doch nun, da der allgemeine Krieg ausbrach, wurde die Lage verzweifelt. Die Soldaten rissen das unreife Getreide vom Feld und schlachteten das Vieh. Es gab kein Saatgut für die nächste Ernte und kein Zuchtvieh. Die Knappheit allenthalben wuchs und wuchs. Allmählich wurde es sogar schwierig, Wurzeln, Eckern und Beeren zu finden. Auf Mord und Totschlag folgte die Pest, und die Bauern, selbst wenn sie etwas anzupflanzen hatten, besaßen nicht mehr die nötige Kraft für diese Arbeit. Die gesamte Wirtschaft Deutschlands, die schon vor 1618 in bedrohlichem Zustand war, brach zusammen. Der Handel kam zum Erliegen, die reichen Städte zehrten vom Kapital, aber sie erneuerten es nicht. Die Soldaten, durch Entbehrungen und Mißhandlungen brutalisiert, brannten aus lauter Mutwillen Heuhaufen nieder, strangulierten und rösteten die Bauern, in der Hoffnung, ihnen irgendwelche gehorteten Silberschätze oder Lebensmittelreserven entlocken zu können, und zogen sich damit eine furchtbare Rache zu, sobald die Bauern die Oberhand gewannen. Die Bewegung der Heere glich einer willkürlichen Partie Schach, in der die Steine auf ungeplündertes Gebiet gezogen werden. Nichts wie Selbsterhaltungstrieb und Zerstörung beherrschten dieses grausame Spiel. Und in dem Maße, in dem immer weitere Landstriche ausgeplündert waren, wurden die Truppenbewegungen immer ausgreifender.

Nach Magdeburg befand sich Tillys Armee in einem erschreckenden Zustand. Und er wandte sich auf der Suche nach Lebensmitteln an den Rhein. Diese Wendung brachte ihn nach Hessen, und der hessische Landgraf bat Gustav Adolf um Hilfe. Tilly war gezwungen umzukehren und sich auf die Ressourcen Sachsens zu werfen. Kurfürst Johann Georg versuchte, auf Zeitgewinn zu spielen. Doch Tillys Männer hatten keine Zeit. Stetig raubten und plünderten sie sich ihren Weg ins Kurfürstentum. Am 11. September 1631 verbündete sich Johann Georg mit Gustav Adolf. Eine Woche später wurde Tilly bei Breitenfeld von den vereinigten schwedischen und sächsischen Kräften geschlagen. Es war der

Wendepunkt des Krieges. Gustav hatte Europa von den Habsburgern befreit. Fortan befand sich der Protestantismus nicht mehr in der Defensive. Aber von nun an wurde der Krieg auch nicht mehr um eine ideologische Frage geführt, obwohl dies erst wenige erkannten – unter ihnen Richelieu. Mit einem Papst, welcher der Religionspolitik Österreichs ablehnend gegenüberstand, und einem Kardinal, der im Bündnis mit dem protestantischen Vorkämpfer stand, war die geistige Identität von Katholizismus und habsburgischer Suprematie dahingeschwunden. Und da sich Gustav Adolfs Sinnen und Trachten auf die politische Expansion Schwedens in Deutschland konzentrierte, war der Protestantismus auch nicht länger das einzige, ja nicht einmal das hauptsächliche Anliegen der Feinde Habsburgs.

Richelieus Genugtuung über die Nachrichten aus Breitenfeld war von kurzer Dauer. Denn nun brach Gustav in die »Pfaffengasse« ein, das heißt in den Verein katholischer Bistümer und Abteien im mittleren Deutschland. Am 5. Oktober befand er sich in Würzburg und stellte den katholischen Herrschern ein Ultimatum, das ihnen die Neutralität unmöglich machte. Unter anderem verlangte er von den Kurbischöfen vierzigtausend Taler im Monat, mit denen er ihre Glaubensbrüder zu bekämpfen gedachte. Im Augenblick befanden sich die Kurfürsten beim Reichstag in Frankfurt, der einberufen worden war, um das Restitutionsedikt zu erörtern. Als die Schweden den Main herabzogen, zerstreuten sich die Kurfürsten in alle vier Windrichtungen, um entweder in ihre Länder zurückzukehren oder, wenn ihnen die Länder nicht mehr gehörten, anderweitig Hilfe zu suchen. Den Protestanten in Frankfurt erschien Gustav, der erste fremde Eroberer, der die Stadt besetzte, als neuer Gideon. Kurz vor Weihnachten brach er in Mainz ein und nötigte den Kurfürsten zur Flucht.

Noch bevor die schwedische Armee am Rhein zum Halten kam, war Richelieu an drei Fronten aktiv geworden: in Italien, in Lothringen und in Graubünden. Obwohl diese Bewegungen im wesentlichen mit dem schwedischen Vormarsch nichts zu tun hatten und nur rein zufällig zur gleichen Zeit stattfanden, wirkten sie in Wien und Madrid als Teil eines großangelegten französisch-schwedischen Manövers. Der erste Schritt wurde im September im Piemont unternommen, nur zwei Tage nach Gustavs Sieg in Breitenfeld. Den ganzen Sommer 1631 über hatten kaiserliche, spanische, französische und savoyardische Kommissare die Einhaltung des

Vertrages von Cherasco überwacht. Der letzte Schritt war die in ihrer Gegenwart erfolgende Übergabe Pinerolos an Savoyen, datiert auf den 20. September. Victor Amadeus erklärte feierlich, daß Frankreich seine Verpflichtung zur Räumung der Festung voll und pünktlich erfüllt habe. Für die Spanier war die Angelegenheit damit erledigt. In Richelieus Augen indessen war sie noch keineswegs abgetan. Im vorangegangenen März, drei Monate vor dem Frieden von Cherasco, hatte Victor Amadeus einen Geheimvertrag unterzeichnet, durch den er der Abtretung Pinerolos an Frankreich zustimmte. Die treibende Kraft hinter dieser Verständigung war Mazarin, der von Papst Urban VIII. zu Richelieu gesandt worden war, um diesen zur Ratifizierung des Vertrages von Regensburg zu bewegen. Mazarin hatte indessen mit dem Kardinal gemeinsame Sache gemacht und einen Plan entworfen, um Frankreich einen dauernden Stützpunkt in Italien zu sichern und so den spanischen Plänen dort entgegenzuwirken.

Der Vertrag von Cherasco widersprach dieser Abmachung dem Geiste, wenn auch nicht dem Buchstaben nach, und Richelieu hatte über dieses Problem lange nachgedacht. Er erläutert in seinen Memoiren, daß Frankreich sich die dauernde Rolle des Schiedsrichters und Herren in Italien sichern konnte, wenn es gelang, Pinerolo zu halten. Mußte man den Platz aber aufgeben, so mußte man auch von allen derartigen Überlegungen Abstand nehmen. Vielleicht war es die spanische Reaktion auf den Frieden von Cherasco, die bei Richelieu den Ausschlag gab. Den ersten, im April unterzeichneten Vertrag hatte der Kaiser nicht anerkannt; den zweiten Vertrag hatte der Kaiser ratifiziert, um seine Armee angesichts der näherrückenden schwedischen Bedrohung freizubekommen. Olivares aber hatte aus moralischer Empörung über Richelieus Weigerung, den Vertrag von Regensburg zu ratifizieren, keine Skrupel gehabt, Ferdinand zur Nichtanerkennung des zweiten Vertrages von Cherasco zu drängen, von dem er behauptete, er sei über den Kopf Spaniens hinweg gemacht worden.

Als die spanischen und kaiserlichen Kommissare Pinerolo inspizierten, entging ihnen die Anwesenheit von zweihundert französischen Soldaten, die in den Kellern der Festung versteckt waren und nach dem Abzug der Kommissare den Platz wieder in ihren Besitz brachten. Die Räumung Pinerolos war durch einen Trick gegenstandslos gemacht worden. Und als Feria, der inzwischen wieder spanischer Statthalter des Herzogtums Mailand geworden war, von dieser Scharade erfuhr, drohte er damit, die Investitur Nevers' für null und nichtig zu erklären, falls Richelieu nicht die Verträge von Regensburg und Cherasco Artikel um Artikel einhalte. Auf diese Weise entstand ein diplomatischer Zusammenhang zwischen der französischen Besetzung Pinerolos und der französischen Unterstützung für Gustav Adolf. Richelieu konterte mit dem Vorwurf, daß Spanien sich nicht an den Vertrag von Monzón halte, indem es die in Casale freigewordenen Truppen durch das Veltlin nach Flandern führe. Allein im August hätten fünftausendachthundert Mann das Tal passiert. Wenn Spanien weiterhin gegen den Vertrag von Monzón verstoße, werde Frankreich sich auch nicht an die Abmachungen von Cherasco gebunden fühlen. Auf Drängen Mazarins beschloß man in Paris und Turin, die Spanier durch die öffentlich abgegebene Erklärung zu besänftigen, man habe Frankreich die Besetzung Pinerolos als Unterpfand für nur sechs Monate eingeräumt. Ein Geheimartikel jedoch bestätigte den Vertrag vom März, so daß Frankreich de facto die dauernde Souveränität über Pinerolo besaß.

Das Täuschungsmanöver von Pinerolo verhärtete die diplomatische Situation; Richelieus zweiter Zug, der ebenfalls durch Entwicklungen ausgelöst wurde, die nur entfernt mit dem schwedischen Bündnis zu tun hatten, verhärtete die Lage noch weiter. Es war dies der Einmarsch in Lothringen, zu dem man sich entschloß, als Gustav Adolf mit seinem Heer den Main herabzog. Der Hauptzweck des lothringischen Unternehmens war die Zersplitterung der Truppen, die Gaston mit Karls Hilfe für einen Einmarsch im eigenen Lande zusammenzog. Doch versprach es noch andere Resultate: Während der Kaiser durch die Niederlage bei Breitenfeld abgelenkt war, konnte man die kaiserlichen Garnisonen in Vic und Moyenvic verjagen, die eine ständige Bedrohung für die Rechte Frankreichs bedeuteten. Die französische Präsenz in Lothringen aber würde Gustav Adolf davon abhalten, den Rhein zu überqueren, um sich an diesem noch unausgeplünderten Gebiet gütlich zu tun und so den Krieg in Frankreichs Grenzlande zu tragen. Karl von Lothringen hatte Gustav reichlichen Vorwand für eine solche Aktion gegeben. Der Kaiser hatte Karl den Auftrag gegeben, in dem Herzogtum Truppen auszuheben. Richelieu vermutete, daß sie dazu dienen sollten, die Eskapaden Gastons zu unterstützen, in Wirklichkeit aber hatte Karl diese Truppen auf Ersuchen des Kaisers nach der Niederlage bei Breitenfeld als Verstärkung zu Tilly geschickt. Beim Vormarsch Gustav Adolfs den Main hinab waren sie abgefangen worden und befanden sich im Augenblick in ungeordnetem Rückzug vor den Schweden. Ohne Not hatte Karl sich zum Feind Gustav Adolfs gemacht. Der Nuntius Bichi tat sein Äußerstes, um Richelieu von der geplanten Aktion abzuhalten. Der Kardinal jedoch, mit seiner Vorliebe für Geschichte und Recht, brachte ausgeklügelte Argumente vor, die für den Supremat der französischen Krone in Lothringen und das Recht Ludwigs XIII. sprachen, dort seine Jurisdiktion durchzusetzen. La Force stieß mit seinem Heer auf keinerlei Widerstand, als er die lothringische Grenze überschritt. Gastons Truppen flohen nach Luxemburg, und die kaiserlichen Garnisonen in Vic und Moyenvic kapitulierten. Karl verließ in aller Eile seinen Onkel, Maximilian von Bayern, um sich persönlich Ludwig XIII. in Metz zu unterwerfen, wo das französische Hauptquartier stand. Hier unterzeichnete er eine Abmachung, die den Franzosen zum Zwecke des Beistandes für die Katholiken in Deutschland das Durchgangsrecht durch Lothringen einräumte und somit Ludwig die Linie an der oberen Mosel sicherte.

In den ersten Tagen des Jahres 1632 sah es einen Augenblick lang so aus, als werde Frankreich zum Rhein marschieren und das Elsaß okkupieren. Der Suzerän dieser kaiserlichen Provinz war Erzherzog Leopold, und er war es auch, der Graubünden überfallen und dieses unter dem Schutz Frankreichs stehende Territorium eifrig befestigt hatte. Dies bot einen ausgezeichneten Vorwand, ihn seines Amtes im Elsaß zu entheben und damit sowohl einem kaiserlichen Einmarsch in Frankreich über die anfällige Grenze Lothringens vorzubeugen wie auch eine feste Abwehrstellung gegen Gustav Adolf auf der linken Rheinseite zu bilden. Bei einer Ratssitzung in Vic am 6. Januar stellte Richelieu diesen Schachzug zur Diskussion. Der Nuntius erfuhr davon und machte dem Kardinal empörte Vorhaltungen. Ein Krieg gegen Österreich, sagte er, sei verderblich für die Kirche, und er bedauere es, einen Kardinal an die primäre Verpflichtung gegenüber der Religion erinnern zu müssen. Richelieu erwiderte, daß Ludwig das Elsaß nur betrete, um die dortigen Katholiken vor dem Wüten Gustav Adolfs zu schützen. Doch Bichi sagte, von einer so schwachen Ausrede werde sich niemand täuschen lassen. Und schroff setzte er hinzu, daß es eines Fürsten unwürdig sei, die Regierungsgeschäfte einem Kardinal der Kirche anzutragen, nur damit dieser eine Unternehmung gegen den Katholizismus leite. Am nächsten Morgen besprach sich Richelieu mit Pater Joseph, der ebenfalls gegen den geplanten Einmarsch votierte. Ein solcher Schritt, so gab er zu bedenken, müsse die Freunde Frankreichs in Deutschland vor den Kopf stoßen, die man soeben dazu bewegen wollte, ihre Neutralität zu erklären, um Gustav Adolf in den Schranken des Vertrages von Bärwalde zu halten. Richelieu gab dem Druck nach, und die französischen Streitkräfte zogen sich wieder auf französisches Territorium zurück. Kaum war dies geschehen, als die Nachricht eintraf, daß Gaston nach Nancy zurückgekehrt war. Er hatte, obgleich dies noch nicht bekannt war, am 3. Januar heimlich Karls Schwester Marguerite geheiratet.

Die dritte Bewegung französischer Truppen führte nach Graubünden. Die Flut spanischer und kaiserlicher Kräfte, die zur Verstärkung Tillys über die Pässe strömte, war alarmierend und widersprach in Richelieus Augen dem Vertrag von Monzón. Man beschloß daher, Rohan an die Spitze eines Graubündner Heeres zu stellen. Und die Venezianer ließen sich, wenn auch grollend, dazu überreden, zu diesem Zweck ihrem Oberkommandierenden Urlaub zu geben. Rohan erschien in Chur und befaßte sich nun aktiv mit der ihm übertragenen Aufgabe. Je mehr Richelieus Besorgnis über Gustavs Absicht wuchs, desto mehr neigte er dazu, Rohan in der Rolle eines Verteidigers der schweizerischen Neutralität zu sehen, und zwar nicht nur gegen die Spanier und Österreicher, sondern auch gegen Schweden, und notgedrungen mußte er darin auch einen Hemmblock gegen einen Einfall Gustav Adolfs in Italien erblicken. Mit Rohan hatte er freilich den Falschen gewählt. Denn der fürchterliche Hugenotte sollte sich kurze Zeit später Gustav Adolf zur Verfügung stellen, der den Plan verfolgte, die Schweden ins Veltlin zu bringen; damit drohte die Ablösung der französischen durch die schwedische Schutzmacht.

Das neue Jahr 1632 sah Europa in einem Zustand der äußersten Erregung. Der furchtbare Gote war am Rhein zum Halten gekommen und war dabei, Mainz zu einer großen Basis für die bevorstehenden Frühlingsoperationen zu machen. Wohin er sich als nächstes wenden würde, wußte niemand. Am französischen Hofe gab es die wildesten Spekulationen. Wenn er sah, daß er an der Mosel nicht weiterkam, kam er vielleicht über die Vogesen, um die kaiserlichen Territorien Elsaß und Lothringen zu plündern und Frankreich zu bedrohen; oder er mochte Friede mit dem Kaiser

schließen, über die schweizerischen Alpenpässe marschieren und
– wie sein Vorfahr Alarich – Rom erstürmen. In Spanien herrschte
hektische Aktivität. Kurz nach Breitenfeld trat der Staatsrat zusammen und beschloß, die Pfalz gegen Gustav Adolf zu verteidigen
und Polen zum Bruch des Waffenstillstandes mit Schweden zu
überreden, um die Nachschublinien Gustavs abzuschneiden. Man
schlug sogar vor, Spanien solle in der Frage der Wiedereinsetzung
Friedrichs in die Pfalz die Verständigung mit England suchen und
den Kaiser zur Rücknahme des Restitutionsedikts bewegen, um
die deutschen Protestanten zu beschwichtigen. Olivares regte an,
daß alle spanischen diplomatischen Missionen darauf hinwiesen,
daß es sich bei diesem Krieg um einen politischen, nicht um einen
religiösen handle und daß Gustav Adolf nur seinen eigenen Ehrgeiz verfolge und keineswegs als der Retter des Protestantismus zu
betrachten sei. Der einzig wahre Feind, sagte er, sei Frankreich, das
in jeder nur denkbaren Weise beunruhigt werden müsse, namentlich dadurch, daß der Kaiser einen Diversionsangriff von Lothringen aus nach Frankreich trug, und dadurch, daß man im Lande
selbst Zwietracht säte.

Dieses Eingeständnis Spaniens, daß es sich bei dem Krieg um einen politischen und nicht um einen religiösen handle, erhöhte den
habsburgischen Kredit in Rom nicht einen Deut, als Madrid und
Wien versuchten, beim Papst Geld locker zu machen. Als er vom
Vertrag von Bärwalde erfuhr, wollte Urban die Nachricht zunächst
nicht glauben. Und als man ihm die unbequemen Tatsachen vorlegte, gab er Bichi den Auftrag, Richelieu zum Abrücken von diesem Vertrag zu bewegen. Nach Breitenfeld erneuerte er seine Bitte
und drang in den Kardinal, Gustav Adolf eine Mission zu senden
und ihn zu überzeugen, daß er katholische Güter und Personen respektieren müsse. Richelieus einzige Antwort lautete, daß Charnacé bereits beauftragt sei, die Neutralität der katholischen Liga
sicherzustellen; und als Bichi darauf hinwies, daß dies nicht aus-
reiche, wurde der Kardinal aufgebracht und entgegnete mit indignierter Miene, er wisse, daß der Kaiser soeben dabei sei, mit
Sachsen und Schweden eine Abmachung auszuhandeln, deren erste Opfer Bayern und die katholische Liga werden sollten. Die
Protestanten würden die von ihnen besetzten Territorien behalten,
während Friedrich V. wieder in die Pfalz eingesetzt werde.
Schließlich wurde der Kardinal vertraulich und bekannte, daß es
in Wahrheit sehr schwierig sei, Gustav Adolf Einhalt zu gebieten.

Als der Schwedenkönig sich dem Rhein näherte, erging eine päpstliche Bulle, in der alle Katholiken aufgerufen wurden, für den Erfolg der katholischen Armeen zu beten. Urban beschwichtigte Richelieu, Gustav Adolf in Schach zu halten. Er bat ihn inständig, zwischen der Sache der Habsburger als einer politischen Frage und dem Schicksal der Katholiken in Deutschland als einer religiösen Angelegenheit zu unterscheiden. Olivares gab sich damit nicht zufrieden. Er sagte zum Nuntius, da die Häresie allenthalben triumphiere, müsse der Papst nun den päpstlichen Schatz in der Engelsburg angreifen, um neue spanische Armeen auszustatten.

Das französische Hauptquartier in Metz war im Januar von fieberhaften diplomatischen Aktivitäten erfüllt. Karl von Lothringen hatte sich eingefunden, um seine Unterwerfung zu erklären. Der Nuntius flehte Richelieu an, mit Gustav Adolf zu brechen. Den Kardinal selbst beschäftigten Probleme, die das Auftreten Gustav Adolfs am Rhein mit sich brachte. Wenn Frankreich nicht mit gegensätzlichen Forderungen aus den Verträgen von Bärwalde und Fontainebleau konfrontiert sein wollte, mußten Bayern und die katholische Liga ihre Neutralität erklären. Richelieu hoffte, daß der Schock des schwedischen Vormarsches dies bewirken werde. Er sandte Charnacé erst zu Maximilian, dann zu Gustav Adolf, um zu vermitteln. Die Instruktionen, die er mitbekam, lassen erkennen, in welchem Ausmaß bereits die Politik Richelieus in einer illusorischen Welt angesiedelt war. Er wurde angewiesen, falls Maximilian nicht bereit sein sollte, seine Neutralität schriftlich zu erklären, Gustav Adolf zum Einverständnis mit einer mündlichen Versicherung zu bewegen. Sollten weder Maximilian noch Gustav bereit sein, dem Wort des anderen zu trauen – was denn auch der Fall war –, dann sollte Charnacé für die Einhaltung beider Verpflichtungen bürgen, vorausgesetzt, daß sie sich bereit erklärten, Frankreich gegen die Vergeltung des Kaisers beim Angriff auf die Garnison in Lothringen beizustehen. Sollte sich Maximilian im Hinblick auf Gustav Adolf auf die Beistandsklauseln aus dem Vertrag von Fontainebleau berufen, so müsse Charnacé ihm erklären, der *casus foederis* trete nur dann ein, wenn Gustav Adolf die bayerische Neutralität mißachte, und er träte auf keinen Fall ein, wenn Maximilian nicht selbst neutral bleibe.

Charnacés Mission war zum Scheitern verurteilt, weil sie auf einer verfehlten Einschätzung von Maximilians beziehungsweise Gustav Adolfs Situation beruhte. Maximilian und seine Verbündeten waren keineswegs abgeneigt, ihre Neutralität zu erklären – ihre zahlreichen Beauftragten in Metz ließen dies zweifelsfrei erkennen –, aber ihre Auffassung von Neutralität war nicht diejenige Gustav Adolfs. Sie wünschten die Garantie, daß Gustav die Kurwürde Maximilians anerkennen, der katholischen Liga alle Territorien zurückgeben und den kaiserlichen Truppen den freien Rückmarsch in die habsburgischen Erblande gestatten werde. Gustav Adolf wies diese Bedingungen kompromißlos zurück. Und so waren alle Anstrengungen Charnacés, beiden Seiten Mäßigung zu predigen, vergeblich. Auch Drohungen fruchteten nichts. Als Charnacé Gustav Adolf gegenüber die Andeutung machte, daß Frankreich durch den Vertrag von Fontainebleau verpflichtet sei, die bayerische Neutralität zu verteidigen, wurde Gustav wütend und erklärte ihm, er werde Frieden mit Ferdinand schließen – eine Erwiderung, die Charnacé restlos verblüffte. Er erreichte denn auch nichts weiter als einen befristeten Waffenstillstand zwischen Schweden und Bayern, der den Fortgang der Verhandlungen ermöglichte.

Richelieu war es in der Hauptsache darum zu tun, Gustav Adolf auf das andere Rheinufer zurückzubekommen. Der Vormarsch der Schweden auf die westliche Rheinseite hatte sie in Kontakt mit den spanischen Streitkräften in der Pfalz gebracht und in diesem Gebiet eine Konfliktsituation zwischen Spanien und Schweden geschaffen. Die Neutralisierung der Kurbistümer war daher eine Sache von höchster Bedeutung und Dringlichkeit. Als Graf von Bruslon, der Gesandte Richelieus, kurz vor Weihnachten 1631 nach Trier kam, begrüßte Kurfürst Philipp von Sötern in ihm »einen Engel des Himmels«. Sötern schwebte in höchsten Ängsten und brauchte keineswegs zur Erklärung seiner Neutralität bewogen zu werden. Er erbat von sich aus den Schutz eines französischen Heeres, um diese Neutralität gegen Spanien und Schweden zu sichern. Die Koterie der kirchlichen Flüchtlinge versammelte sich in Köln, wo auch der Kurfürst von Mainz anwesend war. Auch die Bischöfe von Würzburg, Worms und Osnabrück drangen in den Kurfürsten von Köln, am letzten Tage des schrecklichen Jahres 1631 seine Neutralität zu proklamieren. Der Bischof von Würzburg wurde nach Metz entsandt, um französischen Schutz zu erbitten.

Die Ratssitzung in Vic am 6. Januar beschloß, daß Charnacés Mission in bezug auf die Neutralität der katholischen Liga flankiert werden müsse durch eine Mission, die sicherstellte, daß Gustav

Adolf die Neutralität der Städte Trier, Mainz und Köln anerkannte und die Länder der Katholiken zurückgab. Zu diesem Zweck entsandte man Richelieus Schwager, den Marquis de Brézé, nach Mainz. Er war Hauptmann der Garde und reiste mit fünfundzwanzig Herren vornehmster Herkunft, in der Hoffnung, den Schwedenkönig durch barocke Prachtentfaltung beeindrucken zu können. Gustav Adolf jedoch war weder durch dieses Schauspiel noch durch die vorgebrachten Argumente zu erschüttern. Als er hartnäckig blieb, verlegte sich Brézé aufs Drohen: Frankreich, sagte er, verfüge über vierzigtausend Mann, die jederzeit marschbereit seien, woraufhin Gustav Adolf einen seiner Wutanfälle bekam und ihn anbrüllte: »Ihr König kann gehen, wohin er will; er soll nur aufpassen, daß er meinen Armeen nicht zu nahe kommt, sonst kann er sich darauf gefaßt machen, daß er es mit mir zu tun bekommt!«

Als er sich wieder etwas beruhigt hatte, sagte Gustav, er sei bereit, über die linksrheinischen Länder, aber über nichts anderes zu verhandeln. Er wolle den Kurfürsten von Trier und Köln alle Plätze zurückgeben, die ihnen gehörten, mit Ausnahme der Stadt Speyer. Er sei aber nicht bereit, irgendwelche anderweitigen Eroberungen den Katholiken zurückzuerstatten. Im Gegenteil: Er verlangte, daß alle protestantischen Plätze, die seit 1618 in Niedersachsen genommen worden waren, zurückgegeben und die Armeen der katholischen Liga praktisch aufgelöst würden. Dies bedeutete letztlich die Räumung Niedersachsens durch Pappenheims bayerische Armee und damit die Beseitigung einer der Hauptgefahren für Gustav Adolfs Nachschublinien. Weder von Maximilian noch von den übrigen katholischen Herrschern konnte man ein so bedeutendes strategisches Zugeständnis erwarten, wenn sie nicht darauf vertrauen konnten, daß Gustav Adolf ihre Interessen ebenfalls respektieren würde. Als Charnacé das Ultimatum Gustav Adolfs am 25. Januar 1632 nach Metz brachte, fand Richelieu dessen Bedingungen so unsinnig, daß er beschloß, sie den deutschen Katholiken gar nicht erst bekanntzugeben. Eine Woche später jedoch bat er den Bischof von Würzburg zu sich, der sich bereits seit einem Monat in Metz aufhielt. Er sagte ihm, er werde Charnacé erneut nach Mainz senden, um Gustav Adolf zu größerem Verständnis für die Befürchtungen der Katholiken zu bewegen, daß aber im Falle eines Scheiterns dieser Mission die katholischen Bischöfe gezwungen wären, die Bedingungen Gustavs bis zu einer generellen Vereinbarung zu akzeptieren.

Mit nichts in Händen als vagen Hilfeversprechungen verließ der Bischof von Würzburg am 7. Februar Metz und kehrte nach Köln zurück. Die hier in ihrer Not vereinten katholischen Herrscher hatten den Eindruck, als ob Richelieu ihnen den politischen Selbstmord anrate. Sie wandten sich in ihrer Verzweiflung an den Kaiser. Auch Maximilian erkannte, daß Neutralität eine Farce war, und sandte drei Wochen später einen Beauftragten nach Wien, um von Ferdinand und Spanien Hilfe zu erbitten. Während er Pappenheim die Fortsetzung der Winteroperationen gegen die schwedischen Nachschublinien in Niedersachsen befahl, übersah er geflissentlich die dramatische Vertreibung des schwedischen Generals Gustav Horn aus Bamberg durch Tilly. Gustav Adolf war außer sich vor Wut über diesen vermeintlichen Wortbruch während des Waffenstillstandes und machte Charnacé klar, daß er das Recht habe, die Lücken im Vertrag von Bärwalde auszunutzen. Für Bayern gab es nun keine Hoffnung mehr. Es suchte Zuflucht in den Armen des Kaisers.

15
Krieg ist der Weg zum Frieden
1632–1634

Am 3. März 1632 begann Gustav Adolf zu marschieren. Es war niemals seine Absicht gewesen, ein neutrales Bayern quer über seiner Vormarschlinie von Mainz nach Wien zu dulden. Um seine Nachschublinien zu sichern, sah er sich genötigt, das Land als militärischen Faktor auszuschalten. Er wußte, daß Richelieu nicht bereit war, mit ihm zu brechen. Unter Ausnutzung dieses Wissens beschloß er, die rückwärtigen Stellungen gegen Frankreich exponiert zu lassen und mit den vorderen Reihen Maximilian zu überrennen. Sein Plan war, das noch unberührte, fruchtbare Dreieck zwischen Donau, Lech und den Alpen mit den beiden bedeutenden protestantischen Städten Ulm und Augsburg zu besetzen. Dieses Territorium würde ihn ernähren, ihm das notwendige Bargeld zur Auszahlung seiner Truppen liefern und die ökonomische Basis für den Sturz der Habsburger bilden. Am 26. März erreichte er Donauwörth, und als er den Schellenberg nahm und seine Artillerie von der Anhöhe herab auf die verwundbaren Verteidigungstruppen richtete, floh die kaiserliche Garnison über die Donau. Obwohl Donauwörth eine protestantische Stadt war, plünderten die Schweden sie gründlich und ermordeten jeden, der bewaffnet war, aber auch viele, die wehrlos waren. Wie uns der schottische Söldner Monroe berichtet, wurden auf der Brücke unter großem Gejohle Jesuiten und Mönche massakriert: »Die Schweden machten überall, wohin sie kamen, große Beute und hängten die Papisten auf, nicht ohne sie vorher zu schinden.«

Bei dieser Brücke, etwas stromabwärts von Donauwörth, fließt der Lech in die Donau. Durch die Schneeschmelze im Gebirge führte er zu dieser Zeit Hochwasser. Tilly ließ alle Lechbrücken zerstören und alle Boote verstecken. Auf der anderen Lechseite lagen Felder, die von kleinen Wasserläufen durchflossen wurden, und Waldgebiete mit sehr dichtem Unterholz. Die schwedischen Generäle rieten Gustav Adolf davon ab, den Lech zu überschreiten. Aber er machte sich daran, selbst die Lage zu erkunden, und wechselte Schimpfworte mit Tillys Wachen, die auf der anderen Flußseite lagen. Dann ließ der Schwedenkönig die Häuser eines nahegelegenen Dorfes abbrechen, um hieraus schwimmende Brücken zu bauen. Im Schutz eines Rauchschirms, den man aus brennendem feuchten Stroh und Schießpulver erzeugte, ließ man die Boote auf dem reißenden Strom zu Wasser. Am 5. April 1632 errichteten die Schweden einen Brückenkopf auf der anderen Flußseite. Tilly, der in dichtem Gestrüpp stand, wurde verwundet und verlor den Überblick über die Lage. Seine Armee verfügte über keine weiteren Verteidigungskräfte in Tiefenstaffelung. Man mußte sich auf den Schutz des Flusses verlassen. So blieb jetzt nichts anderes übrig, als den Schweden auszuweichen und sich nach Ingolstadt zurückzuziehen.

Im großen gotischen Rathaus zu Ingolstadt mit seinem eigentümlich versetzten Turm starb Tilly unter dem Kanonendonner der schwedischen Belagerung. Gustavs Absicht war es gewesen, Maximilian in Ingolstadt hinzuhalten, gleichzeitig am Südufer der Donau vorzurücken und Regensburg einzunehmen. Doch hatten die Bayern diesen Plan durchschaut, und gegen Ende April war Maximilian im sicheren Besitz der Stadt. Dort rief er den französischen Botschafter in Bayern, Pater Josephs Schwager St. Étienne, zu sich und bat ihn, die Verhandlungen mit Gustav Adolf zu eröffnen. St. Étienne kannte seinen Gustav noch weniger als die übrigen französischen Unterhändler. Als er versuchte, den König von der Redlichkeit Maximilians zu überzeugen, erwiderte Gustav in der ihm eigenen bildhaften Sprache, daß auch eine Laus nicht ohne Tugend sei; und als St. Étienne ebenso drastisch konterte, tadelte Gustav ihn für die Vertraulichkeit seines Tones und erklärte, die ganze Mission sei eine Unverschämtheit: Wenn Maximilian nicht bereit sei, seine Bedingungen zu akzeptieren, die praktisch auf die bedingungslose Kapitulation hinausliefen, werde er ganz Bayern dem Erdboden gleichmachen. Nun drohte St. Étienne mit der Verstimmung des französischen Hofes, woraufhin Gustav, wie stets in solchen Situationen, einen Wutanfall bekam und ihm erklärte, was die Franzosen dächten, sei ihm ganz und gar gleichgültig. Von ihm aus könne Ludwig XIII. ruhig mit seinen vierzigtausend Mann Maximilian zu Hilfe kommen.

St. Étiennes Mission war fehlgeschlagen, und Gustav Adolf machte sich daran, seine Drohungen wahr zu machen. Überall wurden die Kirchen geplündert und in Brand gesteckt. Rauchwolken kündeten vom Durchmarsch des schwedischen Heeres, und die Leichen verwesten im Straßengraben. Die protestantische Stadt Augsburg verfügte über eine bayerische Garnison, die man nun davonjagte, als die Schweden sich den Toren der Stadt näherten. Die Bürger erlebten einen herben Schock. Ihr »Befreier« hatte bei der Besetzung der ersten Stadt im Süden nur einen einzigen Zweck im Sinn, und das war, sie im Interesse seines Heeres systematisch zu schröpfen. Außerdem erhob er die unerhörte Forderung, daß die Augsburger ihm einen Treueid schworen. Die Stadt, die durch den Zusammenbruch der Bankhäuser Fugger und Welser ohnehin schon üble Zeiten erlebte, wurde dem Ruin preisgegeben, während Gustav Adolf sich in aller Ruhe niederließ, um dem größten Bildhauer der Stadt, Georg Petel, Modell für eine Porträtbüste zu sitzen.

Am 6. Mai kapitulierte München. St. Étienne nahm für sich in Anspruch, den Schwedenkönig dazu überredet zu haben, die Stadt nicht zu plündern. Mit ungeheurer Beute beladen, zogen die schwedischen Soldaten in der Stadt ein und versteigerten ihre Schätze auf den Straßen zu Vorzugspreisen. Während die Männer auf diese Weise ihre Finanzlage sanierten, vergnügte sich Gustav Adolf auf eigene Weise. Prüfend umkreiste er die Residenz. Er wollte sie Stein für Stein abtragen und in Uppsala wieder aufbauen lassen. Er spürte die einhundertneunzehn Artilleriegeschütze auf, die die Garnison vor der Kapitulation der Stadt vergraben hatte, und zeigte den Arbeitern, wie sie sie ausgraben mußten. Die Hälfte der Geldsumme, die er forderte, entnahm er der Stadtkasse. Den Rest entnahm er den Schätzen des Kurfürsten. Er befand sich in der Hauptstadt der Gegenreformation und war entschlossen, das Beste daraus zu machen. Die Jesuiten in der Stadt hatten sich gegen ihre Vertreibung gewehrt, und justament in ihre berühmte Michaelskirche stolzierte nun, frohgelaunt und neugierig, Gustav Adolf. Er genoß das Erlebnis sehr, so wie Pater Joseph es genossen haben würde, die Moslems im Felsendom zu sehen, falls sein Ehrgeiz, Jerusalem zu erobern, jemals Wirklichkeit geworden wäre. Um Richelieu zusätzlich zu beunruhigen, trat Gustav Adolf nun in Verhandlungen mit Rohan und den Schweizern ein, um gemeinsam mit ihnen den Splügen- und den Bernina-Paß gegen spanische Hilfe zu sperren. Es war dies ein gefährlicher Übergriff auf die traditionellen Rechte Frankreichs in Graubünden. Es scheint klar zu sein, daß Gustav Adolf im Sinn hatte, den französischen Einfluß dort zu beseitigen und durch den schwedischen zu ersetzen. Die Idee der schweizerischen Neutralität fand er lachhaft, zumal da die Äcker der Schweiz voller Getreide und Vieh standen. Zum Glück gelang es ihm, den Schweizern einen ebenso großen Schrecken einzujagen, wie er ihn Richelieu eingejagt hatte, so daß sie seine Avancen ablehnten. Gleichzeitig empfing er einen Gesandten von Gaston d'Orléans, der versuchte, seine Unterstützung gegen Richelieu mit gewissen Plänen einer Versöhnung zwischen Gustav und Ferdinand zu verbinden. Die Not, die Gustav Adolf über Frankreich bringen konnte, schien unermeßlich. Unverhofft wurden jedoch seine Pläne durch katastrophale Nachrichten gestört. Wallenstein, der nach Tillys Tod wieder das Kommando übernommen hatte, besetzte am 15. Mai Prag, und die Sachsen, in vollem Rückzug befindlich, waren in Verhandlungen mit ihm eingetreten. Wenn es zum Friedensschluß kam, waren Gustavs Nachschublinien bedroht. Er war daher gezwungen, sich nach Norden zu wenden. Und so fanden im Sommer 1632 rund um Nürnberg langfristige Scharmützel und Truppenbewegungen statt.

In den französischen Staatsakten gibt es kaum einen Anhaltspunkt dafür, daß dieser Zorn Gottes für Richelieu oder die französische Regierung ein ebensolcher Horror war wie für die übrigen katholischen Staaten Europas. Die Erklärung für dieses scheinbare Desinteresse ist darin zu sehen, daß die Franzosen mit dem Problem Gaston d'Orléans beschäftigt waren. Keine drei Monate waren seit der Unterwerfung Karls von Lothringen vergangen, als er wieder einmal Gastons Invasionspläne unterstützte. Spanien beschloß, sich voll und ganz hinter Gaston zu stellen, da es empört war über Richelieus Subsidiarisierung des Schwedenkönigs und über einen Bericht des spanischen Botschafters in Paris namens Marquis de Mirabel, der dem Geheimnis des Betruges von Pinerolo auf die Spur gekommen war. Bei einer Versammlung des Staatsrates vom 23. Januar 1632 hielt Gonzalo de Córdoba, der wieder in Gnaden aufgenommen und jüngst zum Mitglied des Rates gemacht worden war, eine kriegerische Rede. Ludwig XIII. müsse abgesetzt werden und Gaston mit spanischer Waffenhilfe an seine Stelle treten. Der päpstliche Nuntius berichtete nach Rom, daß Madrid große Hoffnungen auf Gaston setze, von dem man erwartete, daß er Frankreich ablenken und diejenigen Subsidien binden werde, die sonst dem Schwedenkönig zuflossen.

Feria aus dem Herzogtum Mailand schlug vor, er wolle Gaston

unterstützen, indem er auf dem Weg über die Alpen in Frankreich einmarschierte. Philipp IV. schrieb einen Brief an den Kaiser, in dem er Richelieu bezichtigte, der Urheber der ganzen »Erschütterung« in Europa zu sein.

Im Juli, als Gustav Adolf sich mit Wallenstein herumschlug, begann die zweite französische Invasion Lothringens, deren Ergebnis der Vertrag von Liverdun war. Karl unterwarf sich zum zweitenmal. Gleichzeitig eröffneten französische und spanische Truppen ihr lange erwartetes Gefecht. Kurfürst Philipp von Sötern aus Trier hatte sich, von Richelieu unter Druck gesetzt, damit einverstanden erklärt, daß die Franzosen in seine Festungen Philippsburg, am Zusammenfluß von Rhein und Saal zwischen Heidelberg und Karlsruhe, und Ehrenbreitstein, am Zusammenfluß von Mosel und Rhein bei Koblenz, Garnisonen legten. Beide Festungen befanden sich in spanischer Hand, desgleichen Philipp von Söterns Hauptstadt Trier, was bedeutete, daß die Spanier zunächst gewaltsam vertrieben werden mußten. Gustav Adolf sah es nur allzu gern, daß Frankreich und Spanien in Feindseligkeiten miteinander verwickelt waren. Er zog schwedische Truppen ab, die den Franzosen bei der Einnahme Ehrenbreitsteins helfen sollten. Am 12. Juni kapitulierte die Festung. Philippsburg hielt sich noch zwei Jahre, während die spanische Garnison in Trier im Mai von La Force verjagt wurde. Während die Franzosen jedoch mit der Verfolgung Gastons im Languedoc beschäftigt waren, kehrten die Spanier zurück und nisteten sich wieder in Trier ein. Am 6. August begannen die Franzosen mit der förmlichen Belagerung der Stadt und eroberten sie zwei Wochen später. Für Spanien war dies ein hinreichender Grund, um einen Krieg anzufangen. Doch war der Zeitpunkt schlecht gewählt. Gaston war zur Unterwerfung gezwungen worden; der Kaiser durfte nicht daran denken, Frankreich auf die Liste seiner Feinde zu setzen, und hielt sich deshalb zurück. Und Spanien selbst war nicht in der Lage, allein die Last eines allgemeinen Krieges zu tragen. Zum drittenmal in einem Jahrzehnt hatte es nämlich seine Panzerflotte eingebüßt. Von dreißig Schiffen, die die Nordostküste Südamerikas verlassen hatten, waren nur zwei nach Havanna gelangt, und von diesen brachte keines Gold oder Silber mit.

Die Zweideutigkeit von Richelieus Deutschlandpolitik geht aus den Instruktionen hervor, die er St. Étienne bezüglich des französischen Vorgehens in Lothringen und in Trier mitgab. St. Étienne sollte eine dreimonatige Waffenruhe zwischen Gustav Adolf und Maximilian vorschlagen. Er sollte Gustav von der französischen Bestrafung Lothringens und der Besetzung Triers unterrichten und ihn dazu bringen, daß er diese Aktionen als Teil eines gemeinsamen Vorgehens verstand, das seine Gunst verdiente. Maximilian dagegen sollte er klarmachen, daß die Aktionen darauf abzielten, die Länder der katholischen Kurfürsten zu wahren, und ihn dazu bringen, in Frankreich den Verbündeten der katholischen Liga zu sehen. Wenn Maximilian dies freilich allzu wörtlich nahm und den Vertrag von Fontainebleau ins Treffen führte, mußte St. Étienne daran erinnern, daß es Bayern war, das im Januar gegen den Waffenstillstand mit den Schweden verstoßen hatte. Um dieses doppelte Spiel abzuschwächen – oder vielleicht auch nur, weil es Frankreich am nötigen Bargeld mangelte –, wurden die Subsidien für Gustav stillschweigend eingestellt, während St. Étienne ermächtigt war, Maximilian einhunderttausend Kronen anzubieten. Als Entschuldigung dafür, daß es nicht mehr war, würde er auf Frankreichs beklagenswerte Finanzlage verweisen müssen.

Die Auseinandersetzung zwischen Frankreich und Habsburg im Jahre 1632 wurde noch intensiviert durch die ungeschickten diplomatischen Schachzüge in Madrid und Wien. Der spanische Staatsrat beschloß, Gonzalo de Córdoba das Oberkommando über die Armeen der Spanischen Niederlande zu übertragen, wobei man bereits daran dachte, Schweden und Franzosen vom Rhein zu vertreiben. Das Problem war nur, wie man den General in aller Eile nach Brüssel bekam. Der einfachste Weg führte durch Frankreich. Doch sofern man den neuen Oberkommandierenden nicht mit diplomatischer Immunität versah, würde es schwierig sein, ihn durch ein Gebiet reisen zu lassen, das praktisch Feindesland war. Als aber der französische Botschafter in Madrid Olivares eine geheime Denkschrift über die geplante Versöhnung zwischen Ludwig XIII. und seiner Mutter überreichte, schien dies eine günstige Gelegenheit zu sein, den General auf eine Mission zu schicken, die über Paris nach Belgien führte. Gonzalo traf am 15. März in Paris ein und wurde mit großer Höflichkeit empfangen. Am nächsten Tag hatte er eine Audienz bei Ludwig XIII. und traf auch mit Richelieu zusammen. Dieser bestritt wie üblich den Hauptteil des Gesprächs. Er habe Gustav Adolf Subsidien zukommen lassen, sagte er, um Deutschland abzulenken, während Spanien den Frieden in Italien gefährdete. Gonzalo reagierte nicht auf diese aufreizende Offenheit, sondern blieb lakonisch und unternahm keinen ernsthaften Versuch, mit Richelieu zu verhandeln. Er machte ein paar vage Bemerkungen über Pinerolo und die Schweden. Doch ließ seine Zurückhaltung erkennen, daß weder er noch seine Herren und Meister im geringsten daran interessiert waren, über Frieden zu sprechen. Zwei Tage später fuhr er nach Brüssel. Richelieu erkannte aus dem Verhalten des Generals, daß seine Diplomatenrolle Tarnung gewesen war, was wenig dazu beitrug, sein tiefes Mißtrauen gegen Spanien zu beschwichtigen. Es war auch wenig hilfreich, daß etwa zur selben Zeit ein kaiserlicher Gesandter in der Person des Barons von Schwarzenberg eintraf und die Bildung einer Habsburgerliga zwischen Ferinand II. und Philipp IV. bekanntgab, nicht ohne dem Kardinal zu versichern, daß diese Liga nicht gegen Frankreich gerichtet sei, sondern gegen Schweden. Wie der päpstliche Nuntius berichtet, trat Schwarzenberg wie ein Scharlatan und keineswegs wie ein Unterhändler auf.

Für Spanien stellten sich die durch die Ereignisse von 1632 aufgeworfenen Probleme außerordentlich einfach dar: Richelieu war der böse Geist, der daran schuld war, daß der furchtbare Häretiker aus dem Norden die Geißel über Christus schwang. Das wirksamste Mittel gegen den Kardinal erblickte man in Madrid in kanonischen Sanktionen. Zu diesem Zweck wurde in Rom eine dramatische Kampagne angezettelt. Olivares' dortiger Beauftragter war ein Mann, der ihm selber nicht unähnlich war: ungestüm, überheblich und von der schicksalhaften Rolle der Habsburger zutiefst durchdrungen. Es war der Kardinal Borgia, ein Nachfahre Alexanders VI. und Träger eines Namens, mit dem sich Aggressivität und Ehrgeiz verbanden. Zu seinen Gefolgsleuten zählte er Kardinal Ludovisio, einen Neffen Gregors XV., außerdem Kardinal Borghese, einen Neffen Pauls V., sowie die Kardinäle Ubaldini, Lante, Crescenzi, Saint-Sixte und Sachetti. Kaum hatte Borgia von Richelieus Coup in Pinerolo gehört, als er sich zu Urban VIII. begab, Ludwig XIII. der Vorbereitung einer neuen Aggression in Italien beschuldigte und die Doppelzüngigkeit des französischen Königs mit dem loyalen und gerechten Betragen Philipps IV. kontrastierte. Als er die Entsendung eines Legaten nach Frankreich verlangte, der Ludwig zur Rückkehr auf christliche Bahnen zwingen sollte, konnte Urban nur einwerfen, daß eine ähnliche Mission des Kardinals Barberini im Jahre 1626 nicht viel erbracht hatte. Er verpflichtete sich jedoch, Richelieu in einem Brief dazu zu ermah-

nen, nicht den Frieden zu brechen, und den Nuntius Bichi anzu-
weisen, am französischen Hof zu erklären, daß der Papst keine anderen Absichten verfolge, als zwischen katholischen Mächten den
Frieden zu wahren. Er fügte hinzu, er wolle Richelieu die Beschwerden Borgias vortragen und Borgia von der Antwort des
Kardinals unterrichten. In seinem Brief an Bichi wies der Papst den
Nuntius an, nicht das katholische Deutschland und dessen Belange
aus dem Auge zu verlieren und nach Möglichkeit Richelieu auf die
unersättlichen Zielsetzungen und Pläne des Schwedenkönigs hinzuweisen, wodurch vielleicht ein gewisses Abrücken Frankreichs
von Schweden zu erreichen war. Gleichzeitig wies er die Nuntii in
Wien und Madrid an, den jeweiligen Hof von antifranzösischen
Aktivitäten abzuhalten.

Ludwigs Erwiderung auf die Vorstellungen des Papstes war von
Richelieu diktiert, der wie gewöhnlich sein Heil in juristischen Argumenten suchte. Pinerolo stehe nunmehr unter französischer
Souveränität. Savoyen habe es freiwillig verkauft. Es gehöre damit
zu den Domänen der Krone, die nach französischem Fundamentalgesetz unveräußerlich seien. Mithin sei aus juristischen Gründen
über diesen Punkt nicht mehr zu verhandeln. Bichi berichtete nach
Rom, es sei dies eine »kitzlige Frage«. Ludwig erläuterte ferner,
man habe Pinerolo akzeptiert, um die Spanier daran zu hindern,
die italienischen Fürsten und den Papst zu belästigen. Als Borgia
dieses Argument hinterbracht wurde, tat er es verächtlich ab und
forderte Urban auf, dem spanischen König das Kreuzzugsprivileg
in Neapel zu verleihen, was im Klartext die Abführung der Erträge
aus den dortigen Kirchenpfründen an Spanien bedeutete. Der
Papst lehnte dies ab, bot aber Ferdinand eine gewisse finanzielle
Hilfe an. Ferdinand ließ wissen, daß er nehmen werde, was er bekomme, daß er aber bedeutend mehr erwarte, als man ihm anbot.
Zu Beginn des Jahres 1632 verfiel Urban auf den Gedanken einer
Konferenz zwischen Richelieu und Olivares. Richelieu erwiderte,
daß Olivares versuche, ihn ermorden zu lassen – eine Überlegung,
die insofern nicht ganz von der Hand zu weisen war, als Spanien
verschiedentlich Verschwörungen gegen den Kardinal unterstützt
hatte. Als man Olivares die Äußerung Richelieus hinterbrachte,
rief er empört, er sei lediglich ein Diener des Staates und habe persönlich überhaupt nichts gegen Richelieu.

Olivares war von tiefstem Mißtrauen gegen Urban VIII. erfüllt.
In der Tat war der Papst in kultureller, wo nicht in politischer Hin-

298

sicht, frankophil. Er war Nuntius in Paris gewesen, als Ludwig XIII. zur Welt kam, und hatte den Monarchen übers Taufbekken gehalten. Er liebte Frankreich mit jener Intensität des Gefühls, wie es nur einer empfinden konnte, der als Fremder in dieses Land kam. Immer bitterer beklagten die Spanier in Wien Urbans profranzösische Politik. Man beschuldigte ihn mit einigem Recht, der Urheber des Vertrages von Fontainebleau zu sein und – mit weniger Recht – sich mit Richelieu verschworen zu haben, um Maximilian auf den Kaiserthron zu heben. Vergeblich verteidigte er sich gegen diese Vorwürfe, und seine Empörung kannte keine Grenzen, als er erfuhr, daß Borgias Parteigänger im Konsistorium ihm vorwarfen, sich über die schwedischen Siege zu freuen. Borgia betrug sich persönlich grob gegen den Papst und sagte ihm ins Gesicht, er vernachlässige seine Pflichten als Stellvertreter Christi auf Erden, indem er es versäume, kanonische Sanktionen gegen Richelieu zu ergreifen. Zu Beginn des Jahres 1632 hatte er mit seinem Gefolge eine Audienz beim Papst und verlangte von ihm, er solle sich für den Kaiser erklären und Philipp das gewünschte Recht zum Kreuzzug zugestehen. Urban erwiderte kalt, wenn man vom Papst erwarte, gegen jeden katholischen Fürsten zu kämpfen, der sich mit Häretikern im Bunde befinde, so würde er die Waffen gar nicht mehr aus der Hand legen. Er wollte sich auf nichts einlassen als auf erneute Anstrengungen zu einer Versöhnung sowie auf die Erlaubnis für den spanischen Klerus, kirchliche Subsidien zu sammeln.

Borgia und seine Leute hatten für diese begrenzte finanzielle Unterstützung nur Hohn und Spott übrig. Der Papst, so maulten sie, habe stets jede Menge Geld zur Verfügung, wenn es darum ging, Paläste oder den Baldachin des Peterdoms zu bauen oder überall die Barberinibienen anzubringen. Aber für die Rettung des Katholizismus war nichts zu erübrigen. Ende Februar wurden ihre Reihen durch einen kaiserlichen Gesandten, den Herzog von Savelli, verstärkt, der sich über Richelieus Unterstützung für den Schwedenkönig beschweren und weitere Geldmittel verlangen sollte. Seine Mission bei Urban scheiterte vollständig, worauf sich Borgia entschloß, bei dem bevorstehenden Konsistorium am 8. März einen öffentlichen Protest einzubringen. Er entwarf seine Rede, in der er unter anderem sagen wollte: »Wenn die katholische Religion Schaden nimmt, so nicht durch den König von Spanien, einen überaus frommen und gehorsamen Souverän, sondern durch Eure Heiligkeit.« Allerdings kam er mit seiner Deklamation nicht so weit. Denn als er zu den Worten ansetzte: »Tag für Tag mehrt sich das Übel, und Eure Heiligkeit sieht tatenlos zu«, gebot ihm der Papst zu schweigen. Durch diese Unterbrechung irritiert, hielt Borgia einen Augenblick ein und wollte dann fortfahren. »Sprechen Sie als Botschafter oder als Kardinal?« fragte der Papst. Borgia überlegte und sagte, er spreche als Kardinal. »Aber Kardinäle«, meinte der Papst, »können im Konsistorium nur das Wort ergreifen, wenn sie gefragt werden.« Borgia überlegte eine Weile und sagte dann, er spreche als Botschafter. »In dem Falle«, äußerte Urban voller Genugtuung über die gelungene Fangfrage, »haben Sie in dieser Versammlung nichts zu suchen.«

Borgia zögerte, ehe er unverfroren seine Rede fortsetzte. Man ließ ihn nicht aussprechen. »Wir befehlen Ihnen, den Mund zu halten!« rief der Papst, »Sie verdienen, aus dem Saal gewiesen zu werden.« An dieser Stelle erhob sich Urbans Bruder, der Kardinal St. Onuphre, ging zu Borgia hinüber und legte ihm die Hände auf die Schultern, um ihn zum Sitzen zu zwingen. Dies löste einen Tumult aus. Borgia schrie, er werde tätlich angegriffen. Auf einmal bedeckte ein Wust roter Seide den Boden des Konsistoriums. Kardinal Spínola war dermaßen erregt, daß ihm die Stimme versagte und er nur noch hilflos mit den Armen rudern konnte. Dann rief Kardinal Colonna die Schweizer Garde, die einmarschierte und die Ordnung wiederherstellte. Das Konsistorium wurde geschlossen. Doch Borgia ließ seine Rede drucken und in ganz Rom zirkulieren. Der Bischof von Catania verglich ihn mit Paulus, als dieser Petrus entgegentrat.

Als Philipp IV. die Depeschen Borgias erhielt, beschloß der spanische Staatsrat, dem Kardinal gegen den Papst den Rücken zu stärken. Olivares sagte, der Katholizismus stehe vor dem Ruin, und der König von Spanien sei die einzige Säule der Kirche. Auf ihm könne nicht die volle Verantwortung für alles Unglück in der Welt ruhen, sie ruhe vielmehr auf dem Haupt der Kirche. Man drohte damit, die Rechte des päpstlichen Nuntius zu suspendieren und Kircheneinkünfte zu beschlagnahmen. Einige Mitglieder des Staatsrates wollten vom Papst sogar eine Entschädigung für die Beleidigungen verlangen, die Borgia erlitten hatte. Doch Olivares beschloß, hierauf zu verzichten, wenn Urban sich bereit erklärte, Ludwig XIII. in die Pflicht zu nehmen. Der Papst erkannte, daß die Situation ihm aus der Hand glitt, und war bereit, sich versöhnlich zu zeigen. Er erklärte Philipp, daß er nur mit Rücksicht auf ihn

Borgia nicht exkommuniziere. Jetzt wolle er seinen Pflichteifer demonstrieren, indem er eine bedeutende Anstrengung unternehme, alle Kräfte gegen Gustav Adolf zu einen. Am 1. April wurde eine Bulle erlassen, in der die ganze katholische Welt aufgefordert wurde, in diesem Sinne zu beten.

Richelieu konnte es sich nicht versagen, in dem durch die Affäre Borgia getrübten Wasser zu fischen. Während er auf Borgias »Unverschämtheit« verwies, erklärte er dem Papst, er werde ihn in jeder erdenklichen Weise gegen Borgia unterstützen. Die Antwort Urbans war ernüchternd. Er beabsichtige, ein Vater für alle zu sein, erklärte der Papst. Richelieu blieb hartnäckig. Er überredete Mazarin, der sich gerade als päpstlicher Repräsentant in Paris aufhielt und eine Versöhnung zwischen Ludwig und seiner Mutter anbahnen sollte, dem Kardinal Francesco Barberini in unaufdringlicher Weise klarzumachen, daß die günstigste Möglichkeit, Italien gegen einen Angriff durch Gustav Adolf zu schützen, in der Bildung einer italienischen Verteidigungsliga unter Einschluß des Papstes bestehe. Letzterer zeigte sich von der Idee angetan, vorausgesetzt, die Liga war rein italienisch und rein defensiv. Als jedoch der Vorschlag aufkam, auch die Schweiz einzubeziehen, sah Spanien hierin den Versuch, das Veltlin zu schließen, und protestierte aufs schärfste. Urban hielt es nun für angebracht, sich in die Neutralität zurückzuziehen. Zu diesem Zeitpunkt traf ein weiterer kaiserlicher Gesandter in Rom ein, und zwar Kardinal Pazmány, der Primas von Ungarn. Dieser kam mit einer doppelten Mission: Erstens hatte er weiteres Geld zu besorgen; zweitens sollte er mitteilen, daß es den Kaiser empört habe zu erfahren, daß der Papst ihn in der Politik des Restitutionsediktes nicht länger stütze. Pazmány legte dem Papst auch die Dokumente vor, in denen dieser angeblich dem Edikt zugestimmt hatte. Er bemerkte, daß Italien durch Gustav Adolf ebenso bedroht sei wie Deutschland. Pazmány hatte die Anweisung, nach Hause zurückzukehren, falls der Papst sich unzugänglich zeigte. Doch brachte seine Mission immerhin einen Teilerfolg, denn er entlockte Urban weitere dreihunderttausend Taler, von denen fünfzigtausend für Maximilian bestimmt waren.

Die Nachricht von der Einnahme Münchens hatte der Papst mit Trauer und Besorgnis aufgenommen. Drei Tage lang wurde in der Kirche Sta. Maria della Vittoria das Allerheiligste ausgestellt, und die Vierzigstundenverehrung wurde angeordnet. Als Wallenstein Prag nahm, verbesserte sich Urbans Stimmung wieder. Ein Tedeum wurde gesungen, und der gichtgekrümmte Papst quälte sich durch ein feierliches Pontifikalamt. Seine Beziehungen zu Borgia indessen blieben unverändert. Der Kardinal zeigte überall in Rom einen Brief herum, in dem Philipp IV. sein Verhalten ausdrücklich billigte. Urban versuchte, ihm aus dem Weg zu gehen. Er verschwand sogar in den langen Gängen des Vatikans, um nicht mit ihm sprechen zu müssen. Borgia ließ verlauten, wenn der Papst sich nicht besinne, würden alle spanischen Kardinäle Rom verlassen.

Am 7. Juni empfing Borgia seine Beglaubigung als spanischer Botschafter. Der Papst lehnte es ab, ihn als solchen zu akzeptieren. Doch Borgia bestand darauf, als akkreditierter Vertreter seines Landes behandelt zu werden. Mit einem großartigen Gefolge von siebenundzwanzig Kutschen fuhr er vor dem Quirinal vor. Als dies nichts fruchtete, kam er am nächsten Tag mit siebzig Kutschen wieder. Die gesamte diplomatische Post Spaniens ging an seine Adresse. Wenn immer er ihm in der Kutsche begegnete, ließ er den Kardinal Francesco Barberini seine Verachtung merken. Der Papst hatte genug von Borgia und dem Skandal, den er provozierte, und befahl ihm, in seinem Bistum Sevilla zu residieren. Borgia erwiderte, er sei Botschafter, und weigerte sich, Rom zu verlassen. Daraufhin brachte der Papst die Angelegenheit vor Philipp IV., der jedoch erkennen ließ, daß er entschieden auf Borgias Seite stand, indem er dessen Leutnant, Kardinal Ludovisio, zum Statthalter des Herzogtums Mailand ernannte, obwohl er ebenfalls den Befehl erhalten hatte, in seiner Diözese zu residieren. Borgia gab alsbald bekannt, daß er seine Anklage gegen Urban nur zurückziehen werde, wenn der Papst zusammen mit Spanien in ein Verteidigungsbündnis in Italien eintrete und Spanien bei der Realisierung der Verträge von Regensburg und Cherasco unterstütze – was praktisch bedeutete, daß man vom Papst verlangte, Ludwig XIII. unter Androhung kanonischer Sanktionen zum Bruch mit Gustav und zur Räumung Pinerolos zu zwingen. Der Papst lehnte natürlich ab, und die Beziehungen zwischen dem Heiligen Stuhl und Madrid verschlechterten sich.

Auf einmal änderte sich die Situation von Grund auf: Gustav Adolf war tot. Am 16. November 1632 zermalmten bei Lützen Kavalleriepferde seinen Körper. Obwohl seine Truppen mit dem Mut der Verzweiflung weiterkämpften und Wallenstein besiegten, gab es nun keine apokalyptische Gestalt mehr, die für die Sache des Protestantismus gekämpft hätte. Die Neuigkeit wurde in Rom,

Madrid und Wien mit beispiellosem Jubel aufgenommen. Kardinal Barberini schrieb an Bichi: »Mit Freude, wie Sie sich denken können, hat der Papst die Nachricht vom Verschwinden dieser Schlange erhalten, die versuchte, mit ihrem Gift der ganzen Welt zu schaden.« Urban VIII. las eine Dankesmesse in der Kirche Sta. Maria dell'Anima. Aber daß er das Tedeum ausließ, empörte Borgia und die spanische Fraktion. Man fand, das Abfeuern von Kanonen von der Engelsburg sei ein ungenügendes Zeichen des Dankes an Gott, der für Seine Kirche interveniert hatte. Madrid erstrahlte im Lichterglanz, und Olivares konnte es sich nicht versagen, gegenüber dem französischen Botschafter seine Befriedigung zu bekunden. Beim Zusammentreten des Staatsrates am 9. Januar 1633 sagte er, es sei nun die Zeit gekommen, um in Frankreich Zwietracht zu säen. »Wir müssen dem Land jedes erdenkliche Übel wünschen. Je mehr Frankreich leidet, desto mehr Frieden wird in der Christenheit herrschen, und desto bestimmter wird der Katholizismus seine Ruhe haben.« Er schlug eine neue, aus Spanien, dem Kaiser, Lothringen, Gaston d'Orléans und Maria von Medici bestehende Liga vor, die von den spanischen Truppen aus Italien unterstützt werden sollte.

Als die Nachricht von Lützen Paris erreichte, lag Richelieu krank in Bordeaux. Er hatte sich nach der Niederwerfung Montmorencys den dringend benötigten Urlaub im Château Richelieu gegönnt und war daher dem Hof nicht nach Paris gefolgt. Die Krankheit brach aus, bevor er wieder abreiste. So stand jetzt, in diesem entscheidenden Augenblick, sein Rat nicht zur Verfügung. Der Ministerrat trat am 4. Dezember zusammen, und es ist klar, daß die Erleichterung über die Beseitigung des unkontrollierbaren Gustav Adolf und die Besorgnis über das nun entstandene militärische Vakuum einander die Waage hielten. Nach offizieller Mitteilung hatte Ludwig XIII. geäußert, Frankreich habe »durch den Tod des Königs von Schweden vielleicht nicht viel verloren«. Aber in anderen Berichten heißt es, er sei so erregt gewesen, daß Léon Bouthillier ihn beruhigen mußte. Während man einen Boten mit der Anweisung zu Charnacé schickte, bei Gustav Adolfs Kanzler Axel Oxenstierna auf die Fortsetzung des Kampfes zu dringen, war ein anderer Bote zu Richelieu unterwegs, der ihn über die veränderten Umstände informierte.

Richelieu schrieb über Gustav Adolf – mit einigem Recht, aber auch mit sehr großer Selbstgefälligkeit –, daß sein Gerechigkeitssinn, seine Milde gegenüber den Besiegten und seine Unnachsichtigkeit gegenüber den Exzessen seiner eigenen Leute ihm einen Sonderplatz vor den Kombattanten dieses Krieges einräumten, und daß seine Armee, verglichen mit dem unordentlichen, meuterischen Haufen des Kaisers wenig getan habe, um das Volk gegen sich aufzubringen. An Ludwig schrieb er von Bordeaux aus, daß es um die französische Sicherheit viel besser bestellt gewesen wäre, wenn Gustav wenigstens noch sechs Monate länger gelebt hätte, daß Frankreich aber die Böswilligkeit seiner Feinde nicht über Gebühr zu fürchten brauche, vorausgesetzt, es würden umsichtige Anstrengungen unternommen, um die protestantischen Mächte zusammenzuhalten. Richelieu zwang seinen rebellierenden Körper, die Strapazen einer Reise nach Paris auf sich zu nehmen, und schrieb dort am 3. Januar 1633 eine lange Denkschrift für den König, in der er für die Fortsetzung der bisherigen Politik plädierte. Der Krieg in Deutschland sollte mit französischen Subsidien in Gang gehalten werden. Frankreich wollte sich weiterhin aus den Feindseligkeiten heraushalten. Doch konnte es sich, falls sich die Schweden zurückzögen und die Protestanten schwächer würden, als notwendig erweisen, ein direktes militärisches Eingreifen in Erwägung zu ziehen. Denn sobald in Deutschland Friede gemacht sei, sagte er abschließend, würden die Habsburger Frankreich von allen Seiten angreifen. In Anbetracht der habsburgischen Treulosigkeit »wäre Krieg ein Weg zum sicheren Frieden«.

Jeden Tag brachten die Pamphletäre ihre Schriften heraus und entfachten in der Öffentlichkeit eine heftige Diskussion über internationale Angelegenheiten. Die schlimmsten Kritiker des Kardinals hatte man zum Schweigen gebracht oder ins Exil geschickt. Das Feld behaupteten diejenigen Schreiber, die die Franzosen an die Absichten der Spanier erinnerten. »Die Spanier«, schrieb einer von ihnen, »behaupten alle, der Religion zu dienen. Aber in Wirklichkeit folgen sie den Rezepten Machiavellis.« Dies war nun die schlimmste Anschuldigung, die man gegen ein Volk erheben konnte. Denn in der wiederhergestellten moralischen Atmosphäre jener Zeit galten die Lehren des berühmten Florentiners bei allen Parteien als vollkommen verwerflich. Noch vor dem Tode Gustav Adolfs war die französische öffentliche Meinung durch die Nachricht in einem gefährlichen Maße angeheizt worden, daß Feria im Herzogtum Mailand eine enorme Streitmacht zusammenzog, um mit ihr durch Graubünden zu marschieren und in Bayern den

Schweden entgegenzutreten. Es wurde nun bekannt, daß Feria die Anweisung erhalten hatte, die gesamte Rheinlinie sowohl auf der elsässischen als auch auf der Schwarzwaldseite zu besetzen. Angeblich, um über die Versöhnung zwischen Frankreich und Spanien zu diskutieren, in Wirklichkeit aber, um herauszufinden, welche »bösen Pläne« Olivares verfolgte, sandte Richelieu einen Sonderbeauftragten namens Bautru nach Madrid. Bautru berichtete, daß Olivares nach nichts anderem trachte »als nach Krieg und Blut«. Und da Bautru fand, daß er in Madrid nur seine Zeit verschwendete, kehrte er nach Frankreich zurück. Olivares entnahm dem Vorgang, daß Richelieu nicht die Absicht zu ernsthaften Verhandlungen habe, und beschloß, seine Anstrengungen zur Unterstützung Gastons zu verstärken.

Das größte hemmende Hindernis für Olivares blieb die Infantin Isabella, die nicht zu überzeugen war, daß die Subsidien für Gaston und seine Mutter wirklich sinnvoll verwendet waren. Maria von Medici betrachtete sie als lästig. Und sie hätte sie schon längst nach Aachen abgeschoben, wenn sie nicht befürchtet hätte, den Haß der Königinmutter auf sich zu ziehen. Klugerweise versuchte sie, die spanische Unterstützung für die unbequemen Exulanten von einer allgemeineren europäischen Bewegung abhängig zu machen. Rubens sollte versuchen, über den savoyardischen Botschafter in London Karl I. für die Exilfranzosen zu interessieren. Doch wurde rasch deutlich, daß England nicht die Absicht hatte, sich in die Angelegenheit hineinziehen zu lassen: Woraufhin Isabella mitteilte, sie habe Anweisung gegeben, der Königinmutter jeden Geldbetrag auszuzahlen, um den sie bat, da Geld jetzt der einzige Trost der bedauernswerten Frau sei. Doch habe sie keine Mittel mehr zur Verfügung, um eine weitere Invasion Frankreichs durch Gaston zu finanzieren. Nur zwei Drittel des zur Aufrechterhaltung der Administration notwendigen Betrages waren aus Spanien eingetroffen. Man hatte bereits so viele Kronländer verkauft, um das Budget auszugleichen, daß das Steueraufkommen nicht mehr ausreichte, um die normalen Löhne und Gehälter zu zahlen.

Es ist offensichtlich, daß Richelieu – mochten auch die meisten seiner Zeitgenossen von der scheinbaren Größe Spaniens wie behext sein – die wirtschaftlichen Schwierigkeiten in Rechnung stellte, die einem spanischen Krieg gegen Frankreich entgegenstanden. Die spanische Wirtschaft befand sich in einem noch verzweifelteren Zustand als die französische. In den ersten dreißig

Jahren des Jahrhunderts ging die Schiffstonnage zwischen Spanien und Südostasien beziehungsweise Mittelamerika um fünfundsiebzig Prozent zurück, der Bestand an Schafen um sechzig Prozent und die Zahl der Textilfabrikangen um fünfundsiebzig Prozent. Die Bevölkerungszahl ging absolut zurück. Eine falsche Wirtschaftspolitik trieb die Preise für Güter und Dienstleistungen über das Niveau im übrigen Europa. Und eine galoppierende Inflation führte zur Geldentwertung. Piet Heins Kaperung der Panzerflotte verschärfte das Problem, während gleichzeitig der mantuanische Krieg fortdauerte. Wenn immer Olivares daran dachte, der französisch-schwedischen Bedrohung gewaltsam entgegenzutreten, machte ihm der Mangel an Geld einen Strich durch die Rechnung und nötigte ihn, als einzige Alternative Gaston zu unterstützen. Im April 1633 wies er die Infantin Isabella schriftlich an, Gaston und Karl von Lothringen jede erdenklich Hilfe zuteil werden zu lassen, so daß die beiden den Vormarsch Ferias rheinabwärts decken konnten. Wallenstein wurde gebeten, Gaston siebentausend Mann zu leihen, die er nach Frankreich führen wollte. Und einen Monat später wurde Isabella beauftragt, diesen Truppen weitere sechstausend Deutsche hinzuzufügen und Gaston für sechs Monate monatlich sechzigtausend Kronen auszuzahlen, damit er weitere Truppen ausheben konnte.

Solcherart ermutigt, begannen Gaston und der Lothringer mit der Rekrutierung. Richelieu wurde übel bei dem Gedanken, daß Feria, sobald er den Rhein erreichte, seine spanischen Truppen mit den französischen vereinigen könnte, um Monsieur den Weg nach Frankreich und auf den französischen Thron zu erzwingen. So war ein dritter französischer Einmarsch in Lothringen nach Richelieus Erwägungen unabweisbar notwendig. Zufällig zogen die Schweden gerade ihre Truppen in der Pfalz zusammen, um für die Begegnung mit Feria gerüstet zu sein. Richelieu überredete Oxenstierna, seine Operatonen auf das nördliche Elsaß auszudehnen, wo er sicher sein konnte, den lothringischen Truppen ins Gehege zu kommen. Dementsprechend begannen die Schweden im Juli 1633 mit der Belagerung von Hagenau. Als Karl die Stadt entsetzen wollte, wurde er bei Pfaffenhofen in offener Feldschlacht vernichtend geschlagen. Da die lothringische Armee in alle Winde zerstreut war, konnten die Franzosen ohne Widerstand das Herzogtum betreten. Als Vorwand mußte die Weigerung Karls dienen, Ludwig XIII. für das Herzogtum Bar zu huldigen. La Force belagerte Nancy. Am

20. September ergab sich Karl in Charmes. Der Vertrag von Charmes enthielt eine Klausel, die darauf abzielte, sowohl Gaston wie Karl in Schach zu halten: Gastons Frau Marguerite sollte an Ludwig XIII. ausgeliefert werden. Als Ludwig jedoch am 25. September feierlich in Nancy einzog, stellte sich heraus, daß sie verschwunden war. Zur Flucht hatte ihr der Bruder verholfen, Kardinal Franz von Lothringen, der ungeweihte Bischof von Toul. Als La Force die Belagerungslinien um Nancy geöffnet hatte, hatte Franz die Stadt verlassen, um im Auftrag seines Bruders Karl zu verhandeln, und war in Château-Thierry mit Richelieu zusammengetroffen, der in ihm einen ruhigen, zuvorkommenden, aber sehr entschlossenen jungen Mann fand, der nicht zögerte, seine eigene Rolle bei der Heirat Monsieurs mit Marguerite zu bekennen, aber auch zu verteidigen. Um Franz die Fortsetzung der Verhandlungen zu ermöglichen, von denen er hoffte, sie würden Nancy ohne Belagerung in die Hände der Franzosen bringen, stellte Richelieu ihm einen Paß aus, mit dem er, begleitet von einer festgelegten Zahl von Personen, in seiner Kutsche die französischen Linien durchqueren konnte. Als Franz das nächstemal aus dem Stadttor von Nancy rollte und den französischen Vorposten erreichte, ließ man ihn ohne große Kontrolle seiner Begleitung passieren. Neben ihm in der Kutsche saß ein junger Kavalier in Schwarz, mit dem Schwert an der Seite, einem großen federgeschmückten Hut auf dem Kopf und falschen Schmachtlocken, die ein künstlich mit Safran und Schießpulver geschwärztes Gesicht umrahmten. Es war natürlich Marguerite. Als die Kutsche durch die französischen Linien rollte, mag Franz sich überlegt haben, was er dem König Ludwig sagen würde, sobald seine Kriegslist aufkam. Er beschloß, sich auf den Standpunkt zurückzuziehen, daß nichts in seinem Paß ihm verbot, eine Frau aus der Stadt zu bringen. Der Paß erwähnte lediglich eine bestimmte Anzahl von Personen.

Auf dem Weg zu Ludwigs Hauptquartier kam man durch einen Wald, in dem bereits drei Herren mit frischen Pferden warteten. Marguerite stieg aus der Kutsche und ritt mit ihrer Eskorte nach Thionville, wo sie, diesmal als Kammerzofe verkleidet, einen Edelmann auf dem Wege nach Brüssel begleitete. Ein Kurier ritt voraus und führte zwei Briefe mit sich: den einen an die Infantin Isabella, in dem sie um Asyl bat, den anderen an Gastons Günstling Puylaurens, in dem es hieß: »Durch die Gnade Gottes bin ich gerettet!« In Brüssel war man über die Neuigkeit allgemein entzückt.

Maria von Medici erklärte, es sei dies der glücklichste Tag in ihrem Leben – hauptsächlich deshalb, weil man dem Kardinal eins ausgewischt hatte. Gaston strahlte, bis ihn der Abbé d'Elbène, der Neffe von Richelieus Feind, dem Exbischof von Albi, darauf hinwies, daß diese Eskapade ihn das Recht der Thronfolge kosten konnte. Seine Miene verdüsterte sich plötzlich, und Gaston suchte einen Jesuiten auf und fragte ihn, ob er meine, der König könne ihm die Erbfolge streitig machen oder der Papst seine Ehe annullieren. In beiden Punkten beruhigt, hellte seine Miene sich wieder auf. Er begab sich an der Spitze von zweihundert Mann Reiterei nach Namur, um seine Frau abzuholen.

Als der Geleitzug mit Marguerite sich Brüssel näherte, begab sich die Infantin Isabella eine Meile vor die Stadt, um ihr entgegenzugehen und damit auf die Bedeutung hinzuweisen, die man in Spanien dem Bruder des französischen Königs beimaß. Marguerite stieg zu der alten Dame in die Kutsche und begleitete sie unter Geschützdonner und dem Jubel der Menge in die Hauptstadt. Man führte sie sogleich zu ihrer Schwiegermutter, die ihr in der Tür ihres Salons entgegentrat und ausrief: »Da sind Sie ja, oh, da sind Sie ja!« Dann rauschte die Königinmutter, ein Gebirge aus Fleisch, schwarzem Taft und Samt, mit ihrer Schwiegertochter in ihre Gemächer. Die Infantin hielt unablässig die Hand des jungen Mädchens und führte sie nach einem kurzen Gespräch mit Maria von Medici in die Räume ihres verstorbenen Gatten, die man den königlichen Flüchtlingen zur Verfügung gestellt hatte.

Als Ludwig XIII. erfuhr, daß er überlistet worden war, schwor er Rache. Um seinem Zorn zu entgehen und das Herzogtum zu retten, dankte Karl zugunsten seines Bruders Franz ab und floh nach Deutschland, wo er das Kommando über eine kaiserliche Armee übernahm. In seiner Eigenschaft als Feudalherr über das Herzogtum Bar weigerte sich Ludwig, die Nachfolge Franzens anzuerkennen, da Bar das Erbe der beiden Nichten von Franz sei, Nicole, der Frau von Karl, und Claude, ihrer unverheirateten Schwester. Unter dem Vorwand, die Rechte der beiden Prinzessinnen zu schützen, beschloß Richelieu vorab, Nancy zu behalten und sich so die vier großen Festungen Nancy, Verdun, Metz und Toul zu sichern, die die französische Ostflanke schützten und eine Barriere gegen eine Invasion aus dem Elsaß bildeten. Er rechnete jedoch nicht mit der Schlauheit Franzens, der Claude und Nicole fortführte und sich mit ihnen in Lunéville einschloß. La Force erhielt den Befehl, Lunéville mit den drei Flüchtlingen zu belagern. Als sich seine Armee mit einer überwältigenden Streitmacht der Stadt näherte, verfiel Franz auf den Gedanken, Richelieu noch einmal zu überlisten, indem er Claude heiratete und in ihrem Namen Bar reklamierte.

An einem frühen Winterabend, als La Force vor den Toren der Stadt lag, kam es zwischen Franz und zwei Theologen aus der benachbarten Abtei der Ordensgeistlichen von St. Rémy zu einer heftigen Diskussion. Als Laienkardinal konnte der fünfundzwanzigjährige Franz zwar heiraten. Doch brauchte er hierzu nach kanonischem Recht zwei Dispense: einen Dispens von der Bestellung des Aufgebotes und den Dispens, die Ehe mit einer Nichte ersten Grades einzugehen. Die Kleriker waren sich darin einig, daß Franz als Bischof von Toul sich selbst von der Bestellung des Aufgebotes entbinden konnte. Doch waren sie in der Frage des Dispenses *in secundo gradu* weniger sicher, da dieser normalerweise dem Papst vorbehalten war und den Bischöfen die Rechtssprechung nach kanonischem Recht nur in dringenden Notfällen zufiel. Aber welcher Notfall, fragte Franz, konnte dringender sein als dieser? Er werde sich also selbst die beiden erforderlichen Dispense erteilen und den zweiten später vom Papst ratifizieren lassen, um Ludwig XIII. keinen Anlaß zu geben, die Ehe für null und nichtig zu erklären.

Die Entscheidung war kaum gefallen, da wurde sie schon in die Tat umgesetzt. Auf der Stelle nahm einer der Kanoniker die Trauung vor. Nach kanonischem Recht war die Ehe jedoch erst dann unwiderruflich, wenn sie vollzogen war. Und nun, da La Force jeden Augenblick ins Zimmer zu platzen drohte, wurde dieser Akt zu einer Angelegenheit von höchster Dringlichkeit. Claude äußerte Bedenken. Es schien ihr, daß die Manipulation des kanonischen Rechtes ein wenig zu sehr nach Nützlichkeitserwägungen schmecke. Sie zog es vor, den päpstlichen Dispens abzuwarten. Ihr Widerstand wurde jedoch durch die Überredungskünste ihres Vetters überwunden. Und so genügte man hastig den kanonischen Erfordernissen, bevor La Force auftrat und die Gatten getrennt in ihren Kammern einsperrte. Am nächsten Tag führte der alte Marschall sie und die Herzogin Nicole zum Herzogspalast in Nancy. Von dort schrieb Franz einen Brief an Richelieu, in dem er ihn von seiner Heirat unterrichtete und mit »Franz Herzog von Lothringen« unterzeichnete. Richelieu war schockiert. Das Gewissen des Königs duldete nicht, daß Franz und Claude beisammen waren, bevor der päpstliche Dispens eintraf. Claude und Nicole sollten daher nach Paris gebracht werden. Der Kardinal wurde jedoch noch einmal vom schlauen Franz ausmanövriert. Bevor der Abtransport der Prinzessinnen bewerkstelligt werden konnte, lag der päpstliche Dispens, von den lothringischen Agenten in Rom durchgepeitscht und in halsbrecherischem Tempo durch Europa befördert, in Franzens Händen. Um jeden Zweifel zu beseitigen, holte Franz einen Priester aus dem Bett und absolvierte um drei Uhr in der Früh ein zweites Mal die Trauungszeremonie. Der französische Gouverneur von Nancy, der Graf von Brassac, war so erzürnt, als er hiervon erfuhr, daß er sich die Perücke vom Kopf riß und sie zu Boden schleuderte. Mit geschorenem Kopf und als Diener verkleidet, spazierte Franz am 31. März 1634 zu später Stunde gemeinsam mit einem wirklichen Diener an den französischen Wachen vorbei und verschwand in den Straßen von Nancy. Zu gleicher Zeit passierte ein Edelmann des lothringischen Hofes die Torwache, der von einem Pagen mit brennender Fackel begleitet wurde. Er war zornig, weil sich der Page irgend etwas hatte zuschulden kommen lassen, und amüsierte die Schildwache durch die Art und Weise, wie er den jungen Mann ausschimpfte, der sehr zerknirscht zu sein schien. Der Page war Claude, und auch sie wurde von der Dunkelheit verschluckt. Erst am Mittag des nächsten Tages stellte Brassac, dem die verdächtige Stille in der Suite der Lothringer auffiel, Nachforschungen an und entdeckte, daß seine Schützlinge geflohen waren. Erst Wochen später erfuhr Richelieu, daß sie sich in Florenz bei Christine von Lothringen, der Großherzogin von Toskana und Schwägerin Marias von Medici, aufhielten.

Die Flüchtlinge aus den Häusern von Frankreich und Lothringen standen nun in einer ganz Europa umfassenden Verschwörung gegen Ludwig XIII. im Bunde, die Spanien in jeder erdenklichen Weise zu unterstützen bereit war. Das Problem Maria von Medici und Gaston hatte schon hinreichend für Komplikationen in den delikaten Verhandlungen Richelieus mit Urban VIII. gesorgt. Jetzt waren die Verhandlungen noch bedeutend komplizierter geworden, da der Papst Partei für die Sache Franzens ergriff. Urban war der Ansicht, ihm, dem katholischen Fürsten, sei Unrecht geschehen. Der schreckliche Karl von Lothringen, dessen Ausschweifungen und Amouren ein Skandal im ganzen katholischen Europa waren, verdiente wenig Sympathie. Aber Franz war ein Unschuldiger, der Schutz verdiente. In der Folgezeit sollte in den diplomatischen Verhandlungen die Frage nach der französischen

Anerkennung Franzens als Herzog von Lothringen stets im Vordergrund stehen. Der spanische Botschafter in Paris war empört. Er schützte Krankheit vor, weigerte sich, Pater Joseph zu sehen, packte seine Koffer und fuhr nach Madrid zurück, nicht ohne zuvor dem Nuntius Bichi einen leidenschaftlichen Vortrag über Richelieus Schuftigkeit und Intrigantentum gehalten zu haben. In Madrid rief Olivares aus: »Wir müssen Gewalt mit Gewalt erwidern!« Er vermutete, daß Richelieu die Absicht hatte, das gesamte Rheinland zu besetzen, und erneuerte seine Anstrengungen, eine europäische Liga zur Unterstützung Gastons zu bilden.

Zwei Monate nachdem Marguerite von Lothringen in Belgien eingetroffen war, starb die Infantin Isabella. Noch mit dem letzten Atemzug beschwor sie Gaston, seine Mutter niemals zu verlassen. Sie empfand Mitleid für Maria von Medici, wenn auch keinen Respekt. Mit ihrem Dahinscheiden war eines der Haupthindernisse für die hochfliegenden Pläne Olivares' aus dem Wege geräumt, der zu ihrem Nachfolger eine seiner eigenen Kreaturen bestimmte, den Marqués von Aytona. Künftig sollten die Spanischen Niederlande unmittelbarer aus Madrid regiert werden. Sie verloren dadurch viel von ihrer Autonomie: Selbst als der Kardinalinfant Ferdinand einige Zeit später zum Statthalter ernannt wurde, wies man ihn an, den Instruktionen Aytonas Folge zu leisten. Diese Entwicklung war für Gaston verhängnisvoll, der nun als Kostgänger Spaniens behandelt wurde und nicht mehr – wie vordem – als ein in Ehren aufgenommener königlicher Gast. Die Spanier machten es ganz unmißverständlich klar, daß sie ihm ebensowenig trauten, wie ihm Richelieu traute, und daß sie jeden seiner Schritte argwöhnisch verfolgten. Richelieus Politik war es, Monsieur von seiner Mutter zu trennen, die er gerne in Brüssel wußte, ihn aus den spanischen Klauen zu befreien und nach Möglichkeit nach Frankreich zurückzuholen. Auf Umwegen stand er in Kontakt mit dem Abbé d'Elbène und mit Puylaurens. Ob die Spanier dies heraufanden oder nicht, ist unbekannt. Doch wurde am 3. Mai 1634 ein Mordanschlag auf Puylaurens verübt, und Gaston – sei es zu Recht oder zu Unrecht – schob die Schuld seinen Gastgebern zu. Als Puylaurens in Begleitung einiger Kavaliere das Treppenhaus des Königspalastes in Brüssel erstieg, wurden auf ihn aus einer Arkebuse fünfundzwanzig Schüsse abgegeben. Doch gewann er, aus einer Wunde in der Wange blutend, den obersten Treppenabsatz, wo ihm Gaston mit gezogenem Schwert entgegenkam.

Ob nun Olivares ein Mitwisser des Attentats war oder nicht – klar ist, daß er bereits entschlossen war, Monsieur Forderungen zu stellen: Der Franzose sollte sich in Zukunft enger an die spanische Politik anschließen, oder er mußte Schwierigkeiten gewärtigen. Gaston befand sich in einer Zwickmühle. Wenn er jetzt nach Frankreich zurückkehrte, dann mußte er es zu den Bedingungen Richelieus tun, und diese waren unannehmbar. Vor dem Parlament von Paris waren juristische Schritte eingeleitet worden, um seine Ehe als im Widerspruch zum Fundamentalgesetz des Reiches stehend und damit für ungültig zu erklären. Außerdem war eine parlamentarische Untersuchung der »Entführung Monsieurs durch den Herzog von Lothringen« im Gange. Ludwig war zwar bereit, seinem Bruder zu vergeben und ihn in alle Würden und Güter wieder einzusetzen. Doch blieb er felsenfest dabei, daß er die Ehe nicht anerkennen werde. Gaston hatte Richelieu einen Brief geschrieben, in dem er ihn an seine »günstigen Dienste« erinnerte und ihn bat, beim König in der Ehefrage zu intervenieren. Richelieu hatte Ludwig den Brief gezeigt und ihn dann wohlwollend, aber unverbindlich beantwortet.

Verzweifelt gab Gaston nun dem spanischen Drängen nach und unterzeichnete am 12. Mai einen Vertrag mit Philipp IV., dessen ratifizierte Kopie einige Monate später Richelieu in die Hände fiel. Ein spanisches Fahrzeug war von einem holländischen Schiff gezwungen worden, vor Calais auf Grund zu laufen, und bei der Gelegenheit war ein spanischer Kurier verhaftet worden. Das Dokument war überaus verräterisch. Gaston verpflichtete sich, ohne Zustimmung Spaniens nicht mit Ludwig zu verhandeln. Im Falle eines Krieges zwischen Frankreich und Spanien hatte er auf der Seite Spaniens zu stehen. Und in dem Falle, daß die spanische Armee Frankreich besetzte, mußte er gewisse französische Städte an Spanien abtreten. Spanien verpflichtete sich dafür, Gaston für einen Einmarsch in Frankreich zwölftausend Mann, und zwar zur Hälfte Spanier und Franzosen, sowie dreitausend Mann Reiterei zur Verfügung zu stellen: Die Invasion war für September 1634 geplant. Gaston sollte außerdem siebzigtausend Franc für die Aushebung von Truppen, fünfundvierzigtausend Kronen monatlich für deren Unterhalt und fünfzehntausend für seinen eigenen Privatbedarf erhalten. Ferner fanden sich bei dem Kurier Vollmachten für Aytona, Frankreich den Krieg zu erklären, falls dies sich als notwendig erweisen sollte.

16
Die Logik der Verstrickung
1634

Richelieu war nicht mehr und nicht weniger als jeder andere das Kind seiner Zeit. Man kann nicht erwarten, daß er als ein Außenseiter in einem etablierten Gefüge von Werten und Vorstellungen stand. Die Periode des Dreißigjährigen Krieges war eine Zwischenzeit zwischen zwei Systemen politischer Organisation. Die Feudalstruktur Europas war zusammengebrochen und noch nicht wirksam durch die politische Struktur der Aufklärung ersetzt worden. Die Kleinstaaten und Lehensgebiete hatten die Garantien verloren, die das Feudalrecht und der Druck der Moral mit sich gebracht hatten, während das Völkerrecht noch ein zu schwaches Instrument war, um an die Stelle jener Garantien zu treten. Hinter der Fassade der Auseinandersetzung zwischen Frankreich und Habsburg verbargen sich unvereinbare Auffassungen über die Zukunft der Kleinstaaten. Habsburg hatte den Ehrgeiz, Disziplin und Ordnung in Mitteleuropa durch Stärkung und Intensivierung der kaiserlichen Autorität zu erreichen und damit das Reich zu einem einheitlichen politischen Gebilde zu machen. Für Frankreich war das Reich eine Organisation souveräner Staaten, deren politische Integrität ihr ureigenstes Recht war. Im Westfälischen Frieden sollte sich die französische Auffassung durchsetzen. Doch wie im Falle des amerikanischen Bürgerkrieges entschied über die Gültigkeit der konstitutionellen Argumente jeder Partei letztlich das Schwert.

Alle politischen Autoren der Zeit waren der Ansicht, das Problem des internationalen Friedens lasse sich am besten auf der Grundlage einer Theorie des Gleichgewichts lösen. Frankreich und Habsburg betrachtete man als zwei in genauer Balance befindliche Pole. Solange dieses Gleichgewicht ungestört blieb, waren die kleinen Grenzstaaten wie Mantua oder Lothringen, Savoyen oder Trier in ihrer Existenz garantiert. Und es galt als axiomatisch, daß jede Beeinträchtigung des Gleichgewichtes in einem Teil Europas in einem anderen Teil kompensiert werden müsse, wenn diese Garantie bestehen bleiben sollte. Wie Philippe de Béthune, der französische Botschafter in Rom und führende politische Theoretiker, schrieb: »Da die Sicherheit der Staaten im wesentlichen vom Gleichgewichtszustand der Macht abhängt und der Zuwachs des einen Fürsten den Ruin seiner Nachbarn bedingt, so ist es ratsam, jenen zu verhindern.« Bezugnehmend auf Richelieus Versuche, die katholischen Staaten Deutschlands zu neutralisieren, meinte Béthune, der Neutralismus sei zum Scheitern verurteilt, da ein neutraler Staat von allen seinen Nachbarn gehaßt wird und sich auf den Schutz keines von ihnen verlassen kann. Er ist daher zum Untergang verurteilt. Rohan, der nicht nur General und Glaubensstreiter war, sondern auch einer der namhaftesten politischen Philosophen jener Zeit, schreibt ebenfalls: »Von der Gleichheit dieser beiden Mächte, Frankreich und Spanien, zehren alle anderen Mächte. Diese letzteren haben daher ein überragendes Interesse daran, das Gleichgewicht aufrechtzuerhalten, denn sie würden die leichte Beute desjenigen der beiden werden, der den Sieg über den anderen davonträgt.« Beide Autoren übten, wie wir wissen, beträchtlichen Einfluß auf die politischen Überzeugungen Richelieus aus.

Die Theorie des Gleichgewichts sprach ein Zeitalter an, das von wissenschaftlichen Parallelen im Gebiet politischer und gesellschaftlicher Ideen fasziniert war. Das spanische Abenteuer in Montferrat galt als Störung des Gleichgewichtes in Italien. Richelieus Gegenschlag kehrte das Verhältnis um. Der Einmarsch des Kaisers in Vic und Moyenvic diente wiederum als Gegenmaßnahme. Gegen Ende 1632 jedoch war das ganze Gebäude von Gewicht und Gegengewicht zusammengebrochen, als Frankreich Pinerolo im Süden und Trier, Ehrenbreitstein und Teile Lothringens im Norden besaß. Französische Theoretiker erwarteten natürlich, daß Habsburger Gegenmaßnahmen das Gleichgewicht wiederherstellten. Doch da Frankreich den Kampf stellvertretend mit Hilfe gekaufter Fürsten und so weit wie möglich von seinen Grenzlanden entfernt zu führen wünschte, mußte man solchen Schritten vorbeugen, indem man die Grenzstaaten festigte und das Bündnissystem ausweitete. Spanien war immer mehr davon überzeugt, daß die wirksamste Methode, Frankreich zu bekämpfen, darin bestand, die Subversion im Inneren des Landes und die Zerstörung von französischen Satelliten wie etwa Trier durch erdrückende militärische Übermacht zu betreiben. Schon war die Zeit nahe, da die Politik des stellvertretenden Kampfes Bankrott machte. Und es ist offensichtlich, daß beide Seiten, ohne den allgemeinen Krieg zu wollen, durch die Logik ihrer Lage immer tiefer und tiefer in die Verstrickung hineingezogen wurden.

Ferias Armee verließ Mailand im August 1633 und marschierte über den Splügen-Paß den Oberrhein entlang nach Chur, um fünf Wochen später in Lindau zu stehen. Dann zog sie am Nordufer des Bodensees weiter, wobei sie sich nur kurz damit aufhielt, die Schweden aus bestimmten befestigten Plätzen in Südwürttemberg zu vertreiben. Die Ankunft Ferias rief unter den Duodezfürsten, die auf beiden Seiten des Rheins zwischen Basel und Koblenz Territorien besaßen, Panik hervor und veranlaßte Richelieu, Maßnahmen zu ihrem Schutz zu ergreifen. La Force wurde, nachdem die Eroberung Lothringens soeben beendet war, durch zwölf neue Regimenter verstärkt, so daß seine Gesamtarmeestärke sich auf zweiundzwanzigtausend Mann belief. Fürs erste bekam er den Befehl, sich westlich der Vogesen zu halten, um Feria keinen Vorwand für einen Einmarsch in das Herzogtum zu geben. Als jedoch der Herzog von Württemberg für seine Grafschaft Montbéliard, eine seiner elsässischen Besitzungen, um französischen Schutz bat, marschierte La Force am 10. Oktober dort ein. Die Vorhut von Ferias Armee erschien zwei Wochen später am elsässischen Rheinufer. Im Dezember bat auch der Graf von Hanau-Lichtenberg um französische Protektion und legte Ingweiler, Neuweiler und Buchweiler in französische Hände. Das Bistum Basel und die Abtei Lüders taten ein Gleiches. Und im Januar 1634 suchte Graf Salm aus Furcht vor dem schwedischen Angriff auf Hagenau und vor dem Zorn Ferias seine Territorien zu retten, indem er La Force Hagenau übergab. Damit besaß Frankreich den Zugang zum Rhein sowohl vom nördlichen wie vom südlichen Ende der Vogesen aus.

Richelieus Elsaß-Politik war voll und ganz auf Zweckmäßigkeit ausgerichtet. Die örtlichen Herrscher hatten ihm in diesem kaiserlichen Gebiet einen strategischen Vorteil angeboten, der das französische Manövriergebiet erweitern würde. Es war nicht seine Absicht, das Elsaß für alle Zeiten an Frankreich zu binden, denn seine Vorstellung von territorialer Souveränität war legalistisch und moralisch. Deutsche Historiker des 19. Jahrhunderts, die von der emotionsgeladenen Frage Elsaß-Lothringen präokkupiert waren, sahen in Richelieu den Urheber der Theorie, wonach der Rhein die natürliche Grenze Frankreichs sei, und den Architekten einer Politik französischer Expansion bis zum Rhein. Diese These ist ebenso leidenschaftlich bestritten wie verteidigt worden. Es gab Zeitgenossen Richelieus, die der Meinung waren, Frankreich müsse seine natürlichen Grenzen besetzen, und einer von ihnen suchte gar die französischen Ansprüche auf Vic und Moyenvic mit dem Argument zu stützen, das Gallien Cäsars habe sich über die Pyrenäen, die Alpen, den Rhein und die beiden Ozeane erstreckt. Doch gibt es keine Anhaltspunkte dafür, daß Richelieu seine Politik auf geographischen Prämissen aufbaute. Seine eigenen Äußerungen in diesem Punkt sind delphisch. Bei einer Gelegenheit bezog er sich auf den Ehrgeiz Heinrichs IV., »den Rhein zur Grenze Frankreichs zu machen, indem man dort drei oder vier Plätze befestigte«. Im Verlauf seiner berühmten politischen Erklärung am Vorabend der ersten Expedition zur Entsetzung Casales schlug er den Vormarsch nach Straßburg vor, um so einen Zugang nach Deutschland zu gewinnen. Ein Jahr später legte der Kaiser Truppen nach Vic und Moyenvic. Es konnte nicht verborgen bleiben, daß Lothringen diese Verlegung verlangt hatte. Kann man hieraus auf aggressive Absichten Richelieus schließen, die der These widersprechen, jeder seiner Schritte sei nur als Reaktion auf Übergriffe Habsburgs erfolgt? Angesichts seiner Warnung, ein solcher Vormarsch verlange »sehr viel Zeit, große Diskretion und ein ruhiges, verhaltenes Vorgehen«, wird deutlich, daß er nicht eine unmittelbare Handlungsstrategie, sondern ein langfristiges Ziel formulierte.

Selbst dann aber kann man der Meinung sein, daß dieses Ziel nicht piratenhafter, sondern restitutiver Art war. Richelieu schloß sich der herrschenden Meinung der Advokaten an, daß die Krone, da sie Territorien nur als Treuhänder für das Volk besitze, diese nicht verlieren könne. Alle Rechte der Könige von Frankreich in den Grenzlanden waren daher nach wie vor lebendig. Mit diesem Argument beschwichtigte Richelieu sein Gewissen über den Betrug von Pinerolo. Auf ihm gründete er wahrscheinlich seinen Vorschlag an die Niederlande, Frankreich und Holland sollten sich die Spanischen Niederlande aufteilen, wobei Frankreich Artois, Hainault, Ostende und Luxemburg zufielen. Seine Denkschrift über die Einladung der elsässischen Herrscher, ihre Territorien zu besetzen, verrät nicht den Ehrgeiz, sie in ihrer Herrschaft abzulösen, sondern nur das Ziel, der Politik der Verstärkung des habsburgischen Einflusses in Gebieten entgegenzutreten, die ebensowenig eindeutig kaiserlich waren, wie sie eindeutig französisch waren. »Der Kaiser«, sagte Richelieu, »versuchte unter mancherlei Vorwänden von trügerischem Charakter, aber ohne Grund, sich zum Herren Deutschlands aufzuwerfen und das Land einer absoluten Monarchie zu unterwerfen, wobei er die Gesetze des deutschen Volkes negierte, auf denen die kaiserliche Autorität sich gründet.« Wenn die Habsburger das Staatsrecht Europas in dieser Weise manipulieren konnten, so konnte es Richelieu schon lange, er, der sogar so weit ging, 1641 eine Untersuchung einzuleiten, die die Rechte der französischen Monarchie in Mailand, Neapel, Sizilien und im Piemont klären sollte. Es mag sein, daß seine Politik expansionistisch war. Doch das zeugende Prinzip hinter ihr war ein legales, wobei es keine Rolle spielte, wie alt die legalen Ansprüche waren. Die französischen Delegierten, die Gustav Adolf von der Überquerung des Rheins abzuhalten suchten, argumentierten damit, daß die rheinischen Territorien seit den Tagen König Dagoberts französisch gewesen seien. Und in einem Werk, das er 1632 Richelieu widmete, schreibt Jacques de Cassan, daß das Alter von Rechten ihre Rechtskraft nicht mindern kann, sondern sie im Gegenteil mehrt.

Daß sich Richelieu im Jahre 1633 unsicher fühlte, lag nicht nur an der Erwartung einer neuen spanischen Unterstützung für Gaston d'Orléans, sondern auch an seinem mangelnden Vertrauen in die Verbündeten Frankreichs, die Holländer, die Schweden und die deutschen Protestanten. Er fürchtete, sie alle könnten sich vom Krieg zurückziehen und es Frankreich überlassen, mit den habsburgischen Ränken einer Thronerhebung Gastons fertig zu werden. Sowohl die Belgier wie die Holländer waren des Kampfes müde. Und es waren bereits Schritt im Gange, zwischen Brüssel und Den Haag einen Frieden auszuhandeln. Niemand wußte genau, ob Oxenstierna die Politik Gustav Adolfs fortsetzen werde. Und falls er dies nicht täte, so würde die deutsche protestantische Bewegung zusammenbrechen. Schon wurden Sachsen und Brandenburg, zwei unwillige Partner Gustavs, nach militärischen Schlappen in Böhmen schwach. Und sie leiteten kurz danach Friedensverhandlungen mit dem Kaiser ein. Um nun die Aliierten bei der Stange zu halten, wurden im Januar 1633 vier energische diplomatische Missionen unternommen: Charnacé wurde nach Holland entsandt, um dem Prinzen von Oranien weitere finanzielle

Unterstützung anzubieten. Pater Josephs Vetter, Manasses de Pas, der Marquis de Feuquières, einst der Gefangene in La Rochelle und jetzt Militärgouverneur von Vic und Moyenvic, erhielt Anweisung, Oxenstierna und den deutschen Protestanten ähnliche Ermutigung zuteil werden zu lassen. St. Étienne sollte noch einmal den Versuch unternehmen, Maximilian zur Neutralität zu bewegen. Maréchal de Créqui, der Gouverneur von Pinerolo, sollte sich nach Rom begeben und versuchen, Urban VIII. zum Beitritt zu einem Verteidigungsbündnis der italienischen Staaten zu überreden.

Kaum waren die Unterhändler abgereist, als in Paris eine Mission der Spanier eintraf. Der neue Botschafter war ein arroganter Mann namens Benevente y Benevides, der sich aufführte wie ein zweiter Borgia. Bei seiner ersten Audienz verlangte er kategorisch Entschädigung für den Bruch der Verträge von Regensburg und Cherasco und weigerte sich, weiterzudiskutieren, solange Richelieu die französischen Forderungen nicht schriftlich vorgelegt hatte. Von einem Unterhändler zu verlangen, alles zu Papier zu bringen, heißt, von ihm zu verlangen, daß er sich festlegt. Damit schrumpft der Verhandlungsspielraum auf ein Minimum. Richelieu, der je nach den Umständen kalt wie Stein oder freundlich wie der Sonnenschein sein konnte, erwiderte hochmütig, in Frankreich sei es Brauch, *viva voce* zu verhandeln, und er sei nicht bereit, von diesem Brauch abzugehen. Eine gute Weile währte die Pattsituation. Pater Joseph unternahm mit Benevente einen Spaziergang durch die Gärten Fontainebleaus und versuchte ihm in einer schattigen Ecke gut zuzureden und ihn zur Vernunft zu bringen. Aber vergeblich. Schließlich legte sich der Nuntius Bichi ins Mittel, um die Diskussionen wieder flottzumachen, und überredete Richelieu zu der von Benevente geforderten Konzession. Richelieu arbeitete ein oberflächliches Dokument aus, das nichts Neues enthielt, es sei denn, daß es den Vorwurf der dauernden Verletzung des Vertrages von Monzón erhob und von Spanien die Anerkennung der französischen Souveränität in Pinerolo verlangte. Dies waren allerdings Punkte, die in spanischen Augen nicht negotiabel waren. Benevente wurde ausfallend und warf Ludwig XIII. vor, an allem Unglück in Europa schuld zu sein. Richelieu kam zu dem Schluß, daß Verhandlungen mit Spanien unfruchtbar waren.

Olivares seinerseits hatte schon längst den entsprechenden Schluß gezogen. Richelieu, sagte er, »ist so voller Gift und leer an Ideen wie alles, was von diesem Hofe ausgeht«. Er erklärte Barrault, dem französischen Botschafter, daß Spanien im Angesicht Frankreichs noch längst nicht zur Bedeutungslosigkeit verurteilt war und sich rächen werde. »Der Kaiser«, setzte er hinzu, »ist ebenfalls in der Lage, seine Ehre und seine Interessen zu verteidigen. Und wenn es notwendig ist, wird er bis in das Herz Frankreichs vorstoßen.« Dieses massive Auftreten war beunruhigend und irritierte den Papst ebenso, wie es Richelieu irritierte. Kardinal Barberini kommentierte: »Weder der Kaiser noch der König von Spanien würden es zulassen, daß der König von Frankreich den Frieden in Deutschland wiederherstellt, weil sie befürchten, Ludwig XIII. könne sich eines übertriebenen Einflusses dort erfreuen.« Richelieu faßte seine Gefühle in einer Unterredung mit Bichi zusammen, in der er sagte: »Habe ich nicht immer gesagt, daß der Graf-Herzog verderbte Absichten habe und nicht die Beendigung des Krieges, sondern den Ruin der Christenheit wünsche, um sich zum Herren über alles zu machen?« Die Mission Beneventes hatte die Dinge nur schlimmer gemacht, und es ist tragisch, daß Frankreich und die Habsburger in einem kritischen Augenblick, da die politische und militärische Lage sich rapide veränderte, nicht mehr fähig waren, die gegenseitigen Motive zu verstehen oder den Dialog fortzusetzen.

Als Charnacé nach Den Haag kam, erkannte er rasch, daß es schwer sein würde, Holland im Krieg zu halten. Die Holländer hatten von Frankreich eine Million Livre pro Jahr erhalten und sich verpflichtet, ohne die Zustimmung Frankreichs keinen Frieden zu schließen. Charnacé hatte nun Instruktionen, diese Subsidien um fünfzig Prozent anzuheben, viertausend Freiwillige zur Unterstützung der holländischen Armee anzubieten und letztere notfalls durch ein französisches Heer von vierzehntausend Mann zu verstärken. Schon zu Beginn des Jahres 1633 also dachte Richelieu an die Möglichkeit, massiv in den Krieg einzugreifen. Es kam zu einem wütenden Tauziehen zwischen der Friedens- und der Kriegspartei in Den Haag, das das ganze Jahr über anhielt, und erst gegen Ende 1633 zeigten sich die ersten Früchte von Charnacés Bemühungen. Im Dezember befahl man den Delegierten der Spanischen Niederlande, die über Friedensbedingungnen verhandelt hatten, Den Haag zu verlassen. Im Februar 1634 wurde Charnacé ermächtigt, drei Millionen Livre pro Jahr anzubieten. Dies wurde akzeptiert, und die Niederlande blieben weiter im Krieg.

St. Étiennes Mission erbrachte kein Ergebnis. Maximilian war durch die schwedischen Verwüstungen Bayerns bereits zu sehr an die Habsburger Sache gebunden, um irgend etwas Positives an dem Vorschlag zu finden, er solle sich an die Spitze einer dritten Kraft in Deutschland setzen. Créquis Mission in Rom war kaum erfolgreicher. Im März 1633 zog er unter großer Prachtentfaltung in der Stadt ein. Seine wohlgesetzte Rede über die Loyalität Ludwigs XIII. gegenüber dem Heiligen Stuhl wurde viel bewundert. Doch war es ein enttäuschter Mann, der Richelieu berichtete, er glaube nicht länger daran, daß der Papst profranzösisch sei. »Es stimmt zwar«, sagte er, »daß alles, was ich mit ihm geredet habe, zum Vorteile Frankreichs war. Aber wenn es zu praktischen Nutzanwendungen kommt, gibt es stets Hindernisse, die sich als unübersteigbar erweisen.«

Feuquières hatte die Instruktion, die Schweden und die deutschen Protestanten in engem Bündnis zu halten, jedoch ihre gemeinsamen Streitkräfte unter einen gefügigen deutschen Anführer zu stellen, den Frankreich kontrollieren konnte. Zu diesem Zweck sollte er ein alliiertes Oberkommando zuwege bringen, das sich bereit erklären würde, das Westufer des Rheins als französisches Einflußgebiet anzusehen und darauf zu verzichten, den Krieg dorthin zu tragen. In Oxenstierna nun fand Feuquières einen Mann, der fast ebenso starrsinnig war wie sein verstorbener Herr. Der schwedische Kanzler wollte sich am Rhein zu nichts verpflichten. Er zeigte sich in bezug auf die Schonung des Katholizismus in Deutschland alles andere als versöhnlich. Er war nicht bereit, einen dreimonatigen Waffenstillstand mit Bayern zu schließen, um St. Étienne die Möglichkeit zur Beendigung seiner Mission zu geben. Und er machte es unmißverständlich klar, daß er auch seine Truppen zurückziehen könne, falls ihm nicht die oberste Kriegführung anvertraut werde. Die protestantischen Herrscher trafen sich gerade in Heilbronn. Hier versuchte Feuquières, zwei Ziele zu erreichen. Er wollte ein Verteidigungsbündnis zwischen Frankreich und den Protestanten herstellen, zudem hatte er vor, letztere in ihrem Widerstand gegen Oxenstiernas Führungsanspruch im Bündnis zu unterstützen. Mit bemerkenswertem Geschick versuchte Feuquières, deutsche Ängste vor einer schwedischen Hegemonie anzustacheln. Doch im April 1633 war er gezwungen, sich geschlagen zu geben und als Vertreter Frankreichs ein Verteidigungsbündnis mit der neugebildeten Heilbronner Liga zu unterzeichnen, ohne Oxenstierna irgendwelche Konzessionen abzuringen, mit Ausnahme der Verpflichtung, die Bedingungen von Bärwalde über den Katholizismus zu respektieren.

Die Nachricht von diesem Pakt wurde in päpstlichen Kreisen mit großer Unruhe aufgenommen, denn er wurde ausgerechnet in dem Augenblick abgeschlossen, da die Verfolgung der deutschen Katholiken wieder eingesetzt hatte. Der schwedische General Horn und der fähigste protestantische General, Bernhard von Sachsen-Weimar, dessen Ziel es war, sich ein Fürstentum zu schmieden, wüteten in Süddeutschland. Maximilian berief sich wiederholt auf den Vertrag von Fontainebleau. Die Verträge von Heilbronn und Fontainebleau waren dem Geiste, wenn auch nicht dem Buchstaben nach, unvereinbar. Maximilian, von Frankreich angewidert, warf sich nun endgültig und vollständig in die Arme der Spanier. Im August erhielt Pater Joseph beunruhigende Berichte, daß seine Kapuzinerbrüder in Frankfurt, Main, Speyer und Augsburg unter den Schweden zu leiden hätten. Feuquières wurde angewiesen, Oxenstierna an sein Versprechen von Heilbronn zu erinnern. Varennes, ein Herr vom Hofe, wurde ebenfalls zum schwedischen Kanzler geschickt, um ihm zu sagen: »Der König ist der Ansicht, daß es in unserem gemeinsamen Interesse liegt, keinen Vorwand für die Behauptung zu geben, dies sei ein Religionskrieg, wie man uns überall glauben machen will.« Bichi sah in dem protestantischen Bündnis einen Skandal, und da er Richelieu krank zu Bett liegend vorfand, erklärte er ihm schonungslos, diese Krankheit sei ein Zeichen der Vorsehung. Richelieu erwiderte, Spanien habe ihn gezwungen, mit den Häretikern zu paktieren, und betonte, ein katholischer Fürst habe stets das Recht, die Unabhängigkeit seines Staates zu sichern und zu diesem Zweck auch das Bündnis mit Souveränen von anderer Religion zu suchen.

Sachsen und Brandenburg hatten sich von den Heilbronner Verhandlungen ferngehalten, und so erhielt Feuquières nun den Auftrag, sich nach Dresden und Berlin zu begeben, um Separatbündnisse und Geld anzubieten. In Sachsen war seine Mission ein völliger Fehlschlag, während die Gespräche in Brandenburg zeitweilig ermutigend verliefen. Hier traf es sich, daß Schwarzenberg, der katholische Minister eines kalvinistischen Herrschers in einem lutherischen Staate, mit Frankreich sympathisierte. Brandenburg fühlte sich in Deutschland isoliert und bedurfte der französischen Unterstützung, um sich eine gewisse Unabhängigkeit des Handelns zu sichern. Der Kurfürst jedoch hatte auch ein Interesse an der pommerschen Erbfolge, und letzten Endes entschloß er sich, abseits zu stehen, um seinen Kredit bei beiden Seiten nicht aufs Spiel zu setzen. Richelieus Deutschlandpolitik, die das Ziel verfolgt hatte, ein Gegengewicht zu Wien zu schaffen, wurde nun vom Kardinal selbst als vollkommener Fehlschlag beurteilt. Um die Mitte des Jahres 1633 gab der Kardinal seine diplomatischen Offensiven in Deutschland praktisch auf und konzentrierte sich darauf, die französische Lage am linken Rheinufer zu konsolidieren und den französischen Einfluß in der Heilbronner Liga geltend zu machen.

Der Kardinal wurde auch in einen Versuch hineingezogen, Wallenstein für die französische Seite zu gewinnen, nachdem der Friedländer Verbindungen zu Feuqières angeknüpft hatte. Wallenstein wollte wissen, welchen Schutz Ludwig XIII. ihm bieten könne, welche Haltung man von ihm erwarte und gegen wen und wohin er mit seiner Armee marschieren solle. Als Feuqières dieses erstaunliche Angebot Richelieu übermittelte, wurde eine Ratsversammlung einberufen. Man erteilte Feuqières Instruktionen, die für die Verschwörer ermutigend waren. Sollte Wallenstein das Banner des Aufstandes gegen den Kaiser aufpflanzen, würde Frankreich ihn in seinen Absichten auf den böhmischen Thron unterstützen. Als Feuqières jedoch in den Besitz der Instruktionen gelangte, hatte er vom Friedländer bereits den Eindruck gewonnen, daß dieser nicht ein doppeltes, sondern ein dreifaches Spiel spiele und zudem ein Mann war, dessen Geist, Entschlußkraft und Realitätssinn im Verfall begriffen waren, so daß er sich insgeheim entschlossen hatte, ihn mit Vorsicht zu behandeln. Es folgten noch einige geheimnisvolle Kontakte, und dann war der Spuk auf einmal vorbei. Man war dem Friedländer auf die Spur gekommen und hatte ihn im Haus des Bürgermeisters von Eger am 25. Februar 1634 heimtückisch ermordet.

Wallensteins Tod war eine beinahe ebenso große Sensation wie der Tod Gustav Adolfs. In das Erstaunen über den versuchten Verrat mischte sich die Erleichterung, daß er rechtzeitig aufgedeckt worden war. Olivares ergriff die Gelegenheit, um den Kaiser zur Kriegserklärung an Frankreich zu drängen, und tat empört, als dieser ablehnte. Ferdinand verfolgte aber einen versöhnlichen Kurs und erklärte den Spaniern, er sei bereit, die französische Souveränität über Pinerolo anzuerkennen, wenn Frankreich das Veltlin offenhielt. Der Tod Ferias in München am 11. Januar 1634 bedeutete, daß nun zwei führende kaiserliche Generäle ausgefallen waren, wodurch alle Aktionen eine Zeitlang stillstanden. Am 13. April beschloß daher der spanische Staatsrat, eine Kriegserklärung an Frankreich zu verschieben. In diesem Monat auch führten Charnacés einjährige Bemühungen zur Erneuerung des französisch-holländischen Bündnisses zum Erfolg. Dieser neue Vertrag wurde streng geheimgehalten. Doch verhafteten die Spanier im Juli einen Kurier des Prinzen von Oranien und der Generalstaaten an den holländischen Botschafter in Paris. Sie fanden bei ihm eine Kopie des Vertrages. Olivares wollte hierin eine konzertierte französisch-holländische Aktion zum Überfall auf Dünkirchen, Gravelingen und Mardyck sehen, obwohl ein solcher Plan tatsächlich nicht existierte. Er legte dem Papst triumphierend wieder einmal Beweise für den schäbigen Charakter Richelieus vor. Die Wirkung dieses Schrittes wurde jedoch durch eine französische Enthüllung einigermaßen abgeschwächt. Als Bichi, der nach Rom zurückberufen wurde, sich von Richelieu verabschiedete, legte ihm der Kardinal eine Kopie des Vertrages vor, den Gaston und Philipp IV. am 12. Mai geschlossen hatten. Bichi nahm das Dokument mit zum Papst als Beweis dafür, daß Tugend und Anstand keineswegs auf seiten Spaniens lagen.

Die Erneuerung des holländischen Bündnisses traf mit einer Sitzung der Heilbronner Liga in Frankfurt zusammen, wo sich Feuquières in einer Schlüsselstellung befand. Oxenstiernas dominierende Stellung hatte bei jenen Prinzen Ressentiments ausgelöst, die nicht *einen* Herren durch einen neuen ersetzt sehen wollten. Seine Kontrolle über die vereinten Armeen war schon deshalb schwächer geworden, weil Bernhard von Sachsen-Weimar selbstbewußter auftrat. Der schwedische Kanzler hatte sogar mit einer Meuterei zu kämpfen, die allen schwedischen Verbündeten demonstrierte, wie tief die schwedische Macht seit dem Tode Gustav Adolfs gesunken war. Feuquières bot der Heilbronner Liga eine erhebliche Steigerung des französischen Beistandes an, falls man sich mit einer französischen Kontrolle der Festung Philippsburg einverstanden erklärte. Diese war kürzlich den Spaniern von schwedischen Truppen abgenommen worden, die sie mit eigenen Garnisonen bestückt hatten. Feuqières hatte die Hoffnung, daß es Oxenstierna unmöglich sein würde, das Ansinnen abzulehnen, ohne zugleich einen Bruch mit der Heilbronner Liga zu provozieren: Entweder würde Frankreich die Kontrolle der Festung gewinnen, oder Oxenstiernas Führungsrolle war ausgespielt. Die Heilbronner Liga war jedoch noch nicht zu jenen Zugeständnissen an Frankreich bereit, die Richelieu erwartete. Im Juli hatte der Kardinal sich fast schon damit abgefunden, von den Protestanten nichts Bedeutenderes zu bekommen als die Stadt Kolmar.

Da wurde auf einmal im Spätsommer 1634 die militärische Situation kritisch. Der Bruder Philipps IV., der Kardinalinfant Ferdinand, hatte, aus Italien kommend, mit einer Armee von zwanzigtausend Mann den Bodensee erreicht und begann im Schwarzwald reinen Tisch zu machen. Der Sohn des Kaisers, der König von Ungarn, hatte nach Wallensteins Tod das Oberkommando der kaiserlichen Armeen übernommen und begann zur selben Zeit die Donau entlangzuziehen, um die Nachschubwege Horns und Bernhards von Sachsen abzuschneiden, die mit einer ebenfalls zwanzigtausend Mann starken Armee unweit von Regensburg lagen. Regensburg, das Horn einige Monate zuvor eingenommen hatte, öffnete bereitwillig den Kaiserlichen seine Pforten. Diese setzten ihren Vormarsch donauaufwärts fort, während der Kardinalinfant ihnen flußabwärts entgegenkam. Während die Lücke zwischen den beiden Heeren immer schmaler wurde, retirierte die protestantische Armee auf das Nordufer der Donau. Vermutlich in diesem Augenblick scheint Richelieu zu der Überzeugung gekommen zu sein, daß ein Krieg mit Spanien unabwendbar war. Als Donauwörth dem Kaiser in die Hände fiel, brach der Widerstand der Heilbronner Liga gegen Richelieus Forderungen zusammen. Am 26. August 1634 erklärten sich die Mitglieder der Liga bereit, den Franzosen Philippsburg auszuhändigen. Als Richelieu diese Nachricht erhielt, wies er am 11. September Feuquières schriftlich an, die Liga davon zu verständigen, daß französische Streitkräfte im Mai 1635 in Deutschland einmarschieren würden. Kaum hatte diese Depesche Paris verlassen, als die Nachricht von der Vernichtung Horns und Bernhards eintraf. In Nördlingen hatten die beiden tollkühnen Feldherrn versucht, die Vereinigung des Kardinalinfanten mit dem König von Ungarn aufzuhalten. Gegen eine fünfzigprozentige Übermacht waren sie am 6. September 1634 von den spanischen *Tercios* (Divisionen) systematisch aufgerieben worden und ließen zwölf- bis siebzehntausend Tote auf dem Schlachtfeld. Horn und sechstausend Soldaten gerieten in Gefangenschaft. Sie traten zumeist in kaiserliche Dienste über.

Die fast totale Vernichtung der beiden Hauptarmeen, die noch das Feld gegen den Kaiser behauptet hatten, wurde in aller Welt als eine alarmierende Kunde aufgenommen. Richelieu begab sich unverzüglich zum König, um die Angelegenheit mit ihm zu diskutieren. Am nächsten Tag hatte er eine Konferenz mit Pater Joseph, bei der man übereinkam, daß es keinen anderen Weg gab als eine französische Kriegserklärung, obwohl diese noch bis zum folgenden Frühling aufgeschoben werden konnte. Dann rief man drei Mitglieder des Ministerrates herein, Bullion, Séguier und Bouthillier, die die Entscheidung unterstützten. Eine Armee in der Gesamtstärke von fünfundneunzigtausend Mann sollte aufgestellt werden. Die Heilbronner Liga sollte unverzüglich mit vierzehntausend Mann ausgerüstet werden, sofern sie sich verpflichtete, die wichtige Festung Breisach, die den Handel am oberen Rhein kontrollierte, einzunehmen und sie den Franzosen auszuhändigen. Dann wurden Depeschen an Feuquières aufgesetzt, worin festgehalten war, unter welchen Bedingungen Frankreich sich bereit erklärte, in engere Beziehungen zur Heilbronner Liga zu treten: Man beanspruchte neben Schweden und der Liga gleiches Stimmrecht bei der politischen und militärischen Führung des Krieges. Außerdem forderte man Garantien bezüglich des Katholizismus. Die Angelegenheit wurde Feuquières aus der Hand genommen, als Jacob Löffler, der Delegierte Oxenstiernas, und Philipp Streif von Lauenstein, ein Ratsmitglied des Pfalzgrafen von Zweibrücken und Delegierter der Liga, in Paris eintrafen. Sie sollten um eine französische Kriegserklärung oder zumindest um die Entsendung von Truppen nachsuchen.

Die beiden Gesandten fanden Richelieu reserviert und nur bereit, über seine eigenen Bedingungen zu verhandeln. Die größten Schwierigkeiten jedoch machte Ludwig XIII. Er sagte, er weigere sich kategorisch, überhaupt mit ihnen zu verhandeln, solange die Protestanten sich nicht verpflichteten, den Katholiken Schadenersatz für die erlittenen Schäden zu leisten. Löffler und Streif waren eingeschüchtert und unterzeichneten am 1. November 1634 nach einer kurzen Verhandlung einen Vertrag, in dem sie alle Forderungen Richelieus erfüllten. Frankreich verpflichtete sich nicht zum Krieg, gewann aber gleiches Stimmrecht in den protestantischen Beratungen und setzte die Auslieferung der von den Schweden im Elsaß gehaltenen Plätze an Frankreich durch. Der Katholizismus sollte in all jenen Ländern wiederhergestellt werden, wo er 1618 Freiheiten genossen hatte. Der Vertrag kam die Schweden hart an, denn er entzog ihnen die oberste Kriegführung und die

Disposition über die französischen Subsidien. Als Löffler und Streif in Worms eintrafen, wo Oxenstierna gerade mit der Heilbronner Liga verhandelte, kam es zu einer Krise. Löffler wurde entlassen, und Oxenstierna kündigte an, er werde im Namen der minderjährigen Königin Christina von Schweden die Ratifizierung des Vertrages verweigern: Die meisten deutschen protestantischen Delegierten jedoch sahen ein, daß sie keine andere Wahl hatten, als die Bedingungen Frankreichs zu akzeptieren.

Oxenstierna zog sich aus Worms zurück, stellte jedoch alsbald fest, daß die Ereignisse ihn mit Gewalt in Richelieus Arme trieben. Um seine Garnisonstruppen in einer neuen Armee zu konsolidieren, mußte er die elsässischen Positionen an La Force ausliefern und zulassen, daß letzterer in die Pfalz einmarschierte, nachdem der pfälzische Delegierte, besorgt über den Rückzug der Schweden und den drohenden Anmarsch des Kardinalinfanten, um französische Protektion gebeten hatte. Am 15. November 1634 begannen bayerische und kaiserliche Truppen mit der Belagerung Heidelbergs, der Hauptstadt der Pfalz. Feuquières erhielt Anweisung, die französische Unterstützung zum Entsatz der Stadt so lange zurückzuhalten, bis die Ratifizierungen des Vertrages aus Paris eingetroffen waren, und wurde ermächtigt, La Force in dem Augenblick den Einsatz zu befehlen, da er sich überzeugt hatte, daß die politischen Bedingungen erfüllt waren. Oxenstierna und Bernhard von Sachsen-Weimar versuchten, Feuquières zu einer sofortigen Aktion zu bewegen, um Frankreich endlich in den Krieg zu verwickeln. Es fragte sich jetzt nur, wer zuerst nachgab, denn die Sicherheit Heidelbergs war für Frankreich nicht weniger entscheidend als für die Liga. Es war Feuquières und nicht Oxenstierna, der schwach wurde. Denn Anfang Dezember befahl Feuquières, ohne die schwedische Ratifikation abzuwarten, sechstausend Franzosen von Mannheim aus in Marsch zu setzen und die Belagerung aufzuheben. Als die Kaiserlichen sich von Heidelberg zurückzogen, rief er die Franzosen auf das Westufer des Rheins zurück, worauf die Kaiserlichen zurückkehrten und die Belagerung erneuerten. Zu dieser Zeit hatten alle Fürsten der Liga den Vertrag ratifiziert, während die Städte und die Schweden noch zauderten. Um den Druck auf die Schweden zu verstärken, hielt Feuquières die französischen Subsidien zurück. Auch diesmal war er zum Nachgeben gezwungen und mußte die Überquerung des Rheins befehlen. Am Weihnachtsabend entsetzten La Force und Brézé Heidelberg und begannen neckaraufwärts zu marschieren. Richelieu trug damit den Kampf tief in deutsches Gebiet hinein.

Das strategische Konzept des Gegengewichts sollte nun praktisch demonstriert werden. Während der französische linke Flügel vorrückte, tat der kaiserliche linke Flügel ein Gleiches, so daß sich die ganze Front um einen Angelpunkt an der Saar und im Elsaß drehte. Karl von Lothringen überschritt mit einer kaiserlichen Armee bei Breisach den Rhein, drang durch das nördliche Elsaß vor und überraschte die Franzosen in Philippsburg. Zu Beginn des Jahres 1635 stand er in Speyer. Im gleichen Augenblick rückten die Spanier in Luxemburg zur Mosel vor und besetzten Trier, wo sie den Kurfürsten Philipp von Sötern gefangennahmen. Die französische Armee am Neckar mußte nach Mannheim zurückkehren, wo sie nicht gerade begeistert feststellte, daß ihre Hauptnachschublinien in Feindeshand gefallen waren. Anfang April begann Karl von Lothringen mit der systematischen Besetzung des Elsaß. Dies war die Vorbereitung seiner triumphalen Rückkehr in sein Herzogtum. La Force erhielt den Befehl, ihn zu verjagen. Aber seine Truppen waren erschöpft, und so mußte er sich nach Metz zurückziehen. Richelieu hatte sich auf einen kriegerischen Kurs festgelegt. Für ihn gab es kein Zurück.

17
Die Reputation des Königs
1634–1635

Hugo de Groot oder Grotius, wie er sich nannte, war ein großer
Gelehrter seiner Zeit. Er gilt als Vater des Völkerrechts. In der Tat
sind de Groot als historische Gestalt und Grotius, das legendäre
Genie, geradezu zwei verschiedene Menschen. 1584 in Holland
geboren, war er ein Wunderkind und ein Bücherwurm, der schon
im Kindesalter lateinische Verse publizierte und in der Jugend ein
geradezu enzyklopädisches Wissen an den Tag legte. Mit fünfzehn
Jahren war er Doktor der Rechte, nachdem er bereits Thesen über
Mathematik, Philosophie und Jurisprudenz verteidigt hatte. Und
im Alter von sechzehn Jahren führte er seinen ersten Prozeß vor
Gericht. Mit neunzehn, nachdem er bereits lateinische Tragödien
veröffentlicht hatte, war er offizieller Historiker der Generalstaaten und mit vierundzwanzig Generaladvokat von Holland. Wie bei
anderen Wunderkindern jedoch war sein Wissen unsystematisch
und seine Selbstüberschätzung beträchtlich. Die enorme Reputation verdankte er seinem immensen Fleiß, der es ihm erlaubte, seinen Schriften einen, fast möchte man sagen, erdrückenden Apparat von akademischen Lehrmeinungen und Präzedenzfällen
beizugeben. Diese Reputation war es schließlich, die ihm seinen
hervorragenden Platz in der Wissenschaft des Völkerrechts sicherte.

Im Jahre 1619 wurde Grotius in ein politisches und religiöses
Schisma in Holland verwickelt und fand sich zu einer lebenslangen
Haftstrafe auf Schloß Lovenstein verurteilt. Seine gutmütigen
Wächter erlaubten es ihm, kistenweise Bücher zu empfangen, die,
nachdem er ihren Inhalt verschlungen hatte, wieder in die Biblio-
theken zurückwanderten. Eines Tages im Jahre 1621 verließ die
besagte Kiste wieder einmal das Schloß, aber sie enthielt statt der
Bücher Grotius in eigener Person. Kurze Zeit später trat er in Paris
auf, wo er sein berühmtestes Werk verfaßte, *De jure belli ac pacis*.
Es erschien 1625 mit einer Widmung an Ludwig XIII. Sein hervor-
stechendstes Merkmal ist der Eklektizismus. In ihren Gedanken ist

die Arbeit großenteils abhängig von den Schriften des spanischen Jesuiten Francisco Suárez, und in philosophischer Hinsicht ist sie ziemlich verworren. Das Werk revolutionierte immerhin das Zusammenleben der Völker und trug dazu bei, aus einem Bärenzwinger ein System von Beziehungen zu machen, das den Krieg zwar nicht abschaffte, aber ein menschliches Überleben zumindest wahrscheinlicher machte. Gustav Adolf, ein auf Blütenlesen stets versessener Geist, war von dem Buch ungeheuer beeindruckt und schleppte den schweren Wälzer auf Schritt und Tritt mit sich herum. Das Buch trug zwar wenig dazu bei, die Art seiner Kriegführung zu beeinflussen, aber es lieferte ihm wie die Bibel, die daneben lag, genügend Material für endlose Diskussionen mit ausländischen Botschaftern.

Das Buch war kaum erschienen, als sich die Wege Richelieus und Grotius' zum erstenmal kreuzten. Man hat vermutet, ohne es beweisen zu können, daß die beiden Männer schlagartig von gegenseitiger Abneigung gepackt wurden. Vielleicht war es nicht mehr als die übliche Eifersucht zwischen Gelehrten, vielleicht war es die Unduldsamkeit gegen die Dünkelhaftigkeit anderer, die bei starrsinnigen Menschen oft zu beobachten ist. Auf jeden Fall scheint es, daß die beiden nicht gut miteinander auskamen. Im Jahre 1631 verließ Grotius Paris wieder, nachdem die Rente, die ihm Ludwig XIII. ausgesetzt hatte, nicht bezahlt worden war. Drei Jahre später, als er sich ohne seine Bücher in Hamburg recht und schlecht über Wasser hielt, knüpfte er Kontakte, die dazu führten, daß ihn Oxenstierna in seine Dienste nahm. Und nun, gegen Ende 1634, da Oxenstierna hoffte, zu einem besseren Verhandlungsergebnis mit Richelieu zu kommen als Löffler, ernannte er Grotius zum Botschafter in Paris.

Als Richelieu hiervon erfuhr, überlief es ihn kalt. Vermutlich teilte er dem König seine Gefühle mit, denn es findet sich ein Schreiben Ludwigs an Feuquières, in dem es heißt: »Niemand wird mit Sieur Grotius verhandeln, und er wird nach der ersten Audienz prompt nach Hause geschickt werden.« Starrsinn jedoch war eine Eigenschaft, die nicht nur Oxenstierna auszeichnete, sondern auch Grotius. So traf dieser in Paris ein und hielt sich dort neun Jahre als Botschafter, obwohl Richelieu wiederholt seine Abberufung verlangte. Grotius vermutete, und zwar mit Recht, daß die französischen Schlappen im Elsaß, der Verlust Philippsburgs und der bevorstehende Friedensschluß zwischen Sachsen und dem Kaiser Richelieu etwas weniger unzugänglich machen würden und Schweden viel bessere Bedingungen sichern müßten, als Löffler sie hatte erreichen können. Oxenstierna hoffte denn auch, Frankreich zum Kriege drängen zu können. Und es entbehrt nicht der Delikatesse, daß der Gründer des Völkerrechts und ein Kardinal der katholischen Kirche in zähem Ringen darauf aus waren, einen Krieg auszuweiten, der schon jetzt jede menschliche Verderbtheit – den Kannibalismus nicht ausgenommen – ins geradezu Beispiellose vergrößert hatte.

Grotius mußte fast einen Monat auf die erste Audienz beim König warten. Es ist klar, daß es Richelieu darauf anlegte, die Verhandlungen mit ihm überhaupt zu vermeiden. Und so sagte man Grotius, er habe keine Vollmachten, die Frage eines Vertrages zu diskutieren. Seine Behandlung stand im Gegensatz zu jener, welche man den holländischen Gesandten zuteil werden ließ, die soeben die Einzelheiten des neuen Bündnisses mit Frankreich regelten. Der Hof war mit Bällen und Schauspielen zu Ehren der Gesandten beschäftigt. Sowohl der König wie auch Richelieu griffen aktiv ein in die Planung der Festivitäten, als wüßten sie nicht, daß das Land am Vorabend eines Krieges stand, der die letzten Reserven aufzehren konnte. Ludwig XIII. schrieb und inszenierte sein Ballett von der Amsel höchstpersönlich. Die *Gazette de France* vom 22. März 1635 berichtet, daß er »selber die Tanzfiguren und die Musik erdacht und die Kostüme entworfen« habe, obwohl er »kaum mehr Stunden an das Geschäft verwendete, als normalerweise Tage erforderlich sind, um ein Ballett zu komponieren«. Die Falkenjagd auf Amseln war ein Lieblingsvergnügen des Königs. Im ersten Entrée treten zwei Lakaien mit Falkenkäfigen auf. In weiteren Szenen folgen der *chef de vol*, der Oberfalkonier, sein Gehilfe und zwei Pagen sowie Ludwig selbst, verkleidet als Gemahlin des Meisters Pierre vom Lothringer Kreuz, der mit Vogelköder und Glöckchen handelt.

Ihm folgt im fünften Entrée Thomas der Schlächter, dessen Funktion es ist, die Falken zu füttern, und im sechsten der Armbrustträger, der *porteur d'émerillons*, der die eigens zur Amseljagd dienenden kleinen Falken mitbringt, sowie der *porte merles descapés* mit den erlegten Vögeln. Die Jäger gebärden sich grotesk altertümlich und treten in ihrem Entrée zu den Klängen einer altmodischen Gavotte auf, während der Frühling das Ende der Jagdsaison verkündet:

Me voici dessus l'horizon
Où je viens rajeunir le Monde
Je fais voir la belle saison
Qui réjouit la terre et l'onde . . .
(L'hiver) . . . me voyant fuit ce séjour
Où je viens établir l'empire de l'amour.

Schließlich treten im *grand ballet* Reiter zu Pferde auf. Danach machen die Künstler einen Schritt nach vorn und laden die Damen zum Tanze ein, woraus sich ein allgemeiner Ball entwickelt. Die erste Aufführung fand am 15. März 1635 in Chantilly statt, eine zweite folgte zwei Tage später in Royaumont.

Als es Grotius schließlich gelang, zum König vorzudringen, wurde er mit knappster Förmlichkeit und ausgesprochen unfreundlich empfangen. Ludwig, offenbar aus dem Stegreif sprechend, gab seiner Verwunderung darüber Ausdruck, daß eine andere Nation sich anmaße, ihm Vorschriften zu machen:

Ich denke, ich kann frei über mein Geld und über meine Truppen verfügen! Wenn es den Katholiken nicht erlaubt wird, ihre Religion auszuüben, ist zwischen uns nichts möglich. Ich bin niemandem aufgrund seiner Religion feind, denn mir ist die meine lieb so wie Ihnen die Ihre. Aber ich kann an dieser Frage nicht achtlos vorübergehen.

Am 14. März traf sich Grotius mit Léon Bouthillier und Pater Joseph in dem an die Tuilerien grenzenden Kapuzinerkonvent und erörterte mit ihnen die rechtliche Seite der Verträge. Pater Joseph befand sich diesmal auf der anderen Seite der Regensburger Argumentation. Er behauptete, nachdem Löffler einen Vertrag unterzeichnet habe, der keinen Ratifikationsvorbehalt enthielt, sondern im Gegenteil sich auf Oxenstiernas Vollmachten berief, sei der Vertrag für Schweden bindend. Grotius kam nicht ohne Bosheit auf einen Präzedenzfall zu sprechen und erinnerte an die Nichtanerkennung des Vertrages von Regensburg. Pater Joseph war pikiert. Er erklärte, vor Unterzeichnung jener Abmachung hätten er und Brûlart wohlweislich darauf hingewiesen, daß verschiedene Vertragsklauseln ihre Vollmachten überschritten, wofür er Beweise vorlegen könne. Grotius konterte, indem er betonte, Löffler habe es genauso gehalten. Daraufhin warf Pater Joseph den

Schweden vor, die französischen Subsidien, die für die Liga von Heilbronn bestimmt waren, für sich abgezweigt zu haben, woraufhin Grotius große Empörung bekundete. Die Erbitterung wuchs, und Pater Joseph drohte, sich bei Oxenstierna über Grotius zu beschweren, die weiteren Verhandlungen mit ihm einzustellen und durch Feuquières bei der Heilbronner Liga gegen die schwedische Vertragsverletzung zu protestieren. Als Grotius hartnäckig blieb, versuchte es Pater Joseph auf die versöhnliche Art, hatte aber keinen Erfolg. Die Zusammenkunft wurde abgebrochen. Der Kapuziner berichtete an Richelieu, mit einem ungläubigen Verbündeten sei eben nichts zu machen, während er Feuquières mitteilte, es sei nutzlos, mit einem Mann reden zu wollen, der so starrsinnig sei wie Grotius.

Zwei Wochen später begegneten sich Grotius und der Kardinal persönlich, und es kam fast zu einer Wiederholung der Szene. Pater Joseph war ebenfalls anwesend, und als er mit Grotius in Streit geriet, mußte Richelieu eingreifen, indem er sagte: »Kommen Sie, kommen Sie, ich sehe schon, daß Sie und der ehrwürdige Vater einander nicht verstehen.« Grotius erwiderte, daß Oxenstierna nach Paris kommen und die Verhandlungen fortsetzen wolle. Der Kardinal konnte hierauf nur entgegnen, der schwedische Kanzler sei ihm sehr willkommen. Aber ein Zusammentreffen mit ihm würde mehr Schaden als Nutzen stiften, solange es nicht auf einer Revision des Vertrages von Paris fuße. Mitten in die Gespräche platzte die Nachricht, daß sich Oxenstierna, aus Deutschland kommend, auf dem Wege nach Paris befinde. Am 2. April verließ er Worms mit einer Suite von zweihundert Personen, darunter die Generäle, Köche, Schmiede, Schneider, Pferdeknechte und Sekretäre, die er seiner Würde als Regent von Schweden schuldig zu sein glaubte.

An der Spitze des Hofstaates, der sich durch Lothringen den knospenden Pappeln der Marne näherte, marschierten der *Maître d'Hôtel* sowie die Trompeter, Trommler und Kavalleristen. Und wie sich der schreckeneinflößende Schwede, von dem niemand so recht wußte, ob er Feind oder Freund war, in der Phantasie des Volkes ausnahm, erhellt am deutlichsten aus einem Kinderreim, mit dem man den unartigen Kindern Angst machte:

Bet, Kindchen, bet,
sonst kommt der Schwed,

sonst kommt der Oxenstiern,
der wird dich das Beten lehrn*.

Das Schreckgespenst, das durch die Nächte der Kinder geisterte, machte auch dem Kardinal zu schaffen. Am 22. April, als sich Oxenstierna Vitry-le-François näherte, rief Richelieu den Pater Joseph, Bouthillier und Charnacé zu einer Konferenz zu sich, um im Lichte der aus Deutschland eintreffenden Nachrichten »zu sehen, was man tun kann«, um mit Oxenstierna ins Gespräch zu kommen. In der Tat waren es die Ereignisse, die Richelieu dem schwedischen Kanzler auslieferten, obwohl dieser ganz und gar nicht auf den versöhnlichen Empfang gefaßt war, den man ihm nun zudachte. Die Nachricht vom Verlust Philippsburgs war in Paris mit Bestürzung und Abscheu aufgenommen worden. Richelieu hatte an La Force geschrieben, er sei »äußerst verärgert«. Dann hatten die Sachsen einen Plan des Kaisers aufgedeckt, gegen Frankreich den Krieg zu eröffnen. Und nun war die Verhaftung des Kurfürsten von Trier durch die Spanier, die am 26. März stattfand, nicht nur ein schockierender Affront, sondern auch eine strategische Niederlage. Kaum war diese Nachricht in Paris eingetroffen, als Ludwig XIII. anspannen ließ und in aller Eile zu Richelieu in dessen Château in Rueil fuhr, um mit ihm zu beraten. Eine Ratssitzung wurde einberufen, bei der auch der jüngst aus Brüssel eingetroffene Gaston d'Orléans seinen Platz einnahm. Man kam zu dem Ergebnis, daß der König »nicht umhin kann, zu den Waffen zu greifen, um den Affront zu rächen, der ihm durch die Gefangennahme eines unter seinem Schutz stehenden Fürsten angetan wurde«.

Grotius brach auf, um mit Oxenstierna in Soissons zusammenzutreffen, verfehlte ihn jedoch und wurde schließlich von einem schwedischen Suchtrupp ausfindig gemacht, der ihn in Meaux zum Kanzler führte. In Crépy-en-Valois kauften die Schweden jede Menge Federhüte, Handschuhe und Kniehosen, um sich für ihr Auftreten in Compiègne herauszuputzen, wo der König und Richelieu sie erwarteten. Am 26. April trafen sie nahe Compiègne

---

* Anmerkung des Übersetzers: Der Autor zitiert diesen Vers in einer reimlosen französischen Version: »Prie, petit enfant, prie/ Autrement viendra le suédois/ Autrement viendra Oxenstiern/ Il trouvera le moxen de te faire prier.«

mit dem französischen *chef de protocol*, dem Grafen von Bruslon, zusammen, der Oxenstierna einige königliche Kutschen zur Verfügung stellte. Vor den Toren Compiègnes wurde Oxenstierna von den Würdenträgern des Ortes begrüßt. Dann hielt er durch menschengesäumte und festlich geschmückte Straßen seinen Einzug in der Stadt. Die wichtigsten Häuser waren für die Schweden requiriert worden, und das Haus, das man Oxenstierna zugedacht hatte, war prächtig möbliert. Der Vetter Richelieus, der Marquis de la Mielleraye, begrüßte den Kanzler im Namen des Königs, und eine Abordnung der örtlichen Notabeln überreichte wertvolle Geschenke und übermittelte herzliche Grüße.

Am nächsten Tag machte Oxenstierna seinen offiziellen Besuch beim König, wobei Grotius als Dolmetsch fungierte. Die veränderte Stimmung der französischen Regierung äußerte sich dergestalt, daß Ludwig seinem Gast die königliche Kutsche zur Verfügung stellte und ihn als »Vetter« begrüßte. Die Audienz dauerte eine halbe Stunde. Dann suchte Oxenstierna Richelieu auf. Er wurde von der scharlachrot gekleideten Wache des Kardinals empfangen und an der Tür von Richelieu begrüßt, der ihm sogar den Vortritt in sein Haus ließ. Geschäftliche Dinge wurden nicht besprochen. Richelieu zeigte sich charmant wie nie zuvor und gab lateinische Bonmots und Glückwünsche zum besten. Erst bei Richelieus Gegenbesuch am folgenden Tag kam man zu der Vertragsfrage. Der Kardinal stellte fest, daß der Kanzler sich ganz so gebe, wie er es erwartet habe, nämlich als ein Mann, der »in gotischer Manier« verhandle. Beiderseitiger Zwang veranlaßte die Parteien zu einer raschen Einigung nach nur dreistündigen Verhandlungen, woraufhin Richelieu unverzüglich Compiègne verließ, offensichtlich weil er mit dem »gerissenen« Schweden nichts mehr zu tun haben wollte. In Monchay setzte er Einzelheiten des Vertrages auf. Oxenstierna, dessen Mission erfolgreich beendet war und dem der König zum Abschied einen Ring im Wert von sechzigtausend Livre geschenkt hatte, befand sich binnen vierundzwanzig Stunden wieder auf dem Heimweg nach Deutschland, nicht ohne sich zuvor inkognito Paris anzusehen. Im Vertrag von Compiègne, den Richelieu und Oxenstierna ausgehandelt hatten, verpflichteten sich die Vertragspartner, der evangelischen Partei in Deutschland Waffenhilfe zu leisten. Keine Partei durfte einen Separatfrieden oder Waffenstillstand schließen. Die üblichen Bedingungen über den Katholizismus waren in den Vertrag aufgenommen worden, mit der Ausnahme, daß die Schweden in den Territorien, die sie besaßen, die bischöflichen Einkünfte behalten durften. In Richelieus Korrespondenz gibt es einige Stellen, die darauf hinweisen, daß es ihn ärgerte, in der Frage der obersten Kriegführung durch Frankreich nachgeben zu müssen, und daß er Widerwillen gegen ein Bündnis empfand, das ihm durch die Notlage diktiert wurde und an dem er kein Gefallen fand. Aber nun war es geschehen, und als einziges blieb noch die Frage nach dem Ultimatum an Spanien offen.

Am 16. Mai 1635 verließ der französische Herold Gratiollet mit der Kriegserklärung Neuchâtel-sur-Aisne und war drei Tage später in Brüssel. Mit dem Heroldsrock, der die Lilien Frankreichs und die Ketten Navarras zeigte, mit Schlapphut und Heroldsstab erschien er vor den Toren der Stadt; in seiner Begleitung der Hoftrompeter des Königs, der ununterbrochen Chamaden blies, wie es der Brauch war. Der Bürgermeister von Brüssel in Begleitung des Wappenkönigs der Niederlande, der die Robe des goldenen Vlieses trug, eilte ans Stadttor. Gratiollet verlangte förmlich eine Audienz beim Kardinalinfanten als dem neuen Statthalter Belgiens. Der Bürgermeister versuchte ihn zu veranlassen, seine Regalien vor den Stadttoren niederzulegen. Als Gratiollet dies ablehnte, zog er sich zurück und überließ es ihm, die Stadt ohne Begleitung zu betreten.

Nun folgte ein wahrhaft lächerliches Zwischenspiel. Gratiollet hatte die Instruktion, feierlich den Krieg zu erklären, konnte aber niemanden finden, der diese Erklärung entgegennahm. Sein Bestehen auf einer Audienz bei dem Kardinalinfanten wurde mit der Aufforderung abgetan, zu warten. Und so wurde er Stunde um Stunde bis zum Abend vertröstet. Tatsächlich hatte der Kardinalinfant seinen Rat einberufen, um zu erörtern, ob er verpflichtet sei, dem Herold Audienz zu gewähren oder nicht. Die Diskussionen scheinen sich hingezogen zu haben, bis Gratiollet, des Wartens müde, zur Place de Sablon ritt und, wie er später berichtete, die Kriegserklärung »den Winden« übergab. Ihn umringte eine große Menge neugieriger Belgier. Zwei flämische Herolde, die offensichtlich Gratiollet beschattet hatten, beschworen die Leute »aus Leibeskräften«, das Pergament ja nicht anzurühren. Daraufhin trieb Gratiollet sein Pferd durch die Menge und verließ Brüssel, gefolgt von seinem Trompeter. Unterwegs begegnete ihm überraschenderweise eine Kutsche, auf der das Wappen Frankreichs und

Navarras prangte, das er selbst trug. In der Kutsche erkannte er Maria von Medici, die zweifellos über die Begegnung ebenso überrascht war wie er. Er lüpfte schwungvoll seinen Samthut und zog seines Weges. Am nächsten Morgen nagelte er an der Grenze die Kriegserklärung an einen Pfosten, dann ließ er durch seinen Trompeter die Chamaden vor einem einzigen glotzäugigen Bauern blasen, den er zu diesem Zweck aus einer Kirche geschleift hatte. Schließlich wechselte er nach Frankreich über. Es war das letzte Mal, daß eine Kriegserklärung unter einem so pompösen Heroldszeremoniell erfolgte.

Ein belgischer Beamter mit Namen Vincart, der eine Darstellung der Ereignisse dieses Jahres verfaßte, bezeichnet Gratiollet als »sogenannten Herold«, der keine Beglaubigungsschreiben vorweisen konnte. Der Grund, warum der Kardinalinfant Gratiollet nicht empfangen wollte, scheint demnach gewesen zu sein, daß es keinen Beweis für seine Echtheit gab. Spanien erklärte erst im August den Krieg.

Die Erklärung – wer weiß, ob sie auf spanischer Seite überhaupt jemand von dem Pfosten abnahm – hatte folgenden Wortlaut:

Im Namen des Königs, meines einzigen und obersten Herrn, bin ich hierher befohlen worden, um Ihnen das Folgende mitzuteilen: Da Sie es unterlassen haben, den Erzbischof von Trier, den Kurfürsten des Heiligen Reiches, freizulassen, der sich unter seinen Schutz gestellt hatte, als er nicht imstande war, Schutz vom Kaiser oder einem anderen Fürsten zu erlangen; und da Sie entgegen der Würde des Reiches und dem Recht der Völker als Gefangenen einen souveränen Fürsten halten, mit dem Sie nicht im Kriege sind, erklärt Seine Majestät hiermit, daß er entschlossen ist, diese Beleidigung durch Waffengewalt zu rächen, denn dies ist eine Sache von Belang für alle Fürsten der Christenheit.

Es war eine Erklärung, die ausschließlich an Spanien adressiert war, und man war bemüht, sie auf Spanien zu begrenzen. Maximilian von Bayern ließ man wissen, der Angriff auf die Bayern in Heidelberg sei nur erfolgt, weil sie den Aufrührer Karl von Lothringen unterstützten. Sollte sich Bayern gegen den Kaiser kehren, werde Frankreich dreiundzwanzigtausend Mann zu seiner Hilfe senden. Selbstverständlich fiel dieses Angebot auf taube Ohren.

Die französische Entscheidung zur Kriegserklärung war mit al-

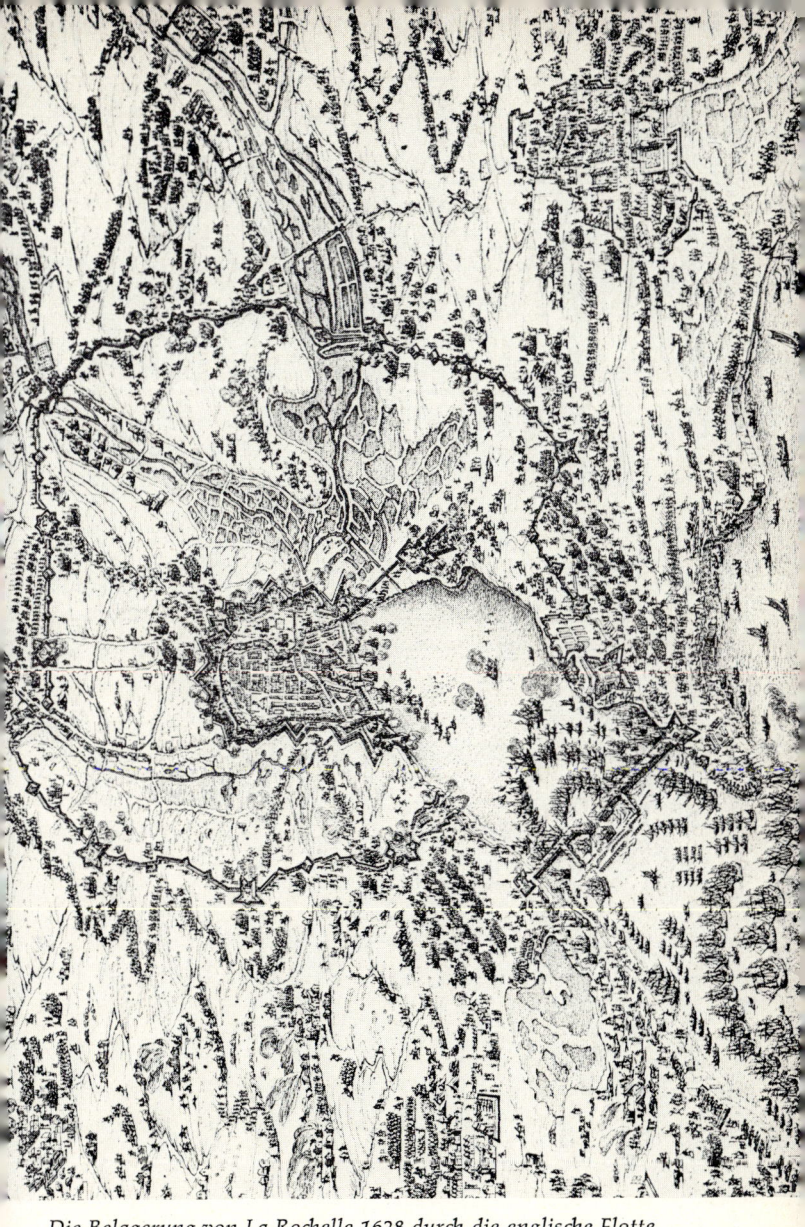

Die Belagerung von La Rochelle 1628 durch die englische Flotte.

Brief Ludwigs XIII. an Richelieu über die Belagerung des Hafens von La Rochelle.

lem Nachdruck von Urban VIII. und seinen Agenten bekämpft worden, namentlich von Mazarin, der sich zu der Zeit auf Sondermission in Paris aufhielt. Ludwig XIII. hatte im Prinzip einem Friedenskongreß unter päpstlichen Auspizien zugestimmt, und bis zur Ankunft Oxenstiernas in Paris hatte Ferdinand alles vermieden, was einen solchen Schritt unmöglich machen konnte. Am 7. April traf in Madrid ein Brief Ferdinands ein, in dem er Philipp IV. bat, Bevollmächtigte zu benennen. Philipp instruierte den Kardinalinfanten insgeheim, dies zu tun, vorausgesetzt, Frankreich und der Kaiser täten dies auch, machte aber zugleich klar, der er nichtsdestoweniger den Krieg erwarte und wünsche. Er schrieb: »Wenn wir in dem eben verflossenen Jahre die Franzosen auch nur im geringsten in ihrem eigenen Gebiet beunruhigt hätten, so hätten die Kaiserlichen ohne Schwierigkeiten das Reich zurückerobert. Wenn der Krieg in diesem Jahr nicht nach Frankreich getragen wird, wird alles endgültig verloren sein.« Er teilte in Wien mit, da nicht die Hoffnung bestehe, daß Frankreich an einem Kongreß teilnehme, sei es nunmehr an der Zeit, zu handeln und mit dem Reden Schluß zu machen. Der Kaiser wurde gedrängt, mit Sachsen Frieden zu schließen, damit die kaiserliche Armee freie Hand zum Kampf gegen Frankreich hatte. Der arme Ferdinand, immer von seinem Gewissen gequält, erlebte böse Zeiten. Pater Quiroga, der Beichtvater seiner Schwiegertochter und entschiedener Freund Spaniens, erklärte ihm, es sei eine Todsünde, wenn er sich nicht zum Frieden mit Sachsen entschlösse. Der päpstliche Nuntius und sein eigener Beichtvater Lamormaini erklärten dies für Unsinn. Ferdinand setzte eine vierundzwanzigköpfige Theologenkommission ein, um der Frage auf den Grund zu gehen. Da er sich nun ihrem Urteil beugte, willigte er ein, am 30. Mai 1635 in Prag mit den sächsischen Häretikern Frieden zu schließen. Damit zog sich die wichtigste protestantische Macht nur zehn Tage, nachdem Frankreich in den Krieg eingetreten war, aus ihm zurück.

Die kriegslüsternen Mitglieder des spanischen Staatsrates frohlockten über die französische Kriegserklärung, weil nun der Kaiser zu einer Aktion gegen Ludwig XIII. gezwungen war. Olivares indessen teilte diese Befriedigung nicht. Trotz seiner markigen Worte hätte er nach Meinung des englischen Botschafters in Madrid aus eigenen Stücken niemals »mit Frankreich gebrochen«. Bereits in eine Auseinandersetzung mit den Katalanen und dem Klerus über die Besteuerung und Einquartierung des Militärs verwickelt, zudem besorgt über seine schwindenden Ressourcen und die Fortdauer der Inflation, war er vor der fatalen Entscheidung zurückgeschreckt. Auf den Ausbruch des Krieges folgten denn auch öffentliche und geheime Friedensverhandlungen zwischen Olivares und Richelieu sowie fortgesetzte Bemühungen Mazarins, eine Friedenskonferenz einberufen. Diese Anregung war für die Schweden Anathema, und Mazarin und Grotius gerieten aneinander. Der letztere berichtete nach Schweden, daß Mazarin bereit sei, jedes Märchen zu erzählen, nur um Frankreich von Schweden loszubekommen. Er sei bereits so weit gegangen zu bestätigen, daß die Habsburger Bevollmächtigte nominiert hätten.

Richelieu war mit der Entscheidung, in den Krieg einzutreten, nicht allein gewesen. Es war die einmütige Entscheidung des Ministerrates, eines Gremiums, das keineswegs dem Kardinal so hörig war, wie man behauptet hat, und durchaus zu einem unabhängigen Urteil fähig. Es war eine Entscheidung, die er aus persönlichen wie aus nationalen Gründen verzweifelt aufzuschieben versucht hatte. Seine Gesundheit war in den vergangenen Jahren unter den Anstrengungen des Amtes beständig untergraben worden. Seit dem bangen Jahr, da Gustav Adolf in Deutschland gewütet hatte, war er ununterbrochen mehr oder weniger ernsthaft krank. Und er bezweifelte stark, ob er den zusätzlichen Belastungen eines großen Krieges gewachsen war. Er fühlte sich nicht mehr jung. Er war im Grunde ein Grübler, doch jeder Augenblick seines Lebens erforderte Tatkraft. Der Krieg würde eine ernste, vielleicht sogar fatale Unterbrechung seiner Aufgabe sein, Frankreich zu reformieren und zu konsolidieren. Und wie Bullion, der fähige Staatssekretär der Finanzen, ihm sagte, würden die Kosten des Krieges das Wirtschafts- und Finanzsystem des Reiches zugrunde richten. In düsterer Stimmung sagte er zu Mazarin, er hätte die Hälfte seines Vermögens oder einen Arm geopfert, wenn er den Krieg hätte abwenden können.

Sobald er sich aber einmal von der Notwendigkeit des Krieges überzeugt hatte, schrak Richelieu nicht vor ihm zurück. Sein ganzer Werdegang und das geistige Klima seiner Zeit gaben ihm hierin recht. Die Geschichte spielte in der Politik eine ähnlich zwingende Rolle wie der Eklektizismus in Literatur und Kunst. Auch die Politik folgte den Prinzipien des Humanismus, und sie erteilte Richelieu die Lehre, daß ein Staat, welcher nicht bereit war, seine Ehre zu verteidigen, unrettbar verloren war. Zwei Begriffe spielen in dieser Lehre eine geradezu mystische Rolle und besitzen ein großes moralisches Gewicht; gemeint sind Ruhe und Frieden innerhalb des Staates und die Größe des Staates: »Die oberste Verpflichtung des Menschen ist es, seine Seele zu retten.« Die Verpflichtung der Könige ist »die Ruhe ihrer Untertanen, die Erhaltung des Staates als Ganzem und die Reputation ihrer Regierung«. Dieser Begriff der Reputation beherrscht das Denken Richelieus. »Der geringste Verlust in dieser Richtung«, schreibt er, »bedeutet, daß ein großer Fürst nichts mehr zu verlieren hat.« Um zu entscheiden, ob Richelieu jener aalglatte, unzuverlässige Politiker war, als den ihn die Überlieferung hingestellt hat, muß man sich vor Augen halten, daß er durch sein Handeln um keinen Preis die Ehre Frankreichs oder Ludwigs schmälern wollte. Es stimmt zwar, daß er unaufrichtig war. Doch sein Ruf, der ihm diese Unaufrichtigkeit eintrug, übertraf den seiner Zeitgenossen nur deshalb, weil er größere Gewandtheit, Entschlossenheit und Subtilität an den Tag legte. Im Zweifelsfall entschied er stets zu seinen eigenen Gunsten. Doch hat er Abmachungen niemals bewußt gebrochen.

Es gibt in Richelieus Schriften eine nüchterne Auffassung der menschlichen Dinge, die mit den moralischen Direktiven an sein Gewissen in einer eigentümlichen Spannung steht. Auch in dieser Hinsicht war er ein Kind seiner Zeit. Es war eine Zeit, die wenig Vertrauen in das Gute im Menschen hatte. Und obwohl Richelieu alles andere als ein Jansenist war, war er doch wesentlich von der jansenistischen Skepsis in bezug auf die natürliche Tugend des Menschen beeinflußt. Er dachte pessimistisch über die Menschheit und war überzeugt, daß die Übel seines Zeitalters von der gefallenen Natur des Menschen und der daraus folgenden Neigung zur Sünde herrührten. Im frühen 17. Jahrhundert bedeutete Freiheit in der Praxis Zügellosigkeit. Und deshalb mußte die Freiheit in der Theorie dem Begriff der Ordnung weichen – einer Idee, die häufiger als jede andere in Richelieus Schriften anzutreffen ist. In nationalen und internationalen Angelegenheiten entsprang diesem Ansatz eine doppelte Moral. »Es gibt einen Unterschied«, schreibt Richelieu, »zwischen ziviler und politischer Klugheit. Und dieser Unterschied ist so groß, daß das Moralgesetz zwei verschiedene Tugenden aus ihnen macht.« Und:

Im normalen Verlauf der Dinge heischt die Gerechtigkeit Klarheit und Beweismaterial. Anders, wenn man mit Staatsangelegenheiten befaßt ist, wo man es mit der *summa rerum* zu tun hat. Denn häufig müssen Vermutungen an die Stelle von Beweisen treten, in Anbetracht dessen, daß große Entwürfe und bedeutsame Unternehmungen niemals anders ihre Wahrheit erweisen als durch ihren Erfolg oder ihr Ergebnis, das nicht mehr rückgängig zu machen ist.

Solcherart war Richelieus moralische Position als Staatsmann. Er erkannte, daß es eine gefährliche Position war, denn die übertriebene Betonung des Staates als ein moralisches Gut konnte dazu führen, das Individuum als moralisches Gut zu eliminieren. Ein Gleichgewicht zwischen den beiden Werten mußte gefunden werden. Und das erforderte ein verständiges und durchdringendes Urteil. Für mittelmäßige Geister war der Weg Richelieus, wie er selbst sah, der Weg zur Tyrannei, weshalb mittelmäßige Geister aus der Politik herauszuhalten waren. Es versteht sich von selbst, daß Richelieu kein mittelmäßiger Geist war. Zugleich zeigt sein Diktum, warum er sich in Frankreich für unentbehrlich hielt.

Diese Theorie der Moralität der Staatskunst, mit ihrer Betonung des Grundsatzes »im Zweifelsfall für den eigenen Vorteil«, vertrug sich durchaus mit der Theorie des gerechten Krieges, die in den katholischen Schriften jener Zeit eine herausragende Rolle spielte. Ein Zeitgenosse Richelieus, Le Bret, schreibt: »Unternehmungen müssen als gerecht oder ungerecht danach beurteilt werden, welchen Nutzen oder Schaden ihre Ausführung dem Staate zufügt.« Das Problem der Beurteilung einer Handlung als moralisch oder unmoralisch wurde von fast allen zeitgenössischen Theologen auf der Basis des sogenannten Probabilismus gelöst. Danach ist es zulässig, sich einem solide begründeten Urteil zugunsten der Handlungsfreiheit anzuschließen, auch wenn dem eine Ansicht entgegensteht, die »wahrscheinlich« (lateinisch = *probabilis*) die korrektere ist. Die Jansenisten waren der Auffassung, daß der Probabilismus zur Laxheit verführe. Ihr Widerstand gegen Richelieus Krieg mit Spanien hätte seinen ethischen Kern in der Ablehnung des Grundsatzes »im Zweifelsfall für den eigenen Nutzen«. Ihre Stimmen verbanden sich mit denen der katholischen Zeloten zu einem wütenden Protest. Richelieu bemerkt dazu: »Derlei Ansichten, basierend auf frommen Gründen und voller verständiger Zweifel und Befürchtungen auf allen Seiten, zeigen klar, welcher Stärke und Festigkeit des Mutes es bedurfte, um die Reputation des Königs in dieser Sache aufrechtzuerhalten und die Angelegenheit unter Bedingungen zu endigen, die für Frankreich ruhmreich waren.«

Heftige Uneinigkeit über die Moralität öffentlichen Handelns ist in der Geschichte des Katholizismus ein immer wiederkehrendes Phänomen. Hat man einmal zugegeben, daß das Moralsystem dem politischen Handeln Beschränkungen auferlegt, entzündet sich unwillkürlich der Streit darüber, ob die Politiker die Grenze überschritten haben oder nicht. Aus ein und derselben moralischen Prämisse können sehr divergierende Auffassungen abgeleitet werden, sobald die ethische Norm auf konkrete Situationen angewendet wird. Es wird stets eine katholische Partei geben, die dazu neigt, die Ereignisse in simpler Schwarzweiß-Manier zu sehen. Der Feind wird als einer definiert, der die Beseitigung des Katholizismus oder der moralischen Ordnung beabsichtigt und mit dem es auf keiner Ebene irgendeine Art von Gemeinsamkeit geben kann. Man ist bestrebt, die Kirche institutionell dahin zu bringen, sich jeder Politik zu widersetzen, die in irgendeiner Weise das Geschäft des Teufels besorgt. Und politische Streitfragen, etwa die Anerkennung einer Regierung, die ihrem Wesen nach als böse gilt, ihre Beteiligung an internationalen Konferenzen oder der Handel mit ihr, hören auf, moralisch neutral zu sein. Katholiken, die die zwingenden Forderungen der Religion und Ethik in diesen Dingen nicht anerkennen wollen und sich lieber eine gewisse politische Manövrierfähigkeit und Nuancierung bewahren, werden dann gern als noch größere Sünder verketzert als der Feind selbst. So ging es mit Richelieu. Von Olivares bis herab zu den Schreiberlingen vom linken Seine-Ufer galt Richelieu als der Verräter Christi, als der Judas seines Zeitalters.

18
Warten auf des Königs Gnade
1635

Frankreich begann den Krieg mit ernsthaften Schwierigkeiten. Der Feind war taktisch überlegen an Mosel, Meuse, Saale und in den Vogesen. Außerdem kontrollierte er das Gewässer vor der Mittelmeerküste. Der Wiederaufbau der französischen Armee, den Richelieu eingeleitet hatte, war noch nicht abgeschlossen. Der Code Michaud, jenes wichtige Reformdokument, das sich mit allen Ressorts der französischen Regierung befaßte, widmete der Armeeverwaltung einen eigenen Abschnitt, blieb aber ohne durchgreifende Wirkung. Die Rekrutierung war antiquiert, weil sie im mittelalterlichen Aushebungssystem wurzelte und weil man Verstärkungen in der Hauptsache mit Hilfe von Söldnern vornahm. Auch die Intendantur war primitiv. Über letztere schrieb Richelieu:

1631 stellten wir zu unserem Schaden fest, daß es notwendig war, eine einzige Intendantur für alle Armeen zu haben. Wir brauchen bei Hofe eine hochgestellte Persönlichkeit, die ortsansässig ist und die allgemeine Überwachung des Nachschubes übernehmen kann. Die Überwachung des Nachschubes muß bei Personen von Rang liegen, deren Wachsamkeit, Loyalität und Fähigkeit bekannt sind. Denn hiervon hängt die Subsistenz der Armeen, ja häufig sogar die des Staates ab.

Das System funktionierte schlecht. Es gab zahlreiche Wechsel in der Intendantur, bis Richelieu in Sublet de Noyers den Mann fand, den er suchte. Die spanische Armee mit ihrer bedeutenden Erfahrung war der französischen in dreierlei Hinsicht erheblich voraus: in ihren Pionierarbeiten (die Spanier waren berühmt für ihren Brückenbau), in der Kampftaktik (bei Nördlingen fielen die *Tercios* aufgrund ihrer ausgezeichneten Schulung in die Knie, als die Schweden feuerten, so daß die Kugeln über sie hinwegflogen), in der Beweglichkeit (in den Niederlanden hatte es ihnen die Beweglichkeit der hinteren Staffelungen erlaubt, rasch in taktischen Vorteil zu kommen).

Bei Ausbruch des Krieges hatte Frankreich eine Armee von fünfundzwanzigtausend Mann rund um Mezières-Sedan und eine weitere von neuntausend Mann in der Picardie. La Force stand mit fünfzehntausend Mann in Lothringen und am Rhein, während eine neue Armee von zwanzigtausend Mann in Langres unter Kardinal La Valette aufgebaut wurde. Der Kleriker benötigte dazu den Dispens des Heiligen Stuhles, und Richelieus Bruder Alphonse, der damals Botschafter in Rom war, hatte alle Hände voll zu tun, den Dispens vom Papst zu erlangen. Einundzwanzig neue Regimenter wurden ausgehoben. Im Juni wurden zwölftausend Schweizer rekrutiert, während fünfzehntausend in Reserve standen. Alle Adligen wurden zu den Fahnen gerufen und brachten ihre aus den Feudalrechten herrührenden Mannschaften mit. Eine weitere Armee von zwölftausend Mann wurde Rohan unterstellt. Dieser wackere Hugenotte hatte sich in den Augen Richelieus schwer kompromittiert, als er mit Gustav Adolf über die Öffnung des Veltlin verhandelte. Zu Beginn des Jahres 1633 hatte Richelieu dafür gesorgt, daß er aus Graubünden entlassen wurde. Rohan war für kurze Zeit nach Venedig zurückgekehrt und hatte sich dann nach Baden begeben, wo er eine bedeutende Arbeit über die schweizerische Verfassung schrieb. Jetzt rief Richelieu ihn zurück und befahl ihm, die Truppen Karls von Lothringen aus dem Elsaß zu vertreiben, seine Armee ins Veltlin zu führen, um die Alpenpässe für die Spanier zu sperren und schließlich Mailand zu belagern. Der Herzog übernahm das Kommando, drängte Karl ins nördliche Elsaß ab, durchquerte die Schweiz in Richtung Graubünden, wobei er Basel, Brugg, Zürich, St. Gallen und Chur berührte. Im Frühsommer zog er den Bernina-Paß hinab, um den Kaiserlichen erst bei Lavino und Tirano, dann bei Morbegno Niederlagen beizubringen. Der Kaiser protestierte über diese angebliche Verletzung des Vertrages von Monzón. Als er erfuhr, daß Rohan die katholischen Administrationen in Chur und im Veltlin beseitigt und Kirchenglocken eingeschmolzen hatte, kannte seine Empörung keine Grenzen.

Während Rohan im Elsaß einmarschierte, führte Brézé die Armee von Mezières-Sedan die Meuse hinab, um bei Namur zu den Holländern zu stoßen. Ende Mai 1635 standen die vereinigten Heere vor Maastricht. Hier wandten sie sich westwärts, um nach Brüssel zu marschieren, wo sie Ende Juni erschienen. In Tirlemont entweihten sie ein berühmtes Heiligtum und begingen böse Greueltaten. Die Stadt Löwen, die sie belagerten, war in hohem Maße besorgt. Dann ließ der Schwung nach. Krankheit schwächte die Armee, und logistische Probleme wurden akut, als der kaiserliche General Piccolomini, der sich in aller Eile, von Osten her durch die Ardennen kommend, näherte, die französischen Nachschublinien bei Namur abschnitt und die französisch-holländischen Kräfte nördlich bis nach Nimwegen abdrängte. Brézés Armee fiel auseinander, und die erbitterten Belgier nahmen gräßliche Rache an den geschlagenen Überlebenden. Im Triumph brachte man Säcke voller abgeschnittener Ohren zu einem schockierten Aytona, der Befahl gab, diese Bluttaten einzustellen. Gleichzeitig brach Karl von Lothringen durch die Lücke nördlich der Vogesen ein. Er befand sich bereits um die Jahresmitte wieder im Herzen Lothringens, nachdem er sich zwischen den Armeen von La Force und La Valette hindurchgezwängt hatte. Eine andere kaiserliche Armee unter Gallas überquerte den Rhein, drängte Bernhard von Sachsen-Weimar bis zur Saar ab, nahm Worms, Landau und Kaiserslautern und begann mit der Belagerung Zweibrückens. Hier traf Gallas auf La Valette, der den Befehl erhalten hatte, Bernhard zu Hilfe zu kommen, und der Ende August über den Rhein zurückgeworfen wurde. La Valette hatte indessen seine Reserven erschöpft. Als Gallas zum Gegenangriff ansetzte, war er gezwungen, sich die Mosel aufwärts bis nach Metz zurückzuziehen, wobei beide Seiten schwere Verluste hinnehmen mußten.

Im September befand sich Frankreich in einer kritischen Lage. Die Nordgrenze war ungedeckt, nachdem die Armee Brézés in den Niederlanden aufgerieben worden war. An der Ostgrenze drohte der Einmarsch. Schlimmer war, daß die schwedische Regierung sich weigerte, Oxenstiernas Unterschrift unter dem Vertrag von Compiègne zu ratifizieren, so daß die Schweden großenteils untätig blieben. Das Hauptinteresse der Schweden war die Erbfolge in Pommern. Der Eintritt Frankreichs in den Krieg schien ihnen eine günstige Gelegenheit zu bieten, zu einer Verständigung mit dem Kaiser zu gelangen und sich damit sein Einverständnis mit den pommerschen Absichten zu erkaufen. Darüber hinaus führten der Rückzug Sachsens aus dem Kriege, das mangelnde Interesse Brandenburgs und wiederholte Drohungen aus Polen dazu, daß sich das schwedische Interesse weniger auf den Rhein als auf die Ostsee konzentrierte. Oxenstierna, den Pater Joseph als einen »furchtbaren Mann« bezeichnete, hatte Richelieu für seine eigenen Zwecke eingespannt, so wie Richelieu versucht hatte, Gustav Adolf für seine Zwecke auszunutzen. Und da nun das französische Bündnis für Schweden keine Dividenden abzuwerfen versprach, bestand die Tendenz, sich aus ihm heimlich davonzustehlen.

Später sollten die Schweden herausfinden, daß sich dieser Opportunismus nicht bezahlt machte. Gegen Ende 1635 fühlte Richelieu sich ganz und gar im Stich gelassen. Das machte die Mission Grotius' nicht gerade leichter. Es besteht kein Zweifel, daß die diplomatischen Versuche des gelehrten Mannes ein vollständiger Fehlschlag waren. Seinem Temperament nach war er ein seßhafter Mensch, der seine Bücher liebte und ständig nach neuen Präzedenzfällen suchte. Und so konnte er die Rastlosigkeit des französischen Hofes, der sich ständig auf Reisen befand, nicht ausstehen. Er lehnte es ab, wie die anderen Botschafter dauernd unterwegs zu sein. Das Ergebnis war, daß er am französischen Hof immer weniger ausrichtete. In den Archiven des französischen Außenministeriums gibt es ein köstliches Dokument, in dem Richelieu beißende Anmerkungen zu Grotius' Entwurf eines Waffenstillstandsabkommens macht, zu dem die Schweden Richelieu überreden wollten.

Aber nicht nur die Schweden schienen Frankreich im Stich zu lassen. Die Holländer waren nicht minder unzuverlässig. Im August war eine kaiserliche Truppe Rhein und Waal hinabgefahren, hatte die Mauern der Festung Scheinck erklommen und die Soldaten der Garnison massakriert. Brézé mit sich ziehend, retirierte der Prinz von Oranien ins niederländische Hinterland, um seine Hauptstadt zu verteidigen. Aber das war auch schon alles. Brézé hatte den Verdacht, daß Oranien heimlich mit den Spaniern verhandle. Unterdessen wüteten die Schrecken des Krieges, die Deutschland zur Genüge kennengelernt hatte, auch jenseits des Rheins. Gallas bediente sich beim Rückzug vor La Valette einer Politik der verbrannten Erde, so daß die französische Kavallerie rasch darauf angewiesen war, sich von den Blättern der Weinreben zu nähren, während das Fußvolk nur jeden vierten Tag Brot zu essen bekam und im wesentlichen von Kohl und Wurzeln lebte. Ein Pfund Brot kostete mancherorts eine Krone. Der junge Turenne mußte seinen silbernen Humpen verkaufen, um sich Brot leisten zu können. Die französische Armee im Elsaß stand kurz vor der Meuterei. Französische Deserteure, aber auch entlaufene Soldaten von den geschlagenen protestantischen Armeen Deutschlands machten auf der Suche nach Nahrung das Land unsicher und führten sich, so schreibt ein Chronist, wie eine Horde wilder Affen auf. Die Stadt Straßburg, von einer ausgemergelten und abgerissenen Soldateska überschwemmt, warf dreitausend Mann vor die Stadttore, wo sie im Straßengraben umkamen. Der siebenundsiebzigjährige La Force hatte eben in Metz seine Frau verloren und schien jede Energie eingebüßt zu haben.

Diese Schicksalsschläge trafen Ludwig XIII. härter als Richelieu. Der König wurde krank und zeigte sich mürrischer denn je. Léon Bouthillier ging zu Richelieu und warnte ihn, dem König zu nahe zu kommen. Doch Ludwig äußerte seine Gefühle, wie er es gewohnt war, in zwei häßlichen Briefen, die er dem Kardinal schrieb. Er wollte persönlich das Kommando in Lothringen übernehmen. Richelieu aber, der wußte, wie bedrohlich die Situation dort geworden war, und die Reaktion des Königs fürchtete, wenn er die Demoralisierung seiner Truppe dort miterlebte (ähnliche Erfahrungen hatte Richelieu bereits in Italien gesammelt), trat diesen Absichten energisch entgegen. Es war auch nichts gebessert, als der Kardinal in den König drang, um den Grafen von Soissons zum Kommandeur an der belgischen Grenze zu machen. Der König lief rot an und weinte vor Wut. Er beschloß, mit einer Weizenlieferung für Nancy nach Lothringen zu marschieren, und zog den widerstrebenden Richelieu bis St. Mihiel mit, das sich zugunsten Karls von Lothringen erhoben hatte und nun von Soissons belagert wurde.

Soissons, der auf seine Ehre ebenso eifersüchtig bedacht war wie der König auf die seine, war über diese Ablösung empört. Richelieu beugte einem Wutausbruch vor, indem er die Kapitulation des Platzes sicherstellte, kurz bevor der König durch Gallas' Bedrohung von Metz gezwungen war, sich nach St. Dizier zurückzuziehen, wo er ein Bild des Elends und der Ratlosigkeit bot. Die lothringischen Offiziere der Garnison St. Mihiel wurden in die Bastille geworfen, die tausend einfachen Soldaten zum Galeerendienst verurteilt. Siebenhundert von ihnen entrannen jedoch den Ketten und vermehrten die Zahl der Desperados, die jetzt die Straßen Frankreichs unsicher machten. Als Ludwig diese Neuigkeit erhielt, erlitt er eine Gallenkolik. Das Jahr endete ruhmlos für Frankreich. Richelieu kennt in seinen Memoiren keine Scheu, das Scheitern der Marschälle ihren gegenseitigen Eifersüchteleien, der

Disziplinlosigkeit des Adels und der politischen und religiösen Gespaltenheit der Armee zuzuschreiben.

Am Mittelmeer und in Italien stand es nicht besser. Am 13. September kreuzten zweiundzwanzig spanische Galeonen unter dem Marquis von Santa Cruz vor Nizza auf, kreisten die Iles de Lérins ein und setzten dem Festungskommandanten auf der Insel Ste. Marguerite dermaßen zu, daß er die Insel unter Mitnahme von Waffen und Gepäck räumte. Am nächsten Tag landeten die Spanier auf St. Honorat und brachten den Kommandanten nach einer anhaltenden Bombardierung dazu, ohne militärische Ehren zu kapitulieren. Als die Spanier sich jedoch anschickten, Cannes anzugreifen, waren die Festungen der Stadt bereits hinreichend mit Garnisonen belegt worden. So beschränkten sie sich darauf, die Iles de Lérins zu einer starken Basis auszubauen. Die berühmte Abtei St. Honorat wurde gründlich geplündert, um Bastionen bauen zu können, und die Spanier hielten einige Jahre lang tapfer die Stellung. Die Kommandanten von St. Marguerite und St. Honorat wurden verhaftet. Das Parlament erhob gegen sie Anklage wegen Feigheit – ein Vorfall, welcher der Würde des Königs einen weiteren Stoß versetzte.

Während es an der Côte d'Azur drunter und drüber ging, mußten die Franzosen auch in Italien Niederlagen hinnehmen. Dort brachte das Bündnis zwischen Frankreich, Victor Amadeus von Savoyen und den Herzögen von Mantua und Modena allen Beteiligten nur einen mäßigen Vorteil. Man hatte geplant, daß ein französisch-savoyardisches Heer aus dem Westen nach Mailand marschieren solle, während Rohan von Osten angreifen wollte. Doch Créqui, der aus Pinerolo kam, wurde in Valenza aufgehalten und kam nicht weiter. Victor Amadeus, der es wie sein Vater verstand, sich dem launischen Winde anzupassen, erschien im französischen Lager und erklärte, wenn er binnen zehn Tagen nicht den Beweis erhalte, daß die Franzosen etwas zur Verbesserung der Situation unternähmen, werde er »auf dem Wege zurückkehren, den er gekommen war«. Als es den Spaniern gelang, die Garnison von Valenza zu verstärken, warf Créqui Victor Amadeus vor, im geheimen Einvernehmen mit den Spaniern zu stehen, während dieser dem Marschall Nachlässigkeit vorwarf. Ende Oktober gab Créqui das Unternehmen für den Rest des Jahres auf.

Als der Winter 1635/36 über Europa hereinbrach, kamen die militärischen Aktionen an allen Fronten zum Stehen. Doch Richelieu hatte eine neue Schlacht zu schlagen, und zwar mit dem Parlament von Paris. Es ging um die Kriegslasten. Über das Verhalten des Parlaments anläßlich des Prozesses gegen Marillac war Ludwig XIII. außer sich gewesen. Er nannte die Einstellung des Parlaments »unverschämt«. Richelieu, der wußte, wie sehr die Institution des Parlaments ein Teil des französischen Lebens war, und sich teilweise selbst zu den Bürgern der Robe zählte, erkannte, daß ein unverhohlenes Vorgehen des Königs gegen das Parlament eine explosive Situation schaffen würde. Aus diesem Grunde riet er zu Geduld und Mäßigung. Seine Feinde suchten dies gegen ihn ins Treffen zu führen und drangen in den König, die Macht des Parlaments zu zerschlagen, in der Hoffnung, die daraus entstehende Krise werde zum Sturz des Kardinals führen. Indessen erbitterte es allmählich auch Richelieu, daß das Parlament alle vom Ministerrat eingereichten Gesetzesentwürfe unerbittlich prüfte und sich regelmäßig weigerte, sie zu registrieren, und zwar mit der Begründung, sie verstießen gegen irgendwelche archaischen Privilegien. So schrieb er am 3. August 1631 persönlich an den Präsidenten des Parlaments und sagte sinngemäß, die Geduld des Königs sei erschöpft. Das Parlament behaupte, ganz ohne den König auszukommen, während der König nichts ohne das Parlament tun könne. »Muß ich Sie darauf hinweisen«, fügte er hinzu, »daß Seine Majestät nicht darauf verzichten kann, Rechte wahrzunehmen und in Ehren zu halten, die so heilig sind wie diese.« Vorderhand hatte diese Warnung einige Wirkung, und eine Reihe von Erlässen, die das Parlament angehalten hatte, wurden registriert, darunter auch ein Erlaß, mit dem der Kardinal zum Herzog gemacht wurde.

Die Funktion des Siegelbewahrers Marquis de Châteauneuf war es, gegen die Obstruktion durch das Parlament vorzugehen. Dieser Mann besaß nichts von Richelieus Geschicklichkeit, und seine kurze Karriere seit dem Tag, da er sein Amt von Marillac übernommen hatte, zeichnete sich kaum durch geistige Wendigkeit aus. Seine öffentlichen Äußerungen machten ihn im Parlament höchst unbeliebt, während seine privaten Intrigen und sein unvorsichtiger Umgang mit Richelieus Feinden dessen Argwohn erregten – ein Argwohn, den Pater Joseph noch eifrig schürte, da ihm Châteauneuf Anathema war. Auch die öffentliche Meinung war Châteauneuf feindlich gesonnen, weil er im Verfahren gegen Louis de Marillac und Montmorency präsidiert hatte, und seine Feinde arbeiteten nun ohne Skrupel an seinem Sturz. Seine Achillesferse waren amouröse Neigungen, die ihn den Klauen der unverwüstlichen Sirene Madame de Chevreuse auslieferten. Sie war jetzt einunddreißig, er war vierundfünfzig. Es war allen Beobachtern klar, daß sie ihn zu irgendeinem dubiosen Zweck in ihren Bann schlug, indem sie seine Eifersucht erregte und seine Begierde anstachelte, bis er ihr verfallen war. Als Gaston nach der Hinrichtung Montmorencys nach Brüssel floh, schloß man daraus, daß die Chevreuse sowie ihre Freundin, die Königin, und folglich auch Châteauneuf an dieser neuen Verschwörung beteiligt waren. Richelieu, der sich mit katzenhafter Geschmeidigkeit im Hintergrund hielt, konnte seine Unruhe nicht verbergen. Damit gab er Madame de Chevreuse Gelegenheit, Châteauneuf zu bedeuten, der Kardinal sei eifersüchtig auf ihn. Der Kardinal war sieben Jahre jünger als Châteauneuf: Hatte denn der Ältere nicht berechtigten Grund zur Eifersucht auf den Kardinal? Der Brief, in dem sie ihm ihren Haß auf den Kardinal beichtete, fiel Richelieu zu rechter Zeit in die Hände. »Die Tyrannei des Kardinals wächst mit jedem Augenblick. Seine Ruhmredigkeit ist mir nicht nur unausstehlich, sondern verhaßt.« Richelieu habe ihr befohlen, mit Châteauneuf zu brechen, ja, er sei sogar so weit gegangen, ihrem Gatten zu sagen, daß ihr Betragen für einen Mann seines Geistes einfach unerträglich sei.

In Bordeaux, auf dem Heimweg vom Prozeß gegen Montmorency in Toulouse, erkrankte Richelieu an einem Nierenleiden, und man glaubte ihn in Lebensgefahr. Châteauneuf harrte im Gegensatz zu den anderen Ministern nicht am Krankenlager des Kardinals aus, sondern begab sich unter dem Vorwand, von der Königin gerufen worden zu sein, nach Paris. Er konnte nicht der Versuchung widerstehen, unterwegs die Ehren in Empfang zu nehmen, die die Städte für den Kardinal geplant hatten, und gab damit Anlaß zu dem Kommentar, er führe sich bereits auf wie der Nachfolger des Kardinals. Dieses Betragen verärgerte den König, der am 4. Februar 1633 an Richelieu schrieb, die Unverschämtheit des Parlaments und die Possen »dieser beiden Personen«, womit er Châteauneuf und Chevreuse meinte, habe ihn »außerordentlich« gereizt. Châteauneuf wurde verhaftet, und die Nachforschungen erbrachten Beweise dafür, daß er, angestiftet von der Chevreuse, sie vom bevorstehenden Angriff auf einen Platz in Lothringen in Kenntnis gesetzt hatte, woraufhin sie Karl von Lothringen gewarnt hatte; daß er im Bündnis mit Gaston stand; und daß er sorglos mit Ratsgeheimnissen umgegangen war. Er wurde in den

Kerker geworfen. Der Herzog von Chevreuse bekam den Befehl, seine Frau nach Couzières bei Tours zu bringen und dort festzuhalten.

Daß Châteauneuf in Ungnade gefallen war, wurde vom Parlament freudig begrüßt, und wenigstens diesmal fand Richelieu bei den gravitätischen, aber schwierigen Ratsmitgliedern Zustimmung. Ja, ihm schien sogar, daß seine Beziehungen zum Parlament sich so harmonisch gestalteten, daß er beschloß, es ins Vertrauen zu ziehen und für seine Politik zu gewinnen. Am 17. Januar 1634 legte er ihm in einer langen Ansprache seine Theorie der politischen Herrschaft dar. Er erläuterte die Schwierigkeiten, in denen sich das Reich befand, die Kriegssituation, die Maßnahmen, die er bereits ergriffen hatte, und die Maßnahmen, die er plante.

Die Einführung einer Kriegsbesteuerung jedoch rief eine neue Krise hervor. Am 4. Januar 1636 wurden einige Mitglieder des Parlaments verhaftet, weil sie sich geweigert hatten, die notwendigen Gesetze zu registrieren. Daraufhin weigerte sich das Parlament, zweiundvierzig Verordnungen zu erlassen, die neue Belastungen schufen. Richelieu schrieb an den König, daß das Parlament sich in einer »außerordentlich unverschämten« Art betragen habe. Der König verbot es den Kammern so lange, zusammenzutreten, bis sie sich seinem Willen beugten. Die Krise wurde überwunden, wiederholte sich aber jedes Mal, wenn es um Gelddinge ging. So erließ Ludwig zuletzt ein Ultimatum, in dem es hieß: »Ich werde mir Gehorsam zu verschaffen wissen.« Richelieu zog mit den Worten nach: »Sie werden die Gnade des Königs erwarten, denn er besteht darauf, daß man ihm gehorcht.« Mit bemerkenswerter Flexibilität und Geschicklichkeit wußte Richelieu mit dem Parlament umzugehen, indem er verhandelte und sich den Gegebenheiten anpaßte. Der Kampf jedoch war zermürbend für einen Mann, der mit zahllosen Problemen überlastet war, und nicht ohne begreifliche Bitterkeit schreibt er: »Ohne Geld kann man nichts tun. Aber sobald man irgendeine ungewöhnliche Maßnahme vorschlägt, es aufzutreiben, erhebt das Parlament Einwände und provoziert einen Aufschrei der Entrüstung bei der Bevölkerung. Indessen muß man über diesen Dingen stehen und das Geschwätz der Leute ignorieren.«

Beim Sturz Châteauneufs hatte Richelieu alle persönlichen Gegner und Parteiungen innerhalb der Regierung eliminiert. Danach arbeitete das Ministerium bis zu seinem Tode als ein Team, freilich nicht ohne Reibungen. Es gehört zu den nicht geringen Verdiensten des Kardinals, daß es ihm gelang, eine Gruppe macht-hungriger Männer unter Kontrolle zu halten und ihren Ehrgeiz zum Wohle des Staates zu lenken. Er besetzte die Schlüsselpositionen mit seinen Leuten, und sobald er einmal Vertrauen zu ihnen gefaßt hatte, räumte er ihnen ein hohes Maß an Eigenverantwortlichkeit ein. Bei vielen Entscheidungen ist schwierig zu sagen, wer ihr Urheber war. Der Kardinal trat denn auch der Neigung Ludwigs XIII. entgegen, ihm die Verantwortung für alle Aktionen aufzubürden. Bei manchen Gelegenheiten appellierten die Ratsmitglieder, namentlich Bullion, über Richelieus Kopf hinweg direkt an den König. Dieser befaßte sich persönlich mit allen Einzelheiten der Regierungstätigkeit, war beleidigt, wenn man ihn nicht vorher um Rat fragte, beschwerte sich, wenn Richelieu nicht zugegen war, um die Depeschen zu öffnen, und er öffnete sie aus lauter Ungeduld häufig selbst. Dann erlebten Bouthillier, Séguier und Sublet de Noyers bange Augenblicke, weil sie der Korrespondenz häufig eigene Briefe mit Hofklatsch und persönlichen Kommentaren beilegten. Der innere Ministerrat bestand in der Hauptsache aus diesen Männern und Richelieu. Er trat formlos und ohne Tagesordnung zusammen. Man traf sich im Raum eines der Ratsmitglieder. Infolgedessen gab es keine strenge Trennung der Funktionen, innere und äußere Angelegenheiten wurden gemeinsam behandelt. Dokumente von irgendwelcher Bedeutung wurden vom König unterzeichnet. Er hatte einen einzigartigen Respekt vor dem Herkommen und den Rechten seiner Untertanen und mußte bei jeder administrativen Veränderung aufs neue von deren Notwendigkeit überzeugt werden. Wenn Richelieu seine Kollegen dominierte, so dominierte Ludwig die gesamte Versammlung. Er wurde von den Ratsmitgliedern gefürchtet, die vor seiner schlechten Laune und seinen depressiven Phasen zitterten. Die Minister einigten sich daher untereinander, dem König alle schlechten Nachrichten fernzuhalten, um sich gegenseitig vor seinem Zorn zu schützen.

Die loyalsten Kollegen Richelieus waren die Bouthilliers, Claude, der Vater, und Léon, der Sohn, aus dem in Kürze der Graf von Chavigny werden sollte. Claudes Vater war Gehilfe im Anwaltsbüro von Richelieus Großvater François de La Porte gewesen. Er übernahm nach dem Tode La Portes die Praxis und fungierte als Rechtsberater für Madame de Richelieu. Auf Empfehlung Richelieus wurden Claude und sein Bruder Denis Sekretäre bei Maria von Medici. Die Ernennung Claudes zum Staatssekretär im Jahre 1628 wurde von der Königinmutter als Sieg für ihre Partei gefeiert. In der folgenden Krise zwischen ihr und Richelieu blieb Claude Bouthillier auf seiten des Kardinals. Nach dem Tode d'Effiats im Jahre 1632 wurde er gemeinsam mit Claude de Bullion Staatssekretär der Finanzen. Léon Bouthillier, der damals erst vierundzwanzig Jahre war, hatte die Aufmerksamkeit Richelieus erregt. Er folgte seinem Vater ins Ministerium für Auswärtiges, wo er glänzend reüssierte. Mit seiner großen Nase, der hohen Stirn und den klugen Augen dominierte er die diplomatische Geschichte Frankreichs. Der englische Botschafter, der Earl of Leicester, sah in ihm einen typischen Franzosen und rümpfte mißbilligend die Nase:

Er ist so schwer zu finden wie die Maus im Heuschober. Manchmal liegt er in Badehäusern und manchmal anderswo, und er ist so sehr ein Mann des Genusses, daß es viele Wunder nimmt, wie der große Apollo dieses Staates so viele und bedeutende Geschäfte in seine Hand legen mag. Bei meiner Treu, es heißt, daß man hier jetzt mitunter schwer trinkt.

Léon war immer unterwegs. Er verhandelte mit Gaston, den er fünf Jahre lang unter Kontrolle hielt. Er inspizierte Schlachtfelder und kontrollierte politische Gefängnisse, den königlichen Haushalt und die Gewährung von Renten. Der König behandelte ihn so, wie er Richelieu behandelte: bald freundlich, bald gereizt.

Chavigny war eifersüchtig auf die anderen Minister, und einmal mußte Richelieu mit den Worten eingreifen: »Um Gottes willen, gefährden Sie doch nicht mit Ihrer Eifersucht die Regierungsgeschäfte des Landes!« Ihm oblag es, den Text von Briefen und Verträgen vorzubereiten und dem König einlaufende Depeschen aus anderen Ländern laut vorzulesen. Er erwies sich als meisterhafter Formulierungskünstler. Richelieu brauchte im allgemeinen den Inhalt eines Dokumentes nur in groben Zügen festzulegen. Er war Richelieu sehr ergeben, taufte seinen Sohn auf den Namen Armand und berichtete dem Kardinal täglich die Einstellung des Königs zu ihm. Nach Richelieus Tod beging er den Fehler, Gaston gegen Mazarin zu unterstützen. So fiel er in Ungnade und starb mit vierundvierzig Jahren. Niemand bedauerte diesen aalglatten Mann, der sich gegen Richelieu servil und gegen seine Untergebenen arrogant betrug.

Bullion war siebzig Jahre alt, als er 1640 starb. Es war ein flach-gesichtiger, korpulenter, gichtgeplagter Mann, humorvoll, geschickt, erfahren, gerissen und unabhängig. Er hatte sich seit den Tagen Ancres in der Regierung gehalten und sich mit Richelieu angefreundet, der von ihm Geld borgte. War er einmal mit den politischen Schritten des Kardinals nicht einverstanden, so ignorierte er diese und zögerte nicht, ausdrückliche Anweisungen zu mißachten. Ständige Fehde herrschte zwischen Richelieu, für den das Ziel Vorrang vor dem Mittel und das Auswärtige Vorrang vor dem Inneren hatte, und den konservativen Staatssekretären der Finanzen, die mit traditionellen, dem augenblicklichen Bedarf überhaupt nicht angemessenen Methoden dem Volk das Geld abnehmen mußten. Ungerechterweise legte der Kardinal den Steuereinnehmern die Unzuträglichkeiten zur Last, die sich aus dem Versuch ergaben, bis an die absolute Grenze der bestehenden Möglichkeiten der Besteuerung zu gehen. Bullion gab er die Schuld an militärischen Niederlagen, an denen seiner Meinung nach die ungenügende finanzielle Ausstattung schuld war: »Ich habe es den *Messieurs des Finances* seit langem gepredigt, daß es gewisse vorrangige Dinge gibt, wo sie vorausschauend genug sein müssen, um zu verhindern, daß erst eine Katastrophe uns das Übel erkennen lehrt. Für eine Krone, die man im rechten Augenblick hätte aufwenden müssen, braucht es nun zehn.« Bullion, nicht weniger ungerecht, warf Richelieu vor, nicht schärfer mit dem Parlament umgesprungen zu sein, das sich gegen gewisse Finanzmaßnahmen gesperrt hatte, namentlich gegen die Abwertung der Währung und die Schaffung neuer Ämter zum Verkauf. Es war dies das letzte finanzielle Auskunftsmittel des Landes. 1638 wurde Bullions Unabhängigkeit theoretisch durch eine Vorschrift eingeschränkt, die ihn stärker an den Ministerrat band. Doch er kümmerte sich wenig darum, ebensowenig wie um den Code Michaud, den er zugestandenermaßen nicht einmal zu Rate zog.

Sublet de Noyers, der Mann mit dem Mausgesicht, war 1632 vierundvierzig Jahre alt. In diesem Jahr schrieb er eine Arbeit über Geldfragen, worin er sich namentlich mit dem Problem des Gold- und Silberabflusses aus dem Reich auseinandersetzte. Er wurde Richelieu durch Feuquières vorgestellt und war entfernt mit Richelieus Mutter verwandt. Nach 1635 wuchs seine Macht enorm, da selbst die Erlaubnis zum Import von Gütern aus Feindstaaten seiner Jurisdiktion unterlag. Die Befehlshaber im Felde empfingen fast täglich Informationen über die politische und militärische Lage von ihm und mußten regelmäßig Bestandsaufnahmen an ihn senden, auf deren Basis Sublet den notwendigen Nachschub an Proviant und Munition sowie die Lohnlisten berechnete. Er scheint ein frommer, abweisender Mann ohne Freunde gewesen zu sein, für den weder Richelieu noch der König große Zuneigung ampfanden und der trotz seiner Umsicht, Emsigkeit und Gewandtheit binnen zweier Monate nach dem Tode des Kardinals entlassen wurde. Zu seinen Funktionen gehörte die Überwachung der öffentlichen Bauten. 1638 rettete er Fontainebleau vor dem Ruin, nachdem das ganze Gebäude bereits wie ein Sieb leckte. Er förderte auch den Maler Nicolas Poussin, nachdem dieser 1640 aus Rom zurückgekehrt war.

Die Regierungsgeschäfte in Frankreich wurden in Hast und Eile abgewickelt, und die Minister stolperten von einer Krise in die nächste, ohne die Zeit zu haben, vorauszuplanen oder ihre Probleme zu überdenken. Sie arbeiteten pausenlos Tag und Nacht, befanden sich stets auf Reisen und mußten ihre Entscheidungen dauernd verschieben. Immer wieder tadelte Richelieu sie, weil sie nicht schnell genug oder überhaupt nicht handelten. Um Zeit zu sparen, erteilte Richelieu häufig mündliche Anweisungen. Kopien von Briefen wurden mitunter nicht abgelegt, und anstatt Reinschriften anzufertigen, verwendete man die arg mitgenommenen Entwürfe, so daß Recherchen doppelt erschwert wurden. Soweit wie möglich hielt Richelieu sich von direkten Verhandlungen, ja sogar von Routinearbeiten fern. Er bezeichnete seine Rolle häufig als die eines »Fahrplankontrolleurs«, und er sah sich selbst als Koordinator der Politik. Mit seiner Persönlichkeit durchdrang er den ganzen politischen Apparat. Obwohl er häufig nur ein Schatten im Hintergrund der Ereignisse zu sein scheint, war es ein Schatten, dessen im wörtlichsten Sinne überragende Bedeutung jedermann kannte.

Die größte administrative Leistung Richelieus war es, daß er jenen Prozeß zum Abschluß brachte, durch den die Staatssekretäre aufhörten, lediglich Sekretäre zu sein – ursprünglich waren sie tatsächlich nicht mehr als Schreiber –, und zu Ressortchefs mit Kontrolle über die Provinzialintendanten wurden. Deren Aktivitäten intensivierten sich nach 1635 unter dem Deckmantel kriegsbedingter Notwendigkeit. Einer der Staatssekretäre befand sich stets in der Umgebung des Königs. Hierin steckte noch die traditionelle Rolle des Sekretärs, die aber unmerklich umgeformt wurde und sich zu einem Informationskanal entwickelte, durch den der König seine Kontrolle des gesamten Apparates sicherstellte. Der Zusammenhalt zwischen den Sekretären und Richelieu war eng, so daß der König und der Kardinal ihre Aktivitäten aufeinander abstimmen konnten, ohne notwendigerweise persönlich miteinander beraten zu müssen. Da jedoch die geographische Gliederung der Administration beibehalten wurde, mußten die meisten Dokumente vom zuständigen Ressortchef gegengezeichnet werden. Dies schob zwar der autoritären Gefahr einen Riegel vor, engte aber auch die allgemeine Flexibilität ein. Der Kardinal respektierte diese Gliederung, denn »Widersprüchlichkeit in den Anordnungen ist etwas, was viel Unheil anrichten kann«.

Richelieu änderte sehr wenig an der Form der französischen Administration. Dafür bewirkte er eine äußerst subtile Akzentverschiebung. Während sich der König traditionellerweise zur Wahrung seiner Autorität darauf verlassen hatte, daß sich die rivalisierenden Kräfte das Gleichgewicht hielten, führte Richelieu das Prinzip der ministeriellen Verantwortung gegenüber der Krone ein. Ohne strukturelle Modifikationen wurde so die Regierung gestrafft, aber auch bürokratischer und unpersönlicher gemacht. Die großen Staatsämter, die von Fürsten und Herzögen besetzt wurden, verfielen, während geringere Ämter, etwa die Sekretariate, zunehmend an Bedeutung gewannen. Der Ausbruch des Krieges war ein hochbedeutsames Ereignis in der Geschichte der politischen Herrschaft Frankreichs, denn er bot den Vorwand für administrative Notstandsmaßnahmen, die zum bleibenden Charakteristikum von Richelieus Regierungssystem werden sollten.

19
Vor dem Gewissen verpflichtet
1634–1636

Urban VIII. war ein alternder Mann, und die ständigen Pressionen der spanischen und kaiserlichen Agenten, die von ihm die kanonische Bestrafung Ludwigs XIII. und Richelieus verlangten, waren ausgesprochen lästig geworden. Jahrelang hatte er mit großem Energieaufwand versucht, die katholischen Mächte zu versöhnen. Doch statt Verhandlungen hatte es nur Beschuldigungen und Gegenbeschuldigungen gegeben. Betrübt mußte er feststellen, daß der Machtumschwung in den Rheingebieten unabweisbar die Notwendigkeit zu militärischen Operationen erhöht hatte und daß der Übergang von begrenzten Feindseligkeiten aus diplomatischen Gründen zu einem allgemeinen Krieg vermutlich nicht aufzuhalten war. Gegen Ende 1632 hatte er Sondermissionen nach Madrid, Wien und Paris entsandt, um die drei Regierungen an den Verhandlungstisch zu bringen. Die Wahl seines Gesandten nach Frankreich jedoch war unglücklich gewesen, denn er wurde in den spanischen Augen mit der profranzösischen Partei in Rom identifiziert, so daß es dem päpstlichen Gesandten in Spanien unmöglich war, Olivares von der Ernsthaftigkeit des päpstlichen Vorstoßes zu überzeugen. In Wien verlief die Entwicklung hoffnungsvoller. Doch blieb Ferdinand skeptisch in bezug auf Richelieus Bereitschaft, die offenen Fragen zu regeln. Was konnte man schließlich nach den Erfahrungen von Regensburg und Cherasco noch erwarten? fragte Ferdinand. Urban freilich hatte nicht mehr Vertrauen zu Ferdinand als dieser zu Richelieu. Der Kaiser war nämlich gerade dabei, mit Sachsen und Hessen-Darmstadt Friedensverhandlungen zu führen, um, so vermutete man, freie Hand für eine Einigung mit Frankreich zu bekommen. »In Wien«, berichtete der Nuntius, »denkt man nur noch daran, mit den Häretikern zu verhandeln.«

Ende 1633 entdeckten die Spanier, daß Richelieu ihr eigenes Spiel der politischen Subversion gespielt hatte. Er war in eine Verschwörung verwickelt, die die Anzettelung eines Aufstandes in

Belgien bezweckte. Die Spanier sandten die einschlägigen Beweise nach Rom und legten sie mit gekränkter Miene dem Papst vor. Ob Urban jetzt wohl endlich Ludwig mit dem Kirchentadel drohen werde? Der Papst erinnerte Philipp IV. daran, daß solche Maßnahmen sich in der Vergangenheit nicht als sehr hilfreich erwiesen hatten, wobei er auf die Fälle von Heinrich VIII. und Elisabeth I. verwies. Er rief ihm ins Gedächtnis, daß derartige Maßnahmen gegen Heinrich IV. nur die Durchsetzung der Beschlüsse des Konzils von Trient in Frankreich verzögert hatten. Philipp bezeichnete diesen Einwand als »frivol«. Der arme Papst, der jetzt verzweifelt nach einem Ausweg suchte, um den offenen Krieg zwischen den führenden katholischen Monarchen zu verhindern, machte den naiven Vorschlag, die Beteiligten sollten ihre Ressourcen zusammenlegen und gemeinsam einen Kreuzzug gegen die Türken starten. Richelieus vernichtender Kommentar zu diesem abwegigen Plan lautete, Konstantinopel sei doch wohl ein bißchen entlegen.

Wenn Olivares kein Verständnis für die Zwangslage des Papstes zeigte, so konnte man dies von Richelieu erst recht nicht erwarten. Er ging davon aus, daß Urban sich stets seinen Forderungen und Wünschen beugen werde, und gab sich zutiefst betroffen, wenn dies einmal nicht der Fall war. So verfiel er auf den Gedanken, den politischen Einfluß Frankreichs moselabwärts auszuweiten, indem er sich zum Koadjutor des Erzbistums Trier ernennen ließ. Gewannen nicht Prälaten wie der Kurfürst von Köln politischen Einfluß dadurch, daß sie sich gleichzeitig zum Bischof von Bistümern wie Hildesheim machen ließen? Als man Philipp von Sötern den Vorschlag unterbreitete, ergaben sich gewisse technische Probleme. Doch ließ er seine Bereitschaft erkennen, Richelieu als Koadjutor von Speyer vorzuschlagen. Einer der Bürokraten von Trier wurde nach Rom gesandt, um die Zustimmung des Papstes einzuholen. Die Spanier jedoch, die von der Angelegenheit wußten, erinnerten sich, daß er ein Luxemburger und damit einer ihrer Untertanen war, und machten sich in Rom daran, ihn einzuschüchtern. Damit verschwendeten sie freilich ihre Zeit. Denn offenbar ließ Urban VIII. sich nicht davon überzeugen, daß der Kirche aus diesem übertriebenen Pluralismus irgendein Vorteil erwachse. Er lehnte die Ernennung ab. »Dies widerspricht dem deutschen Konkordat«, wandte er ein. »Was würden die Franzosen sagen, wenn in ihrem Gebiet ein deutscher Prälat ernannt würde?« Es zeugt von Richelieus mangelndem Verständnis für die Lage anderer Souve-

357

räne, daß er nicht begriff, daß der Papst angesichts der spanischen Parteilichkeitsvorwürfe gegen ihn unmöglich die Beschlüsse von Trient außer acht lassen konnte, um ein Manöver zu unterstützen, das letztlich nur dazu diente, den Franzosen einen Stützpunkt im habsburgischen Einflußbereich zu sichern.

Die Gründe für die Spannungen, die zwischen Richelieu und Urban VIII. auftraten, sind häufig mißverstanden worden. Keineswegs hat Richelieu sich über die herkömmliche katholische Lehre vom Supremat des Heiligen Stuhles hinweggesetzt. Und die Schwierigkeiten, die zwischen Paris und Rom auftraten, waren diplomatischer und politischer Natur. Nur bei einer Gelegenheit ging es um Fragen der Lehre, und zwar bei der Ehe Gastons mit Marguerite. Nach der Abdankung Karls von Lothringen und der Flucht Marguerites nach Brüssel waren im Parlament von Paris rechtliche Schritte eingeleitet worden, um die Ehe Monsieurs für null und nichtig zu erklären und das Haus Lothringen für sein Fehlverhalten zu bestrafen. Am 5. September 1635 verfügte das Parlament die Nichtigkeit der Eheschließung:

Der gesamte, Karl, Nikolaus-Franz und Henriette von Lothringen gehörende Feudalbesitz, der mittelbar oder unmittelbar von der Krone Frankreichs herrührt, wird hiermit als zurückerstattet und inkorporiert erklärt. Alle ihre übrigen in Frankreich befindlichen Güter beweglicher und unbeweglicher Art werden vom König eingezogen und konfisziert.

Um die Sache nach kanonischem Recht abzusichern, vollzog Monsieur vor dem Erzbischof von Malines zum wiederholten Male die Eheschließung mit Marguerite. Sein Widerstand gegen Ludwig jedoch erlahmte, während sich sein Zorn über die Behandlung, die ihm Aytona zuteil werden ließ, steigerte. Er sandte d'Elbène nach Paris, um die Bedingungen seiner Rückkehr auszuhandeln. Richelieu köderte seine Falle sorgfältig und erklärte d'Elbène, falls es Puylaurens gelinge, Monsieur zur Rückkehr nach Frankreich zu bewegen, werde er, Puylaurens, zum Herzog und Angehörigen des Hochadels gemacht. Puylaurens indessen kannte seinen Richelieu und hegte den Verdacht, daß der Weg nach Paris der Weg zur Bastille sein werde. Er verlangte daher konkrete Zusicherungen. Diese erhielt er zu seiner Überraschung tatsächlich, und zwar in Gestalt eines Vorschlages von Richelieu, er solle die Nichte des

Kardinals, das Fräulein von Pontchâteau, heiraten. Das war für Puylaurens der entscheidende Punkt, und es galt nun nur noch, seinem Herrn ein hinreichend verlockendes Angebot zu machen. Man erklärte Gaston, falls er zurückkehre, werde er in sein Eigentum wieder eingesetzt und erhalte zur Begleichung seiner Schulden eine Summe von vierhunderttausend Livre. Seine Ehe werde »gemäß den Gesetzen des Reiches« beurteilt. Da das Parlament dies de facto bereits getan hatte, bedeutete die Formel praktisch, daß Monsieur sich von seiner Frau lossagen sollte.

Gaston machte eine Bootsfahrt auf der Schelde. Er spielte gerade Karten, als er die Nachricht erhielt, daß der Kardinalinfant einen großen Sieg bei Nördlingen erfochten habe. Schwarz vor Wut erhob er sich, stieß den Spieltisch um und schleuderte Karten und Geld ins Wasser. Wahrscheinlich befürchtete er, daß die Spanier nun in Frankreich einmarschieren und von ihm die Einhaltung des mit ihm geschlossenen Vertrages verlangten. Sein Entschluß stand fest. Am Sonntag, dem 2. Oktober 1634, begab er sich mit seinen Freunden auf eine Fuchsjagd, nachdem er für den Zeitpunkt seiner Rückkehr eine Spätmesse arrangiert hatte. Aytona befand sich etwa fünfzig Kilometer entfernt im Château Tervueren. Die Gesellschaft verließ Brüssel in Richtung auf das offene Land und ritt so lange, bis das Pferd von Monsieur tot unter ihm zusammenbrach. Gegen neun Uhr abends erreichte man die Grenzfestung La Capelle. Auf den Anruf der Schildwache entgegnete Gaston, er sei der Bruder des Königs. Der Festungskommandant, Baron von Bec, erschien und war auf der Hut. Ein Offizier wurde über die Konterescarpe geschickt, um die Papiere Monsieurs zu inspizieren, zu denen auch ein vom König ausgestellter Paß gehörte. Gaston wurde nun in die Offiziersmesse vorgelassen. »Gebt uns zu essen!« stöhnte er. »Wir haben seit achtzehn Stunden nichts gegessen, nichts getrunken.« Am 21. Oktober 1634 wurde er in Gegenwart des gesamten Hofes in St. Germain vom König empfangen. Mitten in den Feierlichkeiten und wahrscheinlich mit absichtlicher Verspätung, um seinen Auftritt noch dramatischer zu gestalten, erschien Richelieu. »Mein Bruder«, sagte Ludwig, »ich bitte dich, Monsieur le Cardinal zu lieben.« – »Ich werde ihn lieben wie mich selbst«, sagte Gaston, »und ich bin entschlossen, seinen Ratschlägen zu folgen.«

Die Versöhnung war wie üblich von kurzer Dauer. Kaum hatte sich Gaston eingelebt, als man Druck auf ihn ausübte, die Nichtigkeit seiner Ehe einzuräumen. Gaston blieb unzugänglich. Von Theologen umgeben, die jedes erdenkliche kanonische Argument vortrugen, hörte er schweigend zu. Schließlich wandte man sich ihm zu, um den Standpunkt des Gatten zu hören. All dieser juristische Kram, sagte er, sei ihm zu hoch. Aber eins wisse er genau, daß nämlich seiner Ehe kein schädliches Element der Gewalt oder Verführung anhafte. Was ihn betreffe, so sei er mit Marguerite verheiratet, bis die Kirche (und nicht der Staat) es anders entschied. Offensichtlich mußte es nun einen kanonischen Prozeß der Annullierung geben. Und Richelieu wußte, daß dieser Prozeß sorgfältig behandelt werden mußte, da wichtige politische Fragen auf dem Spiel standen.

Nachdem er der Eheschließung des nunmehrigen Herzogs Puylaurens mit der Nichte Richelieus beigewohnt hatte, verfügte sich Gaston nach Blois, wo er sich mit seiner siebenjährigen Tochter niederließ, der man schmutzige Lieder über den Kardinal beibrachte. Dort war er mit einem Bauprogramm beschäftigt, wobei er sich der Hilfe des gerade in Mode kommenden Architekten François Mansart bediente. Im Februar 1635 begab er sich mit Puylaurens nach Paris, um ein Ballett zu besuchen, über das gerade viel gesprochen wurde. In einem der Räume des Louvre fand sich Puylaurens mit Richelieu allein. Der Kardinal schien in boshafter Laune zu sein und entschuldigte sich nach einiger Zeit, um sich in die Gemächer des Königs zurückzuziehen. Puylaurens blieb eine Weile allein. Dann ging die Tür auf, und der Hauptmann der Garde erschien mit dem Befehl, ihn zu verhaften. Er wurde unverzüglich nach Vincennes gebracht, während der König Gaston die Gründe für dieses Vorgehen erläuterte. Puylaurens habe zweiundzwanzig Kuriere nach Brüssel geschickt, seit er die Stadt verlassen habe. Sie hätten Informationen überbracht, daß der König von Richelieu angewidert sei, daß Puylaurens in Kürze sein Nachfolger werde und daß es Gaston ein leichtes sei, nach Italien zu fliehen, wenn ihm die geforderte Genugtuung nicht zuteil würde.

Gaston, der es gelernt hatte, sich zu verstellen, nahm die Verhaftung Puylaurens' gelassen hin. Aber gerade diese Fügsamkeit war verdächtig. Man vermutete, daß er in Kontakt mit seinen lothringischen Verwandten stand, und es wurden Vorsichtsmaßregeln ergriffen, um seine Flucht nach Spanien oder in ein anderes europäisches Land zu verhindern. Monsieur, der das Bootsfahren liebte, unternahm eine ausgedehnte Schiffspartie auf der Loire.

Richelieu befürchtete, er könne sich an der Loiremündung mit dem ihn begleitenden Chavigny nach England absetzen, und befahl sechs Kriegsschiffen, das Gebiet zu beobachten. Gaston jedoch machte kehrt, bevor er das Meer erreichte, und begab sich zu Richelieu, um sich das große Château zeigen zu lassen, das der Kardinal gerade baute. Als Abschiedsgeschenk erhielt er eine neue, für den Park bestimmte Statue. Nach einigen Monaten erfuhr er, daß Puylaurens im Alter von achtundzwanzig Jahren in Vincennes einer merkwürdigen Krankheit erlegen war. Da das Verfahren gegen den Herzog noch schwebte und die Untersuchungen eingestellt wurden, wissen wir sehr wenig darüber, welches Belastungsmaterial gegen Puylaurens vorlag.

Unterdessen war eine aus den Bischöfen von Montpellier, Nîmes, Sées, Chartres und St. Malo bestehende Kommission eingesetzt worden, um die Frage zu erörtern, ob Eheschließungen der Prinzen von Geblüt, die zugleich Thronerben waren, der Zustimmung des Königs bedurften, um gültig zu sein, und umgekehrt, ob sie ungültig waren, wenn sie gegen den Willen des Königs geschlossen wurden. Dies war eine neuartige Frage, und man darf den Vorgang nicht nach den Voraussetzungen eines späteren Zeitalters beurteilen. Zu jener Zeit waren die Grenzen zwischen Kirche und Staat fließend. In katholischen Ländern galt zwar, daß der Staat nicht eine Ehe als gültig anerkennen konnte, die nicht nach kanonischem Recht geschlossen worden war. Aber galt nicht auch, daß das kanonische Recht sich den Gesetzen des Staates anzupassen habe? Die Frage war heikel und ihrer Natur nach kontrovers. Die Texte gaben wenig her, und die Bischöfe konnten nur drei historische Präzedenzfälle entdecken. Der früheste Fall betraf Baudouin, den Großförster von Flandern, der Judith entführt hatte, eine Tochter von Kaiser Karl dem Kahlen und Witwe des Königs Ethelwulf von England. Die Bischöfe versicherten sich daraufhin der Hilfe der Sorbonne und der Theologen der religiösen Orden. Der Bischof von Montpellier brauchte zwei Stunden, um den reich mit Zitaten gespickten Bericht der Kommission zu verlesen. Er kam zu dem Schluß, daß in Frankreich das Erfordernis der Zustimmung des Königs für die Gültigkeit einer königlichen Ehe eine Angelegenheit des »Fundamentalgesetzes des Reiches« sei. Der Bericht wurde von der französischen Klerikerversammlung am 10. Juli 1635 übernommen. Dieses Gremium überbrückte die logische Kluft zwischen bürgerlichem Recht und kanonischem Recht, zwi-

schen Staat und Kirche, indem es postulierte, daß das Gewohn-
heitsrecht Frankreichs »durch gesetzliche Vorschriften gesetzt und
durch die Kirche autorisiert« werde. Die Notwendigkeit der königlichen Zustimmung entspreche mit anderen Worten einer prä-
skriptiven Auslegung des kanonischen Rechts in Frankreich.

Die Entscheidung, zu der die Versammlung kam, war keineswegs unvernünftig, warf aber Folgerungen für den gesamten damals heißumstrittenen Komplex der Beziehungen von Kirche und
Staat auf. Es war undenkbar, daß der Papst dieser Entschließung
zustimmen würde. Nach kanonischem Recht stand es Gaston frei,
Rom anzurufen. Um ihn hieran zu hindern, war es notwendig, daß
er selbst seine Ehe für ungültig erklärte. Man setzte ihn unter
Druck, ein entsprechendes Dokument zu unterzeichnen. Das
Schriftstück, das er schließlich in den Räumen Richelieus in Rueil
unterschrieb, führte die vor der Kommission vertretenen Meinungen der zahlreichen Doktoren und Mönche sowie die Befunde der
Klerikerversammlung ins Treffen und schloß mit den Worten:
»Wir haben uns überzeugt, daß wir in unserem Gewissen verpflichtet sind, nachzugeben, indem wir die Ehe zwischen uns und
der Prinzessin Marguerite von Lothringen für null und nichtig betrachten, und erklären hiermit, daß wir in Zukunft besagte Dame
Marguerite niemals zu unserer Ehefrau nehmen werden.« Marguerite war aus härterem Holz geschnitzt, wie man es von einem
Mädchen nicht anders erwarten konnte, das als Kavalier verkleidet
die französischen Linien überschritten hatte. Sie verzichtete nicht
auf ihr Einspruchsrecht beim Papst, und so war nun Rom kano-
nisch mit der Affäre befaßt.

Die dem Papst vorgelegten Tatsachen besagten, daß die Ehe in
einer Kapelle der Priorei St. Romain bei Nancy in Gegenwart von
vier Zeugen von einem Benediktiner geschlossen worden war (den
Richelieu gleich nach der Einnahme Nancys verhaften ließ). Marguerites Bruder Franz, der zugleich ihr Diözesanbischof war, hatte
sie von der Verpflichtung zu einem Aufgebot entbunden und außerdem den Benediktinermönch ermächtigt, den Priester zu vertreten. Obwohl das Ganze auf einen Trick hinauslief, war den Erfordernissen des kanonischen Rechtes formell genügt worden. Die
Frage für den Papst lautete demnach folgendermaßen: Hängt das
Sakrament der Ehe von der beiderseitigen Einwilligung der Parteien allein ab, oder kann der Staat die zusätzliche Einwilligung eines Dritten verlangen? Wenn dem so wäre, würde hieraus folgen,

daß der Staat den Anspruch der Kirche auf alleinige Jurisdiktion im geistlichen Bereich usurpieren könnte, indem er von sich aus die Bedingungen erweitert, unter denen das von Christus eingesetzte Sakrament gespendet wird.

Um in der Ehefrage und in anderen Problemen mit Rom zu verhandeln, brauchte Richelieu einen Botschafter am Heiligen Stuhl, der sich etwas besser auf die Theologie verstand als der Graf von Noailles, der Frankreich seit einigen Jahren vertrat. Er beschloß, seinen Bruder Alphonse zu senden. Der Kardinal von Lyon hatte sich mit unerwarteten Ehren überhäuft gesehen, als er im Jahre 1632 zum Groß-Almosenier *(Grand Aumônier)* von Frankreich ernannt wurde, dem die Jurisdiktion über die Kleriker bei Hofe und über sämtliche Hospitäler des Königsreiches oblag. Seine Berufung nach Rom war ihm keineswegs angenehm, sie verursachte ihm vielmehr großen Kummer. Er stellte fest, daß das standesgemäße Leben in Rom seine Mittel bei weitem überschritt, und seine Bezüge aus Frankreich trafen stets mit Verspätung ein. Bei seiner Ankunft im Oktober 1634 kostete es ihn dreitausend Kronen, um die Audienzkutsche des Marschalls von Créqui zu kaufen. Der Herzog von Parma vermietete ihm den Palazzo Farnese als Botschaftsgebäude, und Alphonse legte sich einen Vorrat von einhundertfünfzig Fässern besten französischen Weines an, was ihm den Ruf eintrug, den besten Weinkeller Roms zu besitzen. Eine bedeutende Summe Geldes verschlang die prächtige Illuminierung des Palastes bei einem großen Empfang für den Kardinal Antonio Barberini. Im ganzen waren damals in Rom zweiunddreißig Kardinäle zu bewirten, und es dauerte geraume Zeit, bis Alphonse bemerkte, daß deren Pagen traditionsgemäß mit den Süßigkeiten, Gläsern, dem Leinenzeug, ja sogar mit dem Silber davonzogen. Alles mußte genauestens bewacht werden. Die Botschaft beköstigte und beherbergte fünfzig Personen und fünfzehn Pferde. Voller Bitterkeit schrieb der Botschafter an Pater Joseph, er sei, als er die Ernennung annahm, so einfältig gewesen, sich mit Geldversprechungen zufriedenzugeben. Aber nun lache ihn jedermann ob seiner Leichtgläubigkeit aus. Er habe den Verdacht, daß Bullion sich so an den Umgang mit unzuverlässigen Personen gewöhnt habe, daß er jedermann mißtraue, selbst denen, die über jeden Verdacht erhaben sein sollten, ihm das Geld unter irgendeinem Vorwand aus der Tasche zu ziehen. Alphonse war jedoch nicht der letzte Botschafter, der diese Beschwerden über seinen Fiskus führte. Zudem verschlechterte sich seine finanzielle Situation noch, als Frankreich in den Krieg eintrat, denn nun wurde das Bargeld rar, und die Einkünfte aus seinem kirchlichen Besitz konnten nicht erhoben werden.

Als Diplomat hatte Alphonse einen schlechten Start. Als Fürst Filippo Colonna, der Präfekt von Rom, dessen Tochter mit einem Neffen des Papstes verheiratet war, seinen offiziellen Besuch bei ihm machte, empfing er ihn nicht mit dem einem Botschafter gebührenden Zeremoniell, sondern einfach als einen Privatmann. Colonna war empört, machte kehrt und verließ den Palazzo Farnese. In einer Stadt, wo Etikettefragen schwere Konflikte auslösen konnten, die mitunter zu Blutvergießen führten, war dies ein schwerer Affront. Alphonse setzte zwar eine Miene verächtlicher Gleichgültigkeit auf. Doch berichtete er an Chavigny, daß den Franzosen in Rom die Rapiere schon sehr locker gesessen hätten. Indessen habe er »unsere Franzosen daran gehindert, Franzosen zu sein«. Und er fügte schlau hinzu: »Man muß ins Ausland kommen, um unsere Franzosen kennenzulernen.« Natürlich gab es immerzu Streit mit der spanischen Fraktion, die daran Anstoß nahm, daß Alphonse sich weigerte, den Kardinal von Savoyen mit »Hoheit« anzureden. Um eine Annäherung zuwege zu bringen, gab Kardinal Francesco Barberini im Karneval einen Empfang zu Ehren der beiden Kardinäle von Lyon und Savoyen. Das Fest dauerte zwei Tage. Die Spanier waren auch ungehalten darüber, daß es Alphonse erlaubt sein sollte, fern seiner Heimat Lyon zu residieren. Urban hatte soeben seine Schlacht gegen Borgia gewonnen und ihn in sein Bistum Sevilla verbannt. Er konnte nun im Falle eines Richelieu schwerlich eine Ausnahme machen. Armand de Richelieu begegnete der Schwierigkeit, indem er seinen Bruder veranlaßte, sein Bistum aufzugeben. Alphonse gehorchte widerstrebend, indem er sich mit viel Übertreibung beklagte, er habe nun keinen Platz mehr auf Erden, wo sein Haupt in Frieden ergrauen könne. Ein letzter Streitpunkt mit den Spaniern war das Schicksal d'Elbènes, der nach der Rebellion des Montmorency aus seinem Bistum Albi hatte fliehen müssen und sich als Flüchtling in seiner Heimatstadt Florenz aufhielt. Er erschien in Rom und verlangte Wiedereinsetzung in sein Bistum. Trotz der Unterstützung der spanischen Kardinäle lehnte das Konsistorium jedoch seine Forderung ab.

Mit Urban VIII. stand Alphonse rasch auf gutem Fuß. Der Papst schätzte seine Ehrlichkeit und seine intellektuellen Fähigkeiten und war bereit, über seine diplomatische Ungeschicklichkeit hinwegzusehen. Eine Hauptschwierigkeit in den Beziehungen zwischen Frankreich und dem Papst war das schlechte Kommunikationssystem. Unter Heinrich IV. hatte es alle drei Wochen eine regelmäßige Kurierverbindung zwischen Paris und der Botschaft gegeben. Jetzt ging der Kurier nur noch sechsmal im Jahr. Infolgedessen waren Alphonse und der Papst über die weitere Entwicklung in der Angelegenheit von Gastons Eheprozeß schlecht informiert. Eigentlich wäre es Alphonses Aufgabe gewesen, dem Papst die von der Kommission erarbeiteten Dokumente vorzulegen. Richelieu fand die Situation jedoch viel zu delikat, um sie seinem Bruder zu überlassen, der keinen rechten Einblick in die Frage hatte, und beschloß statt dessen, Fenouillet, den Bischof von Montpellier, nach Rom zu schicken. In seiner Eigenschaft als Vorsitzender der Kommission sollte er persönlich den Fall vertreten. Alphonse gab die Nutzlosigkeit und Gefährlichkeit dieses Kurses zu bedenken, nachdem der Papst ja bereits seinen Widerstand gegen die ganze Prozedur bekundet hatte. Im Januar 1636 traf Montpellier in Rom ein. Die ihm übertragene Aufgabe machte ihn nervös, und er suchte Alphonses Rat bei der Präsentation seiner Argumente. Alphonse hielt mit seinen Vorbehalten nicht hinterm Berg, und so schwankte der Bischof von Montpellier monatelang hin und her. Schließlich zog er sich eines der zahllosen in diesem Sommer in Rom grassierenden Fieber zu, und Alphonse nutzte die Gelegenheit, um ihn zu überreden, nach Paris zurückzukehren und ihm, Alphonse, die Papiere zu überlassen. Der Botschafter hielt die Dokumente schließlich zurück. Er sollte sich später die Kritik Richelieus zuziehen, weil er sie dem Papst nicht ausgehändigt hatte. Urban berief unterdessen das Heilige Kollegium zu einem geheimen Konklave, um über die Eheangelegenheit zu diskutieren. Am 3. Juli 1636 erließ der Papst zwei Breven an den König und an Gaston, in denen er sich die Entscheidung in der ganzen Frage vorbehielt.

Als der päpstliche Nuntius Richelieu diese Nachricht überbrachte, traf er den Kardinal in guter Laune an, die jedoch nicht lange anhielt. Sein Blick verdüsterte sich, und der Nuntius schrieb dies der Verstimmung darüber zu, daß Richelieu mit seinem Willen nicht durchgedrungen war. Indessen war es weit mehr als Verstimmung. Denn Richelieu sah klarer als jeder andere die ganze Wichtigkeit der aufgeworfenen Fragen. Die Eheaffäre rührte, kurz gesagt, an die Grundlagen des Streites zwischen Ultramontanismus und Gallikanismus, der zwei Generationen lang Frankreich erschüttert hatte und den Richelieu jahrelang mit allen Mitteln zu unterdrücken suchte.

Die Gallikaner waren eine vornehmlich aus Juristen, nicht aus Klerikern, bestehende Partei, die für den göttlichen Ursprung des Staates eintrat. Man plädierte für den Ausschluß der päpstlichen Jurisdiktion, zumindest von den weltlichen Angelegenheiten; ja, die Extremisten verlangten gar die Nichteinmischung des Papstes in den ganzen Bereich der französischen Kirchenverwaltung. Ihre Maxime lautete: »Der König erhält seine Krone und sein Schwert von Gott. Er hängt allein von Gott ab.« Die entgegengesetzte, von den jesuitischen Philosophen Suárez, Mariana und Bellarmine propagierte Auffassung, wonach der König seine Souveränität mittelbar durch das Volk und nicht von Gott direkt empfängt, war den Gallikanern Anathema. Denn sie implizierte die Unterordnung der Monarchie unter das Papsttum. Wie es ein Autor einige Jahre später ausdrücken sollte: »Es gibt noch eine andere, von manchen den Päpsten zugeschriebene Macht über die zeitlichen Angelegenheiten christlicher Fürsten, die ich mit aller Kraft bekämpfe, weil ich ein guter Franzose bin.«

Der auf Heinrich IV. ausgeübte kirchliche Druck, Maßnahmen gegen die Hugenotten zu ergreifen, machte aus dem religiösen Problem des Gallikanismus ein Problem der praktischen Politik. Das Resultat war unter anderem die Weigerung des Parlaments von Paris, die Beschlüsse des Konzils von Trient zu registrieren, und zwar mit der Begründung, daß sie den gallikanischen Freiheiten widersprächen. Die Ermordung Heinrichs IV. schrieb man bei den Gallikanern der subversiven Lehre zu, daß der Untertan unter Umständen seinem König nicht zu gehorchen brauche. Nach dem Ereignis belegte das Parlament von Paris die Schriften Marianas mit einem Bann. Zwei Jahre später legte ein Theologe namens Edmund Richer ein Buch vor, das in der Propagierung des Gallikanismus eine bedeutsame Rolle spielen sollte. Richer befaßte sich weniger als seine Vorgänger mit dem Problem der Beziehung von Kirche und Staat. Vielmehr beschäftigte ihn das Problem der Verwaltung der Kirche selbst. Im wesentlichen trat er für ein aristokratisches Regiment der Kirche mit Hilfe von Räten und Bischöfen ein und lehnte den Supremat des Papstes ausdrücklich ab. Für die damalige Zeit ging er damit entschieden zu weit und wurde seines Amtes als Syndikus der theologischen Fakultät in Paris entkleidet. Ein Kanonikat in Notre Dame lehnte er ab, wozu er berechtigt war. Die folgenden zwanzig Jahre lebte er in Paris als Hoherpriester des gallikanischen Kultes, der eine wachsende Schar von Anhängern gewann, als die politischen Probleme in Frankreich und Europa immer stärker hervortraten und sich verhärteten.

Zwischen 1624 und 1630 wurde die Situation explosiv und in politischer Hinsicht hochgefährlich. Kurz bevor Richelieu an die Macht kam, hatte ein italienischer Jesuit namens Santarelli ein Buch mit dem Imprimatur seines Ordensgenerals veröffentlicht, in dem er in bezug auf die päpstliche Autorität einen extremen Standpunkt einnahm. Der Papst, so lehrte Santarelli, ist im Kampf mit der Häresie berechtigt, Könige abzusetzen. Das war schon schlimm genug. Aber er ging noch weiter und fügte hinzu, der Papst könne sich dieser Macht auch bedienen, wenn Könige gegen die Gesetze des Staates verstießen, ja sogar, wenn sie sich als unfähig erwiesen. Das Buch wurde heimlich nach Frankreich geschmuggelt und veranlaßte das Parlament von Paris, eine Kampagne gegen die Jesuiten zu lancieren. Die Sorbonne verurteilte das Buch als skandalös und verderblich. Und Richelieu, der von den Maximen des Buches glaubte, sie führten »zum Ruin der gesamten Kirche Gottes«, ließ es am 13. April 1626 öffentlich verbrennen. Der Jesuitenprovinzial und drei Oberhäupter von Jesuitenhäusern wurden aufgefordert, eine Erklärung abzugeben, wonach es der wahren katholischen Lehre entsprach, daß der König sein Reich allein von Gott erhielt und daß der Papst unter gar keinen Umständen die Untertanen des Königs von ihrer Loyalitätspflicht entbinden könne. Die Männer schränkten diese Aussage ein wenig ein, bevor sie ihr zustimmten. Das Parlament sah hierin Aufsässigkeit und wollte alle Jesuitenkollegs schließen, ja, den Orden aus Frankreich vertreiben. In den Augen Richelieus war dies zu weit gegangen. Er legte sich ins Mittel und brachte das Parlament dazu, die Erklärung der Patres über die Lehre Santarellis zu akzeptieren.

Die Frage wurde 1629 wieder aktuell, als sich die Gallikaner und die Ultramontanisten in der Sorbonne heftig befehdeten. Es ging um die Frage, welchen Eid die Baccalaurei der Theologie bei Empfang ihrer Diplome ablegen sollten. Sollte der Eid ausdrücklich den Respekt vor dem Heiligen Stuhl beinhalten? Diesmal bat Spada, der päpstliche Nuntius, Richelieu, einzugreifen. Der Augenblick war ungünstig, denn Richelieu war soeben nach der Belagerung La Rochelles nach Paris zurückgekehrt und befand sich bereits auf dem Weg nach Italien, wo er den Herzog von Nevers unterstützen wollte. Der Aufruhr an der Sorbonne dauerte noch das ganze Jahr bis zur Rückkehr Richelieus. Richelieu kam zu dem Schluß, die Wurzel des Unheils sei der Richerismus an der Universität, und der zweckmäßigste Weg, ihm zu begegnen, sei der, Richer selbst zum Widerruf seiner Auffassungen zu bewegen. Man suchte den Exprofessor auf und zitierte ihn am 7. Dezember 1629 vor den Kardinal. Richelieu, der keine geringe Meinung von seinen eigenen theologischen Fähigkeiten hatte, machte sich daran, Richer in aller Ruhe von der Irrigkeit seiner Lehren zu überzeugen. Er gab sich freundlich und liebenswürdig, denn er wußte, daß die Situation nur noch schlimmer wurde, wenn dem Widerruf Richers der Verdacht des Erzwungenen anhaftete. Überdies war Richelieu nicht der Mann, der anderen Menschen seine religiösen Überzeugungen aufdrängte. Denn er war der Ansicht, daß die Vernunft die Macht habe, den Menschen vom Irrtum zu befreien. Und wie er selbst bei dieser Gelegenheit sagte: Es war wichtig, daß man nicht nur mit Worten, sondern mit dem Herzen widerrief. Der Kardinal legte Richer eine Erklärung vor, die er unterzeichnen sollte. Darin erkannte Richer an, daß der Heilige Stuhl »Mutter und Herrin aller Kirchen und unfehlbarer Sitz der Wahrheit« war. Er widerrief diejenigen seiner Schriften, die mit dieser Aussage unverträglich waren. Richer hatte Bedenken, und es folgte eine lange Diskussion zwischen den beiden Männern über die Frage, ob Unfehlbarkeit eine Eigenschaft des allein agierenden Papstes ist oder ob sie der ganzen Kirche unter Ausschluß des Papstes oder im Zusammenwirken mit ihm zukommt. Zuletzt unterzeichnete Richer, und Richelieu nahm, wie er mit Befriedigung in seinen Memoiren vermerkt, das Verdienst für sich in Anspruch, den Häretiker kraft seiner Argumente gewonnen zu haben. Richer dagegen verbreitete, der Kardinal habe ihn eingeschüchtert und bei der Unterzeichnung des Widerrufes getäuscht.

Urban VIII. war begeistert, als er erfuhr, wie Richelieu mit der extrem gallikanischen Partei umgesprungen war, und äußerte seine Befriedigung, indem er Alphonse de Richelieu zum Kardinal machte. Der Gallikanismus war jedoch noch keineswegs zerschlagen. Vielmehr kam eine neue Idee auf. Man beabsichtigte apostolische Delegierte in Frankreich heranzubilden, die über alle Berufungen an den Heiligen Stuhl zu Gericht sitzen sollten. Mit anderen Worten, die letzte kirchliche Autorität sollte bei der Kirche Frankreichs ruhen. Da die Frage von Gastons Heirat nun nach Rom getragen worden war, konnte man damit rechnen, daß die ganze Kontroverse in noch heftigerer Form wiederaufflammte. Die Ultramontanisten standen mit der Antikriegspartei im Bunde. Die Gallikaner behaupteten, die wahren Patrioten zu sein. Es würde unmöglich sein, das Übergreifen der theologischen Problematik auf eine gerade besonders gefährliche politische Krise zu verhindern. Denn Frankreich, im Inneren von Bauernunruhen und Aristokratenverschwörungen geplagt, verteidigte sich gerade gegen die Attacken der Habsburger. In der Frage der Ehe jetzt nachzugeben war unmöglich, da die Kirche Frankreichs sie für null und nichtig erklärt hatte. In den Augen der Gallikaner war sie nur durch eine neuerliche Eheschließung wieder gültig zu machen. Und Richelieus Bestreben war weit davon entfernt, daß sich ein Mitglied der schrecklichen Lothringer-Familie mitten in der französischen Königsfamilie einnistete und weitere Zwietracht säte.

Richelieu sah das ganze Problem daher eher als Staatsmann und weniger als Kirchenfürst. Und da er das Problem als politisches ansah, schickte er sich an, es mit allen Mitteln der politischen Obstruktion zu behandeln, indem er stets bestrebt war, die Kontroverse zu überspielen und beide Parteien zufriedenzustellen. Persönlich war er in seiner Einstellung zum Heiligen Stuhl vollkommen orthodox. Doch in der Frage der Kirchen*verwaltung* (im Gegensatz zur kirchlichen *Lehre*) mußte er dem Gallikanismus bis zu einem gewissen Punkt entgegenkommen. Es gibt hierzu zwei Äußerungen von ihm, die eine befindet sich in seinen Staatsakten, die andere in den Maximen. Die erste lautet: »Während man dem Papst in geistlichen Dingen Gehorsam zollt, kann man ihm in seinen weltlichen Entwürfen mit Recht entgegentreten.« Der zweite Ausspruch wörtlich: »Man müßte ein sehr schlechter Theologe sein, um nicht zu wissen, daß der König seine Krone und seine weltliche Macht allein von Gott empfängt.« In seinem politischen Testament schreibt er: »Die Fürsten sind verpflichtet, die Autorität der Kirche anzuerkennen und sich ihren heiligen Beschlüssen zu unterwerfen, um ihnen, was die geistliche Macht betrifft, völligen Gehorsam zu zollen.« Und an anderer Stelle: »Es ist ihre Pflicht, die Ehre des Papstes als Nachfolger Petri und Stellvertreter Jesu Christi auf Erden zu wahren.« Er fügt jedoch hinzu, daß es keineswegs leicht ist, zwischen politischer und geistlicher Sphäre zu unterscheiden. Außer in Dingen der kirchlichen Lehre unterstützte er also die Unabhängigkeit des Staates von Rom und neigte dazu, das Regiment der Kirche in Frankreich mit dem des Staates zu assimilieren. In der Eheangelegenheit ging es jedoch nicht um weltliches Regiment, sondern um die kirchliche Lehre. Richelieu konnte die Zuständigkeit des Heiligen Stuhles in dieser Angelegenheit nicht leugnen, ohne die Grenze zwischen einem religiösen und politischen Gallikanismus wieder einzureißen, die er bei sich selbst so sorgfältig etabliert hatte und die er als Eckstein der Beziehungen zwischen Kirche und Staat noch zu etablieren hoffte. Daß sein Herz für den Katholizismus in ganz Europa schlug, kann nicht in Frage gestellt werden. Aber das, was er als katholischen Kosmopolitismus empfand, mußte dem ureigensten Recht des Volkes auf Selbstverteidigung weichen.

Bei alledem zeigte sich Richelieu namentlich als Intellektueller, weniger als Humanist oder Theologe, dem mehr an der Gerechtigkeit als an der Nächstenliebe lag. Er trat als Advokat des kanonischen Rechtes, nicht als geistlicher Führer auf. Pater Joseph war bei all seinen merkwürdigen politischen Manövern das völlige Gegenteil, und die Differenz zwischen den beiden Männern trat in der Frage von Gastons Ehe klar zutage. Der Kapuziner mit seiner leidenschaftlichen Seelenliebe war berührt vom moralischen Unrecht, das Marguerite geschah, und warf aus diesem Grunde sein ganzes Gewicht auf der Seite der Ultramontanisten in die Waagschale. Er favorisierte nicht etwa die ursprüngliche Gültigkeit der Ehe, aber immerhin die moralische Verpflichtung aller Beteiligten, die Angelegenheit dadurch in Ordnung zu bringen, daß man Gaston und Marguerite in einer neuen Verbindung vereinigte. In diesem Sinne machte er sich daran, das Gewissen des Königs zu bearbeiten. Und auf lange Sicht zeigte sich, daß seine Fäden noch feiner gesponnen waren als die des Kardinals.

Der Kardinal war häufig anderer Ansicht als Pater Joseph, hörte aber nicht auf, unter dem geistlichen Einfluß des Kapuziners zu stehen. Während seine Gesundheit sich immer mehr verschlechterte, begann Richelieu in Pater Joseph seinen Nachfolger zu sehen. Und so wurde es wichtig, ihm den scharlachroten Hut zu sichern. Die ersten einschlägigen Gerüchte erreichten Rom gegen Ende 1632 durch den Nuntius Bichi. Es war ein höchst unglücklicher Augenblick, um die entscheidende Frage aufzuwerfen. Gustav Adolf war soeben gestorben, und Richelieu befand sich trotz heftiger Proteste des Papstes in Verhandlungen mit Oxenstierna. Außerdem hatte der Papst dem Abt von Kremsmünster, Pater Josephs Rivalen in Regensburg, soeben den begehrten Hut versagt, obwohl der Kaiser sich nachdrücklich für ihn verwandt hatte. Ohne schwersten Affront gegen die Habsburger war es daher unmöglich, ihn jetzt Pater Joseph zu geben. In den Augen der Habsburger war Pater Joseph schlichtweg ein Teufel, ein Lügner, der Verräter Christi, ja, der schlimmste aller Ränkeschmiede. Außerdem gab es die Überlegung, daß eine Kirchenkarriere mit der kapuzinischen Lebensweise unvereinbar sei. Der päpstliche Widerstand gewann jedoch für Richelieu ein politisches Aussehen, als Urban, maßlos erbittert über Borgia und seine Anhänger, aber auch empört über Richelieus Widerspenstigkeit in Sachen Pinerolo, den Marschall Créqui, der die Frage nach Pater Josephs Beförderung förmlich aufwarf, anfuhr: »Das ist mein Pinerolo!« Richelieu verhielt sich daher ziemlich kühl gegen den Papst. Die Angelegenheit wurde noch verschlimmert, als der Hut, den Franz von Lothringen nach seiner Heirat zurückgeben mußte, nicht an Pater Joseph fiel. Richelieu, ohne Verständnis für die unmögliche Situation, in welcher der Papst sich befand, betrachtete dies als glatte Mißachtung.

Zugleich komplizierten sich für Richelieu die kirchlichen Probleme durch eine neue Bewegung in der französischen Kirche, den Jansenismus. Jansenius war ein Belgier, der nach seiner Graduierung von Löwen 1605 an die Sorbonne gekommen war und dort fünf Jahre geblieben war. Jetzt war er Bischof von Ypern. In Löwen hatte er einen Studienkollegen, den französischen Kleriker Duvergier de Hauranne, den späteren Abt von St. Cyran, den er jedoch erst kennenlernte, als er sein Kollege an der Sorbonne wurde. Bei Richelieus Ernennung zum Bischof von Luçon war Duvergier Generalvikar von Richelieus Freund La Rochepousay, dem Bischof von Poitiers. Die beiden Männer kamen häufig zusammen, um theologische Fragen miteinander zu erörtern. La Rochepousay verfiel dem Einfluß Duvergiers wie noch einige andere Personen aus Richelieus Bekanntenkreis, und Richelieu selbst zeigte beträchtlichen Respekt für die literarischen Fähigkeiten Duvergiers. Nach der Ermordung Heinrichs IV. kam eine öffentliche Kontroverse in Gang, bei der es um die Verpflichtung des Untertanen ging, sein Leben zu opfern, um den König zu retten. Duvergier griff in die Debatte mit einem Buch ein, in dem er diese Verpflichtung als eine moralische hinstellte. Richelieu sah in ihm einen Mann, der mit der Idee des zentralisierten Königstums sympathisierte. Während der Rebellion Condés 1614 trat Duvergier mit einem weiteren Buch hervor. La Rochepousay hatte vor den heranrückenden Truppen Condés die Tore Poitiers' geschlossen, Schwert und Rüstung angelegt und sich zum Kampf bereit gemacht. Die Pflicht eines Bischofs, sich kriegerischer Taten zu enthalten, wurde ebenfalls ein Streitpunkt. Duvergier verteidigte seinen Bischof, was Richelieu wiederum beifällig vermerkte. Vor allem dank der Anstrengungen La Rochepousays und Duvergiers wurde dann Richelieu zu den Generalständen gewählt, und in gewisser Weise verdankt er diesen beiden Männern seine Karriere. Er suchte sich zehn Jahre später erkenntlich zu zeigen, indem er Duvergier zum Beichtvater der Königin Henriette Marie von England vorschlug, verlor aber das Interesse an seinem Favoriten, als dieser ablehnte.

In diesen frühen Tagen ihrer Bekanntschaft war die Lehre, die den Namen Jansenismus erhalten sollte, noch nicht formuliert. Sie gewann erst im Laufe der Jahre in einem Briefwechsel zwischen Duvergier und Jansenius Gestalt und enthielt etliche Gedanken, die später die Lehre von der Erlösung entstellen sollten. Der Mensch lebt in einem Abgrund der Sünde; es ist notwendig, in seiner Seele die Furcht vor der Gerechtigkeit Gottes und vor der Hölle zu erwecken; er muß sich der grundlosen Gnade Gottes bewußt sein, die er nicht verdient und die allein ihn erlösen kann. Gute Werke sind folglich unzureichend und müssen gering geachtet werden, während die Sakramente, die individuelle Gotteserkenntnis und die persönliche Gnadenerfahrung betont werden müssen. Auf sozialer Ebene folgt hieraus der Puritanismus (Philippe de Champaigne verlegte sich auf die Porträtmalerei, um keine Akte mehr malen zu müssen). Auf politischer Ebene berührte sich die Lehre mit dem theologischen Gallikanismus, da Jansenius für ein aristokratisches Kirchenregiment als einem notwendigen »Zubringer der göttlichen Gnade« eintrat.

Lange Zeit entgingen Richelieu die Tendenzen in Duvergiers Schriften, ja, er sah in ihm in vielen Punkten einen Verbündeten. Später war er alarmiert über die Dinge, die Duvergier mündlich und schriftlich von sich gab. Laut Duvergier hatte Luther nicht im Grundsätzlichen, sondern nur in der Form geirrt. Der hl. Thomas von Aquin habe die Theologie zerrüttet. In einem Gespräch mit dem hl. Vinzenz von Paula, der in mancher Hinsicht sein Schüler war und Duvergier als einen der besten Männer beschrieb, die er je kennengelernt habe, sagte letzterer, Gott habe ihm klargemacht, daß es keine Kirche mehr gebe. Die Kirche von einst, die wie ein großer klarer Fluß gewesen sei, sei nunmehr Abschaum. Duvergiers glühende Spiritualität gewann großen Einfluß über viele katholische Zeloten in hohen Ämtern. Zu nennen sind Bérulle, der Prinz von Condé, der *Procureur-général* Molé, der Generaladvokat Bignon, aber auch viele weniger hochgestellte Menschen wie etwa die Mutter der hl. Johanna Franziska von Chantal. Die Gefahren in Duvergiers Lehre wurden offenbar, als er ein Buch unter dem Pseudonym Aurelius veröffentlichte, das aufgrund seines extrem gallikanischen Standpunktes in Fragen des Kirchenregiments heftige Kontroversen auslöste. Die Sorbonne schaltete sich ein. Richelieu, der weitere Unruhen befürchtete, griff ein und leitete das Buch auf Anordnung des Ministerrates zur Untersuchung an eine Sonderkommission weiter.

Jansenius war herausfordernd antifranzösisch und hatte ein äußerst ausfallendes, ja gemeines Pamphlet gegen die französische Politik verfaßt. Duvergier war jetzt sein enger Mitarbeiter, und derselbe Mann sprach sich gegen die Annulierung der Ehe Gastons aus. Trotz des gallikanischen Elements in seiner Lehre gehörte Duvergier politisch also zur Antikriegsfraktion. Richelieu sagte bei Erörterung des Problems: »Man hätte den Übeln und Unordnungen der Zeit sehr erfolgreich abhelfen können, wenn man Luther und Calvin eingesperrt hätte, als sie anfingen zu dogmatisieren.« Seiner Meinung nach gab es zwingende Veranlassung, dasselbe mit Duvergier zu tun, bevor Kirche und Staat unter seinen Anschauunten und Aktivitäten zu leiden begannen.

Nun hatte gerade der Oratorianerpriester Pater Seguenot eine Ausgabe der *Abhandlung über die Jungfräulichkeit* des hl. Augustinus veröffentlicht, deren Anmerkungen den Einfluß Duvergiers und des neuen Jansenismus verrieten. Pater Joseph ging die Anmerkungen durch und legte eine Liste der Irrtümer an, die er anschließend Richelieu überreichte. Die orthodoxe Gnadenlehre unterscheidet zwischen helfender tätiger und heiligmachender Gnade. Helfende Gnade ist Gnade, die unverdient durch Gott zuteil wird, ob sich der Empfänger nun in einem Zustand der Todsünde befindet oder nicht. Heiligmachende Gnade ist Gnade, die der Empfänger durch gute Werke und den Empfang der Sakramente erwirbt, aber nur, wenn er sich nicht im Zustand der Todsünde befindet. Sie ist Maßstab für die Heiligung der Seele. Seguenot übersah in seinen Anmerkungen, daß Gnade auch den Charakter der Belohnung besaß, und stürzte in den lutherischen Abgrund, indem er sagte, daß alle Gnade ihren Gegenstand rechtfertigt oder verdammt, daß gute Werke keine Gnade bewirken und – was noch schlimmer war – daß alle Handlungen Christi, selbst die gleichgültigsten, vorherbestimmt sind. Weil erzwungene Armut das Ergebnis göttlichen Willens ist, ist sie eher ein Quell der Gnade als freiwillige Armut, die keine Quelle der Gnade ist. Und auf dieser Basis verurteilte Deguenot die mönchischen Gelübde als einen reinen Notbehelf der menschlichen Schwachheit. An diesem Punkt wurde die Skepsis über das moralische Gute im Menschen, das den Jansenismus durchdrang, ganz offensichtlich. Dies war nun wirklich zuviel, und Richelieu zitierte den Oratorianersuperior Pater von Condren zu sich. Dieser eröffnete, daß Duvergier das Buch von Seguenot inspiriert hatte. Noch am selben Tag wurde Seguenot in die Bastille geworfen und Duvergier nach Vincennes gebracht. Keiner der beiden wurde zu Lebzeiten des Kardinals freigelassen.

Der ganzen Kontroverse lag ein Problem zugrunde, für das Richelieu als Theologe bereits eine Lösung hatte. Das Problem lautete: Wenn ein Sünder zur Beichte geht, muß er aus Liebe zu Gott bereuen? Oder reicht die Furcht vor der Hölle aus, um die Absolution und den Empfang der Gnade wirksam werden zu lassen? Die Jansenisten schreckten nach Richelieus Meinung all jene ab, die sich nicht imstande sahen, ohne Gefühle der Reue und Sündenangst zur Beichte zu gehen, und erkannten als einzige reuige Sünder nur die an, die bereits in der Heiligkeit fortgeschritten waren. Der Puritanismus mußte daher in der Praxis mit der Prädestination einhergehen. Als Intellektueller legte Richelieu den Akzent auf den Vorsatz, in Zukunft die Sünde zu meiden, und auf das Eingeständnis, bewußt gegen Gottes Gebote verstoßen zu haben. Die Bedeutung einer gefühlsmäßigen Beteiligung spielte er herab. Die Frage war nicht nur ein Problem theologischer Debatten, sondern auch ein Problem staatlicher Überwachung. Frankreich wurde durch das Ferment von Ideen nicht weniger gefährdet als durch die Leidenschaft zügelloser Menschen. Religiöse und politische Fragen waren unentwirrbar miteinander verflochten, und Frankreich war eine theokratische Gesellschaft, ob Richelieu dies wünschte oder nicht. Er selbst erwähnt in seinen Schriften niemals die der Kirche drohenden Gefahren, ohne die Gefahren für den Staat zu erwähnen. Und seine Neigung zum intellektuellen und politischen Absolutismus, die auf seinem Pessimismus in bezug auf die menschliche Freiheit beruhte, wie ihn alle zeitgenössischen Intellektuellen mit ihm teilten, sollte Frankreich unter der Herrschaft Ludwigs XIV. zu einer extrem gallikanischen Position führen.

Das Abrutschen vom Libertinismus in die Anarchie kann sich rapide vollziehen, wie es im Jahrhundert vor Richelieu der Fall war und wie es jetzt wieder der Fall zu sein drohte, da sich die Gegenreformation in einer Stimmung unglücklichen Protestes erschöpft hatte. Nach Zeiten radikalen und umfassenden Wandels, in denen sich deutlich zeigt, daß Veränderung nicht notwendig ein Allheilmittel ist und daß Diversifizierung oft nur Unsicherheit erzeugt, entwickelt sich wieder die Sehnsucht nach Autorität und nach der bequemen Zuflucht totaler Unterwerfung. So war es im Zeitalter Richelieus, als die moralischen, aber auch die kulturellen und sozialen Werte des Katholizismus sich zunehmend verhärteten und die Kirche in dogmatischer und liturgischer Hinsicht zu dem zementiert wurde, was sie drei Jahrhunderte lang ungebrochen sein sollte. Zumindest im französischen Kontext war Richelieu der Architekt eines Systems religiöser Disziplin und Orthodoxiegläubigkeit, das dazu neigte, jede Kritik oder das Aufzeigen von Alternativen zum offiziellen Standpunkt als Unbotmäßigkeit zu brandmarken. Im Zeitalter der Vernunft wurde die Wahrheit bis zum letzten i-Tüpfelchen abgezirkelt. Wenn dies auch verhinderte, daß die kirchliche Lehre die veränderten menschlichen Bedürfnisse und Emotionen einer neueren Zeit in Rechnung stellte oder gelegentlich zur bischöflichen Tyrannei über Geist und Seele führte, so hatte es doch das Verdienst, die Glaubenswahrheit mit Klarheit darzustellen, die Regeln für die zeitliche und ewige Glückseligkeit mit Gewißheit festzuhalten, durch das majestätische Panorama der Tradition inspirierend zu wirken und uns durch die triumphale Darstellung des göttlichen Geheimnisses mit Freude zu erfüllen.

Richelieus Bereitschaft, die Beschlüsse des Tridentinums durchzusetzen, ging nicht nur auf seine persönliche Unterwerfung unter die Majestät der Kirche zurück, sondern auf seine Überzeugung, daß unorthodoxe Praktiken den Geist verwirren, den Glauben aushöhlen und durch den Unfrieden, den sie stiften, beim einzelnen Menschen zur Ruhelosigkeit führen.

20
Der bösartigste Mann
1636–1637

Du Bec, der Gouverneur der Grenzfestung La Capelle, bewies wenig Tapferkeit vor dem Feind, als die spanische Armee aus den Niederlanden Ende Juli 1636 mit dem langerwarteten Einmarsch in Frankreich unter Prinz Thomas von Savoyen begann. La Capelle kapitulierte beim ersten Anblick der Kolonnen von Lanzenträgern und der schweren von Ochsen gezogenen Geschütze, die sich unter der Fahne des liegenden Burgunderkreuzes der Festung näherten. Du Bec floh. Sein Aufenthalt war unbekannt, und er wurde wegen Hochverrats in Abwesenheit dazu verurteilt, auf der Place de Grève von Pferden geviertelt zu werden. Das Urteil wurde *in effigie* vollstreckt, und dem Pariser Mob bot sich das ergötzliche Spektakel, wie eine lebensgroße Puppe von Pferden auseinandergerissen wurde. Auch Le Catelet, nur vierzig Meilen von Paris entfernt, ergab sich bei der ersten Aufforderung zur Kapitulation. Der Festungskommandant St. Léger verschwand ebenfalls. Bei Hofe war man bestürzt und gab einen Erlaß heraus, der alle Adligen einschließlich derjenigen ihrer wehrpflichtigen Untertanen zu den Waffen rief, die noch nicht auf der Regimentsrolle standen. Als die Waffenmeister von der unerwarteten Nachfrage nach ihren Waren zu profitieren suchten, wurde für Waffen, Helme und Brustpanzer die Preiskontrolle eingeführt. La Force befand sich in Paris und leitete im Hôtel de Ville persönlich das Rekrutierungslager. Anfang August überquerten die Spanier mit fünfundzwanzigtausend Mann die Somme und sahen sich Soissons mit nur zehntausend Mann gegenüber, von denen jeder nur über ein halbes Dutzend Gewehrkugeln verfügte. Richelieus Neffe, der Sohn Brézés, wurde mit der Ordre entlassen, alle Brücken zu zerstören, auf denen die Spanier die Oise überqueren konnten. Am 5. August um fünf Uhr nachmittags erschien eine Abordnung der Handwerkszünfte im Louvre. Die Männer boten kniend dem König Gut und Leben an, um den Feind aus dem Vaterland zu vertreiben. Vor dem Louvre versammelte sich eine Menschenmenge und rief: »*Vive le roi!*«

Vom Heranrücken der Spanier bedroht, sah sich Paris plötzlich im Kriegsfieber. Das Parlament votierte in ungewohnter Eile für finanzielle Hilfen, wenn es auch in der Frage der Überwachung der Ausgaben hartnäckig blieb. Die Zünfte, die Universität und alle möglichen Institutionen plünderten ihre Kassen und leerten den Inhalt im Louvre aus. Die Kommunen beeilten sich, alle tauglichen Männer zu den Waffen zu rufen, und verboten den Kaufleuten, sie zu beschäftigen. Die Feinde des Kardinals einigten sich auf einen Burgfrieden mit ihm. Die Bauern Guyennes, die sich im offenen Aufstand gegen seine Finanzpolitik befanden, legten freiwillig ihre Waffen nieder, um Truppen für die Verteidigung der Hauptstadt freizumachen. Richelieu sandte Soissons den Befehl, die Linie an der Oise zu halten. Falls ihm dies nicht gelänge, sollte er in Richtung Paris retirieren, indem er sich zwischen der Stadt und den Invasoren hielt. Die Panik steigerte sich, als die Nachricht eintraf, daß sich die Stadt Corbie nach achttägigem Kampf ebenfalls ergeben hatte. Corbie lag knapp östlich von Amiens und war nur hundertzwanzig Kilometer von Paris entfernt. Als der Kardinal die Hauptstadt inspizierte, war er der Verzweiflung nahe. Er selbst hatte die Mauern abtragen lassen, um Platz für die Gärten im Kardinalspalais zu schaffen. Die Bastionen, die die Gärten der Tuilerien und die neuen Vorstädte St. Honoré und Montmartre schützten, waren unzureichend oder durch neue Wohnbauten verdeckt. Öffentliche Anschläge erschienen, in denen der Kardinal für diese Torheit beschimpft wurde. Er machte gegenüber Pater Joseph kein Hehl aus seiner Verzweiflung. Der Kapuziner jedoch, dessen Vertrauen in Gott ungebrochen war, tadelte ihn und hielt ihm vor, daß der Mensch erst im Augenblick der Not und Gefahr auf die Probe gestellt werde, wo feste Entschlossenheit und unerschütterliches Vertrauen auf die göttliche Vorsehung vonnöten seien. In dieser Nacht kamen die beiden Männer einander näher denn je zuvor. Der ergraute Mönch übernahm die Rolle des geistlichen Führers für den abgehärmten Prälaten, der von diesem Augenblick an mehr an den Dingen der künftigen Welt als an den Dingen dieser Welt interessiert war. Corbie ist in der Tat aufs engste mit der Konversion des Kardinals verknüpft.

Jetzt traf der Strom der Flüchtlinge ein. Durch die südlichen Tore von Paris drängte sich die Bevölkerung und verschwendete keinen Blick an das Spektakel, wie der Statthalter von Corbie, der nach England geflohen war, genauso wie sein Kamerad du Bec *in effigie* geviertelt wurde. Eine Armee, mit der man Soissons zu Hilfe hätte kommen können, stand nicht zur Verfügung. La Valette hielt Gallas im Elsaß auf, während der Prinz von Condé soeben von Karl von Lothringen gezwungen worden war, die Belagerung von Dôle in der Franche-Comté aufzuheben. Thomas von Savoyen versäumte es indessen, seinen dramatischen Vormarsch in Frankreich auszunützen. Als übervorsichtiger General wagte er es nicht vorzurücken, bevor er nicht die französischen Positionen in seinem Rücken und an den Flanken genommen hatte. Doch während er so die Zeit vertat, zog La Force dreißigtausend Mann zusammen, von denen zwar die meisten schlecht ausgebildet und ausgerüstet waren, die zahlenmäßig jedoch immer noch eine beachtliche Streitmacht darstellten. Gaston d'Orléans verließ seinen Aufenthaltsort an der Loire, nachdem er achthundert Ritter des örtlichen Adels und viertausend Mann aus den Städten seines Gouvernements ausgehoben hatte, und schloß sich mit Proviant- und Pulvernachschub der neuen nationalen Befreiungsarmee an. Er wurde prompt zum Oberkommandierenden ernannt, während Soissons zum General, La Force und Châtillon, die nach der Erkrankung Brézés dessen Kommando übernommen hatten, zu Truppenführern gemacht wurden. Monsieur schrieb an Soissons: »Lieber Vetter, meine Ernennung, die ich des Königs Huld verdanke, erfüllt mich mit großer Freude, und ich hoffe, ihm ebenso ritterlich zu dienen, wie Sie es getan haben.«

Am 15. September erreichte Gaston Roye in der Picardie, wo es eine vorgeschobene spanische Position gab. Nach zweitägiger Bombardierung kapitulierte der Platz unter militärischen Ehren. Monsieur frohlockte, und als Thomas von Savoyen einen Offizier mit einer Parlamentärsflagge zu ihm schickte und ihm vorschlagen ließ, den Franzosen den Rücken zu kehren und seine Frau Marguerite wiederzusehen, die man als Köder zu den spanischen Linien in Cambrai gebracht hatte, grinste er nur und sagte: »Sagen Sie dem Herzog von Mars, wenn er mit mir Piquet in Péronne spielen möchte, findet er mich dort in guter Gesellschaft.« Obwohl der König ungehalten darüber war, daß Gaston unter den Verteidigern von Roye keine Gefangenen gemacht hatte, war der Hof begeistert von der Bravour, mit der Monsieur das Gebiet an der Somme erobert hatte. Der Dichter François l'Hermite verfaßte einige Verse, in denen er Gaston als »den jungen und ruhmreichen Achill« beschrieb, der einen neuen Hektor aufs Haupt schlage. Zum Pech für die Reputation des Helden versank jedoch seine Armee während der herbstlichen Regengüsse allmählich im weißen Lehm der Picardie, so daß sich Monsieur, angestachelt von den Vorhaltungen des Königs, dazu entschloß, Corbie einzuschließen, wo eine starke spanische Garnison lag. Kaum hatte er die Belagerungslinien geöffnet, als Ludwig persönlich erschien, während Richelieu, der mit Ludwig nach Amiens gezogen war, ihm schriftliche Instruktionen schickte, nichts ohne die Befehle des Königs zu unternehmen. Es war das dritte Mal, daß Gaston seinem Bruder weichen mußte. Und zum dritten Mal zeigte Gaston seine Enttäuschung in gewohnter Manier: Er gab sein Kommando im Angesicht des Feindes auf und zog sich zurück. Er versuchte sogar, seine achthundert Edelleute mitzunehmen, was Richelieu jedoch zu verhindern wußte. Gastons Mißmut wurde auch nicht geringer, als Richelieu persönlich am 14. November die Kapitulation von Corbie entgegennahm, nachdem sich der König wegen eines Epidemieausbruches in der Armee zurückgezogen hatte. Der Kardinal signalisierte seinen Triumph dadurch, daß er auf dem Marktplatz zwei Kollaborateure hinrichten ließ. Gastons eigener militärischer Erfolg hatte die Position des Kardinals verstärkt, und der Groll steigerte seinen Haß auf ihn. In der *Gazette* las er den Bericht des Marschalls von Châtillon, daß Corbie ohne die Entschlossenheit des Kardinals und das gesunde Urteil und die Beharrlichkeit des Königs zu dieser Jahreszeit nicht hätte genommen werden können.

Die Entschlossenheit des Kardinals mag, wenn auch Gaston hiervon nichts wußte, zum Teil die Frucht seiner neuen Frömmigkeit gewesen sein, kann aber auch vom Mystizismus des Pater Joseph stammen, der allmählich an religiöse Hysterie grenzte. Eine der Kalvarierinnen des Kapuziners hatte fromme Erscheinungen, und Pater Joseph war so hingerissen, daß er nach dem weltlichen Charakter des ihr zuteil werdenden Wissens gar nicht fragte. Sie berichtete, daß eine Stimme ihr gesagt habe, Corbie und La Capelle würden sich ergeben, und Pater Joseph schrieb diese Offenbarung enthusiastisch an Richelieu. Als der erste Teil der Voraussage durch die Ereignisse bestätigt wurde, rechnete man damit, daß auch der zweite in Kürze in Erfüllung gehen werde. Jetzt aber hörte die Nonne eine Stimme sprechen: »Von La Capelle habe ich nichts gesagt.« Dies war nun eine frappierende Neuigkeit, bis die Nachricht von einem Siege Condés in der Freigrafschaft eintraf. Dies, erklärte Richelieu, sei das vorausgesagte Ereignis, und die Nonne habe sich nur über La Capelle geirrt. Gott, meinte er, habe zwei große Wunder gewirkt und sei schließlich doch auf der Seite Frankreichs.

Die Präokkupation des Kardinals mit dem himmlischen Nachrichtendienst führte dazu, daß er wenigstens dieses Mal seine irdischen Informationsquellen vernachlässigte. Ohne daß er es wußte, hatte eine Gruppe von Offizieren geplant, ihn in seiner Unterkunft in Amiens zu ermorden, und sich dabei der Hilfe Gastons und Soissons' zu versichern gesucht. Wie weit diese beiden königlichen Personen den Verschwörern ihr Ohr liehen, ist unklar. Aber höchstwahrscheinlich lehnten sie es ab, in die Sache hineingezogen zu werden, und rieten den Verschwörern, vorsichtiger zu sein. Auf jeden Fall geschah nichts weiter, als daß Monsieur und sein Vetter ein schlechtes Gewissen bekamen. Am Tag nachdem er die Nachricht vom Sieg bei Corbie erhalten hatte, reiste Gaston mit verbissener Wut von Blois nach Paris, um dem König zu gratulieren. Er traf zu seiner nicht geringen Verwunderung Soissons an, der zum Hof zitiert worden war. Die beiden steckten die Köpfe zusammen. Dergleichen war in der Vergangenheit häufig der Auftakt zu einer Verhaftung gewesen. Hatte der Kardinal, der im Rufe stand, allwissend zu sein, von dem Komplott in Amiens erfahren? Die Tatsache, daß die beiden Vettern möglicherweise unschuldig waren, bot keine Garantie. Man wußte, daß in der Vergangenheit auch Unschuldige Richelieus Mißtrauen kennengelernt hatten. Soissons beschloß, dies nicht abzuwarten; am nächsten Tag floh er an die Ostgrenze, während Gaston nach Blois zurückkehrte. Das plötzliche Verschwinden der beiden führte zu den wildesten Gerüchten in Paris. Und es weckte auch das nachhaltige Mißtrauen des Kardinals, daß der König einen merkwürdig defensiven Brief seines Bruders empfing.

Es gab niemals einen Augenblick, da das Reich nicht durch irgendeinen inneren Aufruhr erschüttert wurde. Diesmal trat Soissons in Verbindung zum Herzog von Bouillon, dem Sohn des alten Hugenottenführers, der jetzt Mitte Dreißig war. Soissons zog zu Bouillons Sitz in Sedan, und im Winter 1637 schlug sich einer seiner Gefolgsleute trotz Eis, Schnee und der Späher des Kardinals zu Gaston in Blois durch. Bouillon bot Monsieur Schutz hinter den Mauern von Sedan an, und Soissons bat ihn zu akzeptieren. Man versprach ihm jede Hilfe, um ihn über die Marne und die Aisne zu bringen. Es sickerte jedoch rasch durch, daß die Brücken über die

Seine schwer bewacht wurden. Einige Begleiter von Gaston wurden dort gefangengenommen, so daß seine Verbindung zu Sedan unterbrochen war. Der aufgebrachte König war dafür, strenge Maßnahmen gegen Gaston zu ergreifen. Doch Richelieu riet zu Geduld und zur Verständigung mit Monsieur und Soissons, da er befürchtete, ersterer könne sich wieder zu den Spaniern flüchten. Man beschloß, daß Ludwig persönlich nach Blois ziehen und noch einmal eine Versöhnung mit Gaston ins Werk setzen sollte. Von einer Eskorte seiner Garde begleitet, verließ der König im tiefen Winter Fontainebleau. In Orléans wurde er mit einer Liste von Gastons Bedingungen konfrontiert. Diese begann mit dem Begehren nach Geld zur Begleichung seiner Schulden und zum Ausbau des neuen Flügels in seinem Schloß Blois und führte ferner die Forderung nach Amnestien und diversen Immunitäten auf. Ludwig stimmte den meisten Punkten zu.

Diesmal ging er jedoch noch weiter und gab zu erkennen, daß er sogar eine Wiederverheiratung Gastons mit Marguerite von Lothringen billigen werde. Man ist versucht, in dieser plötzlichen Hochherzigkeit den schlauen Versuch zu sehen, einer päpstlichen Entscheidung auf Gültigkeit der vorigen Ehe vorzugreifen und damit Gesichtsverlust abzuwenden. Tatsächlich gab es jedoch keinen Hintergedanken bei dem Entschluß des Königs. Er faßte ihn über den Kopf Richelieus hinweg und zwar anscheinend deswegen, weil die Frage schwer auf seinem Gewissen lastete. Pater Joseph war außer sich vor Freude, während der Kardinal gar nicht davon angetan war. Obwohl er nicht in der Lage war, dem König Vorschriften zu machen, den man nur durch Überredung gewinnen konnte, gelang es ihm doch, Marguerites Rückkehr zu Gaston für weitere fünf Jahre, mit Hilfe zahlreicher politischer Ausflüchte, zu verhindern. Und erst nach dem Tode des Kardinals wurden die Vorkehrungen zur Heimführung Marguerites aus Belgien abgeschlossen. Der König starb, bevor sie ankam. Im ersten Jahr der Regentschaft Ludwigs XIV. vollzogen Gaston und Marguerite die Eheschließungsformalitäten zum dritten Mal, wobei die Braut Tränen bei dem verwirrenden Gedanken vergoß, daß sie vielleicht ein ganzes Jahrzehnt im Stand der Todsünde gelebt hatte.

Die Frage war nun, wie man Soissons aus Sedan zurückholen konnte. Doch als dieser seine Forderungen bekanntmachte, die nicht minder empörend waren als die seines Vetters Gaston, erklärte Ludwig, er sei »impertinent«. Erneut legte sich Richelieu ins

Mittel, um den König zu beschwichtigen. Er schrieb an Soissons, auch wenn das Eingehen auf seine Bedingungen nicht garantiert werden könne, dürfe er sich des guten Willens von des Königs Seite sicher sein. Soissons indessen ließ sich nicht in Versuchung führen und eröffnete die Verhandlungen mit Maria von Medici, um spanisches Geld zu seinem Unterhalt zu bekommen. Richelieu erfuhr, daß er über tausend Soldaten ausgehoben hatte, die in Sedan ihre Zeit mit wilden Ausschweifungen verbrachten. Hierin wurde er von Gaston unterstützt, der trotz seiner neuen Loyalitätserklärungen ihm immer noch schrieb und ihm riet zu bleiben, wo er war, und »die Zeit zu nutzen, um Monsieur le Cardinal zu schaden«. An den König berichtete Richelieu, daß Soissons gesagt habe, der Friede zwischen Frankreich und Spanien werde nur durch die Rebellen geschlossen, worauf Ludwig erwiderte, er glaube nicht daran, daß es zu seinen Lebzeiten zum Friedensschluß kommen werde. Soissons' Worte waren alles andere als Bluff. Aus abgefangenen Briefen ging hervor, daß zwischen Maria von Medici und dem Kardinalinfant ein Vertrag geschlossen worden war, nach welchem Spanien weder einen Frieden mit Frankreich schließen noch auch nur einen Waffenstillstand vereinbaren wollte, ohne Satisfaktion für sich selbst und für Soissons zu erhalten und die Beseitigung Richelieus auf die eine oder andere Weise durchzusetzen. Spanien wollte ferner Bouillon und Soissons für den Verlust der Einkünfte aus ihren Ländern in Frankreich entschädigen und Sedan mit einer Garnison beschicken. Soissons, so berichtete der Kardinalinfant an Philipp IV., wolle den Aufstand nach Frankreich tragen und sich mit den unzufriedenen Bauern in Guyenne verbünden, die von Madrid volle Unterstützung bekommen sollten.

Der Verrat Soissons', der denjenigen Bouillons nach sich zog, wurde vom Kardinalinfanten mit Entzücken zur Kenntnis genommen, nicht nur weil er brisante Folgen für Frankreich hatte, sondern weil er der spanischen Armee den Zugang zu den landwirtschaftlichen Produkten Frankreichs verschaffte. Luxemburg war zwar vom Krieg verwüstet worden. Aber das Tal der oberen Meuse war verschont geblieben, und Mehl und Wein aus dieser Gegend schwammen immer noch stromabwärts nach Sedan. War Sedan in spanischer Hand, so folgte daraus, daß die Champagne die spanischen Kriegsanstrengungen unterstützen würde. Und wenn Frankreich versuchte, den Verkehr zu stoppen, konnte man sich der Truppen Soissons' bedienen, um Lebensmittel in Frankreich zu requirieren und sie hinter die Stadtmauern zu schaffen. Ludwig war geneigt, das alles als bloßes Geschwätz abzutun. Doch Richelieu überzeugte ihn schließlich, daß die Situation gefährlich sei und daß man Soissons kaufen müsse. Soissons erkannte daraufhin zu seiner großen Überraschung, daß Ludwig mit einer Geldzuwendung den Kardinalinfanten überbot. Er nahm das Angebot an. Ende Juli 1637 hatte er bereits die Vereinbarung mit dem König unterzeichnet. Soissons, so glaubte man allenthalben, war glücklich zurückgewonnen worden, und die Tore Sedans waren den Spaniern wieder verschlossen.

Die Rückeroberung Corbies wurde von jedermann als großer Sieg angesehen. Tatsächlich jedoch wurde die Bedeutung dieses Ereignisses stark übertrieben, denn die Spanier standen noch immer auf französischem Boden. Obwohl Gallas in die Franche-Comté getrieben worden war, befand sich dieses Territorium Ende 1636 immer noch in spanischer Hand. Der Marquis von Valparaiso, der Statthalter von Spanisch-Navarra, versuchte über den Roncesvalles-Paß zu kommen. Als er dort nicht durchdrang, überquerte er die Bidassoa und besetzte die Vorberge der Pyrenäen. Im Mittelmeer stand es ebenfalls nicht gut. Der Erzbischof von Bordeaux, Henri d'Escoubleau de Sourdis, wurde zum Admiral in der Levante ernannt. Er zog neununddreißig Schiffe und acht kleinere Boote von den Atlantikhäfen zusammen und segelte mit ihnen im Juni 1636 zum Mittelmeer, um gemeinsam mit dem Heer des Marschalls von Vitry, dem Mörder Ancres, gegen die Spanier auf den Iles de Lérins vorzugehen. Nachdem sich der Flotte noch zwei Galeeren angeschlossen hatten, traf sie am 18. August in Cannes ein, wo Sourdis die Hügel hinter der Stadt erklomm, um die spanischen Vorkehrungen auf den Inseln zu studieren. Ein Angriff vom Meer aus schien unmöglich, und so war eine Blockade notwendig. Die Spanier jedoch hatten eine enorme Galeerenflotte in Monte Carlo liegen. Wurden die französischen Schiffe vom Wind von der Küste weggetrieben, ruderten die Galeeren aus ihrem Versteck zu den Inseln und brachten neuen Proviant. Sourdis kam zu dem Schluß, daß als vorbereitende Maßnahme die Einnahme Monacos notwendig sei.

Sourdis schlug vor, daß Vitry Monaco von Nizza aus angreifen sollte, während der Graf von Harcourt, der in der Flotte Sourdis' die Truppen befehligte, von Menton kommen sollte. Letzterer jedoch konnte den unangenehmen und brutalen Vitry nicht leiden und wollte mit ihm nur zusammenarbeiten, wenn Vitry seinem Kommando unterstellt wurde. Vitry seinerseits weigerte sich, die Provence zu verlassen, deren Statthalter er war. Man berief eine Konferenz auf dem Flaggschiff ein. Ein Diner von dreißig Gängen wurde serviert. Aber die Versöhnung war nur vorübergehend. Sourdis wurde immer erbitterter. Sooft der Wind sich regte, kamen die spanischen Galeeren aus ihrem Schlupfwinkel hervor und umkreisten angriffslustig die vor Anker liegenden französischen Schiffe. Wenn der Wind wieder aufkam, zogen sie sich in flache Gewässer oder in den Hafen von Monte Carlo zurück. Da ihm nichts Besseres einfiel, entschloß sich Sourdis zu einer Demonstration vor Genua. Er hoffte, der Republik die Erlaubnis zum Durchmarsch der französischen Truppen abringen zu können, die dem belagerten Herzog von Parma helfen sollten. Mit elf Galeeren auf den Docks blieben die Genuesen jedoch ganz unbeeindruckt. Sourdis kehrte daraufhin nach Cannes zurück, wo am 21. November ein neuer Kriegsrat abgehalten wurde. Es kam zum Streit zwischen Harcourt und Vitry, der damit endete, daß Vitry mit seinem Spazierstock auf das Brevier von Sourdis einschlug und ihn einen klerikalen Heuchler nannte.

Richelieu war völlig außer sich. Er schrieb an Vitry, es sei kaum zu glauben, daß ein Mann in seiner Stellung sich so habe betragen können. Als sich herausstellte, daß die Spanier nicht so schnell zu vertreiben waren, schrieb der König an Sourdis, daß es für sein Versagen keine Entschuldigung gebe. Man warf Sourdis auch vor, daß er Parma nicht zu Hilfe gekommen war, der zu Beginn des neuen Jahres 1637 mit Spanien seinen Frieden gemacht hatte. Obwohl man bei dieser Gelegenheit dem Erzbischof gegen Vitry den Rücken stärkte, hatte man in Paris nicht vergessen, daß er erst zwei Jahre vorher in Bordeaux vom alten Herzog von Épernon Hiebe bezogen hatte. Man sagte, er lege sich jetzt mit jedermann an, um Frankreich mit lauter Exkommunizierten zu bevölkern.

Sourdis, der um jeden Preis etwas unternehmen mußte, ging am 24. März 1637 das Risiko ein, mit seinen Schiffen den Küstenbatterien entgegenzutreten und eine ganztägige Bombardierung zu beginnen. Ein Fort fiel in französische Hände, doch Ste. Marguerite hielt aus. Sourdis war verzweifelt, als ein weiterer Monat ohne irgendwelche Entwicklung verging. Schließlich aber nötigte im Mai eine Meuterei seiner neapolitanischen Soldaten den spanischen Kommandanten Don Miguel Pérez de Goya, sich mit militärischen

Ehren zu ergeben. Mit seinen sechshundert Mann marschierte er unter Trommelklang und mit wehenden Fahnen aus der Stadt hinaus, um nach Spanien heimzukehren. Derselben Taktik bediente man sich nun gegen St. Honorat. Die Schiffsgeschütze legten die Bastionen in Trümmer und zwangen die Garnison, Zuflucht in einem Turm auf der Mitte der Insel zu suchen. Die meisten Leute waren Neapolitaner, und es kam zu einer Meuterei. Als die Soldaten mit dem Ruf »pace, pace« ihre Stellungen verließen, gab der Festungskommandant Don Juan de Tamayo auf.

Unterdessen war die Friedensoffensive des Papstes nicht erlahmt. Empörter denn je über das Schauspiel, daß die Älteste Tochter der Kirche und der Arm der Kirche miteinander in tödlichem Kampfe lagen, während die Protestanten dabeistanden und zusahen, betrieb er energisch seinen Plan einer Friedenskonferenz, die in Köln abgehalten werden sollte. Obwohl Richelieu es vorzog, in der Stille und im Untergrund für den Frieden zu wirken, erklärte er sich prinzipiell zur Teilnahme bereit. Brézé wurde zum französischen Bevollmächtigten ernannt. Als er erkrankte, entschloß sich Richelieu, seinen Bruder Alphonse de Richelieu zu nominieren und Alphonse in Rom durch einen anderen Mann abzulösen, der den Papst in der Angelegenheit von Gastons Ehe einschüchterte, statt ihm gut zuzureden. Der Marschall von Estrées (Cœuvres) wurde zum Botschafter beim Heiligen Stuhl ernannt. Doch erklärte der Papst Alphonse, er werde sich weigern, ihn zu akzeptieren, da er gegen die päpstlichen Truppen im Veltlin gekämpft habe. Alphonse nahm sich nun ein Beispiel an den politischen Kunstgriffen seines Bruders und wußte es einzurichten, daß der Botschaftskurier mit dem Brief des Papstes auf dem Wege nach Paris eine plötzliche Krankheit vorschützte. Ein französischer Agent in der Stadt, in der er seine Reise unterbrach, würde einen neuen Kurier senden. Doch »zufällig« würde der Brief des Papstes in den Depeschen fehlen. Auf diese Weise hoffte Alphonse, d'Estrées auf die unschuldigste Weise nach Rom zu bringen: »Wenn er einmal hier ist«, sagte er, »wird Gott sorgen.« Er schrieb auch nach Paris und sagte, er hoffe, Estrées werde seine Frau mitbringen. »Diese Art Tier gehört in das Haus eines Botschafters«, sagte er, »weil sie den Leuten Geheimnisse abschmeichelt.« Gottes Sorge aber blieb aus. Als Estrées nach Rom kam, wurde er von Urban VIII. nicht empfangen. Als ungestümer Mann schickte er sich an, es Borgia gleichzutun und sich mit Gewalt Zugang zum Quirinal zu verschaffen.

Alphonse suchte ihn zurückzuhalten und versuchte durch die Kardinäle Barberini, Estrées die päpstliche Anerkennung zu verschaffen. Diese Pläne wurden aber durch Estrées selber vereitelt, der sich äußerst brutal benahm, mit den Barberinis Streit anfing, damit drohte, die Kavallerie des Herzogs von Parma in den Kirchenstaat zu bringen, und grobe Briefe an andere Botschafter schrieb.

In dieser unguten Atmosphäre fand die zweistündige Abschiedsaudienz Alphonses bei Urban VIII. statt. Der Papst wiederholte, er wünsche nicht, daß Alphonse gehe. Dieser mußte mit den Notwendigkeiten der Kölner Friedenskonferenz argumentieren, damit der Papst ihn ziehen ließ. Von Rom aus reiste Alphonse nach Venedig, da er beabsichtigte, die feindliche Grenze zu meiden und nicht über die Schweiz nach Frankreich einzureisen. Indessen überlegte er es sich anders und besorgte sich Pässe für das Herzogtum Mailand. In Lyon eingetroffen, stellte er fest, daß ihn ein Berufsdiplomat namens St. Charmont in der Mission nach Köln abgelöst hatte. Daraufhin begab er sich nach Paris, um sein Amt als Groß-Almosenier Frankreichs anzutreten. Richelieu hatte ihn abgelöst, da er an der Möglichkeit eines erfolgreichen Treffens zweifelte, wo alle Strömungen und Gegenströmungen der europäischen Politik vertreten waren.

Tatsächlich war das Projekt des Papstes in dem Augenblick gescheitert, als der Kaiser den Reichstag nach Regensburg einberief. In Richelieus Augen bedeutete Ferdinands Schritt den bewußten Versuch, einer generellen Lösung zuvorzukommen, indem er den Rahmen aller Verhandlungen auf die Reichsverfassung einschränkte. Zu Mazarin, dem päpstlichen Friedensemissär in Paris, bemerkte er: »Es ist offensichtlich, daß der Reichstag zu Regensburg vom Hause Österreich nur aus zwei Gründen einberufen wurde. Einmal, um den König von Ungarn zum König der Römer zu wählen, zum andern, um eine Liga des ganzen Deutschlands gegen Frankreich und seine Verbündeten zu bilden.« Am 22. Dezember 1636 wurde die Wahl von Ferdinands Sohn vorgenommen. Richelieu, der die Goldene Bulle mit den Regeln der Kaiserwahl studiert hatte, behauptete, vier Mängel im Wahlverfahren entdeckt zu haben, die es null und nichtig machten: Erstens habe man die Kurfürsten unter dem Vorwand von Friedensgesprächen zum Reichstag gelockt, während von der Wahl nicht die Rede war. Zweitens war es laut Goldener Bulle erforderlich, daß die Kaiserwahl in Frankfurt stattfand. Drittens hatte sich der Kurfürst von

Bayern die Stimme der Pfalz angemaßt. Und viertens war der Kurfürst von Trier ein Gefangener der Spanier. Mit indignierter Miene legte Richelieu diese Argumente dem päpstlichen Nuntius vor.

Wieder einmal führte ein rechtlicher Streitfall zur Verhärtung einer ohnehin verfahrenen diplomatischen Situation und trug dazu bei, die päpstlichen Friedensziele zunichte zu machen. Als Ferdinand II. kaum zwei Monate später starb, weigerte sich Ludwig XIII., in Ferdinand III. etwas anderes als den König von Ungarn zu sehen, und lehnte es daher ab, mit dessen Vertretern am Konferenztisch Platz zu nehmen. Der päpstliche Legat, Kardinal Ginetti, der im Oktober in Köln eingetroffen war, um die Friedenskonferenz vorzubereiten, stellte fest, daß die Spanier dieselben Schwierigkeiten machten wie die Franzosen. Der neue Kaiser hielt sich ebenfalls abseits. Die Protestanten, so sagte er zum päpstlichen Nuntius, seien nichts anderes als Verräter, und er werde sie weder am Konferenztisch dulden noch ihre Vollmachten akzeptieren. In diesem Streit traten die radikal differierenden Auffassungen der Habsburger und der Franzosen von der Verfassung des Heiligen Römischen Reiches zutage. Für Ferdinand war das Reich ein Ganzes, das ihm als seinem Souverän Treue schuldete. Für Richelieu war es eine »gemischte Monarchie, die ihr Oberhaupt wählt, deren Mitglieder jedoch Bündnisse mit fremden Mächten eingehen« – also eher eine internationale Organisation als ein Staat.

Der Status Lothringens als eines Territoriums des Heiligen Römischen Reiches wurde natürlich von diesen unvereinbaren Auffassungen über die Reichsstruktur ebenfalls berührt. In den Verhandlungen mit dem Nuntius über die geplante Kölner Konferenz brachte Richelieu vor, nach dem Erbfolgerecht in Lothringen seien weder Karl noch sein Bruder Franz wählbar, und auch der Kaiser könne diesem Mangel in ihren Ansprüchen nicht abhelfen. Dies implizierte die Weigerung Frankreichs, das Herzogtum zurückzugeben. Zu Richelieus Ehre muß jedoch gesagt werden, daß er seine Position Ende 1636 mäßigte, um die Kölner Konferenz in Gang zu bringen. Er sei bereit, sagte er, der Rückgabe Lothringens zuzustimmen, aber natürlich nur unter der Bedingung, daß der Kaiser einer entsprechenden Rückgabe der Länder der protestantischen Fürsten zustimme. Dies lehnte Ferdinand strikt ab, und an diesem Punkt scheiterten schließlich die päpstlichen Bemühungen. In Köln erschien kein französischer Gesandter, und die beiden kaiserlichen Bevollmächtigten sowie der Großkanzler von Mailand saßen in wachsender Ungeduld da. Schließlich fuhr Ginetti nach Rom zurück, wo er Richelieu die ganze Schuld am Scheitern des Projektes zuschob.

Richelieus private Friedensvorstöße schlugen ebenfalls fehl. Sie hatten im November 1635 begonnen, als Pater Joseph den Vorschlag machte, Mazarin zu Verhandlungen nach Madrid zu senden. Mazarin war zu diesem Zeitpunkt gerade schlecht auf den Kapuziner zu sprechen und bildete sich ein, Pater Joseph sei neidisch auf seinen, Mazarins, Einfluß bei Richelieu und wolle ihn aus dem Wege haben. Infolgedessen machte er alle möglichen Schwierigkeiten und schrieb insgeheim an Kardinal Antonio Barberini, er möge seinen Einfluß beim Papst geltend machen, um das Vorhaben zu vereiteln. Letzten Endes blieb er in Paris. Dann benutzte Richelieu die Gelegenheit eines Kriegsgefangenenaustausches, um Fäden zu Olivares zu knüpfen. Ein Spanier, der Graf von Salazar, war bei Ausbruch des Krieges in Frankreich interniert worden und sollte ebenfalls ausgetauscht werden. Man bat ihn, Olivares wissen zu lassen, daß Richelieu einem Frieden nicht abgeneigt sei. Die Nachricht von dieser Mission machte in Holland die Runde und stürzte die Holländer in schwere Unruhen, so daß Richelieu an Charnacé schreiben und ihm sagen mußte, dies alles sei die Erfindung von Wichtigtuern in Paris. Aus der Salazar-Mission wurde nichts, und so unternahm man im Januar 1637 einen neuerlichen Versuch. Diesmal sandte Anna von Österreich den Priester Bachelier nach Spanien, dessen Habit es ihm erlaubte, die Kriegsfronten zu durchqueren. Bachelier sollte eine Reliquie des hl. Isidor von Sevilla holen. Die offizielle Begründung dieser Mission war, daß die Königin, die nach zwanzigjähriger Ehe immer noch kinderlos war, den Segen Gottes für Ludwigs sporadische und widerstrebende Versuche zur Erfüllung seiner ehelichen Pflichten erstrebe. Der hl. Isidor war Richelieu zwar als politischer Theoretiker und Theologe ein Begriff, besaß aber auf ehelichem Gebiet bisher keine Reputation. Diesem Mangel half er freilich rasch ab, denn wenige Monate nach der Rückkehr Bacheliers gab Anna von Österreich bekannt, daß sie schwanger sei.

Bedauerlicherweise waren Reliquie und Wohlwollen des hl. Isidor das einzige, was Bachelier nach Paris mitbringen konnte. Als Olivares bei der Versammlung des Staatsrates am 28. März 1637 Bacheliers Friedensmission diskutierte, die der eigentliche Zweck seiner Expedition war, sagte er: »Wir müssen sehr mißtrauisch sein. Wir können daher nicht ohne Garantien verhandeln.« Er fuhr dann fort, man dürfe nichts unternehmen, was Gaston d'Orléans entmutigen könne. Man müsse ihn vielmehr der spanischen Hilfe versichern und ihm noch einmal nahelegen, seinen Bruder zu stürzen. Die Antwort Olivares' an Bachelier war daher unverbindlich. Etwa zur gleichen Zeit empfing Chavigny den Brief eines Franzosen namens Baron von Pujol, der sich im Dienste eines Savoyarden in Madrid befand. Pujol berichtete, daß Olivares zwar nach Ruhm strebe, jedoch nicht abgeneigt sei zu verhandeln. Zunächst war Richelieu argwöhnisch und wartete ab. Er ließ jedoch Chavigny die Korrespondenz mit Pujol fortsetzen. Allmählich wurde klar, daß Pujol bei Olivares ein geneigtes Ohr fand. Nach dem Fehlschlag der Mission von Bachelier begann Richelieu, seine Dienste in Anspruch zu nehmen, um zu Verhandlungen mit Spanien zu kommen.

Pujols Verhandlungen wurden zeitweise unterbrochen, als Richelieu entdeckte, daß Anna von Österreich in engem und ständigem brieflichen Verkehr mit dem Marquis von Mirabel stand, dem früheren spanischen Botschafter in Paris. Diese Frau, von der man nach ihrem dramatischen Eintritt in die Weltgeschichte als Ziel von Buckinghams Taktlosigkeiten wenig gehört hatte, war auf einmal gar nicht mehr anonym und verkannt. Ihre Korrespondenz war der Gipfel der Dummheit, denn Richelieus Spione kontrollierten jedermanns Post. Ihre Briefe wurden sorgfältig geöffnet, abgeschrieben, wieder verschlossen und zugestellt, ohne daß sie Verdacht schöpfte. Ihr Versuch einer Mantel- und Schwertintrige war lächerlich dilettantisch. Sie pflegte sich unter religiösen Vorwänden in den Konvent Val-de-Grâce zurückzuziehen. Auf der Terrasse des Gartens stand ein Kästchen, das eine Nonne ins Zimmer der Königin zu bringen pflegte, wenn sie dort mit der Äbtissin Louise de Milley allein war, die aus der Franche-Comté kam und damit ein spanischer Untertan war. Einer Hofdame der Königin, die für den Kardinal spionierte, fiel die Regelmäßigkeit dieses Vorganges auf. Richelieu berichtete alles an den König. Der Kanzler Pierre Séguier und der Erzbischof von Paris wurden angewiesen, den Konvent aufzusuchen, die Habseligkeiten der Königin dort zu inventarisieren und die Äbtissin zu verhören. Diese leugnete, die Königin jemals einen Brief schreiben oder empfangen gesehen zu haben. Man fand auch nichts Belastendes bei ihr. Sie wurde jedoch noch in derselben Nacht vom Erzbischof ihrer Stellung enthoben

und in einem anderen Konvent eingesperrt, während der Mittelsmann der Königin, Pierre de La Porte, der in seinen Memoiren zugibt, die Briefe der Königin verschlüsselt und die spanischen Antworten entschlüsselt zu haben, in die Bastille geworfen wurde.
Seine Papiere wurden durchsucht. Doch fand sich wiederum nichts
Ernsthaftes.

Séguier wurde nun angewiesen, die Königin selbst zu verhören.
Er legte ihr eine Kopie eines Briefes von Mirabel vor, den sie nicht
ableugnete, von dem sie aber behauptete, sein politischer Gehalt
sei harmlos. Der Hof wurde unruhig über die Art und Weise, wie
der Kardinal dauernd die Königin bedrängte, und schließlich
mußte der Beichtvater des Königs, Pater Caussin, eingreifen und
die Verhöre beenden. Richelieu ließ nicht locker und sagte, es sei
notwendig, alles aufzudecken. Die Ereignisse gaben ihm schließlich recht. Denn als er der Königin persönlich gegenübertrat, entdeckte er Briefe von ihr an Mirabel und vor allem an die Spinne
im gesamten Intrigennetz: Frau von Chevreuse. Die Briefe waren
ihrem Inhalt nach hochpolitisch und hätten bei jedem anderen
Verfasser als Verrat gegolten. Die Königin gab schließlich alles zu.
Am 17. August 1637 unterzeichnete sie ein Geständnis, in dem sie
versprach, mit dem König in vollkommener Loyalität zu seiner
Person und seinem Staate zu leben. Ludwig unterzeichnete einen
vom Kardinal aufgesetzten Pardon und verbot ihr, künftig mit Frau
von Chevreuse zu korrespondieren oder ein Konventsgebäude zu
betreten. Als Frau von Chevreuse erkannte, daß es den Freunden
der Königin ans Leben ging, floh sie aus Couzières an die spanische
Grenze, wo Philipp IV. eine Kutsche für sie bereitstellen ließ, um
sie nach Madrid zu bringen. Von dort reiste sie nach London und
wurde der Mittelpunkt eines kleinen Zirkels politischer und militärischer Flüchtlinge.

Daß die Königin durch ihre Korrespondenten im Kontakt zu ihrem Bruder, dem Kardinalinfanten, gestanden hatte, war klar. Man
sprach sogar darüber, daß Ludwig sich von ihr trennen wolle. Man
beschloß, das Gesicht Annas und ihres Bruders, Philipps IV., zu
wahren, indem man die ganze Schuld Mirabel und seiner Imperti-
nenz, an sie zu schreiben, zuschob. Diese Interpretation fand in
Madrid Anklang. Und nachdem sich die anfängliche Entrüstung
gelegt hatte, stand Philipp IV. den Friedensangeboten Richelieus
aufgeschlossener gegenüber. Wenige Monate nach der Affäre von
Val-de-Grâce sandte Richelieu den Entwurf einer Waffenstill-

standsvereinbarung an Pujol, der ihn Olivares vorlegen sollte. Dieser wollte gerade einen gewissen Don Miguel de Salamanca nach Brüssel senden, wo er seine Geschäfte als Staatssekretär der Spanischen Niederlande aufzunehmen gedachte. Pujol vereinbarte mit Richelieu, daß Salamanca durch Frankreich reisen und in Paris die Verhandlungen fortsetzen sollte. Don Miguel, der ausgezeichnet französisch sprach, traf – höchst geheimnisvoll als Franzose verkleidet – in Paris ein und wurde mit Chavigny zusammengebracht. Er bestand jedoch darauf, Richelieu zu sehen. Und so führte man ihn nach einigem Zögern unter größter Geheimhaltung nach Compiègne, wo er mit dem Kardinal in einer Kirche zusammentraf. Es ist nicht ganz klar, was zwischen den beiden Männern vorging. Doch Don Miguel berichtete an Olivares, daß vermutlich bei dem Unternehmen nichts herauskommen werde. Olivares, der den Bericht bei der Zusammenkunft des Staatsrates am 18. Juni 1638 erörterte, sagte über Richelieu: »Er ist ohne Zweifel der bösartigste Mann, den es gibt oder je gegeben hat. Der schlimmste Franzose ist neben ihm ein Engel!«

21

Das Firmament der Wahrheit
1638

Der Kardinal, dem seine Hämorrhoiden schwer zu schaffen machten, hatte sich mit einem neuen Problem herumzuschlagen: Der
König hatte sich verliebt. Es handelte sich um die sechzehnjährige
Louise de la Fayette, eine Hofdame der Königin, aus dem Geschlecht, aus dem der gleichnamige Held der amerikanischen Revolution hervorgehen sollte. Richelieu hatte die Neigung des Königs favorisiert, da sie ganz unschuldig zu bleiben versprach, und
wurde hierin von Louises Onkel, dem Bischof von Limoges, stillschweigend unterstützt. Das Mädchen war fügsam, sang dem König vor und spielte mit ihm Spiele, wobei sie sich seinen Launen
restlos anpaßte. Und sie war politisch neutral, während Mademoiselle de Hautefort, eine andere Hofdame der Königin, nach der
Ludwig geschmachtet hatte, prospanisch eingestellt war. Louise
empfand für den Kardinal eine Abneigung, die von vielen bei Hofe
geteilt wurde. Richelieu fürchtete, man könne sie als Werkzeug gegen ihn benutzen. Mit Befriedigung vernahm er daher von Pater
Carré, dem Superior des Dominikanernoviziats St. Thomas von
Aquin, daß Louise den Wunsch geäußert hatte, ins Kloster zu gehen. Die Berufung des armen Mädchens wurde nun zu einem politischen Fall, denn die prospanische Partei, angeführt von der Gou-
vernante der Hofdamen, zettelte eine Hofkabale an, um Pater
Carré zu stürzen und Louise in ihrer einflußreichen Position zu
halten. Der Kardinal dagegen, bei dem sich Tugend und Eigennutz
aufs glücklichste ergänzten, warf, dem Willen Gottes gehorchend,
sein ganzes Gewicht in die Waagschale. Als Pater Caussin auf Richelieus ausdrückliche Empfehlung im März 1637 zum königlichen
Beichtvater ernannt wurde, verwies ihn der Kardinal auf die Bin-
dung des Königs an Louise. »Ich argwöhne nichts Unrechtes dabei«, hatte der Kardinal gesagt, »aber eine solche Zuneigung zwischen Menschen verschiedenen Geschlechtes ist stets gefährlich.«
Er riet Caussin, die Affäre nicht sogleich abzubrechen, sie jedoch
fest im Auge zu behalten. Am ersten Tag in seinem neuen Amt kam

Louise auf den Beichtvater zu und bat ihn um eine Unterredung. Er begann sich zu fragen, ob der Eifer, mit dem sie den Schleier verlangte, nicht dem Wunsche entsprang, einer kompromittierenden Situation zu entfliehen, und riet ihr zu Geduld und Besonnenheit. Damit verpflichtete er sich zwar dem König, aber nicht dem Kardinal, der mit seinem Mißvergnügen nicht hinter dem Berg hielt. Er erklärte dem Jesuiten klipp und klar, ihm als Beichtvater des Königs stehe es nicht zu, sich in die Angelegenheit einzumischen.

Louise de la Fayette trat am 19. Mai 1637 in das Kloster Sainte-Marie ein. Der König war untröstlich. Im Hof seines Schlosses zu St. Germain stand er neben der Kutsche und warf zum letzten Mal einen Blick zu ihrem Fenster empor, während sie seufzte: »Ach, ich werde ihn niemals wiedersehen!« Sie sollte sich irren: Der König erschien im Kloster. Die Mutter Oberin, von den Umständen überwältigt, schlug vor, wenn er auf seiner königlichen Prärogative bestehe, könne er die Klausur betreten. Dies wies er indigniert zurück, indem er sagte, lieber wolle er einen Arm verlieren als etwas Derartiges tun. Man führte ihn daraufhin an ein Gitter, wo er drei Stunden lang mit der Postulantin reden konnte. In derselben Nacht empfing Richelieu noch einen Brief von Caussin, der ihm das Vorgefallene berichtete. Er war begierig zu wissen, was in den drei Stunden gesprochen worden war, und rief den Jesuiten zu sich. »Ich bin wirklich erstaunt«, sagte Richelieu zu Caussin, als dieser kam, »daß der König mich hierüber im unklaren läßt. Schließlich beunruhigt mich diese Angelegenheit nicht.« Womöglich hatte er dem Jesuiten heftige Vorwürfe wegen des Vorfalls gemacht. Richelieu war aber weit davon entfernt, der kaltblütige und berechnende Tyrann zu sein, als den man ihn gerne hinstellt. In Wahrheit war er ein Mann, der leicht in nervöse Reizbarkeit verfiel, sobald er glaubte, man wolle ihn hintergehen. Und nur zu häufig verlor er das Augenmaß. »Sie sind ohne Falsch«, sagte er abschließend zu Caussin, »aber ich muß Sie über die Bosheit der Welt aufklären.« Caussin war nach der Unterredung ganz verstört über die Bedeutung, die Richelieu der Sache beimaß, während der Kardinal, auch nachdem er seine Fassung wiedergewonnen hatte, die Geschicklichkeit des Beichtvaters weiterhin in Zweifel zog.

Die Besuche dauerten an, und Richelieu drang immer stärker darauf, daß Caussin ihm die Vorgänge hinterbringe. Der Bruder des Kardinals, Alphonse, wurde in seiner Eigenschaft als Groß-Almosenier von Frankreich in die Angelegenheit hineingezogen.

Heiligmäßig und weltabgewandt, wie er war, äußerte Alphonse die Meinung, Caussin sei unzuverlässig, naiv und verstehe nichts von Politik. Er verglich ihn sogar mit dem Engel in der Apokalypse, der einen Fuß auf Erden, den andern im Himmel hat. Allmählich wurde klar, daß Caussin mehr tat, als die Besuche nur zu dulden. Er förderte sie aktiv. Es wurde auch klar, daß Louise nicht abgeneigt war, durch das Sprechgitter hindurch sich abfällig über den Kardinal zu äußern. Allerdings hörte sie hiermit auf, als Ludwig sein Mißvergnügen zeigte, und gab ihm statt dessen frommen Rat über seine Pflichten gegenüber seiner Frau. Ihm war in diesen Tagen nicht danach zumute, im Schatten mit seiner Amaryllis zu tändeln, wie er die Königin einst genannt hatte und an die er ein schönes Lied *Tu crois ô beau soleil* gerichtet hatte. Wer weiß, ob nicht durch das Mädchen die Stimme des hl. Isidor sprach? Als nämlich der König ihrem Rat lauschte, zog ein Unwetter auf, das ihm die Rückkehr nach Versailles, wo er wohnte, unmöglich machte und ihn Zuflucht im Louvre suchen ließ. Dort war für seinen Aufenthalt nichts gerüstet. Aber der Hauptmann der Garde schlug ihm vor, er solle die Königin fragen, die im Palast residierte, ob er mit ihr zu Abend essen könne. Anna pflegte nach spanischer Zeiteinteilung zu speisen, er nach französischer. Aber für diesmal gab sie nach, und man speiste so, wie es ihm gefällig war. Das Unwetter dauerte an, und er war gezwungen, mit ihr das Lager zu teilen. Das Ergebnis war zehn Monate und zwei Tage später die Geburt Ludwigs XIV., am 5. September 1638. Auf ganz unerwartete Weise hatte Richelieus Friedensmission zu Olivares für Frankreich eine Größe gezeigt, die sich nicht einmal der Kardinal hätte träumen lassen.

Dieses Eingreifen der Vorsehung indessen rettete Pater Caussin keineswegs. Richelieu hatte mittlerweile jedes Vertrauen zu ihm verloren. Der Beichtvater beging eine Unbesonnenheit nach der anderen und verfiel zuletzt auf den Gedanken, sein Amt gebiete es ihm, den Krieg als unmoralisch zu verurteilen. Am 8. Dezember 1638, als der König sich eben anschickte, zur Beichte zu gehen, begann der Jesuit ihm einen Vortrag zu halten, indem er die französische Allianz mit den Protestanten beklagte und auf die skandalösen Zustände in Deutschland hinwies, wo sechstausend katholische Kirchen in Trümmern lagen. »Sie«, sagte er, »haben die Schweden nach Deutschland gebracht, und Sie werden Gott Rede und Antwort stehen müssen für alles Sengen und Morden, das die Schweden begehen. Es genügt nicht, in dem Zustand zu leben, in dem Sie sind. Das Gute, das Sie tun, ist umsonst. Jetzt wollen Sie auch noch die Türken über die Christenheit bringen!« – »Das ist nicht richtig«, warf der König ein, »an so etwas habe ich nie gedacht!« – »Das ist doch richtig!« rief Caussin und fuhr fort, die Übel in Frankreich aufzuzählen, an die steigenden Steuern und die Truppeneinquartierungen zu erinnern. Der Kardinal sei nicht als einziger in Frankreich verhaßt. Auch der König verliere allmählich die Loyalität seiner Untertanen. Ferner sagte er, der König solle Maria von Medici ihre Mitgift zurückerstatten. Mit dichterischer Freiheit schilderte er, wie sie in Flandern elenden Hungers starb. Nach dieser Tirade ging der König bei Caussin zur Beichte und dann zur Kommunion. Am Altargitter hielt der Jesuit eine neuerliche Ansprache, in der er Ludwig an das eben Gesagte erinnerte. Der König verließ die Kapelle »nachdenklich und in düsterer Stimmung«.

Die Gewissenskrise des Königs war auch eine Krise für Frankreich. Am nächsten Morgen sagte Ludwig zu Pater Caussin, er habe sich das, was er ihm gesagt, ernsthaft durch den Kopf gehen lassen. Am Abend werde er mit Richelieu in Rueil speisen, und er wünsche, daß auch der Beichtvater sich dorthin begebe und wiederhole, was er geäußert habe. Voller apostolischer Vehemenz suchte Caussin kurz vor dem Essen den Kardinal auf und wurde kühl empfangen. »Ich sehe«, sagte Richelieu, »daß sich Wolken in Ihrem Herzen zusammenziehen, um einen Sturm gegen mich zu entfesseln.« Dann hörte man, wie die Kutsche des Königs in den *cour d'honneur* einfuhr. Richelieu bat Caussin, im Nebenzimmer zu warten. Als der König eintrat, sah er sich suchend im Salon um und fragte nach dem Beichtvater. »Er ist weggegangen«, sagte Richelieu. Daraufhin erzählte der König dem Kardinal alles, was vorgefallen war. Dieser machte sich unter Aufbietung seiner ganzen geistigen Energie daran, die Argumente Caussins zu widerlegen.

Es gab niemanden in Frankreich, der besser gerüstet gewesen wäre, die Sache des gerechten Krieges zu vertreten, als Richelieu. Er kannte seine Philosophen und Theologen und hatte lange mit seinem eigenen Gewissen gekämpft. Mit theologischen und kanonischen Argumenten richtete er Ludwigs gebrochene Moral wieder auf. Was wolle der König denn tun, wenn Savoyen sich in spanischer Hand befinde und Frankreich durch einen unehrenhaften, übereilten Frieden dazu verurteilt sei, unter österreichischem Joch zu schmachten? Ludwig suchte Caussin zu entschuldigen, der es ja nur gut gemeint habe. Aber Richelieu spielte seinen Trumpf aus, drohte mit Rücktritt und erklärte dem König, er müsse zwischen dem Jesuiten und ihm wählen. Im Nebenzimmer wartete Pater Caussin und kehrte schließlich nach St. Germain zurück, ohne den König gesehen zu haben. Am nächsten Morgen drängte er sich nicht ohne Schwierigkeiten vor den König. »Ich habe Sie in Rueil nicht gesehen«, begann der König. »Ich war da, Sire, und habe die ganze Zeit darauf gewartet, gerufen zu werden! Ich war fest entschlossen, alles zu sagen. Ich halte an meinen Ansichten fest. Ich habe nur gesagt, was das Gesetz des Evangeliums und die Schule der Väter lehren.« Chavigny und Sublet de Noyers griffen ein, bevor der König zornig werden konnte, und führten Pater Caussin hinaus. Auf ihren Rat hin zog er sich in das Jesuitenhaus nach Paris zurück. Am nächsten Tag wurden seine Papiere beschlagnahmt, und er wurde durch einen *lettre de cachet* nach Rennes verbannt.

Man mißversteht die Affäre Caussin, wenn man davon ausgeht, daß Richelieu ganz und gar Politiker war. Tatsächlich wandten sich seine Gedanken zu diesem Zeitpunkt verstärkt der Rettung seines Seelenheils zu. Er wußte, daß er sich seinem Ende näherte und daß es Zeit war, seine geistliche Verfassung genauer zu prüfen. Wie gewöhnlich, wenn er sich über etwas klarwerden mußte, griff er zur Feder und begann zu schreiben. Er saß vermutlich im Bett aufgerichtet in den frühen Morgenstunden, blaß, mit eingefallenen Wangen, auf die das Licht der Kerze Schatten warf, und streichelte eine seiner vierzehn Katzen. Staatsangelegenheiten hielten ihn ab, seine Gedanken zu formulieren, und das Werk zog sich über zwei Jahre hin. Aber das Ergebnis war ein wichtiger Beitrag zur geistlichen Literatur, nämlich seine *Abhandlung über die Vollkommenheit des Christen*. Das Manuskript fand sich nach seinem Tode unter seinen Papieren und wurde 1646 von Madame de Combalet herausgegeben. Er sagt im Vorwort, es sei ein Buch, das sich ebensosehr an ihn selbst wie an andere richte. Offensichtlich ist es das Resultat eines persönlichen Kampfes um den Weg der Gnade. Es ist aus völliger intellektueller Überzeugung streng dogmatisch und zielt auf die Abgrenzung der verschiedenen Grade des spirituellen Lebens vom Gebet bis zur Ekstase. Das Thema lautet: »Wer stets betet, der handelt gut.« Das Gebet ist nicht das Privileg des Priesters, sondern steht jedem offen, auch dem, der am meisten mit den Angelegenheiten der Menschen befaßt ist. Um Fortschritte im geistlichen Leben zu machen, sagt Richelieu, »reicht es aus, sich zu verschiedenen Zeiten des Tages der Gegenwart Gottes auszusetzen. Ja, es ist besser, kontinuierlich durch eine generelle, zu verschiedenen Stunden des Tages erneuerte Hingabe für Gott zu wirken, als in kontinuierlicher Reflexion zu leben.« Oder an anderer Stelle: »Ein einziger Moment der Erhebung von Herz und Seele in den Anfechtungen, unter denen man notwendig in der Welt leidet, kann wirksamer und gottgefälliger sein als ganze Tage, die in müßiger Einsamkeit verbracht werden.« Das war die Apologie eines Gottesmannes, der seinem Schöpfer weniger Zeit gewidmet hatte als seinem König.

Der Weg zur Vollendung, so schreibt er, führt über rechtes Betragen, ernsthaften Glauben, Zähmung der Leidenschaft und gesunde Vernunft. Weder Toleranz noch Strenge dürfen übertrieben werden. »Das Leben eines Christen muß daher ein ständiger Kampf, ein dauerndes Handeln fern allen Müßigganges sein, der die eigentliche Quelle des Lasters ist – eine niemals abreißende Sorge, die unaufhörlich darauf hinwirkt, in ihm das Reich der Vernunft zu errichten.« Und mit einem tödlichen Seitenhieb gegen den Jansenismus fügt er hinzu: »Es gibt viele Seelen, die Gott nicht lieben können, wenn sie nicht durch eine Leidenschaft der Sinne ergriffen werden und wenn ihre Ergriffenheit nicht in den Sinnen wurzelt. Aber sie betrügen sich selbst: Der Sitz der Liebe ist im Willen. Wer Gott liebt, ist einer, der will, was Er will.« Gott pocht beständig an die Türe unserer Seele, auf daß sie sich auftue. Die Beichte öffnet den Zugang zum häufigen Empfang der Sakramente, und daher »ist es notwendig, häufig zu beichten, selbst wenn man nur läßlicher Sünden schuldig ist«. Und so schreibt er ein Kapitel über den Nutzen der häufigen Kommunion.

Dieser Mann nun, der ernsthaft den Weg zur Vollendung suchte, während ihn Politik und Krieg mit Beschlag belegten, wurde zur gleichen Zeit einem besorgten Papst als potentieller Schismatiker, ja, als Häretiker hingestellt. Richelieu, seiner Zeit weit voraus, glaubte, daß es wünschenswert und möglich sei, Katholiken und Protestanten wieder zu vereinigen. Und als Rationalist, der er war, glaubte er, daß ein Gespräch zwischen den Kirchen dazu führen werde, daß die Protestanten ihre Irrtümer erkannten. Zu dieser Zeit waren seine Beziehungen zu den Jesuiten enger geworden, von denen manche seine Idee der religiösen Toleranz aktiv unterstützten. Die römische Kurie indessen war keinesfalls bereit, der Häresie auch nur das geringste Zugeständnis zu machen, und betrachtete Richelieus Großzügigkeit gegenüber dem protestantischen Kult in La Rochelle mit tiefem Mißtrauen. Man schrieb diese Haltung der Rücksicht auf seine protestantischen Verbündeten zu. Es wurde kolportiert, daß er, um die politische Einheit Frankreichs zu erreichen, nicht anstehe, gewisse kirchliche Lehrsätze fallenzulassen, die nicht als Dogma verkündet waren, und daß er sogar zu Kompromissen in der Frage des Dogmas des Fegefeuers bereit sei.

Daß dies eine boshafte Verdrehung von Richelieus Politik war, geht deutlich aus einem Werk hervor, das er gerade schrieb und das in bester Manier der Bekehrung jener diente, »die von der Kirche getrennt sind«. Richelieu hat das Buch nicht beendet, aber das Manuskript wurde 1651 veröffentlicht und hatte beträchtliche Auswirkungen für das Hugenotten-Problem. Der Vertreter des Autoritätsgedankens in der Politik konnte natürlich Partikularismus in der Religion, den er als »absurd« empfand, nicht gestatten. Es kann nur einen einzigen Glauben, nur eine einzige sichtbare Kirche geben. Es kann keinen Glauben ohne Prediger geben. Das Predigen aber setzt anerkannte Autorität und qualifizierte Diener Gottes voraus und damit eine hierarchische Kirche als »Säule und Firmament der Wahrheit«. Die wahre Kirche war seit sechzehn Jahrhunderten sichtbar. Wenn die Reform verborgen und unerkannt gelebt hätte, wäre sie nicht sichtbar geworden. Wenn sie neu wäre, hätte sie die Einheit des Glaubens gespalten. Auf diesem logischen Problem baute er seine Argumentation auf. Luther, so sagte er, habe die Notwendigkeit gepredigt, das Blut und den Leib des Herrn zu empfangen, Calvin predige das Gegenteil. Die Calvinisten jedoch behaupteten, derselbe Körper wie die Lutheraner zu sein. Wie können sie also in einem Punkt geteilter Meinung sein, auf den sie beide die Erlösung gründen?

Die Größe Frankreichs war für Richelieu die Größe des Katholizismus. War nicht Frankreich das Reich des Allerchristlichsten Königs, das Frankreich der Kreuzzüge, der Mutter Gottes? In seiner neugewonnenen religiösen Inbrunst verfiel er plötzlich auf den Gedanken, die Einheit von Monarchie und Glauben sinnfällig zu machen, indem er das Land förmlich der Heiligen Jungfrau weihte und es in dieser Stunde der Not und des Leides ihrem Schutze befahl. Der König, der selbst eine ähnliche Phase der geistlichen Erweckung durchmachte, nahm den Gedanken begeistert auf. Ende 1637 erging die betreffende Proklamation. Die Konsekrationsakte begann mit einem Widerhall der Theorie des Gottesgnadentums, indem sie Gott anrief, »der die Könige auf den Thron ihrer Größe hebt«. Dann heißt es weiter:

Wir weihen ihr [der Jungfrau] insbesondere unsere Person, unseren Staat, unsere Krone und unsere Untertanen. Wir flehen sie an, uns solchen heiligmäßigen Wandel einzugeben und dieses Reich gegen die Anschläge aller Feinde mit solcher Sorge zu verteidigen, daß es, ob es die Geißel des Krieges leidet oder die Süße des Friedens genießt, worum wir Gott von ganzem Herzen bitten, nicht von den Wegen der Gnade weicht, die zu den Wegen der Herrlichkeit führen.

In gewisser Weise war dies eine Geste der Danksagung und Erleichterung. Denn gegen Ende 1637 war der spanische Einmarsch in Frankreich abgeschlagen worden. Es gab keinen eigentlichen Kampf, sondern lediglich eine Reihe ausgeklügelter Bewegungen und Belagerungen. Im Frühsommer fiel Landrécies, im September folgte La Capelle. Als der spanische Gouverneur dieser Stadt in Valenciennes eintraf, wurde er auf Befehl des Kardinalinfanten vor ein Kriegsgericht gestellt und geköpft. An der Ostgrenze indessen gab es ein Patt, während aus Graubünden überhaupt nur schlechte Nachrichten kamen. Die Spanier hatten dieses lästige Gebirgsvolk völlig auf ihre Seite gezogen. In Innsbruck hatten die Graubündner einen Vertrag mit dem Kaiser unterzeichnet, der ihnen Truppen und Geschütze zusicherte, mit denen sie Rohan aus seiner befestigten Position bei Chur vertreiben konnten. Eingeschlossen von kaiserlichen und graubündnerischen Meuterern, kapitulierte Rohan am 26. März 1637 und überließ den Graubündnern das Veltlin und die Grafschaft Chiavenna und Bormio.

Weder Rohans Untergebene im Veltlin noch die Regierung in Paris konnten das glauben. Sicherlich steckte dahinter ein strategischer Plan Rohans? Alle Anordnungen Rohans an die Franzosen im Veltlin wurden mißachtet. Doch als deutlich wurde, daß sie auf allen Seiten abgeschnitten waren – durch Gallas, der in Lindau stand, durch die Spanier auf dem Wege über den St. Gotthard und durch Kaiserliche in Tirol –, war die Räumung des Veltlins unabweisbar. Es erhob sich das Problem, das französische Heer vor Einschließung oder Vernichtung zu bewahren. Richelieu war gezwungen, den Einsatz Rohans zu akzeptieren. Die Billigung des Kardinals hinderte ihn nicht daran, Rohans Scheitern heftig zu kritisieren. Rohan aber, der vermutete, daß die Bastille auf ihn wartete, falls er nach Paris zurückkehrte, begab sich nach Genf, wo er krank wurde, oder jedenfalls behauptete, daß er krank war. Sein Argwohn war durchaus begründet. Denn Richelieu hatte in der Tat Befehl zu seiner Ergreifung gegeben. Nachdem er sich überlegt hatte, ob er nach Venedig zurückkehren solle oder nicht, von dessen Streitkräften er nominell immer noch Oberbefehlshaber war, entschloß er sich, seinen Freund Bernhard von Sachsen-Weimar aufzusuchen, der zu der Zeit sein Winterquartier am Oberrhein aufgeschlagen hatte. Dorthin verfügte sich Rohan auf seiner letzten Reise. Am 28. Februar 1638 wurde er vor Rheinfeld im Elsaß tödlich verwundet und starb in der Abtei Königsfelden, wohin man ihn brachte. Unter großem Pomp wurde sein Leichnam nach Genf überführt, dem »Rom der Calvinisten«, wo er unter einem prächtigen Grabmal der Kathedrale St. Pierre ruht.

Unterdessen hatten die Abgabenlast im Süden Frankreichs sowie die sich verringernde Geldmenge zu einer Revolte in Guyenne geführt. Achttausend Bauern, die sich den Namen *Croquants* zulegten und von einem örtlichen Edelmann, dem Sieur de La Mothe-La Forêt, geführt wurden, tobten sich aus und wurden schließlich in Bergerac belagert. Es war notwendig, diese Bewegung zu unterdrücken, bevor die Spanier, die auf der französischen Seite der Pyrenäen in Stellung lagen, gemeinsame Sache mit den Aufrührern machen konnten. Der Herzog von La Valette, ein Bruder des gleichnamigen Kardinals, wurde daher mit einem Heer abgesandt, um den »Pöbel«, wie Richelieu ihn nannte, zur Räson zu bringen. Entsetzt über die brutale Art und Weise, in der die Soldaten entgegen ihren Anweisungen den Distrikt mit Brand und Schändung, Folter und Mord überzogen, boten die Aufrührerischen die Kapitulation an, wenn man ihnen den Pardon versprach. La Mothe-La Forêt verließ den Schutz der Festungsmauern und begab sich in die Stellung der Royalisten, um mit dem Leutnant La Valette zu konferieren. Er sagte, er sei mit Gewalt in die Sache hineingezogen worden. Die Kommunen des Périgord hätten nämlich gedroht, in seinem Haus Frau und Kinder zu verbrennen, wenn er nicht bereit sei, den Anführer zu machen. Man empfahl ihm, zurückzukehren und sein Gefolge zu entwaffnen, wenn er mit der Gnade des Königs rechne. Als er dies versuchte, kam es zu einer Meuterei unter Anführung eines einheimischen Arztes, der mit fünftausend Rebellen in die Zitadelle von Bergerac retirierte. La

Mothe-La Forêt stürmte dann mit dem Rest seiner Streitmacht die Zitadelle, tötete den Arzt und übergab Bergerac an La Valette. Die fünftausend Spanier in Guyenne hatten sich nicht gerührt, und La Valette ließ auch nicht die Absicht erkennen, sie zu vertreiben. Auf Anraten Richelieus erklärte er drei Monate lang immer wieder, er habe ungenügende Streitkräfte. Man übertrug daher Condé das Kommando in dem Gebiet, und gegen Ende des Jahres hatte er die Spanier aus dem Süden Frankreichs verjagt.

Während Frankreich so mit der Vertreibung der Eindringlinge beschäftigt war, sahen sich die Schweden in Norddeutschland in einen unergiebigen Krieg verstrickt. Sachsen hatte sich gegen sie gekehrt. Brandenburg war ein Mitkonkurrent im Kampf um Pommern nach dem Tode des Herzogs geworden. Und Oxenstierna bemerkte, daß ihm das Herzogtum entglitt. Er war daher geneigt, mit Frankreich zu verhandeln, von dem er glaubte, es sei nunmehr so gedemütigt, daß Richelieu jene Bedingungen modifizieren würde, die der schwedischen Regierung unannehmbar erschienen waren. Umgekehrt glaubte Richelieu, daß Schweden jetzt so geschwächt sei, daß es diese Bedingungen schlucken werde. So kam es in Hamburg zu einem diplomatischen Duell, dessen Kontrahenten einander ebenbürtig waren. Auf der einen Seite stand Salvius, der Vizekanzler Schwedens, auf der anderen der Graf d'Avaux, der französische Bevollmächtigte. Pufendorf, der Jurist, der über das Ereignis berichtete, beschreibt den Franzosen als einen Mann, den man glaubt, in der Tasche zu haben, nur um festzustellen, daß er einem entschlüpft ist. Das Ringen zog sich über Wochen hin. Aber schließlich siegte d'Avaux. Am 5. März 1638 wurde ein Vertrag unterzeichnet und sogleich von der schwedischen Regierung ratifiziert. Schweden verpflichtete sich, den Krieg gegen Ferdinand III. fortzusetzen, während Frankreich es übernahm, an Schweden vierhunderttausend Taler pro Jahr zu zahlen. Weder garantierte Frankreich eine Unterstützung der schwedischen Ansprüche auf Pommern noch Schweden eine solche für die französischen Ansprüche auf Lothringen. Von Richelieus Standpunkt aus lag die Bedeutung der Abmachung darin, daß eine erneuerte schwedische Offensive in den Gebieten Sachsens, Schlesiens und Böhmens, auf die er Gustav Adolf zu beschränken gehofft hatte, kaiserliche Truppen von der französischen Grenze abziehen würde, so daß Frankreich es nur noch mit Spanien allein zu tun hatte.

Auch Holland wurde nun aktiver und eroberte Ende 1637

Breda zurück. Charnacé fiel bei dem Angriff. Als die Nachricht nach Madrid gelangte, verfiel der kränkelnde Olivares neuerlich einer Depression. Nichts auf der Welt könne ihn nun trösten. »Richelieu steckt hinter diesen Anfechtungen. Er ist verantwortlich für all die Übel, unter denen die Christenheit zu leiden hat. Alles, was er tut, ist offenkundiger Unsinn! Es bedarf eines Wunders, um die gegenwärtige Situation zu ändern.« Am 17. Dezember 1637 wurde ein neuer Vertrag zwischen Holland und Frankreich unterzeichnet. Die Franzosen verpflichteten sich, an Holland jährliche Subsidien in Höhe von 1,2 Millionen Livre zu zahlen, während die Holländer versprachen, Dünkirchen oder Antwerpen anzugreifen als Gegenleistung für die französische Garantie, Thionville, Namur oder Mons zu belagern.

Richelieu verpflichtete sein Land zur Zahlung dieser enormen Geldsummen, ohne sich die Fähigkeit Frankreichs, sie aufzubringen, wirklich zu überlegen. Infolgedessen waren die Subsidien stets in Verzug, und die Verbündeten trauten den Versprechungen Frankreichs immer weniger. Besonders Grotius tat sich als Plagegeist an der Spitze einer Koterie ausländischer Agenten hervor, die auf Zahlung drängten. 1638 waren die jährlichen Subsidien für Bernhard von Sachsen-Weimar im Februar fällig. Im April war es Bullion endlich gelungen, ein Viertel der Summe aufzutreiben. »Wir sitzen jetzt«, stöhnte er, »tief in der Patsche, und ich fürchte, daß unser Krieg im Ausland zu einem Bürgerkrieg degeneriert.« Darüber hinaus war es niemals möglich, die Gesamttruppenstärke der Franzosen, die sich auf dem Papier auf einhundertdreiundzwanzigtausend Mann belief, aufzubringen, und zwar infolge der umständlichen Feudalstruktur. So konnte man den Verbündeten niemals die versprochene Truppenstärke zur Verfügung stellen.

Bernhards Bedürfnisse waren in den Augen Richelieus am vordringlichsten. Denn wenn es nicht gelang, ihn im Gebiet Elsaß und Schwarzwald zu halten, würde sich Frankreich neuerlich einer Invasion durch die kaiserlichen Armeen aussetzen. Daher sandte man Feuquières, der sich mit Bernhard angefreundet hatte, zu ihm, um ihm Unterstützung zu versprechen, die dann doch nicht eintraf. Ende Januar 1638 begann Bernhard mit einem Winterfeldzug, überfiel die kaiserlichen Quartiere im Elsaß und ergänzte sein Heer um dreitausend kaiserliche Gefangene. Städte, die so weit auseinanderlagen wie Hünigen und Freiburg, fielen ihm in die Hände. Er kontrollierte nun die Nachschubwege nach Breisach, der mächtigsten Festung am Oberrhein. Er tat dies ohne französisches Geld und ohne französische Soldaten. Aber das hinderte die Franzosen nicht daran, ein Ereignis zu feiern, das sie als französischen Sieg betrachteten. Die französische Armee in der Franche-Comté, die sich eigentlich hätte Bernhard anschließen sollen, wäre massenweise desertiert, wenn man von ihr verlangt hätte, im Winter zu marschieren. Man mußte sie selbst im Frühling mit überreichem Proviant bestechen und den Bestimmungsort des Marsches vor ihr geheimhalten. Während der achtzigjährige La Force, geplagt von dem, was Richelieu als das »unheilbare Übel« des Alters bezeichnete, Le Catelet einnahm, begann Bernhard mit der Belagerung Breisachs. Wenn Breisach fiel, war der Rhein als Verkehrsweg zwischen Italien und Flandern blockiert.

Urban VIII. war nun über Siebzig. Des Kampfes um die Einheit des Katholizismus müde, war er in Untätigkeit versunken. Im Kardinalskollegium gab es nun ein Dutzend Vakanzen, doch er machte keine Anstalten, sie zu besetzen. In Paris schrieb man dies seinem Übelwollen gegen Pater Joseph zu. Im Oktober wandte Richelieu sich an Estrés und bat ihn, nicht länger die Nominierung des Pater Joseph zu betreiben. Richelieu begann in Mazarin seinen Nachfolger zu sehen und nominierte daher statt dessen den listigen Sizilianer. Ohne daß es Richelieu wußte, beschloß Urban VIII., als er vor diese Wahl gestellt war, sich persönlich für Pater Joseph zu verwenden. Am 13. Dezember 1638 erkrankte Pater Joseph schwer, kaum daß er damit begonnen hatte, seinen Kalvarierinnen geistliche Instruktionen zu erteilen. In der Nacht legte er die Beichte ab, und sein Geist wandte sich wieder einem Jugendtraum zu, den letzten Kreuzzug zu predigen. Zur Mutter Oberin sagte er, er habe zeit seines Lebens den inneren Befehl verspürt, Jesus aus seiner Gefangenschaft zu befreien. Am nächsten Tag konnte er noch die Messe lesen. Danach ließ er sich aus Gottfried von Bouillons Geschichte der Eroberung der heiligen Stätten vorlesen, bevor er die Letzte Ölung empfing.

Als die Nachricht die Runde machte, daß Pater Joseph todkrank sei, erschien ein seltsamer Reigen von Gestalten, mit denen er früher zu tun hatte. Sie wollten von ihm Abschied nehmen. Unter ihnen waren der Nuntius Bichi und Gaston d'Orléans. Am 15. Dezember gab Richelieu eine Theatergesellschaft. Pater Joseph war nach Rueil gebracht worden und lag im oberen Stockwerk zu Bett. Scherzend sagte der Kardinal zu ihm, er solle sich die Komödie ansehen. Es werde ihm guttun. »Meine Komödie wird das Brevier sein«, erwiderte der Kapuziner. Während das Stück im Gange war, überbrachte man Richelieu eine Botschaft. Und der Kardinal erhob sich sogleich mit versteinertem Gesicht und rauschte aus dem Theater – ein schmaler, alternder Mann im verblaßten Scharlachrot. Pater Joseph hatte einen Schlaganfall erlitten und lag im Sterben. Er dämmerte noch ganze drei Tage im Koma dahin. Am 16. Dezember schrieb der König an den Papst, informierte ihn vom Stand der Dinge und zog die Kandidatur Pater Josephs für den Kardinalshut förmlich zurück. Pater Joseph starb am Samstag, dem 18. Dezember, am gleichen Tage, als Urban VIII., der von den Ereignissen in Paris noch nichts wußte, ihn ins Kardinalskollegium berief. Der Kommentar des Königs zum Tode des Paters lautete: »Ich habe heute den treuesten meiner Diener verloren . . . Monsieur le Cardinal seinen Vertrauten und seinen Halt.« Der Kardinal sah jetzt einer schwarzen Zukunft ohne diesen Halt entgegen, der für das Wohlergehen seiner Seele ebenso unentbehrlich war wie für den Erfolg seiner Politik.

Pater Joseph wurde auf Anordnung des Königs vor dem Hochaltar der Kapuzinerkirche im Faubourg St. Honoré beigesetzt. Einhundertsechzig Mitglieder seines Ordens waren zugegen, und beim Requiem sah man Richelieu, den Nuntius sowie eine große Schar von Prälaten und Adligen. Bei der Grabrede zwei Tage später zählte man an die fünfhundert Kutschen. Am selben Tage traf ein Kurier von Bernhard von Sachsen-Weimar in Paris ein. Breisach war gefallen. Das Zusammentreffen von Pater Josephs Tod mit der Einnahme der Festung entging nicht der Aufmerksamkeit eines Zeitalters, das mit dem klassischen Drama großgeworden war. So entstand die Legende, daß Richelieu, über das Ohr des bewußtlosen Paters gebeugt, ihn mit den Worten aufzurütteln versucht habe: »Breisach ist unser!«

22

Die teuflische Drohung
1638–1640

Während Richelieu am Grabe Pater Josephs kniete, muß ihm durch den Sinn gegangen sein, wie mit diesem Mann eine ganze Generation dahinschied und wie nun auf einmal sein eigenes strategisches und politisches Gebäude zusammenbrach. Es gibt in der Geschichte keine dauerhaften Grundvoraussetzungen. Triviale Ereignisse können große Berechnungen umstürzen und umfassende Veränderungen bewirken, und von allen unvermeidlichen Ereignissen ist der Tod das häufigste und bedeutsamste. Bernhard von Sachsen-Weimar sollte binnen weniger Monate sterben. Damit wurde ein Mann abberufen, dessen Ambitionen, Souverän des Elsaß zu werden, störend und unbequem waren, dessen militärisches Genie jedoch unentbehrlich war. Am 21. September 1637 war Karl von Gonzague, der Herzog von Mantua, gestorben, und am 7. Oktober sank auch Victor Amadeus von Savoyen ins Grab.

Mantua hatte nun einen unmündigen Herrscher. Die Regentin war Karls Schwiegertochter Maria, die in kaiserlichen Kreisen aufgewachsen und prospanisch gesonnen war. Sie leitete unverzüglich Friedensverhandlungen mit dem spanischen Gouverneur des Herzogtums Mailand, dem Marquis von Leganez, ein und unterzeichnete am 25. März 1638 einen Vertrag, in dem sie sich bereit erklärte, Montferrat einschließlich Casales an Spanien auszuliefern. Der unglückliche Statthalter Casales, Montiglio, war in einer unmöglichen Situation, denn in der Festung lag eine französische Garnison. Als er von Maria die Instruktion erhielt, die Stadttore den Spaniern zu öffnen, sah er keine andere Möglichkeit als zu gehorchen. Er wurde jedoch von Kardinal La Valette, den Richelieu mit dem Kommando in Italien betraut hatte, verhaftet und vor ein Kriegsgericht gestellt. Die Richter, die seinen Fall verhandelten, versprachen ihm das Leben, wenn er alles gestand. Und das tat er denn auch. Als die Unterlagen über das Verfahren nach Paris kamen, bekam Richelieu plötzlich Skrupel. War er verpflichtet, das Versprechen zu halten? Er konsultierte Pater Joseph und seinen

Beichtvater, dessen Rat ein Geheimnis blieb. Wir wissen nur, daß Montiglio kurze Zeit später enthauptet wurde.

Casale war von der vorgeschobenen französischen Basis Pinerolo durch die gesamte Breite Savoyens abgeschnitten. Zur Zeit war die Haltung dieses Landes unklar. Auch dort gab es einen minderjährigen Erben. Ihn vertrat die Regentin Christine, die Schwester Ludwigs XIII., welche profranzösisch gesonnen war. Dafür waren die beiden Brüder von Victor Amadeus, der Kardinal von Savoyen und Prinz Thomas von Savoyen, prospanisch. Der eine stand im Bunde mit der spanischen Fraktion im Kardinalskollegium, der andere war spanischer General an der belgischen Grenze. Sie konnten legitimerweise beanspruchen, bei der Erziehung ihres Neffen und damit in der Regentschaft seines Herzogtums ein Wort mitzureden. Man erwartete, daß sie nach Turin zurückkehrten, wo ein großer Teil der Bevölkerung sie willkommen heißen würde. Ein Thomas, der in seiner Heimat den Kurs bestimmte, war für Olivares nützlicher als ein Thomas, der Städte in der Picardie belagerte. Im Augenblick war dies jedoch nicht die größte Gefahr, da Christine, eifersüchtig auf ihre Macht, nicht weniger begierig als Richelieu war, den Brüdern die Tür vor der Nase zuzuschlagen. Die eigentliche Gefahr war, daß sie, um die Anhänger der Brüder zu besänftigen, Savoyen in die Neutralität führte, sobald der Bündnisvertrag im Juli 1638 auslief. Frankreich war unpopulär, der Krieg nicht nur ergebnislos, sondern eine Last, und in der Bevölkerung gärte es.

Die Neutralität Savoyens wäre demnach ein ernsthafter Schlag für Richelieus strategische Konzeptionen gewesen. Der Abmarsch der Armee des Kardinalinfanten aus dem Herzogtum Mailand zum Rhein und nach Flandern hatte das Herzogtum von Truppen entblößt, und die spanische Regierung hatte die größten Schwierigkeiten gehabt, die Lücken auszufüllen. Wäre Frankreich weniger mit den eigenen Grenzen beschäftigt gewesen, hätte es vermutlich den Sturz der spanischen Macht in Italien bewerkstelligen können. Richelieus oberstes Ziel war immer noch die Einnahme Mailands, die vielleicht zur Folge gehabt hätte, entweder die spanischen Armeen aus Belgien abzuziehen, um Mailand zu Hilfe zu kommen, oder den Lebensnerv zwischen ihnen und Spanien zu zertrennen. Beides hätte den auf Frankreich lastenden Druck bedeutend erleichtert. Um französische Macht und Entschlossenheit zu demonstrieren, erschien Kardinal La Valette im Mai in Turin und wurde von Christine überschwenglich empfangen. Sie war jedoch nur unter der Bedingung bereit, das französische Bündnis zu erneuern, daß es ausdrücklich zu einem Verteidigungsbündnis gegen die Feinde des Kaisers, nicht zu einem Offensivbündnis gegen Spanien erklärt wurde. Während sie hierüber mit La Valette diskutierte, marschierte eine spanische Armee in Montferrat ein. Entsetzt über die Nachrichten der damit verbundenen Verwüstungen, gab sie nach und unterzeichnete am 3. Juni 1638 einen Bündnisvertrag gegen Philipp IV. Außerdem unterstellte sie die savoyardische Armee einem französischen Kommando. Doch während die Spanier unaufhaltsam vorrückten, nachdem sie den Franzosen Vercelli abgenommen hatten, wurde alles wieder hinfällig. Der junge Herzog von Savoyen starb, und damit war die Regentschaft seiner Mutter automatisch beendet. Neuer Herzog war sein fünfjähriger Bruder Karl Emanuel II. Es war notwendig, die Generalstände einzuberufen, um einen neuen Regenten zu bestimmen und, da Savoyen kaiserliches Lehen war, die Angelegenheit dem Kaiser vorzulegen.

Da man die beiden Brüder nicht gut aus der Angelegenheit heraushalten konnte, kam Richelieu zu dem Schluß, daß es jetzt nur noch die Möglichkeit gab, sie auf seine Seite zu ziehen. Der nächste in der Erbfolge war der Kardinal von Savoyen. Mazarin, der sich in Rom aufhielt, mußte die Verhandlungen mit dem Kardinal eröffnen, der, da er wie Franz von Lothringen keinem Orden angehörte, mit der Aussicht geködert werden sollte, Condés Tochter zu heiraten und Grundbesitz in Frankreich zu erwerben, wo man ihn, wie es hieß, als Prinzen von Geblüt behandeln werde. Der Kardinal jedoch machte sich im Habit eines Malteserritters aus Rom davon und schloß sich den Spaniern in Montferrat an. Man konnte nichts weiter tun, als Christine im voraussichtlich bevorstehenden Bürgerkrieg in Savoyen zu unterstützen und ihr zu raten, ihren Schwager festzusetzen, sobald er sich im Herzogtum sehen ließ.

Die Ereignisse überstürzten sich. Der Kaiser hob Victor Amadeus' Testament auf, erklärte die Regentschaft Christines für ungültig und entzog ihr die Vormundschaft über den Herzog. Spanien entsandte den Prinzen Thomas von Savoyen, um dem kaiserlichen Dekret Geltung zu verschaffen, und Thomas erschien in Mailand, um mit Legañez seine Pläne abzustimmen. Richelieus Instruktionen an La Valette lauteten, er solle im Krisenfall den jungen Karl Emanuel und dessen Hauptstadt in seine Gewalt bringen und festhalten. Außerdem solle er versuchen, Thomas gefangenzusetzen, falls dieser sich irgendwelche Autorität in Savoyen anmaße. Darüber hinaus schrieb Ludwig in der üblichen unverblümten Weise an seine Schwester, daß er, wenn sie Thomas in ihre Ländereien hineinließe, kein Vertrauen mehr zu ihr habe und sie keinen Beweis seiner Zuneigung zu erwarten brauche. Als Thomas an der Spitze einer spanischen Armee heranrückte, öffneten ihm die Gouverneure der piemontesischen Städte nacheinander die Pforten ihrer Stadt. Christine rief La Valette zu Hilfe. Doch gleichzeitig schickte sie Karl Emanuel über die Alpen nach Savoyen, wo er dem französischen und spanischen Zugriff entzogen war. Zahlenmäßig unterlegen, gelang es La Valette nicht, Turin zu halten. So war er gezwungen, einem Waffenstillstand zuzustimmen, während Christine und die Garnison in die Zitadelle retirierten.

Legañez war ein Mann von anderem Charakter als Gonzalo de Córdoba oder Feria. Er erinnerte La Valette an die Zusammenkunft mit Richelieu, als er und Spínola La Rochelle besucht hatten, und sagte, es gäbe auf der ganzen Welt keinen verdienstvolleren Mann als Richelieu und Olivares wolle ein Gemälde des Kardinals in seinem Zimmer hängen haben. Wir wissen nicht, wie Richelieu auf diesen interessanten Beweis kastilischer Höflichkeit reagierte. Als man ihn von der Bitte informierte, befand er sich gerade zusammen mit dem König auf dem Wege nach Grenoble, um mit Christine zusammenzutreffen. Er hoffte, sie überreden zu können, Karl Emanuel den Franzosen auszuhändigen. Christine verließ Turin während des Waffenstillstands, und die Diskussionen mit ihrem Bruder und dem Kardinal verliefen stürmisch. Sie sagte, sie wolle keine ihrer Städte den Franzosen ausliefern. Sie wolle hinter der Alpenkette gegen die Spanier aushalten und nicht zulassen, daß Savoyen auf den traurigen Zustand Lothringens heruntergewirtschaftet werde. Es folgten noch einige hochpathetische Auftritte, dann reiste sie nach Chambéry zu ihrem Sohn, ohne Richelieu in irgendeiner Weise entgegengekommen zu sein. Die schlimmen Nachrichten nahmen kein Ende: Nizza, das der Bruder des hl. Franz von Sales gehalten hatte, war vom Kardinal von Savoyen eingenommen worden, und Richelieu sagte, er fühle »sein Innerstes zerrissen«. La Valette starb im Alter von siebenundvierzig Jahren an Lungenentzündung. Sein Nachfolger, der Graf von Harcourt, war nach dem Ablauf des Waffenstillstands gezwungen, sich aus Turin zurückzuziehen.

Olivares war wieder einmal von Optimismus beflügelt. Mit typischer, aber unangebrachter Übertreibung sagte er: »Erfolge, wie Gott sie in Italien gewirkt hat, haben ihresgleichen nicht in der Welt gesehen, weder in einem Jahr noch in vielen!« Jetzt, so beschloß er, war die Zeit, um die Friedensverhandlungen wieder zu eröffnen. Es war schwierig, einen Mann zu finden, der hinreichend gut französisch sprach, um nach Paris zu gehen. Schließlich fiel die Wahl auf den designierten Bischof von s'Hertogenbosch. Aber er traf auf wenig Gegenliebe. »Man müßte ja blind sein«, sagte Richelieu, »um die teuflische Drohung der Spanier nicht zu durchschauen. Sie verhandeln nur, um dem üblen Ruf zu entgehen, den sie sich in der Christenheit erworben haben, sobald man einmal ihre bösen Anschläge kennt.« Borgia, inzwischen ein Mitglied des spanischen Staatsrates, machte am 6. August 1640, wie um Richelieu zu bestätigen, die Bemerkung: »Es gibt jetzt nichts anderes, als dieses Jahr den Feldzug sorgfältig vorzubereiten und im nächsten Jahr den Krieg zu betreiben.«

Harcourt, ein Lothringer, war eine bizarre Erscheinung und trug an einem Ohr eine riesige Perle. Im Frühling stand er wieder im Feld und legte die Belagerung um Turin. In der Zitadelle befanden sich Franzosen. Zwischen ihnen und den Stadtmauern lag Thomas mit sechstausend Mann und einigen tausend bewaffneten Bürgern. Vor den Mauern verliefen die französischen Belagerungslinien. Und davor wiederum lag, zwanzigtausend Mann stark, die Armee von Leganéz. Leganéz sagte zu Thomas, die Damen von Turin möchten doch ja ihre Fenster öffnen, damit sie die große Perle bewundern könnten, wenn Harcourt als Gefangener in die Stadt geführt wurde. Statt dessen wurden die Damen Zeugen des Abzuges von Thomas' Streitkräften, denn Harcourts Kavalleriegeneral, der junge Turenne, ein Bruder Bouillons, vertrieb Leganéz, und Thomas war gezwungen, im September 1640 zu kapitulieren. Im Piemont war offenbar ohne Mazarin nichts zu machen, der jetzt, aufgedunsener denn je, die Szene betrat. Sein Aufstieg überbietet vielleicht sämtliche Karrieren des 17. Jahrhunderts. In den Jahren vor dem formellen Ausbruch des Krieges war er päpstlicher Friedensgesandter in Paris. Dann wurde er Vize-Legat in Avignon und später aktiver französischer Agent in Rom. Seine Fähigkeiten waren bemerkenswert. Richelieu hatte sich eine hohe Meinung von ihm gebildet. Nach dem Tode Pater Josephs beschloß der Kardinal, Mazarin zu seinem Nachfolger heranzuziehen, und überredete ihn 1639, aus dem päpstlichen Dienst auszuscheiden, nach Paris zu kommen und naturalisierter Franzose zu werden. Im Dezember 1641 konnte der Widerstand Urbans VIII. gegen seine Aufnahme ins Kardinalskollegium überwunden werden. Wenige Monate vor Richelieus Tod empfing er den Kardinalshut. Jetzt, im Jahre 1640, sandte man ihn nach Turin, wo er mit gewohnter Geschicklichkeit die Übergabe an die Franzosen aushandeln sollte, was ihm auch gelang. Als Thomas die Stadt verließ und in Richtung Ivrea ritt, kam er an Harcourt vorbei. Ohne anzuhalten oder ein Wort zu sagen, grüßte er ihn flüchtig und setzte seinen Ritt fort. Bei sich trug er die Schlüssel zum Ziborium mit dem Grablinnen Jesu. Wenig später gab er die Schlüssel an Christine zurück, als diese wieder im Besitz der Hauptstadt war.

Die Niederlage bewog Thomas, den Angeboten Richelieus aufmerksamer zu lauschen. Seine Frau, die Schwester Soissons', und seine Kinder befanden sich jedoch in Madrid, wo man sie in gewisser Weise als Geiseln behandelte. Er war nicht bereit, sich zu binden, solange sie noch in spanischer Hand waren. Außerdem waren Thomas und sein Bruder, der Kardinal, unzertrennlich wie Rosenkranz und Güldenstern. Der Friede konnte nur mit ihnen beiden gleichzeitig oder überhaupt nicht geschlossen werden. So kam es denn zu langwierigen Verhandlungen, die sich über das ganze Jahr 1641 hinzogen, während Städte belagert und Belagerungen wieder aufgehoben wurden. Ein Ende der Sache war nicht abzusehen. Erst 1642 wurde ein Vertrag zwischen Christine, den beiden Prinzen und Frankreich unterzeichnet, duch den das Herzogtum wiedervereinigt und die von Franzosen oder Spaniern besetzten Städte zurückgegeben wurden. Zu dieser Zeit hatte sich die strategische Konzeption insofern geändert, als die Verwendung Savoyens als Basis für die Einnahme Mailands nicht mehr länger zur Diskussion stand.

Dies lag daran, daß sich das Schwergewicht der Aktionen zum westlichen Mittelmeer verschoben hatte, wo durch eine Revolution in Katalonien ein Einmarsch in Spanien möglich zu werden schien. Die Spanier hatten Frankreich von beiden Seiten der Pyrenäen betreten. Ihre geplante Einnahme von Guyenne war gescheitert, während es mit dem Angriff an der Mittelmeerküste von Roussillon aus nicht besser ging. Im August 1637 erschienen die Spanier mit einer Truppe vor Leucate, dem Vorposten an der französischen Grenze zwischen Narbonne und Perpignan. Dem Gourverneur, Sieur de Barry, näherte sich ein spanischer Geheimagent, der ihn mit einer großen Bestechungssumme zu gewinnen suchte. Barry winkte indigniert ab und behauptete sich gegen einen Hagel von Bomben, von denen manche einen Durchmesser bis zu dreißig Zentimeter besaßen. Richelieu wurde immer cholerischer, als er Sourdis wiederholt befahl, mit seinen Galeeren Leucate zu entsetzen. Man teilte ihm mit, daß es nach Ansicht der Lotsen keinen Hafen an der Küste des Languedoc gebe, wo die Galeeren Schutz vor den Levanterwinden fanden, die zu dieser Jahreszeit regelmäßig zu erwarten waren. Nachdem sich die Marine als nutzlos erwiesen hatte, beschloß man, das Heer einzusetzen. Der Gouverneur des Languedoc, Schomberg, jetzt Herzog von Halluin, rückte von Béziers gegen die spanischen Linien um Leucate vor. Man beschloß eine nächtliche Attacke, sobald der Mond das Schlachtfeld erleuchtete. Im Dunkeln wurde mittlerweile der Überraschungsangriff vorbereitet. Der Kommandeur des Unternehmens fiel, durch eine Kugel getroffen und von acht Schwert- und Lanzenstichen verwundet. Doch die Infanterie räumte eine Passage durch die spanischen Verteidigungslinien für die Kavallerie, die sich im Schein des aufgehenden Mondes ein fünfstündiges verzweifeltes Handgemenge mit der spanischen Reiterei lieferte. Beim Morgengrauen befand sich die spanische Armee im Rückzug, wobei sie ein Gutteil ihrer Artillerie zurückließ. Philipp IV. befahl die Untersuchung dieser »schimpflichen, verderblichen und unberechtigten Aktion, und sei es nur, weil die Geschichte dieses Gefecht verdammen wird, und mit Recht«.

Es gab drei Wege, auf denen man jetzt den Krieg nach Spanien hineintragen konnte: auf dem Mittelmeer, über die Atlantikseite der Pyrenäen oder über Roussillon. Alle drei Wege wurden beschritten. Im Sommer 1638 legte Condé, dem der Herzog von La Valette unterstand, die Belagerung um Fuentarabia, die Grenzfestung nahe San Sebastián und Einfallstor nach Navarra. Die Sache machte nur langsame Fortschritte, und erst Ende August hatte man die Mauern hinreichend sturmreif geschossen. Sourdis hatte nach seinen vergeblichen Versuchen, Leucate zu entsetzen, das Mittelmeer verlassen und das Kommando einer neuen Flotte übernommen, die man in den Atlantikhäfen zusammenzog und die sich auf über fünfzig Fahrzeuge belief. Mit diesen Schiffen unterstützte er die Operationen gegen Fuentarabia, indem er die Spanier daran hinderte, die Festung auf dem Seeweg mit Proviant zu versehen. Die Disziplinlosigkeit des Adels, über die Richelieu unablässig

Klage führte, verurteilte jedoch dieses Projekt wie schon so viele andere zum Scheitern. Der Herzog von La Valette, dessen Vater, der Herzog von d'Epernon, Sourdis mit dem Stock geschlagen hatte, weigerte sich, sich mit dem Erzbischof an den Beratungstisch zu setzen. Und da seine Truppen gerade durch Sourdis entlastet wurden, weigerte er sich auch, an dem Angriff teilzunehmen. Bei Einbruch der Dunkelheit war die französische Armee zerschlagen. Condé befand sich in einem Boot, um nach Bayonne zu entkommen. Richelieus Zorn ist verständlich, wenn man die Depeschen Condés liest, und es erging der Befehl, La Valette zu verhaften. Der Herzog jedoch, der mit der Rache des Kardinals rechnete, schiffte sich in Bordeaux auf einem schottischen Weinboot nach England ein, wo er sich der wachsenden Zahl unzufriedener Flüchtlinge anschloß.

Nun war man genötigt, den nächsten Sommer abzuwarten, bevor man weitere Schritte gegen Spanien unternehmen konnte. Diesmal beschloß man, daß Sourdis mit einer Reihe kombinierter Manöver die spanische Küste angreifen solle. Er setzte Segel, erschien im Mai 1639 mit vierzig Schiffen vor La Coruña und war hocherfreut, als die fünfunddreißig im Hafen vertäuten spanischen Fahrzeuge keine Anstalten machten, ihn anzugreifen, sondern sich auf die Küstenbatterien verließen. Im Juni wurde er durch einen Sturm bis nach Bordeaux zurückgetrieben. Richelieu wurde skeptisch über die Nützlichkeit solcher Unternehmungen, die den Spaniern wenig Schaden zufügen konnten, dagegen die französische Flotte und Truppen in beträchtliche Gefahr brachten. Dennoch bekam Sourdis die Erlaubnis, La Coruña ein zweites Mal zu attackieren. Zufällig fiel die Ausfahrt Sourdis' mit der Fahrt der unglücklichen Flotte des Don Antonio de Oquendo von Spanien zum Ärmelkanal zusammen. Van Tromp zerstörte diese Flotte im Oktober vor der englischen Küste. Das einzige, was Sourdis von ihr zu sehen bekam, war die 1800-Tonnen-Galeone *Almiral de Galice*, die vor Laredo auf einer Sandbank aufgelaufen war. Sourdis' Leute versäumten nicht, in Laredo zu landen, die Befestigungen zu zerstören und die Galeone gründlich auszuplündern. Auch die Bordgeschütze schafften sie fort. Damit waren die maritimen Unternehmungen für dieses Jahr abgeschlossen.

Zwanzig Kilometer nördlich von Perpignan liegt das Schloß Salses. 1504 von Ferdinand von Aragon erbaut, um die Grenze von Roussillon zu schützen, war es seitdem nicht mehr modernisiert worden. Die Mauern jedoch waren acht Meter, die Brustwehr fünf Meter dick. Der Burggraben war gemauert, die Konterescarpe respekteinflößend. Die Hauptstärke der Anlage lag jedoch darin, daß sie sich aus flacher Gegend nur wenig erhob und sich außerhalb der Reichweite jeder Anhöhe befand, auf der Kanonen hätten postiert werden können. Diese Festung belagerte Condé im Juni 1639. Die Mauern erwiesen sich als immun gegen Artillerie. Deshalb wurde es notwendig, Sprengminen zu legen. Ein Major Tréville, von dem es heißt, er sei nie so fröhlich gewesen als wenn er sich in Gefahr befand, machte sein Testament, ging zur Beichte und legte seine Rüstung an, wobei er zu jedermann so redete, als wäre dies sein letzter Tag. Die Mine explodierte, eine Bresche wurde in die Mauern geschlagen, und Tréville marschierte durch die Lücke, das Schwert in der einen, den Spazierstock in der andern Hand, gefolgt von einem Stoßtrupp. Vom Bergfried löste sich Musketenfeuer, und Tréville, der gerade den rechten Arm mit dem Schwert erhoben hatte, wurde von einer Kugel getroffen, die ihn durchbohrte. Mit dem Wort *»Donnez!«* (»Gebt . . .«) auf den Lippen stürzte er tot zu Boden. Die Sturmtruppe rückte über seine Leiche vor, und wenige Minuten später hing eine weiße Fahne am Bergfried. Condé war höchst zufrieden mit sich und bat Richelieu um die Erlaubnis, seinen Erfolg in Paris feiern zu dürfen. Er mußte jedoch bleiben, wo er war, bis er für seine Truppen ein geeignetes Winterquartier gefunden hatte. Bevor er Zeit hatte, irgendwelche Anstalten zu treffen, waren die Spanier wieder zurück. Der Sohn des alten Spínola, der Marquis von Spínola, kam über die Pyrenäen und legte seinerseits mit siebzehn Regimentern von Iren, Wallonen und Italienern die Belagerung um Salses. Alle Anstrengungen Condés, ihn zu vertreiben, schlugen fehl, und die Belagerung ging weiter. In Leucate befand sich der Sohn des Gouverneurs Barry in einem geistig verworrenen Zustand, was, wie man glaubte, auf eine Verwundung zurückging, die er während der Belagerung der Festung Leucate 1637 erlitten hatte. Angewiesen, auf einem Lastkahn der Garnison von Salses Proviant zu bringen, überbrachte er den Proviant fälschlicherweise Spínola. Man befahl Barry, sein Kommando abzugeben. Aber er erwiderte stolz, seit vierundsechzig Jahren habe seine Familie im Dienste Frankreichs Leucate ohne Tadel bewacht, und eher werde er seinem Sohn das Schwert in den Leib bohren, als die Dienste des Königs quittieren. Einen Monat später erschien er in Spínolas Lager und legte einen Treueid auf Philipp IV. ab. Condé war fassungslos. So schrieb er an Chavigny:

Ich habe jede Gefahr erlebt. Ich habe mich persönlich allem ausgesetzt. Meine Truppen, die besten Frankreichs, haben sich gut geschlagen. Das Regiment meines Sohnes steht in Salses. Ich habe zwei Armeen gebildet, um ihm zu helfen. Ach! Auch wenn dies alles nichts gefruchtet hat, werde ich Schande oder Ruhm ernten? Bei meiner Ehre, teilen Sie dies Monsieur le Cardinal mit.

Tatsächlich band Condé dreißigtausend Spanier, die, wie er sagte, in Italien hätten sein sollen. Dieser Gedanke war ihm ein gewisser Trost, als Salses am 6. Januar 1640 kapitulierte. Die Situation war nun genauso, wie sie es im Vorjahr gewesen war. Die spanische Grenze blieb intakt. Die Nachricht traf Richelieu und seinen Herrn schwer. Aber was sie nicht wußten, war, daß die spanische Beschäftigung mit Salses Frankreich neue und beachtliche Verbündete gewonnen hatte, und zwar das Volk von Katalonien, das sich nun wie im Sturm hinter Spínolas Rücken allenthalben erhob.

Olivares hatte in Katalonien fünfzehn Jahre lang wie Jason Drachenzähne gesät. Als nun ein Viertel des Adels im Lande auf den Wällen von Salses oder in den Lagern ringsum sein Leben ließ, war die Ernte reif. 1635 und 1636 war die Panzerflotte wohlbehalten heimgekehrt, und der finanzielle Zusammenbruch war abgewehrt worden. 1637 jedoch war es Madrid nicht gelungen, die veranschlagten dreizehn Millionen Dukaten aufzutreiben, und die riesige Armee, von der Olivares geträumt hatte, blieb unverwirklicht. 1639 wurde die Summe auf bloße sieben Millionen Dukaten reduziert. Aber selbst dies konnten die Bankleute nur unter größten Schwierigkeiten aufbringen. Der finanzielle Druck auf Barcelona verschärfte sich, und die Ernennung Spínolas zum Kommandeur an der Roussillon-Front versetzte die Katalonen in Furcht und Schrecken. Denn »sie sagen, er kommt mit großer Streitmacht, und er ist ein furchtbar grausamer Mann. Das kann für uns Katalonen nichts Gutes bedeuten – es ist schlimm genug, daß er Genuese ist.« Die meisten der zehntausend Mann, die bei der Belagerung von Salses an Krankheit starben, waren Katalonen. Und die Erbitterung über den Krieg wuchs. 1640 war Olivares in größerer Geldverlegenheit denn je. Er mußte die Verkehrsverbindungen mit Flandern wieder einrichten, die zu Lande durch den Verlust Breisachs, zur See durch die Niederlage bei den südenglischen Downs unterbrochen worden waren. Eine weitere Drehung der finanziellen Schraube wurde daher notwendig. Man dürfe es den Katalonen nicht erlauben, sich hinter »vage und aus der Luft gegriffene Punkte zurückzuziehen, wie es alle Privilegien in Situationen wie diesen sein müssen«. Überhaupt seien die Katalonen ein »schwacher Haufe«. »Dies ist nicht die Zeit, um zu beten«, sagte er, »sondern um zu befehlen und zu gehorchen. Man soll wissen, daß die Sicherheit der Bevölkerung und der Armee allen Rechten und Privilegien voranzugehen hat.«

Um Spínola mit Proviant versorgt zu halten, verlegte sich die Regierung in Madrid auf eine rücksichtslose Requirierungspolitik in Katalonien. Als der Winter hereinbrach, beschloß man, die spanische Armee im Fürstentum einzuquartieren, und zwar auf Kosten des Fürstentums. Die Katalanen, die ihre Rechte und Privilegien höher stellten als die Sicherheit der Kastilier oder die der habsburgischen Streitkräfte, protestierten heftig. Hierin wurden sie vom Vizekönig, dem Grafen Santa Coloma, unterstützt, der darauf hinwies, daß die Krone selbst im Herzogtum Mailand für die Verpflegung der Truppen bezahle und daß Katalonien völlig außerstande sei, diese Last zu tragen. Als die *Tercios* in die Städte und Dörfer marschierten, in denen sie einquartiert werden sollten, lauerten die bewaffneten Bauern ihnen zu Tausenden auf und jagten sie in manchen Fällen fast bis ins Meer. Ungehorsam, gefolgt von Unterdrückungsmaßnahmen, breitete sich aus. In Río de Arenas verbrannten die Truppen die Hostien in einer Kirche, und dies aus Rache für Beleidigungen, die ihnen die Bevölkerung zugefügt hatte. Dafür wurden sie vom Bischof von Gerona exkommuniziert, der damit aus einer politischen und ökonomischen Auseinandersetzung einen heiligen Krieg machte. Spontan ergriff der Aufruhr breiteste Volksmassen in der ganzen Provinz.

Kardinal Borgia war jetzt Präsident des Rates von Aragón, und seine Reaktion auf die Ereignisse war typisch. »Legen Sie diese Provinz an die Kette!« riet er Olivares. Dieser, jetzt völlig hilflos, schwankte zwischen Nachgiebigkeit und brutalem Durchgreifen. Diese Unentschlossenheit war ein weiterer Anreiz für die Rebellen. Was er tun solle, fragte er. Nur ein Rückzug der Truppen würde die aufgehetzte Bevölkerung beruhigen. Aber ein Rückzug würde die Grenze gegen Frankreich ungedeckt lassen. Am 22. Mai betraten bewaffnete Bauern Barcelona und bildeten rasch eine Armee, die unter dem Kreuzesbanner mit der Parole auszog: »Es

lebe die Kirche, es lebe der König! Tod den schlechten Regenten!«
Am nächsten Tage feierte man Fronleichnam, bei welcher Gelegenheit eine große Prozession durch die Ramblas stattfand. Unter den Teilnehmern befanden sich auch Bergbauern mit der Sense über der Schulter, die nach altem Brauch nach Barcelona gekommen waren, um sich für die Ernte zu verdingen. Gegen Abend war das Heer der Aufrührer erschreckend angeschwollen. Einer der Bergbauern wurde in eine Schlägerei verwickelt, und dies löste eine dramatische Revolution aus. Die Häuser der Regierungsbeamten wurden niedergebrannt, die Bewohner ermordet, der Mob wogte durch die Straßen. Eine genuesische Galeere war im Hafen eingetroffen. Santa Coloma eilte zur Werft, weil er mit dem Schiff abreisen wollte. Dort zögerte er aber, weil er befürchtete, daß es nach seiner Abreise mit Ruhe und Ordnung in der Stadt endgültig vorbei sein werde. Während er noch überlegte, stürmte der Mob die Werft. Die drei Bischöfe und die Adligen in der Gesellschaft des Vizekönigs entflohen. Die Galeere stach eilends in See, und Santa Coloma machte sich an der felsigen Küste in Richtung Montjuich davon. Der dicke, in der Abendsonne schwitzende Mann wurde bald eingeholt, fiel auf die Steine und wurde im Liegen von sechs Dolchstichen durchbohrt. Am selben Tag traf Richelieus Neffe, der junge Marquis von Brézé, mit einundzwanzig Segelschiffen vor Cádiz auf die Galeonen, die aus Neuspanien heimkehrten. Zwei von ihnen, darunter das Flaggschiff mit dem Admiral, wurden versenkt.

Olivares geriet wieder einmal in Depressionen und sagte, er wolle sterben, weil sein Herz untröstlich sei. Als ein Vertreter Barcelonas um eine Unterredung mit ihm nachsuchte, sagte er dreimal zu ihm: »Gehen Sie fort.« Er wisse nicht, ob er esse oder schlafe, so sehr sei er von Sinnen. Er schob Richelieu die Schuld an der Erhebung zu. Doch tatsächlich hatte der Kardinal nichts mit ihr zu tun. Er hatte wie Olivares seinen Krieg zu führen und gleichzeitig die gärende Situation daheim im Auge zu behalten. Sein Katalonien hieß Languedoc. Und es war nicht seine Absicht, dieser Provinz das Muster erfolgreichen Ungehorsams zu gönnen. Der Aufstand in Katalonien überraschte ihn wahrscheinlich, und er trat erst dann in Gespräche mit dessen Anführern ein, als sie von sich aus an ihn herantraten. Niemand weiß genau, wann dies war. Der einzige wichtige zeitgenössische Zeuge ist ein Richter der katalanischen Audiencia. Er schreibt:

Der Tod Ludwigs XIII.; links neben dem Bett Richelieu.

Louis XIV.

Ludwig XIV.

Wann die Deputierten mit Frankreich zu verhandeln begannen, ist sehr umstritten. Einige sagen, schon seit Jahren. Das ist die Auffassung jener, die sich im Besitze geheimer Kunde über die Übel des Zeitalters wähnen und dabei übersehen, daß eine Gruppe unmöglich insgeheim und auf Jahre hinaus eine Rebellion planen kann. Meine eigene Auffassung ist die, daß es die Deputierten mit der Angst bekamen, als sie sahen, daß der Vizekönig tot war, und sich fragten, mit welcher Hilfe sie von Frankreich rechnen konnten, falls Seine Majestät versuchen sollte, die Provinz zu bestrafen. Der erste, der Frankreich betrat, war Francesco Vilaplana, der Vetter des kirchlichen Deputierten Claris.

Claris war Kanoniker am Domkapitel von Urgel. Er hatte den kirchlichen Widerstand gegen seinen royalistischen Bischof geleitet, von dem er befürchtete, er sei bereit, die Interessen Kataloniens seinem eigenen guten Einvernehmen mit Madrid zu opfern. Als Agitator, der seine persönlichen Ressentiments für Patriotismus ausgab, wurde Claris zum Zentrum einer Gruppe von Klerikern und Adligen der Grenzgebiete. Ihre Motive waren private Unzufriedenheit und Enttäuschung, persönlicher Ehrgeiz und echter Glaube an Kataloniens Separatismus. Diese Männer traten Richelieu näher und boten ihm an, gemeinsame Sache mit den Franzosen zu machen und sie ins Fürstentum hereinzulassen. Im Dezember 1640 wurden die Delegierten von Richelieu mit allen Zeichen der Gunst empfangen und erhielten den Status von Botschaftern der Republik Katalonien. Er willigte ein, ihnen die verlangten Generalleutnants der Infanterie, Artillerie und der Pioniere, ferner Truppen, Waffen und Munition zur Verfügung zu stellen. Der Kardinal unterhielt sich mit ihnen, wie ein Augenzeuge berichtet, in »sehr reinem Kastilisch«. Dann dinierten sie mit dem König, wurden von der Königin empfangen, die an dem Vorgang wenig Freude hatte, und machten dem künftigen Ludwig XIV. ihre Aufwartung, der im Alter von zwei Jahren bereits mit bewußter Würde auf einem hohen Kinderstuhl saß. Französische Truppen, die von der von Richelieu geschaffenen französischen Marine unterstützt wurden, trugen den Krieg südlich bis nach Tarragona, während Brézé Oberkommandierender eines kombinierten französisch-katalanischen Heeres wurde.

Obwohl die katalanische Revolte Frankreich einen militärischen Vorteil in die Hand gab, den sich entgehen zu lassen eine Torheit gewesen wäre, hatte Richelieu ein ungutes Gefühl, wenn er an die französisch-katalanische Allianz dachte. Frankreich hatte südlich der Pyrenäen keine Ambitionen, während ein Suzeränitätsangebot der katalanischen Rebellen eine Verpflichtung Frankreichs auf der Iberischen Halbinsel bedeutete, deren Konsequenzen schwer abzuschätzen waren. Ihm schwebte so etwas wie eine katalanische Unabhängigkeitserklärung vor, die dazu geführt haben würde, einen neuen Kleinstaat zu bilden, durch dessen Existenz Frankreich und Spanien wieder ins Gleichgewicht kämen. Diese Vorstellung suchte er den katalanischen Delegierten nahezubringen. Der General Philipps IV., der Marquis de los Veléz, marschierte soeben in hellem Zorn in Katalonien ein. Tarragona ergab sich. Als diese Nachricht Barcelona erreichte, wurde der Mob wild. Die Deputierten baten Richelieu dringend, sie vor dem doppelten Unheil der kastilischen Rache und des Volkszornes zu bewahren. Richelieus Agent, Bernard Duplessis Besançon, reiste zu einer geheimen Diskussion mit Claris nach Barcelona und sagte ihm, falls Katalonien nicht seine Unabhängigkeit erkläre, werde er nicht weiter verhandeln. Am 16. Januar 1641 rief Claris die Republik aus, die nur eine Woche lang bestand. Die herrschende Klasse des Fürstentums mochte zwar in bitterem Widerstreit zu Kastilien stehen, vielleicht sogar Spanien an die Franzosen verraten. Aber sie war nicht antimonarchistisch eingestellt und hatte nicht den Wunsch, sich vom König loszusagen. Die versuchte Unabhängigkeit führte nur zur Desintegration des katalanischen Verwaltungsapparates und zum Rückfall in die Anarchie. Frankreich hatte keine andere Wahl, als das Fürstentum unter seine Kontrolle zu nehmen und auf spanischem Boden gegen Madrid zu kämpfen. Das Ergebnis war katastrophal. Mit den Jahren nahmen die Franzosen im Bewußtsein der Katalanen den Platz der Kastilier ein und säten ihrerseits Drachenzähne. All dies hatte Richelieu vorausgesehen. Wir lesen bei Bernard Duplessis Besançon:

Kardinal Richelieu, der die Schwierigkeiten voraussah, die das Akzeptieren [des katalanischen Angebotes, sich französischer Suzeränität zu unterstellen] eines Tages dem Frieden in den Weg legen würde, zögerte lange, die Sache Seiner Majestät zu empfehlen. Er erklärte oft, daß es vorteilhafter für Frankreich gewesen wäre, wenn diese Provinz als eine Republik unter französischer Protektion errichtet worden wäre, weil sie dann wahrscheinlich größere

Anstrengungen gemacht hätte, ihre Freiheit zu bewahren, und weil Frankreich auf diese Weise ein Teil der Ausgaben erspart worden wäre, die später notwendig waren. Da er aber sah, daß Katalonien dieser Art von Regierung nicht fähig war und daß es sich andernfalls rasch wieder spanischer Herrschaft unterstellen würde, war Seine Exzellenz der Meinung, daß es notwendig war, das Angebot zu akzeptieren.

Der Augenblick für den Frieden war gekommen. »Gott will, daß wir Frieden machen«, sagte Olivares zu Philipp IV., »denn er beraubt uns sichtbarlich und absolut aller Mittel zum Kriege.« Seine Bedingungen an Richelieu waren früher gewesen, daß die Holländer Brasilien, das sie den Portugiesen abgenommen hatten, und Breda zurückgaben; daß Spanien eine Festung im Piemont oder in Montferrat, vorzugsweise Casale, behielt und daß Karl von Lothringen zu den Verhandlungen hinzugezogen wurde. In seiner Verzweiflung war er jetzt bereit, Karl fallenzulassen und nur noch auf dem Verbleib der spanischen Eroberungen in Italien während einer Waffenstillstandsperiode und auf der Rückgabe Brasiliens zu bestehen. Es waren dies vollkommen vernünftige Bedingungen, namentlich die Forderung nach Rückgabe Brasiliens. Der Verlust dieses Landes hatte zu ernsthaften portugiesischen Ressentiments gegen die kastilische Herrschaft geführt. Richelieu jedoch war ein Gefangener seiner eigenen Schlauheit. Er hatte sich verpflichtet, nicht ohne Hollands Zustimmung Frieden zu machen. Die Holländer aber hatten keine Neigung zum Frieden, jetzt, da der Krieg für sie so bedeutsame Früchte abwarf. Sie hatten eben einen letzten Versuch der spanischen Marine abgeschlagen, Brasilien zurückzuerobern, und genossen die materiellen Vorteile, die sich aus dem Besitz der wichtigsten europäischen Zuckerquelle ergaben. Richelieu hatte bereits Gespräche aufgenommen, die nach seinem Tode in der Abhaltung einer Friedenskonferenz in Münster endeten. Jetzt aber, im Jahre 1641, da Spanien ernsthaft in Schwierigkeiten war, hatte er gegen Holland kein Druckmittel in der Hand. Bei aller Bündnistreue jedoch griff er fehl. In Münster sollten die Holländer später Frieden mit Spanien machen, so daß die nachlassenden spanischen Energien frei wurden, um den Kampf mit Frankreich weitere elf Jahre fortzusetzen. Katalonien wurde zu einem Abgrund, der französisches Blut und Geld verschlang, während die Katalanen von allen Partisanen die undankbarsten waren.

Die katalanische Revolte und die ihnen vorliegenden Beweise für deren Unterstützung durch Frankreich inspirierten die Portugiesen, die Restauration ihrer 1581 durch Philipp II. unterdrückten Monarchie zu betreiben. Hier war Richelieu nicht unschuldig. 1638 hatte er einen gewissen Sieur de St. Pé auf einem englischen Schiff nach Lissabon gesandt, um mit einem portugiesischen Kapitän namens d'Azevedo Kontakt aufzunehmen. Er sollte erkunden, ob die Portugiesen bereit seien zu revoltieren, in welchem Falle die französische Flotte alle Festungen in der Tejo-Mündung bis zum Turm von Belém einnehmen und den Portugiesen übergeben wollte. Den Portugiesen sollte klargemacht werden, daß Frankreich in dieser Sache keinerlei eigene Interessen verfolgte. Sollten sie französische oder holländische Militärhilfe wünschen, so sollte St. Pé Bericht erstatten über die Garantien, die sie für die Sicherheit einer auf portugiesischem Boden stationierten Armee geben konnten. St. Pés Bericht ist nicht erhalten. Und so bleibt unklar, in welchem Umfang der portugiesische Aufstand von Richelieus Agenten geschürt wurde. Ende 1640 wurde der Palast in Lissabon von einer Menschenmenge mit dem Ruf gestürmt: »Freiheit, es lebe Don Juan IV., König von Portugal!« Die spanische Statthalterin, Marguerite von Savoyen, verwitwete Herzogin von Mantua, zwang man mit vorgehaltenem Schwert, dem Kommandanten der Festung von Lissabon, die die Stadt und den Hafen dominiert, die Übergabe des Platzes an die Rebellen zu befehlen. Eine Zeitlang hielt Olivares die Nachricht von diesem Desaster vor seinem königlichen Herrn geheim. Dann versuchte er, ihr Ausmaß und ihre Bedeutung herabzuspielen. In diesem Jahr stiegen die Preise in Spanien um achtzig Prozent. Als Olivares eingriff, brachte er zwar die Preise auf den alten Stand zurück, aber nur unter erheblichen Kosten für Industrie und Handel. Spanien begann zusammenzubrechen und riß auch Olivares in dem allgemeinen Ruin mit.

Der Krieg wurde auch in die Spanischen Niederlande getragen. 1639 wurde Hesdin genommen. 1640 war Arras an der Reihe. Diese Stadt besaß eine Garnison von nur fünfzehnhundert Mann Fußvolk und vierhundert Mann Reiterei. Der Kommandant war ein irischer Offizier, Owen Roe O'Neill, der hier das Handwerk lernte, das ihm in den nächsten Jahren gegen die parlamentarischen Generäle in Irland so zupaß kam. Die Spanier freilich sangen ein Lied, in dem es hieß: Wenn die Franzosen Arras nehmen, dann fressen die Mäuse die Katzen. Im Juni 1640 erschien Marschall von

La Meilleraye, der Neffe des alten Amador de La Porte und Richelieus Vetter ersten Grades, mit sechzehn Regimentern und Belagerungsartillerie vor der Stadt und begann mit der Bombardierung. Richelieu behielt, wenn auch aus der Ferne, die taktische Situation unter genauer Kontrolle. Er gab Ratschläge, auf welchen Wegen man Proviant und Munition zu der belagerten Armee schaffen konnte, ohne der spanischen Kavallerie in die Arme zu laufen. Binnen zweier Monate war Arras in französischer Hand. Die Garnison zog unter militärischen Ehren nach Douai ab, wobei sie vier Kanonen und einen Mörser mitnahm. Richelieu setzte durch, daß man die Loyalität der Einwohner durch korrekte, aber milde Behandlung gewann. Mit der Einnahme von Arras war die Provinz Artois mit der französischen Krone wieder vereinigt.

23
Die Bischöfe sind für den Papst
1639–1641

Um 1641 nahm der Krieg eine für Frankreich günstige Wendung. Doch hatte er bereits sechs Jahre gedauert, und Richelieu konnte nur bekümmert auf die Kosten an Menschenleben und Wohlstand blicken. Schon zu Beginn des Krieges hatte er gesagt: »Ich bekenne meine Unwissenheit in finanziellen Dingen.« Und wie er so an seinem Schreibtisch saß und über die zahlenbedeckten Blättern brütete, die für ihn keinen Sinn ergaben und keine Beziehung zur Realität zu haben schienen, war er der Verzweiflung nahe. Der einzig wirklich umfassende Überblick über die Finanzen des Reiches jener Zeit stammt von einem Forscher des 18. Jahrhunderts. In der heutigen Forschung ist man inzwischen zu völlig anderen Zahlen gekommen, aber auch sie stimmen nicht mit jenen überein, die Richelieu in seinem politischen Testament angibt.

Worin jedoch die Quellen sich einig sind, ist der Umstand, daß der Krieg mit dem Volkseinkommen davongaloppierte: Die geprüften Bücher für 1626 weisen Gesamtausgaben des königlichen Haushalts in Höhe von vierundvierzig Millionen Livre aus, in denen natürlich die Gesamtregierungsausgaben nicht enthalten sind. Um 1640 war diese Summe auf einhundertsechzehn Millionen Livre gestiegen. Davon stammte etwas über ein Drittel aus Steuereinnahmen, während der Rest durch den Verkauf von Ländereien, Bauholz und Ämtern sowie durch verschiedene Regierungsunternehmungen bestritten wurde. Nach einer anderen Schätzung beliefen sich 1639 die Gesamtausgaben auf einhundertzweiundsiebzig Millionen, wobei der Haushalt einen Bilanzüberschuß von einem halben Prozent aufweist, der zweifellos auf Darlehen zurückgeht. Richelieu selbst gibt zu, daß 1636 die Eingänge fünfzig Millionen betrugen, das Gesamteinkommen der Regierung achtzig Millionen. Wenn die beiden Zahlengruppen auch nur annähernd zutreffen, was zweifelhaft erscheint, so bedeutet dies, daß in den ersten vier Kriegsjahren die Ausgaben doppelt so hoch waren wie die Einnahmen.

Natürlich mußten die Einnahmen proportional den gestiegenen Ausgaben angehoben werden. Aber sooft neue Steuern eingeführt wurden, diente dies als Vorwand für Preiserhöhungen. Richelieu kämpfte vergeblich gegen diese unerbittliche Tendenz. Er drohte damit, öffentlich die Waren jener Händler zu verbrennen, die die Steuer auf die Preise aufschlugen, mußte aber feststellen, daß dieses Problem seine Fähigkeit überstieg. Oft sagte er, daß Steuersenkungen nötig seien, um die Bevölkerung zur Arbeit und zur Vermögensbildung zu ermutigen, und wie bedauerlich es sei, daß die Steuern offenbar die Bevölkerung nicht reicher, sondern ärmer machten. Verblüfft bezeichnete er dies als ein Paradox und fügte betrübt hinzu: »Es ist unmöglich, dieses Thema gründlich zu untersuchen, wenn man nicht die Gerechtigkeit und die Notwendigkeit dahinter versteht.« Er gab zu verstehen, daß er den Wirtschaftsmechanismus erkannte, wenn er ihn auch nicht begriff:

Es ist klar, daß auch die Ausgaben steigen, wenn die Einnahmen durch dieses Mittel [Besteuerung] gesteigert werden, da man nun zu einem höheren Preis kaufen muß, was man zuvor billiger kaufen konnte. Wenn Fleisch teurer wird, wenn die Preise für Stoffe und alles andere steigen, dann wird es der Soldat schwieriger finden, seinen Lebensunterhalt zu bestreiten, und es wird notwendig sein, seinen Sold zu erhöhen, und die Löhne der Handwerker werden höher sein als zuvor.

Dann fügte er – eingedenk des verarmten Status jener Klasse, der er selbst entstammte – hinzu: »Der arme Edelmann, dessen Reichtum nur in Grundbesitz besteht, wird durch solche Besteuerung seine Einkünfte nicht steigern, denn die Erzeugnisse des Bodens bleiben im Preis immer gleich.« Der Krieg beschleunigte somit die soziale Revolution, die das Junkertum von Kronämtern und der Verwendung in der Armee abhängig machen sollte.

In einem Zahlensumpf erstickend, setzte Richelieu der Bilanz für 1640 eine verzweifelte Bemerkung voran. Oft, so schreibt er, sei er den Tränen nahe und überaus betrübt in seinem Herzen darüber, daß diese außerordentlichen Belastungen dem Volke wegen des Krieges und gegen seine – Richelieus – Neigungen auferlegt werden müßten. Um zu Geld zu kommen, hatte der Staat neue Ämter geschaffen und verkauft. Doch mußte Bullion einem bestürzten Ministerrat mitteilen, daß dies nur den einen Effekt hatte,

Geld abzuziehen, das andernfalls besteuert werden konnte. Übte man jedoch weiteren Druck auf die Steuereinnehmer aus, meinte Bullion, so werde man sie alle in den Bankrott treiben. In sieben Monaten hatten die Ausgaben die Gesamteinnahmen des Jahres um vier Millionen Livre überschritten. 1639 gab es eine neuerliche Erhebung der Bauernschaft, dieses Mal in der Normandie. Die dortigen Steuereinnehmer, aufgebracht über die allenthalben ausbleibenden Zahlungen, verfielen auf die Idee, die Pfarreien in corpore für die Erlegung der *taille* durch die Einwohner verantwortlich zu machen. Die Bauern, die bereits bezahlt hatten, weigerten sich natürlich, für ihre Nachbarn zu zahlen. Daraufhin wurden einige in den Kerker geworfen. In Avranches und Coutances wählten Volksversammlungen Anführer und formierten sich zu Regimentern, die den staatlichen Behörden ausgerechnet in dem Augenblick trotzten, da sie Berufung beim König und beim Parlament von Rouen einlegten. Die Unterlagen der Steuereinnehmer wurden entwendet und verbrannt oder in alle Winde zerstreut. Der Generalkommissar der *gabelle* für diese Provinz wurde in seinem Haus belagert. Richelieu war fassungslos: »Ich weiß nicht, wie man dem abhelfen kann«, sagte er. »Es ist unmöglich, die angeforderten Truppen aufzutreiben, wenn man nicht die Angelegenheiten des Königs fallenlassen und Frankreich dem Ausland überantworten will.« Mittlerweile hatten sich fünftausend wohlbewaffnete Männer zu acht oder zehn Regimentern zusammengeschlossen, die als *nu-pieds* bekannt waren. Eine Protestbewegung war in Gewaltsamkeit entartet. Die Reichen wurden in ihren Häusern ermordet, Familien zugrunde gerichtet, Eigentum verbrannt. Die Bauern ließen an allem ihre Wut aus. Ein Trupp der königlichen Reiterei sowie zwei Infanterieregimenter wurden abgeordnet und entwaffneten die Bevölkerung von Caen. In Avranches hatten sich die Rebellen verbarrikadiert und waren zum Widerstand entschlossen. Es gab ein zweistündiges erbittertes Ringen, bevor die Barrikaden beseitigt werden konnten. Die Bauern trieb man in die Flußmündung. Dort wurden sie von der Kavallerie niedergesäbelt oder ertranken auf der Flucht.

Die Provinzverwaltung, mochte sie auch die Erhebung nicht aktiv unterstützt haben, stand ihr jedoch zumindest wohlwollend gegenüber. Der Kanzler Séguier legte Richelieu eine Denkschrift vor, in der er vorschlug, das Parlament von Rouen solle für den Schaden haftbar gemacht werden und der königlichen Schatzkammer die entgangenen Einnahmen ersetzen. Die Privilegien der Normandie müßten widerrufen, die Provinz sollte auf dem Verwaltungswege mit der Krone vereinigt werden. Das Rathaus von Rouen müsse verschwinden. An seiner Stelle solle eine Pyramide erstehen, auf welcher der Beschluß des Ministerrats einzugravieren sei, mit dem die separate Existenz der Normandie für beendet erklärt wurde. Humor war nicht die starke Seite des Kardinals. Und so nahm er diesen letzteren Vorschlag ernst und erwiderte allen Ernstes, das Memorandum erscheine ihm gut, »mit Ausnahme der Einebnung des Rathauses von Rouen«. Im Januar 1640 traf Séguier in Rouen ein und machte sich daran, die von ihm vorgeschlagene Politik in die Tat umzusetzen. »Behalten Sie stets im Gedächtnis«, instruierte ihn Richelieu, »daß wir bei dieser Gelegenheit kein zu heftiges Exempel statuieren können.« Strenge Maßnahmen ergriff man gegen die Steuereinheber, die ihre Autorität mißbraucht hatten. Doch löste dies nicht das zugrundelegende Problem, daß eben zu wenig Geld für zu große Verpflichtungen da war. Die Probleme blieben für den Rest des Krieges existent, wenn auch in einer weniger dramatischen Form.

Den Umfang des finanziellen Dilemmas, in dem Richelieu sich befand, kann man heute ermessen, da der Inhalt von Séguiers Papieren bekannt ist, die in Leningrad gelegen haben. Sie schlüsseln im einzelnen die Klassen und Persönlichkeiten auf, die an dem Aufstand in der Normandie beteiligt waren. Die Jahr für Jahr zusätzlich auferlegten Steuern waren an sich geringfügig. Es ist jedoch klar, daß für die Bauern, die hart am Existenzminimum lebten, selbst die geringste Steuererhöhung den drohenden Hungertod bedeutete. Die Aufrührer hatten nichts mehr zu verlieren und wurden noch vom Landadel unterstützt oder jedenfalls nicht bekämpft. Denn der letzte Sol, der einem Handwerker abgepreßt wurde, war ein Sol weniger an Pacht oder Abgaben für den Feudalherren. Auch die Mittelschichten der Städte, selbst Opfer des steuerlichen Druckes, widersetzten sich nicht. Sie versäumten es, den Bauern ihre eigenen Verteidigungsorganisationen entgegenzustellen, bis die revolutionäre Bewegung schließlich unterschiedslos antisozial wurde. Zu dieser Wendung kam es, weil der Eindruck herrschte, daß die zusätzliche Besteuerung, die angeblich dem Kriege diente, in Wahrheit von den Steuereinnehmern eingestrichen wurde oder dazu diente, die Zentralisierungspolitik Richelieus zu unterstützen, so daß der Steuerzahler in einer Art doppelter Besteuerung zusätzlich noch die Armee zu unterstützen hatte, und zwar durch Einquartierung, Requirierung und alle möglichen weiteren Lasten. Das Übel verschärfte sich in dem Maße, in dem sich immer mehr Steuerzahler der Mittelschicht ihrer Steuerpflicht dadurch entzogen, daß sie geadelt wurden oder Ämter und Privilegien erwarben. Damit konzentrierte sich die Besteuerung auf diejenigen Klassen des Volkes, die sie am wenigsten tragen konnten. Hierin lag ein fataler Zirkel: Weniger Privilegien bedeuteten höheres Steueraufkommen. Zugleich aber bestand die Gefahr, daß sich die Volksschichten gegen den Staat verbündeten.

Tatsächlich gab es keine andere Lösung des Finanzproblems als den Friedensschluß und die Wiederankurbelung von Produktion und Handel. Der Gold- und Silberimport von Amerika nach Spanien sank seinem tatsächlichen Gewicht nach zwischen 1631 und 1640 auf sechzig Prozent dessen, was er im vorausgegangenen Jahrzehnt betragen hatte. Dagegen stieg das Verhältnis von Silber zu Gold von 21 : 38 auf 13 : 12. Da Gold in der Hauptsache für große internationale Transaktionen und für die Münzen mit höherem Nennwert gebraucht wurde, gab es nicht nur zu wenig Hartgeld, um den Handel in Gang zu halten, sondern in ganz Europa auch viel weniger Silber für Prägezwecke. Die daraus entstehenden Bargeld-Engpässe machten in einer Zeit der Inflation und enormen Kriegslasten jeder Regierung zu schaffen. Ja, sie hemmten tendenziell sogar die militärischen Aktivitäten an allen Fronten. Der Verlust Graubündens ist vornehmlich der Unmöglichkeit zuzuschreiben, Bargeld für die Besoldung der Truppen aufzutreiben.

Der Krieg hatte den Handel unterbrochen, und die etablierten Kanäle für die Zirkulation des Geldes waren blockiert. Dies machte die Aushebung weiterer Truppen schwierig, weshalb Richelieu mehr und mehr auf den schrumpfenden, von hartem Konkurrenzdruck geprägten internationalen Kreditmarkt ausweichen mußte. Richelieus Agent auf diesem Gebiet war ein in Amsterdam ansässiger spanischer Jude namens López. Da auf den Krediten manchmal riesige Zinssätze lasteten, wurde es jedoch wieder schwierig, deren Tilgung zu finanzieren. Der Kardinal hatte eine geradezu mittelalterliche Furcht vor Finanzpraktiken. Die Steuereinnehmer bezeichnete er als Männer, die schamlos stehlen und eine Bedrohung für den Staat sind. Aber, seufzte er, sie sind absolut notwendig. »Gold und Silber sind die Tyrannen dieser Welt. Ihr Wesen und ihr Reich sind an sich zwar ungerecht. Aber manchmal sind sie so sehr vonnöten, daß es notwendig ist, ihre Herrschaft zu dulden.« Als die Maschinerie für die Beschaffung der Kredite zusammenbrach, sah sich der arme López in Geldverlegenheit. So schrieb er an Richelieu und bat um Rückzahlung, um die Möbel von Rubens kaufen zu können, die 1640 versteigert wurden. Jedermann sei so knapp an Geld, sagte er, daß die Tapisserien vermutlich zu Schleuderpreisen weggehen würden. »Nachdem ich jeden Dienst geleistet und alles getan habe, worum man mich bat«, klagte er, »habe ich jetzt kein Geld, um dieses Land verlassen zu können.« Die Finanzkrise löste auch eine weitere gallikanische Kontroverse aus. Um sich Klarheit über die Ressourcen Frankreichs zu verschaffen, beschloß man, von allen öffentlichen Institutionen, bei Strafe der Einziehung, ein Inventar ihres Besitzes und ihrer Einkünfte anlegen zu lassen. Als deutlich wurde, daß dahinter die Absicht stand, die Kirche zu besteuern, ging ein Aufschrei durchs Land. Bullion, der für den Fiskus plädierte, sagte: »Der König als Souverän aller seiner Untertanen hat das Recht, von den Orden des Reiches zu verlangen, daß sie zu den Kriegskosten beitragen.« Und Richelieu, der daran erinnerte, daß bis zu diesem Zeitpunkt der Klerus von allen Belasungen verschont geblieben war, fügte hinzu, daß der Krieg fünf Jahre lang gewütet habe, ohne die Ämter oder Geldmittel des Klerus anzutasten. Es war Tradition gewesen, daß die Kirche in Zeiten des Krieges außerordentliche freiwillige Leistungen erbrachte, was sie zum Beispiel während des Hundertjährigen Krieges bis an die Grenze der Selbstvernichtung tat. Richelieu, wie gewöhnlich, pochte auf die Geschichte und suchte Rechtfertigung für seinen Standpunkt, indem er untersuchen ließ, in welchem Verhältnis in der Feudalstruktur die kirchlichen Ländereien zur Krondomäne standen. Er veranlaßte zwei Brüder, Pierre und Jacques Dupuy, ein Buch über die historischen Ursprünge der Kirchenfreiheit in Frankreich zu schreiben. Sie gingen jedoch zu weit, konzedierten einige Hauptpunkte des kirchlichen Gallikanismus und verkehrten damit eine finanzielle Streitfrage in eine theologische. Ende 1640 trafen sich achtzehn Bischöfe im Hause des Kardinals von La Rochefoucauld und verurteilten das Buch als »Teufelswerk«.

Um anzuzeigen, daß er den Tenor des Buches von Dupuy mißbillige, gestattete Richelieu, daß eine von Petro de Marca verfaßte Erwiderung ihm gewidmet wurde. Marca trat für den Supremat des Papstes über ein Kirchenkonzil ein. Die Freiheiten der gallikanischen Kirche, behauptete Marca, beruhten auf zwei Grundlagen: erstens der Anerkennung der primären und souveränen Autorität des Heiligen Stuhles, allgemeine Gesetze zu erlassen und in letzter Instanz Recht zu sprechen; zweitens der souveränen Autorität der Könige, die in weltlichen Angelegenheiten keinen Herren über sich haben. Rom fand jedoch Passagen, an denen es Anstoß nahm, und das Heilige Offizium setzte das Buch auf den Index. 1646 widerrief Marca feierlich. Da man Richelieu mit dem Buch identifizierte, nahm man an, daß er ebenfalls im Irrtum sei. In einer anonymen, von einem Professor der Sorbonne verfaßten Schrift wurde die Anschuldigung gegen ihn erhoben, er bereite ein Schisma vor. Der Vorwurf erregte größtes Aufsehen. Während Richelieu das Buch verbrennen und nach dem Autor fahnden ließ, traten andere Schriftsteller auf den Plan, die seine religiöse Orthodoxie und das mustergültige Beispiel, das er als Priester gegeben habe, verteidigten. Wiederum schossen die Apologeten über das Ziel hinaus. Ein Jesuit namens Rabardau rechtfertigte nicht nur die Annullierung von Gastons Ehe und die Besteuerung des Klerus, sondern behauptete auch, Frankreich könne ohne Zustimmung des Papstes zu einem Patriarchat gemacht werden. Auch dieses Buch kam auf den Index.

Es ist bedauerlich, daß Rom zu diesem Zeitpunkt versuchte, Richelieu von der französischen Hierarchie zu isolieren. Denn Roms eigene Position war nicht über alle Kritik erhaben. Urban VIII. war alt und von unbesonnenen Personen umgeben. Eine Reihe nebensächlicher Vorfälle, die Richelieu falsch dargestellt wurden, bewirkten eine Abkühlung zwischen ihm und dem Heiligen Stuhl und führten ihn zu der Klage, der Papst denke nur noch daran, Frankreich zu kränken. Zunächst weigerte sich der Papst, ein Requiem für den Kardinal La Valette zu lesen oder zuzulassen, daß das Heilige Offizium, dessen Mitglied La Valette gewesen war, eine solche Messe in Santa Maria della Minerva zelebrierte. Die Gründe des Papstes waren stichhaltig genug. Es mußte für die spanische Fraktion provozierend wirken, wenn man der Seele eines Prälaten besondere Aufmerksamkeit zuwandte, der zum Zeitpunkt seines Todes ein feindlicher General gewesen war. Auch war es unüblich, öffentliche Trauer für einen Kardinal auszurufen, der nicht in Rom gestorben war. Doch wurde die Angelegenheit in Rom auf eine Weise behandelt, die man in Frankreich als Affront empfand. Ständige Unruhe herrschte in Rom durch die Streitigkeiten und

Intrigen der französischen und spanischen Botschaft. Vier türkische Sklaven, die der spanischen Botschaft gehörten, suchten in der französischen Kirche Trinità dei Monti Zuflucht und baten um Asyl. Dreihundert päpstliche Soldaten zerrten sie heraus und brachten sie im Katechumenen-Kolleg unter. Dann kam es zu einem schwerwiegenden Bruch der diplomatischen Privilegien, der die Spannung vor allem deshalb erhöhte, weil der Neffe des Papstes, Kardinal Francisco Barberini, darin verwickelt war. Der römische Diener eines Kammerherrn des französischen Botschafters eröffnete eine Spielhölle und wurde von der päpstlichen Polizei verhaftet, vor Gericht gestellt und zu den Galeeren verurteilt. Drei Diener des französischen Botschafters verhalfen ihm zur Flucht. Darauf wurde der Kammerherr aus dem Hinterhalt erschossen. Sein Kopf wurde abgeschnitten und auf dem öffentlichen Schafott in Rom ausgestellt, zusammen mit einer beigefügten Notiz: »Das ist der Kopf des Kammerherrn des französischen Botschafters!« Der Kopf wurde zwei Stunden später entfernt und in eine Grube zu den Schädeln gewöhnlicher Übeltäter geworfen. Der Bericht, der Paris durch d'Estrées erreichte, welcher sich natürlich die Gelegenheit zu Hetzreden nicht entgehen ließ, deutete an, daß Kardinal Barberini der Geldgeber gewesen sein soll und der Attentäter genannt werde. Ludwig XIII. wies daraufhin d'Estrées an, bei keiner päpstlichen Audienz und keiner Zusammenkunft der Barberinis mehr zu erscheinen.

Mitten in dieser Reihe von Krisen wurde der Nuntius in Paris durch einen neuen Nuntius, Ranuccio Scotti, abgelöst. Ludwig XIII. sagte von ihm, er leiste sich »alle die Extravaganzen, die man von einem Narren erwartet«. In der Tat führte er sich wie ein solcher auf, wobei noch hinzukam, daß er im Rufe stand, prospanisch zu sein. Er kam in einer neuen Friedensmission des Papstes. Aber Frieden mit Spanien sollte in den Verhandlungen eine viel geringere Rolle spielen als das Problem der Wiedergutmachung jener Affronts, die Ludwig von seiten des Heiligen Stuhles erlitten hatte oder erlitten zu haben glaubte. Scotti schlug seine Residenz im Hôtel de Cluny auf, wo er sich mit Chavigny über protokollarischen Problemen erhitzte. Der Nuntius machte seinen offiziellen Antrittsbesuch bei Chavigny, weigerte sich aber, ihm die Hand zu reichen, weil er kein Fürst sei. Chavigny, ein eingebildeter und leicht beleidigter Mann, verschob den Gegenbesuch, bis es notwendig wurde, die Entschuldigung des Papstes in der Angelegenheit des ermordeten Kammerherrn zu fordern. Dann ließ er Scotti wissen, er werde ihn besuchen, falls Scotti ihm die Hand reiche, wie dies seine Vorgänger auch getan hätten. Darauf wollte Scotti sich nicht einlassen. Er war aber bereit, Chavigny inoffiziell im Franziskanerkloster zu treffen.

Chavigny verspätete sich zu dem vereinbarten Treffen, was wahrscheinlich nicht dazu beitrug, den Nuntius aufzuheitern. Als er eintraf, sagte er, er habe drei Dinge zu erörtern: einmal die Verweigerung des Requiems für La Valette, zum andern die Affäre von Tirinità dei Monti und nicht zuletzt den Mord an einem französischen Botschaftsangehörigen. Während Spanien sich empörend gegenüber dem Heiligen Stuhl betragen habe, sagte er, habe Frankreich nie etwas Unrespektierliches getan. Aber wie werde Frankreich nun vom Papst behandelt! Scotti bemerkte, der Papst habe stets die Neutralität zwischen Frankreich und Spanien beobachtet, endlich ging er dazu über, den Standpunkt des Heiligen Stuhles in bezug auf die drei angeschnittenen Themen zu erläutern. Die Unterstellung, daß Barberini mit dem Mord zu tun habe, bezeichnete er als reine Verleumdung. Er zeigte sich höchst verwundert darüber, daß Richelieu dem Wort d'Estrées' mehr Glauben schenkte als dem der Kirche. Der Papst sei ein Souverän und werde nicht zulassen, daß Rom zum Kampfplatz für Spanier und Franzosen werde. Dies war nicht unvernünftig. Aber Scotti konnte unmöglich der Versuchung widerstehen, triumphierend zu bemerken, die meisten Bischöfe stünden hinter dem Papst. Chavigny warf ihm vor, er versuche, Unfrieden zu stiften. Dann sagte er, er habe dem Nuntius ein Dokument des Königs auszuhändigen, in dem dieser die Wiedergutmachung für die Verletzung der völkerrechtlichen Bestimmung über diplomatische Privilegien verlange. Scotti erwiderte, der König habe ja einen Botschafter in Rom, möge dieser also das Dokument getrost übergeben. Chavigny erkannte hierin einen plumpen Versuch, d'Estrées zu einer Audienz beim Papst zu zwingen und damit eben den in dem Dokument angesprochenen Streitpunkt preiszugeben. »Was, Monsieur«, rief er, »Sie wollen diesen Brief nicht entgegennehmen?« Scotti weigerte sich. Chavigny versuchte schließlich, ihm das Dokument laut vorzulesen, wurde aber vom Nuntius unterbrochen, der Anstoß an einer Anspielung auf seine Person in dem Papier nahm. Er sagte, es sei doch klar, daß Frankreich gar nicht den Wunsch habe, Frieden zu machen. Das Land habe drei Jahre zuvor auch den Legaten in Köln lediglich »hingehalten« und niemals ernsthaft die Absicht gehabt, an der Friedenskonfernez dort teilzunehmen.

Nach diesem Treffen erschien der *chef-de-protocol* im Hôtel de Cluny, um dem Nuntius das Dokument offiziell auszuhändigen. Man sagte ihm, Scotti befinde sich mit dem Kardinal La Rochefoucauld in der Abtei Ste. Geneviève. Der *chef-de-protocol* wartete auf Scotti. Um fünf Uhr abends kam er zurück. Das Dokument, mit großen Siegeln geschmückt, wurde ihm präsentiert. Er weigerte sich, es in Empfang zu nehmen. »In diesem Falle«, sagte der *chef-de-protocol*, »bin ich vom König angewiesen, es Ihnen vorzulesen.« Scotti drehte sich um, ging ins Nebenzimmer und schlug ihm die Tür vor der Nase zu. Niemand wollte das Dokument entgegennehmen, und als es der *chef-de-protocol* auf einem Tisch liegenlassen wollte, warf es ihm jemand hinterher. Der *chef-de-protocol* weigerte sich, es aufzuheben, und ging zurück zu seiner Kutsche. Kaum war er eingestiegen, als ein Diener aus dem Hoftor rannte, das noch heute den Eingang zum Musée de Cluny bildet, das Dokument durch das Kutschenfenster schob und das Tor hinter sich zuwarf. Einige Tage später wurde den Bischöfen durch Erlaß des Königs verboten, mit Scotti zu verkehren. Und vor dem Hôtel de Cluny wurde eine Wache postiert, die jeden anhielt, der das Gebäude nach Einbruch der Dunkelheit betrat oder verließ.

Richelieu hatte mit diesem dipolomatischen Hickhack nur am Rande zu tun. Der Brief, den er an den Kardinalstaatssekretär Bagno schrieb, um sich über Scottis Verhalten zu beklagen, war milde im Ton und von großer Würde. Er erklärte, er wisse, daß Scotti ein guter und eifriger Prälat sei. Doch verstehe er Frankreich so schlecht und entspreche den ausgezeichneten Instruktionen, die Bagno ihm gegeben habe, so wenig, daß seine Mission eher schädlich als nützlich sein werde. Aus der Begründung an die Bischöfe jedoch, warum sie sich von Scotti fernhalten sollten, geht hervor, daß die tödliche Beleidigung für Richelieu in der Behauptung lag, die Bischöfe seien »für den Papst und gegen den König«.

Der Widerstand der Bischöfe gegen die Pläne der Regierung, die Kircheneinkünfte zu versteuern, ließ dem Papst, den Zeitgenossen und den Historikern Richelieus Standpunkt in der gallikanischen Frage weit revolutionärer erscheinen, als er in Wirklichkeit war. Im Februar 1641 trat eine außerordentliche Versammlung des Klerus in Paris zusammen, um ein königliches Edikt zu diskutieren. das die Kirche mit einer Summe von sieben Millionen Livre belastete.

Die Beratungen wurden nach Mantes verlegt, und Richelieu versuchte, in die neue Versammlung Personen wählen zu lassen, die »friedfertig und lenkbar« waren. In Mantes prallten die Meinungen heftig aufeinander. Letztlich mußte Richelieu froh sein, zwei Drittel der Summe zu bekommen, und auch das erst, nachdem er zwei Erzbischöfe und vier Bischöfe von der Diskussion ausgeschlossen hatte. Der Papst schaltete sich mit einer Bulle gegen all jene ein, die in die Rechte der Kirche eingriffen. Als Scottis Nachfolger, Grimaldi, Richelieu die Bulle aushändigte, sagte der Kardinal, dies sei eine Angelegenheit für das Parlament. Dieses gallikanische Gremium verbot die Publizierung der Bulle in Frankreich und stellte sie unter die Strafe des Hochverrats. Der alte und glücklose Richelieu schien Urban VIII. ein wesentlich anderer Mensch zu sein als jener junge Richelieu, der bei den Generalständen die Sache des Ultramontanismus verfochten und die Durchsetzung der Beschlüsse des Tridentinums angestrebt hatte.

24
Torheit – Vorrecht des Jungseins
1641

»Es ist unmöglich, jung und zugleich vollkommen klug zu sein«, schrieb Richelieu am 11. Dezember 1639 an den König. Er antwortete damit auf Ludwigs Klagen über den königlichen Favoriten, den neunzehnjährigen Henri d'Effiat, den Marquis de Cinq Mars. Es war eine entschuldigende Bemerkung, darauf angelegt, die Eifersucht des Königs auf einen strahlenden Jüngling zu mildern, der auch ein Günstling des Kardinals war. In gewisser Weise jedoch wies diese prophetische Bemerkung auf die tragischen Ereignisse hin, die die letzten Tage Richelieus vergifteten, ihn von seiner nicht vollendeten Aufgabe ablenkten und Frankreich wieder in jenen Abgrund zu stürzen drohten, aus dem er es so mühsam und in einem lebenslangen Kampf herauszuziehen versucht hatte. Der Vater des Cinq Mars, Marquis Antoine d'Effiat, war Richelieus Freund und Vertrauter seit jenen Tagen gewesen, da er so klug mit Buckingham verhandelt und sich in der Schlacht von Avigliana den Marschallstab verdient hatte. Richelieu hatte seinen Tod betrauert, als er 1632 durch ein Fieber dahingerafft wurde. Er hinterließ eine Frau von tadelloser Tugend sowie sechs Kinder. Der zweite Sohn Henri war damals zwölf Jahre alt und der Erbe einer Herrschaft, die nach ihrem mittelalterlichen Château Cinq Mars genannt wurde. Die verwitwete Marquise lebte in dem hübschen neuen Château Chilly. Richelieu war dort ein häufiger Gast. Wie alle Welt war auch er bezaubert von dem liebenswerten Henri mit seiner faszinierenden Mischung aus Lebhaftigkeit und Schwermut, Heiterkeit und Kaprice. Das Interesse des Kardinals an der Familie wurde besiegelt, als Henris Schwester Marie seinen eigenen Vetter, den Marschall von La Meilleraye, heiratete, den Neffen Amadors de La Porte. Richelieu liebte es, die Interessen seines enormen Clans von Verwandten, und sei es auf patriarchalische Weise, zu fördern. Er arrangierte eine kleine Stelle bei Hofe für Cinq Mars und sorgte stetig für sein Fortkommen. Extravagant in der Aufmerksamkeit, die er seiner Toilette widmete, schien Henri Richelieu der rechte Mann zu sein, um das Amt des Großmeisters der Garderobe zu übernehmen, das der Sohn von La Force zu verkaufen wünschte. Auf diese Weise kam Henri in intimen Kontakt mit dem König.

Es besteht kein Zweifel, daß Richelieu hoffte, durch Cinq Mars seinen Einfluß auf Ludwig zurückzugewinnen. Er dachte daran, daß er selbst es war, der den damals neunzehnjährigen Saint-Simon beim König eingeführt hatte, jenen Saint-Simon, der ihm dies am Tag der Geprellten bewunderungswürdig vergolten hatte. Saint-Simon war in der Gunst des Königs gesunken. Und nachdem Louise de La Fayette endgültig den Schleier genommen hatte, bezog Marie de Hautefort wieder ihre einflußreiche Position. Mit ihrer Rückkehr aber gewannen die richelieufeindlichen und prospanischen Kräfte bei Hofe wieder an Boden. Ludwig, der jetzt chronisch an Tuberkulose litt, obendrein von einem unruhigen Gewissen geplagt wurde und das Elend seines Landes beklagte, war in seiner Entschlossenheit schwankend geworden, den Krieg fortzusetzen. Nach der Affäre Caussin hatte Richelieu allen Grund zu der Befürchtung, daß Ludwig ausgerechnet in einem Augenblick schwach werden würde, da sich das Blatt zugunsten Frankreichs wendete und Frankreich daran denken konnte, in gestärkter Position an einer Friedenskonferenz teilzunehmen. Tatsächlich waren Verhandlungen im Gange, die 1641 zu einer Vereinbarung zwischen Spanien, Österreich und Frankreich führten, Gespräche in Münster und Osnabrück zu beginnen – eine Vereinbarung, die sieben Jahre später zum Westfälischen Frieden führen sollte. Es schien dringend geboten, jemanden zu haben, der das Ohr des Königs besaß, die defätistischen Einflüsse bändigen und den Willen Ludwigs aufrichten konnte.

Der einsame König stand unter dem unwiderstehlichen Zwang, sich einem anderen Menschen vollkommen auszuliefern, obwohl seine ausgeprägte Frömmigkeit und seine verschlossene Persönlichkeit jede offene und unverstellte Regung in ihm erstickten. »Gott verhüte«, rief er einmal flehentlich, »daß jemals der Ehebruch Einzug in mein Haus hält! Je mehr ich König bin und in der Lage, mir selbst Gehör zu verschaffen, desto mehr muß ich daran denken, daß Gott es mir verbietet. Denn er hat mich nur darum zum König gemacht, damit ich ihm gehorche und so ein Beispiel für meine Untertanen gebe und sie, die er mir untertan gemacht hat, zum Gehorsam gegen ihn veranlasse.« Nichtsdestoweniger, fügte er listig hinzu, sei er ein Mensch und den Sinnen untertan. Der muntere, hübsche Cinq Mars löste in ihm jene Verkrampfungen, die Charakter, Krankheit und Umwelt in ihm verursacht hatten. Er ging völlig in der Zuneigung zu ihm auf. Die Art aber, wie Cinq Mars seine Stellung ausnutzte, frappierte jedermann. Als der Hof sich bei der Armee in Mézières befand – man schrieb das Jahr 1638 –, erlaubte es sich Cinq Mars, auf die Sticheleien des Herzogs von Nemours bei Tisch flapsige Antworten zu geben. Einem einfachen Edelmann stand es eigentlich nicht zu, einem Prinzen zu widersprechen, und der Herzog, verärgert über Cinq Mars und dessen Repliken, wurde ausfallend. Cinq Mars war auch nicht gerade auf den Mund gefallen. Auf einmal warf Nemours ihm einen Kirschkern an die Nase. Cinq Mars warf ihn zurück und traf Nemours ins Auge. Die beiden Männer fuhren sich gegenseitig an die Gurgel. Ein unerhörter Vorgang! Und was ihn noch erstaunlicher machte, war, daß der König, als er davon erfuhr, Cinq Mars' Partei ergriff. Niemand konnte sich erinnern, daß ein König von Frankreich jemals einen Untertanen als »lieber Freund« bezeichnet hatte.

Der wankelmütige Cinq Mars jedoch versprach in bezug auf sein Verhältnis zum König nichts Gutes. Ludwig, der früh zu Bett ging und früh aufstand, erwartete von dem jungen Mann, daß er sich seinen Gewohnheiten anpaßte. Cinq Mars jedoch hatte nicht die Absicht, irgend jemandes Sklave zu sein. Vollkommen undiszipliniert, kurzum, ein Libertin, boshaft, verschwenderisch und streitsüchtig, machte er nachts Paris unsicher, führte mit seinen halbwüchsigen Genossen ein ausschweifendes Leben und war fortwährend in Liebesabenteuer und Raufereien verwickelt. Er fing ein Verhältnis mit einer jungen verheirateten Frau von fabelhafter Schönheit, Marion de Lorme, an, entführte sie vor den Augen ihres Mannes und präsentierte sie in den Salons. Es gibt Anhaltspunkte dafür, daß Richelieu sie in sein Château zitierte zu einem Gespräch unter vier Augen. Wahrscheinlich hatte er die Absicht, ihr eine Beziehung auszureden, die das gequälte Herz des Königs belastete. Er gab jedoch nur dem maliziösen Kardinal von Retz die Gelegenheit zu der Bemerkung, daß er sich mit Cinq Mars in die Gunst der Dame teile. Die Marquise von Effiat war ebenso empört wie der König über das lästerliche Leben ihres Sohnes und war drauf und dran, mit ihm zu brechen und Marion wegen »Verführung« zu belangen.

Die Extravaganz des jungen Mannes kannte keine Grenzen. Er besaß zweiundfünfzig Anzüge von wertvollem Tuch. Als er sich eine unsinnig teure Kutsche kaufte, weigerte sich der zornbebende Ludwig, sie sich anzusehen. Er brummte nur, er hasse Geldverschwendung. Gleichzeitig konnte der König diesem neuen Buckingham nicht widerstehen und war entschlossen, ihm sogar das Amt des Grand Écuyer (Großstallmeister) zu verschaffen. Dieses hatte der alternde Herzog von Bellegarde inne, der einstige Favorit Heinrichs III. und Geliebte der Gabrielle d'Estrées. Jahrelang hatte sich Bellegarde geweigert, das Amt an Brézé zu verkaufen. Und selbst jetzt, als der König die Aufgabe des Amtes praktisch verlangte, zögerte er und verhandelte hartnäckig, bevor er nachgab. Am 15. November 1639 trat Cinq Mars sein neues Amt an. Wie Chavigny an Mazarin schrieb, war es kein schlechter Anfang für einen Burschen von neunzehn Jahren. Aber, so Chavigny wörtlich, »noch nie hat der König eine so heftige Leidenschaft für einen Menschen empfunden«.

Richelieus Ziel, Cinq Mars auf eine einflußreiche Position zu hieven, hatte sich erfüllt. Aber der Einfluß, den Cinq Mars ausübte, war nicht im Sinne des Kardinals. Cinq Mars hörte auf die Einflüsterungen seiner Kumpane, und meistenteils waren es Dinge, die dem Kardinal schadeten. François Auguste de Thou, Advokat und Sproß einer Parlamentarierfamilie, war mehrere Jahre älter als Henri, klug, erfahren und weitgereist. Er war auch ehrgeizig und köderte Cinq Mars mit der Erwartung, durch ihn zu Macht und Einfluß zu gelangen. Louis d'Astarac, der Marquis von Fontrailles, war von anderem Charakter: der geborene Intrigant und ein Mann, der seine eigene Unansehnlichkeit bitter verwünschte. Einmal hatte ihn Richelieu in seiner Gegenwart als »Monster« bezeichnet. Es war eine jener scharfen Bemerkungen, deren sich der Kardinal mit seiner ironischen Ader nicht enthalten konnte. Er entschuldigte sich später bei Fontrailles. Doch dieser schloß sich der großen Schar der Unversöhnlichen an, die Richelieu sich mit seiner boshaften Zunge zu Todfeinden gemacht hatte. Auch Cinq Mars bekam die Peitsche zu spüren. Denn der Kardinal legte sich ins Mittel und tadelte ihn für seine Lebensweise. Er stieß aber nur auf die Verstocktheit eines arroganten jungen Mannes. Das Verhältnis zwischen dem Kardinal und dem Grand Écuyer kühlte sich ab. Als er La Meilleraye zu zu Cinq Mars schickte, damit dieser ihm zurede, mußte jener unverrichteter Dinge wieder abziehen und die

Diskussion abbrechen. In diesem Augenblick kam es zwischen Richelieu und dem Favoriten des Königs zum offenen Bruch. Ihre Feindseligkeiten waren zur Zeit der Belagerung von Arras im Jahre 1640 Tagesgespräch. Wie Richelieu aus abgefangenen spanischen Depeschen wußte, sollte ein Konvoi mit sechs- bis siebentausend Karren Munition für die französischen Mörser vor Arras von feindlicher Kavallerie überfallen werden. Der Kardinal hatte Pläne zum Schutz des Konvois ausgeklügelt. Begierig darauf, sich auszuzeichnen, hatte nun Cinq Mars den König um das Kommando des Konvois gebeten. Ludwig willigte ein, ohne den Kardinal zu fragen. Als Richelieu von der Sache erfuhr, war er natürlich verärgert. Nicht nur, weil er übergangen worden war, sondern hauptsächlich wegen der törichten Entscheidung, die beim Charakter und bei der Unerfahrenheit eines Cinq Mars alles gefährden konnte. Er ging zum König und legte ihm mit großem Takt und gewohnter Beredsamkeit die Sachlage dar. Doch ein finsterer Blick des Königs brachte ihn zum Schweigen, und es blieb ihm nichts weiter übrig, als sich geschlagen zurückzuziehen. Ludwig gab an diesem Tag und danach immer wieder zu verstehen, daß er im Interesse Frankreichs bereit war, Richelieu über die Nation gebieten zu lassen, daß er aber nicht willens sei, ihn in Dinge hineinreden zu lassen, die er als seine ureigensten empfand.

Richelieu setzte Cinq Mars prompt unter Druck und überredete den jungen Mann, den Konvoi zu vergessen und statt dessen das Kommando über eintausendvierhundert junge adlige Freiwillige zu übernehmen, die den Beinamen »die Unsterblichen« trugen. Dies, so meinte der Kardinal, sei ein Posten, wie er einem echten Helden zieme, eine Aufgabe, weit ruhmreicher, als irgendeinen Konvoi zu eskortieren. Cinq Mars war begeistert von dem Tausch. Im Geiste sah er bereits glorreiche Visionen von der Befreiung Arras'. Unter den Freiwilligen befanden sich drei Prinzen von Geblüt: der Herzog von Enghien, ein Sohn Condés, und die Herzöge von Mercœur und Beaufort, die Söhne Vendômes. Sie weigerten sich, Befehle von Cinq Mars entgegenzunehmen, der ständig mit ihnen im Streit lag. Als er zusammen mit dem König zur Front unterwegs war, erregte Cinq Mars auch den Zorn Ludwigs. Die beiden setzten einen rührenden Vertrag auf, in dem sie sich verpflichteten, Richelieu über ihren nichtigen Zank entscheiden zu lassen. Als Cinq Mars mit seinen Freiwilligen Arras erreichte, waren die Spanier bereits im Besitz einiger französischer Festungen. Es war nun seine

Aufgabe, die Spanier zu vertreiben, doch ehe es dazu kam, sank sein Pferd, getroffen von den Kugeln des Feindes, zu Boden. Als sich unser Feldherr mit blassem Gesicht erhob, posaunten seine Soldaten schamlos in alle Welt hinaus, daß ein Cinq Mars besser für den Tanzsaal tauge als fürs Gefecht. Der gekränkte Held wollte sich daraufhin einer Infanterieeinheit anschließen, die eben dabei war, ein Vorwerk anzugreifen. Doch der Marschall von Châtillon befahl ihm, zur Feuerlinie zurückzukehren. Die offiziellen Frontberichte, die in der *Gazette* erschienen, würden von Richelieu bearbeitet, erklärte man Cinq Mars boshafterweise, auf daß seine Schande nicht öffentlich bekanntwurde. Schlimmer noch, der *Mercure* schrieb das Kommando über die Freiwilligen Enghien zu und erwähnte den Grand Écuyer mit keinem Wort. Das Ressentiment gegen den Kardinal wurde schließlich für Cinq Mars zu einem Mittel, seine Selbstachtung wiederzugewinnen.

In dem Maße, in dem sich die Gesundheit des Königs verschlechterte, steigerte sich seine Eifersucht, und es kam immer häufiger zu stürmischen Auftritten im Palast. Der Anlaß war meistens trivial, doch die emotionale Verausgabung war enorm. Eines Tages brachte Ludwig Cinq Mars zum zweijährigen Dauphin. Als Cinq Mars ihn auf den Arm nehmen wollte, begann der künftige Ludwig XIV. zu schreien. Sein Vater lief dunkelrot an und stürmte, keuchend vor Wut, zu Anna von Österreich. »Mein Sohn kann meinen Anblick nicht ertragen«, brüllte er, »er erhält ja eine seltsame Erziehung! Aber ich werde das in Ordnung bringen.« Alarmiert schrieb die Königin an Richelieu. Aber auch der König schrieb und sagte in schlafwandlerischer Prophetie: »Mein Sohn ist eigensinnig.« Alle paar Tage bekam Richelieu Klagen über Cinq Mars' Verhalten und Unverschämtheit zu hören, die den Monarchen in heftige Gemütswallung versetzte. Selbst wenn Cinq Mars nach einer seiner Streitigkeiten mit Ludwig auf ein paar Tage verschwand und schmollte, hatte Richelieu keinen Frieden. Dann überschwemmte ihn der König mit Briefen, in denen er sich über die Art und Weise beklagte, wie man ihn zu behandeln pflegte.

Der Kardinal hätte vielleicht noch mehr über die unnötige und lästerliche Verschwendung seiner Zeit geklagt, wenn er nicht gerade zu dieser Zeit über etwas verhandelt hätte, was für jeden Franzosen, der wie er aus dem Kleinadel stammte, gleich nach der Verherrlichung Gottes kam: Er war dabei, sein Haus durch Heiraten mit der Königsfamilie zu verbinden. Das Haus Richelieu arbeitete an seinem sozialen Aufstieg. Zu Beginn des Jahres 1641 traf man die letzten Vorbereitungen für die Ehe der Claire-Clémence de Maillé (der Tochter des Marschalls von Brézé und der Schwester des Kardinals Nicole) mit dem Erben des Hauses Condé und Sohn des Ersten Prinzen von Geblüt, dem jungen Herzog von Enghien. Es dürfte eine jener Freuden Richelieus gewesen sein, die ihn in der jenseitigen Welt erwarteten, daß sein Großneffe, der große Condé, in militärischer Hinsicht sein Werk zur Reife bringen sollte.

Der Heiratsvorschlag ging von Condé aus, nicht von Richelieu. Der habgierige Erste Prinz war fasziniert von dem großen Vermögen, das der Kardinal angesammelt hatte, von dem riesigen Kardinalspalais, das der Vollendung entgegenging und eine Vielzahl von Gemälden und Skulpturen beherbergen sollte. Er hoffte, Enghien werde dies alles einmal erben. Der junge Mann war nicht im geringsten an dem zwölfjährigen Mädchen mit dem Kindergesicht und den aufgeworfenen Lippen interessiert. Sein Vater mußte ihm förmlich befehlen, ihr den Hof zu machen. Als es daran ging, den Ehekontrakt festzulegen, war Condé enttäuscht. Richelieu versprach zwar dem verarmten Marschall von Brézé dreihunderttausend Livre, damit er der Braut eine Aussteuer kaufen konnte – eine Klausel im Vertrag erlaubte es auch, mit dem Geld alte Schulden der Familie Condé zu bezahlen –, doch gab er bekannt, daß er das Mädchen in seinem Testament nicht berücksichtigen werde. Condé setzte daraufhin insgeheim ein Protestschreiben auf, durch das er nach dem Tode des Kardinals das Testament anzufechten hoffte. Und in der optimistischen Hoffnung, Richelieu zuletzt doch hereinzulegen, zeigte er sich von der Verbindung außerordentlich begeistert. Enghien wurde zu der Erklärung gezwungen, er sei niemals so froh gewesen wie bei der Aussicht auf diese Heirat, zeigte in Wirklichkeit aber nichts als Widerwillen.

Am 14. Januar 1641 gab der Kardinal im Kardinalspalais eine Theatervorstellung und einen Ball, wobei auch der König und die Königin zugegen waren. Richelieu selbst hatte das Stück mit dem Titel *Mirame* verfaßt, eine ausgesprochen politische Satire auf die Völker Europas. Es heißt, daß er sogar den Applaus manipuliert habe, als das Stück aufgeführt wurde. Beim Fallen des Vorhangs tat sich plötzlich vor der königlichen Loge eine vergoldete Brücke auf, so daß die Königin ins Parkett hinabschreiten und den Ball eröffnen konnte. Condé rief, als er der rührenden Braut ansichtig wurde, ein ums andere Mal aus: »Ach, wie ist sie hübsch! Ach, wie ist sie hübsch!« Ihr Pech ließ sie nicht im Stich. Während sie die Courante tanzte, stolperte sie und fiel, worauf alle Anwesenden, der Bräutigam inbegriffen, hämisch lachten. Der Ball dauerte bis zum Morgengrauen. Dann wurde ein Ballett aufgeführt, das aus sechsunddreißig Auftritten in fünf Akten bestand. Der Kardinal sorgte auch dafür, daß auf der Place Royale die berühmten Reiterspiele von 1612 wieder aufgeführt wurden. Um der Sache die poetische Würze zu geben, wurde Bassompierre, der einst diese Spiele organisiert hatte, nun durch den Lärm aufgestört, als er in der Zelle der nahegelegenen Bastille saß.

Der König war ein eifriger Verfechter dieser Ehe und gab sich außerordentliche Mühe, für das Bankett das nötige Wildbret herbeizuschaffen. »Wir werden tun, was wir können«, sagte er zu Richelieu, »um junge wilde Eber zur Strecke zu bringen, was zu dieser Jahreszeit ziemlich schwierig ist.« Noch nie, so wird berichtet, hatte man Richelieu in besserer Laune gesehen. Er feierte seinen Triumph, indem er in dem neuen Theater, das er soeben hatte erbauen lassen, ein Ballett aufführte, welches die Waffenerfolge der französischen Armee, die Überquerung der schneebedeckten Alpen, die Entsetzung Casales und die Einnahme von Arras zum Gegenstand hatte. Und um dem Ganzen die nötige Pikanterie zu verleihen, lud man vier feindliche Generäle, die als Kriegsgefangene in Vincennes saßen und an den genannten Feldzügen teilgenommen hatten, zu der Vorführung ein, damit auch sie die Größe Frankreichs rühmen konnten. Es waren Pedro de León, Jean de Werth und die beiden Enkendorfs. Etwa gleichzeitig heiratete Richelieus Nichte Frau von Combalet den Herzog von Aiguillon, ein Mitglied des Hauses Lothringen, während seine Kusine, die Witwe von Puylaurens, den Grafen von Harcourt, ebenfalls einen Angehörigen des lothringischen Hauses, zum Manne nahm.

Der Rest der Königsfamilie war ganz und gar nicht geneigt, die Freuden Richelieus zu teilen. Der Herzog von Vendôme war seit jenen fernen Tagen, da er die Verschwörung des Chalais angezettelt hatte, fast völlig in Vergessenheit geraten. Jetzt stand er plötzlich wieder im Mittelpunkt der Aufmerksamkeit. Zwei unglückliche alte Einsiedler waren wegen einer geringfügigen Kriminalsache verhaftet worden, und einer von ihnen stand nicht an zu bekennen, daß Vendôme ihn zur Ermordung des Kardinals angestiftet habe. Dies trug den beiden die ungewohnte Ehre ein, sogleich aus dem Gefängnis in die Bastille verlegt und vom Kanzler

Séguier persönlich verhört zu werden. Vendôme erbot sich, Ludwig aufzusuchen, um seine Unschuld zu beweisen. Vor den Toren von Paris jedoch machte er kehrt, nachdem er das Schicksal so vieler anderer beherzigt hatte, auf die der Argwohn des Kardinals gefallen war. Er ritt nach Cherbourg und wandte sich von dort nach England.

In den Augen Ludwigs kam dies einem Schuldgeständnis gleich. Ein aus vierundzwanzig Richtern bestehendes Gericht wurde gebildet, dem der König persönlich präsidierte und das gegen Vendôme in dessen Abwesenheit verhandelte. Vendôme, töricht wie immer, hatte einen Brief an Anna von Österreich geschrieben, der natürlich abgefangen worden war. Darin äußerte er, er würde den Kardinal vielleicht in Gedanken, niemals aber in Wirklichkeit ermordet haben. Dies entsprach wahrscheinlich der Wahrheit. Doch für Ludwig konnten Gedanken ebensogut Verbrechen wie Sünden sein. Er legte den Brief dem Gericht vor und sagte, er sei ausreichender Beweis für die Schuld Vendômes. Nun griff Richelieu ein. Der folgende Vorfall beweist wieder einmal, daß es falsch ist, wenn immer wieder behauptet wird, der Kardinal habe den König dominiert. In Wirklichkeit mußte sich Richelieu oft genug dem Willen des Königs beugen und ihn überhaupt mit äußerster Sorgfalt und mit Taktgefühl behandeln. Während der Verhandlung erhielt Séguier einen Brief Richelieus. Darin bat der Kardinal, Vendôme zu begnadigen und die Sache fallenzulassen. Der König sagte, es sei schwierig, einen so loyalen und fähigen Minister wie Richelieu zu finden, und er wolle sich die Entscheidung vorbehalten. Er werde das Urteil suspendieren und Vendôme nur begnadigen, wenn dessen Verhalten dies rechtfertige. Séguier ergriff das Wort und wies vor allen Richtern darauf hin, daß der Kardinal nachdrücklich um die Begnadigung Vendômes bat. Ludwig blieb abweisend und befahl Séguier sodann, Richelieus Brief laut vorzulesen, denn er selber werde es nicht tun. Schließlich konnte nicht einmal Ludwig in den albernen Aussagen der Eremiten hinreichende Beweise gegen Vendôme finden, die die Fortsetzung des Verfahrens gerechtfertigt hätten.

Bei Soissons lag die Sache anders. Seit seiner scheinbaren Unterwerfung hatte er sich fester an Bouillon angeschlossen. Man hegte den Verdacht, daß er in Verbindung zu Maria von Medici und der ganzen Koterie adliger Flüchtlinge in England stand, zu der auch Marie de Chevreuse, Benjamin de Soubise und der Herzog von La Valette zählten. Ein Brief von La Valette an seinen

Vater, den Herzog von Épernon, wurde aufgefangen und bestätigte die Existenz einer weitverzweigten Verschwörung. Der Überbringer des Briefes nannte beim Verhör den Namen Soissons', der angeblich in der Champagne einmarschieren sollte, während die Hugenotten sich in Guyenne erheben und Soubise die französische Küste attackieren wollte. Als man dies Soissons berichtete, sandte er Campion, einen seiner Gefolgsleute, zum König, um gegen diese Lüge zu protestieren. Campion wurde zu Richelieu gebracht, der sagte, er würde Soissons gerne glauben, wenn nicht in eben diesem Augenblick Bouillon in Montmédy mit dem Herzog von Guise und Don Miguel de Salamanca konferiere. Richelieu ließ sich scheinbar überrumpeln, übte jedoch größte Wachsamkeit, um die Verschwörer in einem unbewachten Augenblick zu ertappen. Im April 1641 glaubte er, genügend Beweise beisammen zu haben, um zur Tat schreiten zu können. Soissons wurde der Statthalterschaft der Champagne enthoben, das Eigentum Bouillons in Frankreich wurde beschlagnahmt und jeder Handel mit Sedan verboten. Der Herzog von Épernon mußte jegliche Verbindung mit seinem Sohn La Valette abbrechen.

In welchem Umfang Soissons an einer Verschwörung Bouillons beteiligt war, Spanier nach Frankreich einzuschleusen, wird aus den vorhandenen Unterlagen nicht klar. Nach den Maßnahmen des Kardinals überzeugte aber Bouillon Soissons davon, daß weiteres Zögern verderblich sei. Soissons solle sich entweder für eine Verständigung mit dem König oder für den Aufstand entscheiden. In beiden Fällen könne er mit der Unterstützung Bouillons rechnen. Doch wenn er sich für den Aufstand entschied, könne er den spanischen Versprechungen nicht trauen. Bouillon sagte, seine und Soissons' Interessen seien denen Spaniens entgegengesetzt. Sie wollten den Sturz Richelieus und den Frieden. Spanien wolle die Vernichtung Frankreichs. Soissons' Haß auf Richelieu war jedoch so groß, daß er jede Klugheit vergaß. Er zog Bouillon mit sich, später schlossen sich ihm Guise, der Baron du Bec und andere Flüchtlinge an. Man unterzeichnete eine Abmachung, die dem Kardinalinfanten zugeschickt wurde, der sie ebenfalls unterzeichnen sollte. Gleichzeitig sandte Soissons Botschaften an Épernon, in denen er ihn zur Revolte aufforderte. Er verhandelte zudem durch die Vermittlung Fontrailles' mit Cinq Mars, den er um seine Intervention beim König bat, und stand natürlich mit der Hauptfigur aller Verschwörer, Gaston d'Orléans, in Verbindung. Der Agent jedoch, der die Botschaft zu Monsieur brachte, scheint ein Doppelspion gewesen zu sein, und entdeckte dem Kardinal alles, was er wußte. Gaston, vielleicht gewarnt, gab nicht zu erkennen, daß er dieses Mal an einer Rebellion beteiligt sein wolle, und hielt den König informiert. Richelieu war mit diesem Verhalten zufrieden.

Soissons, an der Spitze einer spanischen Streitmacht stehend, traf am 6. Juli 1641 bei La Marfée an der Meuse auf Châtillon und schlug ihn zurück. Im Augenblick des Sieges jedoch lüftete er das Visier seines Helmes und empfing eine Kugel zwischen die Augen. Wie dies geschehen konnte, blieb bei »Kardinalisten« und »Antikardinalisten« gleicherweise umstritten. Erstere sagten, Soissons habe die Gewohnheit gehabt, das Visier des Helmes mit dem Pistolenlauf zurückzuschieben, und habe sich bei dieser Gelegenheit versehentlich selbst erschossen. Letztere behaupteten, Soissons sei auf Befehl Richelieus ermordet worden. Bouillon beeilte sich, die Verständigung mit dem König zu suchen, bekundete kniefällig seine Unterwerfung und speiste hernach mit dem Kardinal. Später suchte er Cinq Mars auf, der ihm seinen wütenden Haß auf Richelieu und seine »tiefste Verzweiflung« über die Kunde von Soissons' Tod offenbarte. Der König, sagte er, werde von Richelieu drangsaliert. Er sei überglücklich über die Versöhnung mit Bouillon und hoffe, Bouillon werde ihm helfen, den Kardinal loszuwerden. Bouillon äußerte sein Erstaunen über diese Enthüllung und sagte, er könne das kaum glauben. Cinq Mars erwiderte darauf, der König könne keinen besseren Mann für seine Regierung finden als Bouillon. Dieser jedoch ließ sich nicht umgarnen und erhielt mit seinem Gefolge den Pardon, mit Ausnahme von Bec und Guise, die *in effigie* enthauptet wurden.

Bouillon kehrte heim, denn die Angelegenheit schien erledigt zu sein. Cinq Mars jedoch, dessen Ressentiments von allen Unzufriedenen bei Hofe geschürt wurden, horchte fortan die Leute aus. Als Gaston d'Orléans in Amiens erschien, wo der König während des Feldzuges 1641 logierte, trat der junge Versucher an ihn heran. Gaston war wie üblich wieder einmal eingeschnappt. Er hatte den Eindruck, im königlichen Lager nicht übermäßig willkommen zu sein, und beklagte sich bitter, daß zwar die »kleinsten Hauptleute« Zutritt zum Kriegsrat hatten, aber nicht er. Cinq Mars entwarf vor ihm ein glückverheißendes Bild: Frankreich ohne Kardinal Richelieu. Beim kleinsten Wink Gastons, so sagte Cinq Mars, würden die Ritter sich erheben, um diesen Traum Wirklichkeit werden zu las-

sen. Gaston indessen hatte wie Bouillon die Lust zur Verschwörung verloren und ließ keinen Zweifel daran, daß er Cinq Mars'
Vorstoß übel aufnahm.

Vermutlich hätte Cinq Mars mit seinen Versuchen, eine Verschwörung gegen Richelieu zu organisieren, ins Leere gestoßen,
wenn nicht eine Frau auf den Plan getreten wäre: Marie de Gonzague, die Tochter Nevers'. Als ihr Vater das Herzogtum Mantua
erbte, war sie von Maria de Medici entführt und in Vincennes eingeschlossen worden. Die Ehe mit dem Herzog von Orléans war ihr
verboten worden. Sie war fest davon überzeugt, daß hinter ihrem
Unglück Richelieu steckte und nicht nur der uralte Haß der Medicis auf die Gonzagas. Als 1637 ihr Vater starb, erbte sie seine französischen Besitzungen, darunter auch das Herzogtum Nevers. Sie
war damit eine souveräne Fürstin geworden, knapp dreißig Jahre
alt, unverheiratet und vor allem eine bedeutende Figur am französischen Hofe, eine Frau von blühender Schönheit. Und so machte
Cinq Mars sie zum Gegenstand seiner Anbetung. Es kam zu einer
Liebesaffäre, die das Feuer in Cinq Mars um so heftiger entfachte,
als Marie sich weigerte, ihm ihre Keuschheit zu opfern.

Mit einer souveränen Fürstin verheiratet, hätte Cinq Mars in
eine Zukunft blicken können, die ihm unermeßliche Macht bot. De
Thou und Fontrailles drängten ihn denn auch beharrlich auf den
Pfad der Unbesonnenheit. Er beschloß, Ludwig zu bitten, ihn zum
Herzog und Angehörigen des Hochadels zu machen, damit der
Standesunterschied zwischen ihm und Marie nicht allzu anstößig
war. Richelieu war schockiert. Er kannte den Haß, den Marie gegen ihn empfand, und beobachtete die Ereignisse mit wachsender
Besorgnis. Er beschloß den schwachen Cinq Mars in diesem Falle
dadurch in die Schranken zu weisen, daß er ihm die Sachlage unverblümt präsentierte. »Ich weiß nicht«, sagte er, »wie Sie sich eine
solche Verbindung einbilden können. Sie dürfen nicht vergessen,
daß Sie nichts weiter als ein einfacher Edelmann sind.« Aber, protestierte Cinq Mars, seine Mutter habe doch dem Ehevorschlag zugestimmt. »Wenn das wahr ist«, erwiderte Richelieu, »ist Ihre
Mutter eine Närrin. Und wenn die Fürstin Marie diese Ehe erwägt,
ist sie eine noch größere Närrin als Ihre Mutter!« Henri und Marie
zogen sich in ihre Märtyrerrolle zurück und arbeiteten wie besessen
daran, Richelieu zu stürzen.

Marie de Gonzagues Vetter, Karl von Lothringen, sorgte für ein
passendes Nachspiel zu dem Komplott von Soissons. Dieser unbe-

sonnene Mann hatte seine Frau Nicole, die er in Paris gleich einer Gefangenen hielt, verlassen und lebte zur großen Empörung des ganzen katholischen Europa in Bigamie mit seiner Mätresse Beatrix Cosenza, der Prinzessin von Cantecroix, die ihn auf seinen Feldzügen wie eine Schlachtenbummlerin begleitete. Nachdem es ihm nicht gelang, 1640 die Belagerung von Arras aufzuheben, hatte er eine Auseinandersetzung mit den Spaniern gehabt und eröffnete mit Richelieu Verhandlungen über eine Friedensregelung. Ein Geheimagent, den er nach Paris sandte, schilderte das Herzogtum Lothringen als ein entvölkertes, verwüstetes Gebiet und sagte, es werde ein Menschenalter brauchen, um das Land wiederherzustellen. Karl würde sich dieser Aufgabe am liebsten persönlich widmen. Richelieu bemerkte zu Ludwig, Karl ändere seine Gedanken und Worte Tag für Tag. Als im Februar 1641 Karl jedoch wissen ließ, daß er persönlich nach Paris kommen werde, um zu verhandeln, beschloß man, ihn zu empfangen. Zunächst kam er nicht an Chavigny vorbei, der ihn nach präzisester Anweisung Richelieus wie jeden anderen Bittsteller behandelte. Schließlich gelang es ihm, zu Richelieu vorzudringen, der die Gelegenheit ergriff, zu seinen Ehren das Ballett über die französischen Militärerfolge zu wiederholen. Und zuletzt wurde er sogar vom König empfangen.

Man beschloß, ihn in die Herzogtümer Lothringen und Bar wieder einzusetzen, vorausgesetzt, daß er für letzteres Ludwig huldigte. Frankreich blieb im Besitz von Clermont und Nancy, bis der Krieg beendet war. Karl stimmte allem zu und schwor die notwendigen Eide. Es ist erstaunlich, daß Richelieu, bloß um einen der besten kaiserlichen Generäle auf seine Seite zu ziehen, das Risiko einging, Karl in sein Territorium heimkehren zu lassen. Bevor er nach Lothingen aufbrach, machte Karl Nicole einen Besuch, die zu den Rechtsgeschäften zugezogen werden mußte. Mit Tränen in den Augen fragte sie ihn: »Bin ich wirklich nicht deine Frau?« Kühl redete er sie als »Kusine« an. Seine verblüfften – oder vielleicht sarkastischen – Untertanen begrüßten ihn mit dem Ruf: »Gott segne den Herzog, seine zwei Frauen und seine Tochter!« Kaum war Karl in Nancy eingetroffen, als er mit Guise zu konspirieren begann. Am 28. Juli 1641 floh er unerwartet nach Flandern und schloß sich wieder den Spaniern an. Ludwig erklärte ihm den Krieg und besetzte Lothingen von neuem, während die lothringische Armee die Saar aufwärts retirierte und sich ihrem exilierten Anführer zur Verfügung stellte, der nun wieder seine Karriere aufnahm.

25
Er ist Kardinal und Priester
1642

Unterdessen verfolgte der reizbare Cinq Mars unentwegt seinen fatalen Kurs, brütete Rachepläne aus und stellte die Geduld des Königs mit seinen Kapricen auf eine harte Probe. Es kam zu regelmäßigen Ausbrüchen zwischen dem von Eitergeschwüren geplagten Monarchen und dem grausam selbstsüchtigen Favoriten, denen ebenso regelmäßig Versöhnungen folgten. Cinq Mars' Entourage war größer als die der Königin. Zum Ausgleich für die ideale Liebe zur Fürstin Nevers setzte er die profane Liebe zu Marion de Lorme fort, und immer wieder wurde Richelieu vom König in die lästigen Angelegenheiten seines einstigen Protégés hineingezogen. Um ihn loszuwerden, bot Richelieu ihm die Statthalterschaft der Touraine an. Doch so leicht war Cinq Mars' Ehrgeiz nicht zu befriedigen. Gedrängt von Marie de Gonzague, forderte er einen Sitz im Königsrat. Er stand in Kontakt mit Bouillon, dem man in der Zwischenzeit den Oberbefehl über die im Piemont gegen Thomas von Savoyen kämpfende Armee übertragen hatte. Ende 1641 traf Cinq Mars mit Gaston zusammen und sagte ihm, die Abkühlung zwischen ihm und dem König sei lediglich eine Finte, um Richelieu zu täuschen, dessen Sturz Ludwig persönlich plane. Es bedürfe nur eines Winkes, und der König werde sich in die Arme der Friedenspartei stürzen und den Minister opfern. Wenn er, Cinq Mars, sich der Unterstützung Gastons sicher sein könne, wolle er dem König diesen Wink geben. Er scheint auch wirklich die Billigung Monsieurs erreicht zu haben oder glaubte es wenigstens, denn er berichtete in diesem Sinne an Bouillon. Als der König auf ganz ungewohnte Weise seinem Bruder sein Herz ausschüttete und über die Übel Frankreichs klagte, war Gaston überzeugt, daß Cinq Mars ihn nicht betrog. Nervös geworden, lieh er seinen Namen einer weiteren, diesmal freilich der letzten Verschwörung gegen Richelieu.

Der Mittelsmann zwischen Gaston und Cinq Mars war Fontrailles. Dieser war auch die zentrale Gestalt bei den Zusammenkünften, die des Nachts bei Kerzenlicht im Hôtel de Venise stattfanden.

Bouillon ließ wissen, daß er Sedan nicht allein gegen das Heer des Königs halten könne und daß eine Voraussetzung seiner Teilnahme an einer Rebellion sei, daß Sedan von den Spaniern mit einer hinreichenden Garnison versehen würde. Man beschloß daher, den König von Spanien um militärischen und finanziellen Beistand zu bitten. Zu diesem Zweck setzte man einen Vertragsentwurf auf, der von Gaston als dem Bruder des Königs und von Philipp IV. unterzeichnet werden sollte. Es war das niederträchtigste und skandalöseste aller vergleichbaren Dokumente, die Gaston unterzeichnet hatte. Es garantierte französische Unterstützung für eine spanische Invasionsarmee, die den französischen Rebellen alle französischen Städte aushändigen sollte, die sie einnahmen. Eine merkwürdige Klausel wurde eingefügt, in der Monsieur erklärte, daß er nicht beabsichtige, irgend etwas gegen den Willen des Königs zu unternehmen. Es mag sein, daß dies als eine Notfallklausel gedacht war, falls Ludwig doch nichts gegen Richelieu unternahm. Wahrscheinlich zeigte man das Dokument Anna von Österreich, bevor Fontrailles es nach Madrid brachte, um es Olivares auszunändigen.

Oberflächlich betrachtet, verrät der Vertrag nicht die Absicht, Richelieu zu ermorden. Er formuliert als Ziel der Allianz lediglich, »Monsieur le Cardinal zu verderben«. Es gibt keinen Grund zu der Vermutung, daß Monsieur oder die Königin an einer Attentatsverschwörung teilnahmen. In Wirklichkeit waren sie nichts weiter als Strohmänner in der Affäre. Es gibt aber Grund zu der Vermutung, daß die eigentlichen Verschwörer, nämlich Cinq Mars, Fontrailles und deren Clique von Hofbeamten, vielleicht sogar Bouillon, die Beseitigung Richelieus einkalkulierten. Als jedoch die Verschwörung Gestalt anzunehmen drohte, wurde Cinq Mars durch den rastlos umherziehenden König zur Verzweiflung gebracht. Ludwig sagte, er habe es satt, immer nur mit verschränkten Armen in St. Germain zu sitzen. Er lechze nach Abwechslung und gab seinen Entschluß bekannt, nach Süden zu ziehen, um persönlich die Belagerung von Perpignan zu leiten. Richelieu, der wußte, daß seine Tage gezählt waren, war zweifellos unglücklich über die Aussicht, mit der Regierung kreuz und quer durch Frankreich zu ziehen. Er stimmte den Strapazen der Reise mit der Bemerkung zu, es komme ja eigentlich nicht darauf an, wo er sterbe. Cinq Mars machte eine Szene und versuchte, Ludwig zum Dableiben zu bewegen. Sollten die Verschwörer getrennt und Richelieu aus seiner täglichen Routine gerissen werden, würde es nur um so schwieriger sein, das geplante Vorhaben zu realisieren. Der König blieb eisern. Und im Februar 1642 begann die Reise.

Richelieu wußte einiges, aber nicht alles über die Verschwörung. Sein Neffe Brézé hatte ihm von einer aufgeregten Unterhaltung zwischen Cinq Mars und dem König berichtet, die er belauscht hatte und in der es um Richelieu gegangen war. Der Kardinal wußte auch von der Verbindung zwischen Cinq Mars und Gaston. In einem unbesonnenen Augenblick bat er den König, Cinq Mars nach Touraine oder anderswohin zu schicken. Er war über die kühle Erwiderung beunruhigt. Der Hof und die Armee zerfielen in das Lager der »Kardinalisten« und das Lager der »Royalisten«. Letztere behaupteten, den König gegen die Diktatur Richelieus verteidigen zu wollen. Auf dem ganzen Wege nach Lyon beklagte Cinq Mars gegenüber Ludwig die Übel dieses ewigen Krieges ohne militärische Entscheidung. Seine Mitverschwörer waren dafür, Richelieu in Gegenwart des Königs zu überwältigen und ihn tot Ludwig zu Füßen zu legen. Cinq Mars aber wollte dem nicht zustimmen, ohne sich zuvor der Billigung des Königs versichert zu haben. Andeutungen in dieser Richtung erbrachten aber nur die kühle Bemerkung: »Er ist Kardinal und Priester. Man würde mich exkommunizieren.« Worauf Tréville, der Hauptmann der Musketiere, gesagt haben soll, Rom schätzte sich überglücklich, dürfte es dem König Absolution erteilen. Als der Hof in Lyon eintraf, erhielt man Nachricht von einem französischen Sieg über die kaiserliche Armee in Kempen am Oberrhein. Dieser Sieg veranlaßte Bouillon, an Gaston zu schreiben, die Sache des Kaisers sei jetzt in solcher Bedrängnis, daß es töricht wäre, bei einer Erhebung in Frankreich auf spanische Hilfe zu zählen. Erbeutete österreichische Fahnen wurden vorgeführt. Und Richelieus Bruder sang im Dom ein Tedeum. Richelieu wurde ständig vom Hauptmann seiner Garde begleitet, selbst in Gegenwart des Königs, und so kam es, daß sie einmal Ludwig und Cinq Mars in große Verlegenheit brachten, als sie diese beim vertraulichen Gespräch überraschten.

In Valence, auf dem Wege rhôneabwärts, übergab der König den Kardinalshut an Mazarin, der sich nach diplomatischen Versuchen in Savoyen wieder dem Hofe angeschlossen hatte. Die Bescheidenheit des neuen Kardinals wurde allgemein günstig vermerkt. Von hier bis Narbonne hielt sich Richelieu vom Hofe fern. Ja, er blieb immer zwei Tagesreisen zurück. Ludwig zog zu den Belagerungslinien vor Perpignan, wo der Zank zwischen ihm und Cinq Mars weiterging. »Es gibt niemanden, der solchermaßen vom Laster zerstört ist oder so sehr der Gefallsucht frönt«, rief Ludwig. »Er ist der undankbarste Mensch auf der Welt. Mehrere Male hat er mich stundenlang in der Kutsche warten lassen, während er seinen Liederlichkeiten nachging. Ein Königreich würde nicht ausreichen, um seine Schulden zu decken. Selbst jetzt besitzt er dreihundert Paar Stiefel!« Aber er tat immer noch nichts, um eine Verbindung zu lösen, die immer quälender wurde.

Während der Hof langsam ins Languedoc weiterzog, brachte Fontrailles den Geheimvertrag nach Madrid. Dicht hinter ihm folgte ein Geheimpolizist Richelieus. Da die spanische Grenze bewacht war, mußte er Schleichwege nehmen. Er ritt das Aspetal hinauf, nahm einen einheimischen Führer, überquerte die Grenze bei Somport und erreichte Huesca. Ein Brief von Gaston verschaffte ihm nach seiner Ankunft in Madrid sogleich Zutritt zu Olivares. Noch unter Freunden ein Verschwörer, versuchte Fontrailles, die Beteiligten am Komplott erst aufzudecken, nachdem Philipp IV. den Vertrag unterzeichnet hatte. Diese Verhandlungsmethode irritierte Olivares und entlockte ihm den vorwurfsvollen Kommentar: »Wir sind zu oft getäuscht worden, um uns auf irgend etwas einzulassen, ohne ausreichende Garantien zu haben!« Als Fontrailles weitere Ausflüchte machte, sagte Olivares ihm, er möge nach Frankreich zurückkehren. Daraufhin war Fontrailles gezwungen, das ganze Ausmaß der Verschwörung aufzudecken. Volle vier Tage erging sich Olivares in Wortklaubereien über die Bedingungen des Vertrages. Daraufhin bemerkte Fontrailles, es sei kein Wunder, daß es den Spaniern so schlecht ergehe, wenn sie sich dermaßen bei Nebensächlichkeiten aufhielten. Wenn Olivares etwas daran gelegen sei, Perpignan und übrigens auch Katalonien zu retten, so täte er besser daran, nicht auf diese Weise seine Zeit zu verschwenden. Am 13. März 1642 führte man Fontrailles vor einen völlig erschöpften Philipp IV., und der Vertrag wurde unterzeichnet. Mit einem unterzeichneten Original bestieg Fontrailles sein Pferd, um nach Frankreich zurückzukehren. Er überquerte die Pyrenäen auf demselben Wege, den er gekommen war, und zog nach Narbonne, um Cinq Mars Bericht zu erstatten. Unterdessen hatte der päpstliche Nuntius in Madrid Richelieu informiert: »Ein gewisser Franzose ist zwei oder drei Tage im Vorzimmer des Grafenherzogs gesehen worden und hatte eine lange Konferenz mit dem Minister.« Von Narbonne ritt Fontrailles weiter nach Toulouse, um mit de Thou zusammenzutreffen, der vergeblich versucht hatte, die Herzöge von Mercoeur und Beaufort zu gewinnen. De Thou begab sich nach Paris, um die Unterschrift Annas von Österreich unter Blankobriefe zu erhalten, die als Anweisungen an verschiedene Beamte im Reich dienen konnten. Am 20. Mai traf Fontrailles in Chambord ein, um Gaston Bericht zu erstatten. Er traf Monsieur in einem aufgelösten Zustand an, mit vernachlässigtem Äußeren und ergrauendem Bart. Es trug auch nicht zur Beruhigung Gastons bei, als Fontrailles ihm sagte, aus dem, was er in Narbonne aus den stürmischen Szenen zwischen dem König und Cinq Mars entnommen habe, stehe der Sturz des letzteren unmittelbar bevor. Nachdem sich Fontrailles dieser entmutigenden Nachricht entledigt hatte, floh er nach England, rettete seinen Kopf und verfaßte zum Nutzen der Nachwelt einen Bericht über seinen Anteil an den Geschehnissen. Gastons Verschwörererfahrungen aus den vergangenen fünfzehn Jahren hätten ihn eigentlich davor warnen sollen, allzu leichtgläubig von der Entlassung des Kardinals durch den König auszugehen. Er hätte wissen müssen, daß nur systematische Überredung den König zu dieser Entscheidung veranlassen konnte. In diesem Falle freilich mag seine Naivität verzeihlich sein, denn es ging ein weitverbreitetes Gerücht, daß der König Richelieus überdrüssig sei. Selbst der Nuntius hatte in diesem Sinne nach Rom berichtet.

Unterdessen erkrankte Richelieu in Narbonne an einem gräßlichen Ausschlag am Arm und legte sich zu Bett. Hier diktierte er einen Brief an Chavigny und bat ihn, Ludwig zu sagen, falls der Kardinal sterben solle, werde er wissen, was er an ihm verloren habe. Sterbe er aber durch die Schuld des Königs, werde des letzteren Kredit restlos dahin sein. Dann machte sich Richelieu daran, sein Testament aufzusetzen, das siebzehn Seiten umfaßte und das er aufgrund seiner Erkrankung nicht unterzeichnen konnte. Sein Bargeld sollte seiner Nichte Marie-Madeleine und – nach Begleichung seiner Schulden – Sublet de Noyers zufallen. Das Kardinalspalais sollte zusammen mit anderthalb Millionen Livre dem König zufallen. Auch die Sorbonne, deren Wiederaufbau ihm in weitem Maße zu danken war, wurde reichlich bedacht. Das Herzogtum Fronsac sollte der Familie Brézé zufallen, das Herzogtum Richelieu der Familie Pontcourlay. Der Parvenu in ihm verleugnete seine Herkunft: Den Erben dieser Familie verbot er es, Personen zu heiraten, die nicht »streng von Adel« waren. Und er schloß mit den Worten:

Nachdem ich zeit meines Lebens an schwacher Gesundheit gelitten und dem Staat mit einigem Erfolg in schwierigen Zeiten und bei heiklen Geschäften gedient habe und nachdem ich bei verschiedenen Gelegenheiten Glück und Unglück erfahren habe, indem ich Seiner Majestät die Dienste leistete, die Seine Güte und namentlich meine Stellung als Sein Untertan von mir verlangten, habe ich niemals aufgehört, der Königinmutter Gehorsam oder Respekt zu zollen – trotz all der Verleumdungen, mit denen manche versucht haben, meine Reputation in dieser Hinsicht anzuschwärzen.

Die Römischen Bäder in Arles waren nicht weit entfernt. Richelieu beschloß, dort die Kur zu gebrauchen. Unterwegs empfing er eine Antwort von Ludwig: »Ich liebe Sie mehr denn je. Wir sind zu lange zusammen gewesen, um nun getrennt zu werden.« Dies war ermutigend. In Arles jedoch wartete eine Nachricht auf Richelieu, die mehr als jedes Wasser dazu beitrug, seiner schwindenden Gesundheit und seiner Stimmung aufzuhelfen: Die Abmachung zwischen den Spaniern und den Verschwörern war aufgedeckt worden. Wie die Kopie des Vertrages in Richelieus Hände gelangte, bleibt ein Geheimnis. Eine Theorie lautet, daß Pujol, der geheime Mittelsmann des Kardinals in Madrid, dem Sekretär Philipps IV., Don Andres de Rozas, oder dem Sekretär des Staatsrates, Carnero, das Dokument abgeschmeichelt hat, da er mit beiden Männern gut stand. Es ist möglich, daß dem so war. Olivares hatte sich in den letzten Monaten gegenüber Pujol besonders aufmerksam gezeigt und ihn in Madrid festgehalten, als er den Wunsch geäußert hatte, nach Frankreich zurückzukehren. Olivares verfolgte dabei die verzweifelte Hoffnung, Richelieu zu einer Friedenskonferenz in Narbonne oder irgendeinem anderen Platz in der Welt zu bewegen. Seit kurzem gibt es jedoch eine andere Theorie, nach welcher Anna von Österreich das Komplott aufdeckte. Immerhin sind die Schritte der Königin merkwürdig. Richelieu empfing die Kopie der Abmachung am 11. Juni 1642. Am 30. April hatte Anna, die etwas Wichtiges auf dem Herzen hatte, an Richelieu geschrieben, wenn man sie gewaltsam von ihren Kindern trenne, solange diese noch klein seien, wisse sie nicht, ob sie die Stärke besitze, dies zu ertragen. Richelieu hatte auf dieses Schreiben nicht geantwortet und war daraufhin von der Königin mit Briefen bombardiert worden, in denen sie verzweifelt darum bat, daß er sich unverzüglich ins Mittel lege, um den Zorn des Königs von ihr abzuwenden.

Es scheint plausibel, daß die Königin, vom schlechten Gewissen geplagt und besorgt um ihre Position in bezug auf die Kinder, versuchte, Richelieu durch dunkle Andeutungen vor der Gefahr, in der er schwebte, zu warnen. Es scheint auch plausibel, daß dies die Quelle für die Informationen war, die der Kardinal vorsichtig dem König weitergegeben hatte. Er wagte nicht, dem König so wie früher reinen Wein einzuschenken, da er nicht sicher war, ob die Flüsterkampagne gegen ihn schon Früchte gezeitigt hatte. Sobald Richelieu einmal die Fährte aufnahm, war es mehr als wahrscheinlich, daß er auch das dazugehörige Wild aufstöberte. So ist es möglich, daß die Königin von ihrem eigenen Verwalter, der Kardinalist war, einer kleinen Erpressung ausgesetzt wurde, so daß sie schließlich eine Kopie der Abmachung und eine Liste der Verräter vorlegte. In ganz Paris sprach man davon, daß das Komplott aufgedeckt worden war. Denn Marie von Gonzague hatte in diesem Sinne an Cinq Mars geschrieben, der den Brief Fontrailles zeigte, und dieser wiederum riet Cinq Mars, nach Sedan zu fliehen.

Richelieu verlor keine Zeit. Noch am selben Tag, da er Kunde von der Verschwörung erhielt, schickte er Chavigny nach Narbonne, wo Ludwig im großen Burgfried mitten in der Stadt seine Residenz aufgeschlagen hatte. Der König schlief noch, als Chavigny am frühen Morgen hereinstapfte. Nachdem er sich mit seinen Kollegen beraten hatte, präsentierte Chavigny die Tatsachen. Sofort erging Befehl, Bouillon zu verhaften, der gerade mit Thomas von Savoyen in Casale verhandelte. Ohne Zögern unterzeichnete der König den Befehl, Cinq Mars zu verhaften. Dieser muß gewarnt worden sein, denn er versuchte zu fliehen. Er fand jedoch alle Stadttore verschlossen und versteckte sich notgedrungen in einem Haus, aus dem man ihn am nächsten Morgen herauszerrte. Ludwig hegte noch seine Zweifel und sagte, irgend jemand müsse den Namen Cinq Mars irrtümlicherweise auf die Liste gesetzt haben. Als man ihm jedoch versicherte, daß genügend Beweise gegen den jungen Mann vorlagen, verfiel er in »tiefes Grübeln«.

Der Graf du Plessis-Praslin und der *maréchal-de-camp*, Monsieur de Castelnau, schlugen gemeinsam den Weg nach Casale ein. Als sie ankamen und Bouillon erfuhr, daß Plessis-Praslin ihn zu sehen wünsche, fragte dieser, ob auch Castelnau da sei, und als man dies bejahte, wußte er, weshalb sie gekommen waren. Nachdem er vergeblich versucht hatte, sich über den Abhang vor den Festungsmauern in Sicherheit zu bringen, versteckte er sich im Speicher eines Hauses zwischen Heuballen. Nach geraumer Zeit wurde er entdeckt und nach Lyon gebracht. Gaston, der bereits drauf und dran war, wieder einmal über die spanische Grenze nach Belgien zu wechseln, wurde durch einen Brief vom König überlistet, in dem dieser von der »außergewöhnlichen Insolenz« des Cinq Mars sprach, aber mit keinem Wort einen Verdacht gegen Gaston äußerte. Gaston hatte gerade Moulins erreicht, als er die Nachricht von der Verhaftung Cinq Mars' bekam. Noch war er sich über seine weiteren Schritte im unklaren. Er beschloß, einen Brief zu schreiben, in dem er sich empört über die Verschwörung und liebenswürdig über den Kardinal äußerte, und das weitere abzuwarten.

Er konnte nicht wissen, daß der Vertragstext und sein eigener Anteil an dem Unternehmen Richelieu bekannt waren. Daher war der Abbé de la Rivière, den er mit dem Brief zum König schickte, wie vor den Kopf geschlagen, als Ludwig ihm das Dokument zeigte. Rivière brachte einige Entschuldigungen zugunsten seines Herrn heraus und kehrte prompt mit der Nachricht zu Gaston zurück, daß alles entdeckt war. Richelieu kannte seinen Gaston nur zu gut und beschloß, ihn durch schonende Behandlung dazu zu bringen, seine Mitverschwörer anzugeben. Woche für Woche irrte Gaston in wilder Flucht durch die wald- und hügelreiche Auvergne, um den königlichen Truppen zu entgehen, von denen er fälschlich annahm, sie wollten ihn umzingeln. Schließlich tat Monsieur, was der Kardinal von ihm erwartete, und schrieb am 7. Juli 1642 dem König alles, was er von der Verschwörung wußte. Gereizt warf er Cinq Mars vor, ihn düpiert zu haben, erkannte aber die primäre Verantwortung für den Vertrag mit Olivares an. Mit Cinq Mars über die Ermordung Richelieus gesprochen zu haben, bestritt er.

In Paris war man konsterniert. Enghien berichtete Cinq Mars' Verhaftung an Marie de Gonzague, die, nachdem sie ihre Papiere verbrannt hatte, Richelieus Nichte, die Herzogin von Aiguillon, bat, aus den Akten des Kardinals alle Briefe zu entfernen, die beschlagnahmt worden waren und in denen sie vorkam. Hiermit hatte sie Erfolg, und alles Belastungsmaterial wurde vernichtet. Cinq Mars, der in Montpellier festgehalten wurde, und de Thou, der im Château Tarascon einsaß, wo der Kardinal die Geschicke Frankreichs vom Bett aus lenkte, stritten alles ab. Richelieu beschloß, sie Gaston und Bouillon gegenüberzustellen. Dieser Plan verunsicherte Monsieur und bewog ihn, genau das zu tun, was Richelieu zu verhindern suchte: Er floh.

Diesmal jedoch begab er sich zu seiner Schwester Christine und tauchte in der savoyardischen Stadt Annecy auf, wo er im Schloß über dem See logierte. Hier hörte er vom Tode Marias von Medici. Nachdem sie die Geduld der Spanier erschöpft hatte und auch bei ihrer Tochter in England kein Asyl finden konnte, war sie schließlich am Hofe des Kurfürsten von Köln gelandet. Gaston, ohnehin in verzweifelter Stimmung, zeigte sich höchst bestürzt bei dem Gedanken, daß er seine Mutter seit der dramatischen Flucht aus Brüssel vor fünf Jahren nicht mehr gesehen hatte und nun nicht mehr von ihr Abschied nehmen konnte. Am Grabe des hl. Franz von Sales, in der Kirche am Fuße des Felsenschlosses, sah man ihn mit ungewohnter Inbrunst beten. Da man sein Zeugnis gegen Cinq Mars brauchte, wurde er überredet, im August nach Frankreich zurückzukehren. Er fügte den vorangegangenen Enthüllungen nichts Neues hinzu, bis auf den bitteren Kommentar, wenn er seine Sünden ebenso bereue wie sein Fehlverhalten gegen den König, werde der Herr ihm gewiß bereitwilliger verzeihen als der König. Unterdessen hatte er das Original des Vertrages mit Spanien vernichtet, in Villefranche am 29. August jedoch die Korrektheit einer Kopie bestätigt. Er krönte schließlich sein Leben voll des Verrats, indem er eine Erklärung unterzeichnete, wonach zwei Personen, die im Vertrag erwähnt, aber nicht namentlich genannt wurden, Cinq Mars und Bouillon seien. Dies war Beweis genug, um die beiden zu verurteilen.

Als man noch nicht vom Tode Marias von Medici, aber von ihrer Erkrankung wußte, setzte Richelieu ein höchst kunstreiches Schreiben auf, das Ludwig ihr schickte und in dem er sagte, er sei unglücklich, von ihrer Unpäßlichkeit zu hören, und er bete für ihre Gesundung. Als Richelieu hörte, daß sie gestorben war, bemerkte er: »Ich bitte Gott von ganzem Herzen, daß er der Seele der Königin die ewige Ruhe gegeben hat. Ich bin glücklich, aus Briefen zu sehen, daß sie ihre Sünden sehr bereut und jedem großmütig vergeben hat, den sie für ihren Feind hielt.« Wohl wissend, daß er in Kürze an ihrer Seite sein würde, waren diese Worte ernst gemeint. Obwohl er das Bett nicht verließ, war er geschäftig wie immer, arbeitete ab sieben Uhr in der Früh, gab Audienzen, diktierte, hörte die Messe und verhörte persönlich de Thou, wenn auch vergeblich. Als Perpignan fiel, nachdem der junge Brézé die Flotte von Ciudad-Real und damit die letzten Hoffnungen auf Entsetzung vernichtet hatte, zog der König sich aus dem Süden zurück. Auch für Richelieu gab es keinen Grund mehr, länger in Tarascon zu bleiben. Mitte August beschloß er, sich rhôneaufwärts nach Valence zu begeben, wobei er de Thou mitnahm und später Cinq Mars aus Montpellier nachholen ließ.

Die Boote, die langsam unter der berühmten Brücke von Avignon hindurchglitten, boten einen prächtigen Anblick. Eine Fregatte fuhr voraus und lotete die Tiefe. Hinter ihr folgte ein Boot mit Musketieren. Der Kardinal lag regungslos in der Kabine seiner Barke, die man mit einer kostspieligen Tapete – karmesinrote Blätter auf Goldgrund – geschmückt hatte, während das Bett mit purpurnem Taft drapiert war. Längsschiffs standen Wachen in scharlachroter Livree. In einem kleinen Boot gleich dahinter kam de Thou, ebenfalls von der Garde des Kardinals bewacht. In anderen Booten fuhren Scharen von Bischöfen, Priestern, Kavalieren sowie Kästen mit Geschirr und Kleidung, während auf beiden Ufern eine Kette von Lanzenträgern marschierte, die in ihrer schwarzen Halbrüstung über dem scharlachroten Wams wie Marienkäfer aussahen. Am Abend wurde sein Bett auf einer Bahre aus der Barke getragen, und er bezog das jeweilige Quartier, in das man ihn – manchmal durchs Fenster, manchmal sogar durch ein in die Wand geschlagenes Loch – brachte. Beim Anblick der brennenden Augustsonne, die die fahlen Wände des Papstpalastes in Avignon beschien, wanderten Richelieus Gedanken bis zurück in jene Tage, wo er an den Ufern der Rhône seine Spaziergänge unternommen hatte. Gemessen an der Ewigkeit war es erst gestern gewesen.

Von einer Eskorte begleitet, traf Cinq Mars am 3. März in Lyon ein, de Thou, den man in einer Kutsche von Valence gebracht hatte, am 4. März, Richelieu am folgenden Tag. Dort erhielt er Neuigkeiten aus Sedan. Eleanor de Berg, die Frau Bouillons, hatte die Tore der Stadt verschlossen und drohte, sie den Spaniern zu übergeben, wenn man Bouillon nicht freiließ. Als erstes mußte man daher die Angelegenheiten mit Bouillon regeln. Der Herzog spielte Richelieu alles zu, was er wußte. Er belastete in seinem Geständnis die Verschwörer und behauptete, sein Teil an der Verschwörung sei vom Tode des Königs abhängig gewesen. Dies reichte als Entschuldigung hin, um ihm das Leben zu retten. Dafür mußte er Sedan übergeben, um es als politische Einheit aufzulösen. Mazarin, der dies mit Bouillon arrangiert hatte, verdiente sich das Lob Richelieus. »Er hat so geschickt verhandelt«, sagte der Kardinal, »daß Monsieur de Bouillon genug gesagt hat, um unsere Beweise komplett zu machen!« Er hatte solche Angst vor der Hinrichtung, daß er sogar drei Sedans übergeben hätte, nur um sein Leben zu retten. Mit einem Brief von Bouillon an seine Frau versehen, reiste Mazarin nach Sedan und stellte die Übergabe der Festung sicher. Das Fürstentum Sedan wurde durch ein förmliches Gesetz aufgelöst. Bouillon durfte sich nach Rom zurückziehen, wo er kurz danach dem Calvinismus abschwor, Katholik wurde und den Befehl über eine päpstliche Armee erhielt. Was Gaston betraf, so bestimmte das Dokument, das er unterzeichnete und durch das er wieder einmal den Pardon des Königs erlangte, daß er hinfort als Privatperson ohne Statthalterschaft, Wachen oder irgendeinen Anteil an den öffentlichen Angelegenheiten zu leben habe. Geschlagen und gefügig schlich Monsieur nach Hause und enthielt sich bis zur Regentschaft des nächsten Königs weiterer Verschwörungen.

Der Prozeß gegen Cinq Mars und de Thou, der in der ersten Septemberwoche begann, war nach dem Brauch der Zeit eher ein Inquisitionsverfahren als eine Anhörung. Der unglückliche Bouillon wurde den beiden Beschuldigten gegenübergestellt und mußte vor ihnen sein Geständnis wiederholen. De Thou, der von Beruf Advokat war, erklärte, daß nichts von dem, was Bouillon aussage, als Beweis seiner Mittäterschaft aufgefaßt werden könne. Jede seiner Handlungen sei mit seiner Unschuld vollkommen verträglich. Einer der Richter erniedrigte sich, möglicherweise mit Wissen Séguiers, soweit, daß er Cinq Mars in seiner Zelle aufsuchte und dem Beschuldigten vorgaukelte, daß de Thou ihn und sich selbst belastet habe. Erbittert bei dem Gedanken daran, daß der Freund ihn verraten habe, unterzeichnete Cinq Mars daraufhin ein Geständnis, in dem er auch gegen de Thou aussagte.

Vor Gericht verteidigte sich Cinq Mars, indem er sich für alles, was er getan habe, auf den Willen des Königs berief. Es wurde jedoch ein Brief vorgelegt, der in den Annalen des Rechts einzigartig dastehen dürfte. Ludwig, dieser Brunnquell der Gerechtigkeit, trat höchstpersönlich als Zeuge vor Gericht auf und schrieb, daß Cinq Mars ein »Betrüger und Verleumder« sei. Am Morgen des

12. September verließ Richelieu Lyon und begab sich nach Lentilly, wo er den Urteilsspruch abwartete. Er wurde ihm am Nachmittag in Form eines Briefes von Séguier überbracht, der als Kanzler dem Gericht präsidiert hatte. Cinq Mars wurde wegen Hochverrats verurteilt, nicht weil er sich gegen Richelieu verschworen hatte, sondern weil er an der Abmachung mit Spanien mitgewirkt hatte. De Thou wurde als Mitschuldiger verurteilt, nachdem er vergeblich vorgebracht hatte, daß das Gesetz die Bestätigung der Aussage Cinq Mars' gegen ihn verlange – ein Punkt, in dem er vom *procureur-général* in einer scharfen Kontroverse mit Séguier unterstützt wurde.

»De Thou!« rief Richelieu, als man ihm den Urteilsspruch vorlas. »Monsieur le Chancelier hat mich einer großen Last enthoben!« Dann fiel ihm ein, daß sich der öffentliche Scharfrichter ein Glied gebrochen hatte, und fügte hinzu: »Aber Sie haben ja keinen Scharfrichter!« Man beruhigte ihn, daß es keine Schwierigkeiten geben werde, einen aufzutreiben. Dann begab er sich nach Roanne und schrieb eine Notiz an Chavigny, in der er sagte: »Ich will Sie in drei Worten wissen lassen, daß Perpignan in der Hand des Königs ist und daß sich Monsieur le Grand Écuyer und Monsieur de Thou in der anderen Welt befinden, wo sie, wie ich bei Gott hoffe, glücklich sein mögen.« Doch die Affäre verfolgte ihn noch lange. Er bezeichnete Cinq Mars als diesen »Teufel der Hölle«, und indem er die Freundschaft mit dem Vater des Cinq Mars vergaß, ging er soweit, dessen unschuldige Mutter in die Touraine zu verbannen und die Zerstörung des Château Cinq Mars anzuordnen. Er fragte auch nach den Namen der beiden Richter, die gegen das Todesurteil für de Thou votiert hatten.

Die Hinrichtung gab Cinq Mars zum letzten Mal die Gelegenheit, sich in der Öffentlichkeit zur Schau zu stellen. Als er das Schafott in der Place de Terreaux zu Lyon erstieg, nahm ein Bogenschütze der Wache dem Delinquenten den Hut ab, da das Tragen einer Kopfbedeckung verboten war. Cinq Mars riß den Hut wieder an sich, setzte ihn sich auf und drehte mit in die Hüften gestemmten Armen zwei oder drei Runden um das Schafott, wobei er frech in die Menge blickte. Dann salutierte er vor den Schaulustigen und warf ihnen mit dramatischer Geste seinen federgeschmückten Schlapphut zu, bevor er den Richtblock prüfte und probeweise seinen Hals darauflegte. Dann stand er wieder auf und stolzierte noch ein wenig umher, wobei er das Kruzifix in der Hand hielt, ohne die

Handschuhe abzunehmen. Er weigerte sich auch, sich die Augen verbinden zu lassen.

De Thou, der viel beherrschter war, fragte den Priester, ob man ihm Zeit zum Beten geben könne. Cinq Mars drehte sich zu ihm um und sagte: »Haben Sie noch nicht zu Gott gebetet?« Der Scharfrichter, der zum ersten Mal seines Amtes waltete, richtete ein Blutbad an und erregte den Zorn der Menge. Die Menschen durchbrachen die Absperrung und stürmten das Schafott, um ihre Taschentücher in das warme Blut zu tauchen, das durch die Fugen der Plattform tropfte. Es ist anzunehmen, daß sie den ungeschickten Henker ermordeten. Als Richelieu davon erfuhr, zeigte er sich ehrlich empört. Er schrieb aus Roanne an Chavigny:

Er [Cinq Mars] soll oft gesagt haben, er werde mehr Standhaftigkeit beim Sterben zeigen als Monsieur de Montmorency und Monsieur de Saint Preuil: Aber nach meiner Meinung sind die anderen in einer christlicheren Fasson gestorben. Nicht, daß ich daran zweifelte, er sei gut gestorben. Sein Beichtvater, der mich in seinem Auftrag aufgesucht hat, um mir vieles zu sagen, zeigt sich zufrieden. Sein Beichtvater ist auch von ihm beauftragt worden, mich um Verzeihung zu bitten, und ich habe mich verpflichtet, auch beim König für ihn zu bitten.

Richelieus Rolle bei dem Prozeß gegen die beiden jungen Männer ist von den Historikern allgemein kritisiert worden, auch von Pater Griffet im 18. Jahrhundert. Moderne Autoren haben ihm vorgeworfen, seine persönliche Rache für die ausgestandenen Ängste gesucht zu haben. Seine Worte und Taten sind als Bweis für seine niedrige Rachsucht gedeutet worden. Diese Erklärung ist oberflächlich. Richelieus Einstellung mag bedauerlich gewesen sein. Aber seine Motive müssen nach dem Maßstab seiner Zeit gemessen werden. Dieser Maßstab kommt im Urteil des Gerichts klar zum Ausdruck, da es Richelieus eigenen Überlegungen in seinem politischen Testament so sehr ähnelt, als ob er es selbst verfaßt hätte:

Ein Verbrechen des Hochverrats kann auch dann gerecht bestraft werden, wenn es nur durch starke und dringende Vermutungen belegt ist. Dies wird besonders deshalb erwähnt, weil viele klassische Doktoren und Rechtsgelehrte von großer Reputation dies offen gelehrt haben. Der Grund hinter dieser Ansicht ist der, daß Staaten, deren Erhaltung unbedingten Vorrang haben muß, häufig beträchtlichen Schaden, mitunter gar ihren Untergang erleiden würden, wenn in der Frage von Verbrechen, die den Sturz des Staates bezwecken, ebenso klare Beweise erforderlich wären wie in gewöhnlichen Fällen.

Dies wiederholt demonstriert zu haben, war nach Richelieus Ansicht für die Sicherheit Frankreichs von ebenso hoher Bedeutung wie der Anstoß zur Westfälischen Friedenskonferenz. Richelieu war unversöhnlich, aber stets aus höheren Motiven als dem der Rache. Auch in einer demokratischen Gesellschaft ist deren Sicherheit Vorbedingung für den Luxus der Menschenrechte.

Es war nun noch das Problem zu lösen, wie sich Richelieu zum König stellen sollte. Sein Betragen hatte in den vergangenen zwei Jahren so entscheidend zu der Tragödie beigetragen und ein katastrophales Abweichen von den Maßstäben bedeutet, die man an den Gesalbten anlegte. Nun, am Ende seiner Karriere, mußte Richelieu zu seinem Schrecken entdecken, daß sein Werk, der Wiederaufbau Frankreichs, so leicht von den »Privatempfindungen« aufs Spiel gesetzt werden konnte, die den Königen eigentlich fremd sein sollten. Sein Leben war zu kurz gewesen, um Institutionen zu schaffen, die gegen menschliche Leidenschaften resistent waren. Seine persönliche Diktatur wiederum war nur ein unumgänglicher Notbehelf während einer Übergangsphase der Reorganisation. Es war ein System, das abhängig war davon, daß der König stets in einer Rolle agierte, die das Volk als von Gott kommend anerkennen konnte. Für einen Richelieu gab es nur einen einzigen Ersatz: Ludwig XIV.

In Nemour trug man das Taftbett des Kardinals in eine Kutsche, und er reiste so auf der Landstraße nach Fontainebleau, wo er einen Monat später eintraf. Dort brachte man den schwerkranken Mann ins Hôtel d'Albret. Richelieu empfing den König aufrecht in einem Stuhl sitzend. Auf Chavigny und Noyers gestützt, erhob sich der gebrechliche Alte mühsam von seinem Sitz. Die beiden umarmten sich. Es folgte ein langes Schweigen. Dann befahl der König den anderen, hinauszugehen. Drei volle Stunden war er mit dem Kardinal allein. Es war das erste vertrauliche Gespräch, das sie seit Monaten führten, denn die Affäre Cinq Mars hatte ihren Gedankenaustausch unterbrochen. Im Oktober war Richelieu wieder soweit wohlauf, daß er nach Paris zurückkehren und seine Residenz im Kardinalspalais aufschlagen konnte. Dort entwarf er eine Denkschrift für den König, in der er die Angelegenheit Cinq Mars in allen ihren kläglichen Einzelheiten darstellte und die Konsequenzen für ihn und die Herrschaft im Lande umriß. Er erinnerte den König daran, daß er verschiedentlich seinen Rücktritt angeboten hatte und daß dies jedes Mal abgelehnt worden sei. Er werde wieder seinen Rücktritt anbieten, sofern der König nicht fünf Forderungen zustimmte, die er im folgenden umriß. Sie verpflichteten den König, die Einmischung von Favoriten in die Politik nicht mehr zu dulden, boshaftem Gerede über seine Minister das Ohr zu verschließen, die Triftigkeit von Vorwürfen gegen die Minister zu prüfen, bevor er handelte, diejenigen zu bestrafen, die der Verleumdung für schuldig befunden wurden, und die Ratssitzungen geheim zu halten. Ohne die königlichen Gefühle im mindesten zu schonen, erinnerte er Ludwig dann daran, wie er selber nach dem Tode Ancres behandelt worden war: »Verbannt, und zwar nicht nur aus der Nähe des Königs und der Königin, seiner Mutter, sondern aus dem Königreich. Auf Verdächtigungen hin, die auf nichts anderem gründeten als auf trügerischem Schein.« Das Dokument wurde dem König übersandt, doch traf keine Bestätigung ein, und so bot Richelieu am 5. November 1642 seinen Rücktritt an. Der König war in St. Germain, und Chavigny, der sich ebenfalls dort aufhielt, verstärkte die Argumente des Kardinals. Ludwig schien alles wohlwollend aufzunehmen, begab sich jedoch zur Jagd, ohne zu verraten, was in ihm vorging. Spät am Abend kehrte er heim und ging sogleich zu Bett. Am nächsten Morgen war Chavigny beim königlichen Levée anwesend und wartete ängstlich auf ein Zeichen des Königs. Ludwig jedoch blieb stumm.

Chavigny war wie Richelieu beunruhigt darüber, daß der König sich auch jetzt noch mit den Freunden von Cinq Mars umgab, von denen viele, wie sie argwöhnten, am Mordkomplott beteiligt waren, obwohl man ihnen nichts nachweisen konnte. Aber sooft Chavigny den König in diesem Punkt zu drängen suchte, fand er ihn gereizt. Und da er einen Anschlag auf das Leben des Kardinals fürchtete, riet er Richelieu, sich ständig mit seinen Wachen zu umgeben. Seine Unruhe wuchs, nachdem Ludwig das Ansinnen Chavignys als unerhört zurückgewiesen hatte, Richelieus Wachen sollten ihn nach St. Germain begleiten. Ohne zu verraten, was er dachte, begab sich Ludwig für die nächsten Tage auf die Jagd.

Am 13. November schrieb Richelieu einen dritten Brief. Dieses Mal bat er um eine offene Antwort und forderte den König insbesondere auf, die Bedingungen klarzustellen, unter denen er Frieden machen wolle. Nicht sein – Richelieus – Verhalten hindere ihn, sondern die Ungerechtigkeit der Spanier. Denn er habe sich stets peinlich genau an die Absichten des Königs gehalten. Fünf Tage vergingen. Am 20. November endlich schrieb der König seine Antwort. Er habe seinem Vetter, dem Kardinal de Richelieu, nichts zu sagen, es sei denn etwas, das er bereits nur zu gut wisse. Er verwies darauf, wie wenig er auf Cinq Mars' Anschuldigungen gegen den Kardinal gegeben habe, und fügte hinzu, es könne keine Rede davon sein, daß er den Rücktritt Richelieus wünsche. Im Gegenteil solle der Minister künftig mit größerer Freiheit und Macht denn je agieren. »Ich verspreche ihm außerdem, daß ich jedes Geheimnis unverbrüchlich hüten werde, das ich nach seinem Willen hüten soll.« Er ging dann zur diplomatischen Situation über und erklärte, warum er in den Punkten Lothringen, Arras, Hesdin, Bapaume, Perpignan, Breisach oder Pinerolo niemals einem Kompromiß zustimmen und auch niemals seinen jungen Neffen, Karl Emanuel II. von Savoyen, fallenlassen werde. Eine Woche später wurden die Genossen des Cinq Mars vom Hofe verbannt. Es war Richelieus letzter Sieg. Am 28. November bekam er Fieber und klagte über starke Schmerzen in der Seite.

26
Der Kardinal stirbt niemals
1642

In Paris war der Winter eingebrochen, und im Kardinalspalais brannten schon um vier Uhr nachmittags die Kerzen. Die Verwandten waren eingetroffen, unter ihnen der Marschall von Brézé, der Graf von Harcourt und die Herzogin von Aiguillon. Sie hatten sich im Palais des Sterbenden einquartiert. Der Kardinal wurde zur Ader gelassen. In seinem Zustand trat sporadisch eine Besserung ein. Aber das Fieber wurde schlimmer. Er rang nach Luft, spie Blut. Die Ärzte diagnostizierten eine Rippenfellentzündung. Am 2. Dezember 1642 traf der König aus St. Germain ein und betrat das Krankenzimmer um zwei Uhr nachmittags, gemeinsam mit dem Hauptmann der Garde.

Sire [murmelte Richelieu], dies ist das letzte Lebewohl. Indem ich von Eurer Majestät Abschied nehme, habe ich den Trost, Ihnen das Königreich im höchsten Grade von Ruhm und Reputation zurückzulassen, den es je erreicht hat. Alle Ihre Feinde sind geschlagen und gedemütigt. Die einzige Entschädigung für meine Mühen und Dienste, die ich von Eurer Majestät zu fordern wage, ist, daß Sie auch weiterhin meinen Neffen und meine Verwandten mit Ihrem Schutz und Ihrem Wohlwollen ehren. Ich werde diesen nur dann meinen Segen geben, wenn sie nicht von der Treue und dem Gehorsam ablassen, die sie Eurer Majestät schulden und auf immer geschworen haben.

Diese Worte hätten ohne weiteres aus einem Theaterstück Richelieus stammen können. Noch auf dem Totenbett beschäftigte ihn die Idee von der Größe Frankreichs so stark wie eh und je. Die Vorstellung von der »Reputation« des Königs, in der sich eine ganze Moralphilosophie und politische Theorie kristallisierten, stand in seinem Denken an oberster Stelle.

Dann riet er dem König, Mazarin zu seinem Nachfolger zu bestellen und die übrigen Minister im Amt zu belassen, um keinen

Bruch in der politischen Kontinuität herbeizuführen. Ludwig, der sich sehr rücksichtsvoll betrug, gab dieses Versprechen und speiste dann persönlich den Kardinal mit zwei Eigelb. Nachdem er sich verabschiedet hatte, betrachtete er die Kunstwerke, mit denen Richelieu, der Kunstkenner, den Kardinalspalast ausgestattet hatte. Dann zog sich der König in den Louvre zurück, weil er, wie er sagte, erst wieder nach St. Germain zurückfahren wollte, wenn er wisse, wie es um Richelieu bestellt sei. Dann kam die Familie ins Zimmer, Harcourt mit Tränen in den Augen, die seltsamerweise gut zu seiner großen Perle paßten. Richelieu fragte die Ärzte, wie lange er nach ihrer Ansicht noch zu leben habe. Sie sollten sich nicht scheuen, es ihm zu sagen, denn sie sprächen zu einem Mann, der sich vollständig in den Willen Gottes über Leben und Tod ergeben habe. Sie gaben zur Antwort, daß sie es nicht wüßten.

In der Nacht wurde das Fieber schlimmer, und er wurde zweimal zur Ader gelassen. Man sagte ihm, er habe wahrscheinlich nur noch vierundzwanzig Stunden zu leben. Der Bischof von Chartres wurde hereingeführt, um ihm die Beichte abzunehmen. Seinen Dienern befahl er, ihn um Mitternacht zu wecken, damit er der Messe beiwohnen und die Kommunion empfangen könne. Um ein Uhr morgens reichte ihm der Pfarrer von St. Eustache das Sterbesakrament. Man hörte Richelieus Worte ganz deutlich: »Oh, Herr, mein Richter, der du mich bald richten wirst: Ich bitte dich aus ganzem Herzen, mich zu verdammen, wenn ich je etwas anderes bezweckt habe als das Wohl der Religion und des Staates.« Das war die Apologie seines Lebens. Nach mehreren zeitgenössischen Berichten soll er noch gesagt haben, daß er keine anderen Feinde als die des Staates gehabt habe. Ob er dies geäußert hat oder nicht, ist unerheblich Seiner Überzeugung entsprach es gewiß.

Um drei Uhr morgens empfing er von seinem Priester die Letzte Ölung. Er betete das Vaterunser und das Kredo »mit großer Bußfertigkeit und Bewegtheit des Herzens«, wobei er das Kruzifix küßte, das er in den Händen hielt. Der Raum war jetzt voller Bischöfe und Kleriker. Und der Priester bat ihn, die Anwesenden zu segnen. »Ach«, erwiderte Richelieu, »ich bin nicht würdig, den Segen zu spenden, aber da Sie mich darum bitten, will ich ihn von Ihnen empfangen und an jene weitergeben.« Am Nachmittag kam der König wieder und blieb bis fünf Uhr. Richelieu äußerte die Hoffnung, er werde die Schmerzen, die Gott ihm sende, bis zuletzt geduldig ertragen. Zu seinen Beamten gewandt, die er weinen sah, flüsterte er, ob »sie dächten, er sei unsterblich«. Die Ärzte verabreichten ihm Pillen, und die Nacht zum 3. Dezember verlief ruhig. Am nächsten Morgen kam der Abt de la Rivière im Auftrag Gastons von Orléans und wurde vorgelassen. Um das Drama von Richelieus Leben komplett zu machen, gab es auf dem Totenbett eine Versöhnung mit Monsieur. Gegen Mittag rief er die Herzogin von Aiguillon zu sich und sagte, daß er sie vor allen anderen Menschen geschätzt habe und daß er aus diesem Grunde wünsche, daß sie sich zurückziehe; sie sollte verschont bleiben vom Anblick seines Sterbens. Marie-Madeleine sagte unter Tränen, daß eine Ordensfrau eine Vision gehabt habe, nach welcher der Kardinal nicht an dieser Krankheit sterben werde. Der Kardinal, dem vielleicht die Fehlinformationen von Pater Josephs Nonne wieder einfielen, gewann seine theologische Nüchternheit zurück und entgegnete: »Nichte, es gibt keine anderen Wahrheiten als die des Evangeliums. Man sollte nur an diese glauben.«

Frau von Aiguillon zog sich zurück, und ein Unbeschuhter Karmeliter, der Pater Léon, trat ein und erteilte dem Kardinal eine neue Absolution, während der Bischof von Chartres für den Sterbenden zu beten begann. Während er leise den Text murmelte, lag Richelieu blaß und still da, den Blick an die Decke geheftet. Dann seufzte er zweimal auf, und als man eine Kerze vor seine Lippen hielt, flackerte sie nicht. Eine Epoche war zu Ende gegangen; der Kardinal war tot.

Er starb mit derselben gelassenen Gleichgültigkeit gegen seine Fehler, wie er sie gegen das menschliche Leid jener bewiesen hatte, die er dem Moloch Staat geopfert hatte. Und es gab Menschen, die über dieses Verhalten bestürzt, ja entsetzt waren. Gott blieb es vorbehalten, die Bilanz zu ziehen. Die fatale Bestimmung der Nation zum obersten moralischen Selbstzweck und die Rechtfertigung aller Mittel durch den Verweis auf dieses Ziel waren abzuwägen gegen die Reinigung der Kirche, die Festigung ihrer moralischen Autorität und die Erhaltung der Lehre. Geiz und Habsucht waren abzuwägen gegen überwältigende Mildtätigkeit und die unablässige Förderung von Werken der Barmherzigkeit. Eitelkeit stand gegen beispiellose Tapferkeit, Hingabe und Selbstaufopferung; Mißbrauch anderer beim unversöhnlichen Streben nach Macht gegen die skrupulöse Verwendung dieser Macht für das Wohl des politischen Ganzen; die Unterordnung der katholischen Einheit unter die nationale Einheit gegen den Eifer für die

Wiedervereinigung der getrennten Brüder in Christo; Verzicht auf ein Leben als Priester gegen eine tiefe Gläubigkeit, eine rührende Marienverehrung und ein Vertrauen auf die göttliche Vorsehung.

Seine Verantwortung für die namenlosen Übel des Krieges war enorm. Aber er nahm sie in der absoluten Überzeugung auf sich, recht zu haben. In dieser wie in anderen Fragen urteilten die Zeitgenossen nicht mit göttlicher Barmherzigkeit, und ihre eigenen Leidenschaften trübten das Bild. Die Historiker haben mehr nach den Maßstäben der langfristigen Konsequenzen seines Handelns für die Entwicklung Europas geurteilt als nach den Intentionen des Mannes selbst. Ihre Vorurteile haben sich in Kontroversen niedergeschlagen. Falls Louis de Marillac unter jenen war, die Armand-Jean du Plessis de Richelieu an der Schwelle zur Ewigkeit begrüßten, dann tat er es im Zeichen der Vergebung. Es ist der Historie nicht gegeben, Nächstenliebe zu üben. Aber es steht ihr sehr wohl an, Verständnis zu zeigen.

Lang lebe der Kardinal! Die Türe öffnete sich, und Kardinal Mazarin trat ein – Symbol der Kontinuität oder vielleicht des Überganges? Und mit ihm kamen Séguier, Chavigny, Noyers sowie Bischöfe und Beamte. Chavigny und Noyers begaben sich alsbald zum Louvre, um dem König die Nachricht zu überbringen. Ludwig beauftragte sie, den Angehörigen Richelieus sein Beileid auszusprechen. Wenige Stunden später ließ er Mazarin wissen, er wünsche, daß er sich der Angelegenheiten des Staates mit der gleichen Sorgfalt annehme wie der verstorbene Kardinal. Mazarin wird im Geiste diese außergewöhnliche Karriere betrachtet haben, die dreizehn Jahre vorher vor den Mauern Casales begonnen hatte. Er wollte die Ernennung ablehnen. Ludwig drang in ihn, und schließlich willigte er ein. Um jedem Versuch Gastons vorzubeugen, seinen Anspruch auf Mitspracherecht in der Regierung zu diesem günstigen Zeitpunkt zu erneuern, sandte der König einen Boten zum Präsidenten des Parlaments von Paris. Er bat dieses Gremium um Bestätigung der königlichen Deklaration, daß Monsieur in Anbetracht seiner Fehler ungeeignet war, administrative Aufgaben zu übernehmen. Die drei Kammern des Parlamentes wurden einberufen, die juristischen Formalitäten in aller Eile durchgezogen. Es ging das Gerücht, daß Gaston Frankreich bereits wieder verlassen habe, während er in Wahrheit äußerst gefaßt zu Hause saß.

Vier Tage lang wurde der Leichnam Richelieus aufgebahrt, und ganz Paris erwies ihm die letzte Ehre. Der Kardinal lag in seiner scharlachroten Robe mit dem Kardinalshut im Sarg, zu seinen Füßen Krone und Herzogsmantel. Auf einem Tisch stand ein silbernes Kruzifix, umspielt vom unsteten Licht der Kerzen. In Trauerkleidung hielt der Hauptmann der Garde des Kardinals Wache. Ordensangehörige sangen die Psalmen. Am 13. Dezember 1642 nach Einbruch der Dunkelheit wurde der Sarg, begleitet von den Pagen des Kardinals und den Kutschen der Trauergäste, zur Kirche der Sorbonne überführt, mit deren Bau Richelieu begonnen hatte, die aber immer noch unvollendet war. Der Bischof von Orléans kam dem Sarg an der Kirchentür entgegen, und der Priester von St. Eustache setzte zu einer lateinischen Ansprache an. Die Hitze, verursacht von den Kerzen und den vielen Menschen, war so groß, daß er ohnmächtig wurde und hinter den Chor getragen werden mußte, um sich zu erholen. Die Kerzen wurden nach und nach gelöscht, und Richelieu blieb zuletzt allein in dieser kleinen stillen Welt der Einkehr, die er so liebte.

Richelieus Tod war, wie sein Leben, Theater, und die Zeitgenossen erwarteten einen entsprechenden Epilog. Ihrer Enttäuschung verleiht Goulas Ausdruck, einer der Gefährten Gastons:

Diejenigen, die jetzt mit der Absicht vortraten, ihren vom vorigen Regime verfolgten Angehörigen und Freunden zu helfen oder vom Tode Seiner Eminenz zu profitieren, waren auf äußerste unzufrieden. Dieselben Minister blieben und handelten nach denselben Maximen. Und so schien es gar, als sei Kardinal Richelieu überhaupt nicht gestorben.

Der Geschichte blieb es vorbehalten, einen Epilog zu konstruieren, wie ihn sich der Kardinal dramatischer nicht hätte wünschen können. Zwei Monate nach Richelieus Begräbnis, als Bassompierre, Vitry und die übrigen Insassen der Bastille wieder die Luft der Freiheit atmeten und Olivares in Ungnade gefallen war, begann Ludwig XIII. rapide zu verfallen. Man beschloß, die offizielle Taufe des fünfjährigen Dauphin vorzunehmen. Nach der Zeremonie fragte der König ihn: »Und wie heißt du jetzt?« Die Antwort kam prompt und eindeutig: »Ich bin Louis Quatorze!« – »Noch nicht«, sagte der König, »aber bald.« Im April wurde er bettlägerig und las in der *Meditation über den Tod* des Thomas von Kempen. Während die Tuberkulose ihn zerfraß, hatte er eine Vision, in der ihm Enghien erschien, den er mit dem Kommando an der Nordfront betraut hatte. »Ach«, murmelte er, »ich habe gut daran getan, ihm meine Armee zu übergeben!« Am 19. Mai 1643, als sie den König in St. Denis begruben, vernichtete der einundzwanzigjährige Enghien, der nie zuvor eine regelrechte Schlacht erlebt hatte, die spanische Armee der Niederlande in Rocroy. Es war ein ähnlich großer Sieg wie der in Nördlingen, das erste Mal, daß spanische *tercios* im Felde geschlagen wurden. Als es vorüber war, lag der dreiundachtzigjährige Fuentes mit seinem langen weißen Bart tot auf der Bahre, von der aus er den Marschallstab geführt hatte. Es war derselbe Fuentes, der genau vierzig Jahre vorher seine Festung im Veltlin erbaut und damit jene Kette von Ereignissen ausgelöst hatte, die ihn zu diesem Schicksal, Richelieu vor das Gericht Gottes und Frankreich zu seiner Größe geführt hatte.

Vier Jahre später sprach Pierre Corneille den Epilog zum »Drama Richelieu«, und zwar anläßlich einer Laudatio auf den Gründer der Französischen Akademie. Es war – wenn wir der maliziösesten aller Legenden um Richelieu Glauben schenken dürfen –, jener Corneille, der sich vor Jahren die Eifersucht des Kardinals zugezogen hatte, weil der *Cid* ein besseres Drama war als *Mirame*:

Selbst wenn ich nichts anderes über Sie wüßte, als daß auf Sie die Wahl jenes großen Genius fiel, der nichts als Wunder gewirkt hat, des verstorbenen Monsieur le Cardinal Richelieu, müßte ich völlig des gesunden Verstandes entbehren, wenn ich für Sie nicht eine außerordentliche Schätzung und Ehrerbietung empfände und nicht bemerkte, daß dieser große Mann mit derselben Hand, mit der er des spanischen Reiches Grundlagen untergrub, jene dieser Anstalt zu legen geruhte und ihrer Obhut die Einheit einer Sprache empfahl, die er in ganz Europa verstanden und herrschend wissen wollte.

Zeittafel

1585 *9. September: Armand-Jean du Plessis de Richelieu als viertes Kind von François du Plessis de Richelieu, Grand-Prévôt von Frankreich, und seiner Frau Suzanne de La Porte in Paris geboren.*
Krieg zwischen Spanien und England. Spanisch-französische Allianz. England unterstützt die niederländischen Generalstaaten im Kampf gegen Spanien.
10. April: Papst Gregor XIII. gestorben.
24. April: Sixtus V. folgt auf den Stuhl Petri.
28. Oktober: Cornelius Jansen geboren.
Sir Francis Drake auf Kaperfahrt in Westindien.
John Davis entdeckt die Davis-Straße zwischen Grönland und Nordamerika.

1585–1598 Achter Religionskrieg in Frankreich.

1586 Prozeß gegen Maria Stuart in England.
Simon Stevin entwickelt das Gesetz vom Parellelogramm der Kräfte und von den kommunizierenden Röhren.

1587 Englisch-spanischer Krieg. Philipp II. bereitet eine Invasion vor.
Sir Francis Drake plündert Cadiz.
Im »Krieg der drei Heinriche« (Valois, Guise, Navarra) erringt Heinrich von Navarra den Sieg von Coutras.
8. Februar: Maria Stuart, ehemalige Königin von Schottland, wegen Hochverrats in Fotheringay hingerichtet.
Sammlung der französischen Verordnungen im »Code Henri III«.

1588 5. April: Thomas Hobbes geboren.
Juli/August: Englischer Seesieg über die spanische Armada. England führende Seemacht.
23. November: Heinrich von Guise und der Kardinal Guise werden auf Befehl König Heinrichs III. ermordet.
Die französischen Generalstände treten zusammen.
Christopher Marlowe verfaßt das Drama »Tragische Geschichte des Doktor Faust«.

1589 5. Januar: Katharina von Medici, Königin von Frankreich, gestorben.

April: Sir Francis Drake plündert Coruña.

2. August: Bei der Belagerung von Paris wird Heinrich III. von Frankreich, der letzte Valois, ermordet. Heinrich IV. folgt auf den Königsthron von Frankreich. Aufstieg des Hauses Bourbon. – Galileo Galilei erhält den Lehrstuhl für Mathematik in Pisa.

1590 *10. Juli: François de Richelieu, Vater von Armand-Jean, in Paris gestorben.*

27. August: Papst Sixtus V. gestorben.

27. September: Papst Urban VII. stirbt nach nur zwölftägigem Pontifikat.

5. Dezember: Gregor XIV. kommt auf den Heiligen Stuhl.

William Shakespeare verfaßt seine ersten Schauspiele.

Erfindung des Mikroskops in Holland.

1591 16. Oktober: Gregor XIV. gestorben.

29. Oktober: Innozenz IX. wird Papst. Er stirbt jedoch bereits am 30. Dezember.

Der russische Regent Boris Godunow läßt den Thronfolger Demetrius ermorden.

1592 30. Januar: Clemens VIII. zum Papst gewählt.

13. September: Michel de Montaigne gestorben.

Sigismund III. von Polen wird König von Schweden.

John Davis entdeckt die Falkland-Inseln.

1593 25. Juli: Heinrich IV. von Frankreich tritt zum Katholizismus über.

1594–1603 Irischer Aufstand gegen die englische Oberherrschaft.

1594 27. Februar: Heinrich IV. in Chartres gekrönt.

22. März: Rückkehr nach Paris. Die spanischen Truppen werden aus der Stadt vertrieben.

14. Juni: Orlando di Lasso gestorben.

15. Juni: Nicolas Poussin geboren.

Der Reichstag zu Regensburg gewährt dem Kaiser Unterstützung gegen die Türken.

1595/96 Drake und Howard in der Karibischen See. Beide sterben auf dieser Fahrt.

Sir Walter Raleigh auf Entdeckungsfahrt nach Guayana.

1595 Die Türken werden bei Calugareni vernichtend geschlagen.

Torquato Tasso gestorben.

1596   Heinrich IV. führt gemeinsam mit England und den Nie-
        derlanden Krieg gegen Spanien.
        31. März: René Descartes geboren.
        Frühjahr: Die Spanier erobern Calais.
        20. Juni: Cadiz von englischen Truppen eingenommen.
        Jean Bodin gestorben.
        Willem Barents entdeckt die Bäreninsel und Spitzbergen.
1598   13. April: Edikt von Nantes. Heinrich IV. sichert den Hu-
        genotten Freiheit der Religionsausübung zu. Die hugenot-
        tischen Sicherheitsplätze bleiben erhalten. Ende der Reli-
        gionskriege.
        2. Mai: Spanisch-französischer Friede von Vervins.
        13. September: Philipp II. von Spanien gestorben. Sein
        Sohn Philipp III. folgt ihm auf den Thron.
        Boris Godunow wird russischer Zar.
1599   25. April: Oliver Cromwell geboren.
        Dezember: Heinrichs IV. Ehe mit Margarete von Valois
        (»Reine Margot«) wird für ungültig erklärt.
1600   Heinrich IV. heiratet Maria von Medici.
        17. Januar: Pedro Calderón de la Barca geboren.
        31. Dezember: Die englische »East India Company« ent-
        steht: Beginn der englischen Kolonialzeit.
        Giordano Bruno in Rom als Ketzer verbrannt.
1601   Ein Aufstand unter Führung des Grafen Essex scheitert in
        England. Essex hingerichtet.
        Unterwerfung Irlands durch die englische Krone.
        Schaffung einer französischen Ostindischen Kompanie. Sie
        besteht bis 1615.
        Johannes Kepler stellt die Gesetze über die Planetenbewe-
        gung auf.
1602   *Armand-Jean de Richelieu verläßt die Kadettenschule in
        Paris und beginnt am Collège de Calvi das Theologiestu-
        dium.*
        Verschwörung Birons. Heinrich IV. läßt den Anführer
        hinrichten. – Allianz Frankreich–Schweiz.
        14. Juli: Jules Mazarin (Giulio Mazarini) in Pescina/Ab-
        ruzzen geboren.
        Gründung der Niederländisch-Ostindischen Handelskom-
        panie.
        Galileo Galilei entdeckt die Fall- und Pendelgesetze.

1603   Die Jesuiten erhalten die Berechtigung, sich wieder in Frankreich niederzulassen.

24. März: Elisabeth I. von England gestorben. Damit erlischt das Haus Tudor. Jakob I. Stuart, Sohn von Maria Stuart, wird König von England, Schottland und Irland.

1605   3. März: Clemens VIII. gestorben.

1. April: Leo XI. wird Papst. Er stirbt nach einmonatigem Pontifikat.

16. Mai: Paul V. auf dem Stuhl Petri.

Die »Pulververschwörung« gegen Jakob I. von England mißlungen.

Madame Acarie begründet den Karmeliterorden in Frankreich.

Miguel de Cervantes Saavedra schreibt »Don Quijote«.

1606   6. Juni: Pierre Corneille geboren.

15. Juli: Rembrandt Harmensz van Rijn geboren.

1607   *17. April: Richelieu wird im Alter von nur 22 Jahren zum Bischof geweiht. Er setzt seine Theologiestudien in Paris fort.*

1608   *Dezember: Richelieu übernimmt die Diözese von Luçon. Er gründet ein Seminar, dessen Leitung er Pierre de Bérulle überträgt. Beginn der Freundschaft mit François Le Clerc du Tremblay, dem »Père Joseph«.*

»Union« der protestantischen Fürsten im deutschen Reich gegründet. Heinrich IV. fördert diesen Zusammenschluß. Französisch-holländischer Vertrag.

1609–1614   Jülisch-Clevescher Erbfolgestreit im Reich.

1609   Gründung der »Katholischen Liga« im deutschen Reich.

1610   7. Januar: Galileo Galilei entdeckt die Jupitermonde.

14. Mai: Heinrich IV. in Paris von Ravaillac ermordet. Nachfolger auf dem französischen Thron ist Ludwig XIII.

1611   30. Oktober: Karl IX. von Schweden gestorben. Gustav II. Adolf wird schwedischer König.

Pierre de Bérulle gründet die Kongregation der Oratorianer.

1612   20. Januar: Kaiser Rudolf II. gestorben. Sein Bruder Matthias wird römisch-deutscher Kaiser.

Aufstand in Frankreich unter Führung Rohans.

Ludwig XIII. führt die Zensur ein.

1613   *Richelieu verfaßt die »Ordonnances Synodales«.*

1614 Ludwig XIII. beruft eine Versammlung der Generalstände
ein. *Richelieu fungiert als Sprecher des Klerus. Er erregt die
Aufmerksamkeit von Maria von Medici.*
1615–1622 Aufstand der Reformierten gegen die französische
Krone.
1615 25. November: Ludwig XIII. von Frankreich heiratet in
Bordeau Anna von Österreich.
1616 *Richelieu wird Staatssekretär der Regentin.*
23. April: Miguel de Cervantes Saavedra und William
Shakespeare gestorben.
3. Mai: Vertrag von Loudun: Waffenstillstand zwischen
der Krone und den Aufständischen.
1617 24. April: Marschall d'Ancre (Concino Concini), Leiter
der Regierung, fällt der Verschwörung Luynes' zum Opfer.
29. August: Jean Baptiste Colbert geboren.
1618–1648 Dreißigjähriger Krieg.
1618–1623 Böhmisch-pfälzischer Krieg.
1618 *7. April: Richelieu, sein Bruder Henri und sein Schwager
gehen nach Avignon ins Exil.*
23. Mai: Prager Fenstersturz.
Franz von Sales stiftet den Orden der Salesianerinnen.
1619 *März: Richelieu kehrt aus der Verbannung zurück.*
6. März: Cyrano von Bergerac geboren.
20. März: Kaiser Matthias gestorben. Ferdinand II. wird
Nachfolger.
1620 8. November: Schlacht am Weißen Berge. Kaiser Ferdinand II. besiegt Friedrich V., den »Winterkönig«.
1621 28. Januar: Paul V. gestorben.
9. Februar: Gregor XV. wird Papst.
31. März: Philipp III. von Spanien gestorben. Nachfolger
auf dem Thron wird sein Sohn Philipp IV.
8. Juli: Jean de la Fontaine geboren.
15. Dezember: Charles d'Albert de Luynes vor Montauban gefallen. Friede von Montpellier.
Gründung der Niederländisch-Westindischen Handelskompanie.
1622 15. Januar: Jean Baptiste Poquelin (Molière) geboren.
Oktober: Friede von Montpellier mit den Hugenotten.
Richelieu wird Kardinal.
28. Dezember: Franz von Sales gestorben.

1623   19. Juni: Blaise Pascal geboren.

8. Juli: Gregor XV. gestorben.

6. August: Urban VIII. wird Papst.

1624   *13. August: Richelieu zum leitenden Minister unter Ludwig XIII. ernannt.*

Richelieu greift im Veltlin ein und unterstützt die Graubündener gegen Habsburg (bis 1626).

1625–1630   Niedersächsisch-dänischer Krieg.

1625   Gründung der französischen »Compagnie du Morbihan«. Revolte im Languedoc.

27. März: Jakob I. von England gestorben. Sein Sohn Karl I. wird König.

1626   *Richelieu schlägt den Aufstand des Gaston d'Orléans nieder.*

Er beruft eine Notabelnversammlung ein.

9. April: Francis Bacon gestorben.

1627   23. Mai: Luis de Gongora gestorben.

27. September: Jacques Bénigne Bossuet geboren.

1628–1631   Mantuanischer Erbfolgekrieg. Die französische Nebenlinie Gonzaga-Nevers erlangt die Herrschaft in Mantua.

1628   Oktober: Eroberung von La Rochelle. Die Hugenotten verlieren ihren bedeutendsten Sicherheitsplatz.

»Petition of Rights« in England: Die Rechte der Parlamente werden bestätigt, willkürliche Verhaftungen untersagt.

1629/30   Hungersnot in Frankreich.

1629   Gnadenfriede von Alais: Die Rechte der Hugenotten werden eingeschränkt und ihre Sicherheitsplätze gehen verloren, jedoch bleibt die Freiheit der Religionsausübung erhalten.

Friede von Lübeck zwischen Kaiser Ferdinand II. und König Christian IV. von Dänemark. Auf Vermittlung Frankreichs wird der Waffenstillstand zwischen Schweden und Polen geschlossen.

6. März: Restitutionsedikt Kaiser Ferdinands II. Eingezogene Güter werden an die Protestanten zurückgegeben.

1630–1635   Schwedischer Krieg.

1630   *29. Januar: Erstes Zusammentreffen zwischen Richelieu und Mazarin.*

29. Juni: Zweites Treffen.
Oktober: Deutsche Reichsfürsten unterstützen auf dem Regensburger Fürstentag die französische Politik. Entlassung Wallensteins.
11. November: »Tag der Geprellten«. Ludwig XIII. entscheidet sich zugunsten seiner Minister und gegen seine Mutter Maria von Medici. Richelieu wird nicht entlassen.
15. November: Johannes Kepler gestorben.
Bündnis Frankreichs mit den Niederlanden.
Pestepidemie in Frankreich.

1631 *23. Januar: Richelieu schließt mit Gustav Adolf von Schweden den Vertrag von Bärwalde (1633, 1638 und 1641 verlängert): Frankreich leistet Subsidienzahlung für die in Deutschland kämpfenden schwedischen Truppen.*
23. Februar: Maria von Medici verläßt Paris und geht nach Compiègne.
6. April/19. Juni: Italienischer Friede: Vertrag von Cherasco. Frankreich erhält Pinerolo. Savoyen bleibt als selbständiges Staatsgebilde erhalten.
30. Mai: Die erste Nummer der von Théophraste Renaudot gegründeten Wochenzeitung »Gazette de France« erscheint.
Bayrisch-französisches Bündnis von Fontainebleau.
September: Schlacht von Breitenfeld. Tillys Truppen von Schweden und Sachsen geschlagen.
Richelieu wird Herzog und Pair von Frankreich.

1632 *Juli: Richelieu gelingt die Niederwerfung des aufständischen Heinrich von Montmorency.*
29. August: John Locke geboren.
30. Oktober: Montmorency in Toulouse enthauptet.
6. November: Gustav Adolf von Schweden fällt bei Lützen.
24. November: Baruch de Spinoza geboren.
28. November: Jean-Baptiste Lully geboren.
Die Kongregation der Lazaristen (»Prêtres de La Mission«) um Vinzenz von Paul entsteht.

1633 Aufstand der »Compagnos« in Paris.
Richelieu läßt Nancy besetzen.
Galileo Galilei muß seine Lehre widerrufen.

1634 25. Februar: Wallenstein in Eger ermordet.

1635–1648   Schwedisch-französischer Krieg.
1635   Frankreich greift als Verbündeter Schwedens in den Drei-
       ßigjährigen Krieg ein und erklärt Spanien den Krieg.
       25. Januar: Richelieu gründet die Académie Française.
       7. Mai: Vertrag von Rivoli. Allianz zwischen Frankreich
       und Savoyen.
       27. August: Lope de Vega gestorben.
       Friede von Prag zwischen Kaiser Ferdinand II. und Sachsen.
       Die »Compagnie des Iles d'Amérique« wird geschaffen.
1636   Sieg der schwedischen Truppen bei Wittstock.
1637   Aufstand der »Croquants« in Périgord niedergeschlagen.
       15. Februar: Ferdinand II. gestorben. Ferdinand III. wird
       römisch-deutscher Kaiser.
       Descartes' »Discours de la méthode« erschienen.
1638   13. April: Hugenottenführer Heinrich von Rohan gestor-
       ben.
       6. Mai: Cornelius Jansen, Begründer des Jansenismus, ge-
       storben.
       5. September: Louis-Dieudonné, Dauphin von Frank-
       reich, der spätere Ludwig XIV., geboren.
       Aufstand in Schottland.
       Ludwig XIII. weiht das Königreich Frankreich der Jung-
       frau Maria.
       *Richelieu läßt Saint-Cyran, der Kritik an der französischen
       Außenpolitik geübt hatte, in Haft nehmen.*
1639   27. Juli: Spanien erobert Turin.
       ab Dezember: Mazarin hält sich in Frankreich auf.
       21. Dezember: Jean Baptise Racine geboren.
       Die Bauernrevolte der »Va-Nu-Pieds« in der Normandie
       wird unterdrückt.
1640   April/Mai: »Kurzes Parlament« in England unter Führung
       von John Pym. Dann ab November bis 1653 »Langes Par-
       lament«.
       30. Mai: Peter Paul Rubens gestorben.
       21. September: Philippe D'Orléans, Bruder Lud-
       wigs XIV., geboren.
       Frankreich besetzt große Teile Savoyens und Piemonts.
       Friedrich Wilhelm wird Kurfürst von Brandenburg. Beginn
       des brandenburg-preußischen Aufstiegs.
       Jansens Werk »Augustinus« erschienen.

1641   Mai: Earl of Strafford in England enthauptet.
        Oktober: Aufstand der irischen Katholiken.
        22. Dezember: Maximilien de Sully gestorben.
        Der Graf von Soissons revoltiert vergeblich gegen Richelieu.
        Die Parlamente verlieren das Recht, gegen königliche
        Edikte Einspruch zu erheben (Remonstranz).
        Mazarin wird zum Kardinal ernannt.
        Richelieu veröffentlicht die Tragödie »Mirame«.
1642–1646   Bürgerkrieg in England.
1642   8. Januar: Galileo Galilei gestorben.
        10. Januar: Karl I. von England will fünf Abgeordnete
        festnehmen lassen, denen aber die Flucht gelingt. Unruhen
        in London. Der König verläßt die Stadt. Ausbruch des
        Bürgerkriegs.
        3. Juli: Maria von Medici in Köln gestorben.
        Richelieu schlägt den Aufstand der Grafen Cinq Mars und
        Thou nieder.
        September: Hinrichtung der Anführer.
        Ludwig XIII. gewährt den Kardinälen die Rechte der Prin-
        zen von Geblüt.
        4. Dezember: Richelieu gestorben.
        Der König beruft Mazarin in den Conseil.

Bibliographie

1. DOKUMENTE

Ciprut, E.-J., Une lettre autographe de l'architecte Jacques Lemercier au Cardinal de Richelieu. In: Documents inédits, XVIe–XVIIIe siècles (Paris) 1965, T. 2, S. 29.

Grillon, P. (Hg.), Les papiers de Richelieu. Section politique intérieure, correspondance et papiers d'Etat. Préf. par R. Mousnier. Bd. 1. (= Monumenta Europae historica). Paris 1975.

Johnston, St. (Hg.), Letters of Madame de Tencin and the Cardinal de Tencin to the Duc de Richelieu. Paris 1967.

Mandrou, R., Un documento eccezionale: il „Mémoire" al cardinal de Richelieu del cavaliere di Razilly. In: Critica storica (Messina/Firenze) 6 (1967), Nr. 2, S. 225–247.

Une lettre du duc d'Epernon au cardinal de Richelieu (26 novembre 1739). In: Bulletin des amis du château d Pau 1970, Nr. 46, S. 12–16.

2. LITERATUR

Adam, A. u. a., Richelieu. (= Collection Génies et Réalités). Paris 1972.

Albina, L.L., La bibliothèque privée de Richelieu. In: Annuaire d'études françaises (Moskwa) 1971, S. 268–275.

Albina, L. L., Voltaire et le Testament politique de Richelieu. In: Annuaire d'études françaises (Moskwa) 1968, S. 251–259.

Armogathe, J.-R., La controverse dite „naturelle". In: Annuaire. Ecole pratique des Hautes Etudes. Ve section (Paris) 80/81 (1971/73), T. 3. S. 452–457.

Auchincloss, L., Richelieu. New York 1972.

---

* Auswahl neuerer Literatur. Neuerscheinungen verzeichnen die folgenden Nachschlage-werke:
– Bibliographie annuelle de l'histoire de France du 5e siècle à 1945. Paris 1954 ff.
– International Bibliography of Historical Sciences.
  Paris (Washington/Zürich) 1 (1926) ff.
  (erscheint jährlich).
– Internationale Bibliographie der Zeitschriftenliteratur.
  Osnabrück 1965 ff.

Grundlegend informiert
– Church, W. F., Publications on Cardinal Richelieu since 1945.
  A Bibliographical Study. In: Journal of Modern
  History 37 (1965), S. 421–444,
und auch die genannten Werke von Bailey, Church (Richelieu and the Reason of State), Dunkley und Erlanger (Richelieu. Der Ehrgeizige . . .) bringen ausführliche Literatur-verzeichnisse.

Bailey, D. A., Writers against the Cardinal. A Study of the Pamphlets which Attacked the Person and Policies of Cardinal Richelieu during the Decade 1630–1640. 2 Bde. Diss. Ann Arbor/Mich. 1974.

Bataillon, M., L'Académie de Richelieu, Indre-et-Loire. In: Pédagogues et juristes. De Pétrarque à Descartes 4 (1963), S. 255–270.

Becker, M. K., The Santarelli affair. A Case of Ecclesiastical Policy in the Early Years of the Richelieu Ministry. Diss. Ann Arbor/Mich. 1971.

Belvederi, R., Bentivoglio e Richelieu. 1616–1621. Bari 1968.

Blet, P., Le plan de Richelieu pour la réunion des protestants. In: Gregorianum (Roma) 48 (1967), Nr. 1, S. 100–129.

Blunt, A., La Liberté de Louis XIII. et de Richelieu. In: Revue de l'art (Paris) 1971, Nr. 11, S. 74.

Bonnet de La Tour, Le Lieuvin et le pays d'Auge au temps de Richelieu. In: Le Pays d'Auge (Lisieux) 23 (1973), Nr. 10, S. 18–20.

Bouchoulle, P., Saujou, seigneurie-baronnie et le cardinal de Richelieu. Luçon 1965.

Bourdon, J., Economie et politique: rapports franco-espagnols de la fin des guerres d'Italie à Richelieu. In: L'Information historique (Paris) 29 (1967), Nr. 4, S. 162–163.

Burckhardt, C. J., Richelieu. 4 Bde. München 1961–1967. Franz. Ausg. 3 Bde. Paris 1970–1975.

Burckhardt, C. J., Richelieus Außenpolitik. (= Vorträge der Aeneas-Silvius-Stiftung an der Universität von Basel. 8). Basel/Stuttgart 1968.

Church, W. F., Cardinal Richelieu and the Social Estates of the Realm. In: Album Helen Maud Cam. Bd. 2. Louvain 1961, S. 263–270.

Church, W. F., The Impact of Absolutism in France: National Experience under Richelieu, Mazarin and Louis XIV. New York 1969.

Church, W. F., Richelieu and the Reason of State. Princeton, N. J. 1972.

Condeescu, N. N., D'Etlan contre Richelieu. A propos du pamphlet iné-dit „Le Passage de Somme" ou „Vers héroïque". In: Revue des sciences humaines, N. S. (Lille) 1970, T. 137, S. 15–26.

Dickmann, F., Rechtsgedanke und Machtpolitik bei Richelieu. Studien an neu entdeckten Quellen. In: Historische Zeitschrift 196 (1963), S. 265–319.

Dorival, B., Richelieu, Philippe de Champaigne et la décoration de l'église de la Sorbonne. In: Bulletin de la Société d'histoire de l'art français (Paris) 1973, S. 95–103.

Dunkley, K. M., Richelieu and the Estates of Brittany, 1624–1640. Diss. Ann Arbor/Mich. 1974.

Erlanger, P., Qui sera pareil à moi? ou l'adolescence de Richelieu. In: La Revue de Paris 74 (1967), Nr. 11, S. 45–54.

Erlanger, P., Richelieu. 3 Bde. (= Présence de l'histoire). Paris 1967–1970.

480

Erlanger, P., Richelieu. Der Ehrgeizige. Der Revolutionär. Der Diktator. Aus d. Franz. v. Ulla Leippe. Frankfurt am Main 1975.

Gambier, P., Sur une œuvre de Richelieu. In: La Revue du Bas-Poitou (Fontenay-le-Comte) 78 (1967), Nr. 1, S. 54 f.

Gerhard, D., Richelieu. In: Krieger, L./Stern, F. (Hg.), The Responsability of Power. Historical Essays in Honor of H. Holborn. New York/London 1967/68, S. 85–106.

Gramada, I., Franta lui Richelieu si Mazarin. Bucureşti 1971.

Grillon, P., La correspondance politique du cardinal de Richelieu: problèmes, recherches et perspectives. In: Anthinea. Revue mensuelle d'études historiques (Paris) 1974, Nr. 7, S. 23–27.

Grillon, P., Les papiers d'Etat du cardinal de Richelieu, à travers dépôts d'archives et collections particulières. In: Revue d'histoire diplomatique (Paris) 87 (1973), Nr. 1/2, S. 5–24.

Gubernatis, R. de, La conspiration du marquis de Cinq-Mars, le procès: l'implacable justice du cardinal de Richelieu. In: Annales de la Société des lettres, sciences et arts des Alpes-Maritimes (Nice) 60 (1968/69), S. 15–26.

Levron, J., Le Maréchal de Richelieu. Un libertin fastueux. (= Présence de l'histoire. Collection historique). Paris 1971.

Martin, H.-J., Aux origines de l'Imprimerie royale: l'Etat et le livre au temps de Richelieu. In: Art du Livre à l'Imprimerie nationale. Paris 1973, S. 89–101.

Massaut, J. P., Autour de Richelieu et de Mazarin. Le Carme Léon de Saint-Jean et la grande politique. In: Revue d'histoire moderne et contemporaine 7 (1960), S. 11–45.

Monterini, L., Le testament politique de Richelieu, chapitre II, X. In: L'Ordre français (Paris) 1975, Nr. 196, S. 6–21.

Nouvelle Histoire de France. Bd. 14. La pourpre et la politique, Louis XIII. et Richelieu, 1610–1642. Paris 1966.

Oisel, Le siège de Privas par Louis XIII. et Richelieu (14 au 29 mai 1629). In: Vivarais et Languedoc. 44e Congrès de la Fédération historique du Languedoc méditerranéen et du Roussillon, Privas, 22–23 mai 1971. Montpellier 1972, S. 10–14.

Pearl, J. L., Guise and Provence. Political Conflict in the Epoch of Richelieu. Diss. Ann Arbor/Mich. 1969.

Pépin, E., Champigny-sur-Veude et Richelieu. Paris 1974.

Petit, L., Richelieu à Luçon, le marchepied de la gloire. In: La Revue du Pas-Poitou (Fontenay-le-Comte) 77 (1966), Nr. 4/5, S. 393–404.

Pierret, M., Richelieu ou la déraison d'Etat. Essai. Préf. de G. Lapassade. (= Le lieu de la personne). Paris 1972.

Pithon, R., Les débuts difficiles du ministère de Richelieu et la crise de Valteline, 1621–1627. In: Revue d'histoire diplomatique 74 (1960).

Portemer, M. u. J., Une bibliothèque canonique au XVIIIe siècle: les fonds du cardinal de Richelieu. In: Etudes d'histoire du droit canonique, dédiées à G. Le Bras. Paris 1 (1965), S. 307–323.

Ranum, O. A., Richelieu and the Great Nobility. Some Aspects of Early Modern Political Motives. In: French Historical Studies 3 (1963), S. 184–204.

Richard, G., Un aspect particulier de la politique économique et sociale de la monarchie du XVIIe siècle: Richelieu, Colbert, la noblesse et le commerce. In: XVIIe Siècle, 49 (1960), S. 11–41.

Richelieu. (= Coll. Génies et Réalités). Paris 1972.

Romeo, R., Richelieu. (= Univ. di Roma. Fac. di lettere e filosofia. Lezioni di storia moderna). Roma 1964.

Silvani, M., Richelieu: il cardinale che faceva tremare il papa. Milano 1967.

Tapié, V. L., La France de Louis XIII et de Richelieu. Paris 1967.

Thuau, E., Raison d'Etat et pensée politique à l'époque de Richelieu. Paris 1966.

Treasure, G. R. R., Cardinal Richelieu and The Development of Absolutism. London 1972.

Weber, H., Richelieu und das Reich. In: Frankreich und das Reich. 1968, S. 36–52 u. 60.

Weber. H., Richelieu et le Rhin. In: Revue historique (Paris) 92 (1968) Bd. 239, Nr. 486, S. 265–280.

Wedgwood, C. V., Wege der Mächtigen. Wilhelm von Oranien. Richelieu. Cromwell. Übers. v. B. von Sprecher und W. Höck. München 1970.

Wedgwood, C. V., Richelieu and the French Monarchy. New York 4968. Neuaufl. (Penguin Books). Harmondsworth 1974.

Herren von Plessis,
Herzöge von Richelieu, Fronsac und Aiguillon

Guillaume du Plessis
um 1201

Sauvage du Plessis
† 1409

Geoftroy du Plessis ⚭ Perrine Clérembault
um 1440

François du Plessis
1490 de Richelieu

Louis du Plessis,
de Richelieu, Beçay, du Chillon etc.
† 1551
⚭ Françoise de Rochechouart
† 1579

Louise de Beçay	François	Benjamin
(⚭) François de Combrat	* 1547 † 1590	† 1608
Baron de Pontchateau	⚭ Suzanne de La Porte	Abt
† 1625	* um 1551	

Henri, Marechal de France	Alphonse Louis	Armand Jean
gef. 1619	* 1582 † 1653	* 1585 † 1642
⚭ Marie Guyet de Charmeaux d'Ansac	1606 Karthäuser in	1608 Bf. v. Luçon
† um 1618	La Grand Chartreuse	1622 Hzg. de Richelieu, Kardinal
S.	1626 Ebf. v. Aix u. Lyon	1624 Premierminister
* um 1618	1628 Kardinal	1631 Hzg. de Fronsac u. Aiquillon

(2.)
François, Gf. v. Pontcourlay, General der Galeeren,
Gouverneuer v. Le Havre
* 1609 † 1646
⚭ Marie Françoise de Guemadeuc, de Bezé † 1674

Armand Jean (Wignerod)	Amador, Gf. de Richelieu	Marie Thérèse d'Agenais
Hzg. de Richelieu et de Fronsac	* 1632 † 1662	* 1636 † 1704
* 1629 (31) † 1715		1675 Hzgn. d'Aiguillon
⚭ (1.) Anne Poussart † 1684	Jeanne Baptiste de Beauvais	
⚭ (1.) Alexandre d'Albret	† 1663	
Fst. v. Marennes † 1648		
(2.) Anne Marguerite d'Acigné † 1698		
(3.) Marguerite Thérèse Rouillé		
* 1660 † 1729		
⚭ (1.) Jean François de Noailles		
gef. 1699		

	Marie Françoise	Elisabeth	Marie Marthe
	* 1655	* 1657	* 1658 † 1719
	Äbtissin in	⚭ Nicolas Quelen	Äbtissin in
	Nafort/Meaux	du Plessis	S. Remy d. Landes

Anne Catherine † 1716	Louis François Armand	(2.) Catherine Armande	(2.) Elisabeth	(2.) Marie Gabrielle
	Hzg. de Richelieu etc., Maréchal de France * 1696 † 1788	* 1685	* 1686 † 1744	* 1689 † 1770
⚭ (1.)	⚭ (2.) Elisabeth Sophie de Guise Hzgn. v. Lothringen * 1710 † 1740	⚭ François de Châtelet, Maréchal de Camp † 1754	Priorin im Kloster de la Présentation (Paris)	Äbtissin im Kloster Abbaye aux Bois (Paris
	(3.) Jeanne de Lavaulx			

Armand Louis, Hzg. d'Aiguillon
* 1683 † 1750
⚭ Anne Charlotte de Crussol de
Florensac † 1772

(2.) Louis Antoine, Hzg. de Richelieu etc.	(2.) Jeanne Sophie Elisabeth
* 1736 * 1791. 1788 Hzg. de Fronsac	* 1740 † 1773
⚭ (1.) Adélaïde de Hautfort de Juillac † 1767	⚭ Don Casimir Pignatelli
(2.) Marie Antoinette de Gallifet * 1757	d'Egmond di Bisacchia

Armand Jean, Prz. de Portien
* 1719 . † bald

(1.) Armand Emmanuel de Chinon	(2.) Armande Marie	(2.) Armande Simplicie * 1778
* 1766 † 1822	* 1777	⚭ Antoine de Chapelle
1788 Hzg. de Fronsac	⚭ Hippolyte de	de Jumilhac † 1826
1791 Hzg. de Richelieu	Montcalm-Gozon	↓
Minister d. Auswärtigen		Herzöge v. Richelieu-Jumilhac
Ministerpräsident		bis 20. Jahrhundert

Innocente Aglaé de Vignerot du Pless
* 1747 † 1776
⚭ Joseph Dominique de Moreton
Gf. de Chabrillan

Antoine „Le Moine"
†1576

François
gef.

acques
Bischof

Jeanne
⚭(1.) Pierre Frétard de Sauve
(2.) Charles de Marconnay

Françoise
* 1578 †1615
⚭ (1.) Jean de Beauvau, de Pimpean
(2.) René de Vignerot, de Pontcourlay
†1625

Nicole
†1635
⚭ Urbain de Maillé
Gf. de Brezé, Maréchal de France
†(1635) 1650

Armand de Maillé
1642 Hzg. v. Fronsac

(2.)
Marie Madeleine Vignerot du Plessis
†1675
1638 Hzgn. d'Aiguillon
⚭ Antoine de Beauvoir, de Combalet
†1622

Emmanuel Joseph
Fst. de Richelieu
* 1639 †1665
Prior in S. Martin de
Champs

Marie
Marthe
†1665

ouis Armand d'Agénais
* 1654 †1730
1704 Hzg. d'Aiguillon
⚭ Marie Charlotte de La
Porte-Mazarin
* 1662/3 †1729
(T. v. Armand del Porte,
Gf. de La Meilleraie,
Hzg. Mazarin und
Hortense Mancini) *

Innocent Jules
†1705
Abt

Emmanuel Armand
Hzg. d'Agénais u. d'Aiguillon
* 1720 †1788
Minister, Premierminister
⚭ Louise Félicité de Brehan

Anne Julie Marie
* 1723 †1728

Armand Louis
Gf. d'Aiguillon
* 1729 †1735

Armand Jules
* 1730 †1736

Armand Desiré
Hzg. d'Agénais u. d'Aiguillon
* 1761 †1800
⚭ Jeanne Victoire Henriette de Navailles

*(s. Heyne Biogr. Bd. 29,
Mazarin, S. 739)

Register

487

493

495